经以济世

建行尚实

贺教育部

人文社科项目

心王主辰

李盛林

图书在版编目（CIP）数据

基础教育改革与中国教育学理论重建研究/叶澜等著.
—北京：经济科学出版社，2009.9
（教育部哲学社会科学研究重大课题攻关项目）
ISBN 978 - 7 - 5058 - 7751 - 1

Ⅰ. 基…　Ⅱ. 叶…　Ⅲ.①基础教育 - 教育改革 - 研究 -
中国②教育理论 - 研究 - 中国　Ⅳ. G639. 21　G40

中国版本图书馆 CIP 数据核字（2009）第 001160 号

责任编辑：游　泳
责任校对：徐领弟　徐领柱
版式设计：代小卫
技术编辑：潘泽新　邱　天

基础教育改革与中国教育学理论重建研究
叶　澜　等著
经济科学出版社出版、发行　新华书店经销
社址：北京市海淀区阜成路甲 28 号　邮编：100142
总编部电话：88191217　发行部电话：88191540
网址：www. esp. com. cn
电子邮件：esp@ esp. com. cn
北京中科印刷有限公司印装
787×1092　16 开　33.25 印张　630000 字
2009 年 9 月第 1 版　2009 年 9 月第 1 次印刷
印数：0001—8000 册
ISBN 978 - 7 - 5058 - 7751 - 1　定价：73.00 元

课题组主要成员

（按姓氏笔画为序）

卜玉华　　王伦信　　吴亚萍　　吴黛舒
杜成宪　　李政涛　　李晓文　　李家成
杨小微　　范国睿

编审委员会成员

总　序

哲学社会科学是人们认识世界、改造世界的重要工具，是推动历史发展和社会进步的重要力量。哲学社会科学的研究能力和成果，是综合国力的重要组成部分，哲学社会科学的发展水平，体现着一个国家和民族的思维能力、精神状态和文明素质。一个民族要屹立于世界民族之林，不能没有哲学社会科学的熏陶和滋养；一个国家要在国际综合国力竞争中赢得优势，不能没有包括哲学社会科学在内的"软实力"的强大和支撑。

近年来，党和国家高度重视哲学社会科学的繁荣发展。江泽民同志多次强调哲学社会科学在建设中国特色社会主义事业中的重要作用，提出哲学社会科学与自然科学"四个同样重要"、"五个高度重视"、"两个不可替代"等重要思想论断。党的十六大以来，以胡锦涛同志为总书记的党中央始终坚持把哲学社会科学放在十分重要的战略位置，就繁荣发展哲学社会科学做出了一系列重大部署，采取了一系列重大举措。2004 年，中共中央下发《关于进一步繁荣发展哲学社会科学的意见》，明确了新世纪繁荣发展哲学社会科学的指导方针、总体目标和主要任务。党的十七大报告明确指出："繁荣发展哲学社会科学，推进学科体系、学术观点、科研方法创新，鼓励哲学社会科学界为党和人民事业发挥思想库作用，推动我国哲学社会科学优秀成果和优秀人才走向世界。"这是党中央在新的历史时期、新的历史阶段为全面建设小康社会，加快推进社会主义现代化建设，实现中华民族伟大复兴提出的重大战略目标和任务，为进一步繁荣发展哲学社会科学指明了方向，提供了根本保证和强大动力。

　　高校是我国哲学社会科学事业的主力军。改革开放以来，在党中央的坚强领导下，高校哲学社会科学抓住前所未有的发展机遇，紧紧围绕党和国家工作大局，坚持正确的政治方向，贯彻"双百"方针，以发展为主题，以改革为动力，以理论创新为主导，以方法创新为突破口，发扬理论联系实际学风，弘扬求真务实精神，立足创新、提高质量，高校哲学社会科学事业实现了跨越式发展，呈现空前繁荣的发展局面。广大高校哲学社会科学工作者以饱满的热情积极参与马克思主义理论研究和建设工程，大力推进具有中国特色、中国风格、中国气派的哲学社会科学学科体系和教材体系建设，为推进马克思主义中国化，推动理论创新，服务党和国家的政策决策，为弘扬优秀传统文化，培育民族精神，为培养社会主义合格建设者和可靠接班人，做出了不可磨灭的重要贡献。

　　自 2003 年始，教育部正式启动了哲学社会科学研究重大课题攻关项目计划。这是教育部促进高校哲学社会科学繁荣发展的一项重大举措，也是教育部实施"高校哲学社会科学繁荣计划"的一项重要内容。重大攻关项目采取招投标的组织方式，按照"公平竞争，择优立项，严格管理，铸造精品"的要求进行，每年评审立项约 40 个项目，每个项目资助 30 万 ~ 80 万元。项目研究实行首席专家负责制，鼓励跨学科、跨学校、跨地区的联合研究，鼓励吸收国内外专家共同参加课题组研究工作。几年来，重大攻关项目以解决国家经济建设和社会发展过程中具有前瞻性、战略性、全局性的重大理论和实际问题为主攻方向，以提升为党和政府咨询决策服务能力和推动哲学社会科学发展为战略目标，集合高校优秀研究团队和顶尖人才，团结协作，联合攻关，产出了一批标志性研究成果，壮大了科研人才队伍，有效提升了高校哲学社会科学整体实力。国务委员刘延东同志为此做出重要批示，指出重大攻关项目有效调动各方面的积极性，产生了一批重要成果，影响广泛，成效显著；要总结经验，再接再厉，紧密服务国家需求，更好地优化资源，突出重点，多出精品，多出人才，为经济社会发展做出新的贡献。这个重要批示，既充分肯定了重大攻关项目取得的优异成绩，又对重大攻关项目提出了明确的指导意见和殷切希望。

　　作为教育部社科研究项目的重中之重，我们始终秉持以管理创新服务学术创新的理念，坚持科学管理、民主管理、依法管理，切实增强服务意识，不断创新管理模式，健全管理制度，加强对重大攻关项目的选题遴选、评审立项、组织开题、中期检查到最终成果鉴定的全过程管理，逐渐探索并形成一套成熟的、符合学术研究规律的管理办法，努力将重大攻关项目打造成学术精品工程。我们将项目最终成果汇编成"教育部哲学社会科学研究重大课题攻关项目成果文库"统一组织出版。经济科学出版社倾全社之力，精心组织编辑力量，努力铸造出版精品。国学大师季羡林先生欣然题词："经时济世 继往开来——贺教育部重大攻关项目成果出版"；欧阳中石先生题写了"教育部哲学社会科学研究重大课题攻关项目"的书名，充分体现了他们对繁荣发展高校哲学社会科学的深切勉励和由衷期望。

创新是哲学社会科学研究的灵魂，是推动高校哲学社会科学研究不断深化的不竭动力。我们正处在一个伟大的时代，建设有中国特色的哲学社会科学是历史的呼唤，时代的强音，是推进中国特色社会主义事业的迫切要求。我们要不断增强使命感和责任感，立足新实践，适应新要求，始终坚持以马克思主义为指导，深入贯彻落实科学发展观，以构建具有中国特色社会主义哲学社会科学为己任，振奋精神，开拓进取，以改革创新精神，大力推进高校哲学社会科学繁荣发展，为全面建设小康社会，构建社会主义和谐社会，促进社会主义文化大发展大繁荣贡献更大的力量。

教育部社会科学司

前　言

历经三年的研究，在以华东师范大学基础教育改革与发展研究所的同仁为主体的课题组成员的共同努力下，作为"哲学社会科学重大攻关项目"之一的"基础教育改革与中国教育学理论重建研究"（项目批准号：04JZD0024），终于"交卷"了。

"课题"来自于"问题"，"问题"之问是追问和探问，问之所问，就是道路。追问，是试图对已有道路的延伸；探问，是对新道路的尝试。中国基础教育改革与中国教育学理论的发展，作为两个大问题，都不是第一次提出。从这个意义上说，本课题的问题属于"追问"。但提出中国教育学理论的当代重建，以及将上述两个问题看作是具有关联性的问题，则具有"探问"的性质。

我们之所以提出一个"双料"的问题作为课题，是因为深感21世纪的中国基础教育和教育学的发展，迫切需要回答这两个问题。我们已有的研究基础，也使我们敢于提出这个问题。

三年的研究，对于我们来说，不仅是面向问题的探求，开展研究性变革实践的创生过程，也是面向自我的不断反思和发展的过程。事实上，没有研究者自身的学术自我的改造，没有研究范式的变更，就不可能有新的发现和认识产生，甚至新的问题都不可能产生。值得庆幸的是，本课题的研究促进的不只是一个人，而是一个研究共同体的发展。在这个共同体中，有来自师范大学的教育理论研究人员，有来自中小学一线的校长、教师，还有来自地方教育行政部门的领导。对当代中国教育未来的关注与责任，对共同事业的追求，对自我不足和相互学习需要的意识，使我们走到一起；走到一起后的合作努力，使我们完成课题，得到成长。作为课题组的负责人，在此，要向每一位为课题完成作出贡献的成员，向每一位给与我信任、启发、支持和帮助的成员致以最诚挚的谢意。是的，课题总有结题之时，但我相信共同走过的这段研究历程，将成为生命中美好的回忆留存；我们的沟通和合作，不会就此停止。

报告集的面世，使我们有机会与更多的人交流，使我们现有的研究结论有可能得到更多的批评与建议。在课题结题评审中，各位评审专家的提问和讨论，已经让我们感受到这一点。我们期待着，并清醒地认识到：对于这样一个重大项目的研究，一切都只是开始；对中国基础教育改革和教育学的重建来说，还有很长的路要走。我们会坚持走下去，并相信会有更多的人同行。

摘　要

本书研究指向于中国当代基础教育与教育学理论的交互建构和双重转型，这一转型的过程是共处于中国社会转型变革生境中教育改革实践与教育理论的交互建构的过程。

除总述外，本书主要包括三大部分。

第一部分为基础教育改革的宏观研究。从历史、现状和理论等不同视角，对中国教育制度的变革、教育变革中不同主体及其相互关系等我国基础教育宏观改革的基本问题进行研究。

第二部分为学校改革研究。分为两大板块，其一是学校基础教育改革面临的一些普遍和深层次的理论问题，涉及到价值取向、知识性质、教学改革、学生发展阶段性特征与学校教育以及学校文化建设等方面，着重于学理的透析和经验的提升；其二是通过中国教育概念史研究的方式，以最基本的概念"教育"为例，阐述其从传统到近代的转换。

第三部分汇聚到中国教育学理论的重建上。从两个方面整体着手进行重建：一方面以教育学作为一门学科在中国发展的事实和问题为依据，开展有关中国教育学发展历史与现状、学科立场与方法论等基础性理论问题的研究；另一方面在与重建相关的前提性认识相对清晰的基础上，从"生命·实践"教育学学派建设和交叉学科研究立场转换两个角度，作出中国教育学理论重建的尝试。

Abstract

This book focuses on the interactive construction and dual transition between the basic education and pedagogical theories of contemporary China. This transition is a process of interactive construction between the education reform practice and the education theory in the changing habitat of China's social transformation.

In addition to the general overview, three major parts are covered in this book:

The first part is a macro-study on the basic education reform. From different perspectives, including historical facts, the present situation and the theory, some basic issues in the macro-level reform of Chinese basic education are investigated in this part: the reform of China's education system, different actors and their relationships in education reform, etc..

The second part is focused on school reform, which consists of two subparts. The first covers some universal but underlying theoretical problems in the reform of basic school education. These problems are related with aspects such as value orientation, the nature of knowledge, educational reform, stage characteristics of students' development and school education as well as school culture construction and so on. It focuses on the theoretical analysis and the promotion of experience. The second one explores the transformation from traditional to modern schools, based on the study of the history of Chinese educational concept by taking the most fundamental concept of "Education" as an example and starting point.

The third part discusses the reconstruction of Chinese pedagogical theory. There are two ways to proceed with the reconstruction of the whole. On the one hand, based on the facts and problems of pedagogy developed as a discipline in China, we conduct research on the basic theoretical issues such as the history and the current situation of Chinese pedagogy, the discipline standpoint and methodology of pedagogy; on the other hand, as the prerequisites for reconstruction are comparatively clear, we make an attempt to reconstruct Chinese pedagogical theory from two angles, i. e. the building of the pedagogical school of "Life-Practice" and the shifting of interdisciplinary research standpoints.

目　录

Contents

Contents

基础教育改革与中国教育学理论重建研究

总　述

艰难的行进[*]

无论是中国基础教育改革和中国教育学重建过程本身，还是我们有关该课题的研究过程，用"艰难"一词来形容都不为过。

一、研究开展的基本状况

2004 年底经教育部批准，我们承担并开始了以"基础教育改革与中国教育学理论重建"为题的哲学社会科学重大攻关项目研究。本课题由当代国际基础教育改革、我国不同地区基础教育改革状态评析、我国中小学生发展阶段性特征与学校教育研析、我国基础教育改革与若干教育基本问题及其概念演化和中国教育学理论重建性研究等五大子课题构成。其中前三项以资料采集、评析、实地研究、现场考察和问卷调查、专题座谈与个别访谈等为主要方法，旨在形成有事实和研究经验、实践支撑的，与研究主题相关的相对深入的认识。第四个子课题旨在审视当前我国基础教育改革中的一些重要问题，从概念演化的角度为当代中国教育研究提供历史研究的新路径。第五个子课题中包括两大部分，一部分是基于"新基础教育"成型性研究而开展的一系列学校教育问题的理论研究，另一部分是对中国教育学科发展史及其他一些重要的基础性、发展性问题的研究。这些研究说到底是指向中国当代基础教育与教育学理论的双重转型，这一转型的过程是共处于中国社会转型变革生境中教育改革实践与教育理论交互建构的过程，故而

---

* "总述"由本课题申报人、华东师范大学基础教育改革与发展研究所叶澜教授撰写。

我们将总报告命名为"在交互建构中实现双重转型"。

以上五个子课题主要由华东师大基础教育改革与发展研究所的成员和相关导师的研究生合作承担。云南师范大学、广西师范大学、山西大学、华中师范大学、西北师范大学、淮阴师范学院等教科院、教育系，以及上海市闵行区教育局、浦东新区社会发展局等单位都参与了不同子课题研究，[①] 他们所进行的大量研究和全力合作，是本课题能顺利、按时结题的重要保证。

在三年中要完成涉及如此广泛、丰富的主题和形成新的认识，确实不是容易的事。但我们深感这项研究对于中国当代基础教育改革与教育学理论发展的必要。以华东师大基础教育改革与发展研究所的同人为主体的课题组成员，尽管知道无法做到尽善尽美，但并不退缩，而是在世纪之交已进行的系列理论研究与实践研究的基础上，尽最大的努力，在有限的时间里尽可能地做好研究项目。至2008年1月，所有的子课题都交出了结题报告，在此基础上，本人在形成总报告时还增加了部分研究过程中已发表的重要论文，并将两者整合，构成现提供的结题总报告。可以说，这一总报告不只是这三年共同研究的结晶，也是我们近十多年来，对相关主题多视角、多层面、多路径研究的一次汇聚、提升和深度表达；可以说，没有这十多年的研究积累和持续合作，就无法达到现在呈现的研究报告的水平。虽然它未必是最高的水平，但确实是体现我们集体持续努力的水平，也是这三年集中"一搏"的产物。

二、结题总报告的整体结构

除总述外，总报告由三大部分组成，基本上按子报告组成，但也作了与主题相关的调整。

报告的第一部分为基础教育改革的宏观研究。国际、国内基础教育的宏观状态与国内外社会经济、政治、文化变革密切相关，是学校基础教育改革之教育系统内部的宏观生态构成与重要背景，其本身又是基础教育改革必然涉及的一个重要层次，因此成为开篇。第一部分还包括从历史、现状和理论等不同视角，对中国教育制度的变革、教育变革中不同主体及其相互关系等我国基础教育宏观改革的基本问题的研究。

报告的第二部分进入到基础教育学校改革层次，即学校改革研究。其构成分

① 本课题是教育部人文社会科学重点研究基地华东师范大学基础教育改革与发展研究所承担的重大攻关项目。参与课题的单位众多。结题报告的执笔者都在相关报告的脚注中作出说明。课题组具体名单也在"后记"中详细列出，作为本课题骨干成员不少于30名。

为两大部分，一部分是学校基础教育改革面临的一些普遍和深层次的理论问题，涉及价值取向、知识性质、教学改革、学生发展阶段性特征与学校教育以及学校文化建设等方面。它们偏重于专题，但专题与专题之间有内在联系。专题生成于学校变革的实践，研究着重于学理的透析和经验的提升。另一部分是通过中国教育概念史研究的方式，以最基本的概念"教育"为例，阐述其从传统到近代的转换。[①] 这是通过概念史研究教育的一种路径，现在还不属普遍采用的方法与视角，但却是一种独特的视角。它与从实践出发的研究形成了研究路线的相对运动。

报告的第三部分汇聚到中国教育学理论的重建上。无论是基础教育改革实践的推进与深化，还是教育学科在中国发展的状态，当今都需要教育学理论完成本土式重建。但究竟如何重建，从整体着手开展的研究，在我国至今为数并不多。本课题在这方面迈出了重要的一步。从广义上来看，本报告的第一、第二部分也都与教育学理论重建相关，只是前两部分以实践领域、历史、现状、问题、经验为基础和出发点作理论透析，反映了我们对当代中国基础教育改革的教育学思考和敏感，对由此生发的教育学基本概念与理论之深度探讨，对来自实践重建需求的理论回应。第三部分一方面以教育学作为一门学科在中国发展的事实和问题为依据，开展有关中国教育学发展历史与现状、学科立场与方法论等基础性理论问题的研究；另一方面在与重建相关的前提性认识相对清晰的基础上，从"生命·实践"教育学学派建设和交叉学科研究立场转换两个角度，作出了中国教育学理论重建的尝试。无疑，它并不完整、成熟，但重要的是做了尝试，有了新的体验和信心，路正在脚下伸展。

三、研究突破的自我评价

（一）关于当代中国基础教育改革的整体认识

1. 当前中国基础教育改革已进入到攻坚阶段，改革已成为全社会的迫切需要，在宏观上面临着体制、制度和机制等"三制"的深入改革。社会要求每一个儿童平等受教育的权利得到保障。伴随市场经济出现的城市化过程中，中国产生了前所未有的人口流动大潮，使原先以人口相对静止为前提的基础教育入学体制受到冲击，突出地表现在农民工子女入学升学难的问题上。社会阶层、贫富差异、城乡差异和地区差异在新的总体水平上的扩大，要求政府加强对薄弱家庭、薄弱农村、薄弱地区的教育投入，同时要求加强城乡、不同发展地区之间的教

[①] 与此相关的研究还有关于"师"这一概念的历史演变，因篇幅有限，未收入总报告。

育互动。于是，过去基本不相关，各行其是的基础教育投资、管理等稳定格局被打破，如何使这种互动不成为运动式和走向形式化，已成为迫切需要解决的教育宏观改革的现实问题，也成为教育理论面临的新理论课题。现实迫切要求加强研究，从促进科学合理的新格局与新机制的形成，以及社会的制度改革入手，为人民教育需求和权利的实现提供保障。总之，由教育需求及格局变化引发的社会资源配置及流动方式的改革，如何形成适应当前社会和教育发展的新型教育资源配置体制、制度与机制等问题，是当前基础教育宏观层次改革所面临的新的重要任务，是体现和保障基础教育公益性的根本所在，也是基础教育促进社会改革的一个关涉全局而又十分具体的表现。本报告相关部分提供了国际经验，在思路和操作方式上均有启发。

2. 基础教育改革与发展更为深层次的问题在于，教育宏观改革如何为学校改革创造良好生境，学校改革与教育宏观改革乃至整个社会如何形成良性互动。目前的状态是，社会一方面对学校教育本身不满，较普遍地认为学校教育改革没有取得大的成效，花样变得很多，但应试、负担、学生素质等老问题依然存在，在一些地方还愈演愈烈，并常以"为学生将来着想、对家庭负责"的名义理直气壮地进行；另一方面，社会与教育相关的不同主体又受自己的直接利益支配，做着实际上加剧应试、加重学生负担、不利于学生素质发展的"实事"。这些问题在我们参与教育部 2005～2006 年组织的素质教育大调查时有十分深切的感受。我们认为问题的症结在于宏观教育改革没有落实和切实保障学校办学自主权，行政干预办学的权力太大，且常以搞运动的方式出现。教师的专业自主、学校作为一个专门从事教育的专业机构未得到社会的认同、尊重和法律的保障。社会可以基本无障碍地介入教育专业领域，从而使学校在改革方面处于被动、受支配的地位。此外，办学主体和教师本身对教育改革的意义与认识，参与改革的动力、责任和能力都亟须提高。而实际的状态是相关主体被动应对、"随风飘荡"的多，且常把改革未能很好地开展归咎于社会。社会生态、教育宏观改革与学校改革如何在教育改革全局的意义上"协调攻关"，在创造学校教育新的高质量，培养适应当今社会发展需要的新型人才的层次上呈良性互动等问题并未解决。由此可见，要改变这种状态必须从社会大系统、教育全系统和学校小系统三个层面形成整体协调、支撑与互补，使不同主体各尽其职，形成整合改革。本研究从理论上，也从案例上提供了分析和经验支持。

3. 教育改革的深入和最终成效取得的艰巨性，在于这是一个文化改造、社会改造和国民性改造的整体工程。在所有的事的背后都有人与文化的问题，而教育的根本力量和指向正是在于对人和文化发展的影响。当前我国的文化处在多元并存、碰撞和激变之中。新的文化因素中内含着活力，它可能指向创造，也可能指向破坏。从文化的视角对基础教育作区域性调查与分析，是本研究第一部分第二章的重要特色。第二部分也专论了学校文化建设问题。这些研究都是在直面社会文化复杂、多元、多向交互作用的现实基础上，而不是只以应然、主流单一的视角去研究，其结论不是简单的二者择一，而是在互动中形成、创生新的文化。

以上这些新视角和新认识，极大地丰富了我们关于教育与社会关系，教育系统内部相互关系及其复杂的多向相互作用，以及如何在现实中把握、创造、实现教育理想的动态转折等关键问题的认识。进而提出了不仅要研究教育的社会基础，而且要研究今日中国社会的教育基础，以及未来中国社会需要怎样的教育基础这样一个极富综合性和挑战性的，新的重要的实践与理论问题。我们认为必须改变把"教育"仅作为社会公共事业一部分的认识和仅满足于对其作出社会行政意义上的定位，而要把教育当做整个社会的基础，视它为与社会经济命脉一样重要，且相互不能替代的社会精神命脉与人源命脉。全社会及其任何一个子系统都有教育基础问题，都有与自身系统发展的教育问题和支持学校教育系统发展的责任与义务。终身教育的思想变为实践与产生实践的力量，就是要指向社会教育基础的改造，教育的社会化与社会的教育化问题，不能只停留在教育系统内的变革。我国要达到这个目标，还有十分艰巨和漫长的路要走。

（二）关于当代中国学校变革深化的理论探讨

这部分研究是建立在由本人主持的"新基础教育"持续三个阶段、十多年研究的基础上。[①] 本报告中收集的论文是一些专题性的深入理论研究，主要突破在：

1. 对学校改革中价值取向、知识问题、教学改革、文化建设等问题[②]作了深入的理论分析，提出了我们的当代重建性的观点和理论。如学校改革价值取向上明确并系统阐述了"关怀生命"的观点，指出这一价值在形成教育目标、构建学校教育工作系统中的导向作用。有关"知识"问题的讨论，在对知识观与不同视野下的知识教学观作了分析比较的基础上，开展了方法论的批判，开展了有关知识对个体发展的多方面价值，以及教育中如何进行知识教育才能具有对个体发展价值等问题的讨论，为教育学的知识论研究提供了新视角。有关教学改革的研究，我们在学校最具日常工作性质的教学领域中，从理论和实践整合意义上，作了教学价值观多层次分析，揭示了教学过程的基本单元与内在逻辑，以及如何进行以推进改革为宗旨的教学评价等系列研究。这一研究无论在方法论还是理论

---

① 本人有关这一研究的理论阐述，已集中在《"新基础教育"论》这一专著中，该著作由教育科学出版社 2006 年出版。

② 我们在学校教育改革中还研究了一些重要问题，如班级建设、教师发展等，因在本人专著《"新基础教育"论》中有较充分的论述，故未在本报告中再列专题。

上都有突破，并在教学改革实践中得到了可行性和有效性的确证。理论已在践行者中转化为一种真实的力量，在改革教学的同时，促进着学生和教师的成长。

2. 按学龄段深入研究了我国当代中小学生在学校中成长需求的阶段性发展特征、主要矛盾与发展可能，并据此提出了教育建议。这一研究的视角是将学生的成长与学校生存环境的特殊性、教育活动的性质以及学生参与的可能与质量等多方面因素的复杂交互作用，聚焦到发展主体的阶段变化特征上，改变了以往相对抽象、不关注学校的生境与教育实践去研究和描述儿童和青少年年龄特征的一般认识方式，在研究的方法论和系统认识方面都有突破。如提出了小学三年级存在"类少年期"的学生独立性倾向，研究了高中学生在升学焦虑上的表现曲线及未来盲点等问题。由此丰富具体了我们对"学生"这一人生和社会特殊角色在个体发展过程中的重要价值及其表现的认识，并从如何促进学生自我健康成长的角度，对学校教育实践提出了独特且可行的教育学建议。

3. 从研究主体发展的视角，深入开展了教育理论与实践关系的理论探讨。这一研究对目前流行的多种关系观作了评析和溯源式的探讨，在"新基础教育"研究实践的支撑下，提出了在社会和教育、教育理论都处于转型变革时期，研究者深度介入实践的必要、可能与多重意义，包括研究者实现自我更新的独特价值。[1]

4. 从概念演化史的视角，探讨概念演化与社会、教育变革之间的内在关系。对概念与存在的关系研究，尤其是中国教育中历史概念的生成与演化研究，在我国是一个弱项。这一路径的探索，不仅提供了汉语有关"教育"这一概念及其所系的中国传统文化与教育的演化图景，而且提出了存在如何转化为概念，概念中包含选择、凝聚"存在"的特殊过程，以及"概念"形成后对"存在"的影响等一系列以前很少受关注的重要问题，为教育理论和教育史研究尝试新的研究路径与路线提供了新的经验。

从以上简述中不难看出，在有关学校教育改革的研究中，我们不仅研究了理论与实践的关系，而且践行了自己提出的关系原则，并贯穿于学校改革研究的全过程。这部分研究的收获不仅是认识的发展，而且有方法论和研究路径等多方面的尝试与突破。

(三) 关于中国教育学理论重建的基础研究

1. 当代中国教育学面临并正在进行着历史性的转型。这是我们研究了教育

---

[1] 由于篇幅所限，有关"教育变革中不同主体及其相互关系"的主要研究内容没有纳入本报告。更加详尽的展开论述，可参阅叶澜：《"新基础教育"论——关于当代中国学校变革的探究与认识》，教育科学出版社 2006 年版，第六章。

学在中国，以舶来品的方式出现后的百年发展史和完成了新世纪最初五年教育学科发展报告后所形成的基本认识。虽然，由于篇幅所限，有关这些认识的详细论述不纳入本报告，[①] 但中国教育学重建的所有思路都与这些认识有关，是这些认识在当代教育学研究和发展中的具体展开。历史研究使我们看到了教育学科在独特历史环境下而形成的基本的发展性问题，那就是必须摆脱对政治、其他学科和国外教育理论追随的多重依附，形成独立的学科品格。这条道路同样艰难，但若走不出，中国教育学就难以有新生。基于历史研究的清晰认识，我们找到了研究的方向与新的起点。对新世纪中国教育学科发展现状持续五年的研究，让我们认识到当今学科发展的走向、问题与经验，对中国教育学重建的可能有了基于现实的清醒认识。

2. 教育学的学科立场研究是教育学理论重建的基础性理论研究。通过研究，我们提出何为学科立场、何为教育学的学科立场、解决学科立场对教育学科发展空间拓展及理论重建的意义等一系列问题，并对在教育学立场基础上的学科结构作了新的建构，提出了研究教育领域问题存在内、外立场的区别等新观点。立场问题的深入研究使我们确立了中国教育学理论重建的基点和方向。

3. 以内立场为基点，进行了学科立场基础上教育学与其他学科交叉研究的新尝试。如教育人类学的不同研究主旨与方式，在教育学交叉学科研究方面向新的取向跨出了一步。

4. 用构建学派的方式进行中国教育学重建的实践，促使更多的人成为中国教育学重建的自觉实践者。关于"生命·实践"教育学派创建的阶段性报告，提供了这一尝试的历程、现有状态、继续推进的目标等研究资源，供所有对此议题和议题背后的追求有兴趣的同人研究。

5. 在研究中，我们力图突破传统研究方法论中主体与客体、主观性与客观性、目标与手段、价值与事实、人文性与科学性等多对范畴割裂和对立的基本逻辑，舍弃了非此即彼的思维方式，努力探索使两极沟通，积极、有效交互作用的复杂思维方式的运用和行动策略，在一定程度上实现了教育研究在方法论上的突破。

尽管我们从三个大方面，以十二个小点表达了自己对本研究突破的评价，但实际上研究都只是向前迈了一步，无论是基础教育改革还是教育学的重建都将艰难地行进。对于我们来说，重要的是迈出了步子，并还在有信心地行进中。

仅以上述简要文字对本结题总报告作提要式概述。

---

① 由于篇幅所限，有关"教育变革中不同主体及其相互关系"的研究，可详细参阅叶澜著：《"新基础教育"论——关于当代中国学校变革的探究与认识》，教育科学出版社 2006 年版，第 146～163 页。

第一部分

基础教育
改革宏观研究

第一章

当代国际基础教育改革：
理论架构与实践取向[*]

20世纪80年代以来，因应对新时代的变化，世界上许多国家都开始进行基础教育的改革，重新界定教育目的、变革课程设置、推动新的教学方式和教育评价方式，在教育体制和制度变革上进行新的尝试。虽然各个国家的传统不同，基础教育的状态和改革方向也存在差异，但这些国家的教育改革努力，对于我国的基础教育改革，无论是在理论上，还是在政策和实践上，都具有积极的借鉴意义。

由教育部人文社科重点研究基地华东师范大学基础教育改革与发展研究所叶澜教授主持的2004年度教育部哲学社会科学重大课题攻关项目《基础教育改革与中国教育学理论重建研究》子课题《当代国外基础教育改革的理论与实践问题研究》项目组，根据总课题组的要求，选取当代有代表性的国家和地区为研究对象，研究当代国际基础教育改革的理论框架与各具特点的实践探索。本课题以探讨当代国外基础教育改革中的理论与实践问题为主，以问题带材料，以论带史，以区别于其他同类研究。本课题研究主要包括美洲地区的基础教育改革，选取美国、加拿大、墨西哥、古巴、巴西以及以圣卢西亚为代表的其他拉丁美洲地区为个案；欧洲地区的基础教育改革，选取英国、法国、德国、瑞典、瑞士、荷

* 参与本课题研究的子项目负责人有：范国睿、王建军、吴遵民、赵丽。课题组全体成员有（按姓名拼音排序）：邓璐、范国睿、黄凯玫［Cadelia Lane Ambrose，圣卢西亚］、刘海云、刘涛、刘雪莲、彭尔佳、任翠英、土屋基规［日本］、王加强、王建军、吴遵民、张丹、张礼永、张娜、赵丽、赵瑞情、周晟、朱茹华。本章由范国睿撰写。

11

兰等国家为个案；亚太地区的基础教育改革，选取日本、新加坡、印度、韩国及澳大利亚为个案。此外还研究了主要国际组织有关基础教育改革的理论、政策建议以及项目等。在研究中，我们立足于各个国家的具体国情，梳理这些国家在最近二三十年中基础教育改革的背景和重点内容，在考察其特定社会历史背景的基础上探讨相关教育改革的理论与实践问题，以问题带材料，由历史探发展，注重史论结合，古今相鉴，并最后回归到我国的基础教育改革实践，以期能对我国的基础教育发展有所启发。本课题共形成了四个研究报告，分别是：美洲基础教育改革、欧洲基础教育改革、亚太地区基础教育改革以及当代国际教育组织与基础教育改革，本报告在各子报告的基础上概括、提炼而成。

第一节 影响当代国际基础教育改革的两大理论思潮

一、终身教育思潮

终身教育（life-long education）是 20 世纪 60 年代在国际上出现的一种教育思潮，它对国际教育改革产生了重要的影响。终身教育的创立者是法国的成人教育家保罗·朗格朗，他于 1865 年在联合国教科文成人教育会议上首次提出终身教育思想。从此以后，朗格朗不可避免地和终身教育联系在一起。"只要提起终身教育必言朗格朗，只要说朗格朗就是终身教育。"[1] 后来，以联合国教科文组织为主的国际教育界一直致力于终身教育的研究、倡导与落实，各个国家也纷纷颁布关于终身教育的法案，努力实施终身教育。联合国教科文组织组织了专门的教育研究委员会撰写研究报告，大力宣传终身教育思想，如以埃德加·富尔（Edgar Faure）任主席的国际教育发展委员会提交的《学会生存》报告书和以雅克·德洛尔（Jacques Delors）任主席的国际 21 世纪教育委员会撰写的《教育：财富蕴藏其中》报告书。国际教育发展委员会提交的报告书《学会生存》指出，传统教育学是以"学校和儿童"为对象的教育学，其隐含的教育观念是将学校等同于教育，将教育局限于儿童时期。这种教育观念是"陈旧"的、"过时"的，不适应未来学习型社会的要求，因此需要新的教育观念——"终身教育"。

---

① 持田荣一、森隆夫、诸冈和房编修：《终身教育大全》，龚同等译，中国妇女出版社 1987 年版，第 5 页。

报告书建议各国以终身教育为指导原则进行教育改革。如果说朗格朗于 1970 年出版的《终身教育导论》是终身教育思想发展雏形的话，那么，《学会生存》则是终身教育思想的系统化。《学会生存》已经深刻影响世界教育发展，堪称"教育界的圣经"。国际 21 世纪教育委员会撰写的报告书《教育：财富蕴藏其中》认为，在新的时代背景下应该重新思考和扩大"终身教育"的含义，认为终身教育是"与生命有共同外延并已扩展到社会各个方面的连续性教育"，[1] 应该让学生"学会认知、学会做事、学会共同生活、学会生存"，使每个人都能生动地了解世界、了解他人和了解自己。该书在新的时代背景下进一步发展和深化了终身教育思想，目前正在并将继续影响全球教育的发展。该书无愧于其中文版前言对它的评价，"内容丰富、新颖、深刻，堪称里程碑性的教育文献"。[2]

二、全民教育思潮

20 世纪 90 年代，全民教育（education for all，EFA）得到国际社会的重视，这与当时日益紧迫的社会问题，如人口问题、环境问题、可持续发展问题、贫困问题、债务问题等是密不可分的。尽管自"二战"以来，这些社会问题就一直存在着，但以往是孤立地思考这些问题，20 世纪 90 年代以来，人们意识到这些问题之间的相互联系、相互制约，"构成一种互为因果的相互关系。"[3] 社会问题的复杂性、全球性决定了解决方案的复杂性和全球性。尽管教育不是解决这些社会问题的万能良方，但是教育特别是全民基础教育可以有助于这些问题的有效解决。

全民教育的教育问题背景主要来自教育统计的压力。自 20 世纪 70 年代以来，世界教育获得了很大发展。据联合国教科文组织的统计，全世界接受正规教育的在校学生数 1970 年为 6.217 亿，1980 年增长到 8.518 亿，到 1988 年已经达到 9.495 亿。15 岁及 15 岁以上年龄段中成人识字率在逐年增加，全世界 1970 年的成人识字率为 61.5%，1985 年增加到 70.6%，1990 年增加到 73.5%。[4] 但是由于人口总数的急剧增加，大量儿童仍然没有接受最起码的教育，而且成人文盲总数逐年上升。1970 年 15 岁以上年龄人口中文盲总数为 8.9 亿，到 1990 年已达到 9.48 亿。[5] 这说明了尽管自国际教育界成立以来就致力于实现《世界人权宣言》第 26 条关于受教育权的规定，但到了 20 世纪 90 年代，许多人不能够接受

---

① 联合国教科文组织国际 21 世纪教育委员会著：《教育：财富蕴藏其中》，联合国教科文组织中文科译，教育科学出版社 1996 年版，第 90 页。

② 同上，第 3 页。

③ 赵中建：《全民教育——世纪之交的重任》，四川教育出版社 1999 年版，第 36 页。

④⑤ 联合国教科文组织：《世界教育报告（1991）》，人民教育出版社 1992 年版，第 81～83 页。

最低限度的教育仍是无可争辩的事实，这就要求国际教育界作出更大的努力。统计的压力也表现在未受教育人口地区分布和性别分布的不平衡上。在地区、国家的分布上，文盲大多分布在发展中国家，在 1990 年的 9.48 亿文盲中，有 9.166 亿在发展中国家，而发达国家仅 0.315 亿文盲。[①] 未入学儿童中绝大部分（共约 9 700 万）在南亚和撒哈拉以南非洲。[②] 在性别分布上，在未接受初等教育的 1 亿多儿童中，至少 6 000 万是女童；在 9.48 亿成人文盲中，2/3 是妇女。[③] 这些不平衡反映了教育不平等现象严重，要实现教育民主化仍需要作出艰难的努力。问题的严重性不仅在于这些数字，而且在于如果不付出更多的努力，情况会愈益恶化。照此趋势下去，未入学儿童和成人文盲数只会有增无减。这些触目惊心的数字迫使国际教育界乃至国际社会意识到让所有人都接受最起码的基础教育——全民教育的迫切性。因为让一个人接受最起码的教育，就等于让他获得了"迈向生活的通行证"，这样他才"能够更好地了解自己，理解他人，从而参与集体事业和社会生活。因此，全民基础教育绝对是至关重要的"。[④]

1990 年，在泰国宗滴恩召开的世界全民教育大会上，联合国教科文组织等国际组织首次提出了"全民教育"的概念，其基本内涵是：扫除成人文盲、普及初等教育以及消除男女受教育之间的差别。全民教育是联合国教科文组织五大部门计划活动的重中之重，也是联合国系统包括世界银行、儿童基金会、开发计划署、人口基金、粮农组织、艾滋病署等专门机构共同参与的重大活动。宗滴恩会议提出了全新的全民教育的设想，但是各国政府及教育部门对全民教育包括基础教育有各自的解读。在 20 世纪 90 年代的最初几年，几乎所有国家无一例外地将实施全民教育的着眼点放在了正规的基础教育上，世界各国都采取了一系列措施，过去十年基础教育在全球范围内取得长足的进步，普及基础教育的目标在世界范围内得到认同。2000 年，联合国教科文组织世界教育论坛通过了《达喀尔行动纲领》，确认了为每个公民和社会实现全民教育的六项目标，从而使全民教育的目标更为具体化并确定了时间表。从此每年召开世界全民教育高层会议，讨论全民教育六项目标中的一项。高层会议被视为监督和指导全民教育目标实现和发展的最主要的机制。第一至四届高层会议分别于 2001 年、2002 年、2003 年和 2004 年在法国、尼日利亚、印度和巴西召开，2005 年第五届全民教育高层会议

---

① 联合国教科文组织：《世界教育报告（1991）》，人民教育出版社 1992 年版，第 81~83 页。

② 赵中建：《全民教育：一个全球性的课题》，载《比较教育研究》1997 年第 2 期。

③ 赵中建：《教育的使命——面向 21 世纪的教育宣言和行动纲领》，教育科学出版社 1996 年版，第 10~52 页。

④ 联合国教科文组织国际 21 世纪教育委员会著：《教育：财富蕴藏其中》，联合国教科文组织中文科译，教育科学出版社 1996 年版，第 68 页。

由中国承办，其主题是："扫盲工作与农村教育"。会议主要内容是：总结实现全民教育目标过程中取得的成绩；教育在农村人口实现千年目标中的作用；实行教育的性别平等以确保千年发展目标与达喀尔目标的协调；为全民教育筹集资金，发布联合公报。可见，全民教育不仅是教育问题，还是发展问题。全民教育六大目标（扫盲、发展幼儿教育、普及初等教育、促进男女教育机会平等、生活技能培训、全面提高教育质量）中，有三项（扫盲、普及初等教育、促进男女教育机会平等）已列入联合国大会通过的"千年发展目标"。推动全民教育的发展与推动"消除贫困、男女平等"的千年发展目标密不可分地结合在一起。

全民教育思潮与基础教育改革关系紧密。在联合国开发计划署（UNDP）、联合国教科文组织（UNESCO）、联合国人口基金（UNFPA）、联合国儿童基金会（UNICEF）和世界银行（WORLD BANK）所共同参与编写的《2000 年全民教育评价技术指南》中，"基础教育指为了满足世界全民教育大会（1990 年，泰国宗迪恩）中所定义的基本学习需要而在不同国家开展的全部教育活动。它包括正规学校教育（小学及初中）和广泛的非正规教育以及为了满足不同年龄、层次人们基本学习需求的非正规公立和私立教育活动"。[①] 显然，这里的基础教育概念的内涵和外延都得以扩大。就教育范围而言，这一概念扩展至正规教育和非正规教育的集合；就教育对象而言，它扩大到包含儿童、青少年、成人等不同年龄、层次人们的集合。概言之，基础教育就是所有人都可以享有的满足基本学习需求的教育。这个概念体现了"普及"和"平等"，印证了教育应该也必须是所有人都能享有的人权。这就是 1990 年世界全民教育大会的主旨，全民教育的核心，即"接受教育是全世界每一个人每一个民族的基本权利"。因此，所谓全民教育，其最终目标是每一个人，无论他是儿童、青年还是成人，都应获益于旨在满足基本学习需要的受教育机会。而所谓基本学习需要则是指人们为了生存下去、为充分发展自己的能力、为有尊严地生活和工作、为充分参与发展、为改善自己的生活质量、为作出有见识的决策以及为继续学习而所需要的基本知识和技能。它是一个动态发展的概念，因各国国情不同及时代变迁而在范围和满足方式上有所不同。

从上述分析比较可以看出，国际教育组织更倾向于用"全民教育"的提法来代指"基础教育"。在某种情况下，这两个概念是可以互换的。如联合国教科文组织的"全民教育计划"与我国 90 年代"重中之重"的教育发展方针（"基本普九"和"基本扫盲"）完全一致。以联合国教科文组织作为主要发起机构通过的《世界全民教育宣言》强调，儿童不应只有平等的入学机会，而且应切实

---

① UNESCO. (2000). *Education for All: the Year* 2000 *Assessment*. UNESCO, Paris, p26.

学到有用的知识技能、道德准则和价值观念。其中，特别强调了教育质量。所有这些原则与我国学校"全面贯彻教育方针"、"面向全体学生"、"全面提高教育质量"的方针十分吻合。联合国教科文组织强调，为消除贫困就要优先发展对包括女童、少数民族儿童、农村地区儿童在内的处境不利群体的教育，并捐资兴建"希望小学"，而这对我国实施扶贫计划也起了积极作用。由此，广义上的"全民教育"要求：教育对象包括儿童、青年和成人；教育过程要普及基础教育；学习形式包括正规和非正规教育；将基础教育作为终身教育的基础；面对所有国家，是国家和全社会的共同责任。而其狭义的概念则将教育对象限为儿童；教育过程要求普及初等教育；学习形式注重正规教育；将基础教育作为目的；更多地关注发展中国家，把其当做国家的责任。在实现全民教育的过程中，世界银行将"改善政策环境"作为全民教育唯一最重要的推动力。世界银行主要通过以下多个领域的活动推进全民教育：（1）创造学习机会，促进教育平等，提升学业水平；（2）以女童教育为重点，降低辍学率，提高巩固率；（3）帮助教育系统应对艾滋病；（4）促进儿童早期发展；（5）促进冲突结束地区全民教育的发展。

第二节　多元破解教育公平难题

当今世界，接受公正的教育，不仅是一种个人的追求，而且是政府为减少失业救济、贫困补助等财政性支出采取的战略措施，由此，教育公平（主要是教育机会平等）已成为世界教育发展的主流。美国兰德（Rand）公司的研究表明，教育公平，能够给政府创造巨额的财政收入，给社会带来巨大的经济效益。在教育公平问题上，人们已达成如下共识：入学机会均等，或入学不受歧视（在社会、经济、文化、阶级、民族、种族、性别、地理等方面），继初等、中等教育普及后，入学机会不均等主要体现在高等教育入学机会均等上；受教育过程中的机会均等，入学机会均等仅是进入一个"科层制的教育系统"在竞争起点上得到的机会均等，受教育过程中的机会不均等，比入学机会不均等更为严重，也更不易被识别；取得学业成功的机会均等，其标志是社会保证各社群的子女在各级各类教育中所占比例，与其家长在总人口中所占比例大致相当；不只是在获得知识方面的机会均等，更主要的是使人在获得本领方面的机会均等；不仅涉及学校教育，还涉及校外教育、成人教育、回归教育等形式中的机会均等；在国际范围内，主要是指富国和穷国之间在教育资源分布、教育设施发展、学业成功率和学业证书价值上的均等。

政府对教育发展承担着双重责任，既要不断提高教育质量，又要不断促进教育均衡发展，我们称前者为教育效率责任，后者为教育公平责任。如何更好地把握教育效率发展与教育公平发展间的张力，成为世界各国的共同课题，不同国家在结合本国国情的基础上，也以相关教育政策的出台来促进教育的均衡发展。根据对世界各国促进教育均衡政策的综合分析，我们将世界各国促进教育公平平等的策略分为五类：教育财政转移支付、教育选择、建立教育特别行动区、促进教师流动和实施积极差异策略。

一、教育财政转移支付

教育财政转移支付政策是解决地区教育发展不均衡问题的主要措施。结合各自国家行政管理体制与经济实际情况，世界各国尤其是西方主要发达国家，经过不断探索和实践基本建立起了适应本国国情的教育财政转移支付制度。通过对各国教育财政转移支付政策的梳理与分析，发现教育财政转移的支付模式和形式是不同的。其中，财政转移支付模式分为单一的自上而下的纵向转移支付模式和以纵向为主、横向为辅的转移支付模式。转移支付的形式则包括一般转移支付和专项转移支付。为了对各国教育财政转移支付政策有更为细致的了解，我们选择富有代表性的国家教育财政制度予以介绍，期待着对我国教育财政转移支付政策的完善有一定的借鉴价值。

（一）分级纵向转移支付

美国是当前最有经济实力的国家，也是教育最为发达的国家之一。但与之相应，美国又是地方分权制最为典型的国家，这使得美国教育面临着发达教育与教育不均衡的张力。美国教育的不均衡主要表现为：北部地区的义务教育优越于南部地区；东部地区的义务教育优越于西部地区；高财产值学区的义务教育优越于低财产值学区。从 20 世纪初到 60 年代，美国公立学校教育经费主要由学区承担，学区的教育经费主要来源于其房地产税，因此学区教育经费的差异主要是由学区房地产价值的差异造成的。美国各州内学区间的贫富差距直接带来了教育资源配置的不均衡，较高收入的家庭往往购买富裕学区的房子，贫困家庭则只能购买贫困学区的房子，这使得学区教育间的差异越来越大。在这种情况下，美国从联邦政府到地方各州都在为促进教育均衡发展进行努力。

既然学区教育间的差异主要是由于地区经济差异导致的，因此美国联邦和州政府都加大了对地方学区财政拨款的力度。现在美国呈现出一种教育财政投入的中央化趋势，即将义务教育的财政责任由地方逐渐上移到更高层级的政府，这主要表现在州政府承担的教育经费比例逐渐上升，并已经超过学区承担的教育经费比例，使得州政府成为教育财政责任的主要承担者。与此同时，联邦政府承担的教育经费额度也在不断增加。

1. 州政府的转移支付解决学区教育差距

根据美国宪法第十条规定：凡是联邦宪法中未授予联邦的职责一律由各州和地方政府承担。美国宪法未提及的教育事业的权力归属也就委派给了各州和地方政府，所有 50 个州的宪法也都宣布教育是本州的主要职责之一。因此，地方政府对于学区教育的转移支付在教育经费配置中有着重要的地位。从 1979 年州政府承担教育经费比例超过学区以来，美国州政府对于地方政府教育经费的补助规模逐渐扩大。但需要强调的是，州政府对教育的经费补助是以促进教育资源在学区间分配均衡，并以实现教育资源配置公平和教育均衡发展为目的的。由于美国州政府教育补助模式主要由各州决定，各州的拨款模式尽管有共通之处，但每个州的具体拨款方式都有与其他州不同的地方，概括起来主要有三种不同的财政转移支付模式：

第一，水平补助模式。这一模式以学区内学生数量为标准，给予一次性人均补助以支付地方教育，即无论地方政府财力如何，州政府给予同等的生均补助。这一模式主要以增加学区教育资源为目的，无助于消除学区教育差异，因此各州并不将这种补助模式作为主要方式，只是在体现州政府对各学区的财政支持时，给予所有学区小额的均等补助。

第二，基本补助模式，也称基数补助模式。这一模式是当前各州政府对学区进行财政补助的主要方式，即州政府根据学区的教育成本、学区的贫富程度等因素综合考虑，为各学区设定一个生均教育经费定额标准，对于比较富裕的学区，在州政府减少甚至不拨补助可以达到该定额标准时，州政府将减少甚至不给予财政补助；依靠学区财力无法达到这个标准的学区，则由州政府资助实现这个定额标准。这一模式非常有效地缩小了学区间的教育经费差距。

第三，学区能力均等化模式，也称保证税基计划。这一模式意在为每个学区提供一个相同的基础性的学生人均财产税基，而不同于基本补助模式中设定一个学生人均最低支出额。使用这一模式，不管学区是贫穷还是富裕，在相同税率下都可以筹集到大致相同的生均教育税。这一模式往往会提高贫穷地区的税率，并没有从根本上解决学区经济上的差距。

2. 联邦政府转移支付解决州级教育差距

通过各州实施的教育财政转移制度，逐渐缓解了由于学区经济差异带来的学区教育差距，但并没有进一步地解决由于各州经济差异带来教育不公平的现象。于是，联邦政府逐渐认识和清晰自己在教育发展过程中的地位和作用。尤其是随着教育人力资源理论的提出，教育的经济功能受到了前所未有的提升，因而教育对国家发展的意义被提到了国家发展战略的高度。其中教育作为提升国民素质的主要工程，受到了美国联邦政府的重视，呈现出一种义务教育财政投入的中央化趋势。联邦政府也并采取了一系列旨在将义务教育的权限由地方上移到中央的措施。例如，1980 年，美国联邦政府财政和由联邦立法产生的各类财政预算外或非联邦财政支出，总共投入 393 亿美元用于资助和推动教育改革和发展，1985 年投入了 478 亿美元，1990 年增加到 628 亿美元，1995 年猛增到 958 亿美元，2002 年达到了 1 497 亿美元。[①] 联邦政府运用这些经费设立和资助了一系列教育改革计划，仅 "转行当教师计划"（the transition to teaching program）一项，美国联邦政府 2002 财政年度就拨款 3 500 万美元，以资助地方招募优秀人才充实教师队伍，提高教师队伍质量。2006 年，美国教育部为 "转行当教师" 项目颁发了价值总额高达 7 865 995 美元的 20 个奖项。教育部部长玛格丽特·斯佩林斯（Margaret Spellings）表示，该计划旨在帮助教师力量极其短缺的学区招募、培训并保留优秀的教师力量，既包括合格的专职辅助人员，也包括有意转行当教师的非教育学专业大学毕业生。美国前总统克林顿曾宣布将通过联邦资助和税收减免的形式给学校以校舍建设、维护经费，这一政策主要覆盖特贫地区及急切需要的校区，联邦支付的总额达到 13.6 亿美元。同时还将通过税收减免的形式来补偿校区人士为校内建设发行的债券。

3. 联邦政府 "专项转移" 与州政府 "一般转移" 的结合

在美国，教育责任属于地方政府，所以地方政府对联邦政府的教育财政转移持非常谨慎的态度，并不希望联邦政府通过财政资助来获得对教育的控制权。因此，联邦政府对州政府与学区的财政转移，往往通过具体的项目来落实财政资助款，这样既可以直接贯彻联邦政府的教育宗旨，又可以避免州政府对联邦政府 "过度管理" 的担忧。对于州政府来说，除了对学区教育经费进行资助外，并不直接干涉学区的办学自主权。州政府对学区的财政转移支付，目的并不在于如何引导教育的实施，而是保证教育资源在学区间的配置保持均衡。至于各学区如何使用教育资源，学区仍然是上级政府财政转移支付资金的最后支出者，学区有权根据本学区情况对获得的资金和学区自筹资金作统一分配和使用，包括对教师工资的确定和发放。这保证了学区的办学自主权并没有因为州政府的资助而被分化与削弱，使得学区教育能够在办学自主权的协调与统一中获得全面与可持续的发展。

---

① National Center for Education Statistics, Federal Support for Education: Fiscal Years 1980 to 2002, Washington, D. C.: US Department of Education, Oct. 2002.

（二）基于"要素分担"的资助模式

在教育财政转移支付过程中，上级政府并不希望通过财政转移支付而松懈下级政府的教育责任感，于是他们往往通过资助教育活动中的特定要素，并要求教育活动中的其他要素与资助要素保持一致，从而在促进教育均衡发展的过程中，也整体提高教育的效率与质量。在"要素分担"的资助模式中，又存在两种情况：一种情况是上级政府独立资助某种要素，包括中央政府独立资助某种要素与地方政府独立资助某种要素；另一种情况是上级政府按照不同比例资助多种要素。前者以法国与德国为典型，后者以日本为典型。

1. 法国：中央政府独立资助特定教育要素

法国的中央财政通过国民教育部把义务教育教师工资直接划拨到教师的个人账户，从而承担了70%以上的义务教育经费。与之相应，义务教育的校舍建设与学校行政经费则由地方政府负担，市镇政府和省级政府分别负担小学和初中的相应费用。由于义务教育教师的工资得到国家强有力的保障，而地方政府只是承担其中份额较小的教育经费，并辅之以政府间一般性转移支付和对处境不利群体、地区性的特别扶持制度，这样就有效地解决了地区间义务教育发展不平衡的问题。

2. 德国：州政府独立资助特定教育要素

德国的义务教育经费主要由州政府负担，在义务教育公共支出中，州政府承担了75%的份额，市镇政府承担了20%的份额，中央政府所占比重仅在3%左右。德国州一级政府也是以承担教师工资的方式来予以资助的，即由州政府直接转移给教师个人。这部分转移不体现为义务教育专项转移支付，州政府承担了义务教育公共经费的75%左右，仅有少量的部分由州政府转移给市镇政府。德国最富有特色的地方，就在于州政府之间的横向财政转移支付模式。德国各州政府之所以有能力承担教师工资，正是因为州政府的财力通过完善的州级财政平衡得到了保障，使得人均财力的州际差异缩小到了尽可能低的程度。德国并没有专门设计的一套义务教育财政转移支付制度，但这并不等于德国不存在义务教育转移支付，各州间义务教育财政的平衡体现为事前各州间财政的横向转移支付，即通过一般性转移支付实现的州际财政能力的平衡。

3. 日本：中央政府按照不同比例资助多种教育要素

日本采用各种教育要素所需经费由中央、地区和当地三级政府共同分担的资助模式。在日本，中央、地区和当地三级政府共同分担相当比例的义务教育经费。在日常性经费中，义务教育教师工资由中央政府和都道府县政府各负担一半，教师以下的图书管理员、伙食调理员、警备员等职工的工资由市町村政府负责；学生的补助和奖励由中央和市町村政府各自负担一半；教科书经费全由中央政府承担，其他的教材、设备、图书等由中央和市町村各承担一半；学校的基本建设费由中央政府承担三分之一到二分之一，剩余部分由市町村承担。从总的教育经费支出来看，中央和地方政府分别承担了义务教育总经费的四分之一和四分之三。日本通过三级政府参与多种教育要素的共担，能够最大化地调动不同层级政府的办学积极性，而且通过中央和地区两级政府不断调整不同教育要素的分担比例，能够有机地促进不同区域的教育均衡。这种资助模式在理论上较为切实有效，不足之处在于执行过程非常烦琐，很难监控不同层级政府的资金是否同步到位。

（三）中央政府直接资助学校的转移支付模式

英国义务教育财政转移支付包括对地方教育当局所属学校的转移支付和对中央直接拨款学校的转移支付。在1994年，英格兰学校拨款局（该局是中央负责向直接拨款学校拨款的管理部门）成立以前，中央政府负担义务教育的比例在10%以下，转移支付的力度很小。在学校拨款局成立之后，中央直接拨款学校发展很快，使得中央政府在义务教育领域的负担比重也有一定程度的提高，但这部分经费主要是拨给了直接拨款学校，并不体现为中央政府与地方政府间的转移支付。因此，从转移支付的额度来看，中央政府的力度较小，而地方政府承担了大部分义务教育经费。但它的特色之处在于，中央政府本身承担了大量不归地方政府管辖的直接拨款学校。英国政府对直接拨款学校的资助是促进教育均衡发展的少有模式，这种资助模式的确可以通过中央政府对特定学校的支持而促进区域间的教育均衡，但由于同一地区同时存在地方拨款学校与中央政府直接拨款学校，反而让区域内的教育均衡发展受到挑战。

二、教育选择

财政转移支付政策是一种自上而下的、由中央政府发起并广泛参与的促进教育均衡发展的策略，这也是被当前世界各国广泛采纳的方式，但财政转移支付政策仍然被大家认为是政府系统内部解决教育均衡发展的方法。要真正促进教育均衡发展，还需要采取自下而上的、由学生及其家长通过教育选择的策略来推进。目前教育选择政策在美国教育体制中最为成熟与完善，主要表现为美国对择校制度的鼓励与完善。

美国"择校"运动的理论基础是萌芽于20世纪50年代，形成于20世纪90年代的教育选择理论。该理论认为教育选择的理论基础，在于人生而自由的最根本的哲学理念和信条，即人人享有政治、经济、文化、安全、言论等自由；享有自由选择政治、经济、文化以及教育的权利。也就是说，教育选择权利本质上是一种不可剥夺的基本人权，对学生及其家长教育选择权利的认可与保护，就是对他们基本人权的认可与保护，美国政府也以相关的政策与法案确认了公民的教育选择权利。布什总统于 1990 年春天宣布了《美国 2000 年教改法案》。在该法案中他明确提出要推行择校制度，并主张将选择范围扩大到公立学校与私立学校之间。1991 年布什总统签发《美国 2000 年教育战略》，其重要内容之一便是鼓励择校。在以后美国各任总统任职期间都在教育上给予更大的关注并发展了择校制度，使择校作为一种制度在美国被认可并确定下来，择校行为在教育实践中得以不断发展。关于美国中小学学生就学的总体情况，根据有关资料统计，在 1998 到 1999 年度，美国全部中小学学龄人口中，4 200 万学生就读于传统的公立学校，约占总人数的 80%；590 万学生就读于传统的私立学校或教会学校，约占 11%；100 万的学生在家接受教育即家庭教育，占学生总数的 2%；310 万的学生就读于特许学校或参加教育凭证计划，占学生总人数的 6%。[①]

在美国，教育选择的内容十分广泛而复杂，远远超过了我国单纯的教育质量选择。美国教育选择内容主要包括以下三个方面：第一，对学校类型的选择，即各种不同社会背景的学生及其家长可以根据自己的教育需要，选择进入公立学校或私立学校、教会学校或者非教会学校、学术类学校或职业类学校。第二，对教育类型的选择，即学生及其家长可以对特定教育计划、教育形式或教学方式进行选择。各个学校的课程设置，特别是选修课程的设置，可能大不相同；各个学校的校风可能有别；各个学校的办学特色和教学方法也可能差别较大；各个学校的校规和校纪也不尽相同，学生及其家长有权根据自己的教育需求进行选择。第三，对教育质量的选择。教育质量受各种因素的综合影响，各个学校由于教育理念与教学资源配置与使用的不同，学校教育质量和办学效益是不同的，甚至差别还很大。因此，学生及其家长有权根据自己的经济状况选择不同质量的学校接受教育。目前美国教育选择的形式主要表现在磁石学校、特许学校、教育券制度、学费税收减免制和家庭学校。

（一）就近入学政策与磁石学校的并存

从 19 世纪 20 年代开始，美国就掀起了一场公立学校运动，并由此加速了义务教育的普及。自 1852 年马萨诸塞州颁布第一个《义务教育法》之后，其他各州也相继制定了自己的《义务教育法》，创立了美国现代义务教育体系。从此美

---

① 赵中建：《近年来美国学校管理改革述评》，载《教育研究》2001 年第 5 期。

国所有的适龄儿童都必须接受规定年限的学校教育，同时为使义务教育顺利推行而规定了"就近入学"的原则。美国适龄儿童在享有接受教育权利的同时，失去了教育选择的权利。到了20世纪70年代，体现公共选择精神的公开招生制度和磁石学校开始出现。公开招生就是允许适龄儿童到居住地以外的公立学校就读；所谓磁石学校就是以学校自身独特的设施和专门化课程吸引本学区或学区以外学生的学校。这样学校共同特点就是打破学生只能在居住地入学的传统，使学生可以在更大的公共教育系统范围内进行教育选择。因此，可以说磁石学校是就近入学原则的间接产物，却是公开招生制度的直接产物。磁石学校往往奉行特定教育理念或者在课程计划方面独具特色。这类学校教学管理严格，教学质量优异，注重培养学生切实的、适合市场需求的职业技能，在招生上实行开放的入学制度，推行并坚持生源多样性。磁石学校特别利于学生及其家长对教育类型的选择，此类学校主要关注公立学校不能满足的教育需求，尤其在废止种族隔离、培养学生音乐、语言或技术方面，发挥独特的作用。正是这些富有特色的办学风格使得磁石学校受到了学生及其家长的广泛欢迎，学校数量大幅增加。目前，磁石学校有三种主要形式：小规模高中、高科技高中、虚拟学校或网络学校。

（二）特许学校：公办民营学校的尝试

特许学校是一种非宗教性质的公立学校，它的运作具有很大的自由，不受传统公立学校所受的诸多管制。特许学校表面看来是一种公共教育选择的形式，但实际上是一种公校私营，带有强烈的市场选择性质。特许学校的具体实施过程是：由社会中的教育公司或者个人与地方教育委员会签订合同，接管和运营办学质量差、家长满意度比较低的学校；教育当局按当地生均教育经费标准为承包者提供经费支持，并提出办学的质量要求；学校的承包者制订教学法计划和质量指标，全权负责学校的管理，包括选聘教师、确定课程、教学内容、教学方法以及日常管理。开展特许学校的目的是希望通过引入市场机制，提高公立学校的办学质量。这种办学形式始于1990年，发展势头很快，目前在美国已经有1 700多所，其中成就最为突出的是爱迪生公司，它管理着79所不同类型的特许学校，这样学校共有学生38 000名，分布于美国17个州。特许学校具有着眼于学术成就、对家长负责、为学生提供多样化教学等特点。特许学校的承包者必须按期按质完成协议所规定的教育质量，主要是推动所在学校的学术发展。这种目标驱动型的办学模式，既给原本垄断的教育系统带来了竞争，又借机改造了这些薄弱学校。通过对特许学校的引入，改变了公办教育领域内历来只重视学校教育资源投入而不关心学校教育质量提升与教育产出的思想。

(三) 教育券制度与 "学费税收减免制": 教育市场选择的 "助推器"

教育券制度就是政府补贴的学费以学券的形式发放给学生家长, 学生家长可以使用该学券在政府批准的任何学校中支付其子女上学所需的学费或是支付学生所选修的课程或参与其他教育项目的费用。在教育实践中, 学券更多地用于支付到私立学校上学所需的费用, 这属于教育市场选择。最早的教育券制度出现在1990年的威斯康星州的密尔沃基, 其实施的范围从1 000人扩大到15 000人, 过去只有非教会学校可以参加这种项目, 从1995年开始教会学校也可以参加这种项目。1995年俄亥俄州议会通过立法, 在克利夫兰实行教育券制度, 允许来自低收入家庭的2 000名学生接受政府的资助, 选择在教会或非教会学校学习, 这是美国第二个实施教育券制度的城市。1999年佛罗里达州在全州范围内实行了教育券制度, 在办学条件差的学校, 所有学生都可以享受政府财政资助, 选择在私立学校就读。除了政府发放的学券以外, 也有一些私人和企业向学生提供学券, 资助落后公立学校的学生改变自己的学习处境, 到1998年为止, 美国共有30多个城市发放了私人性质的学券。

实行教育券制度的基本思路是把竞争机制引入原本封闭的公立学校体系, 通过教育券制度促进公立学校内部的优胜劣汰, 从而改变公共教育制度僵化、效率低下的问题。事实上, 教育券制度通过对市场机制的引入, 充分调动了办学机构和教师的工作积极性。与此同时, 也帮助了低收入家庭的学生同样能享受到平等的, 尤其是优质的教育资源。所以, 教育券制度最大的优势, 就在于既能够向学生提供更多的教育福利, 又使学校有了办学自主权与积极性, 同时还把受教育的选择权还给了学生。所以, 中小学实施教育券制度的确可以促使教育机构平等、教育效率提升和教育自由选择权增大之间的和谐与平衡。

此外, 美国的一些州规定, 当纳税人为其上私立学校的孩子缴纳学费时, 他可以申请一定数额的税收减免, 以支持家长的教育选择行为。采取这种制度的理由是, 公民已经通过向国家缴纳的税款支持公立学校, 当他的子女上私立学校再缴费时, 就意味着他们将为自己子女接受的教育服务支付双重的教育费用, 而这明显是不公平的。学费税收减免制一般是根据纳税人的收入税而减免的, 且所减数额占学费的比例是固定的, 减免的数额有一个上限限制, 但通常并不限制每家上私立学校的子女数。

(四) 家庭学校与企业参与办学

在美国, 有一部分对学校教育感到失望的家长, 开始让孩子从学校退出在家里接受教育, 政府也对家长的这种行为表示理解与支持, 并认为家长举办的家庭学校是对公立教育体系的补充。许多美国家长选择家庭学校一个很重要的原因，就是这种教育模式的效果很好。有研究表明，家庭学校的学生在全国范围的标准化学术测试中胜过公立学校的学生，各个科目分数的差异都在 30 到 37 个百分点，数学能力则高 32 个百分点。这种教育形式重视父母对子女教育的参与，能够有效地促进学生努力学习。此外，由于家庭学校的学生有充足的时间积极灵活地参与社会活动，可以经历家庭之外的多种社会场景，与除家人之外的不同类型的人广泛接触，其社会化程度比公立学校的学生更高。

20 世纪 90 年代美国教育领域中最引人注目的变化就是企业界直接介入教育领域，参与学校的建设、经营和管理，甚至是直接控股公司学校，这是一种由公司主办的新兴的私立学校。这种学校的收费与公办学校相近，专门为那些想让子女受最好教育却上不起贵族式的私立学校，又不愿把孩子送到教会学校去的家长们提供学校教育服务。其中较为有名的如 IBM、苹果电脑公司、教育选择公司和诺贝尔教育动力公司等。这类学校共同的特点是追求以较低的教育成本提供较好的大众化教育，而不是以较高成本创造高质量或者特色的精英教育。因此，这种模式成为公立学校的主要竞争者，促使公立学校不得不进行自我变革与优化。

三、特别行动区政策

在教育发展过程中，教育的发展程度往往与当地经济发达程度成正比，而经济发达程度往往与当地的地理环境、人文传统、自然资源有着密切的关系。因此，教育欠发达地区与经济落后地区一样，往往具有区域性的特点。为此，各国政府在促进教育均衡发展过程中，都或多或少地对这些欠发达区域的教育采取一些特殊的政策，以保证这些区域的民众能够接受更为平等的教育。

（一）法国的"优先教育区"计划

法国对处境不利的地区实施一项被称作"优先教育区"（ZEP）计划，以便对处境不利社区的学校给予特别支持。其中一项重要措施就是提高在优先教育区内任教教师的工资待遇。政府对优先教育区内的教师给予特别津贴。凡在优先教育区内小学和初中任教的教师均能享受该项津贴，计入教师工资，由国民教育部支付。从 1994 年起，凡初次作为公务员被分配到某些难以招聘到教师的地区任教的教师，每年可享受 12 594 法郎的补贴，而且为期三年。此外，还对优先教育区提供更为优惠的教育举措：第一，降低教育优先区内每一个教学班的学生人数，为教育优先区内的学校配备更多教师以实现对学生的个别辅导；第二，为了提高小学生学业的成功率、降低小学的留级率，在教育优先区内鼓励两岁儿童进入保育学校，使处境不利儿童能够较早地接受正规的学前教育，从而弥补因家庭环境不利所带来的不足；第三，提高教育优先区内任教教师的工资待遇，主要是国家对教育优先区内教师提供特别的津贴。

（二）英国的"教育行动区"计划

英国的"教育行动区"计划，是在对原保守党提供的教育市场化政策进行批判的基础上提出来的。在以撒切尔夫人为首的保守党执政期间，英国教育界大力提倡教育市场化，强调教育的选拔性与对精英人才的培养。当英国工党执政后，开始将教育变革的重点从教育市场化转变为教育均衡化发展。正是在这种背景下，教育行动区计划正式出台了。该计划是英国工党政府积极引进校外力量，以公立私营、学校和社区共建等方式改造薄弱学校的大胆尝试。

英国的教育行动区往往设在因教育质量低下，学生学业成绩不佳，需要特别支持的城镇和乡村地区。在这些地区，人们普遍认为，继续依靠以地方教育当局为主导的管理体制已无法扭转学校的不良状况。为了提高这些地区学校的教育质量与学生的学业成绩，政府允许社会各界，尤其是富有管理经验的私营工商企业提出申请，在学生学业表现欠佳的教育薄弱区域成立教育行动区，接管所属的公立学校。每个教育行动区所属的学校总数不超过20所，通常包括两到三所中学以及为他们输送生源的小学。这种教育行动区类似于美国的特许学校，只是特许学校是一所一所的签订"公办民营"的协议，而教育行动区则是整体签订"承包合同"。

英国的教育行动区享受政府制定的一系列教育优惠政策，主要包括：第一，在课程方面，教育行动区的加盟学校可以和私立学校一样不受国家课程的束缚，他们可以根据自己的教学理念自主设计课程以适应当地的需要。在课程实施方面也可以进行更为灵活自由的变革，根据学生的学习心理状态开展教学活动，以激发学生的学习积极性，提高学生的学业成绩；第二，在人事方面，教育行动区可以不受现行的全国性教师聘任条例的约束，教育行动区的加盟学校可以通过提供更加诱人的待遇，吸引优秀的学校管理人员担任教育行动区加盟学校的校长，并招聘更多优秀教师以增强加盟学校的教师力量；第三，在教育资源方面，政府鼓励各教育行动区采取措施实现加盟学校在校舍、图书和设备等方面的资源共享，以规模效应来提高教育资源的使用效率；第四，在经费方面，政府将在日常预算之外每年向每个教育行动区提供25万英镑的追加拨款，并希望行动区每年也能从工商界筹集数目相等的配套资金。自1998年秋英国政府批准成立第一批教育行动区，至2001年已经成立了73个教育行动区，大多数行动区都位于英格兰最贫困的城乡地区。在教育行动区计划运行的几年时间里，该项制度对于加强薄弱学校建设、提高学校管理效率、推进国家教育改革等方面都积累了丰富的经验。

不过教育行动区的效果似乎并不是特别理想。有研究认为，英国曾经尝试过用私有化的方式来改造公立学校甚至教育管理部门，但是并不成功。比较典型的例子是 1997 年英国工党执政后曾用公校私营的方式在学生学业表现不良的地区建立"教育行动区"，然而，2001 年 11 月，英国教育部官员宣布，实施四年之久的教育行动区方案因无法吸引民间企业参与，且无提升学校水平的显著绩效，被紧急停止。因此，政府不再推进私有化，而是把重点放在提高公共教育部门本身的效率上，把提高公共服务质量放在第一位。

（三）英国的"追求卓越的城市教育"计划

与我国城市教育成为优质教育的代名词相反，在英国，由于公立学校大多处于工人、贫民等下层阶级以及少数民族聚居的城市和大都市的内城区，教师、教学以及学生的学业成就等方面都存在严重的问题，因此城市里的公立学校往往被视为薄弱学校，城市教育在英国也变为教育质量低下的代名词。针对这种情况，英国政府于 1999 年 3 月出台了新的行动计划——"追求卓越的城市教育"计划（excellence in cities，简称 EIC 计划）。追求卓越的城市教育计划为期三年，第一阶段主要针对城市地区的中学进行改革，从第二阶段起，这一改革开始向一些地区的小学延伸，并通过追求卓越的群体和追求卓越挑战两个子计划分别延伸到城市外围的贫困群体和 16 岁以后的天才学生。

追求卓越的城市教育计划的具体内容如下：第一，大力变革学校的运作方式。该计划强调通过在每个地区建立地方伙伴关系组织来加强学校间、学校和地方教育当局间的合作。地方伙伴关系组织的主要职责是实施对学校的管理，在此组织中，地方教育当局虽然是一个重要的成员，但并非处于支配地位，它的主要作用在于协调该计划与"教育发展规划"、"行为支持计划"等地方教育当局自身计划间的关系。地方伙伴关系组织的唯一职责是实现区域教育的整合。第二，建立学校发展支撑体系。该活动包括：设计学习辅导员，主要用来解决校内外影响学生有效学习的各种障碍，为在学习上有特别需要的学生提供帮助，以减轻教师的压力，使他们有更多的时间和精力投入到教学之中；设立学习支持单元，为受排斥的学生按照他们的需求，制定独立的短期教学和支持计划，进行个别指导，使学生在学校的学习得以继续，帮助他们尽快回到班级主流环境之中；建立城市学习中心，为伙伴学校的教师和学生以及社区提供广泛而多样的活动。第三，提供多样化的教育方式，该活动包括：天才学生发展计划，该计划主要面向每所中学 5% ~10% 的天才学生，提高他们的学业标准，进行校外学习支持，并通过参加"大学暑期学校"等为他们的发展创造条件；设立更多的专门学校，即任何中学都可以申请在数学与计算、科学、工程、艺术、人文、音乐等 10 个专业领域中的某一个领域成为专门学校,以满足不同学生的兴趣需要和学习需求。

(四) 英国的"教育优先区"计划

教育优先区是指被政府列为物质或经济极为贫乏和不利、须优先予以改善以利于实现教育机会均等理念的地区。世界上许多发达国家和地区在改善处境不利地区和群体的教育状况过程中都曾实行过这一政策,英国是诸多教育优先区计划实施者中的典范之一。英国自 1994 年实行教育法案以来,虽然明确提出了教育机会均等的目标,但教育机会的不均等一直到 20 世纪 60 年代仍然很严重,尤其是贫困家庭子女普遍教育成就很低的现象依然存在。英国中央教育咨询委员会在 1967 年发表了《普劳顿报告书》,该报告指出:"处于最低劣的贫穷与不利状态的环境中,直接而明显影响到学校和学生的学业成就,教育机会均等理念的实现,广大劳工阶层子女的未来已迫使我们不得不思考教育改革的方案。"该报告最引人注目的是提出了一个全国性的教育补偿计划即教育优先区的设计。这一计划超越教育机会均等的形式公平,以进一步补偿的方式实现"积极差别待遇"的实质公平。自《普劳顿报告书》引进"积极差别待遇"的概念之后,在英国社会,教育机会均等的内涵亦由入学机会及接受共同教育经验机会均等,扩展为使处在社会经济不利地位的学生有得到补偿文化经验和教育资源不足的机会。

英国的教育优先区计划是基于福利国家的理想,根据"积极差别待遇"的理念,为文化不利地区学生提供积极性的补助,使其能充分发展学习潜力,从而可以与其他地区的学生公平竞争,以求得在教育发展机会上的均等。《普劳顿报告书》还提出了进入教育优先区的具体指标,包括父母的职业、接受政府经济补贴的情况、学生逃学缺课情况、学习障碍学生所占比例、教师流动率、学生辍学率等。以上这些教育优先区的指标是用来界定处于不利环境的学校和地区,使其成为政府补助的对象。作为一项教育政策,"教育优先区"规定了一系列界定需要特殊援助的学校的指标,符合指标的学校被指定为教育优先区学校,政府加大对这些学校的投入,使其校舍、教学设施、图书资料、教师水平等方面尽快达到全国的平均水平。就其发挥的作用而言,教育优先区计划是教育机会均等理想目标的积极实践。

(五) 美国的"农村教育成就项目"

相比美国城市的富裕,美国农村地区的贫穷仍然是存在的,而且这种贫穷还使得农村地区公立学校教育质量不高的问题长期存在。农村社区学生学业成绩普遍不高，差别较大，大学升学率为 37.4%，明显低于城市的 42.8%，且多为社区学院和一般大学。由于经济差异导致的城乡教育机会不均等由此可见一斑。据美国 2002 年人口普查统计显示，占总人口 17% 的 0.49 亿农村人口分布在占美国四分之三的国土上；在 1998 年到 1999 学年，美国 31% 的公立学校、21% 的公立学校学生、40% 的教师是在农村和小城镇，但他们只得到了 23% 的联邦教育拨款。根据 1995 年到 1996 年联邦教育部的调查，大城市公立学校学区每年生均投入为 7 010 美元，而在农村公立学校学区，这项开支只有 5 302 美元。面对农村社区中小学教育机会不均等的现实，在 1965 年国会通过的《初等和中等教育法》第一编提出的 "为教育低收入家庭的儿童给地方教育机构提供财政援助" 条款的基础上，为有效应对农村社区中小学教育的特殊需要，2000 年 12 月克林顿总统签署通过了美国历史上第一个专门针对农村教育的拨款法案—— "农村教育成就项目"（rural education achievement program，REAP），2002 年 1 月，小布什总统又对该项目重新授权。REAP 通过专项拨款实现其对州和地方学区教育发展的影响和教育政策的引导，为农村学区提供更强有力的资金支持和灵活政策，以解决当前公式拨款[①]中存在的特殊问题。项目资金主要投向下述几个方面：提高不利儿童的学习成绩、培训和招聘合格的教师和校长、利用技术改进教育、建立安全的没有毒品的学校和社区、实施创新计划、加强针对英语熟练度有限和移民儿童的语言教学。REAP 项目包括两个子项目，一是小型和农村学区成就项目（SRSA），二是农村和低收入学校项目（RLIS）。SRSA 旨在帮助那些由规模运营和农村特殊背景造成问题的小型学区，它包括两个层面：（1）农村教育成就项目弹性化（REAP-Flex），就是给予地方教育机构在花费其他联邦项目资金方面更大的自主权，可以在 REAP-Flex 规定的项目范围内根据情况发展，灵活变更资金的使用方向；（2）小型、农村学校补助项目（small，rural school grant program），就是给予有资格的地方教育机构在使用州管理的联邦项目下的公式拨款时有更大的灵活性，也直接向地方教育机构投入资金，目标指向地方教育机构为提高学生成绩而开展的一系列活动。RLIS 则向人口贫困指数在 20% 及以上的贫困农村学区提供附加资金，资金涵盖了教师职业发展、利用新技术等诸多用途，这对那些财产税基础薄弱但亟须资金的学区尤为重要。RLIS 项目由联邦以公式拨款的方式支付州教育部门，作为他们向符合条件的地方教育部门拨付竞争性或公式拨款的补偿。

---

① 公式拨款是根据某种数学公式和相关统计数据，确定有资格的受款者及拨款金额。

（六）墨西哥：小型学校开发计划

在墨西哥全境约有 35 000 个社区，约 30 万学生的受教育情况因地处偏僻山区而使教育部无法直接触及，这些社区中的一部分学生主要靠墨西哥国家教育促进委员会举办的小型学校开发计划服务进行教学活动，这种活动属于社会建构的非正式活动，但却为贫困山区的教育作出了巨大的贡献。小型学校开发计划的主要框架是：政府出资、社区合作、教师兼职与分层复式教学。

政府每年为这些社区教育拨款折算成人民币约 1.5 亿元，这些钱一部分用来支付教师的工资（在这些小型学校工作的教师多为在校生，他们服务 10 个月可以获得约 30 个月的奖学金），还有一部分用于交通费、搬家费及培训费用。小型学校的教师基本都来自农村社区，小型学校教师多是初中毕业的高中在读学生，初中教师多为高中毕业的大学在读学生，他们到学校工作既为了获得社会实践能力，又可以获得奖学金以完成后续教育。由于教师工资的 80% 都是由政府拨款，所以不管多么贫困的地区都可以给予教师工资保障。在教学点的选择上主要依靠社区的支持，在征求社区群众的意愿，并在满足基本条件的基础上，由国家教育促进委员会与社区签订协议。这种学校属于小型学校，所以设立起来比较灵活，也可以经常搬动以满足社区教育的变化。

这种教学模式刚开始时，有人认为这种教学点只是一种应急的组织形式，是针对边远农村地区人口少而进行的应急措施，是解决贫困山区教育的权宜之计。但随着持续进行了 30 多年，这种模式逐渐成为一种很有特色和实用价值的社会建构主义教学模式。

四、教师流动

在学校教育中，尽管教育经费起着非常重要的作用，但它并不是唯一重要的因素。学校教师力量虽然依赖于学校办学经费的充裕程度，但由于教师并不是一个完全市场化的职业，这就降低了学校教育经费充裕程度与教师水平之间的相关程度。正是基于这样的考虑，在促进教育均衡发展的政策中，单独对学校教师力量的配置进行分析就显得特别有必要。从目前世界各国的经验来看，对教师的"定期流动制"与对边远地区教师予以补贴的方式，对促进教育均衡发展起到了非常明显的效果，对解决我国教育教师发展不均衡的问题有一定的启发和借鉴意义。

（一）澳大利亚：边远地区激励计划

澳大利亚的边远和农村地区比较难以吸引教师，为了鼓励教师到这些地方教学并在最低服务期满后仍留在当地工作，大多数州都为这些教师提供特别的奖励和培训。例如，昆士兰州设立了边远地区激励计划（remote area incentives scheme），为在边远农村学校工作的教师提供经济上的资助，包括：第一，每年1 000 澳元~5 000 澳元不等（根据学校的远近和条件不同分等）的补偿金，加上一部分交通补贴；第二，服务期满后仍然留在当地工作的教师每年另外再有2 000 澳元~5 000 澳元的奖励金；第三，给新分配到边远地区的教师提供入门培训，帮助他们适应边远地区的教学需要；第四，额外增加 5 天~8 天的假期，让教师可以到中心城区处理一些个人的紧急事务，包括看医生等。新南威尔士州教育局开发了一个称为"超越界线"的教师职前教育项目，二年级、三年级和四年级的师范生要到农村学校访问三天，使师范生获得在农村地区生活和教学的第一手经验。2001 年参加该项目的 19 名学生在完成学业后于 2002 年接受了担任"超越界线"学校长期教职的任命，另有一些接受了临时教职。2002 年，来自 8 所大学的约 400 名学生参加了该项目。

（二）瑞典：个别化教师工资系统

瑞典从 1995 年起废除了教师等级工资制度。地方教育局和教师之间建立起雇佣关系，地方教育局聘任教师的时候通过协商决定工资，以此来提高地方的自主性和学校管理的灵活性。中央只规定教师工资每过 5 年提高一次，但不规定增加的幅度，加多少要通过教师与地方教育局协商决定。

工资的协商主要考虑以下几方面的因素：第一，教师的资格。高中教师要比义务教育和学前教师工资高；第二，劳动力市场的情况。教师严重短缺地区的教师工资会高一些，有些比较短缺的学科，例如数学和科学，教师工资也可以高一些；第三，教师的绩效。中央要求工资提高的幅度与成绩的改进相联系，使学校对承担同样的教学任务但绩效不同的教师区别对待；第四，教师的责任范围。如果教师工作辛苦，比一般人承担更多的教学任务或管理、辅导任务，校长可以奖励教师。实施改革后，教师之间工资的差别比过去大多了，对于在教师短缺地区任教的教师以及教学卓有成效的教师来说，可以商谈的余地更大了。

从学校和劳动力市场的反应来看，该政策确实能够帮助学校解决教师短缺的问题，也使教师能更好地满足学校的需求。公立学校与私立学校之间、城市与城市之间，教师岗位的竞争和流动都增加了。从 1995 年以来，教师到另一个城市去工作的概率增加了一倍。学校也尽可能为他们需要的教师量身定制补偿方案

（包括工资、班额、工作条件）。瑞典能够顺利实施这一制度，关键在于得到了中央财政的支持，保证低收入的城市也能吸引到有竞争力的教师。然而，通过个别化工资制度和特别制定补偿方案的方法来解决教师短缺的问题，其实施的范围最终还是会受到城市经济水平的制约。

（三）日本：教师定期流动制

日本当代教育非常发达，教育均衡化也达到相当高的程度，其中教师的定期流动制功不可没，它是促进校际之间教师均衡发展，进而促进校际之间教育均衡发展，以及最终实现整体教育均衡发展的极为关键的途径。日本的教师定期流动制始于第二次世界大战后，主要在公立基础学校范围内实施。20 世纪 60 年代初，该制度逐步趋于完善。按日本法律规定，日本公立基础教育学校教师属地方公务员，政府对他们的管理有一套比较完善、规范的制度和法律。日本中小学教师的定期流动属公务员人事流动的范畴，其主要目的是：不断提高教师的工作热情和创新能力，帮助教师积累多种教学经验；合理配置教师资源，保持学校之间教育质量与教育水平的均衡；打破公立教育封闭状态，使学校办学始终充满活力。

日本教师的定期流动，从地域看可分为两种情况：一是同一市、街区、村之间的流动；二是跨县一级行政区域间流动。从日本文部省 1996 年度的统计资料来看，小学、初中教师流动的比例最大。当年有 96 033 名教师实行了流动换岗，流动率为 17.1%，其中 52 105 名教师是在同一市、街区、村之间流动，占流动总数的 54.3%。[①] 可见教师流动的地域以就近为主。各类学校跨县一级和"政令指定都市"一级行政区域流动的仅有 797 人，比例最小，且主要集中在较大城市之间，偏僻地区学校同其他地区学校之间以及不同类型学校之间教师交流的比例大致平衡。

从流动的学校种类来看，教师既可在同级同类学校之间流动，如从小学流向小学，从高中流向高中等，也可以在不同种类学校之间流动。根据 1995 年日本文部省的统计资料，当年小学教师有 84.2% 转任到初级中学，初中教师有 84.2% 转任到小学，高中教师有 85% 转任到了特殊教育学校，特殊教育学校教师流动到小、中、高的比率分别占 40.4%、27.5% 和 32.1%。[②]

从流动对象来看，既有教师也有校长，日本文部省根据近年来教师的平均流动率推算，全国公立基础学校的教师平均每六年流动一次，多数的中小学校长一般三到五年就要换一所学校，每一名校长从上任到退休，一般要流动两次以上。

---

①② 彭新实：《日本的教师培训和教师定期流动》，载《外国教育研究》2000 年第 10 期。

日本教师的定期流动基本上都是由相关政策规定的，以东京为例，在其《实施纲要》中规定，流动的对象可分为：在一所学校连续任教10年以上以及新任教师连续6年以上者，此为硬性条件；为解决定员超编而有必要流动者；在区、市、街道、村范围内的学校及学校之间，如教师队伍在结构上不尽合理有必要调整而流动者。另外对不应流动者也作了相应的规定，如任教不满3年的教师、57岁以上未满60岁的教师、妊娠或休产假期间的教师、长期缺勤的教师等。

（四）韩国的教师流动制度

在韩国，为了使岛屿、偏僻地区及农村、渔村等地区初中义务教育顺利实施，该国把着力点放在学校设施的现代化、扩大辅助设施和福利设备，改善教育环境，使中小学连续起来办学，以及使城市与农村教员质量水平均衡。按规定每隔2~4年，教师都要在本地学校之间进行调动换班，这样做是为了保证城乡之间的教育质量一致，避免出现大城市的老师过剩而边远地区教师匮乏的现象。

五、教育发展的积极差异政策

促进教育均衡发展的根本动因，是对教育领域中的弱势群体给予资助与帮助，从而带动教育办学质量的整体发展。为此，世界各国纷纷采取貌似不平等而实质更为平等的"积极差异政策"，由于这些差异政策散布在不同的政策之中，我们在此按国别予以简单整理，虽然这些政策只能看出各国促进教育均衡发展的政策方向，也只是列举这些国家所实施的具体策略，但这对于制定我国促进教育均衡发展政策来说，还是具有一定借鉴价值的。

（一）对偏僻地区实施的积极差异政策

近年来，越南对边远山区和少数民族地区普及义务教育采取了大量的特殊政策，为这些地区的学生提供免费教科书和教具，山区各省、县都为少数民族子女开办免费的寄宿制学校和半寄宿制学校，以此促进少数民族地区教育的发展。韩国在经费有限的情况下，分步骤、有计划地实施义务教育。政府义务教育经费先保障经济困难的岛屿和偏僻地区，再保障其他地区；先保障农村，再保障城市。1967年，韩国颁布了《岛屿、偏僻地区教育振兴法》，该法规定，国家对这些地区要优先支付所需经费。为了鼓励教师的积极性，该法还规定政府给予岛屿、偏僻地区教师津贴。日本的教育立法和政策针对教育过程中的落后地区，也采取许多特殊的有针对性的做法。如 1956 年制定的《关于国家扶助就学困难儿童就学的法律》，规定由国家在预算范围内援助因经济缘故而就学困难的儿童，除此之外，还有许多专项法律也规定了对家庭经济困难儿童的扶助措施，如《学校供餐法》、《学校保健法》、《生活保护法》等，此外，日本还颁布了《偏僻地方教育振兴法》（后来制定了《偏僻地方教育振兴法施行令》和《偏僻地方教育振兴法施行规则》保障该法律实施）、《孤岛振兴法》、《大雪地带对策特别措施法》、《大雪地带对策特别措施法施行令》等法律，以对偏僻、落后地区教育提供财政支持。

（二） 对贫困家庭与弱势学生群体的积极差异政策

联合国儿童基金会的使命是保护全世界儿童的权利。1989 年通过的《儿童权利公约》（Convention on the Rights of the Child）对这些权利作出了明确的规定。《公约》规定了儿童享有的广泛权利：所有儿童均有权实现自己发展的最大潜力；与儿童相关的所有行为都应当以儿童的最大利益为首要考虑；儿童生存与发展的基本权利决定了他们应享有医疗保健和教育等基础服务；对于所有涉及儿童权利的事宜，都应该倾听和尊重儿童的声音。联合国儿童基金会主要着眼于拯救儿童生命，其五大核心工作——儿童早期关爱、计划免疫、教育尤其是女童教育、预防艾滋病传播、保护儿童不受剥削与暴力侵害，旨在保护儿童的生存与发展权利，促进儿童健康持续发展。

国际组织和各国政府一方面基于对儿童权利尤其是受教育权的保护，另一方面基于对优质基础教育的理解与追求，十分重视女童教育问题。2000 年，联合国前秘书长安南在达喀尔会议上提出"女童教育首创行动"，以推进性别平等。联合国儿基会长期致力于保证女童和妇女的入学机会，改善教育质量，并消除一切阻碍她们积极参与教育的因素。因此，儿基会的实现千年发展目标的核心概念是"教育平等"，即通过消除性别的不平等，缩小教育差距，实现高质量的基础教育。消除性别不平等就要加强对女童的教育，尤其是那些处于不发达地区和弱势环境中的女童。

泰国的国际性民间教育救助基金会——教育发展基金会由一个投资集团发起，有 6 个地位相等的合作伙伴，分别来自日本、泰国、老挝、柬埔寨、美国等国。该基金会约 95% 的基金来自日本民间，民间捐款集中后拨到设在曼谷的基金会，基金的 75% 用于孩子的教育，25% 用于各级管理支出。南非对贫困学生采取免费教育行动计划，该计划强调 2004～2006 年要确保最穷学生中的 40% 接受更高质量的学校教育。此外，保障残疾儿童接受义务教育也是保证所有儿童享有平等受教育权的具体体现。墨西哥实施国家加强特殊教育和教育一体化方案。

在全国 25 个州建立了 31 个 "教育一体化信息资源中心"，目前全国共有 66 个这样的信息资源中心，由近 350 名教师组成的各州教学队伍，在 3 791 所有残疾学生就读、提供学前教育和小学教育的学校参与教学。

（三） 对少数民族与流动家庭子女的积极差异政策

墨西哥对印第安人教育的重视体现在：第一，实行免费教育。政府针对土著居民地区的教育拨款约占全国教育经费的 3%，政府用于印第安学生的平均费用高于非印第安学生的费用；第二，土著居民地区的学校对印第安儿童实行双语、双文化教育。公共教育部开展实施了 "加强跨文化双语教学计划"，并做了大量工作，包括向学生分发了用 33 种语言、53 种方言编写的 169.87 万册教学材料，向隶属公共教育部的 10 个印第安教育机构提供咨询服务和技术支持服务等。此外，墨西哥还通过公共教育协调，在全国 15 个州实施了 "关注流动人口家庭子女小学教育的计划"（PRONIM）。2003 ~ 2004 年共有 12 589 名学生从中获益，比上一年增加了 7 165 名学生。此外，通过 "流动人口家庭子女的跨文化教育模式"，墨西哥全国促进教育委员会在农业季节工集中的地区为他们的子女提供学前教育和小学教育。

第三节　不懈追求教育质量的提升

2003 年，联合国教科文组织第 32 届大会在巴黎举行，并召开了 "有质量的教育" 教育部长圆桌会议。[①] 自从 2000 年 "达喀尔全民教育论坛" 提出了全面教育发展的六项目标[②]以及与教育有关的 "千年发展目标"（millennium develop-

---

① 国家教育发展研究中心编著：《2004 年中国教育绿皮书：中国教育政策年度分析报告》，教育科学出版社 2004 年版，第 217 页。

② 达喀尔论坛提出的六项目标：(1) 扩大和改善幼儿，尤其是最脆弱和条件最差的幼儿的全面保育与教育；(2) 确保在 2015 年以前所有儿童，尤其是女童、各方面条件较差的儿童和少数民族儿童，都能接受和完成免费的和高质量的义务初等教育；(3) 确保通过公平获得必要的学习机会，学习各种生活技能，来满足所有青年人和成年人的学习需求；(4) 2015 年以前，使成年人脱盲人数，尤其是妇女脱盲人数增加 50%，所有成年人都有接受基础教育和继续教育的平等的机会；(5) 在 2005 年以前，消除初等教育和中等教育中男女人数不平衡的现象，并在 2015 年以前实现教育方面的男女平等，重点是确保女性青少年有充分和平等的机会接受和完成高质量的基础教育；(6) 全面提高教育质量，确保人人都能学好，在读、写、算和基本生活技能方面都能达到一定的标准。——资料来源：世界教育论坛通过：《达喀尔行动纲领，全面教育：实现我们的集体承诺》（2000 年 4 月 26 ~ 28 日达喀尔，塞内加尔），巴黎，联合国教科文组织，2000 年。

ment goals，MDGs.）① 以来，全球范围内的全民教育发展遇到了重重困难。"有质量的教育"重申了对世界全民教育发展的关注，各国迫切希望联合国教科文组织在促进国际教育合作、维护文化多样性和世界均衡发展等方面发挥更大的作用，呼吁发达国家和相关机构伸出援助之手，为全球全民教育的均衡发展付出更大努力。

一、各国基础教育改革面临的共同难题

战后美国基础教育经历了多次较大规模的改革，而所有这些改革的核心便是提高公共教育质量。早在 20 世纪 50 年代，苏联卫星上天使美国朝野震惊，深化教育改革成了迎接挑战的对策之一，随之便有 20 世纪 50 年代末 60 年代初以要素主义与结构主义思想为指导的教育改革，60 年代的"新三艺"课程改革，以及 70 年代的"回到基础运动"。1983 年 4 月，美国国家教育优异委员会向联邦教育部提交了《国家在危急之中：教育改革势在必行》的研究报告，报告认为：随着冷战局势的缓和，国际竞争由军事竞争和意识形态竞争转向经济竞争和综合国力竞争。教育发展水平逐渐成为衡量综合国力和影响国家国际竞争能力的一个重要指标，而美国在许多领域的领先地位面临严峻挑战。战后美国基础教育虽几经改革，但教育质量在许多方面落后于德国、日本和苏联等国家。"回到基础"运动虽进行了不懈努力，基础教育质量仍令人担忧。该报告从 13 个方面列举了美国教育的危急状态，提出了加强英语、数学、科学、社会、计算机科学以及外国语等现代基础课程等一系列措施，并由此掀起了美国 20 世纪 80 年代的新一轮教育改革。此后，美国促进科学协会又于 1989 年提出著名的《美国 2061 计划》，其目的是通过有计划的教育改革，提高美国基础教育的质量，使今天的儿童成为适应 21 世纪科学技术和社会生活发展变化的合格美国公民。尽管战后美国为提高教育质量进行了种种努力，但收效甚微，公立学校的实际教育质量状况并没有很大改观。人们对公立学校的怀疑态度和不满越来越强烈，许多大城市公立学校的辍学率居高不下，高中毕业生的读写能力与数学水平不断下降，许多大学不得不设立专门机构为大学生补习中学课程，而黑人儿童上的学校质量尤差。

在英国，近十年来，基础教育改革力度较大，但步履维艰，利弊俱存。英国政府 1997 年 2 月发表的报告指出，英国中小学教学质量之差已到了必须改革

---

① 千年发展目标：（1）实现普及初等教育；（2）确保在 2015 年，各地儿童，不论男女，都能完成小学全部课程；（3）促进男女平等和提高妇女能力；（4）争取在 2005 年之前消除中小学教育中的两性差距和至迟于 2015 年之前消除各级教育中的两性差距。——资料来源：联合国大会 2001 年 9 月 6 日"第 A/56/326 号决议"。

的地步：近一半的小学、2/5 的初中不符合标准，1/6 课程的教学质量令人失望。多项调查还表明，英国中小学生的英文、数学、历史和地理知识等明显落后于中国、日本、韩国等亚洲国家的学生。专家认为，这是过去二三十年英国片面强调减轻中小学生负担、减少学生之间和学校之间的竞争、过分尊重学生独立性的结果。相关教育监察报告也强烈抨击了这种弊端，指出，过去 25 年来"过分强调独立性，反对传统的课堂教育，忽视发音和朗读练习，放松基础算术教学"等做法，给英国基础教育造成了巨大损害，为数众多的小学生不能正确地使用直尺等测量工具，数量测算能力较差等等。英国基础教育质量滑坡和中小学生素质下降，引起英国政府和公众的高度关注。

"二战"以后，法国的基础教育机构不断增加，教育日益走向民主化、大众化、普及化，但与之相伴相生的却是学校教育质量与效益的不断下降。20 世纪 50 年代初至 70 年代末，各级各类教育机构成倍地增长，越来越多的法国青少年有机会接受不同形式的学校教育，从而使得教育的数量得到了长足发展。但是，发展数量的同时，教育质量却相对被忽视，从而导致一系列问题，如学生学业失败、留级和淘汰等现象十分严重。至 20 世纪 80 年代，教育质量进一步恶化，学生学业失败日趋严重。例如，1989 年获得高中毕业会考证书的法国青年仅占同龄人人口的 36%，表明大量法国青年没有受到足够的合格的中等教育，成为严重困扰学生、家长、教师、学校的严重问题，并且对法国高等教育的普及、劳动力市场结构的优化、高度发达的经济对高素质人才的需求等都产生消极影响，"与学业失败作斗争"成为法国教育改革的重要目标。

在德国，小学生四年级后（个别州为六年级），根据成绩，分别进入三类中学。成绩最好的学生进入文理中学（gymnasium），高中会考通过者可直接就读大学；成绩略差的学生，进入实科中学（realschule），毕业后大部分学生进入职业学校，少数学生通过专门考试后，可就读应用技术大学（FH），其余则进入主体中学（hauptschule），毕业后可接受三年的"双元制"职业教育。另外，还有综合中学（gesamtschule），这类学校将上述三类学校有机地结合起来，在北威州取得实验成功。但是，在其他州却很难实施。尽管学生可以根据成绩在三类学校之间相互转换，成绩好的学生可以从下一等升到上一等，成绩差的可以从上一等降到下一等，但"十岁定终身"已成为德国基础教育的一大弊端。有些进入文理中学的学生以为进了"保险箱"，不再努力学习，而部分进入普通中学的学生则因为升学无望，亦不思进取。自 20 世纪 90 年代以来，德国基础教育的质量问题成为社会关注的中心。调查发现，德国基础教育除了整体质量下降外，还存在着所谓的教育"盲区"，即辍学、留级和不能毕业的现象在德国中小学十分严重，且"社会歧视"现象依然突出，辍学、留级和不能毕业的学生绝大多数来自工人和移民家庭。1998年德国有9%的学生中学毕业时无法拿到毕业文凭，有15%的青年和成年人至今没有获得职业教育毕业证书。2000年，在经济合作与发展组织（OECD）对其成员国15岁中学生阅读能力、数学与自然科学基础能力以及跨学科综合能力三项能力测评（program for international student assessment, PISA）中，德国中学生的成绩在参加测评的32个国家中处在中下水平。[1] 过早分流的基础教育体制，无形中扼杀了许多学生的潜能与学习积极性，从而使德国中小学生学业成绩与学习能力、青少年的国际竞争力相对缺失。

二、基础教育改革的目标与战略：持续提高教育质量

质量是教育的核心，它决定了学生学习收获的多少和好坏，也决定了他们所受的教育能给他们带来多大益处。使所有学生都能取得适当的学习成果和有助于其在社会中发挥积极作用的价值观念与技能，几乎是每个社会发展教育的政策议题中的重要问题。自1948年《世界人权宣言》发表以来，虽然教育权利一再得到重申，但是诸多国际文书却从未触及教育质量问题。2000年通过的《联合国千年宣言》申明，到2015年使所有儿童都能完成初等教育的全部课程，但是其中没有具体涉及教育质量问题。然而，能否实现教育普及，主要取决于现有的教育质量。教学质量的优劣和学生掌握知识的程度，对学校的生存和发展具有至关重要的影响。家长在为子女进行教育投资的时候，对学校的教育质量都有自己的判断。无论在哪个国家，人们都希望学校教育能促进儿童的智育和德育发展，使其获得必要的知识技能，并树立正确的价值观和人生观，以便将来能过上创造性的生活，并成为富有责任感的公民。尽管人们关于教育质量的看法不一，但达成共识的基本原则是：通过考察教育体系各要素及其之间的相互作用来实际了解对教育质量的认识、监测和改进。影响教育质量的要素主要包括：学习者的特点（入学的学习者是不平等的，他们的社会背景、性别、种族、民族以及冲突和灾难等都会产生不平等）、教育面临的大环境（社会经济发展状况以及国家教育政策等对教育质量都有影响）、教育投入（教科书、学习材料、教室、图书馆、学校设备等物质资源和教师、学校管理者、督学等人力资源投入）、教学过程（学校和课堂教学情况）以及教学效果（学习成绩产生的更广泛的社会及经济效益）。《世界全民教育宣言》（1990）和《达喀尔行动框架》（2000）这两项宣言着重论述了教育问题，并确认实现全民教育的首要条件是教育质量。《达喀尔行

---

① 在参与PISA的32个工业国家里，德国学生在阅读能力方面排第21位，在数学能力方面排第20位，在自然科学能力方面排第20位。

动框架》申明质量是"教育的核心所在"。框架目标 2 要求各国在提供"优质"的初等教育方面作出承诺。目标 6 中的承诺包括"全面提高教育质量，优化全民教育，使所有受教育者都能取得公认的、可衡量的学习成果"，尤其是在识字、算术和生活技能方面。当然，各国在促进教育改革、提高教育质量方面的具体做法又存在很大差异。

1988 年，乔治·布什在美国总统竞选中提出了"教育复兴"的竞选口号，向美国人民保证他将致力于教育改革以提高公立学校教育质量，建立良好的学校教育环境，承诺要成为一位"教育总统"。1991 年 4 月，布什总统签署了《美国 2000 年教育战略》的教育改革文件，其根本目的就是实现美国教育优异的目标，为此，该报告提出了到 2000 年时实现的六项教育目标：（1）所有的美国儿童入学时乐意学习；（2）中学毕业率至少提高到 90%；（3）美国学生在小学或中学毕业时，有能力在英语、数学、自然科学、历史和地理学科方面应付挑战；（4）美国学生在自然科学和数学方面的成绩居世界首位；（5）每个成年美国人能读书识字，掌握参与全球经济竞争所需要的知识与技能；（6）所有美国学校没有毒品和暴力，为学习者提供良好的学习环境。为此，该报告强调进行四方面的改革：（1）从根本上改进美国现有的 11 万所学校——把它们办得更好、更负责任；（2）创建满足新世纪需要的新一代美国学校，到 1996 年建成 535 所，到 20 世纪末建成上千所；（3）美国人必须学习不止，把美国建成"全民皆学之邦"；（4）教育改革要超越课堂，把眼光放到社区和家庭上，把每一个社区变成可以进行学习的地方。

2001 年，美国联邦教育部发表了《2001——2005 年战略规划》（The 2001—2005 Strategic Plan），规划认为，美国基础教育改革一方面要为所有儿童的学习建立一个坚实的基础；另一方面，要改革美国教育体系，使其成为全球最佳。就前者而言，所有儿童通过接受高质量的和恰当发展的学前教育经历为进入学校学习作准备；在三年级结束之前，每个儿童都能良好而独立地阅读；每一个八年级学生都掌握具有挑战性的数学，包括代数和几何方面的基础；初中和高中帮助所有学生成功地向大学和职业生涯过渡。就后者而言，在核心学术科目上，每个州对所有学生都设定挑战性的标准和与之相匹配的评估（有意义的结果考核）；使每一门课都有一位有才干且有奉献精神的教师；所有学校安全、无毒品、设施维修良好并且不超员拥挤；所有家庭和社区均充分参与到与学校分担责任的伙伴关系中来，以支持学校的改进努力；所有的学生和家庭能够在高质量的公立学校之间进行选择；学校为所有的学生和教师提供先进的技术，以改进教育。

在英国，工党于 1997 年 7 月发表题为《学校中的卓越》（Excellence in Schools）教育白皮书，该书指出，英国政府应当使青少年具备成年后工作和生活中获得成功所必需的关键技能、行动标准和人生观等，青少年应当更适应社会的需要，在成年后更顺利地进入工作角色。白皮书指出，到 2002 年将努力达成以下举措，使学生能从不同有用的学习资源中自发地获取信息、谋求发展：（1）设计更多的家庭学习方案以供父母与其子女共同学习；（2）建立家庭与学校之间的合同，以阐明父母的责任和权利；（3）让家长弄清他们可以期望从学校那儿得到什么以及学校希望他们做些什么；（4）更及时完整地将学生的成绩传达给家长；（5）让家长在学校以及地方教育局的事务处理及决策中发挥更大作用；（6）给予学校中有行为困难的学生更大的支持和帮助，同时关注离校的学生，给予更好的教育或培训；（7）减少无端逃学或旷课；（8）不让每一位儿童因过早离校而不能获得中等教育普通证书；（9）提供家庭作业的指导方针，这样学校、家长就可以意识到作业在提高标准上的意义；（10）设立家庭作业中心网络；（11）加强学校与商界的联系；（12）设立国家层面的框架，以使青年人可以从中获得课堂外丰富的活动机会；（13）为与工作联系的学习、公民教学等规划更好的计划；（14）为学校餐设立国家营养标准。

为了解决教育质量低下问题，法国教育界自 20 世纪 60 年代中期起开始进行各种教学实验和科学研究。至 20 世纪 80 年代，一些研究和实验的成果开始变为改革的措施而出台，如个别辅导、按学生学科成绩进行学科分组教学、在处境不利地区实施优先教育区政策等等。这些措施在一定程度上使学生学业失败现象有所缓解，但学业失败依然是 20 世纪 90 年代法国教育改革面临的突出难题。1989年 7 月法国颁布的《教育方针法》附加报告明确提出"学生处于教育系统的中心"思想。当前，尊重儿童的个体需要，根据学生能力和水平组织不同形式的个别化教育，建立灵活的学校教育体系，不仅得到了教师们的广泛认同，而且正在逐渐变为许多教师的教学实践。20 世纪 90 年代以来，法国教育改革的目标是：以 20 世纪 80 年代改革成果为基础，围绕解决平等与效益、数量与质量、文理与实用等各对矛盾而不断探索，重点改革课程与教学内容，进一步提高教育质量与效益，把促进所有学生学业成功，教会所有孩子阅读、书写和计算，促进所有青少年的学业成功，从总体上不断提高年青一代适应社会的能力。

三、课程与教学内容变革

课程与教学内容改革始终是各国不断提高教育质量的重要举措，也是基础教育改革的核心。

（一）美国

20 世纪 50 年代以后，美国基础教育改革是围绕课程结构、内容、标准进行的全方位改革，因为教育内容是实现教育目标的最直接载体，交给学生什么和如何教，要落实到课程改革上，教育指导思想的变化，最直接反映在课程上。教师教育改革、管理体制改革也是为实现教育改革目标而进行的改革，其中教师教育改革是适应新的教育目标和课程改革需要，管理体制改革是为了提高整体改革和课程改革的实效。课程改革方向在一定程度上决定管理体制改革的方向，如美国一直以来是分权化的教育管理体制，20 世纪 90 年代兴起的课程标准化运动，逐步建立国家一级的课程标准，使课程管理走向集权化。美国的课程改革方向鲜明地反映了其基础教育改革的宏观走向。"二战即将结束时，美国教育发展面临着三条道路的抉择：第一条道路是沿着杜威及进步主义教育运动开创的道路走下去；第二条道路是像赫钦斯等人所主张的那样回归传统教育；第三条道路是直面经济、科技发展的教育改革与创新。二战后美国基础教育改革走的就是第三条道路。"[①] 为促进本国的经济与科技发展，实现全民优异的目标，美国基础教育课程改革重视科学教育，不断探索提高学生科学素质的课程改革方略，呈现重视科学课程和以建立统一课程标准促进改革实效两大特点。

"二战"结束后的相当一段时间，美国教育继续受进步主义思想指导，在"适应生活"主旨下，学校课程表现出严重的实用化倾向。据 1955 年统计，中学未设外国语课程者约占全国中学数的 46%，未设几何课者占 24%，未设物理学和化学课者占 24%。针对课程实用化倾向，这次课程改革的主旨是提高课程的学术水准。1958 年《国防教育法》使学校课程改革的必要性突显出来，而且指明了课程改革的方向，突出强调了数学、科学及现代语言（主要指外语）在培养国家需要的人才方面的重要性，这三门学科成为当时政府推行的国家课程项目的重点。中小学课程改革一时成为全国各界关注的热点。1959 年美国科学院和美国科学促进会等机构在伍兹霍尔开会，讨论改进美国中小学自然科学的教育问题。会后，著名心理学家布鲁纳撰写《教育过程》一书，成为 20 世纪 60 年代课程改革的核心思想。《教育过程》提出四方面思想：学科基本结构是教育的中心，使学生掌握学科的基本结构，懂得学科的基本概念、原理等"结构"，更容易掌握这门学科，有助于记忆，有助于知识的迁移；任何学科都可以用某种理智的方法有效地教给处于任何发展阶段上的任何儿童；学习的准备不取决于儿童

---

① 李立国、王建梁、孙志军：《加强基础与追求优异——二战后美国基础教育改革》，载《清华大学教育研究》2000 年第 4 期。

身心的发展，而是取决于教材和呈现教材的方式；学校的课程编制应该采用"螺旋式的课程"，使学生在初步获得的关于某一学科最简单、最根本的概念的基础上，逐步发展，逐步加深对某一学科的理解，用发现法使学生掌握教材结构。20 世纪 60 年代以后，大量资助投向新课程设计，自然科学和社会科学的各种新课程设计全面展开，包括物理学、数学、生物学、英语、社会学科的设计。当时美国哈佛大学心理系教授布鲁纳组织了 30 多名科学家、教育家以及心理学专家合作编写了一套科学教育教材，这套教材以激发学生学习兴趣，培养学生对科学的基本认知探索方法为特点，在当时对推进科学教育发挥了巨大作用。然而，由于严重脱离学生基础，没有解决好科学技术的普及问题，不久便宣布失败。教材的优点是重视探究、重视逻辑结构、重视实验教学，缺点是过分强调结构的功能、教材难度大、过于强调学术性和理论性、忽视学生的接受能力。

继学科结构课程改革之后，20 世纪 60 年代美国又兴起生计教育和回归基础教育运动。回归基础教育运动是对传统的复归，强调技能的训练而忽视人创造性的培养，无法满足国家发展经济和科技的要求，使美国教育"面临危机"。1988年《关于美国教育改革的报告》称："从 60 年代到 70 年代，一场混乱席卷着我们的学校。混乱主要表现在成人们说不清哪些教学内容是主要的，哪些不是；对希望学校做些什么事情也提不出确切意见。这场混乱不仅从根本上削弱了美国的整个教育，而且对学校的教学大纲和课程设置都有着破坏性影响。我们至今能感觉到这些影响的存在。"[①] 美国 20 世纪 80 年代的基础教育改革仍把课程置于中心地位，《国家处在危机中》指出课程所面临的问题在于，中学生的学习成绩不好，也能指望上大学；教材编写浅显。美国学校和学生在使用时间上，学生花费在学校课业上的时间少、利用率低，学校没有给学生足够的帮助。改革的方向是建议中学生要学习英语、数学、理科、社会学科和计算机等"五种新的基础训练"课程。1988 年《关于美国教育改革的报告》总结了 1983 年以来的改革成果和存在的问题，指出后续改革的方向。报告提供了学习全部或大部分"新基础课"学生的人数及所取得的令人鼓舞的进步，同时也说明了学生成绩的提高没有同所学课程的改变取得同步进展。以后的方向是"我们不应只把注意力放在学习哪些学科上，而且还应注意把重点放在学生所学课程的内容上。"[②] 所以 20世纪 90 年代以后的课程改革包括课程结构、课程标准和对其的实施、评价等几个方面。美国促进教育协会 1989 年提出了《普及科学——美国 2061 计划》，该计划是关于普及科学、数学和技术基础知识的研究报告，认为改革的重点在课程

---

① 吕达等主编：《当代外国教育改革著名文献》（美国卷·第一册），人民教育出版社 2004 年版，第 346～347 页。

② 同上，第 349 页。

和教材，为此计划在分析了当今科技发展的趋势后，认为改革教材的前提是精选恰当、适用的教科书内容。专家们经过长期、反复地讨论，提出了改革的策略，将每个学生从幼儿园到高中毕业的 13 年教育中应获得的基本科学知识浓缩为 12 类：科学的性质、数学、技术的性质、自然环境、生存环境、人类机体、人类社会、被改造了的世界、数学世界、历史观点、通用概念、思维习惯。自 20 世纪 80 年代改革设立的五科基础课（英语、数学、理科、社会学科和计算机）中，科学基础教育占有重要位置。2006 年 2 月 2 日美国总统布什在白宫正式签署发布了《美国竞争力计划——在创新中领导世界》，这份文件极其明确地阐明了美国政府有关创新和竞争力问题的观点及未来的发展思路，《计划》除增加教师培训方面的投入和将《不让一个孩子落后法》的重要方面拓展到高中阶段，还设计了一系列新的开拓性项目。

20 世纪 90 年代，美国政府更明确地把制订全国性的课程标准作为建立世界一流教育的关键所在。1989 年 9 月，上任伊始的乔治·布什总统在弗吉尼亚州召开有各州州长参加的教育高峰会议，制定了实现教育目标的时间表。1991 年 4 月，布什总统亲自签发的《美国 2000 年教育战略》中有"六项国家教育目标"，其中对课程内容标准提出了具体明确的要求，这就是设立新的世界标准。"这些新的世界标准（为五门核心学科的每一门学科而制定的）将体现他们需要知道和能够做的一切。这些标准既包括知识，也包括技能，并确保年轻的美国公民毕业时，为进一步学习和做劳动力做好准备"①。1994 年 3 月，克林顿总统签署《2000 年目标：美国教育法》，批准成立"国家教育标准和改进委员会"（NE-SIC），确立了国家和州级的内容标准、操作标准、学习机会标准以及州一级的评价标准。此法案正式把全国性中小学课程标准作为一项重要任务，要求每个州的教改计划都要把建立课程内容标准这一项包括在内，如在一定教育阶段学生在英语、数学及其他科目应掌握哪些知识，以及如何评估学生学到的知识等，这就把布什政府提到的世界级课程内容标准具体化了。《2000 年目标：美国教育法》的颁布标志着"国家教育目标"立法程序的完成，并建立实施机构"国家教育标准和改进委员会"，编订供各地自愿采用的课程标准，要求在每一个学科领域里，阐明什么是所有学生必须知道的和有可能做的，还要建立更好的评估体系。《2000 年目标：美国教育法》把教育标准从层次上分为国家教育标准和州教育标准；从内涵上分为课程内容标准和学生操作绩效标准，这表明美国对教育标准的认识与实施已达到一个较为成熟的阶段。经过十多年的发展，美国所有州一级地

---

① 吕达等主编：《当代外国教育改革著名文献》（美国卷·第三册），人民教育出版社 2004 年版，第 213 页。

方也都建立了自己更详细和具体的标准，包括英语、数学、科学、历史、地理和社会研究、艺术、公民教育、外语、社会研究、经济、健康与体育教育、生活技能、商业教育、公民与政治等科目。美国形成国家、州一体化的课程标准体系，对建立高质量的教育体系起着至关重要的作用。2002 年 1 月 8 日，《不让一个孩子落伍法》（No Child Left Behind Act，简称 NCLB）被正式签署。NCLB 要求每个州对孩子应该知道什么和学习什么建立硬性标准，并对 3 年级~8 年级的学生每年进行测验，结果以年度报告单的形式提供给家长，以便他们评估学校的业绩、教师的资格水平以及孩子在每个学科的进步情况。全州范围的报告要对所有学生群体的进步情况作说明，努力弥合各种优势和弱势学生群体间的鸿沟，学校要对所有学生的成绩提高承担责任，争取在 12 年内使每所学校都达到优胜。

美国教育体制属于地方分权制，教育在美国一直是属于各州和地方分权管辖的事务。因此，课程标准制定的具体运作方式首先是联邦政府提供资助，由在全国具有代表性的学术团体或研究机构主持，制订出全国各学科的课程标准。1989年全国数学教师协会率先编制出版《学校数学课程与评价标准》，由此开了制订全国课程标准的先河。1996 年由美国科学院和工程院下属的全国科学委员会制订了科学教育标准。国家课程标准能否得到真正贯彻的关键是各州配合制订州的课程标准。全国性的课程标准只确定了各课程的基本目标和要求，是框架性的，其目的是给各州根据自己的实际情况再制订更为具体的课程标准留有余地，联邦政府鼓励和资助各州在国家标准的基础上制订高质量的州的课程标准。目前，在联邦政府的鼓励和资助下，各州均参照全国和其他州的课程标准，制订了本州的课程标准。课程标准能否发挥其对教育的督导作用，真正成为学校课程教学、教材编写、考试和评价体制的最高准则与依据，取决于三个因素：一是州的课程标准是否能与国家标准配套，能否促进国家统一标准的落实；二是是否建立了与课程标准配套的评价标准；三是课程标准的执行者，教师和管理者是否具有良好的执行力。实现国家教育优异的目标不是某一项改革所能达成的，而是各项改革综合作用的结果，是课程改革、教学改革、教师教育改革、学校管理体制改革等多维度改革的综合，它以实现所有学生优异为教育目标，以促进美国继续称雄世界为原动力。

（二）英国

英国的基础教育课程与教学内容改革由来已久。1988 年 7 月 29 日保守党政府通过《1988 年教育改革法》。该法案是继《1944 年教育法》以来，英国教育史上最重要的教改文献之一。法案以法令条文的形式，规定从 1989 年起全国所有公立中小学实行统一的国家课程。法案规定，中小学要开设两类课程：核心课程和基础课程。核心课程包括英语、数学和科学3门课。基础课程包括现代外语、技术、历史、地理、美术、音乐和体育7门课，共10门课。除现代外国语科目外，其余都适用于初等学校。此外，法案还把宗教教育列为必修课。新的课程政策改变了英国传统的课程方向，是英国课程发展史上一项重大的改革。到了20世纪90年代末，随着工党领袖布莱尔成为英国首相，他的"第三条道路"政策的实施，中学领域的变革开始了。1999年9月9日，时任英国教育大臣布伦基特宣布，英国中小学将从2000年9月起开始实施新的国家课程。新国家课程的设置主要针对义务教育阶段的儿童，其组成部分包括英语、数学、科学、设计和技术、信息和交流技术、历史、地理、现代外语、艺术和设计、音乐、体育、公民12门必修课，其中小学阶段包含10门。除此以外，宗教教育、升学与就业指导、人格培养、社会性的形成及健康教育都作为横跨各门学科的学习主题。社区活动、劳动体验等活动课程也被纳入学校课程体系。新课程对中学课程的影响主要是更为注重课程设置的统一性和灵活性相结合，更加强调基础教育质量的提升。新的国家课程调整了课程的基本结构，并以提高基础学力为基本方针，从提高学生基础学力的立场出发，特别强调加强对本国语和数学的指导。但作为义务教育后的高中教育却是游离于国家课程之外的。1988年以后中央政府干预和影响日益增加，但仍主要由地方教育当局和学校自行确定。虽然教育和科学部、皇家督学团、陛下督学处有时也发表些有关课程的意见或报告，但只是指导性的、建设性的，地方教育当局对课程的管理，粗细各有不同，大多是提些原则性的建设性的意见，这种意见本身有很大的弹性，因此近年来课程改革正是应提高高中教育质量的呼吁展开的。20世纪80年代以来，英国的高中课程一度经历了一个大扩张阶段，职业教育、学术教育均得到快速发展。但在撒切尔市场理论的控制之下，"国家课程"、"国家统一考试"、"学校排行榜"成为教育领域里的主导词，此阶段的高中教育，政府选择了"质量"而忽略了"平等"。1999年英国政府委托资格与课程局进行新一轮的高中课程改革，将前期的工作变为在整个英国推行的新课程，课程改革的焦点聚于改革课程结构、拓展课程内容，即主要进行证书制的革新和新课程的引入。经过一段时期的试行，政府于2000年9月正式在全英国推行新课程，即"课程2000"。针对英国高中课程体系分化、证书繁多的状况，课程2000对证书制的革新主要是：设立新的GCE A/As level证书考试（普通教育证书高级水平与补充水平）；设置新的高级拓展证书（AEAs）；革新普通教育职业证书（GNVQ）。

（三）北欧诸国

在教育目标方面，强化国际意识、重视信息素养和注重基础知识与能力，是北欧诸国近年教育改革中突显出来的追求。在课程改革方面，北欧诸国近年的教育改革显示出三个普遍的方向：（1）谋求课程的基础性、多样化和选择性的统一。在课程设置方面，北欧等国不仅重视基础课程，同时放开权限，允许地方根据实际适当开设其他课程，以满足学生不同的兴趣和需要。在芬兰，国家教育局对国家中心课程做了规定，主要课程有母语（芬兰语或瑞典语）、第二官方语言（瑞典语或芬兰语）、外语、环境学、宗教、历史、数学、物理、化学、体育、音乐、美术、手工、家政和学生咨询等。在此框架下，学校和地方当局依据本地区的情况再设置一些课程，包括外国语学习、信息技术教育和手工技能劳动等。（2）将学术性课程与学生经验及职业发展相结合。基础教育改革，注重引导学生把今天的学习和明天的工作密切地联系起来，为今后独立地生活作准备，因此提倡培养学生在实际生活中运用知识的能力，让他们掌握先进而实用的技术。芬兰开设实用学科内容，如手工劳动，注重为学生进入社会谋职创造条件；挪威重视高中职业教育，以便学生更好地适应社会。（3）适应时代要求，增设新的课程。当今世界社会、政治、经济、文化与技术迅猛发展，开设新的知识课程成为时代的要求。为此，北欧等发达国家开设以科学、技术和社会为主题的相关课程，不仅将计算机技术作为辅助手段融合到教育教学活动中去，而且通过计算机网络教会学生了解更新、更广阔的知识世界。同时，针对当前日益严重的全球环境恶化问题，相继开设环境教育、生态保护等课程。

（四）日本

在教育内容的改革上，二十世纪七八十年代以来，日本政府根据临教审、中教审等的提案多次修改中小学学习指导要领。20 世纪 90 年代末，根据中教审的改革提案，日本文部省于 1998 年 11 月 18 日公布了幼儿园、中小学校教育课程标准的修订及与此相关的学习指导要领的公告，1999 年 10 月 29 日公布了高中学校、聋哑学校、护理学校的教育课程标准的修订及与此相关的学习指导要领的公告。这次修订在内容方面的特征之一是明确指出了道德教育目标的总则，即"为国际社会的和平作贡献"、培养"具有主体性的日本人"，重视"作为基础的道德性"。特征之二是削减各学科 20% ~ 30% 的授课时间及学习内容在部分学年之间的移动，其中创建的"综合学习时间"等成为这次修订的亮点。维持学习内容的现状，允许从小学开始按照学习成绩进行班级编制，从中学开始扩大所有的学科和学年的选择制，引进补充学习和发展性学习，扩大高中学校选择制等。从 2002 年 4 月开始，全部学校实施每周 5 日制，而且新的学习指导要领也开始实施。根据这一指导要领，日本政府于 2003 年 12 月 26 日以政府公告的形式提出，明确学习指导要领的标准，实行"轻松教育"，在中小学实行培养"生存能力"的课程，强化"综合学习时间"。

（五）澳大利亚

受国际发展趋势的影响，澳大利亚的中小学课程改革运动也风起云涌。小学课程从第二次世界大战后对进步主义的追随转变成 20 世纪 50 年代末对基础知识和技能的重视，在 70 年代又受到新进步主义和结构主义的影响，对学生兴趣、能力、课程与生活和社会的联系及基础性学术课程并重。六七十年代，中学课程最重要的变革则是随着综合中学的出现，中学课程的范围扩大，实行分轨课程供学生选择，既有学术性课程也有职业性和娱乐性课程；改革考试制度，取消或降低了校外统一考试的难度；校本课程开始出现，教师在课程设计上有了比以前更多的自主权。而在八九十年代基础教育的课程变革则呈现以下趋势：课程的制定、实施及管理等方面从分离主义走向集权化，国家课程逐步确立。在确立国家课程的同时，校本课程进一步发展完善，成为澳大利亚的特色。此外，多元文化课程随着人口的多样化和民主平等意识的发展也越来越为人们所关注，其中突出的是开始形成多元文化教育特色的国家语言政策和对关注少数民族（如土著居民）的教育机会平等和教育质量提高。进入 21 世纪，澳大利亚又在经济全球化的大背景下提出了"全球化课程"（world class curriculum）。可以说，澳大利亚的课程改革取得了较大的成果，但也面临着诸如师资短缺、城市与农村间课程差异、学生负担过重以及频繁的考试等问题。

第四节　对公民教育的普遍重视*

一、关于公民教育的认识差异

当今世界，用以指称"公民教育"或与"公民教育"课程有关的词汇十分繁杂，例如，公民教育（citizenship education，civics education）、社会科学（social sciences）、社会（society）、社会研究（studies of society，或 social studies）、生活技能（life skills）、道德教育（moral education）等等。公民教育的内涵也存

---

* 范国睿：《欧美主要国家的学校公民教育：基于教育政策的分析》，载《教育发展研究》2006 年第 6 期。

47

在着诸多异议。根据公民教育内容的深度与广度，当前存在着三种不同层次与类型的公民教育，分别是：（1）"关于公民的教育"（education about citizenship），其重点是教人如何做公民的知识，强调对国家历史、政体结构和政治生活过程的理解；（2）"通过公民的教育"（education through citizenship），主要是指让学生通过参与学校和社会的活动——如何做公民的行动，强化所学公民教育知识，养成公民行为；（3）"为了公民的教育"（education for citizenship），除包含前两个层次的公民教育内涵外，注重通过各种途径，在知识与理解、技能与态度、价值与性向等方面培养学生，使学生能够在未来成人生活中真正行使公民职责。[①] 以上三种理解分别代表了公民教育的知识观、活动观与目的观。概言之，公民教育包括关于公民知识的教育和培养公民的教育两种不同理解，前者涉及公民的相关政治知识、社会知识，后者则还要涉及培养和发展个体作为公民的意愿与能力，促进公民的独立思考以及参与民主政治的意识与能力等。

公民教育的内容与民主社会的发展紧密相关，在民主发展的不同阶段，公民教育的具体任务和侧重点有所不同。西方社会有关公民权利与义务的观念是在西方社会历史进程中形成与发展起来的。20 世纪 40 年代后期，英国社会学家马歇尔（Marshall，T. H.）提出的有关公民权责的法律、政治和社会权利三范畴曾被视为人们讨论公民教育的思想基础。[②] 在向民主过渡的初期，西方国家往往在制度上建立了民主，使公民获得了参政权，但公民素质还不能完全适应民主社会的需要。西方国家普遍具有悠久的政治教育（political education）传统，这时的政治教育就是公民教育，公民教育的主要任务是使公民认同民主价值，从而为巩固和改善民主制度服务。20 世纪 90 年代后期，杰诺斯基（Janoski，T.）在马歇尔的概念基础上，提出了第四权利范畴，即参与权。[③] 目前，在民主制度已经建立起来并得到巩固的国家中，在强化公民意识提高公民素质基础上，参与权也开始成为支撑公民教育思想理念之一，通过一系列活动提高学生参与民主政治的能力与技术，成为学校公民教育的重要内容，从而为西方传统公民教育增添了新的内容。

二、欧美主要国家的公民教育发展

公民教育最早出现在古希腊时期。到 17～18 世纪，经过欧洲资产阶级革命，

---

① 洪明、许明：《国际视野中公民教育的内涵与成因》，载《国外社会科学》2002 年第 4 期。

② Marshall，T. H.（1950），"Citizenship and Social Class"，in Citizenship Debates：A Reader，ed. by Gershon Shafir，Minneapolis：University of Minnesota Press，1998.

③ Janoski，T.（1998），Citizenship and Civil Society，Cambridge，UK：Cambridge University Press.

现代意义上的公民意识与公民资格得以确认，公民教育实践逐渐兴起。

法国是世界上最早开展公民教育的国家。1791 年，法国颁布了第一部宪法，提出了公民教育的思想，成为现代公民教育的首创国。作为资产阶级革命的产物，其公民教育以自由、平等、博爱等资产阶级思想观念为主要内容，以培育维护资本主义制度所必需的公民。20 世纪 40 年代，法国中小学普遍开设"公民爱国教育课"，将公民教育与道德教育结合起来，国家教育训令具体规定了三类德育目标：个人品质，旨在促进个人陶冶与内在规范；合格公民，旨在培养个人的社会适应性，良好职业道德和未来劳动者。20 世纪 60 年代，由于民主运动的再次高涨，尤其是"五月风暴"，法国实行新的教育改革，强调公民民主权利，形成了以民主权利与公民义务责任教育为特征的公民教育新时期，从单纯强调义务向权利与义务相结合过渡。1996 年法国出台了新的初级中学公民教育指导方针、公民教育大纲。法国的公民教育反映了西方现代资本主义最为本质的东西，体现了西方发达国家的理念特点，成为资本主义世界公民教育的典范。[①] 法国学校德育始终以培养公民责任感的公民教育为重点，其核心是培养现代社会公民、劳动者及具有自律性的自由人。

早在 18 世纪，英国就有学者提出公民教育思想。例如，1765 年，约瑟夫·普里斯特利（Priestly, J., 1733－1804）发表了《论一种旨在文明而积极生活的自由教育课程》，建议在自由教育课程中传递有关国家结构、法律和贸易知识，被认为是推行公民教育的最早主张。1949 年，英国教育部发行了第一本针对公民教育的官方出版物《公民在成长》，主张重新解释谦逊、贡献、自制、尊重个性等价值观。20 世纪 80 年代，英国政府开始加强对教育的控制与管理，这一变化也反映在公民教育的发展上。1990 年，英国全国课程委员会颁布了《课程指导 8：公民教育》，将公民教育正式纳入国家课程。同年，国会下议院发布题为《鼓励公民教育》的报告，强调公民教育的重要性。1997 年，新工党政府在其首份教育白皮书《优质学校》中作出加强学校中的公民教育和政治教育的决定。同年 11 月，英国成立以伯纳德·科瑞克（Crick, B.）为首的公民教育与学校民主教育顾问团，就在学校开展公民教育进行研究并提出有效的建议。1998 年《科瑞克报告》（*The Crick Report*）出台，[②] 就公民教育的必要性、目的、内容、方法、重点等进行阐述。2000 年，政府将专门的公民教育作为国家课程正式引入中小学，公民科成为国家课程体系中的基础学科。2002 年 8 月起，公民课在中学正式实施。[③]

[①] 高峰：《法国学校公民教育浅析》，载《首都师范大学学报（社会科学版）》2005 年第 2 期。

[②] 报告文本参见：http://www.qca.org.uk/3290.html.

[③] 蒋一之：《英国公民教育的历史变革与现状分析》，载《外国教育研究》2003 年第 11 期。

在德国，曾有许多思想家从理论上阐述公民教育主张，著名哲学家康德（Kant, I., 1724 - 1804）、费希特（Fichte, J. G., 1762 - 1814）、黑格尔（Hegel, G. W., 1770 - 1831）等都有精辟论述。19 世纪末，教育家凯兴斯泰纳（Kerschensteiner, G., 1854 - 1932）从理论上详细论证了"公民教育"思想。在他看来，"如果现代国家承认其每个成员的公民资格，如果赋予他们帮助国家完成其利于公众的职能的权利和义务，如果在特定的条件下，个人能够获得参与国事决策的发言权，包括行政和立法两个方法——那么，我们的答案就唾手可得了。它仅仅是：通过给予每一个人最广泛的教育，以保证（a）使他们懂得国家的职能，并（b）使他们达到最高的个人效率。换言之，现代国家实现其目的的最明智的方式是教育每一个成员，使他们大体上懂得国家的职能，从而有能力也乐意尽最大努力担负起他们在国家组织中的职责。"[①] 21 世纪以来，德国公民教育发生了重大变化。2002 年 1 月，为期两年由联邦、州、经济界、教育界、工会等各方代表参加的以教育改革为议题的教育论坛提出了"十二条教改建议"。建议之一是，让年青一代学会承担责任；利用并提供学生影响决策、参与决策和进行自我管理的机会；通过交流、咨询或经验推广等形式，支持学校发展校园民主文化；进一步落实促进学生团队能力、社会活动能力的资助计划，发展合作性小队工作教育方案；在社会和经济生活中，实施促进学生独立能力和自我负责能力的计划。2002 年 7 月，德国联邦教育与研究部出台了《教育与研究向世界开放：通过国际化实现创新》的文件，强调要通过教育和培训，为国民提供了解外国语言、文化、民族特性等方面的学习机会，使民具有国际化生存与就业的能力，同时培养国民包容开放的世界观，从而为德国公民教育注入了新的内涵。

在美国，建国初期，教育的主要功能集中在维护自由、民主、公众认同和共同利益上。为普通公民设置的公立学校在当时被看做是树立公民核心价值观、普及知识和树立民主责任感的最佳场所。1779 年颁布的《美国宪法》成为公民教育的基础。在新中国成立后的半个世纪里，学校公民教育的主要目的则强调对公民道德观念的教诲，培养儿童忠于祖国的爱国主义情感，爱国主义被尊崇为最崇高的社会美德。1916 年，全美教育协会就公民教育的内容、方式、课程设置等向全国学校提出了建立"社会科"的建议报告，该报告成为美国现代公民教育形成的标志。20 世纪 90 年代，美国联邦政府颁布了一些旨在加强公民教育的指导性文件，如，1991 年颁布了"公民教育大纲"，1994 年公布了《2000 年目标：美国教育法》（*Goals 2000: Educate America Act*），同年还颁布了《公民学与政府

---

① ［德］凯兴斯泰纳：《公民教育的目的》，余强译，瞿葆奎主编，丁证霖等选编：《教育学文集·教育目的》，人民教育出版社 1989 年版，第 460 页。

的国家标准》（*National Standards for Civics and Government*），该标准分别对幼儿园至 4 年级、5 年级 ~ 8 年级、9 年级 ~ 12 年级三个阶段的"公民学与政府"的内容标准作了具体规定。据此，美国公民教育的主要内容有：政府及其职能、政治体制的基础、民主在政府中的体现、美国与世界的关系、公民在政治体制中的地位等。然而，由于美国教育体制的分权性，国家并没有统一的公民教育目标、课程、考试或评价方法。所以，该标准并非课程大纲，而是为帮助学校培养有能力、有责任心的公民而设置的 4、8、12 年级学生"离开"学校或毕业时应掌握的知识和能力。各州根据这一标准可以自编教材，每个学区都有权制定自己的公民教育政策与规则。一般而言，小学和中学主要负责对青少年进行公民身份（citizenship）教育，有关公民身份教育的课程大都强调美国政府的结构、主要历史事件或与民主和美国文化有关的问题。通常在中学里有为期一年的正式的公民学必修课，而非正式的公民学教育则要通过服务学习（service-learning）与课外活动等进行。

三、公民教育实践的差异分析

实际上，由于历史传统与政体的差异，欧美各国的公民教育也有很大不同。20 世纪 90 年代末，英国公民教育的重心在于培养"积极的公民"所应有的品质。1998 年，公民教育与学校民主教育顾问团提交的《科瑞克报告》对"积极的公民"所必备的品质作了明确规定。2000 年 9 月，英国确立新的中小学国家课程，要求公民教育课程发展学生的德性与自主性，帮助他们成为一个公平社会中的有责任心与关爱心的公民，公民学科要教给学生成为合格社会成员的知识、技能、理解力，让他们在社会上——本地、本国、国际，担当起有效的角色，帮助他们成为清楚自己的权利与义务的有知识、有思想、有责任的公民，促进其精神、道德、社会与文化的发展，使之无论在校内还是校外都更加自信和富有责任感，激励学生在学校、邻里、社区和更广泛的世界起有益的作用。正确认识经济和民主体制及其价值，尊重不同的民族、文化与宗教，培养独立思考问题和参与讨论问题的能力。可见，随着历史进步与民主政治的发展，"好公民"的标准在变化，公民教育的目的也在对"好公民"的理解中不断深化。

德国的公民教育正从早期的国家主义走向兼顾人格发展、社会正义与和谐发展。德国基本法背后的"人类图像"（menschenbild）是：个人人格的发展有赖于集体的规范性与制度化保障。依照这一人类图像，政治的任务在于创造合乎人性尊严生活的社会条件，且依照个人自由、社会正义及国内、国际和平的原则来实施。因而，马努斯指出，公民教育实践的六大原则包括①：（1）公民教育的首要原则是为了满足"公民"本身与社会两方面的需要，个人人格发展有赖于引导，个人也有责任影响社会与政治发展；（2）公民教育的目标与内容指向人的人格性（personalität des menschen），因为人的发展由个体性与社会性、传统与进步的基本关系出发；（3）人格取向的公民教育建立在对"自由概念"的理解上，个人自由权（freiheitrechte）的发展包含了制度性内容，避免了对个人主义的简化与集体主义的不当扩张；（4）公民教育认定政治教育的任务是：建构与维护人类在自由、和平及正义中的共同生活，并以此标准衡量具体的政治活动；（5）人格取向的公民教育必须传输与"规范性—制度性"政治秩序相关的知识，以及政治的历史性前提与社会性条件；（6）须以"对话性"与"诠释性"的方式将宪法中的基本价值观呈现给公民。

美国的公民教育，从早期侧重于公民责任教育正逐步转向公民权利教育。早在 1938 年，美国全国教育协会教育政策委员会在题为《美国民主教育之目的》的报告中，提出公民责任的目标包括以下 12 个方面：社会正义（social justice）、社会活动（social activity）、社会理解（social understanding）、批判性判断（critical judgement）、容忍（tolerance）、维护公共资源（conservation）、科学的社会应用（social applications of science）、世界公民（world citizenship）（应是世界社会中的合作成员之一）、遵守法律（law observance）（尊重法律）、经济知识（economic literacy）、政治责任（political citizenship）、笃信民主（devotionin democracy）。进入 90 年代，美国的公民教育更多地强调公民身份与权利。1994 年颁布的《2000 年目标：美国教育法》提出的"目标 3"和"目标 6"分别对公民教育目标作了规定："目标 3：关于学生成就和公民身份。到 2000 年，所有 4、8、12 年级的毕业生应该能够掌握具有挑战性的内容，包括……公民学和政府……以便他们为承担公民责任、进一步学习和有效工作做好准备……""所有学生都将参与到那些能促进和提高……公民素质、社区服务及个人责任感的活动中。""目标 6：关于成人读写教育和终身教育。到 2000 年，每一个成年美国人都应该是有文化的，并能够掌握履行公民权利和职责所必需的知识和技能。"② 同年颁布的"公民学与政府的国家标准"（national standards for civics and government）规定的"公民学与政府"的教育内容包括：（1）政府及其职能，包括设立政府的意图，法律的作用，有限责任政府与无限责任政府，宪法的本质等；（2）政

---

① Manus, W. (1990), *Konsens und Konflikt in der Politischen Bildung. In*, *Bundeszentraler fuer politische Bildung* (1990), *Vierzig Jahre Politische Bildung in der Demokratie*, Darmstadt, S. 276 – 280. 转引自冯朝霖：《认同、差异与团结——人权教育与教育人权的辩证》，http://www. hre. edu. tw/report/2 – 1/2002L/2. htm。

② Kennedy, K. J. (1997), *Citizenship Education and the Modern State*, The Falmer Press, p. 146.

治体制的基础，包括美国的立宪思想，美国社会的独特性，美国的政治和公民文化，美国宪制民主的基本价值和原则等；（3）民主在政府中的体现，包括宪法赋予政府的权利和责任，政府的运行，法律在政治体制中的作用，政治体制为公民提供的选择和参与机会，公共政策的形成和实施等；（4）美国与世界的关系，包括世界的政治结构，美国对世界政治的影响以及世界政治对美国政治和社会的反作用；（5）公民在政治体制中的地位等，包括公民及其权利、责任和公民对公共事务的参与。[①] 在地方，尽管各州设计的公民学课程内容有所差异，但各州的公民教育大致包括以下三个方面：（1）国家政体的基本内容、准则，这些内容被认为是合格公民必备的知识；（2）参与意识与法律观念，着重讲述美国宪法规定的公民权利、责任和义务，以及有关刑法、民法的基础常识；（3）自律、守信、诚实、自爱、利他、不损人等重要品德。

尽管不同国家，在不同历史时期，其公民教育思想的内涵与取向不尽相同，但其中尊重人的主体性，注重个人参与国家、社会民主政治生活的理念，为国家、为民主社会培养良好的公民的思想，是其一以贯之的精神宗旨。世界各国开展的公民教育内容大致包括：公民政治意识与能力教育、公民民主意识与能力教育、公民法律知识与守法维法能力教育、公民思想道德与实践能力教育、公民科学文化教育、公民公共生活观念与社会能力教育、公民身心健康教育、公民生态环境教育、公民个人性格与行为习惯教育等等。西方公民教育思想以倡导人性的解放为主旋律，尊重公民在民主社会中的自由、平等为前提条件，培养公民独立思考、社会批判的意识与能力（而不是温顺驯良的公民），民主参与意识与能力，社会责任感以及参与共同生活、参与民主政治活动的能力，呈现出强烈的时代感。

此外，随着多元文化的融合以及全球化时代的到来，欧美国家的公民教育不断体现出对多元文化的尊重以及国际理解的特点。在美、英、德等国，大量移民的涌入迅速使国家转变为一个多元文化社会，许多学校不得不面对来自不同文化背景的学生，教育学生使之成为合格的本国公民，教育本土学生与移民学生、不同种族与肤色的学生彼此尊重文化传统，成为公民教育的新任务，相互尊重、彼此宽容、共生共存、和谐发展成为多元文化社会中"好公民"的重要责任。20世纪90年代以后，全球化使培养"世界公民"成为公民教育的目标之一。在我们共享一个地球的理念指导下，公民教育要求学生了解世界，尊重多元化，促进国际理解，愿意采取负责任的行动，促进世界和平与可持续发展。

---

① 于海静：《美国公民教育的历史沿革、现状与发展趋势》，载《外国教育研究》2004 年第 3 期。另参见：http://www.civiced.org/stds.html。

第五节 推进教育管理机制创新，促进学校自主办学

20 世纪 80 年代以来，欧美主要发达国家在推进教育改革的过程中，为了提高中小学的办学积极性，不断加大教育管理体制改革力度。其主要特征是：转变政府教育管理职能，简政放权，不断加大各学校的办学自主权。与此同时，尝试在教育管理过程中引入市场机制，例如，校本管理（school-based management）与特许学校（charter school）、民营教育公司（educational management organization）、英国的公助学额计划（assisted places scheme）和直接拨款公立学校（grant maintained schools）等等。这些改革措施的价值基础主要有家长的自由选择、促进社会公平、提高学术成绩、学校自治及学校之间的竞争。

一、校本管理与特许学校

校本管理是一项强调教育管理重心的下移，把中小学作为决策主体，通过将重要的决策权从州、县、地方学区转移到每一所学校实现改进教育的策略，校本管理的核心是学校自主（自治）与共同决策。学校自主涉及财政、人事和课程三个方面。财政自主预算规划和经费控制是校本管理中权力下放的主要方面，现实中，要真正做到学校财政自主难度颇大。我们在产生于 20 世纪 90 年代的特许学校中可以看到这种真正意义上的学校财政自主。人事自主是校本管理中一个关键的授权要素，包括学校自主确定职位和挑选人员。课程自主实质上是一种以学校为基地进行课程开发与建设的民主决策过程。校本管理中的"共同决策"主要指教师、家长和社区成员（有时也包括学生）参与学校的各项决策，如经费的使用、人员的聘用、课程的编制、教材的选择以及其他各种事务等。在实施校本管理的学校中，一般都成立由教师、家长和社区成员（有时也包括学生）等方面的代表组成的校本管理委员会，委员会的职责包括制定学校的改进计划、持续地检查这一计划的实施、评估学校课程计划的成效、检查并更新学校的改进计划、建立年度学校预算等。校本管理向校长、教师、学生及其家长提供了控制教育过程的更多权力，让他们负责预算、人事和课程。通过教师、家长和其他社区成员参与这些重要的决策，校本管理可以为儿童创造更为有效的学习环境。从 20 世纪 80 年代后期开始，美国各地的学校系统就开始实施校本管理，到 90 年代中期，校本管理已成为美国中小学进行教育管理改革的一种主要模式。

特许学校是集中体现校本管理思想的学校类型。从政府角度而言，支持创办特许学校，主要在于给家长为其子女选择合适的公立学校的权利，并在改革公立教育的进程中提供一种选择模式和形成的氛围。作为一种新型的公立学校，特许学校主要由公共教育经费支持，由教师团体、社区组织、企业集团或教师个人申请开办并管理，在相当程度上独立于学区的领导和管理。特许学校在享受相当自主权的同时须承担相应的责任。办学者必须提出明确的办学目标并与地方教育当局为此签订合约，一旦学校不能履行其职责并未达到预先商定的目标时，提供经费资助的政府有权中止合同。特许学校的主要特征表现在规模小、学校自主（自治）与绩效责任（accountability）三方面。一般来说，美国中小学的规模本来就不是很大，但特许学校相对于其他公立学校而言，规模更小。特许学校相对于一般的公立学校拥有更多的自主权，这在经费使用、教师聘用、课程设置等方面尤为突出。但是，这种自主权在具体操作方面又会有所不同，因为各州的特许学校立法或特许学校授予机构都会在有关方面对这种自主权做出某些规定，如学区或特许学校授予机构在预算、学年安排、学生评估政策和学生招收政策等方面的控制程度仍达到20%左右的比例。绩效责任是指特许学校在获得相当程度自治的同时，必须对学校的质量提高和学生的学业成绩负有责任。特许学校在履行绩效责任的过程中，一是对教学实践、学生成绩、学生行为、学生到校率、学校任务的完成、学校管理、学校财政及与特许立法规定保持一致等方面实行监控（monitoring），其中监控程度相对较高的方面依次为学校财政、与立法保持一致、学生成绩、学生到校及教学实践等；二是向相关机构或群体提出有关学校进展的报告。一般情况下，绝大多数的特许学校都向学校管理委员会、授权机构和学生家长报告；三是通过评估来促进和提高学生学业成绩。一般认为，美国第一所真正意义上的特许学校是明尼苏达州的两位教师在1992年创办的。自此之后，特许学校有了较大的发展。特许学校的改革，旨在创造一种满足学生的需要、有利于学习的环境，使学校成为学生尤其是那些以往具有不利教育体验的学生的安全之所。美国特许学校的改革实践表明，学生对所在学校的满意与否在相当程度上会影响到他们对学习的兴趣和学业成绩的提高，学业成绩并非衡量学校成败得失的唯一标志。调查结果显示，特许学校学生在对学校各项活动的喜欢、家长对特许学校的满意度等方面均呈现出积极的态势。

二、公立学校私营管理

由私营管理公司通过承包方式管理公立学校并对学校事务负责，是20世纪90年代开始出现的一种改革思路和实践。"营利教育"（for-profit education）成为当前美国教育改革过程中争论最热烈的问题之一。这一争论主要集中于 20 世纪 90 年代教育改革中出现的一种新的学校管理形式，即公立学校私营管理（private management of public schools）。所谓营利教育、营利学校，是指由营利性的私营公司管理的公立学校及其教育，而在这些学校中就读的学生仍享受其他公立学校中学生所享受的待遇。美国公校私营目前主要包括两个方面：一是一些称作营利性教育管理组织（for-profit education management organization）的各种私营公司，它们自己创办并管理特许学校，或接受其他特许学校的委托来管理这些学校；另一是通过与地方学区的教育主管部门签订承包合同，来管理传统的公立学校的形式。但是，进入 90 年代后期，不再续签合同、缩减合同学校范围甚至中止合同的事情，屡有发生。其中的重要原因在于，学生的学业成绩并未因学校实行私营管理而得到提高，而提高学生的学业成绩恰恰是美国进行公校私营改革的直接动因。尽管如此，教育选择公司公校私营的管理形式仍被许多人所接受。

三、公立自治学校：转变政府职能扩大学校办学自主权的有效实验

长期以来，由于权力过分地集中在中央和地方政府手里，英国学校没有办学自由，在招聘教师、经费使用及师资培训等方面都受到地方政府的控制，难以进行自身建设与发展。20 世纪 80 年代中期，英国政府、教育界及其他各界人士就如何改革教育体制，教育如何适应市场经济、为经济建设服务等问题展开了激烈争论，并达成如下共识：权力，尤其是中央"权力"，不能进入市场；把学校推向市场，创造一个公平竞争的环境；为受教育者及家长提供优质的教育服务；教育要面向未来，迎接 21 世纪挑战。为此，英政府颁布了《1988 年教育法》。该法的颁布被视为英国教育改革的里程碑，它在很大程度上改变了英政府的办学思想及管理模式，使英国教育体制发生了一场深刻的变革。1988 年，英政府确立了"中央权力"不能进入市场、不能过多干预基层正常教学活动的观念，认识到中央政府应集中更多精力，去追踪世界教育发展趋势，并根据英国经济发展目标制定出相应的教育发展战略和中长期规划。政府采取一些有效措施，扩大学校办学自主权，引进竞争机制，把学校推向市场。英国教育部自 1988 年以后，逐步成立了"英国教育标准局"、"英国继续教育拨款委员会"、"中小学教育拨款委员会"、"中小学教学大纲与评价总局"及"教师培训局"等半官方机构，负责具体行政事务。同时，扩大学校办学自主权，即学校人事编制、经费使用、教学大纲等均在校董会领导下由校长负责。上述机构确立后，学校与教育部不再维

持行政上的隶属关系，而变为独立的行政部门，直接向英国教育大臣负责，每年根据政府对教育发展的原则性立场制定具体实施计划并落实。政府职能分解后，教育部摆脱了过多的行政事务，政府宏观决策日趋科学化，同时加强了对各执行部门的指导与监控，各行其职，教育管理体制日趋合理化。20 世纪 90 年代初，英国教育部创立了"公立自治学校"（grant-maintained school），通过"拨款委员会"将教学经费直接拨付给学校，一切教学经费由学校校长支配，各级政府无权干涉学校正常教学活动，这样使学校在基建、招聘教师、教材选编等方面都充分享受办学自主权，依靠自身有利条件，创办具有自我特色的学校，以扩大"生源"，真正在公平竞争的环境中达到"优胜劣汰"之目的。能否给受教育者提供优质服务，是衡量一个学校优劣的标准之一。1988 年，英国政府明确规定，学校应向受教育者，包括学生家长提供优质服务，以培养合格的建设人才。经过几年实验，"公立自治学校"的模式深受学校、家长的欢迎，从 90 年代初的几十所，已发展到 2007 年的 1 000 多所。

四、直接拨款公立学校

《1988 年教育改革法》规定，任何公立中学和学生人数超过 300 人的公立小学，经家长秘密通讯投票认可，都可向中央教育主管大臣申请脱离地方教育行政当局的控制，成为直接拨款公立学校（grant maintained schools）。转制后的学校直接接受中央政府的拨款，并在管理方面享有与独立学校同样的自主权。英国公立学校历来由地方教育行政当局负责开办和维持，直接拨款公立学校的出现，打破了这种安排。直接拨款公立学校旨在建立一种由家长主导、经费直接来自中央、具有高度自主权的公立学校。在右翼势力看来，地方教育行政当局在配置教育资源方面代表着计划和低效，直接拨款公立学校的建立，能够在确保义务教育完全免费的前提下，削弱以至消除地方教育行政当局的影响。他们甚至认为，应该将公立学校的所有权从地方教育行政当局转移至独立的托管机构，由它们自主经营、自主管理。不过有人也对这项政策将要造成的不良后果表示担忧，特别是允许数目不详的学校脱离地方控制，地方教育行政当局将无法对本地区的教育作出总体的规划。英国工党政府上台后，改变了直接拨款公立学校政策，对公立学校进行了新的分类，并着重推行教育行动区计划。

五、教育行动区计划

英国工党上台后，颁布了《1998 年教育改革法》，积极推行教育行动区计划

57

（education action zone），将教育薄弱地区公立学校的管理权向社会公开招标，吸引教育以外的社会力量参与教育薄弱地区学校的管理和运作，从而为薄弱学校带来新的管理思路、经验和资金，迅速提升这类学校的办学质量。社会各界，特别是私营工商企业均可提出申请，在教育薄弱地区成立教育行动区，接管所属的公立学校。实行教育行动区的前提假设是，只有将教育利害相关者、教育者、受教育者以及潜在的教育利害关系者结成巩固的同盟，通过相互支持才能实现学生的健康成长和学校的卓越。为了自我的进一步完善，学生需要从父母、社区服务设施、商业与社会以及学校中得到应有的支持和帮助才能开发潜力，为此，教育行动区应该提供各种信息渠道达成学生潜力的自我挖掘。教育行动区享受政府制定的一系列优惠政策，包括可以自主设计课程、高薪聘请校长和教师、实现资源共享等等。成功的申请者必须提供令人满意的学校革新方案和合同期内改善学校办学质量的具体目标，并在政府的额外拨款之外注入相应的配套资金。每个教育行动区都有一个行动论坛，以监督和管理行动区的日常事务及各种活动。论坛成员代表着当地各方教育利害关系者的兴趣和利益，地方商业者常常在论坛中占有重要地位。教育论坛意在使所有的学区学校和家长参与管理以及教育政策的制定，人们希望就提高教与学的质量、社会性包容、家庭以及学生的支持、将商业者纳入以及与其他组织合作等教育革新主题达成共识。为此，教育行动区采取了一系列措施，如在教育行动区内的学校里增招学科专家、教学助手以及促进原有教师专业发展，将旷课以及师生之间关系的冷漠视作提高教育标准的阻力，与就业区、健康行动区、社会服务组织以及政府的革新计划组紧密合作，防止社会隔离以及尽早阻止处于不利地位儿童的失学，实施一系列革新措施使儿童尽早开始学习，使家长积极投身到为子女创设良好的学习环境行动中去，通过与商业机构合作为行动区中的学校引入资金、技能、经验，使学校的教育质量得以提升，如此等等。共同管理指的是管理上的分权方式与工作上的合作关系，旨在鼓励吸引更多的当地居民、学校教师和商业人员参与行动区的管理，共同致力于当地教育的发展。而赋权则是整个计划的核心，它决定着教育行动区能否顺利发展。在实践过程中，教育行动区也存在着一些问题：管理者本身的专家意识与自我兴趣主导，管理者本身的专家意识影响了教育行动区的包容性；家长本身的弱势地位客观上导致家长只关心自己子女的成长，并不真正关注整个行动区的发展，而未将家长真正赋权为教育政策决策者是行动区的最大失误；参与论坛的不同群体带着自己特有背景、经验和语言习惯参与论坛，这种行动区的缺失性交流模式使得他们彼此之间难以形成有效的沟通与融合，从而影响了各类群体参与论坛的有效性等等。

六、德国加强学校办学自主权的种种举措

与德国高等学校享有的"学术自由"相比，德国的中小学所拥有的"自我管理权"要小得多。有人形容德国教育行政管理制度是"多中心的集权主义"。"多中心"是指在联邦制的德国，各州拥有"文化主权"；"集权主义"则是指在各州内部，州集权力于一身，地方政府和学校所拥有的自由空间很小。在"十二条教改建议"中，教育论坛提出了学校的自主权问题。教育论坛认为，除了教育民主化的政治诉求外，还有两条经济学的理由说明学校应拥有更多的自主权。第一，学校教育任务和内容的变化性和复杂性要求学校及教师拥有更多的决策权。教学计划滞后于社会的发展是德国教育领域存在的老大难问题。因此，必须肃清教育行政中的官僚主义，保证学校和教师在教学领域更大的自主权。第二，学校对自身的发展承担更多的责任将促进竞争，提高质量。因为只有当学校获得发展的主动权时，学校才会谋求更大的发展。为此，教育论坛提出，宏观调控中央与地方的管理权限，使之协调发展，互为促进，教育立法为地方和今后的发展留有足够的发展空间，为此提出了促进学校自主的三项建议：一是下放权力，让学校拥有更多的自主权，即进一步扩大学校在财政、教学、人员及学校发展规划上的自主权，特别是在其发展学校特色以及有关人员、房产和设备的配置方面，通过继续教育，提高校长的领导和管理能力；二是调整、改进学校督学工作方式。即将督学的工作重点从考核、评价转变为咨询和支持，调整国家监督的方式方法，增强督学对教师工作的咨询能力，督学不应当只是教师的"判官"，他更应当是教师的"导师"；三是加强质量控制，加强教育质量的内部与外部评估工作。要克服和避免"放权"可能造成的教育质量参差不齐，必须加强质量评估。教育论坛提出了"在评估中学习"的主张，认为评估可以帮助学校在校际比较或内部自检中正确地认识自己，并及时找到发展的目标。

第六节　结论与借鉴

通过以上分析可以看出，世界各国都在本国文化传统和政治经济条件基础上，进行了富有特色的基础教育改革，其中不乏值得借鉴之处，当代国际基础教育改革的经验有：

一、教育是社会文化的重要组成部分。在当今多元文化社会中，各国在推进

适应现代社会经济发展的公共教育制度建设过程中，需要重视不同国家、地区、种族、民族的文化教育差异，促进教育的多样化发展，促进教育公平与平等，建立健全以尊重个体差异为取向的现代教育体系。

二、深入理解教育对于经济与社会政治文化建设的促进作用，不断提高各国政府对基础教育事业的重视程度，实施科教兴国战略，不断增加教育投资，合理配置教育资源，进一步提高教育投资的使用效率。

三、积极促进教育管理变革，不断扩大地方和学校的办学自主权，建立以提高学校组织管理效能为目的的现代学校教育管理体系，提高学校教育的灵活性与创新性，促进学校组织的个性化、特色化发展。

四、尊重学生的个性差异，凸现学生的主体地位，注重培养学生的自主性和积极性，通过学生自定学习计划、学生选课指导制度、课程选修制度与学分制等途径，培养学生的自主创新能力。

五、加强课程改革，正确处理好吸收、借鉴、继承和创新的关系，确立质量、民主和公平相结合的课程目标，促进课程设置的多元化，增加课程内容的宽广性、现代性和联系性。确立教师在课程改革中的核心地位，争取课程改革得到广大教师的支持。积极进行教学方式方法改革，促进教学方法的多元化与灵活性，不断激发学生的自主精神与创新意识。

参考文献

著作：

[1] 国家教育发展研究中心编著：《2004 年中国教育绿皮书：中国教育政策年度分析报告》，教育科学出版社 2004 年版。

[2] 吕达等主编：《当代外国教育改革著名文献》（美国卷·第一册），人民教育出版社 2004 年版。

论文：

[1] 赵中建：《全民教育：一个全球性的课题》，载《比较教育研究》1997 年第 2 期。

[2] 范国睿：《欧美主要国家的学校公民教育：基于教育政策的分析》，载《教育发展研究》2006 年第 6 期。

[3] 洪明、许明：《国际视野中公民教育的内涵与成因》，载《国外社会科学》2002 年第 4 期。

[4] 高峰：《法国学校公民教育浅析》，载《首都师范大学学报（社会科学版）》2005 年第 2 期。

[5] 蒋一之：《英国公民教育的历史变革与现状分析》，载《外国教育研究》2003 年第 11 期。

[6] 于海静：《美国公民教育的历史沿革、现状与发展趋势》，载《外国教育研究》2004

年第 3 期。

译著:

[1] 持田荣一、森隆夫、诸冈和房编修,龚同等译:《终身教育大全》,中国妇女出版社 1987 年版。

[2] 联合国教科文组织国际 21 世纪教育委员会著,联合国教科文组织中文科译:《教育: 财富蕴藏其中》,教育科学出版社 1996 年版。

[3] 联合国教科文组织:《世界教育报告 (1991)》,人民教育出版社 1992 年版。

[4] 赵中建:《教育的使命——面向 21 世纪的教育宣言和行动纲领》,教育科学出版社 1996 年版。

外文著作:

[1] UNESCO. (2000). *Education for All*: *the Year* 2000 *Assessment.* UNESCO, Paris.

[2] Marshall, T. H. (1950), "Citizenship and Social Class", in *Citizenship Debates*: *A Reader*, ed. by Gershon Shafir, Minneapolis: University of Minnesota Press, 1998.

[3] Janoski, T. (1998), *Citizenship and Civil Society*, Cambridge, UK: Cambridge University Press.

第二章

当前中国不同地区基础教育改革与发展状况评析[*]

我国是一个地域辽阔、人口众多，不同地区的经济文化和教育都有着很大差异的国家。要描述和深入认识不同地区基础教育的改革与发展状况，就不能无视这一现实。为此，本课题在我国东部、中部和西部各取了若干城市中的区域为调查样本，以当地教育部门或师范院校为主，作了深入的区域调查，提供了调研报告。[①] 在此基础上形成了如下关于"当前中国不同地区基础教育改革与发展状态"的调研报告。

---

[*] 本章由《中国基础教育改革与发展的区域研究》子课题组负责人为华东师范大学基础教育改革与发展研究所杨小微教授撰写；子课题组核心成员（即子课题中各个区域团队的负责人）有：云南师范大学王凌教授、罗黎辉教授，广西师范大学王枬教授、唐荣德教授，山西大学侯怀银教授、陈平水教授，淮阴师范学院顾书明教授，上海市闵行区教育局副局长王浩，上海市教委副主任、原浦东新区社发局局长尹后庆，浦东新区社发局教育处处长赵连根、副处长王浩。

[①] 各子课题调研报告的题目及执笔人为：《基础教育内涵发展与教育生态改造的区域性探索——闵行区域整体推进"新基础教育"的个案研究》（王芳），《多元文化背景下浦东基础教育的改革与发展》（刘文杰），《"转型期贫困民族农村基础教育改革的区域性探索——以云南省寻甸县六哨乡、联合乡为个案"研究课题总报告》（王凌等），《广西民族文化与基础教育改革研究》（王枬、唐荣德），《中部崛起背景下山西贫困地区农村基础教育改革和发展研究》（侯怀银），《苏北地区经济文化生态与基础教育发展特征及问题研究》（顾书明）。

第一节　我国教育发展非均衡状况的区域表现及其原因分析

一、东部地区教育非均衡发展的突出表现是：多种发展水平在区域内共存，先进与落后、富裕与贫穷、国际化与本土化之间既冲突又融合，区域"内差异"突显，这种内差异对教育发展而言，既是障碍又是资源

东部沿海地区是我国众所周知的发达地区，我国经济社会发展的三大增长极（珠江三角洲、长江三角洲和京津冀都市圈）均位于东部沿海地区。长江三角洲的上海市、江苏省，京津冀都市圈的北京市、天津市都提出了要在 2010 年率先实现教育现代化的发展目标；广东省也提出了在珠江三角洲地区和其他地区的中等城市率先基本实现教育现代化的发展目标。然而，再发达的区域，内部也非均质，既有"国土中的'外域'"，又有"都市里的村庄"，均衡、公平仍然是发展主旋律中的强音，区域内差异突出且多样态呈现的，当推上海的浦东新区。

（一）浦东：复杂多元文化差异格局中教育发展的突出矛盾[*]

浦东新区的社会经济与文化发展的程度，呈现出由西向东逐步降低的态势，恰如人类文明进程中历时性地发生过的原始文明、农业文明、工业文明和后工业文明，共时态地整体呈现在浦东新区的版图上，表现出经济、文化和社会发展的高度非均衡状态。其不均衡的矛盾突出体现在两个方面：一是城市与农村、工业与农业发展的差距带来了主导性文化与非主导性文化的冲突。来自东部、中部、西部不同地区，不同经济和文化背景的人群聚集带来了社会、经济和文化发展的多元化，形成贫富文化的显性凸现；二是随着全球化的进程，越来越多的外籍人士涌入浦东，他们所带来的跨国文化，与本土文化之间的矛盾也逐步凸现。

浦东是在十几年的时间内由农业社会进入了现代化、知识经济时代，但在一

---

[*] 本段材料及数据来源：上海市浦东新区社会发展局子课题组刘文杰执笔《多元文化背景下浦东基础教育的改革与发展》（2007 年 10 月 14 日）。

定程度上保留着农业社会、半工业社会以及工业社会的特征。浦东的建成区与开发区相差较大，且建成区相对集中，一些高科技产业集中于建成区，开发区农业文明痕迹较重。浦东区域内共存着三种不同的发展水平，包括成熟城市化地区、中心城、城郊地区，且成熟城市地区所占比例很低；第二、第三产业在浦东整个区域内所占比重明显低于第一产业，自浦东开发开放以来，第二产业有明显的降低，第三产业也有一定的增长，从最初的 20% 上升到 47.6%，但浦东目前大部分土地还是耕地，且有相当一部分的未利用土地。也就是说，浦东目前仍有 50 平方千米的农田，而且这些农田将不得被占用，不得工业化，这些农田约有 16 万农民在耕种，另有 13 万左右的征地农民，他们在从事各种技术含量较低的劳动；大量浦东本土居民在工厂工作，一些小的作坊仍然存在，而像张江高科、陆家嘴金融圈却聚集了世界最先进的科学技术，第三产业占据了 50% 以上，这些从业人员大多来自国外以及海归人员，第三产业中的服务业，如餐饮等行业的从业人员大多来自国内的一些欠发展地区，这种类型上的差异与人员构成就促使了浦东多元文化社会的形成。

浦东的文化也表现出不平衡性。浦东崛起于农业社会，整个社会的文化层次较低，虽然与浦西只有一江之隔，但与浦西根深蒂固的海派文化相比，差距较大。首先，"海派文化"是基于工商业比较发达的浦西土壤上，而"浦东文化"是处于农业文明阶段。前者环境里的人有相对开放的心态、头脑精明、但往往也自私，后者环境里的人相对封闭，但大多朴实、憨厚。1990 年浦东开发后，两种文明开始直接碰撞，迅速交汇、交融。其次，浦东目前的发展处于关键的转型期。1990 年代以来的浦东发展，一直处于"浦东浦西杂处"、"本地外地杂处"的文化格局之中。社会经济飞速发展，但如果文明程度不与之同步或超前发展，则不是真正意义上的社会进步。目前，浦东正处于将不同文化的冲撞与矛盾，转化为各种文化与本土文化的有机融合，以更好地适应工业文明、后工业文明发展需要的关键期。

大量的外来人口为浦东经济社会的发展作出了重大贡献，同时也成了浦东多元文化主体的重要一员。浦东的基础设施建设需要大量的工人，而浦东本地人口远远不能满足这一需要，且大多数当地人不愿意从事较艰苦的基础建设工作。因此，外地农民工成了浦东社会发展的重要推动力，其数量也在不断增加，这些人已经逐渐融入社会系统当中，成为多元文化社会的一分子。正因为如此，来自国内不同区域、不同阶层的人群所带来的文化成了浦东新区多元文化的重要组成部分。

与此同时，世界各国的投资者与建设者也纷纷看好浦东这块土地，海归人员也陆续大量进驻浦东，且数量急剧增长。浦东境内的国际化人才目前已超过 5 万人，他们在浦东安居乐业，使浦东涌现出 40 多个国际社区。从外籍学生的数量来看，其增长的速度令人惊讶，尤其是近三年，成倍增长。

浦东开发开放十几年来，基础教育的方方面面都发生了巨大的改变，实现了基础教育的跨越式发展。在完成以数量扩充为特征的第一次跨越之后，目前已进入以城郊教育的均衡发展和内涵发展为特征的第二次跨越阶段。第一次跨越式发展主要由于人口大量迁入，导致师生数量、学校数量激增，教育规模持续较快增长。这一数量扩充阶段一直持续了近十年，此间基础教育主要发展目标在于满足适龄儿童基本的接受义务教育的权利，以实现人人"有书读"。从 2003 年开始，该地区进入以内涵发展为特征的第二次跨越阶段。这一阶段的主要特征是：以提高办学质量和教育品质为主线，以义务教育阶段均衡化为主旋律，学前和高中教育阶段的优质资源得到逐步扩充，教育改革进入攻坚阶段。在多元化的办学体制基本形成的背景下，教育发展的目标指向提供优质的教育服务，不断提高教育教学质量，力争满足人人"读好书"。

这两个阶段的跨越使浦东新区基础教育整体发展面貌大为改观，从教育财政经费投入到学生、学校规模，再到学校占地面积、校舍面积都有了突破性发展。

浦东的多元文化社会对基础教育提出了巨大的挑战和迫切的要求，浦东基础教育所面临的形势严峻。从社会发展对于基础教育的要求而言，基础教育改革有充分的必要性；从基础教育改革对于社会发展促进作用而言，基础教育改革同样具有很强的必要性；同时，浦东所处的环境与自身的发展历程中也蕴涵着丰富的实现基础教育改革与发展的可能性。

1. 社会结构变化引发的经济增长与基础教育发展的突出矛盾。

不同社会阶层与经济阶层的人群对于教育的不同需求，向教育提出了不同层次的发展要求，这就对原本主要满足本地居民相对一致的教育需求的基础教育提出了最基本的难题。目前，相对于浦东的经济发展而言，教育发展相对滞后，主要存在以下矛盾：

首先，相对于经济的快速增长，浦东教育发展显得相对滞后。从学校硬件来看，由于建设标准的滞后，有相当一部分学校建设标准较低。从师资队伍来看，全区师资队伍的学历层次只相当于上海市平均水平，教育观念、教育行为和教学手段的现代化水平与中心城区相比尚有差距。从优质教育资源来看，在市实验性、示范性学校和区重点高中就读的学生比例明显低于全市平均水平。在全国、全市有影响的品牌学校数量有限，先进经验尚需努力积累。

其次，浦东教育制度创新滞后于其经济体制变革。在教育改革方面，浦东在深化教育管理体制改革、办学体制改革、促进学校面向社会自主办学等方面进行了一些探索，尤其是在综合配套改革的动力推进下，在转变政府职能，教育体制、机制、政策创新等方面取得了一定进展。但总体进展还不够快，教育管理"管办评"有机结合方式的运用、教育服务类社会中介机构的培育等方面的改革难度仍然不小，教育制度创新的整体环境尚需进一步创设。

其三，浦东教育现代化推进过程中呈现出传统与现代、本土化与国际化、硬件建设与软件建设的矛盾。浦东以物质层面的教育现代化为突破口，新建了一批硬件水平较高的学校，但是，教育观念、师资队伍与教育现代化的要求还有一定距离，学校软件建设亟待加强。浦东的教育现代化迫切需要实现从硬件层面的现代化向内涵和制度层面的现代化转变。

最后，浦东社会整合与文化融合的现实要求与教育体系包容性不足之间的矛盾。随着浦东多元文化的特色逐渐显现，其教育体系包容性不足也逐渐显现。进城务工就业农民适龄子女还未全部纳入浦东义务教育发展规模之内。如何增强浦东教育体系的包容性，使所有人群，尤其是离土农民、失业人员、外来人员等社会弱势群体获得更多的学习机会，并保证他们能够从各种学习形式中获益，将是一个巨大的挑战。

总之，浦东当前基础教育与经济、社会以及教育内部存在种种不协调、不适应，这就给改革与发展基础教育提出了新的要求。

2. 社会多元文化主体融合的现实需要向基础教育提出的改革要求。

多元文化主体的互相接纳与融合不可能一蹴而就，也不可能一劳永逸。不同的文化主体长期处于同一区域，他们之间从陌生、冷漠甚至敌视走向理解、接纳和相互欣赏、和谐共处，不仅仅是发生在成人世界中的漫长的冲突与融合的过程，同时也是新一代人在教育生活中必须面对的问题，因而也是教育（尤其是基础教育）工作者必须重视的问题。学生是浦东未来社会的主人，而来自不同文化背景的学生同处于校园内，彼此的不信任与排斥又是难免的。本地学生在地域、语言、环境以及经济条件等方面的优势给外来农民工子女造成了无形的压力，彼此在潜意识状态产生了较深的鸿沟；外籍学生所受到的特殊照顾与物质条件的优越性也使他们与本地学生以及农民工子女之间的差距客观存在，更加剧了心理上的不平等。为此，基础教育必须花大力气让不同文化背景下的学生彼此了解、互相接纳，能够承认与欣赏不同的文化，学会共处，学会合作。这就对学校教育的改革与发展提出了更高的要求。

（二）闵行：学校之间内涵式发展差异突出的新矛盾*

上海市其他地区在经济、文化和教育发展上也有复杂多元现象呈现，相应的

---

* 本段材料及数据来源：上海市闵行区"新基础教育"研究课题组王芳执笔《基础教育内涵发展与教育生态改造的区域性探索——闵行区域整体推进"新基础教育"的个案研究》（2007年12月31日）。

教育问题也与浦东有相似之处,但不像浦东那么集中和突出。以闵行为例,存在着老闵行的老工业区文化与新闵行由原上海县带来的城郊农村文化之间,本土学生文化与韩、日等外籍学生文化之间的差异与冲突等问题,然而,比较突出的是随着改革推进,学校在内涵性发展上拉开差距。

1992 年,原闵行区与上海县撤二建一,成立了新闵行区。闵行区位于上海市地域腹部,形似一把"钥匙"。东与徐汇区、浦东新区、南汇区相接;南靠黄浦江与奉贤区相望;西与松江区、青浦区接壤;北与长宁区、嘉定区毗邻;虹桥国际机场位于区境边沿。吴淞江流经北境,黄浦江纵贯南北,分区界为浦东、浦西两部分,地域面积占上海的 5.86%。老闵行区与上海县的合并,实现了"强强联合",也带来了新闵行区经济、城市建设和各项社会事业的飞速发展。

从经济发展来看,区委、区政府早在 1993 年就提出了"科教兴区"的战略部署,并立足上海的工业化基础,依托商贸物流的地域优势,制订了"二三一"产业结构发展战略方针,大力发展第二、第三产业,积极引进与培育规模型高新技术项目与企业,吸引国内外研发机构,建设特色产业基地,构筑闵行区高新技术产业群与产业链,向上海经济强区和现代化城区迈进。经过多年的努力,闵行区现在不仅是上海市的主要对外交通枢纽,也是东南地区主要工业基地、科技及航天新区。据 2008 年闵行区政府工作报告显示:全区经济呈现出增长较快、结构趋优、效益提高的良好态势。2007 年,全区预计完成增加值 976 亿元,实现财政总收入 272.2 亿元。全区产业结构不断优化,第二、第三产业在全区经济结构中所占比重分别达到了 57% 和 42%,第一产业只占 1% 的比重。招商引资连年取得跨越式发展,2007 年,合同吸引外资 14 亿美元,实际到位外资 10 亿美元。注重高新技术研发和高智力开发,先后兴建了莘庄工业区、闵东、闵北等工业园区和紫竹高科技园区。科技创新取得新成果,第三次被评为"全国科技进步先进区县"。各项主要经济指标在上海 19 个区县中名列前茅,地区生产总值处于第 3 位,财政总收入及地方财政收入处于第 2 位,工业增加值处于第 3 位,社会消费品零售总额处于第 4 位,合同引进外资处于第 2 位,一手房住宅成交面积处于第 4 位。区域经济的快速发展以及高新技术产业结构链的架构,使闵行区具备了构建和谐社会的物质前提和基础,但也对闵行基础教育发展提出了新时代背景下人才培养模式的严峻挑战。

从城市建设来看,闵行区是上海市的主要人口导入区之一。全区规划住宅建设用地 6 万亩,建筑面积 3 500 万平方米,导入人口 70 万。自 1992 年起,大批住宅小区如雨后春笋般兴起,市区居民陆续迁来。房产开发高峰期间,全区每年要开办十来所配套学校。此外,外来流动人口的快速增长也导致闵行区人口急剧扩张。2000 年第五次全国人口普查时,该区外来流动人口有 48.1 万人。而根据

2003 年 7 ~ 9 月进行的对外来流动人口抽样调查结果显示，全区外来流动人口已达 73.4 万人，比"五普"时增长 52.6%，增幅远远超过户籍人口。同时，外来人口举家来沪的大量增加，家庭户比"五普"时增长 128.8%，随迁家属占外来人口的比例增加了 7.9%。大量市区人口的迁入和外来流动人口的涌入，既给地区经济发展注入了活力，但同时也对具有城乡结合部特点的闵行教育发展带来了独特地域城市化背景下的新挑战。如何把沉重的人口负担转化为充足的人力资源和强大的人才优势，这一重任率先落在了闵行区基础教育的肩上。

在市场经济的背景下，原有的教育体制和学校管理已经严重不相适应，旧的问题尚未完全解决，新的矛盾和问题又已显露出来。如：教育评价体系、中考和高考制度、新课程改革与现行考试内容与形式的配套问题、基础教育发展的不均衡问题、国民教育体系问题、教育督导制度、教师队伍的素质与结构问题等。教育体制上的障碍已严重束缚了学校从传统走向现代，从依附走向自主，从封闭走向开放的进程步伐。而从学校的内部来看，学校的组织、制度和文化上的不适应和新问题也逐渐显现：比如学校法人地位不落实、部分学校产权不明晰、学校内部的组织机构和制度体系也与教育改革深化的要求不相适应。随着各项改革的不断推进，学校之间在办学条件、生均经费、教师收入等等方面已无大的差异可言，但在学校的文化传统、管理理念、教育教学方式等等方面，尤其是随着学校持续开展教育改革的自觉性和深度的不同，学校之间的发展水平出现了明显的差距。此外，政府与学校关系，学校与社会组织、社区关系一定程度上存在的不合理性和深入、有效沟通的缺乏，以及教育满足不了现代社会发展和民众不断提高的对优质教育资源的需求等等问题，也越来越凸显出来。改革现有办学体制，大力开发教育资源，促进学校自主的内涵式发展，成了时代发展对闵行基础教育提出的又一重任。

（三）苏北：教育改革缺乏活力、教师流失较严重的内部基础性矛盾[*]

苏北是东部发达省份中的欠发达地区，其区域性经济文化发展及生态特征可以称为"都市里的村庄"，其许多特征与后面要谈到的中部地区相似。首先是城乡二元结构矛盾较突出，经济发展在江苏整体上较为落后。苏北属传统农业地带，经济发展在江苏全省明显滞后，人均国内生产总值不到苏中的三分之二，不到苏南的四分之一，成为发达省份的欠发达地区，沿海经济带中的"低谷"，呈现出较明显的经济梯度差。具体表现为农村工业化和城市化水平不高，影响着产

---

[*] 本段材料及数据来源：江苏省淮阴师范学院子课题组顾书明等执笔《苏北地区经济文化生态与基础教育发展特征及问题研究》（2007 年 12 月 10 日）。

业结构、就业结构和城乡关系的调整。产业结构失调，产业"同构化"（指在各地区产业结构变动过程中不断出现和增强区域结构的高度相似趋势，出现盲目投资、低水平的重复建设、重复引进等现象）、"低度化"（指产业结构从低水平状态向高水平状态升级转化的动态过程处于较低状态水平）的现象较突出。农民收入低的问题也比较突出。

其次是文化上归属于黄、淮风俗文化圈，形成独具特色的区域文化。苏北地区文化观念、人际交往、心理倾向中传统特质仍具有导向地位，具体表现为很强的依附性和内向性，且因过分内向而显得保守，容易满足现状，往往顺从、迷信权威。长期的企求稳定的农业型自然经济造成了崇尚趋稳，惧变，安于现状的心理倾向。居民中节俭、封闭、悠闲等行为特征较为普遍。在日常生活中，人们重视勤俭持家，生活方式上不求闻达，不愿过于紧张，喜欢安逸。其间虽然包括坚韧、忍耐、勤奋、安分知足等优点，但同时也造成了保守、落后、听天由命的问题。久而久之，这种对现状的满足也导致缺乏创造性和竞争意识。苏北地区的人们在社会关系中表现出的特征是较为重群体而轻自我，人的个性及个性行为在群体生活中不受推崇。

最后是人的现代化素质不高，这已成为影响苏北经济可持续发展的症结。主要表现为文化观念落后，开放程度不够，高级管理人才、外向型经济人才、市场经济人才较为缺乏，再加上长期以来，苏北地区是作为江苏省重化工基地加以建设的，煤炭、重型机械、化工、食品等是本区的主导产业，缺少高新技术主导产业的支撑。

苏北区域教育及城乡学校发展差异大，地方及学校的自主变革与发展动力相对不足。苏北地区的义务教育阶段从 2003 年、普通高中从 2005 年开始实施新课程标准，改革实验时间不长，城市学校对新课程改革的热情相对较高、意识较强。但是，许多农村学校教师反映本次课程改革更多的是关注了发达地区、关注了城市学校，相对忽视农村学校办学条件的现实状况。有些农村学校只有一个多媒体教室，有的学校甚至没有，而教育行政部门要求每个教师每学期必须上一定数量的多媒体课，这就有很大的困难。江苏省淮阴师范学院课题组调查发现，新课程的一些理念对很多学校和很多的教师来说都已耳熟能详了，但他们认为最需要的是实践的引领。有近 75% 的中小学教师都认为当前最需要帮助的是"学校应该提供机会让他们观摩一些成功的课改实验课"。此外，地方基础教育学校对地方高师院校"参与行为"以及区域共同研究和共同发展也有强烈的期盼。

在苏北乡镇学校工作的教师，整体生存状况不容乐观，工资基本上是他们收入的全部来源，41.2% 以上的教师不满意自己的收入，他们认为自己所得的工资与他们付出的辛苦劳动不成比例，一些地方学校教师的月均工资不到 1 000 元

69

（包括各种津贴和奖金）。我们通过调查还了解到，苏北乡镇教师尤其是骨干教师流失较为严重，某中学近四年内流失骨干教师 15 人，主要流向苏南地区和城里民办学校。苏北某市五年来累计流失 1 000 多名中小学教师，其下辖的一个县，三年内先后走掉了 500 多名教师。究其原因，主要是经济待遇低造成的。在苏北，一名中学高级教师的工资大概在 1 300 元左右，在苏南地区则是这个数字的两倍甚至更多。另外，相对于城市教师，乡镇教师获得荣誉的机会也比较少，争取评职晋级的指标也比较少，取得各种培训合格证的机会同样比较少。地方教育行政部门和基层学校领导相对缺少推动教育及学校变革的动力，教师的专业发展水平相对较低、发展速度相对较缓、发展机会亦相对较少，加之部分家长和社区对学校教育缺少理解和沟通或存有偏见，都使教师感到心理负担较重。目前，在苏北乡镇学校教师中出现了一定程度的职业倦怠问题。规范制度化的生活和教师工作的周期性、长期性的特点，加之缺乏教育变革的挑战性和教育成就的激发性，使得很多基层中小学的教师工作似乎每天都在重复"备课—上课—批改作业"的工作轮回及家庭与学校"两点一线"的运行轨迹，这种简单的重复，让许多教师深感枯燥，感到前景暗淡、工作压力大、回报低。

二、中部地区以农业文明为主导，属中等发达地区，但改革开放以来经济发展呈塌陷之势，教育的基础条件薄弱，教育投入的区域分配不均衡、"普及九年义务教育"欠贷严重，应试教育的强势导向更加大了这种不均衡，中部崛起战略将带来发展机遇

我国的中部地区一般被称为中等发达地区，是我国文明昌盛之邦，中部教育人口占全国教育人口的近 1/3，中部教育在我国教育发展中具有重要地位。近年来，随着东部经济的加速发展和西部大开发战略的实施，中部经济呈现塌陷之势。教育资源配置的不均衡，加上学校教育价值取向的偏差，使得中部教育，特别是中部农村教育发展出现较大困难。下面以湖北和山西为例透析中部地区区域内基础教育发展的非均衡现象。

（一）湖北：升学竞争压力巨大，校际差异比区域差异更为突出，农村学校资源缺乏仍是阻碍教育发展的主要因素

从总体上看，湖北省义务教育发展的非均衡主要表现为区域不均衡、城乡不均衡和学校之间的不均衡。湖北全省义务教育经费财政投入区域分配不均衡，主

要有以下两个显著特点：第一，城市义务教育学校之间、农村义务教育学校之间的内部差异，基本上都大于城乡之间的差异。城市"窗口"学校与薄弱学校之间办学条件的差距不断扩大，成为"择校风"屡禁不止的主要原因；乡镇中心学校与村办小学之间的办学条件差距不断扩大，导致村办小学的青年教师大量流失，留下"爷爷奶奶教小学"，村办小学日趋式微。从城市内部或农村内部的角度看，居民收入分配差距并不太大，但义务教育资源的分配却存在着较大的差距。第二，多数市（州）的内部差异小于市（州）之间的差异，表明省内各区域发展不均衡的问题更为突出。从省内区域差异来看，2005年，全省小学"预算内生均公用经费"的基尼系数分析结果显示，17个市（州）中小于或等于全省数值（0.34）的市（州）占67%；普通初中"预算内生均公用经费"的基尼系数小于全省数值（0.35）的市（州）占75%。[①] 这一现象说明，大部分市（州）之间义务教育发展水平差异大于市（州）内部差异。与此同时，城乡之间义务教育公共投入水平也存在明显差距。从2005年湖北省财政拨款的"生均预算内教育事业费"来看，农村小学生均投入低于全省平均值84元，农村初中生均投入低于全省平均值88元，若与城市、县镇学校生均投入水平相比，则差距更大。此外，从保障义务教育学校运转的"预算内生均公用经费"比较来看，农村小学与全省平均水平基本持平，农村初中则略高于全省平均水平，体现了当前"新增教育经费主要用于农村"的政策导向。但是，据不完全统计，全省小学"生均预算内公用经费"为零的学校，仍占小学总数的18.7%，其中绝大多数分布在农村；全省普通初中"生均预算内公用经费"为零的学校，也占普通初中总数的15.7%，其中绝大部分也分布在农村。

此外，校际之间义务教育资源分配不均衡现象也较为严重。仍以2005年为例，同一市（州）普通初中校际间的"生均公用经费总支出"差距已达到3.4倍~37.3倍，其中超过10倍以上的市（州）多达11个；而普通小学校际间的差距更是高达14.3倍~439.2倍，超过100倍以上的市（州）有6个，超过50倍以上的市（州）有8个之多。此外，无论是小学还是普通初中，获取公共义务教育资源最多的学校基本上分布在城市，获取资源最少的学校则基本上都分布在农村。在小学义务教育阶段，城市"窗口"学校与农村薄弱学校并存的现象尤为突出。义务教育阶段教育资源配置不均衡，当前已经成为影响湖北教育公平的主要因素。[②]

2005年素质教育大调查的结果显示出的突出问题和新特点是[③]：

[①②]　叶平、张传萍：《对教育公平与义务教育均衡发展的思考》，载《政策》2007年第4期。
[③]　以下参见湖北省素质教育调研工作组：《湖北省全面推进素质教育工作情况的调查报告》。

1. 城乡之间、不同学段和不同学校之间办学条件存在着较大差异。如农村学校办学条件和师资条件差,近年来学生和教师大量向城镇流动,例如,钟祥市农村小学生到县城就读约占 10%,致使 6 年来农村学校减少了 300 余所,小学的学生规模锐减。据统计,2003 年湖北各县市农村小学,校均规模在 200 人以下占 49%,100 人以下占 21%,不足 50 人的占 8.6%。全省农村小学平均班额仅 35 人,一年级仅 26.5 人。在校均规模越来越小的情况下,"一个年级一个班"的农村小学已占全省总数的 60% 以上。薄弱学校通常只有供学生上课用的教室,以及不规范的运动场,简陋的教学设施,面临着师资缺乏、素质不高等种种难题。近年来,各县市都在集中力量做大做强县市一中,动辄投入上亿元,不断"锦上添花",使这些学校硬件条件上了档次,配备了塑胶体育场、体育馆、综合科技楼、天文台等高标准设施,而薄弱学校却得不到最起码的经费支持来改善办学条件。某市区重点小学因被评选为省级示范学校获得无偿拨地,而在附近相隔 500 米的薄弱学校却被区政府划拨走部分土地,造成场地严重不足,学生只能在走廊上做操。重点高中的学生宿舍都装备了空调等高档设施,而薄弱学校连图书室和实验室都无法配齐。

2. "片面追求升学率"导致"择校"现象屡禁不止,生源大战和考试入学再度盛行,严重干扰了学校正常教学秩序。在高校扩招的新形势下,"片面追求升学率"由"需求性矛盾"转变为"结构性矛盾",学生从要求上大学到要求上本科大学;学校从攀比"升学率"到竞争"重点升学率";社会从关注上大学的人数到追求上北大、清华等名校的人数。为了提高重点高校升学率,各地对重点高中均下达了硬性"指标",并采取种种措施进行激励,激烈的竞争甚至下移到初中和小学。例如,某市开办了一所尚待批准的改制初中(外国语学校),允许面向全市招生。今年甚至出现了招生 800 名有 7 000 人报考的"壮观"景象,偏远乡镇租车送孩子参加考试,有的乡镇租了十几辆车接送学生,甚至都找不到停车位。这一情况也迫使该市各小学重新重视应试教育,以考上"外校"的人数为办学的主要追求目标。从小学三年级起,家长就送孩子学奥数,补习语文和外语,有的幼儿园也开始办起了补习班。

为了争夺优质生源,重点中学越界招生,导致招生秩序混乱。某市有的小学六年级学生还未毕业,就有好几所中学来组织选拔考试。而中考尚未完,市属和县属重点高中就展开了生源大战,一方面在报纸电视上宣传,"状元"、"第一"满天飞,另一方面采取各种优惠政策吸引学生,个别学校还开来小车接中考成绩前几名的学生到校报到,提供单人宿舍,免交一切费用。

各级学校、特别是重点高中迫于压力不得不狠抓"升学率",教师的待遇都与"上线率"、"保优率"挂钩;有的学校不开设非高、中考科目,或虽安排了课时，却不认真督促检查，经常被高、中考科目所占用。也有的小学健康课、科技课，中学的音乐、图画、信息技术、综合实践活动基本上形同虚设。

3. 应试教育日益加重中小学生课业负担，导致师生出现被动压抑的生存状态。随着应试教育趋向的加剧，中小学生课业负担随之加重。多数高中学生从未享受过"双休日"，高中毕业班寒暑假允许补课的现象，早已是公开的"秘密"。目前，义务教育阶段学生的课业负担也十分沉重。

义务教育阶段学生课业负担首先在于中考科目多、时间长。据鄂州市反映，小学开设的国家课程平均为 7 科，初中开设的国家课程为 12 科，另外还有地方课程和学校课程。除了中考改革试点地区外，其他地方的中考科目包括语文、数学、英语、政治、历史、地理、物理、化学、生物等 9 门课程，另外还有实验操作和体育测试等，学生学习任务重。中考时间跨度长，从 4 月开始到 6 月结束，先后要进行实验操作考试、身体素质测试和文化课考试，学生承受着巨大的考试压力。

新一轮的"培优补课"风掀起。补课通常为两种，一是学校为了提高升学率将课余时间全部用来上课，连星期六、星期天都占用；另一种是校外补习班，学校在行政部门的高压下减掉的负担，被家长增加上去，小学生从三年级开始补数学、语文和外语，寒暑假有大量的学生上各种培优班和衔接班。

各种竞赛屡禁不止，加重了学生"应试"压力。近年来，各地奥林匹克数学竞赛和其他竞赛时有举办，奥赛成绩甚至成为确定高考保送生的唯一条件，给部分学生增加了不小的压力。

沉重的课业负担造成学生睡眠严重不足。以中学生为例，他们每天要上 10 多节课，早上 5 点多钟就起床，晚上 11 点多还不能休息，多数学生睡眠时间不足 7 小时。调查组在鄂州了解到，该市学生除在校学习外，有近 60% 的学生被迫参加各种文化课和兴趣班的补习和培优活动，学生自己支配的时间几乎没有。

此外，中小学生的思想素质、身体素质等方面的问题日趋严重，教师适应新课程和主动开展教学改革的能力弱，学校管理基本处于被动的事务性应付状态，校长的主要精力投入在三个方面：为筹集学校生存和发展的经费到处奔波；为协调校内外方方面面的关系而绞尽脑汁；为提高升学率而想方设法转嫁负担。

以上有关升学率竞争的情况并非在其他地区不存在，而是在湖北地区得到了充分的表现，具有典型性。

（二）山西：部分地区经济落后缓解，教育贫困和文化贫困问题突出*

受资源条件和地理条件因素的影响，山西省的贫困地区主要集中在山西西部，其经济发展大致可以分为三种类型：以资源经济为主导的贫困地区；资源经济和农业经济并重的贫困地区；以农业经济为主导的贫困地区。

第一种类型的贫困县大多是山区，煤、铁、铝等资源储量丰富，但不适应发展种植业，农业经济极不发达，在国家政策限制地方开发资源的时期，经济发展极为落后。近些年，随着国家政策的变化，地方资源得到一定的开发利用，资源经济短时期内迅速发展，县域经济指数不断提高，经济呈快速增长的势头，基本摘掉了经济贫困的帽子。就教育而言，因多年以来的经济投入严重不足，文化基础薄弱，这类贫困县基础教育目前突出的问题有：基础教育发展不均衡、教师素质偏低、学校内涵发展薄弱。中阳县属于这一类型。

第二种类型的贫困县也大多是山区，有一定的煤铁资源，但储量不太丰富，农业条件也极为恶劣，农业经济极为不发达。近些年来，这类贫困县资源经济的发展缓解了贫困县的经济困难，使县域经济有一定程度的发展，但并未摘掉经济贫困的帽子，县域经济总体发展依然滞后。就教育而言，这类贫困县目前突出的教育问题有：经费投入不足、学校布局不尽合理、办学条件滞后、师资素质偏低、内涵发展薄弱等。方山县、静乐县就属于这一类型。

第三种类型的贫困县大多地处山区或丘陵地区，几乎没有煤铁资源，主要以农业经济为主导，但农业自然条件也较差，因此，这些地区无论是以前，还是现在，经济发展都极端滞后，县域经济极度困难，属于纯粹的、典型的贫困县。但因历史原因，这类贫困县大多有较为厚重的文化底蕴，人文环境较好，这类贫困县目前突出的教育问题有：经济投入不足、办学条件滞后、师资结构不合理（因投入不足带来的教师梯度问题）等。隰县、夏县属于这一类型。

贫困县面临的教育问题有很大差异，虽然也有共性的问题，但共性问题在不同县存在着程度、内容等方面的差异。总体来讲，主要有以下问题：

1. 资金投入不足，教育发展缺乏经费保障。2007年，国家义务教育经费保障机制已经在山西省全部实施，义务教育阶段已开始全面实施"两免一补"。按说以上政策的落实能有效解决贫困地区农村基础教育经费不足的问题，但山西省贫困地区农村基础教育的经费问题仍未得到根本解决。主要表现在：第一，国家投入政策并未得到完全执行，义务教育保障机制中提到的中央财政应承担的经费

---

* 以下内容详见山西大学教育科学学院课题组侯怀银等撰写的子课题报告《"中部崛起背景下山西贫困地区农村基础教育改革和发展研究"结题报告》（2007年10月31日）。

比例，已经划拨到各个学校，但因省级财政承担的经费未按期到位，农村中小学生均公用经费不能得到保障，学校公用经费依然困难。第二，全省很多贫困县经济发展滞后，县级财政收入欠佳，对基础教育发展投入极少，加之很多贫困县还面临着"普九"大量欠债的负累（有些县欠债高达 1 000 万元），不仅学校发展资金缺乏，甚至学校正常运转的资金也难以保障。近年来经济发展速度较快的贫困县，虽然县财政对教育的总投入呈增长趋势，但投资比例不当，重视高中而忽视义务教育阶段。

2. 基础教育发展不均衡，城乡校际差异明显。不均衡主要表现在两个方面：第一，基础教育不同阶段发展不均衡。这一现象在资源经济为主导的贫困县更为突出。近年来，有些资源经济发展较快的贫困县，政府过多关注高中教育的发展，投巨资建新校、更新高中设备设施、高薪吸引优秀教师，使高中教育呈现跨越式发展的势头，义务教育阶段的学校发展却相形见绌，尤其是在设施设备、师资素质、师资待遇等方面与高中存在较大的差距，有些农村学校甚至无法达到基本的要求。第二，城乡学校的资源配置存在较大差异。在农业经济为主导、农业经济与资源经济并重的两类贫困县中，政府倾向于为县城学校多投资，加之县城学校地理位置的优越性对优秀教师的吸引力，使县城学校在经费保障、教育装备、师资素质、学校发展等方面都远远好于农村学校，与农村学校的总体质量存在明显差异。在资源经济为主导的贫困县，存在着不同的现象，县城学校的教育装备总体较差。义务教育经费保障体制实施后，"两免一补"政策的落实，农村学校转移支付的到位，使农村学校的运转资金得以保证，但县城学校的城市教育费附加划拨还不能完全到位，导致县城学校发展资金困难；国家实施的农村远程教育提升了农村学校的装备水平，但县城学校并没有享受这一政策，学校缺乏装备建设资金，加之县城学校班容量大，人满为患，使贫困县的县城学校在教育装备上捉襟见肘。

3. 办学条件滞后，教学设施贫乏。第一，农村学校的危房问题还未得到根本解决。这一问题在农业经济为主导的贫困县更为突出。"普九"留下的大量债务，加之财政投入较少，导致这类贫困县无力进行校舍维修，尽管上级财政每年有一定的危改专项资金，但对于贫困县的危房改造只是杯水车薪。在土窑洞上课、借用民房上课的现象在贫困地区的农村学校并不少见。同时，很多贫困县县城学校的办学条件也极差，校舍短缺，教室拥挤不堪，甚至还有部分校舍陈旧破败。第二，学校信息技术装备比较落后。虽然全省农村中小学远程教育工程已经全面铺开，但贫困县大多因为配套资金缺乏，远程教育工程并未惠及每一所学校，县城学校不在远程教育政策覆盖的范围之列，学校信息技术装备比较落后，很多学校没有微机室。第三，教学设施设备严重不足。大多数贫困县学校在图书、实验设备、语音设备、音体美器材等方面存在不能满足课程改革需要的问题，甚至不能满足正常的教育教学需要。更为突出的问题是教学设施设备的使用效率极为低下，图书借阅率、实验仪器使用率等存在极大问题，教学资源不仅有限，而且难以发挥应有的作用。

4. 师资素质普遍偏低，队伍建设亟待加强。第一，学历合格率偏低。在个别贫困县，农村教师学历不合格率偏高，初中教师学历不合格率达到 22%，高中教师学历不合格率高达 41%。第二，农村教师数量不足，拔高使用问题普遍。山西省贫困县大多属于山区，学校布点分散，需要教师人数较多，但山西省人事编制政策对这一需求考虑不足，导致贫困山区农村教师编制教师少，滋生出了严重的代教问题。然而，高中教育规模却迅速扩大，高中教师的需求量猛增，由此导致教师层层拔高，初中教师拔高到高中，小学教师拔高到初中，拔高使用导致教师不合格率提高。第三，农村教师队伍结构不合理。有些贫困县表现为学科结构不合理，音、体、美、英语、信息技术学科、综合学科教师缺乏，影响了课程的开全和开齐；有些县表现为年龄结构不合理，因县上财政困难，连续几年不补充新教师，导致教师队伍结构老化，不能形成合理梯度。第四，农村中小学教师整体素质偏低。表现在教育理念陈旧，学科素养较低，教育技能技巧贫乏。年轻教师的职业道德现状更令人担忧，普遍缺乏敬业精神、责任心和爱心，教师专业发展意识、反思意识不强，自我诊断和自我提高的能力较弱。第五，农村中小学教师的生存状态较差。待遇低、工作时间长、工作压力大，导致农村中小学教师职业倦怠情绪严重，缺少对教学工作的热情和进取精神。

5. 学校管理水平不高，内涵发展比较薄弱。学校决策大多由校长做出，校内监督机构的功能难以发挥，教职工代表大会制度的建立及实施普遍滞后，教代会的民主管理与监督功能基本缺失，尤其是农村学校，绝大多数没有成立教代会。学校管理制度建设不够健全。很多小学还未建立教学管理、教师管理、教研管理的规范制度，初中学校（包括城市学校在内）只有零星的做法，没有形成系统的管理制度。学校文化建设薄弱，学校缺少富有特色和符合实际的办学理念，学校课程忽视对地方文化价值的挖掘和开发，学校的物质和精神环境难以发挥对学生的陶冶作用。一些学校虽有崭新的校舍，但从教室到操场、宿舍、饭厅，墙壁几乎是光秃秃的，基本的物质文化建设都做不到；高中应试氛围笼罩，校园里弥漫的只有升学考试的文化氛围，校园卫生状况较差。

山西贫困地区农村基础教育发展的非均衡问题，可以从如下方面归因：（1）从历史看，经济发展缓慢与基础教育薄弱形成恶性循环。自然条件恶劣，不适宜农业种植，因此，在国家限制地方开发能源（煤炭、铁）的时代，这些县经济发展都非常落后，人民生活水平极度困难，经济发展滞后导致贫困县交通不畅，信息闭塞，文化底蕴不够厚重，人的整体素质偏低，从而使贫困县文化、教育、卫生、科技等方面比较落后，基础教育发展极度薄弱。（2）文化上封闭保守，求变意识较弱。山西的地理环境决定了山西传统文化的闭塞、保守、排他性强的特点。求稳怕乱，变革意识弱，使贫困县农村基础教育改革步伐缓慢。（3）缺乏相关的配套措施和保障机制。长期以来，在城乡二元结构、高度集中的计划体制下，形成了一种忽视地区差别和城乡差别的二元结构体制，教育政策上形成了"城市中心"的价值取向。它作为一种思维定式依然潜存于教育决策中，成为影响山西贫困地区基础教育发展的重要因素之一。经济上的落后，片面的政绩观，政策和评价上的不正确导向等等，都使农村基础教育发展的良性环境难以形成。

概言之，中部地区教育发展在全国偏后、区域内不均衡的主要原因在于：

其一，经济发展水平较低是造成中部教育困境的根本原因。据统计，改革开放以来，中部与沿海的发展差距不断扩大。1980 年，东部地区人均 GDP 是中部地区的 1.69 倍，1990 年扩大到 1.77 倍，2003 年扩大到 2.25 倍，2005 年进一步扩大到 2.95 倍。近年来，西部地区经济增长逐年加快。在西部大开发的过程中，西部得到很多资金和政策优惠。6 年来，中央财政给了约 1 万亿元的基础设施投入、1 220 多亿元的生态建设和环境保护投入和 310 多亿元的改善农村生产生活条件投入，使西部地区城乡面貌发生很大变化。而中部地区 GDP 平均增长速度低于西部地区 0.2 个百分点。据 2006 年中国统计年鉴数据，2005 年人均财政支出，东部地区为 4 661 元，中部地区为 1 339 元，西部地区为 1 738 元。中部地区的人均财政支出不仅远远低于东部地区，而且低于西部地区，仅为全国平均水平的 69%。[①]

其二，教育政策的不均衡和教育制度的供给不足是造成中部农村教育困境的主要原因。过去在国家财力、人力极其有限的情况下，实际上采取了一种非均衡发展的教育政策，集中财力、人力优先发展重点学校、城镇学校等，为快出人才发挥了不可替代的作用，但教育资源（财力、物力、人力和政策）过多地向优质学校和城镇学校倾斜，使城乡教育差距拉大。有些教育目标提得过高、时间过紧，超出了当地经济社会发展水平，造成农村教育沉重的债务，目前，因"普九"债务引起的纠纷时有发生，严重影响了学校的正常教学秩序。此外，农村义务教育出现制度性供给不足。一方面是农村经济变化不能延缓主要依靠农民负担农村义务教育的制度安排；另一方面是在国家财政体制调整、中央与地方财政

[①] 冯杰在中部崛起战略论坛上的发言《中部地区的基本特征和促进中部崛起的政策建议》（2005 年，武汉）；新华网（2006），《经济社会发展述评：西部大开发战略向纵深推进》http://news.xinhuanet.com/fortune/2006 - 12/02/content_5421763. htm。

收支变化、县以下政府无法承担农村义务教育经费保障的情况下，为了解决农村义务教育的问题，2000 年后，国家先后实施了"贫困地区义务教育工程"、"农村寄宿制初中建设工程"、"农村危房改造工程"和"西部两基攻坚计划"等一系列工程，逐步实现农村教育由农民办向政府办的转变。但是这些工程还是政府实施的专项政策，并不是制度安排，因而缺乏稳定性和可持续发展的可能性。

其三，中部教育自身在价值取向上存在较为严重的偏差，如前所述湖北的人为加剧升学竞争压力和加重师生负担，山西在投资上重高中轻义务教育等，都是这种价值导向偏差的突出表现。此外，地域文化长期积淀造成的群体价值观和心态，是影响教育改革与发展的内在深层因素，是更需要长期努力才能改变的因素。

三、西部地区的突出特征是经济总体上欠发达，多民族文化交融与冲突，高密度的国际援助在促进教育发展的同时，也使理想与现实、观念与行动之间的落差加大

欠发达地区主要分布在我国西部。西部地区由于自然、历史、文化等原因，社会、经济发展迟缓，大多数地区处于工业化的初期，少数边远农村地区仍处于前工业化社会，教育基础和发展水平滞后。自西部大开发战略实施以来，西部地区教育事业发展取得了显著成绩。为了进一步加快西部地区的教育发展，需要采取更为有效的措施和办法，实现西部教育的跨越式发展。

(一) 广西：原生民族文化发生变迁甚至消解、教师队伍问题严重[*]

广西是多文化、多民族的汇聚之地。既有悠久的源于战国的百越文化和以"读书岩"为标志的读书传统，又有随旅游业发展而兴盛的以《印象·刘三姐》为代表的文化创意产业；既有融汇中原、少数民族和异邦文化的漓江，又有兼容中原和西洋文化的北海；既是壮、汉等 12 个世居民族及满、蒙古等 40 多个其他民族成分的多民族聚居地，又是与东盟多国的多个民族有亲缘关系的中国的第三大侨乡。该地区的文化呈现出融古今、河海和中外文化于一域的丰富特征。在这样一种复杂多元的文化背景中，基础教育的变革与发展，在推动当地经济发展、提升本土文化品质的同时，也由于它的强势而使原生的民族文化发生巨大变迁、有的甚至趋于消解。

---

[*] 本段材料及数据来源：广西师大子课题组王枬、唐荣德执笔《广西民族文化与基础教育改革研究》(2007 年 12 月 5 日)。

对广西龙胜县平等乡侗族与和平乡大寨村瑶族的文化原生与演化进行的田野考察发现：平等乡的侗族以出人才而有名，和平乡的瑶族则以旅游业逐渐蓬勃发展为特点。两个地方的侗族、瑶族居民均生活在偏远的山区，在饮食起居及信仰和制度等方面存在一些相似性，但在文化变迁中表现既有同也有异。就不同点而言，两地群众在对本民族文化的认识及保护行动上亦存在明显差异。侗寨居民对本民族文化具有较高的认同感和自豪感，也有较强的自觉保护本民族文化象征物的意识。而在和平乡大寨村，群众对自身本民族文化的认同意识和保护意识都较低，或者根本不知道为何和如何保护。就相同点而言，在民族文化认同方面，两地均存在相似的代际差异：老年人对民族文化很了解也非常喜爱；小学生对民族文化比较喜爱，但随着年龄增大，喜爱程度降低；青年人对民族文化既不了解，也不喜爱。两地的民族文化（如侗歌、瑶族刺绣等）很大一部分是通过家庭中代际相承的方式得以保留下来，老一辈人都很喜欢将本民族的知识和技艺传给年轻一辈，但年轻一辈对本民族的文化似乎不感兴趣，这有可能导致民族文化在年青一代中出现断层的危险。

引起这些变迁异同的原因包括经济和社会制度等多方面，但文化教育却是其中一个不可忽视的因素。首先，两地的文化传统和人民群众文化素质存在差异。侗寨早在清朝时通过"抢老师"、开办私塾等在当地积极传播汉文化，促进了本民族和汉民族的沟通与融合，使这一场域中的人们形成了重视教育、重视文化知识的"惯习"，而且这里很早就通有公路，与外界交流相对多些，受到现代文化的渗透和影响都比较早，人们的文化素质也相对要比瑶寨高出许多。而瑶寨地处深山，交通非常不便，村民与外界交流较少，对教育与文化知识的重要性认识不够。其次，两者都存在文化方面的代际差异，其原因主要在于，社会主流文化和教育传播的文化有大的差异。学校教育是实施文化选择的一项重要途径。在目前学校教育中，有计划、有组织地开展传承民族优秀文化的教育活动比较少。以学校课程为例，课程内容中大多反映的是一种社会主流文化，而体现各少数民族的"多元文化"的课程仍然比较匮乏，这在一定程度上加速了文化的"涵化"过程，导致了民族文化的变迁和消解。

广西师范大学课题组通过调查表明，广西民族地区农村教师队伍状况堪忧，主要存在以下几个方面的问题：（1）教师人数超编严重，出现结构性过剩。近年来，由于计划生育政策的推广和落实，使得义务教育阶段学龄人口大幅度地下降。农村教师数量原本严重匮乏的状况，已经转变为结构性过剩。2005年，龙胜县农村小学专任教师的生师比为 5.6：1。[①] 按照教育部有关编制标准测算，该

---

① 广西龙胜县统计局：《2005年普通中学分课程专任教师情况报表》。

县的小学专任教师超编 100 人。2006 年，融水苗族自治县专任教师超编 115 人。尽管超编，优质师资仍十分短缺，而且，教师严重超编的情况也妨碍了高素质人才的引进。（2）教师学历水平不高，与城市教师差距很大。2005 年，龙胜县县城小学 66% 的教师具有大专以上学历，而在农村小学中，大专学历以上的教师只占 41%。初中的这种情况更加明显。2005 年，龙胜县农村和县城初中专任教师学历合格率分别为 89% 和 100%，农村初中比县城初中低了 11 个百分点；在县城初中学校，有本科学历的教师为 19%，而在农村初中学校，有本科学历的教师仅占 2%。① 融水县教育局长反映，他们县乡镇中小学教师到目前为止没有一位达到本科学历。（3）教师学科结构失调，若干学科严重缺人。教师超编，必然导致无法引进新教师，一些急需师资的学科就只能选择在校内教师中进行调配，让一些不是该专业毕业的教师代课。既不能保证学科教学的质量，又可能加重教师的工作负荷。统计数据表明，2005 年，龙胜县共有小学在校生 4 298 人，信息技术、美术、音乐和体育教师的人数分别为 1 人、4 人、5 人和 18 人，1 名教师要承担 4 298 名学生的信息技术课的教学任务，这实在令人难以想象。初中的情况同样以信息技术课教师最为缺乏，其次是生物、地理、美术和音乐。信息技术、生物、地理、美术和音乐教师数量分别是 4 人、5 人、5 人、6 人和 10 人，而龙胜县初中在校生人数是 5 596 人，4 名教师要承担 5 596 名学生信息技术课的教学任务。在这种情况下，只好停开信息技术课，或由其他科目的教师兼任。（4）教师队伍人心不稳。据问卷调查，农村教师对自己工作的满意度比较低：感到满意和比较满意的不到 1/3，感到很不满意和不太满意的占 18.7%，感觉一般的占了 54.2%，这三项合计达 72.9%。在被调查的 418 名教师中，偶尔考虑过离开、经常想着离开、总是想着离开农村教师岗位的人数竟达到 74.6%，其中有近 1/3 的教师离职愿望相当强烈。这就意味着，只要有适当机会，他们就很可能离开现在的农村教师岗位，或者去县城以上的城市学校任教，或者到其他行业和单位去工作。（5）教师队伍后继乏人。龙胜县近 3 年内没有引进一名师范院校毕业生，尤其是地理、生物、体育、音乐、美术、物理和化学等学科的教师引进更加困难；对在校师范大学生的调查表明，接受调查者中有 50.7% 的人很不愿意或不太愿意去农村学校任教，很愿意和比较愿意去的大学生只占 17.50%。调查也发现，生物、地理、体育和音乐等专业的大学生基本没有意愿去农村学校工作。在接受调查的 237 名来自民族地区农村的大学生中，没有想过和很少想过回家乡任教的竟然高达 77%，想回家乡任教的却不到 10%。在愿意去民族地区农村任教的少部分大学生中，只有 17% 的人是出于对农村教师工作

---

① 广西龙胜县统计局：《2005 年普通中学分课程专任教师情况报表》。

意义和价值的认识作出的选择，而近 40% 的人是迫于当前严峻的就业形势而作出的无奈之举，后者很有可能成为学校中的"隐性流失"人员。

究其原因，除了众所周知的教育投入不足、农村教师社会地位低、条件艰苦等原因外，大学生对从教民族地区农村学校存在后顾之忧，是导致农村教师队伍后继乏人的重要原因。民族农村地区具有显著的区域特征、文化特征，不少大学生到民族地区工作后产生难以适应当地风俗文化的焦虑，婚恋观、生活习俗等原有的社会文化背景与当地民族文化产生了冲突，大学生在民族地区难娶难嫁、生活习俗不和谐等问题较为严重。此外，我国的"地方负责、分级管理"的义务教育体制可能是造成农村教师队伍问题的根源。目前，我国大部分民族地区农村几乎是零财政或者赤字十分严重，县级财政要负责 50% ~ 90% 的教育投入，而中央对这些地区的教育投入却只占到 0.2% 左右。在这样的条件下，民族地区把财政的 50% 拿来给教师发放工资，有时候甚至是 100%。这样的投入比例，必然导致教育投入的严重不足，给地方政府的教育管理带来巨大难度。

（二）云南：民族贫困农村经济与教育文化双滞后、教育脱离本土社会发展需要、教师数量不足、综合素质偏低且不稳定等综合因素与教育发展的要求形成尖锐矛盾*

民族贫困地区的"三农问题"，是困扰中国经济社会发展的瓶颈，更是制约云南发展的症结。据统计数据表明，2000 年底，云南乡村人口仍占总人口的 75.52%；乡村从业人员占从业人员总数的 84.8%。① 至 2006 年，云南省人口总数达到 4 450.4 万人，其中农村人口 3 568 万人，占总人口的 70.5%，农村人口仍然占云南人口的大多数。② 尽管近年来，云南的产业结构调整已经有了稳步的发展，但农业在整个国民经济发展中仍然占有较大比重，而且农村经济发展的水平较低、效益较差，产业结构单一，对农业的依赖性仍然较强。云南基本上仍属于发展相当滞后的农业省份。值得注意的是，云南农村发展问题在很大的程度上又与民族发展问题、与贫困问题相交织。云南许多农村地区不仅与少数民族地区存在着地域上的重叠，而且少数民族人口分布也在农村地区的相对集中。此外，农村或民族地区在国内生产总值、人均国内生产总值、产业结构调整、投资环境改善等多个方面，与全省平均发展水平之间存在着巨大差异和明显滞后，致使相当数量的国家级贫困县乡都集中在少数民族贫困农村地区。因此，解决云南的

---

* 本段材料及数据来源：云南师范大学课题组王凌等执笔《转型期贫困民族农村基础教育改革的区域性探索——以云南省寻甸县六哨乡、联合乡为个案》（2007 年 10 月）。

① 云南省人民政府研究室《云南年鉴——2000》，云南年鉴出版社 2002 年版，第 455 ~ 456 页。

② 同上，第 478 ~ 488 页。

"三农问题"，实行云南经济社会的全面、快速和可持续发展，关键还在解决贫困农村地区、高寒山区和边疆少数民族地区的问题。

与土地贫瘠、物产歉收的大西北相比，地处西南的云南在资源上的问题并不那么突出，所以在一定意义上说，是教育的落后导致了云南社会经济的发展滞后，导致云南农村发展起点低，进展慢，缺乏后劲。而学校教育自身，由于脱离了云南少数民族贫困农村社区的实际发展需要，也迷失了发展方向。对贫困民族农村教育问题而言，"发展"意味着从无到有、从小到大，建立和完善一套符合国家教育发展目标、体现教育公平和民主原则、体现终身学习理念的现代化教育体系；"改革"就是要逐步去除阻碍教育发展的种种障碍和弊端，克服农村教育中忽视农村、农业、农民发展需要，片面强调"城市中心"，或只顾眼前利益，片面强调为农服务的"农村中心"两种错误倾向，让农村教育回归教育的本真，实现教育以人为本的终极追求。

20世纪末，云南贫困民族农村地区、边疆地区的小学适龄儿童入学率为97.86%，低于全省平均0.87个百分点，初中教育毛入学率67.49%，低于全省平均5.81个百分点，全省尚有22个县未完成"普六"，41个县未完成"普九"攻坚任务。[①] 这些县全部处于贫困农村地区，边远高寒山区或边疆少数民族地区。进入21世纪以后，国家和云南省都加大了对农村，特别是边境、贫困、少数民族地区农村基础教育政策倾斜和经费投入力度，使云南民族贫困农村地区的基础教育有了长足的发展。至2005年末，云南省普及九年义务教育的县（市、区）已经到达112个，人口覆盖率86%；扫除青壮年文盲的县（市、区）达到127个，人口覆盖率96.1%；怒江州和迪庆藏族自治州首次实现"普九"；农村中小学现代远程教育建设工程已经覆盖全省52%以上的农村中小学。[②] 但仍有15个县未实现"普九"，仍有相当一些县存在着巩固"普九"成果和提高"普九"质量的艰巨任务，小学、初中的升学率仍需进一步提高等一系列问题，而这些问题主要仍然集中在民族贫困农村地区。"从总体上看，云南的教育比全国相差10年，民族教育又比全省相差10年。"[③]

从教育内部看，制约云南农村教育发展的重要原因之一是教师队伍薄弱的问题。云南省教育厅最新统计数据显示，2006年云南农村普通中学专任教师中，具有专科学历的教师有31 151人，占全省总数的48.3%，高中学历的教师2 129人占全省总数的59.2%；农村小学教师中具有专科学历的有80 099人，占全

---

① 和福生：《教育事业的重中之重——云南省贫困、民族、边疆地区实施"两基"对策研究》，云南教育出版社2000年版，第18、31页。

② 中国教育年鉴编辑部：《中国教育年鉴（2006）》，人民教育出版社2006年版，第689、690页。

③ 郭家骥：《云南民族地区发展报告（2005~2006）》，云南大学出版社2006年版，第24页。

省总数的70.94%，具有高中阶段学历的有75 553人，占全省总数的82.9%，高中以下学历者6 328人，占全省总数的92%。值得关注的是，全省还有2万名小学代课教师和1千多名中学代课教师，这些代课教师，大都工作在贫困民族农村地区，分布在12 360多个一师一校的教学点。① 民族农村地区教师数量不足，综合素质和能力偏低，队伍不稳定等问题，直接影响到农村教育的发展和教育质量的提高。进入21世纪，云南省教育进入一个较快发展的时期，但也带来了城乡教育差距进一步扩大的问题，民族农村教育问题，农村教师问题再次成为社会关注的焦点，教育改革的重点。

（三）甘肃：教育资源严重不足，教师队伍状况堪忧，行政导向出现偏差

相对于西南地区而言，西北的土地资源更加贫乏，环境生态问题更加严重，相应地，教育的生存与发展更为严重。众所周知的教育经费匮乏、办学条件差、少数民族地区（尤其是农牧区）教育薄弱等等问题，这里不再赘述。下面重点陈述西北师大王嘉毅调查组对甘肃6个国家级贫困县教师状况的调查②，提出的突出问题是：

1. 代课教师多，学历低。这次调查选择了甘肃的会宁县、东乡族自治县、天祝藏族自治县、静宁县、秦安县、通渭县等六个国家级贫困县，对象有9 649名农村教师，其中男教师占调查教师总数的73.9%，是女教师的近三倍多，而骨干教师中男教师更是女教师的四倍。调查显示，公办教师所占比例最多，但比例达15.5%的代课教师反映出西部农村中小学师资缺乏的现状，有的县代课教师比例高达23.1%，甚至达到29.6%。在教育部的一次新闻发布会上，新闻发言人指出："农村还有50万代课教师，大量代课教师的存在严重影响农村教育的水平。"他还强调，国家不允许使用代课教师，对代课教师不适用对待民办教师的政策，因为代课教师没有起码的教师资格条件认定。但令人担忧的是，在偏远而艰苦的农村小学乃至教学点，公办教师和师范毕业生很少有能留下来的。此外，农村教师学历达标率也非常低。调查显示，教师总体以中师学历最多，占教师总数的43.4%，居第二位的是大专，比例为27.6%，高中学历的占23.2%。值得注意的是还有3.1%教师是初中学历，1%的教师是小学学历，而本科及以上学历的比例仅为1.7%。不少中学教师是中师学历，因而他们在教授专业性强的学科（如外语）时就显得比较吃力。与东部地区及城市相比，西北地区农村

---

① 根据云南省教育厅：《云南省教育事业统计报表2006~2007》数据整理。
② 朱寅年：《甘肃贫困县农村教师状况调查》，载《现代教育报》2006年11月27日。

中小学的师资队伍面临着数量补充和质量提高的双重任务。

2. 工作量大，在职培训少。农村教师的工作量首先表现在生师比上，除天祝藏族自治县以外，其他的 5 个被调查县的学校生师比均高于全国 21.04：1 的平均水平。被调查学校中，初中大班额现象比较严重，大班和超大班的累计百分比达到 50.03%。初中教师数量较小学教师数量相对短缺。由于教师数量不足，教师的工作时间长，没有工夫进行教学研究，也没有足够的时间与家长和学生沟通，这在一定程度上影响了学校教育教学质量的提高。教师工作量大还表现在每周课时数上。教学点的教师课时量最大，平均每周为 21.8 节；其次是村小教师，周课时最多的达到了每周 44 节，人均每周 19.9 节。乡中心小学、完全中学和不完全中学的教学条件、师资条件等各方面相对较完善，每周课时相对较少，但也达到了 30 节以上。这说明越是贫困的地方，师资现状越需要得到关注；越是需要教育的地方，师资力量越是薄弱。

统计显示，没有承担过县级公开课的教师有 7 929 人，占总人数的 81.8%；没有承担过乡级公开课的教师有 4 469 人，占总人数的 46.1%；没有公开发表过文章的教师有 7 925 人，占总人数的 81.8%；没有参编过教育书籍的教师有 9 049 人，占总人数的 93.4%；没有参编过内部辅导材料的教师有 8 958 人，占总人数的 92.5%。这就是说，教研活动尚未成为全体教师提高教学能力的基本构成。调查发现，教师们认为在职培训对自身素质提高有一定的帮助，但由于学校和教育行政部门的培训重点在年轻教师上，年龄较大的教师较少参加培训。教师们很渴望提高培训质量，希望有更多的高等院校开展培训工作，而当地的继续教育不能满足这一切。

3. 教育资源主要靠教科书，教学方法单调。令课题组成员忧心的是，农村教师的课堂教学效果很差。在会宁县一个教学点的一年级语文课堂上，老师在黑板上板书了"农民"、"秋天"等 9 个词并注上拼音，然后教师让学生抄写上述词语 3 遍。接着，教师让一位学生领读 3 遍。之后教师把每个词语再领读 3 遍，将其中 3 个词造了句子后又一次领读。最后，教师让另一学生领读 3 遍。这样，一节课就算上完了，谈不上有什么教学方法。这一节课上，教师的普通话发音很不标准，学生学到的也只能是不准确的发音。

我们不能简单地责怪教师方法单调，教学资源的缺乏给教学带来的困难也不容忽视。农村教师的教学信息绝大多数来自教科书或教师用书，能通过网络获取的教育资源的仅占 2%，多达 74% 的教师依靠教科书或教师用书获得教学信息，仅有 24% 的教师通过图书室查询信息。学校教学资源不足影响了教师的教学设计和学生的发展。在这 9 649 名农村教师中，拥有计算机的教师仅有 468 人，占教师总数的 4.8%，其中通渭县拥有计算机的教师相对最多，但也仅占调查到的该县教师总数的 6.7%。有 67.8% 的教师，即绝大多数教师不会使用计算机。有 26.5% 的教师虽然会使用计算机，但在工作中从未使用过，其根本原因便是缺乏物质条件：大多数学校没有配备电脑，而部分学校虽配有电脑，却时常停电。一些会使用的教师由于缺乏计算机方面的书籍和应用计算机技能的机会，不久便将培训内容遗忘，如此，培训的意义大打折扣。会使用计算机的教师中，70% 以上是用计算机收发电子邮件的，只有不到 30% 的教师用计算机进行文字处理。可见教师很少使用计算机进行与教育教学相关的工作。

2005 年在素质教育调查中，云南师范大学课题组也了解到类似情况，在经费紧缺的前提下，降低要求任用代课教师、无力安排教师接受进修和培训，也就是说，不得不降低了对教师的素质要求。在这种情况下，上级部门却又采取生硬的行政手段要求学校的质量要上来。2005 年 10 月的一次座谈调查中，校长、教师反映了两个突出的问题：一是在办学总体方向上，高考指挥棒并不来自考试制度而是来自地方政府官员（尤其是一把手）的不正常的政绩观，主管部门的评价导向成问题。由于校长只能按照上级的目标责任开展工作，基本没有自主决策、自我策划的空间。二是在学校办学过程中，受到的行政干预太多，部分政府主管部门领导和教育行政部门负责人既外行又专断，有瞎指挥现象，以至于教师、校长不同程度地失去了专业自主权。

综上所述，经济发展水平参差不齐，是我国教育发展总体不均衡的主因，但绝对不是唯一原因。文化生态、民族文化传统、宗教势力、教育基础与传统等对教育发展都会有很大的影响。因此我们要避免简单归因，应将教育发展问题置于复杂背景下综合考察。

在各个区域内部，城乡差异、校际差异是最突出的差异，但是差异的具体内涵又有不同。概括地讲，中西部地区的校际差异，"差"在观念滞后，"异"在资源分配；而东部地区的校际差异，已经不是突出地表现在资源分配，却是表现在办学的理念、学校的领导与管理方式以及历史传统和现实的精神生态上。从受教育者的视角描述，学生受到的主要还不只是教育机会的不均等，而是进了学校以后，实际教育过程中更为持久和实质性影响教育质量和身心发展的不均等。

第二节 不同地区促进基础教育均衡
发展的思路、经验与对策

一、东部：关注高端均衡、注重内涵式发展

（一）上海浦东：关注弱势人群（农民工，残障），缩小城乡差异（城郊），对薄弱学校实施委托管理（校际差异的利用与缩小）*

1. 特殊教育招生实行零拒绝。区政府特别关注另一类处境不利人群——残障学生，着力发展高质量的特殊教育。浦东现有 4 所特殊教育学校，在校学生总数为 904 人，现有专职教师 200 余人。师生比为 1∶4.3，在岗教师学历等方面的达标率为 100%，师资的数量和质量都得到了充分保证。浦东新区政府还在经费投入上给予特殊教育以倾斜，生均经费定额标准为 1 356 元，分别高于初中、小学 13 和 23.3 个百分点。此外，近千名残障儿童在普通中小幼学校、职业技术学校就读，20 名重残儿童接受送教上门服务，这是浦东新区特殊教育向"零拒绝"和全纳教育改革迈出的重要一步。

2. 优化农民工子女就学条件及提高教学质量。浦东一直坚持认为政府不仅应为户籍人口服务，也应将非户籍人口（流动人口）纳入其服务范围之内。目前，在浦东的 5 万多进城务工就业农民工子女，以四种形式在浦东就读：一是在公办学校插班就读；二是举办专门招收农民工子女的公办学校，以这两种形式就读于公办学校的学生为 2.6 万人，他们在浦东享受与户籍学生相同的待遇；三是到民办学校就读；四是在农民工子弟学校就读。为实现公平教育理想，浦东公办学校敞开大门接收符合条件的农民工子女，同时以补贴的方式，鼓励民办学校接受农民工子女。同时还委托教育中介机构专门管理农民工子弟学校，这些学校多在郊区，经过专业机构的管理，办学规范性得到加强。为使浦东新区的农民工子女学校进一步规范、有序地办学，特采取了加强农民工子女入学管理，加强学校管理，改进农民工子弟学校的教学实践等方式，推进新区教育全

---

* 详见上海市浦东新区社会发展局子课题组报告《多元文化背景下浦东基础教育的改革与发展》（2007 年 10 月 14 日）。

面发展。

3. 加强郊区师资队伍建设。按照"整体推进、重点突出、城郊互动、优质均衡"的原则,建立多项制度,采取多种措施,努力提升郊区教育人才的综合素质和专业水平,全面提高郊区教育教学水平。第一,加大郊区教师继续教育力度,逐步完善多元、开放的教师教育体系。通过支持教师参加高一层次学历培训,推进郊区学校校本研修,在郊区建立教师专业发展学校等方式推进教师队伍的建设。第二,出台稳定郊区学校区级骨干教师的人事政策。强化郊区校(园)长的遴选、培训与考核,制定向郊区教师倾斜的职称评聘政策,实行郊区学校区级骨干教师补贴,调整"新区偏远地区学校校级骨干教师补贴"的发放方式以及制定稳定郊区教师队伍的其他措施。第三,构建教育信息技术平台,形成并完善郊区教师信息化培训体系。加强郊区校长信息化领导力的培训。开展郊区学校信息技术与课程整合能力培训。开发教师在线培训系统。完善新区远程教学系统。第四,加大郊区教育人才对内对外交流力度,加大城郊教师的交流力度,选派郊区学校校长和优秀教师到市外或国外进修学习。第五,经费保障进一步提高郊区教师待遇,健全学历培训费用补贴机制。

4. 探索以优质教育资源支持郊区学校为特征的"委托管理"模式,从体制上实现政府管办分离。目前浦东共启动了 22 个委托管理项目,从项目承接方看,分为三类:第一类是公办学校,如华东师范大学、上海师范大学、上海市实验学校;第二类是民办非企业中介服务机构,如上海成功教育管理咨询中心、上海浦模教育发展服务中心、上海福山教育文化传播与管理咨询中心等;第三类是行业协会,如新区学前教育协会、浦东教育学会等。从委托管理的形式上看,目前主要有两种基本形式:一是委托管理包括委托管理公办学校、转制学校、民办学校等。委托其管理公办学校①,如委托福山教育管理公司、东方幼教管理中心等非公性质的教育中介机构管理公办学校,但学校的公办体制保持不变。还包括委托管理转制学校、农民工子弟小学、民办学校等多种形式。二是由政府租赁校舍等设施,提供其举办民办教育。根据义务教育就近入学和学前教育就近服务的原则,凡向小区居民提供教育服务的,均由政府以购买服务的方式,按公办收费标准收费。除此之外,招收就近区域外的学生按民办学校的标准收费。委托管理的实行,起到了一些良好的促进作用,表现在:集聚了一批优质的软硬件教育资

---

① 东沟中学自 2005 年 6 月开始,委托上海市成功教育管理咨询中心管理。从委派校长开始,到输入教育理念、管理理念、管理方式、组织教育教学、培训师资队伍等,实行全方位、全过程管理。成功教育的教育理念和管理模式给一所郊区学校带来了可喜变化,为今后在更大范围内推广委托管理模式提供了实践经验和可靠依据。

源，发挥了良好的示范辐射作用；导入了新的管理模式①，植入了新的校园文化因素；突破了行政界限，实现了跨区域的教育资源配置；促进了政府的职能转变，强化了政府的核心职能，扩大了教育管理的视野，逐步从行政管理深化到了社会化管理。

浦东通过委托管理、借助高校资源提升郊区学校办学水平②、结合教育形态布局调整深化优质学校在郊区办校区模式、建立并完善"城郊办学联合体"③、发展城郊学校结对互帮模式④等形式，探索了优质教育资源向郊区拓展的多种模式，也创新了管理体制。

（二）上海闵行：以学校转型性变革的优质成果推广促进区域教育的内涵式发展⑤

经济体制与发展模式的变革，农村城市化进程的加快，人口导入区功能的日益强化，必然要求原有教育体制与发展模式作出相应变革。为此，闵行区教育局的领导从宏观到微观全面审视与改革全区的基础教育，使其整体适应闵行地区经济社会发展的需要，真正担当起"奠基"的使命。从1993年起，闵行区教育局带领全区中小学干部和教师进行了区域性整体推进素质教育的探索和实践。

从1993年下半年至1998年，闵行区教育局在区委、区政府和市教委领导下，通过强化政府行为，依靠各级政府和社会各方面力量，在全区范围内，有计划、有步骤地在教育管理体制和运行机制、学校自主办学与办学模式、课堂教学、教育科研管理和指导等领域，全面实施改革，整体推进改革进程。这一阶段，主要做了五项工作：一是强化政府行为，形成一个有利于区域性整体推进素质教育的宽松环境；二是加强了学校德育和科技体育艺术两个薄弱环节；三是加

---

① 如：成功教育管理咨询中心帮助东沟中学将一系列重复发生的事项流程化、细节化，对教案编写、板书设计、上课、听课、说课、评课、反思、复习、命题、考试、监考、阅卷、质量分析等环节均设置具体规范与操作流程。在考试方面，形成以教导处为中心，总务处、政教处协助配合的工作模式，整个流程分为25个环节，每个环节都规定具体要求、完成的时间结点和责任人。在落实过程中，还配有流程卡，记录反馈每个环节实施情况，加强对过程的有效控制。

② 2005年，经社发局与第二工业大学和新区曹路镇政府三方协商，签订协议，使龚路中学成为二工大附属龚路中学，开辟了一条借助高校资源提升郊区学校办学水平的路子。今年，社发局还将与华师大合作，提升张江中学的办学水平，与上师大合作，使高桥西校成为上师大附属高桥实验中学。

③ 目前，正在进一步深化竹园中学－施湾中学、建平西校－唐镇中学两对城郊学校"办学联合体"工作。

④ 丰富城郊结对互帮形式，促进城郊基础教育共同发展。以多种形式开展了华师大二附中－张江中学、洋泾中学－黄楼中学、高桥中学－高东中学、浦东模范中学－金川中学等近10对学校的结对互帮工作。目前，多数合作学校已经历了磨合期，合作已进入良性发展的轨道。

⑤ 详见上海市闵行区"新基础教育"研究课题组王芳执笔的子课题报告《基础教育内涵发展与教育生态改造的区域性探索——闵行区域整体推进"新基础教育"的个案研究》（2007年12月31日）。

强校长、师资和督导三支队伍的建设；四是开展学校内部管理体制、办学体制、课程教材与课堂教学和考试招生制度等四项改革；五是建立了导向、评价、制约、社会参与和质量保障等五项机制。然而，这只是完成了素质教育的上篇文章，素质教育的更为艰巨的下篇文章，就是要从根本上解决素质教育如何进学校、进班级、进课堂的问题。

1999 年，叶澜教授主持的历时五年的"新基础教育"探索性研究结题，闵行区教育局敏感地意识到"新基础教育"推广性、发展性研究阶段的目标与闵行区深化推进素质教育所要解决的问题是一致的。在区委、区政府的支持下，在上海市教委分管领导的直接关心下，闵行区教育局经过与叶澜教授的多次深度商谈，作出了"全面引进叶澜教授主持的'新基础教育'研究，做好区域性整体推进素质教育的下篇文章"的战略决策。这一决策也使闵行的素质教育改革步入到一个新的阶段。

1999 年 5 月，上海市新基础教育研究所在闵行区成立，叶澜教授任第一任所长，区教育局长任所务委员会主任。这标志着闵行区教育局和华东师范大学叶澜教授领导的"新基础教育"研究团队达成了这样的共识：通过实验研究实现区域教育的内涵发展，高质量地推进素质教育，共同策划、合作书写闵行区区域性推进素质教育的新篇章。2000 年，该所被市教委认定为"上海市教育科学研究实验基地"，闵行区被中国教育学会认定为"中国基础教育改革实验区"。

素质教育的区域性推进是一项重要而又艰难的事业，需要一批勇敢的志士去开拓道路。闵行区教育局以"自愿、认同、肯干"作为选择实验学校的条件，招募自愿参加实验的学校，最终，办学条件和水平参差不齐的 9 所小学和 7 所中学成为第一批实验学校。2001 年 9 月，实验学校的数量扩大到 27 所。

从 1999 年到 2004 年，闵行区 27 所实验学校经历了以推广"新基础教育"探索性研究成果，加强对班级层面上日常教育教学实践活动变革的系统研究和教师发展研究及开展以学校为单位，以创建新型学校为目标，以校长为"第一责任人"，以学校管理和校长发展为新增重点的学校转型性变革实践研究。经过五年"新基础教育"推广性、发展性研究，闵行区素质教育改革呈现出诸多变化：地方教育行政部门转变职能，大力支持学校自主变革，通过自我权力的规范为学校的自主发展提供了空间；学校由奉命改革到自主探索改革，校长们开始以研究的眼光审视自己和自己的学校，不断发现问题、优势和潜在发展空间，策划学校变革，并以务实而富有创意的工作推动学校的发展；教师们的学生观、教育教学理念变了，精神面貌和价值追求也变了，初步形成了一支区域的研究型骨干教师队伍；课堂教学和班级建设面貌变了，涌动着生命的活力，成为人与人、人与世界、人与自我沟通和相遇的地方。这一切变化，促进

89

了闵行教育质量的整体提升。

2004 年 6 月，五年的"新基础教育"推广性、发展性合作研究结题之后，为进一步解决区内基础教育内涵发展与教育生态建设还存在的一些突出矛盾和问题：如教育资源的总量不断扩大与优质教育资源相对不足的矛盾、区域内推进素质教育支持性系统的完善与运行机制的健全问题、学校进一步提升自主办学与创造性推进改革的能力问题等等，区教育局与华东师范大学基础教育改革与发展研究所签署《关于"继续合作开展'新基础教育'研究"的协议书》，决定区域整体推进"新基础教育"研究，把素质教育落实到区内每一所学校。

二、中部地区：提升教师素质、探索管理变革

（一）山西："龙头教研"、校企合作 *

山西省不仅在转变教育观念、理顺资金渠道、调整结构布局等方面对解决基础教育发展问题找出路，还在加强教师能力建设和办学模式多样化上展开了探索。

1. 通过"龙头教研"促进教师能力的提升。教师队伍的质量是教育质量的前提性保证。山西一些县除了在加强教师管理、提高农村教师待遇、优化教师聘用制度方面进行尝试，还积极探索适合贫困农村的教师培训模式，促进贫困农村地区教师队伍的均衡发展和持续发展。山西省临汾市隰县的教师培训模式提供了一个较为成功的范例。

2006 年 9 月起，隰县提出了新的教研思路，即"龙头教研、集团活动、城乡一体、网络推进"。所谓"龙头教研"就是要充分发挥县城中小学校教学研究的优势，以点带面，辐射全县；"集团活动"就是要把全县各乡（镇）中学、中心校划片与县城学校组成一个教研共同体，统筹活动；"城乡一体"就是要把县城学校和乡（镇）学校放在一个平台上互动共进；"网络推进"就是要求全县教育整体发展，共同推进。

隰县"龙头教研"的具体操作为：（1）在县城的优质学校选择"龙头"，组成教研集团。全县小学阶段组成了以第一小学、第二小学、隰县师范附小为龙头，辐射全县农村小学的三个教研集团，初中阶段组成了以龙泉学校为龙头，第二中学和第三中学为骨干，引领乡镇中学和民办学校的初中教研集团。（2）"龙

---

* 本段材料来源：山西大学教育科学学院课题组侯怀银等撰写的子课题报告《"中部崛起背景下山西贫困地区农村基础教育改革和发展研究"结题报告》（2007 年 10 月 31 日）。

头教研"活动的内容主要包括：研究课程标准与教材，使全体教师吃透课标，熟悉教材；研究备课、上课、作业布置与批改等教学常规的操作实施；开展试题研究；开展远程教育资源的应用研究；开展新课程背景下学生学业评价方式的研究。（3）"龙头教研"活动的形式包括集体备课、案例分析、问题研讨、专题讲座、学术论坛、教学示范等，以此加强城乡教师之间的对话交流、互动合作。（4）加强教科局对"龙头教研"活动的管理。为了促进集团教研活动落到实处，教科局对各教研集团提出"有实施方案、有组织领导、有计划安排、有评估考核、有绩效汇报"的要求，坚决杜绝形式主义，坚持做到思想上高度重视，工作上落实到位。

隰县开展"龙头教研"活动，主要是为了实现以下目标：（1）提升全体教师的整体素质。即通过教研活动，引领教师"在实践反思中领悟理念，在协作互助中激活潜质，在行动研究中历练内功，在课题研究中提升品质"。（2）促进城乡教育均衡发展。在"龙头教研"活动开展中，除了常规的教研活动外，县城学校还建立了骨干教师下乡巡回授课、选派县城名师下乡挂职锻炼和开展双向互动教研交流等制度，加大城乡教育对口支援力度，努力形成名优学校与薄弱学校有机结合、县城学校与农村学校紧密联结的城乡教研网络，以实现城乡优势互补、信息互通、教师互动、资源共享、整体推进的目标，逐步缩小城乡之间、校际之间的差距，促进县域内义务教育的均衡发展。（3）全面提升教育质量。扎实有效的教研工作是提升教育质量的重要保证，隰县通过多种形式的教研活动，提升教师素质，提高教学水平，最终达到提升教育质量的目的。

2. 校企合作，探索特色办学模式。山西贫困农村学校在发展中存在着严重的城市化、模式化、应试化倾向，无论小学还是中学，大多都以追求升学率为目标，各级学校几乎是"千校一面"、"千人一面"。在千军万马过独木桥的现实中，农村学校明显处于劣势，农村学校如果没有自己独特的办学模式，必然在竞争中失败，最糟糕的是学生也成为这种办学模式的牺牲品，既不能升学，也不能就业，回乡务农又不会种地，农村基础学校的发展走进了死胡同。因此，农村基础学校必须立足于农村实际，从农村需要出发，利用农村的优势资源，走出富有特色的办学之路。中阳县一中校企合作的办学模式提供了特色办学的成功范例。

中阳一中与中阳钢铁公司的校企合作始于2001年。中阳钢铁公司（亦称中阳钢厂）是一家拥有5 200多职工、年产量360万吨、固定资产近35个亿的民营企业，是山西省钢铁企业的第三强。从2001年至2007年，中钢对中阳一中的投资力度不断加大，6年来共为中阳一中投入近3 000万元充足的经费为中阳一中培养人才提供资金保障。在校企合作中，学校的责任主要是为企业培养具有较高素质的人才。为此，中阳一中重新审视了传统的办学理念，在研究企业和学生需求的基础上，确立了"育人为本，全面发展，办人民满意的教育"的办学新理念，制定了"校企合作，升（升学）就（就业）并重，互利双赢，造福社会"的发展模式。在办学理念的导向下，中阳一中主要采取以下措施服务于企业：实施"高三分流"，学生升入高三时，学校对学生进行兴趣测试和成绩总体分析，按成绩和自愿来决定学生升学或参加职业培训；开发相关的校本课程，校本课程应服务于学校的特色建设，围绕"校企合作"办学特色深化的需要，中阳一中由专人牵头，通过开发、研究、使用、反馈等环节形成了富有专业特色的校本教材；举办相关专题讲座，提高学生适应社会的素质；利用多种形式锻炼学生的实践能力；适应企业需要，做好就业后继续教育工作。

中阳一中校企合作的办学实践，一方面使学校获得了充足的发展经费，形成了富有个性的办学特色，找到了农村贫困地区普通高中的发展道路；另一方面，校企合作的办学实践，为不能升学的学生找到了就业出路，也满足了企业对高素质人才的需要，促进了企业经济的发展。同时，校企合作的办学实践，也带动了县域经济的发展，产生了良好的经济社会效应。中阳一中这一办学经验，值得农村基础学校参考和借鉴。

（二）湖北：启动农村教师素质提升工程，推进区域内均衡持续战略

1. 省一级层面，全面启动城区优秀教师培训农村教师计划。湖北省教育资源分布不平衡，已严重制约了教育的发展和教育公平的实现。在区域分布上，城区学校超编，乡镇学校缺编，农村教师数量严重不足。在年龄结构上，农村学校教师50岁左右的教师居多，30岁左右的中青年教师缺乏，整个教师队伍年龄偏大；在学历层次上，中专或大专学历的教师偏多，第一学历为本科的教师偏少，高质量的合格教师更少；在学科分布上，传统学科教师多，新学科的教师少，特别是外语、计算机教师的缺额极大，很多学校因此开不了课。湖北是科教大省，拥有全日制普通高校85所，2005年高校毕业生达10万人，但真正到农村基层工作的微乎其微。为了改变这种状况，自2004年起，湖北省连续推出包括城市优秀教师深入农村学校培训教师、大学毕业生到农村学校任教的一系列政策并实施。省教育厅负责人指出：随着从中央到地方政府对义务教育的认识到位、投入到位，农村学校的危房改造、教师工资拖欠等问题逐一解决以后，教师教育水平的差异便成为最需要解决的问题。城乡教师的教育水平相差越大，农村学生越难以享受到真正的教育公平。全省要用5年时间培训10万农村教师（自2005年来已有61 005名农村教师和中小学校长参加了培训），让农村老师到大学"泡"上十几天，老师们受到的熏陶可能影响学生的一生。其中最重要的不是对教师技能的训练，而是对教师观念的转变，就是想让前沿的学术氛围触动感染在基层一线

辛勤耕耘的教师们。教师培训时间为 10 天，内容以"师德教育、专业素养、职业技能、新课程实践与应用"为主，分为初中语文、数学、化学、物理，小学语文 + 品德、小学数学 + 科学、体育、音乐、美术等模块；校长培训时间为 15 天，内容以"依法治校、学校规范管理"为主，分为乡镇初中校长、村级小学校长等 4 个类型。参与这一计划担任授课任务的 300 多名教师全部由湖北省教育厅精心选配，其中有中小学特级教师、教研人员、大学教授和省教育厅有关处室负责人，值得一提的是，华中科大原校长、中科院院士杨叔子等还为学员讲师德课。① 另外，教育部人文社会科学重点研究基地、华东师范大学基础教育改革与发展研究所还专门为即将赴农村担任教师培训任务的湖北省优秀教师举办了培训者研修班。

2. 区一级层面促进教育均衡发展的举措。以武汉市硚口区为例，2003 年起，该区通过实施"三个一"标志性工程，深化"强东兴西"战略，建设教育强区。针对辖区内东部西部教育发展客观存在的差距，提出并实施"三个一"标志性工程，即一园、一线、一区，从整体战略上推进全区教育协调均衡发展，进而加快建设教育强区步伐。"三个一"标志性工程点、线、面并行推进。一是建设硚口教育示范园。把崇仁路小学、24 中和 11 中整体规划为代表硚口教育发展水平和窗口的教育示范园，充分发挥崇仁路小学、11 中的品牌效应，形成集幼儿园、小学、初中、高中一条龙的高质量教育品牌，建设成为全市一流的教育示范区。二是建设解放大道沿线从 62 中至 79 中的 18 所学校。硬件上加大建设力度，环境上实施美化，软件上不断优化，形成硚口基础教育一道亮丽风景线。目前 62 中已建设完毕，其校园环境建设在全市单设初中里堪称一流；整体改造后的新 17 中已投入使用，并努力跻身全省 50 强学校；26 中、63 中校园均"拆墙透绿"，环境得到美化，26 中已成为市级示范学校；韩家墩小学、76 中改造工程已经启动，两校改造硬件的同时，不断加强软件建设，准备争创市级示范学校。三是全面提升汉正街地区学校的办学水平。采取以点带面，继而区域推进的办法，形成有汉正街地区特色的素质教育，努力达到学生行为规范、教育实效明显、防流控辍和预防青少年犯罪均得到较有效控制、与中部教育质量的差距明显缩小、社区教育走在其他学校前列、资源重组和布局调整初见成效的建设目的。实施"三个一"标志性工程能在三个方面发挥作用。"一园"对优质教育资源的整合和优质教育在不同阶段的协调发展起到了良好的示范作用；"一线"通过 18 所学校承东启西，策应南北，对不同起点、不同层次、不同类别学校的协调发展

---

① 2008 年 2 月 20 日搜索自中华人民共和国中央人民政府网 http://www.gov.cn/jrzg/2006 - 07/20/content，新华网 http://news.xinhuanet.com/edu/2006 - 07/31/content，湖北省政府网 http://www.hbe.gov.cn/content。

起到了拉动作用；"一区"涉及 16 所学校，对于同一地区学校整体协调共同发展和充分利用教育资源，通过共建、共享达到共同提高，起到了积极的推动作用。①

三、西部地区：借"外援"激发内需、促进本土能力建设

（一）云南：项目介入、以"强经济"行动带动"强教育"意识*

由云南师范大学教科院王凌教授主持的"转型期贫困民族农村地区基础教育的改革与发展——以云南省寻甸县六哨乡、联合乡为个案"课题，是本攻关项目 2005 年立项的子课题之一。该课题以罗黎辉、王凌主持的福特基金会项目"以教育促进云南省寻甸回族、彝族自治县六哨乡社会经济发展和民族文化传承"及后续深化和推广实验研究项目为基础，以乡为单位探索适合云南贫困民族农村实际状况、能满足社会转型时期贫困民族农村学校改革与发展需求的教育发展新思路、新方法和新途径。具体有三个方面的目标：一是促进项目实施所在贫困民族乡学校的整体变革和农村教师的专业发展；二是通过依托学校建立农村社区学习中心的实践探索，促进社区与学校和谐发展，初步形成以教育促进贫困民族农村社区和谐发展思路和模式；三是开展转型期民族文化与农村教育相关性的理论与实践研究，促进优秀民族文化的传承和弘扬，形成以教育促进民族文化传承的基本思路、方法和途径。课题围绕如下内容展开并取得了明显的成效。

1. 以农业新技术推广与培训为抓手帮助当地摆脱经济贫困、提高入学率。先后在云南省寻甸回族、彝族自治县六哨乡、联合乡，依托学校建立农村社区学习中心，合作共建马铃薯新品种选系、优良马铃薯推广示范基地和科学养殖示范基地，开展新技术培训和现场示范等活动，促进了该乡农业结构的调整和经济的发展，也使农民获得了实惠。如 2006 年六哨乡实现国民生产总值 1.1 亿元，同比增长 16%；乡级财政收入 23 万元，同比增长 84%；农民人均纯收入 846 元，同比增长 10%；平均每年以 2 200 人左右的速度解决全乡贫困人口的温饱问题，以 1 200 人左右的规模巩固低收入人口，2006 年已经实现把返贫人口控制在 1‰以内的目标。农民的收入增长、脱贫速度加快，也为提高入学率打下良好的基

---

① 《湖北省教育厅办公室：调整结构、扩优治薄、打造品牌、突出特色——武汉市硚口区以工程为抓手推进教育均衡持续发展》2003 年 6 月 4 日（2008 年 2 月 24 日搜索自 http://www.hbe.gov.cn/content.php? id=238）。

　* 详见云南师范大学课题组王凌等执笔《转型期贫困民族农村基础教育改革的区域性探索——以云南省寻甸县六哨乡、联合乡为个案》（2007 年 10 月）。

础。这些活动还改变并丰富了传统农业技术推广的方法、途径，加强了学校与社区的交流与互动，充分发挥学校面向社会的文化辐射功能和育人功能，在校内则开发出相应的校本课程。

2. 以乡为单位探索贫困民族农村地区学校教育整体变革取得成效。首先，结合六哨乡、联合乡的实际情况，开展了多种层次、多种形式的旨在转变领导、教师、家长思想观念的培训，开展了以校本课程、校本教材开发为重要内容的旨在提高教师专业化水平的项目研究活动，开展了以课堂教学改革为突破口旨在提高教学质量的学校教学改革，而且还开展了依托学校建立农村社区学习中心，旨在增强学校服务农村社区经济社会发展能力，提高学生现代农牧业科学知识和技术的水平，增进学校和社区相互连接、支持的实践性探索活动。通过六年多的实践探索，各项目点的学校教育质量都在不同程度上得到提高，其中，最早进入项目研究的六哨乡取得的成果最明显。六哨乡基础教育质量的提高可从表 2－1 中看到：

表 2－1 　　　　　　　六哨中学毕业班历年升学情况统计表

年　　份	2001 年	2002 年	2003 年	2004 年	2005 年	2006 年
总人数	118	101	142	161	123	145
升学人数	2	18	23	31	46	46
升学率（%）	1.7	17.8	16.2	19.25	37.4	31.7

其次，在基础教育中渗透职业教育，增强学校教育的"为农"、"务农"意识，为农村发展奠定基础。高度重视基础教育在培养学生基本文化素质、基本能力技能，奠定学生终身学习和发展的基础的同时，贫困民族农村地区的学校教育也应该重视培养学生热爱农村的情感，使其具备"为农""务农"的观念、知识和技能。按照这一思路创造性地开展了如下活动：以校本课程方式把农业技术教育引入到基础学校教育之中；结合基地建设，开展学习农牧业知识技术的实践活动；以基地作为沟通学校和社区的桥梁，加强学校"为农"、"务农"的功能。

其三，在课程、教学改革的实践探索中，唤醒教师的主体意识，促进农村教师的专业发展。为了客观地把握贫困民族农村地区教师的状况，以六哨乡为个案，对教师的生存状况、压力及压力源、教师的专业发展等方面作了深入的调查研究。调查发现，六哨乡的教师主要存在以下一些问题：一是教师专业化程度不高，致使农村教育质量得不到保障；二是对农村教师的评价手段单一，制约了农村教师创新能力的发展；三是农村教师入职教育和继续教育的严重滞后和形式化，致使教师专业发展缺乏后劲和持续性；四是贫困农村教育生态环境问题突出，导致教师流失严重，主体性的缺失。

课题组通过开展以校本培训为主的多种培训、引导教师开展校本研究、鼓励教师参与开发校本课程等变革性实践，逐步形成了适应于农村教师参与校本研究和开发校本教材的模式，为教师专业发展，提高教育质量，促进社区发展提供了一条可行的路径。开展校本研究和教材开发活动的意义，不仅在于开发出一系列地方特色鲜明，乡土性很强的课程和教材，更重要的是以编写校本教材为契机，焕发了教师的主体精神、民主精神，培养了教师的专业素质和能力。

最后，全面推进学校整体改革，增强学校活力。在课题组的直接带动下，改革已成为六哨乡教育管理者和教师的生活常态，改革的观念深入人心，改革的成果在多个方面逐步显现出来。2006 年，昆明市教育局初步拟定把六哨乡作为农村综合改革的试点、农村学校标准化建设的试点。2006 年寻甸县教育局把六哨乡作为全县农村九年制学校改革的试点，并于当年全面启动。

六哨乡的学校教育整体性改革可以概括为以下几方面：第一，资源优化整合，将原来的乡中心学校（乡级教育管理机构）、乡初级中学和乡中心完全小学合并成一校，形成了融管理与学校教育于一体，九年一贯制的新的学校体制。通过学校资源优化整合，学校资产和师资发挥了更大作用。第二，管理模式转变，三校合并逐步实现了"整分管理模式"和"网状管理模式"。第三，教师聘任制度改革，学校教师实行分层全员聘任制，即在竞选、聘任校长的基础上，由校长负责实行分层全员聘任制。第四，实施目标责任制和绩效工资制度。第五，以课程、教学改革为核心，唤醒师生积极的生命体验，促进师生的互动生成、双向发展。主要做法是：开展教育改革和教师发展专题培训；引导教师开发校本课程和校本教材；鼓励教师理论联系实际，结合自己在教育、教学中面临的问题开展校本研究，在变革的行动中实现专业发展；结合贫困民族农村的实际，开展课堂教学改革，把"新基础教育"的理念和基本范式应用在民族农村中小学课堂教学和班级的日常活动之中，使师生在学校的生存方式由消极被动的适应性生存方式向积极主动、不断自我更新的发展性生存方式转变。

3. 打造地方特色，促进民族文化传承。"化民成俗，其必由学"。中国的学校教育自古以来就有移风易俗的功能，在传承民族文化，塑造和培育民族精神，规训与教化社会及个人行为等方面发挥着极为重要的作用。在贫困民族农村地区的学校，学校不仅被当地的民众视为国家和文明的窗口，而且也在客观上发挥着社区教育、文化中心的作用。云南项目组的研究非常重视这一领域，着力推进以中小学校为核心的社区文化学习活动中心建设，致力于建构有利于学校与社区和谐发展、富有地方特色的民族文化和教育生态。

其一，把民族文化引入学校的日常活动，让学校成为文化传承和行为塑造的基地。主要做法如下：在学校开展民族歌舞活动；组织教师和学生编写校本教材，如学校自主或参与编写与民族文化、社区文化有关的校本教材；在学科教学活动中渗透民族文化教育，如在思品课中融入白彝族传统文化等方面的内容，把白彝族的"斗鸡"、"打陀螺"等传统体育活动融入学校体育课中；积极创建校园文化和班级文化，例如，羊街镇清水沟完小形成了融学校文化建设、班级特色文化建设、种植养殖基地建设、住校生管理为一体的办学特色。

其二，依托学校开展各种活动，把学校建成社区文化活动的中心。六哨乡的板桥中学已经成为名副其实的乡级社区文化活动中心。现在，无论乡里举行文化培训活动，还是举办大型民族文化活动（比如"立秋节"）都要依托板桥中学提供场地并参与组织和引导；部分学校教师已经成为了发掘优秀民族文化和推进民族文化传承活动的骨干；学校培养的学生，不仅是参与活动的积极中坚力量，而且是遍布全乡的民族文化传播者。民族文化活动开展得较早的六哨乡龙泉村委会发嘎村，现已成为民族歌舞、民族体育特色浓郁的社区文化活动中心。2005年，发嘎村被昆明市文化局确定为市级民族文化保留地。2006年被昆明市政府确定为社会主义新农村建设的试点。受发嘎村的启发，五星村委会的下洋拉村也自发成立了自己的民族歌舞队和唢呐队，在历年的立秋节上演出，成为六哨乡开展民族文化活动的骨干力量。历届毕业生中小学生在开展民族文化活动中发挥重要作用，并逐步成为发嘎村、下洋拉村，乃至全乡传承民族文化的主力军。全乡的中小学逐步开展了多种形式的民族歌舞和民族服饰展示活动，在全乡范围内营造一种尊重民族文化，热爱民族文化，积极参与民族文化活动的良好社会氛围。加强学校与家庭、与社区的联系，共建有利于社区文化发展的新平台。例如，六哨乡五星村完小开展了"五个带回家"和"三个带回校"活动，即把文明礼貌，卫生习惯，课堂上学到的知识、歌声、舞蹈、体育，以及在学校看到、听到的事情带回家；把家中发生的大事，村里发展的事情和听到的有关对学校的评价和建议带回学校。又如，在课题组、联合乡党委政府和乡中心学校的支持下，联合乡凹子村完小和村民委员会举办的"亲民活动"，全村5个自然村的村民与学校师生、乡村干部和课题成员参与了这次集传播现代文明、马铃薯种植技术和开展民族歌舞活动为一体的盛会。"亲民活动"密切了学校与家长、与村民、与社区的联系，有效地促进了民族文化的发展。

其三，学校结合地方特色打造民族文化品牌，扩大社会影响力，提升民族认同感和自豪感。"立秋节"是白彝族群众的一个民族传统节日，也是展现和传承民族风情、文化，促进文化、经济交流的绝好时机。但在过去很长一段时间，"立秋节"基本上处于一种自发、群众性的状况，并没有发挥其重要作用。六哨乡开展的以"立秋节"为标志的一系列民族文化活动，增强了全乡广大师生和人民群众对家乡、对家乡丰富的民族文化的热爱和崇敬。

（二）广西：依托高校力量搭建民族地区教师专业发展新平台

近些年来，广西壮族自治区十分重视依托高校的智力资源，打造促进民族地区基础教育教师专业发展的新平台，以广西师范大学为例，近十年来根植壮乡基础教育，充分挖掘和利用学校的区位资源优势，潜心合力打造面向基础教育和教师教育领域的基础平台，为民族地区的人才培养、教师教育理论研究与国际合作、推动广西基础教育事业的发展展开全方位的改革探索，并取得了明显的成效。

1. 彰显"教师发展"时代理念，成功打造骨干教师专业发展新平台。广西师大通过架构立体化、开放式教师培训网络，创新教师职后培训模式等，为广西教师教育的改革与发展展开探索。被誉为广西骨干教师的种子工程、全员培训的火把工程、素质教育奠基工程的广西"21世纪园丁工程"便是一例。该工程于1999年启动，以广西师大作为技术支撑单位，在实践中探索出导师与导师团队制、课题中心制、网络互动制、学历教育制、访学研修制、基地研修制等骨干教师培训"六制"新模式，提供了新经验。园丁工程学员经过五年的理论学习与实践探索，教育教学和教研能力得到明显提高，部分学员初步形成了自身的教学风格和特色。许多园丁工程学员成为所在地区、乃至广西教育教学改革的一面旗帜。他们在本地区、在广西最大限度地发挥了辐射效应，带动了本地区教育事业的发展。园丁工程的实施，不仅为高素质骨干教师的培训提供了可资借鉴的成功范例，而且对加快广西中小学教育教学改革的进程，全面提高民族地区基础教育质量，发挥了重要的作用。近年来，该校还先后承担了大量的国家级、市级、城区级等骨干教师的培训工作及其他继续教育系列培训。

2. 践行"学术服务于社会"精神，为基础教育改革提供全方位智力支持。为了更好地发挥师范大学对基础教育的研究优势，并把其落实到广西民族地区基础教育改革的实践中，广西师大整合全校资源，组建了"基础教育课程与教学研究及其人才培养"创新团队，走出大学校园，深入中小学一线，从源头寻找研究的方向、动力和实践的土壤。2002年4月和5月先后两次组织了各院系、各学科的学术骨干共26人对广西区内的柳州、南宁和玉林三个国家级实验区进行学习考察，两次活动在实验区和媒体上都产生了良好的影响。该团队凭借出色的工作基础、鲜明的项目特色、清晰的团队建设目标和发展规划，被自治区教育厅正式确立为10个首批"广西高校人才小高地"之一。在新课程改革推进过程中，学校积极引导，并通过政策支持鼓励广大教师持续有效地开展基础教育课题研究。2002年制订了以启动"广西师范大学基础教育课程与教学研究总课题"为核心内容的"面向课程改革提升服务基础教育能力行动计划"，总课题下面包括近二十个子课题，涵盖了基础教育课程改革的主要方面和绝大部分学科。为此，学校自 2003 起 5 年内每年投入 20 万元经费，资助课题研究。在短短的几年时间里，绝大多数课题组均取得了显著的成果，许多研究成果已成功运用于基础教育一线实践中。

3. 强化中小学校本研修指导，实现大学和中小学的合作共赢。为加强与基础教育联系与沟通，深化与中小学合作，广西师大整合全校基础教育研究和实验的力量，在多所中小学建立教育教学研究基地，全方位开展中小学校本发展研究和实验。如该校教育科学学院从 2002 年起与柳州雀儿山小学、柳州八中、柳州四十中、宾阳高中等中小学合作，通过全员通识培训（以广西师大专家主题讲座为主）、专题研讨、深入课堂进行诊断、专家与基地学校老师面对面的互动交流开展课例研究等方式，内化新课程理念，矫正教学行为，引领基地学校开展校本研修，促进了基地学校和教师的发展；另一方面，基地的建设为探索大学教育研究力量在推动基础教育发展过程的新模式积累的实践素材。通过大量的中小学课堂观察、案例收集与研究，教科院教师获得了丰富的实践素材，加深了对基础教育的了解，强化了大学教育科学研究工作者理论与实践结合的意识和能力，提高了学术研究的品质。为探索高师院校与中小学教育有效合作互动的长效机制，学校从战略的高度出发强力推动"大学—中小学"伙伴关系的实质性建立。2006 年，学校组织相关人员赴基础教育一线进行集中学习考察，与桂林市德智外国语学校、桂林市长海实验学校和首都师范大学附属桂林实验中学分别签署了共同建设"大学与中小学教师教育联盟"的合作协议书，把这三所学校列为教师教育联盟的"伙伴学校"，建立了正式的伙伴关系。

4. 卓有成效的国际教育项目运作。广西师大积极承担国际教育培训项目，教科院等单位先后承担了联合国女童职业教育培训项目、中英西南基础教育项目、中法"做中学"项目、联合国教科文组织《少数民族贫困地区妇女区学习研究》、《广西少数民族女童职业教育项目》、《民族贫困地区女童教育模式研究》、《西部地区英特尔教师教育技术发展项目》等国际项目。以广西师大教科院作为项目技术支撑单位的联合国教科文组织援助项目"广西五校少数民族女童职业教育项目"，因其在运作与管理以及绩效方面的突出表现，在联合国教科文组织五十多个亚洲评选项目中脱颖而出，被评选为最佳实践女童教育项目。

"广西五校少数民族女童职业教育项目"于 2003 年启动，是联合国教科文组织利用日本人力资源信托基金对广西五个县 200 名少数民族贫困女童进行援助的项目。该项目针对广西边远落后地区少数民族女童因贫困导致入学率低、辍学率高的现状，旨在帮助广西贫困地区改变落后的基础教育现状，帮助贫困辍学的少数民族女童在初中阶段学习基础教育课程的基础上，增加职业教育课程，以帮助女童掌握一定的职业技能，从而在将来改变个人命运。项目在广西的田东、融水、宜州、巴马和凭祥五个县市各选取 40 名少数民族贫困女童成立女童职业教育班，给予生活费、学杂费等援助，开设果树栽培、特种养殖、越南语等职业教育课程。项目历时 3 年多，于 2005 年底通过联合国教科文组织聘请的专家验收评估，获得了高度评价。

（三）甘肃：引入外援，大面积培训教师、校长和管理人员*

甘肃省在解决基础教育发展问题的过程中，大量引入了国际援助项目，项目资金来源十分广泛，如联合国教科文组织、联合国儿基会、世界银行、欧盟、英国国际发展部等等，这些项目基本用于贫困的民族农村地区，意在缩小贫富差距、促进教育均衡发展。下面以英国国际发展部资助、英国剑桥教育咨询公司运作的"中英甘肃基础教育项目"及其后续拓展项目为例，描述其在改善办学条件、资助弱势群体、促进教育公平方面的成效与经验。

中英甘肃基础教育项目自 1999 年 12 月启动以来，历时 6 年，投入 1 250 万英镑（约合人民币 1.5 亿元），致力于改善和提高甘肃省临夏回族自治州基础教育的办学条件和教育教学水平，提高全省教师培训机构的能力，发展甘肃的基础教育。在 6 年中，项目主要做了以下七个方面的工作并取得了显著的成果：

1. 改善办学条件，育人环境发生了显著变化。6 年来，中英项目为临夏州的东乡、康乐、和政、积石山县投入 3 400 万元，改扩建中小学 190 所，修建校舍 57 000 多平方米，占项目县中小学校总数的 28%；配发了学校急需的课桌凳、取暖设备、图书仪器、音乐体育器材等，价值 1 000 余万元；提供经费 268 万元，开展快乐校园活动，使项目县学校校园充满了生机和活力。新的学习环境使 28 000 余名学生受益，使四个项目县的学校面貌发生了显著变化。在改善办学条件过程中引进了许多新的理念和做法。如开发了学校布点规划公示，在土建学校的选址上，排除人为干预，做到贫困边远地区学校优先、教学点和村学优先；在对农村小学平房的设计和修建中，采用了坚固耐用、冬暖夏凉、采光充足的建筑形式；学校旱厕所的设计着眼于清洁卫生，设计了通风管道、蹲坑盖板、残疾人坑位；配发了洗手设备，培养学生从小养成卫生习惯；校园学习环境的设计和建设增加了学生活动用的地坪方格、象棋台、平衡台、体育音乐设备等，充分体现了以人为本的理念。同时，把学校修建和常规维护结合起来考虑，制定了《校

---

* 甘肃省教育厅副厅长、中英项目办公室主任李贵富《在中英甘肃基础教育项目成果发布会上的讲话》（2006 年 5 月 30 日）；马效军：《中英甘肃省普及九年义务教育项目正式启动》，甘肃教育咨询网，2006 年 4 月 24 日。

舍维护管理办法》，这些都为全省农村学校的建设和维护管理提供了宝贵的经验。

2. 关注弱势群体，促进教育公平。项目实施了贫困学生助学金制度，6 年间，有 74 506 人次的小学、初中学生接受了总额为 636 万元的救助；项目还开展了免费午餐试点、免费供应开水等活动，减轻了贫困和少数民族家庭的教育支出负担，促进了教育机会的平等，提高了学龄儿童入学率，使村学和教学点少数民族儿童的入学率由项目实施初期的 70.85% 提高到了目前的 95.2%，增长了 24.35 个百分点；在制订学校发展计划时，强调一定要听取妇女、残疾人等弱势人群的意见，在学校发展计划委员会中规定必须有女性和少数民族的代表；为了广泛宣传教育公平理念，项目还专门组织编写了《促进教育公平实用手册》，已出版发行 10 000 多册，通过这些工作和活动，使教育公平、关注弱势群体的理念渗透到项目的各个方面。

3. 开发培训教材，引进新的教育理念。项目围绕开展的多个领域的众多活动，开发了多种培训教材和适合儿童阅读的补充读物，如：开发了《有效的参与教学》、《教育公平与社会发展》、《学生评价》、《校本课程与地方教学资源开发》等 16 种教师培训教材，《校长素质》、《教学支持》、《学校发展的监测与评估》、《学校变革与可持续发展》等 7 种校长培训教材，《学校发展计划指南》等 3 种学校发展计划培训教材，《学校督导指南》等 5 种督导培训教材，还开发了《小猴子的生日》等 24 种连环画作为小学生的补充读物。

以上培训教材的开发，从不同的领域、不同的视角形成了一个完整的、系统的培训体系。以人为本、教育公平、平等参与、社会发展等先进理念，都在教材中得到了很好的体现，从而形成了中英项目所特有的文化内涵。这些教材在培训中受到了广大教师、校长、督导人员的普遍欢迎。世界银行、国际计划、联合国儿基会实施的项目中广泛采用了这些教材。开发的补充读物受到了少数民族学生的普遍喜爱。

4. 开展全员培训，提升教育教学水平。中英项目引进并全面推广了"参与式"教学。以项目自主开发的 16 种教师培训教材为依托，开展了以参与式教学为主要内容的教师全员培训。先后培训教师 43 200 多人次，4 个项目县的教师都接受了约 20 天的参与式教学培训。通过培训，他们对参与式教学的理解更加深入，在课堂教学中应用参与式教学方法更加自如。在参与式教学方法的推广和教师培训工作中，特别关注小学低年级儿童的发展和有特殊需要儿童的发展，教师把教育公平的理念转化为关注弱势儿童的具体行动，学校把教学关注的重点由小学高年级转向小学低年级。使更多的儿童能够留得住、学得好。参与式教学的广泛开展，学生能够在课堂上积极参与，大胆发言，勤于思考，敢于质疑,有了强烈的表现欲和参与意识,学习由被动变为主动,学生的个性得到了很好的发挥。

5. 改革和完善教育管理体制,教育管理水平得到了普遍提高。项目致力于改革传统的学校管理体制,引进并全面推广学校发展计划(SDP),充分挖掘了社区的教育潜力,整合了教育行政部门、家庭、教师、学校、社区的教育资源。学校发展计划的实施有效地提高了项目县学校管理的水平和效能,密切了学校与社区的联系,提高了社区参与学校发展的积极性。项目以自主开发的 7 种校长培训教材为主,结合学校发展计划培训、学校督导培训以及教师培训工作,对现任校长、副校长和有潜力成为学校领导人的教师进行全面培训、培养。6 年来,培训校长 5 000 多人次,还先后组织校长、督导人员等外出学习考察。

项目引入新的督导理念和方法,探索并形成新的学校督导模式。6 年来,督导学校 440 所,占项目县小学总数的近 70%。新的学校督导以学校发展计划为主要依据,重视学校的教与学,尤其把改善课堂教学作为核心目标,为教师的教和学生的学提供及时有效的帮助和指导,重视督导结果的运用,为当地政府及其教育行政部门提供重要的决策依据。

此外,项目建立了财政保障机制,对学校财政管理体制进行了有益的改革,与项目县签订了"两个承诺"协议书,规定教育经费,特别是学校公用经费的增长率每年不低于 1 个百分点,保障了学校日常教育教学的需要。项目还致力于监督与评估机制的建立与完善,注重各级教育行政部门的管理能力和水平的提高,以及教育管理信息系统的开发与推广。

6. 支持教师培训机构,加强师范院校能力建设。项目致力于甘肃省教师培训机构的能力建设。为全省 15 所中等师范学校培养具有硕士学历的教师 50 名、大学本科学历的教师 53 名,使全省师范学校 2 500 余名教师接受了项目培训。构建了西北师大教师继续教育平台,在 15 所中等师范学校建立了教师学习资源中心,配备了计算机等设备。为西北师大、5 所师专、15 所师范学校配发了图书和音乐、美术、电教设备。通过对全省教师培训机构的支持,提高了中师教师的专业水平,增强了培训能力。教育公平理念和参与式教学方法被师范院校教师充分领悟和掌握,并得到广泛的运用,对全省未来中小学教师队伍的成长将会产生深远的影响。

经过 6 年的项目实施,项目逻辑框架所确定的学龄儿童入学率、辍学率、完成率、升学率和教师、校长接受培训的比例等各项指标均已达到了项目预期的目标。为了推广项目成果,经甘肃省政府与英国国际发展部多次协商,英国政府于 2005 年底正式批准立项中英甘肃普及九年义务教育项目。2006 年 4 月,中英两国政府正式签署项目备忘录。该项目旨在支持全省 2010 年普及九年义务教育,提高公平教育机会，使更多的儿童少年完成高质量的九年义务教育。

该项目的主要内容包括：对 31 个县的约 7 万名小学和初中教师开展有针对性的培训，使他们掌握"参与式"教学方法，适应国家新课程改革的需要。培训中重点关注少数民族、女性和山区学校教师。针对甘南藏族自治州藏、汉双语教学的需要，开发培训教材，开展双语教学培训。依托全省教研系统，加强教研室能力建设，提高教研员的业务能力，构建以市县教研室为基地、中小学课堂为终端的覆盖全省的教师支持系统。对 31 个项目县约 3 000 余名校长进行管理能力培训，推广学校发展计划，推广新的督导模式并开展学校督导。加强对市、县教育行政管理人员的培训，进行督导、学校发展计划、监测与评估等方面的整合培训，提高教育行政管理能力与水平。这一后续项目目前正在进行之中。

中英项目把国际上先进的教育理念与甘肃民族地区的教育实际有机地结合起来，走出了一条民族地区基础教育发展的新路子，创新的教育理念、精心的项目设计、健全的项目领导和管理机构、国内外一批素质较高的专家队伍参与指导、一套有效的项目监测评估机制启动实施，这些是项目取得成功的主要经验。这一项目不仅体现了追加资源投入、改善办学条件等外延式发展思路，更把提升教师、学生、校长、教育行政人员素质以及通过学校发展计划（SDP）和教育督导提升办学质量水平的内涵式发展理念结合进来，为促进贫困地区基础教育的跨越式发展作了十分有益的探索。

第三节　基础教育区域均衡发展的问题分析、政策建议及理论思考

一、以改革促均衡的成效及面临的新问题

促进内涵式发展、追求教育上的优质，已成为当前东部教育区域性发展实践的基本思路和教育舆论上的强音，通过各个层面的改革与发展举措，也出现了关注和谐发展的意识和促进均衡、保证公平的实效，例如上海闵行区通过引进和推广"新基础教育"的学校转型性变革研究成果实现全区基础教育（义务教育）内涵式发展（上海闵行）、通过加大政策力度和进行委托管理（上海浦东）、以

教育集团化的方式实现强校带弱校的"磁效应"（杭州①）等方式，实现优质资源，尤其是智力资源向弱势地区、弱势学校和弱势人群的"流动"；西部地区通过大量引进国际援助对校长、教师和教育行政干部进行"地毯式"密集培训以及改进办学条件、推进学校发展计划等措施，实现了一定范围的教育脱贫和教育新思想启蒙；中部地区通过以政策平抑"片追"势头、大量选派优秀教师培训农村教师或支教等举措，也营造出一种促进教育均衡发展的氛围并取得一定实效。然而，发展中的问题也不断出现。

（一）东部地区如何巩固和发展"以强带弱"的成效与经验，如何真正将发展差异转化为发展资源，如何预测并有效解决"高位均衡"意义上的新问题

在解决了一定意义上的均衡问题之后要实现"高位均衡"必定遇到一些新的问题，如区域层面如何在均衡基础上提升到优质的问题，学校层面上后启动的、曾经落后的学校如何实现跨越式发展的问题，各校之间资源配置均衡化与办学特色化的矛盾问题，受委托管理的学校及领导和教师，如何克服被动心态，激发起自主发展的愿望和潜力，将外力转化为积极主动发展的内动力的问题等等。

闵行区内的"新基础教育"实验学校和基地学校在不长的时间内，学校整体面貌、内在基质和实践形态发生了转型性的变化，与区内其他学校之间形成了内涵式的"质"的差异，当其他学校陆续成为推广学校的时候，便有了把这种差异转化为发展资源的现实可能性。对先行研究的基地学校而言，也有了验证和发展学校变革经验，探索其推广与辐射机制的更广阔的平台。

浦东的委托管理模式具有相当的创新性，但正如课题组在子课题报告中自己反思的那样，委托管理目前数量还较少，影响力有限，诸多管理制度还不完善，机构举办者的双重身份容易引发人事关系上的争议，除此之外，可能还须注意激发受托管学校教师的积极心态、加强其自主可持续发展的"本土能力"。

苏北地区，在淮阴师范学院教育系的牵头之下，建立了与淮阴师院第一附小之间的教育研究与发展协作共同体，合作开展了为期两年多的"新基础教育"推广性实验，从课堂教学、班级建设、教师发展等方面展开研讨和探索活动。他们也意识到，需要进一步深入研究苏北地区的困难学校发展状况，进一步加强地方高师院校教师与地方中小学校教师之间的互动，争取更有实效的合作成果。

---

① 朱向军在《名校集团化办学：基础教育均衡发展的"杭州模式"》（中国青年出版社2006年版）中提出了一种城市基础教育利用"马太效应"争取市场资源促进教育快速发展的"自动争源"新思路，就是倡导"名校集团化办学"，让名校与普通学校成为一家人，自家人兄弟姐妹之间的磁发展效应可以达到最大化，普通学校可以借助名校实现"乘电梯式"的快速发展。

（二）中部地区面临的最大问题是真正解决区域和学校之间的教育资源和质量水平的差异，真正走出"片追"的价值误区，真正把教育的优势转化为振兴本土的经济优势

中部教育深厚的文化底蕴和优良传统，在中国教育发展史上留下了浓墨重彩的一笔。中国古代教育灿烂于此、中国近代教育发源于此、中国现代教育雄强于此。以湖北省为例，它是楚文化的发源地，也是近代新产业、新军事、新教育的发源地。张之洞督鄂近20年，建工厂，练新军，兴学堂，派游学，设学会，开书局，为辛亥革命武昌起义奠定了物质基础和人才基础。张之洞所创办的两湖书院、自强学堂、蒙养园等，奠定了湖北现代教育的基础。[1] 今天的湖北，高等院校密集，高中教育也远近闻名，然而，培养出大量各级各类人才却未能在本省经济发展中显示出应有的优势。湖北这样一个教育强省，却不是当今的经济强省。

中部的优势资源，尤其是以高校理论工作者为代表的学术创新资源和以在大中城市中取得教育变革丰硕成果的学校为代表的改革一线资源，如何更好更快地转化为深化农村教育改革的现实效应，湖北省教育厅关于优秀教师赴农村培训教师的行动，是一个不错的思路，但仅此可能不够。东部地区在区域内推进的举措，如学校变革经验推广、委托管理学校等等，或许能给区域之间及区域之内的资源流动，提供某种启示与借鉴。

当然，中部地区原有体制上的不顺、价值导向上的偏差、还有经费上的欠债，是需要认真对待并加以克服的前提性因素。

（三）西部地区面临的十分迫切的问题是：外援撤出后如何实现自主的可持续发展？经济脱贫如何迅速地转化为教育脱贫？具有本土特色的民族传统文化如何在现代化过程中不仅不被"化掉"反而更彰显其当代价值

西部民族地区得到的外援多，这是好事但也有其负面效果，一是容易养成对外援的依赖，二是外援总有结束的时候。那么问题就来了：外援撤出后，这些地区和学校如何实现自主的可持续发展？

项目延续的方式有三种：一是项目本身的延续，如甘肃的中英一期项目顺延到二期项目，云南师大在六哨乡和联合乡的福特基金项目几度滚动，并且转型为教育部重大攻关项目的子项目。二是相关事情的延续，如项目期间开发出的教

---

[1] 周洪宇：《关于振兴中部教育、促进中部崛起的若干政策建议》2007年。2008年2月20日搜索自 http://www.hongyu-online.com/showinfo.asp?id=5052。

105

材、锻炼出来的培训者队伍、建立起来的专家库等等,都可以在今后的自主发展中派上用场。再如项目研究与培训过程中形成的交流的习惯、研讨的文化,可以成为自主发展期组织校际交流和研讨的动力和条件。项目期间建立的教师学习中心,也可以继续促进教师的日常学习。三是在人的身上延续,也是最重要的延续。如果项目期间注重过程、注重人的素质提升,那么当项目内涵的新观念得以内化、新策略得以日常化(至少在学校领导和骨干教师身上体现)之后,学校的变革与发展就会出现既自主又可持续的局面。在外援撤出之后的延续,当然是指后两种延续方式,这后两种方式是值得认真探索的。

云南师大研究人员在两期项目转换之间,有意观察六哨乡项目点在课题组人员"撤离"以后,项目活动是否能够继续开展,又如何开展研究,以评估项目研究的可持续性。项目组尽量减少对项目点活动的干预,通过观察欣喜地发现,尽管有形的项目似乎终止了,但是,项目的理念和精神已经得到传承,许多项目活动还在继续。乡党委政府更主动地关心和支持学校工作,如参与制定乡的教育发展规划,乡主要领导到学校调研,参与乡中学校、乡完小的学校工作总结会,对教师进行春节慰问等。校本教材的开发活动得到延续和发展,在乡中心完小、五星村完小等村级学校,学校领导和教师创造性地开展了民族文化活动、小学生行为习惯养成教育和"课案与个性化教学"等多种形式的教育教学改革。

广西课题组提供的教育改革与发展进程中,本土原生态文化、语言和教育趋于消失,民族学校走向"景观化"等现象和问题,值得引起高度关注,也需要从多方面去反思。比如,民族语言趋于消失的问题,是否与新课程为避免"地域歧视"而强求一律有关?能不能给这些地区的民族语言保存与复苏在课程设置和学时安排上留出空间?民族学校能不能少一些参观接待,多做一些深化研究和拓展辐射,让它们成为民族地区的一道"日常景观"?

总课题组赴云南考察,深为云南师大课题组不辞辛劳、常年坚持往返于崎岖颠簸的盘山公路上,为贫困民族地区的农家带去幸福、为农家的孩子带去希望的精神与成效所感动,所以叶澜老师由衷地称赞他们为"当代中国的传教士"。我们也听到了地方政府和老百姓对这项研究所带来的实效发自内心的感激。然而,我们也看到项目所在的学校里,孩子们的生存状态和教师的教育观念未发生明显的质的变化。因此我们还希望项目产生的经济效应、社会效应能最终转化为育人效应,我们的这种期待也得到云南师大同行的认同。在他们这次提交的课题研究报告中,我们也看到了他们在认识上的提升和在行动上的调整。

二、解决发展中的新问题期待新的思路

《中国教育报》2007年12月22日第3版的一篇言论指出，发达地区要扩展教育现代化的内涵，率先实现教育现代化；加大中央对中部地区教育支持力度，实现教育发展水平明显提高；欠发达地区要努力缩小与全国教育平均水平的差距，实现跨越式发展。具体给西部开出的处方是：着力推进西部义务教育的发展；以就业市场需求为导向，加快发展职业教育；继续实施西部高校创新与发展工程，扩大高等教育和高中阶段教育规模；大力发展西部农村中小学现代远程教育。给中部发展的建议是：切实巩固提高农村义务教育成果；大力发展职业教育和培训；进一步提高高等教育质量；加大对中部地区教育改革与发展的支持力度。对东部的建议则是：加快普及15年教育；进一步提高高等教育质量；建立以实现终身教育制度和学习型社会为主要标志的区域现代化教育体系；建设高水平教师队伍。

该言论总的建议是：建立东、中、西部教育协调发展互动机制，促进教育事业全面协调可持续发展，具体包括重视促进区域教育协调发展的相关法制建设和加强对区域教育协调发展工作的领导。

上述意见勾勒出了体现梯度区分的发展大框架，从原则上讲都是对的。然而，把这一蓝图式的描绘变为现实图景，还需要面对许多现实的困难和矛盾，还需要剖析许多具体的问题以及这些问题在不同地区发展的不同时段的不同表现。例如，落实"以县为主"的基础教育管理体制，对东部地区的农村基础教育而言，无疑是正确的且完全能办到的。正因为这样，杭州市可以说：鉴于杭州市城乡教育发展的不平衡，应缩小中小学教育经费的城乡差异，以城市学生的生均预算内经费确定农村学生的生均预算内经费，建立市级"创强"专项资金和监管机制，分年度划拨资金投入……[1]然而在西部贫困县，举全县财政可能也解决不了教育维持所需经费的1/5。更何况，在改革的发展变化的进程中，还会不断生发出新的问题。例如，大中城市的农民工子女就学问题，大量的农村留守儿童的义务教育问题等等，无不是改革过程中伴生的新问题，这些问题的解决，既需要勇气、智慧和责任担当，还需要有恰当的时机。

总体的应对思路上，首先是区分责任主体与明确主体责任。基础教育均衡发展首先是政府责任。教育均衡发展应该成为政府发展基础教育，尤其是义务教育

---

[1] 王曦：《东部经济发达地区农村基础教育的发展对策——以杭州市为例》，2008年1月20日搜寻于http://www.zjedusri.com.cn/show.php? IID=％201736。

的基本指导思想。政府推进基础教育发展的主要职责是为教育，尤其是义务教育阶段（公办学校）提供均衡的办学条件，在资源配置、政策制定以及宏观调控等行政决策中体现均衡发展的思想，作为控制社会运行的中枢和公共资源分配的主体，对全区域内的教育资源进行合理配置，以确保受教育群体和个体的权利平等。基础教育均衡发展也是每一个组织和个人应承担的社会责任，如学校领导组织和策划学校自身内涵式发展的责任，教师及一切教育工作者尊重和公平对待每一个受教育者的责任，发达地区或发展较好学校承担与自己发展程度相适应的、对欠发达地区欠发展学校给予支持和援助的责任等等。

其次是找准难点和把握关键。在西部地区，公平与效益的关系处理是难点，弱势群体的教育问题尤其是民族贫困农村地区的教育脱贫是关键；在中部地区，尽管校际差异大于区域差异，但其区域差异，如城乡差别、高中阶段与义务教育阶段的差别、经济较发达农村与欠发达农村之间的差别，相比东部地区仍然不小。解决校际差异和区域差异这两个差异既是难点又是关键；在东部地区，经济发展水平基本近似，已到了追求义务教育阶段教育资源均衡配置的时机，这时候，示范学校的建设与教育均衡发展的关系问题成为要解决的难点。而在关键问题方面，弱势群体的教育问题主要集中在流动人口子女教育问题上，突出学校办学特色和鼓励教育创新与竞争，可能引发高一层次的均衡发展问题。

其三，尽快达到底线要求，认识发展梯度系列，适时推进阶段转换，努力实现持续发展。当一个地区的教育发展水平总体上处于"求温饱"状态时，适宜的均衡发展目标显然也只能是达到初级的均衡状态，相应的实现方式也只能是以解决基本条件为特征的外延式发展方式；一旦达到初级水平的均衡状态，就需要将目标提升至靠内涵发展方式才可能实现的高一级水平的教育均衡发展状态。一些地方提出的抓示范性学科、办示范性学校、示范性学区的思路，正是希望它们发挥出内涵式发展的引领作用。

三、区域教育改革与发展实践引发的理论思考

（一）农村教育发展的价值取向问题

云南项目组提出了"农村教育的本质是什么"的问题，这实际是个价值取向问题。总课题组在访问六哨乡和联合乡期间的一次座谈研讨中，有一段对话显示出"立场的分殊"。参加座谈的乡党委书记十分高兴地说，福特基金项目不仅给农户带来经济收入增长，而且还让孩子们参与农业新技术推广，学到了种马铃薯、养猪等一技之长，不再是人们讽刺的那样"种田不如老子，养猪不如嫂

子"。一位中心校的校长却提出质疑,项目强调让学生干农活、学农技,难道我们农民的孩子,世世代代都只能当农民吗?叶澜老师很有兴趣地问一位负责农技教育的副校长,"你们的学生是怎样参与种植和养殖活动的?"听完介绍后她指出,作为教师应当教会孩子的不仅仅是具体的技术,更不是将他们当做劳动力来用,而是要将种植养殖过程变成一种教育过程,通过这一过程不断增进他们的知识经验、培养他们的观察、思维等能力,体现出劳动的育人价值。教育对年青一代发展的可能性是开放的,并不是强行规定他们成为某一种人。三种发言表达了三种立场:乡领导的立场是政府立场、政治立场;中心校校长代表了学校立场和家长立场,高兴或质疑,都是可以理解的表现;教育工作者的立场是"教育学立场",是从教育促进社会发展和促进个体生命成长的意义上看待这一教育行为的价值,在这样一个时机提出这样一种处理方式,是完全可以被政府、学校和家庭所接受的。通常人们把农村教育服务农村与促进个体生命成长对立起来,认为后者是一种理想主义的追求,对于农村教育不适合。其实,这恰恰是一种偏见,关键的问题还是出在没有认识到任何内容的学习,都有两种选择的可能,一是只关注内容本身的学习,二是关注内容学习所具有的多方面促进学生成长的价值。当然,关注后者,需要教师有自觉的教育意识和开发教育内容育人价值的能力,这恰恰是目前农村教师所缺乏的。其实,那位副校长也代表着一种立场——项目的立场,从教育的根本宗旨出发,产生了经济扶贫效益的项目,应当不失时机地将经济成果转化为教育成果,且其意义不应停留于通过助人脱贫实现儿童入学率提高,更要让项目的每一个举措都成为一种教育力量。

这就是说,农村基础教育改革与发展要以促进人(包括教育者和受教育者)的精神生命成长为根本宗旨,为农村基础教育改革与发展所进行的研究的本身,也须时刻紧扣这一宗旨。

(二) 基础教育内涵发展的多层含义问题

内涵发展是地方行政部门和学校在资源相对有限的情况下,依靠结构优化、资源共享、效能提高以及制度保障等措施以促进教育均衡的过程。[①] 然而,在不同发展水平之下,所要追求的"内涵"是不一样的。发达地区,是将内涵做"全"、做"实"、做"深",并在此基础上做"精"、做"特"、做"美",这是本报告中上海闵行区提供的经验。将"先富"转化为"共富",通过一些"反哺"式、"互补"式的举措,如解决农民工子女入学、强校对弱校进行委托管理等等,实现优质的"流动",这是浦东新区的经验。

---

① 范国睿、李树峰:《内涵发展:教育均衡发展的新趋向》,载《上海教育科研》2007 年第 7 期。

中部发达地区，是通过克服校际差异和区域差异，提升区域发展的总体内涵。由于我们目前掌握的材料不够充分，此处还难以进一步展开这一问题的讨论。

西部欠发达地区，当务之急是做强"内涵"所必需的"要素"，使弱的变强，变的过程是区域"自育"的过程，是将接受"输血"式的被动发展转变为提升自身能力的主动发展。

然而，并不是要等到所有的资源配置问题得到解决了才开始内涵式发展。笔者在西北地区主持校长培训及其教材开发的实践中看到，即使有外援，也很难一下子解决长期积累下的所有问题，然而那里的校长们已经有了强烈的自我发展意识，他们自己参加参与式培训和领导参与式教学的经历与体验，不知不觉使一部分校长在自己的管理实践中尝试起"参与式管理"且从中尝到了甜头。

有论者将基础教育均衡发展分为四个阶段：（1）低水平均衡阶段，也就是普及义务教育阶段，这个阶段主要是让每一个适龄儿童，都能享有受教育的权利和均等的受教育机会。（2）初级均衡阶段，这个阶段主要以追求教育资源合理均衡配置为目的，具体体现为公民就学平等和受教育条件的均等。（3）高级均衡阶段，这个阶段深化学校教育改革，加强学校教育内部建设，追求教育质量的均等，办出学校特色，让每个学生最大限度地发挥自己的特长和学习潜能。（4）高水平均衡阶段，教育资源极大丰富，不同受教育群体之间的差别极大缩小，每一个学生都能接受相对均等的教育，都能最大限度地发挥自己的特长和学习潜能、获得学业成功。论者认为，目前我国东部有些经济发达地区，已基本普及了高中阶段教育，进入了我们所说的初级教育均衡阶段，有的正在努力向高级的教育均衡阶段迈进，而广大中西部地区，已经或正在进行"两基"攻坚，尚处于低水平均衡阶段。[①] 其实，不少地区和学校，正在致力于学校内部的改革深化，如闵行区已经进入学校转型性变革成果与经验的推广，明显带有追求"高位均衡"的意味。事实上，无论处于哪一个阶段，内涵式发展都是基础教育均衡发展的题中应有之义。

（三）对差异和均衡的理解问题

"区域内差异"是我们在这项研究过程中感受最深的一个词组。我们看到，不同区域内的差异表现各异，但基本可以分为两大类型：一类是自然与文化积淀所形成的差异，如所在地区经济发展的差异以及历史文化传统造成的不以今人意志为转移的教育上的差异；另一类是现实中人为造成的差异，比如高中阶段经费

① 2008 年 1 月搜索自 http://www.southcn.com/nflr/wszj/200608011237.htm。

较为充足、义务教育阶段却捉襟见肘；还有的是在改革进程中逐渐拉开的发展成就上的差距。这类人为的差异又可分为两种，一种是因资源实在缺乏而不得不集中有限的资源用于较为紧迫的事务上；另一种是因教育价值取向不同、自觉和努力程度不同而出现的差异，如前所述不正常的政绩观导致对升学有望者不正常的"厚待"。我们承认差异、直面差异，但这并不意味着我们视一切差异为合理的存在。

均衡发展这一关键词组中的"均衡"，是有差异的均衡，是追求优质的均衡，也是动态的均衡。就本报告所涉及的东、中、西不同地区基础教育促进均衡发展的状况来看，有的是不断提升底线的"成长性均衡"，有的是强势弱势不断互动和转化的均衡，还有的是将差异不断转变为发展资源的"有效益的均衡"（而不是"削峰填谷"式的"平均"），是多层次、分类型的发展，这些状态，活化了当前我国基础教育追求均衡发展过程的图景，充分展现出问题的复杂性和资源的丰富性，值得我们进一步深加探究。

参考文献

著作：

［1］云南省人民政府研究室：《云南年鉴——2000》，云南年鉴出版社 2002 年版。

［2］和福生主编：《教育事业的重中之重——云南省贫困、民族、边疆地区实施"两基"对策研究》，云南教育出版社 2000 年版。

［3］中国教育年鉴编辑部编：《中国教育年鉴（2006）》，人民教育出版社 2006 年版。

［4］郭家骥主编：《云南民族地区发展报告（2005～2006）》，云南大学出版社 2006 年版。

论文：

［1］朱寅年：《甘肃贫困县农村教师状况调查》，载《现代教育报》2006 年 11 月 27 日。

［2］范国睿、李树峰：《内涵发展：教育均衡发展的新趋向》，载《上海教育科研》2007 年第 7 期。

第三章

20 世纪中国基础教育学制
改革的历程与问题*

　　学制是学校教育制度的简称，其内涵是指一个国家的各级各类学校系统及其管理规则，它规定各级各类学校的性质、任务、入学条件、修业年限及其相互之间的关系。我们这里选择我国 20 世纪基础教育学制改革过程中的几个常被关注的问题，通过历史的回溯和讨论，以期对基础教育改革和理论建设有所启发。

第一节　基础教育学制改革的历程与学年结构

　　在中国古代没有初等、中等和高等教育的严格区分，我们在研究中国古代教育时经常所说的学制系统是一个"区位化"的学制系统。所谓"区位化"，是指按行政区级别来定位学校的等级，教育机构的设置与国家行政区逐层对应，并由各层的行政区来实施管理，行政层级越高，所设置和管理的教育机构程度也越高。这种"区位化"观念来源于《学记》中所记述的古代学制系统。《学记》说："古之教者，家有塾，党有庠，术（遂）有序，国有学。"后来儒家学者将这种模式美化，作为理想的学制模式。在中国教育近代化的启动阶段，许多人在设计新式学校系统时仍然受这种传统的"区位化"学校设置模式的影响，如郑

* 本章由华东师范大学教育学系王伦信副教授撰写。

观应提出仿照西方建立三级学制系统时即提出："设于各州县者为小学,设于各省府会者为中学,设于京师者为大学。"①

与中国传统"区位化"学制不同的是,近代学制的一个明显的特征即是"学年化",即学制的每个段位有一定的年限划分,和一定的学年位置相对应。通常应入学的年龄比较划一,学年位置和年龄也基本上是对应的。近代以来的学制虽然不止于学年分段,但学年分段成为描述一个学制特征的重要标识,因此本章首先从考察中国近代以来学制的学年分段情况开始。

自1902年清政府颁布第一个近代学制(即壬寅学制)以来,我国学制经历了壬寅学制(1902年)—癸卯学制(1904年)—壬子癸丑学制(1912年、1913年)—壬戌学制(1922年,亦称1922年学制,或"6-3-3"学制)等数次变更,形成以美国学制为蓝本的现代学制结构。关于近代学制改革的过程及各基本学制框架已为人们所熟知,本处仅将各主要学制的学年分段情况列表如下:

近代主要学制基础教育段学年分段情况比较表

学校 \ 修业年限 \ 学制			壬寅学制(1902)	癸卯学制(1904)	壬子癸丑学制(1912~1913)	壬戌学制(1922)
小学	初等小学	蒙学堂	4年	5年	4年	4年
		寻常小学堂	3年			
	高等小学		3年	4年	3年	2年
中学	初级中学		4年	5年	4年	3年
	高级中学					3年
类高中之学校*			3年	3年	3年	
基础阶段学年总计			17年	17年	13年	12年
备注			*清末和民国初年的高等学堂和大学预科虽然属中学到大学的过渡阶段,但都具有中学性质,1922年学制改革后实际上这些学校的归宿是高级中学,因可计入基础教育阶段(参见王伦信:《清末民国时期中学教育研究》,华东师范大学出版社2002年版,第41~48页)。			

中华人民共和国成立后,1949年12月23日至30日,召开了第一届全国教育工作会议,并于1950年和1951年先后召开了一系列有关各级各类学校的专门会议。经过两年的准备,并基本完成对国民政府旧政权下各类教育机构的接受处

① 郑观应:《盛世危言·考试下》。

理工作后，1951年8月10日通过了《关于改革学制的决定》，并于10月1日中华人民共和国成立两周年之际，正式发布施行，标志着中华人民共和国学校教育制度的正式确立。

1951年学制规定基础教育阶段的总年限为十一年，其中小学的修业年限为五年，实行一贯制。取消"民国"时期的小学六年，分初、高两级的分段的做法。中学的修业年限为六年，分初、高两级，修业年限各为三年，都可以单独设立。不过，学制规定小学的入学年龄以七周岁为标准，民国学制以六周岁为入学年龄，可见新中国学制虽然缩短了一年，但完成基础教育的标准年龄则是与旧制相同的。我国自1922年"新学制"之后，即采用初等小学四年、高等小学两年的分段制，这是和"民国"时期计划推行四年义务教育相关，四年制初等小学对应四年的义务教育。新中国成立后，有志于延长义务教育的年限，使初等教育更易普及，调整小学至五年一贯制，也在情理之中。

1951年学制颁布后不久，小学阶段的五年一贯制即因教材、设备、教师等条件准备不足，五年制小学无法普及而进行了调整。1953年11月，中央人民政府政务院发布《关于整顿和改进小学教育的指示》，决定"小学学制仍沿用四二制，分初、高两级，初级修业期限四年，高级修业年限二年"。这样，我国基础教育学制又恢复到1922年来一直通行的"6-3-3"学制，总年限恢复到十二年。这一学制到"文革"前一直是我国教育中实施的主流学制，1958年"大跃进"背景下进行了部分学制缩短的实验，但没有改变学制的主流。"文革"开始后，中小学年限才被普遍压缩。

1951年学制是新中国的一个初步的学制，正像周恩来所说的："这个学制是我们新中国建国初的学制，不是很完善，也不是长期不变的。它是从我国当前现实出发，并照顾今后发展的。"[①] 这些都预示了将来学制的试验与改革。前两个五年计划的提前超额完成，极大激发了全国上下加快建设社会主义的热情，教育也被提到了"多快好省"加快发展的议事日程上来。1958年9月，中共中央、国务院在《关于教育工作的指示》中指出："现行的学制是需要积极地和妥当地加以改革的，各省、市、自治区的党委和政府有权对新的学制积极进行典型试验，并报告中央教育部。经过典型试验取得充分的经验之后，应当规定全国通行的新学制。"此后，全国各地出现了较大规模的学制改革的试验，其中学制改革试验的模式有：小学三年一贯制、中学五年一贯制，中小学"3-4-2"制，中小学"9-2"制，中小学九年一贯制、七年一贯制、十年一贯制，初中二年制，

---

① 周恩来：《谈学制》，参见《周恩来教育文选》，教育科学出版社1984年版。

中学四年制，中学"4－2"制、"3－2"制、"2－2"制等。① 由于试验面过大，出现失控的局面，再加上不少学校步子迈得过大过快，年限过分缩短，劳动过多增加，教学内容过多下放，致使学制改革导致教学质量严重下降，并违背学生的发展规律和教育规律的局面。对此，从1961年到1963年，在"调整、巩固、充实、提高"的八字方针的指导下，国家对1958年以来学制改革试验的混乱局面进行了一系列的总结与调整，认识到学制改革工作的长期性和艰巨性，并准备在十到二十年内，分期分批地把中小学的学制改为十年，而不再进行九年一贯制试验。

同时，国家加强了对学制改革的研究与领导。1964年2月6日，中共中央成立了由中共中央委员、国务院文教办公室主任林枫为组长，教育部副部长蒋南翔为副组长的学制问题研究小组。成员初为9人，后来增加到14人，也可称为学制改革研究小组，任务是对当时学校教育中存在的修业年限长和课业负担重这两大突出问题进行重点研究，提出改革方案。

学制小组在1964年提出了一个供研究的学制初步方案，这个方案设计在基础教育阶段，主干部分包括全日制小学、全日制中学和高等预备教育。全日制小学：修业年限为五年，实行一贯制，入学年龄为六周岁。全日制中学：修业年限为四年，实行一贯制。招收小学毕业生或具有同等学力者入学，入学年龄以十一周岁为标准。高等预备教育为中等教育同高等教育衔接和过渡的阶段，分两种类型的学校，第一种是高等学校预科：招收四年制中学毕业生或具有同等学力者，施以高等学校的预备教育。入学年龄以十五周岁为标准，修业年限一般为二年。高等学校预科由有关高等学校举办，预科生毕业后，一部分直升本校的本科，一部分经过考试升入其他高等学校，其余安排工作和从事生产劳动。第二种是分科预备学校，一般分文、理科，入学年龄以十五周岁为标准，修业年限一般为二年。毕业后除一部分直接转入专科学校学习外，其他的得经过考试进入高等学校，或就业。②

此后，各地也成立了地方学制问题研究小组。经过一年多的调查研究和会议讨论，中央学制改革研究小组在1965年起草了《关于学制改革问题的报告》，指出："现在的'3－3'制中学要逐步减少，逐步改为'4－2'制；与此同时，五年制中学和高中文理分科，也可以继续试点，积累经验。""小学五年一贯制，初中四年，高中两年为中小学基本学制。"③ 这个报告的核心部分是小学缩短一年，实行五年制，初中延长一年，实行四年制。一方面有利于小学教育的普及；另一方面是为提高初中教育质量。应该说，这是对新中国成立十多年来学制改革

① 高奇：《新中国教育历程》，河北教育出版社1996年版，第106～107页。
② 《一九六四年提出的中小学学制初步方案》，载《人民教育》1979年第6期。
③ 龚乃传：《中国义务教育学制改革大思路》，人民教育出版社1995年版，第54页。

试验的较为系统的总结，使学制改革归于理性思考和科学研究的轨道，但由于"文化大革命"的爆发，这个报告并没有受到足够的重视。

"文革"开始后，我国经济发展和社会进步惨遭浩劫。其中教育是重灾区，破坏尤为严重。中小学学制在"学制要缩短，教育要革命"的思想指导下，肆意缩短学制。据当时国务院科教组 1973 年 9 月 1 日在一个内部刊物上综合反映的情况看，文化大革命以来，全国各地普遍地缩短了学制，其中有 14 个省、市、自治区实行中小学九年制（小学 5 年，初中 2 年，高中 2 年）；7 个省、市、自治区实行十年制（小学 5 年，初中 3 年，高中 2 年，或小学 6 年，中学 4 年）；9 个省、市、自治区农村学校实行九年制，城市十年制；西藏自治区小学五年和六年并存，初中实行三年制。[①]

"文革"结束以后，邓小平亲自抓教育工作，要使教育走向正常化，重要的一项工作即是规范整顿"文革"期间被打乱的学制。1977 年邓小平在《关于科学和教育的几点意见》中明确指出："教育制度中有许多具体问题，一个是学制问题。是否先恢复小学五年，中学五年，以后再进一步研究。"1978 年 1 月 18 日，教育部颁发了《全日制中小学教学计划》，规定："全日制中小学为十年，中学五年，小学五年。中学要初中三年高中二年分段。"到 1979 年以后，各地又提出要延长中小学学制到十二年的意见，于是中小学的学制改革又一次被提上议事日程。此后，教育部正式成立了学制研究小组，并提出了《中华人民共和国学制（草案）》及其修改稿，总结了当时学制中存在的问题。同时，许多省、市、自治区向已经将基础教育学制延长的北京、天津和上海等地学习，实际上全国大部分地区恢复了"6 - 3 - 3"制。1980 年代以后，在小学入学人口急剧上升的背景下，有些地方开始为了应对小学校舍、师资等资源的紧张局面，将六年制小学的最后一年移入到初中学校就读。同时学术界也开始研究和试验中小学实行"5 - 4 - 3"制，特别是九年义务教育阶段实行"5 - 4"制的合理性。从此以后，"5 - 4 - 3"制成为学制改革中急剧成长起来的一种模式。当前我国基础教育学制已经形成了"6 - 3 - 3"制为主，"5 - 4 - 3"制方兴未艾，部分其他类型学制（如义务教育九年一贯制等）多种学年分段模式并存的学制格局。

综观 20 世纪我国学制基础教育阶段的总年限，除小部分特殊时期外（如清末学制初创时期的基础教育年限较长，"文革"期间普遍压缩学制），大部分时期的总年限都在 11 ~ 12 年，尤以 12 年为最常见。基础教育阶段修业年限为 12 年的规定无论从人的身心发展还是国家法律制度上讲都具有合理性。一般儿童 6 周岁入学，经过 12 年的基础教育，到 18 岁绝大部分都进入成年期，18 周岁是

---

① 龚乃传：《中国义务教育学制改革大思路》，人民教育出版社 1995 年版，第 55 页。

成年期与青春期的一个临界点。从法律制度上说，18 周岁是大部分国家法定成人为完全公民的年龄，自此以后必须负完全的法律责任，行使公民权利，所以大部分国家都以此作为基础教育结束的年龄。

从学年分段上看，我国 20 世纪基础教育阶段最有影响的模式是"6 - 3 - 3"制和 1980 年代以后逐渐兴起的"5 - 4 - 3"制。

"6 - 3 - 3"制从 1922 年仿效美国的中小学学制改革方案建立后，在中国稳定长达半个世纪，在"文革"中遭到冲击后，1980 年代初又得到全面恢复，是一个经受过检验的学制，直到今天仍然是我国基础教育的主流学制。美国在试行学制之前，中小学普遍采用的是"8 - 4"制。"6 - 3 - 3"学制设计最基本的理论根据是能使学校教育调整到更能与儿童生命的自然生长和心理成熟阶段相切合，因为儿童到 12 岁（第六学年）左右，是儿童进入生理迅速发育期，步入青春期的节点，应当有与小学不一样的教育环境与之相配合。当时美国进行学制改革还有诸种其他的理由，如在第六年学年左右的流生率较高，小学六年制有利于让不想继续就学的人群有自然结业的机会；年龄稍大的儿童可以到离家稍远的地方就学，初级中学的布点可以不必太密集但规模可以稍大，有利于提高管理效率和办学的经济效益；有利于较高程度的课程实施专精教学；还有中小学的学年分配较为平衡等。"6 - 3 - 3"学制设计的重要根据学生身心发展阶段的特点虽然有所变化，但并没有明显改变，它仍然是能基本适应我国社会需要的学制模式。

"5 - 4 - 3"学制的核心是小学五年、初中四年，它的雏形已见于我国 1964 年中央学制改革领导小组提出的学制讨论方案，可惜后来因"文革"中断，没有深入研究下去，可见我国对小学、初中五、四分段的想法由来已久。1970 年代末 80 年代初因小学入学人数的急增，小学现实教育资源紧张，部分地区将小学六年级生转至初中学校，这种举措给"5 - 4 - 3"的重新讨论提供了契机。1981 年，北京师范大学成立了以副校长肖敬若为首的学制研究小组，在经过研究后提出"5 - 4 - 3"制更适合我国国民经济发展，认为"5 - 4 - 3"制较"6 - 3 - 3"制具有如下优点：（1）小学缩短一年实行 5 年制，有利于小学教育的普及。（2）初中延长一年实行 4 年制，语、数、外三门基础工具课内容会更充实些，理、化、生、史、地、政等知识学生会学得相对完整一些，课外学生自由支配的时间会相对多一些。自此，学制改革问题再一次成为基础教育改革的焦点。而"5 - 4 - 3"学制成为新时期基础教育学制改革的先声。

确实，随着我国社会的进步和人民生活水平的提高，媒体资讯的发达，学前教育的普及，教学手段和方法的改革，当前儿童的身心发展以年龄衡量确实已有所提前，小学阶段儿童所获得的知识较以前更加充实丰满。在这种情况，将小学减少一年以充实初中学段，使本来就显得比较紧迫的初中教育任务能获得较为宽松的时间保证，这成为"5－4－3"制设计得非常合理的理论基础。

试验是检验好坏的尺度。为了鉴别"6－3－3"制和"5－4－3"制哪一种更有利于现代人才的培养和经济建设的要求，从1983年开始，原国家教委组织了有关部门和部分地区进行了10多年比较研究试验。试验结果表明后一种学制具有明显的优越性。从上海和其他地区的学制改革实验来看，"九年一贯、五四分段"为目前较为理想的学制。其基本框架是以在义务教育阶段小学5年、初中4年为基础，对课程结构和内容进行九年一贯的统一安排，并按小学与初中分段落实。"一贯"指的是课程结构和内容上的一贯，"分段"是小学、初中分段，分校落实。实施"九年一贯、五四分段"的主要优点有：

（1）课程结构统一。九年统筹安排，有利于体现义务教育的整体性、普遍性和基础性。

（2）能够真正实施以提高学生素质为核心的教育。有利于克服现行学制盲目追求升学率的长期弊病，帮助学生消除中小学生段际衔接时在学习上、生活上和心理上的不适而迅速投入学习，为学生在智育、德育和体育等诸方面发展奠定坚实基础，并且有利于对学生学习兴趣的培养和引导。

（3）有利于根据学生的认知特点和学科特点，加强不同年级知识的纵向联系和不同学科之间的横向联系，优化教学时间和空间的组合，提高教学的实效。

（4）五四学制不会导致中学生学业负担加重。

（5）五四学制符合国外学制发展的趋势，即缩短小学学制，而延长初中学制。

实施"九年一贯、五四分段"学制能够适应我国儿童和少年身心快速发展和提前发展的趋势，也有利于课程的整体设计与教育整体改革。由此看来，"5－4－3"制应是当前基础教育值得倡导的一种学制模式。

值得一提的是，在民国时期我国学制改革过程中，还曾提出过中小学"4－4－4"制的方案。

民国时期"4－4－4"制的第一个提倡者是清末民初长期担任浙江省立第一师范学校（清末称浙江两级师范学堂）校长，后来创办春晖中学的经亨颐。1922年当人们讨论"新学制"的初、高中阶段是"4－2"分段还是"3－3"分段的时候，经亨颐则别出心裁地提出"新学制"的中学阶段应"2－4"分段。他主张"2－4"制的理由是：第一，"新学制"规定初级、高级小学实行"4－2"分段，在条件不够单独设立初中地方，将两年制初中附设于高级小学，这不仅便于乡村儿童就近入学，也便于以后中、小学整体向"4－4－4"制过渡，而"4－4－4"三段制较"初小—高小—初中—高中"的四段少一次分段，有利于课程的连贯性，便于让儿童早日成才。

"4－4－4"制于1934年由蒋梦麟系统提出，他1930年辞去教育总长职务，改任北京大学校长，"4－4－4"制是他在北大校长任上提出的。1934年8月15日蒋梦麟在《大公报》上发表《修正中小学教育制度》的提案，《教育杂志》亦于第二十四卷第二期（1934年10月出版）刊载，引起全国广泛讨论。1935年1月当时全国最著名的教育专刊《教育杂志》在第二十五卷第一期开辟学制讨论专号，集中发表了高觉敷等全国34位专家对该提案的意见。如果不是随之而来的抗战形势，大有催生新学制的势头。

蒋梦麟的提案是一个典型的"4－4－4"制的设计，经过4年国民基本学校的教育，学生分流进入4年制的初级中学或2～4年制的国民高级学校。初级中学毕业后通过考试进入4年制的高级中学，国民高级学校不同阶段毕业后一般升入相应的职业学校。

"4－4－4"制小学四年的设计是为了配合当时4年的义务教育制度。在当前九年义务教育背景下，"4－4－4"制没有与九年义务教育相配合的节点，显然很难实行。但是，如果将来我国社会发展到一定水平，实行了十二年的义务教育政策，学前教育也得到全面普及，质量得到提高，小学教学内容适当调整，"4－4－4"制作为一种备选的中小学制模式也是可能的。"4－4－4"制毕竟有平衡的学制形式，在高中普及的情况下，适当延长高中年限以便能让学生进行选择分化，为升学和就业作出较充分的准备。

基础教育学年结构模式的选择受多种因素的制约，其中最主要的有学生的身心发展的特点、义务教育年限、学校资源的配置模式和各级学校的布局等，回溯历史有利于我们从以往的经验里得到借鉴。

第二节 双轨制与单轨制关系变化

"双轨制"（double-track system）和"单轨制"（single-track system）是讨论学制系统的构造与类型时经常使用的一对概念。严格来说，"双轨制"是指那些在学龄的起始阶段（现代国家所规定的法定入学年龄）就根据家庭阶层地位和经济实力的不同而选择进入不同学校系统（通常是分平民性和贵族性两种，故谓之"双轨制"）的学校制度；"单轨制"是指那些从学龄的起始阶段开始就保证足够时间的共同教育，在儿童的能力和性向得到充分的分化后再根据其个人能力和性向进行分流的学校制度。在"双轨制"和"单轨制"之间还有所谓"居间制"，顾名思义我们应该把它界定为：虽然在学龄起始阶段施以一定年限的共同教育，但在学生的能力和性向还没有得到充分分化前即因家庭阶层地位和经济实力等原因进行分流的学校制度。

典型的"双轨制"存在于19世纪末20世纪初一些实行义务教育制度不久的资本主义国家，以英、法、德等欧洲国家为代表。经过20世纪特别是第二次世界大战后的"民主化"和"现代化"改造，原来互不沟通的"双轨制"早已有所改变，小学阶段已经统一，中学阶段按能力和性向进行分流，可以说现代主流国家学制的基本构型已不存在"双轨制"。

"双轨制"本质上是等级社会的反映，双轨制"设有两套学制体系，一套为贵族和资产阶级子女设立，从小学、中学、直到大学；另一套为劳动人民子女设立，小学毕业只能升入各级职业学校，不能升入普通中学和大学。前者师资、设备等条件优越，学费昂贵，教学质量较高；后者师资设备条件较差，经费不足，教学质量低。两套学制体系形同双轨，互不相通。"①

但不能说有分流的学制就是"双轨制"，在多样化的个性和社会需要面前，分流是必然的，关键是这种分流是基于学生的能力和性向，还是基于学生家庭的阶层地位。有些学者将义务教育阶段后按能力和性向分流而形成的普通和职业技术教育系列也笼统地纳入到"双轨制"和"单轨制"的概念范畴中进行讨论，这实际上已经歧出这对概念的原初含义。

什么时候分流才算是"能力和性向得到充分的分化"，这和各国的教育观念有关，当然传统习惯也起很大的作用。如美国学制到高中阶段还以综合中学为主，尽量延迟分化以免过早进入单任务的培养渠道，让学生有充分试探和选择的机会。德国现行学制在经过4~6年的小学共同教育后，即进入不同类型的中学，在很大程度上也决定了学生今后的职业取向。德国的综合中学到20世纪70年代后期才开始发展，至今所占比例也不大。但无论是美国还是德国，现行学制的基本构型都是"单轨制"，尽管德国学生分流得比美国早，但是这种分流基本不再是依据阶级而是依据学生的个性了。

"双轨制"学校制度的明显特征是在两轨之间缺乏共同的学年分段的节点，在英、法、德等国的近代"双轨制"学制中，平民性一轨中的小学学年段与贵族性一轨中的中学学年段在学年位置上有较长时间的重合。所以有人认为"双轨制"是纵向划分的学校系统，"单轨制"是横向划分的学校阶段。由纵向划分学校系统占绝对优势的学制结构称之为双轨制，由横向划分学校阶段占绝对优势的学制结构称之为单轨制。② 我国民国时期也有学者表达过类似的意思，如常导

---

① 《教育大辞典》（下），上海教育出版社1998年版，第1452页。
② 全国十二所重点师范大学联合编写：《教育学基础》，教育科学出版社2002年版，第93页。

之认为"单轨制"与"双轨制"的根本差别在于："在前者（单轨制）认中学为继续小学之教育，其分别标准在程度之高下；在后者（双轨制）则认中学、小学、中央或高小学校各有其特殊任务，故小学与中学之分，并不在年限上或程度上。"①

如果我们不是静止地而是动态地历史地看"双轨制"和"单轨制"问题，近代历史上以英、德、法等欧洲国家为代表的"双轨制"，其实是这些国家学校发展自然演变的结果，这些国家近代学制中的两轨分别是由两条不相同的学校发展路线而形成的。其中由大学向下发展预备学校并逐渐向下延伸而形成的下构型系统成为"双轨制"中贵族性的一轨；由小学后续教育逐渐向上延伸而形成的上构型系统成为"双轨制"中平民性的一轨。

11 世纪的欧洲，随着"经院哲学"的发展和演变，形成了一种自由讲学的风气，通过讲学聚集了一批来自不同地区的学者，形成了不同特色的学术团体。这些学术团体受到当时欧洲流行的行会的影响，为了保障自身的学术自由和利益不受外部势力的干涉，结成类似行会的联合组织，欧洲的大学即由此发展而来。因为拉丁文作为当时欧洲的通用语言为讲学和著述所必备，学好拉丁文成为进入大学的必备条件，一般青年在进入大学之前，要到欧洲当时比较发达的主教学校和僧院学校里学习拉丁文，促使这些学校的性质发生变化，逐渐演变为大学的预备学校。到文艺复兴和宗教改革时期，随着资本主义工商业的兴起，城市资产阶级的财富和势力日益增强，对子弟受教育的要求提高。适应他们的需要，欧洲出现了一批同时注重知识传授和个性发展的新学校，如法国的学院（collége）、德国的文科学校（gymnasium）、英国的文法学校（grammar school）等。这些学校除注重古典文科之外，还注重体育锻炼和礼仪训练等资产阶级生活所必需的修养和技能，较上述主教学校和僧院学校有很大不同。上述两类学校都不直接和小学衔接，只和大学衔接。入学对象为贵族和大资产阶级子弟，培养目标为进入大学深造做准备，学习年限较长。学生毕业后升入大学，或成为国家官吏。这些学校任务单纯，实际上就是大学的预备学校，它们构成了近代欧洲中学的实体。这些学校是在大学得到规范化发展之后，为适应大学需要而发展起来的，在学校系统生成路线上属于下构型路径。这些中等学校或直接向下位延长，将学生的年龄段扩张到现代初等教育阶段；或者在下位发展贵族性的收费昂贵的预备学校；或接纳来自私立小学和良好家庭教育的学生（如经过家庭教师和家长辅导）。这构成近代欧洲学校系统中贵族性的一轨。

16 世纪以后，欧洲以平民子弟为对象的小学普遍地发展起来，并不断扩大，

---

① 常导之：《增订教育行政大纲》，中华书局 1935 年版，第 158 页。

这主要受到三个方面力量的推动：第一方面是在 15、16 世纪宗教改革运动中，为了让平民大众起码能阅读翻译成国语的《圣经》，必须对他们施行识字教育，平民小学因此兴起。第二方面是在 18 世纪产业革命以后，提高了生产对技能技术的要求，同时国家财富也有所积累，政府推进平民教育的动机和物质条件都得到提高。第三方面是 19 世纪以来民族观念和民主观念的增强，促使政府发展教育以培养国民的国家观念和民主意识。在上述力量一波接一波的推动下，西方各主要资本主义国家在 19 世纪末基本普及了一定年限的义务教育，并出现了将义务教育年限延伸到中等教育阶段的趋势。平民子弟在受完小学教育之后，必然产生继续教育的要求。19 世纪中后期，通常是通过这样一些途径来满足这一要求的：第一是在小学教育的基础上，增加高等小学，高等小学基本只在提高知识，内容贴近生活和公民训练，不做升学准备。第二是开设职业学校，进行生产技能的训练。第三是开办补习学校，让平民子弟一边工作一边学习。这些教育在组织设施上大多没有和小学教育划清界限，但学龄和学业程度都明显属于现代意义上"中等教育"阶段了。这种在平民小学得到规范化发展之后，再在其基础上发展满足平民需要的后续教育，在学校系统生成路线上属于上构型路径。无论是平民小学还是其后续教育，并不以升入上位教育为目标，属于完成性教育，多以授受普通的社会职业训练为终结。这构成近代欧洲学校系统中平民性的一轨。

但随着义务教育的实行和教育年限的后延，平民中的俊秀子弟也获得了在部分学术型课目上展示才智的机会。如果再将他们拒于升学深造的门墙之外，则不仅和日益增长的民主观念相违背，也在竞争日益激烈的国际形势下浪费了国家人才。所以在 19 世纪后期和 20 世纪初，谋求两个系统的沟通不仅成为学制上需迫切解决的问题，也是各国都面临的教育实践中的难题。比如在英国，20 世纪初则采取一种通过财政和行政的手段将小学与中学在 11 岁左右划开，变纵切分轨的学制系统为学年段位明确的横断型学制系统，而中央政府对中学中 11 岁以上的学生实行计额补贴；中小学统归地方管辖，提供中学免费学额和优秀生奖学金，给小学生转入中学提供行政上的便当和经济上的优惠。[①] 同时开始采用 11 岁考试，通过考试以决定学生流向何种中学，而新发展的中学与大学也因此衔接起来。这样，平民子弟在义务教育和有关补贴资助下，基本可以按照自己的能力和性向获得相应的教育，学制的基本架构逐渐过渡到"单轨制"。

揆之于上述"单轨制"与"双轨制"的概念，我们认为我国从颁布近代学制之初采取的就是"单轨制"形式。无论是"壬寅学制"（1902）还是"癸卯学制"，它们都以小学堂、中学堂、高等学堂、分科大学或大学堂为主系，在主

---

① T. Percy Nunn：《英国中等教育之鸟瞰》，傅任敢译，载《教育杂志》第 22 卷第 6 号。

系之外，有不同等级的职业学堂和师范学堂构成旁系。其单轨制的特征主要表现在：首先，在学制的初级阶段是统一的入口学校，形式上没有任何社会阶层的分别。其中"壬寅学制"为蒙学堂和寻常小学堂共 7 年，"癸卯学制"为初等小学堂 5 年。其次，经过最初的共同教育之后开始分流，形成主系与旁系。但是旁系各学校与主系各学校在学年划分上有相当严谨的对应关系，为相互之间的流动保留了通畅的渠道，即表现为由横向划分学校阶段占绝对优势的学制结构，这是"单轨制"的特点。从理论上说，主系与旁系之间也并不以社会阶层相区隔。

中国近代学制之所以一开始便采纳"单轨制"形式，其主要原因是："双轨制"是欧洲各国学校制度自然演变的结果，19 世纪末 20 世纪初在这些国家存在的"双轨制"中贵族性的一轨是一种历史传统的遗存，当时随着社会的民主化也正在谋求两轨之间的沟通和融合。我国作为一个外源近代化国家，近代学校制度的产生是模仿和移植他国，骤然、成套出台的。在中国近代学制出台的过程中，代表传统的儒学教育制度（可以看成是中国贵族性的一轨）是被作为改革的对象而被断然舍弃的。那么中国人为什么能够从观念上很快接受"单轨制"呢，正如有学者所指出的，这正反映了中国古老的单轨制教育传统："从唐末徂明清，门阀士族制度渐趋崩溃，社会等级远不如中世纪欧洲那样天界森严，学校教育的等级性总体来说也日益弱化。科举制度更使得社会升迁渠道相对畅通，即使平民子弟也可能朝为田舍郎，暮登天子堂。这种古老的单轨性和公平性，根深蒂固地存在于公众意识之中，成为社会心理和民族文化的重要组成部分，并最终以观念形态隐曲地作用于新式教育。"① 民国成立以后，在蔡元培的主持下，按照民主共和的原则制定了民国初年学制——"壬子癸丑学制"。在这个学制的相关文件中，规定普通中学教育也应取向于平民主义和大众主义，"以完足普通教育、造成健全国民为宗旨"，更加弱化了清末学制中的职业和师范教育旁系。因此"壬子癸丑学制"的"单轨制"特点更为清晰。清末以来我国学制的"单轨制"形式遭到的最猛烈的一次冲击是在袁世凯执政的后期。1915 年 1 月颁布的《特定教育纲要》是一个典型的双轨制教育的指导纲领，同年 4 月附和它出台的湖南省学制提案是一个典型的双轨制学制系统。

该学制提案分为人才教育和国民教育两个系列，其中以预备学校—文、实科学校—大学及专门学校为主干形成的人才教育系列构成学制的中心系列，主要面向富裕阶层。以国民学校——补习学校和低级职业学校构成国民教育系列，面向普通民众。国民教育旨在推行义务教育，不能直接上延至高等教育，如果要继续深造只有在国民学校第三年结束或毕业时转入属于人才教育系列的文、实科学校

---

① 李剑平：《中国现代教育问题史论》，人民出版社 2005 年版，第 4 页。

或副文、实科学校。提案模仿第一次世界大战前的德国学制。德国在 1919 年魏玛共和国成立之前，普通民众子弟一般进入国民学校，接受 8 年的义务教育。大部分有能力接受更高程度教育的中层和上层社会子弟，选择收费昂贵、附设于中学的预备班就读，毕业后即直接进入各类中学。但一战前德国中学课程不与国民学校衔接，这给国民学校的学生转入中学造成了困难，实际上劳动人民的子弟被排拒在中学教育之外。考虑到中国国民经济能力远远落后于德国，在仿效德国学制时国民学校少德国 4 年，以对应于民国政府规定的义务教育年限。

1915 年湖南省学制提案（见图 3-1）因袁世凯帝制的失败而流产。1922 年出台的"6-3-3"学制成为我国近代最稳定的学制，它是学习美国典型"单轨制"的产物，也是新文化运动倡导民主精神的结晶。1922 年学制还将单轨制的民主、平等和尊重学生个性自由的精神引申到中学教育的制度模式上面，在高中倡导综合中学。尽管综合中学和"单轨制"不是同一性质的问题，但它在体现民主精神上比"单轨制"更为细致。1932 年以后国民政府虽然改综合中学为分散功能的单科中学，但我国学制的"单轨制"原则没有改变。

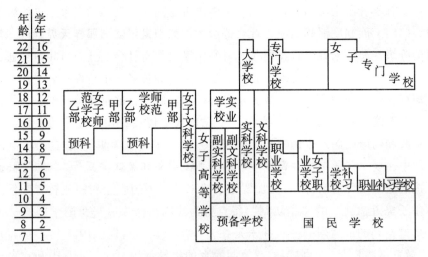

图 3-1 1915 年湖南省学制提案

如果从形式上来说，新中国成立以后出台的第一个学制好似具有"双轨制"的形貌。中华人民共和国中央人民政府政务院于 1951 年 10 月 1 日颁布的《关于改革学制的决定》是中华人民共和国学校教育制度正式确立的标志。

根据《关于改革学制的决定》的文本和所附学制系统图（见图 3-2），① 如

---

① 《政务院关于改革学制的决定》（1951 年 10 月 1 日），何东昌主编：《中华人民共和国重要教育文献（1949～1975）》，第 106 页。

果我们撇开具有成人教育性质的业余教育系列不算，与普通中小学并列的还有以工农速成初等学校和工农速成中学组成的"工农速成"教育系列。其中"工农速成初等学校，修业年限为二年至三年，招收工农干部和其他失学劳动者，施以相当于小学程度的教育。""工农速成中学，修业年限为三年至四年，招收参加革命斗争和生产工作达规定年限并具有相当于小学毕业程度的工农干部和产业工人，施以相当于中学程度的教育。"从招生对象的特殊规定中可以看出，这确实构成了学制中带有政治倾向的一轨。

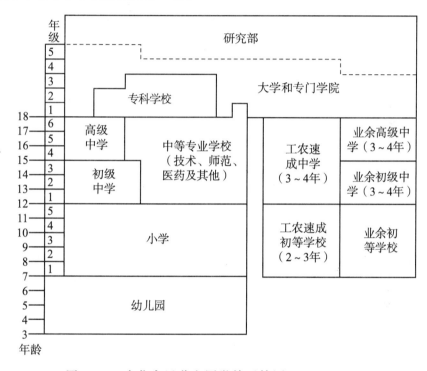

图 3-2　中华人民共和国学校系统图（1951.10.1）

新中国成立初期学制"工农速成"教育一轨的形成可以说是衔接老解放区教育，并借鉴苏联经验的结果。由于革命斗争的需要，中国共产党领导的革命根据地形成了干部教育与群众教育分途的教育系统，"工农速成"教育正是承接革命根据地干部教育传统的结果。"工农速成"教育为那些缺乏文化或者具有初等教育水平的革命骨干分子完成相应阶段的学历教育，并进入高一等级的学校深造，为他们成为新政权的领导和骨干创造了条件。这也体现了周恩来所说的新学制要"反映我们政权的性质"[①] 的精神，表明新生的无产阶级政权急需培养本阶

---

① 周恩来：《谈新学制》（1951 年 8 月 10 日），何东昌主编：《中华人民共和国重要教育文献（1949～1975）》，第 106 页。

级中坚力量的愿望。还应说明的是，将"工农速成"教育纳入正式学制系统也是苏联学制的特点，苏联成立后不久，即在 1924 年颁布了《工农速成中学条例》，明确"工农速成中学的宗旨是专门从无产阶级和劳动农民中培养升入高等学校学习的人员。"① 苏联学校制度中的这一传统到 1950 年代仍然得以保持，在当时全面学习苏联的氛围中，新中国第一个学制的制定毫无疑问地受到苏联学制的影响。

"工农速成"教育存在的时间很短。由于被纳入"工农速成"教育的对象大多已成人，他们进入工农速成初等学校的愿望远没有进入工农速成中学的愿望强烈。随着 1955 年 7 月 15 日教育部和高等教育部联合发出了《关于工农速成中学停止招生的通知》后，当年秋季即得到实施，"工农速成"教育只是新中国成立初期历史上的一个匆匆过客。

1951 年学制没有很好地吸收民国时期已经成形的职业教育体系，学制中仅列两级技术学校和其他中等专业学校，缺乏完整的职业教育体系，有偏重学术训练和升学主义的倾向。这不仅确实是个缺陷，也给后来批评教育脱离生产劳动留下了口实。1958 年 1 月，毛泽东在其主持起草的《工作方法十六条（草案）》中提到："一切中等学校和技工学校，凡是可能的，一律试办工厂或农场，进行生产劳动，都要同当地的农业合作社订立合同，参加农、副业生产劳动。"② 进而刘少奇 1958 年 5 月 30 日在中央政治局扩大会议上发表《我国应有两种教育制度，两种劳动制度》的讲话，提出实行全日制教育和半工半读"两种教育制度"的设想。到 1964 年，"两种教育制度"已经在一定规模上得到试验性的实施。

"两种教育制度"是符合当时我国社会发展水平的，它有利于基础教育的普及，也能解决教育与生产劳动相结合的问题。其中的"半工半读"思想和中国传统的"耕读传家"，近代以来的"工读主义"、"勤工俭学"思想并无二致。但是将"半工半读"作为一种正式的教育制度，则是一种新尝试。应该说，"两种教育制度"已表现出"双轨制"的特征，一轨是以全日制的"重点学校"为基础的英才教育，另一轨是以"半工半读学校"为特征的大众教育。虽然两者之间没有近代西方"双轨制"中那种壁垒分明的阶级鸿沟，但在培养目标和课程设置上确有各自明显的特点。这也是后来被贴上阶级标签，异化为政治斗争工具的一个重要缘由。

我国当前的学制是在改革开放后对新中国成立初学制的不断补充修正的基础上形成的，其学制性质和当前绝大多数国家一样，即"单轨制"，其中九年义务

---

① 《工农速成中学条例》，瞿葆奎主编：《教育学文集·苏联教育改革（上册）》，人民教育出版社 1993 年版，第 160 页。

② 人民教育出版社编：《毛泽东同志论教育工作》，人民教育出版社 1992 年版，第 271～272 页。

教育尤为现行学制的基石。

"双轨制"是学校制度发展过程中的历史现象，等级性是它的本质特征。大凡社会发展水平较低的社会也是等级界限较为分明的社会。因此一般来说，"双轨制"较适合那些社会发展水平较低、现代化初期或现代化发展不充分、教育严重不普及的国家，因为在这种社会环境下，即使有单轨、民主的教育制度外壳，也很难有真正的民主平等的教育。

"双轨制"从本质上来说是传统社会贵族性的教育制度搂入近代社会日益发展起来的国民教育制度所形成的两者并列态势。伴随现代化和民主化的进程，教育上的"双轨制"日渐遁形。在当今社会，即使是那些阶层分化比较严重的社会，也不会再以"双轨制"这种带有明显阶级性和特权标志的学校系统来满足不同阶层的教育要求，而是代之以统一学制下的多种办学形式来适应各方面需要了。

第三节　文理分科与并科取舍演变

对中学阶段的文、理科关系的讨论，当前人们已多将之归属于课程结构问题，很少有人再将之纳入学校制度层面进行讨论，但在中国近代首度涉及中学文、理科关系时，则主要是从学制层面提出来的。

今天我们所说的"理科"在 20 世纪初的一段时间称为"实科"。1904 年颁布的"癸卯学制"对中学规定有统一的课程，不存在"文实分科"的问题。1909 年 5 月学部向朝廷递交《奏请变通中学堂课程分为文科实科折》，[①] 首度提出"文实分科"的建议，陈述分科的理由为：（1）中学生毕业有志于升学者，所升的学堂有文科、实科的不同，"以分科大学言之，则经科、法政、文学科皆文科也，格致科、农科、工科、医科皆实科也"。（2）学生的个性与志向不同，"沉潜者于实科课程为宜，高明者于文科学问为近，此关于天授者也。"（3）文实分科"远稽湖学良规，近采德国成法"。所谓"湖学良规"，即是北宋著名教育家胡瑗在学校将学生分为经义斋和治事斋进行分斋教学的方法。言下之意，实行"文实分科"有中国历史和国际比较的根据。

奏请得到批准后约两个月，学部通咨各省提学使，限三个月内按文实分科办

---

① 《学部奏请变通中学堂课程分为文科实科折》，朱有瓛主编：《中国近代学制史料》第二辑上册，第 395～401 页。

法，将通省中学办理情形报部核办。在学部三令五申下，1910 年《浙江教育官报》第 18 期公布了本省中学堂监督会议早些时候拟定的省内中学堂办理文科和实科的分工名单，其中拟专办文科的 4 所，拟专办实科的 5 所，文实合办的两所。① 江苏也承诺将各中学将分别"文科"、"实科"办理。但学部的建议也受到部分省区的批评，如直隶省提学司于宣统二年（1910 年）初在回复学部的咨文时指出在学生志向未坚、基础知识欠扎实的中学阶段就实施文实分科，确定以后，"择述不慎，一误终身"。②

在"文实分科"实行时遇到重重阻力，各地意见纷纭的情况下，1911 年 1 月，学部又向朝廷提出了改定 1909 年原订课程计划的奏章，根据同时呈报的经改进后的课程计划，也已将文、实两科改得比较"近"了。③ 清末"文实分科"昙花一现，并未真正实施，辛亥革命就爆发了。

中华民国成立后，在蔡元培的主持下，按照民主共和的原则，制定了民初学制。1912 年公布的《中学校令》中，确定普通中学"以完足普通教育、造成健全国民为宗旨"。蔡元培等人深深地知道在先进国家已将义务教育年限由六年延伸至九年甚至更长的现代世界，七年的小学教育是不足以培养"健全"国民的，只能起到"培养国民道德之基础"的作用，只有接受至中学为止的十一年教育才有希望达到培养"健全国民"的目的。言下之意中学教育是每个国民所必需的，在国家和社会条件许可的情况下是人人都应该接受的教育。

中学是国民教育，不是英才教育，当然就不能采取那种旨在进行专向准备的"文实分科"，而着重于普通知识和基本道德的陶冶，这是民初中学宗旨的本意。但是随着袁世凯恢复帝制活动的逐步展开，加之中学升学需求的实际存在，这一宗旨在办学实践中很难得到坚持。不仅教育实践中课程普遍"偏于预备教育性质"，1915 年袁世凯颁布的《特定教育纲要》和全国教育会联合会第一届年会上湖南省的学制提案更以政府文件和学制提案的方式明确提出了中学文、实分科的要求。《特定教育纲要》，指出："中学校分为文科、实科，以期专精深造。"《纲要》对中学的教育宗旨做了与民元学制明显不同的说明，认为："现行中学校学制，各科并重，……而于造就社会中坚之人物与高等教育之预备，均有不能独到之处。现宜取法德制，分为文科、实科二种，或分校，或一校兼备二科，视生徒之志愿以入学，不特适于天性，且学科有所偏重，造诣自有专长，将来毕业后出

---

① 李桂林、戚名琇、钱曼倩：《中国近代教育史资料汇编·普通教育》，第 324 页。

② 《宣统二年（1910）直隶提学司详直督变通文实分科文》，朱有瓛主编：《中国近代学制史料》第二辑上册，第 410~423 页。

③ 《学部奏改订中学文实两科课程折》，朱有瓛主编：《中国近代学制史料》第二辑上册，第 401~408 页。

任事业，能力较优，自足为社会之中坚人物，即升入专门大学亦易深造，较现制实为便利。"① 中学教育由着重培养"健全国民"转向升学预备。

为配合《特定教育纲要》，1915 年 4 月召开的全国教育会联合会第一届年会还提出了"湖南学制提案"，"文实分科"是该学制提案的重要特色之一。学制提案采用德国式的双轨制，在面向富裕阶层的人才教育一轨由预备学校—文、实科中学—大学及专门学校为主干。袁世凯围绕帝制复辟而进行的文化复辟活动最终因受到各界的强烈反对而宣告破产，湖南学制案也未能得实施，但它却是我国近代以来最彻底的"文实分科"的学制提案。

无论是清末的中学"文实分科"还是 1915 年的湖南学制提案，德国中学制度都被声称为借鉴的蓝本。其实近代德国文、实中学分立的格局有其长期发展历史。文科中学代表了德国中学教育的传统，但到 19 世纪中叶，随着资本主义工商业的发展和科学技术的发达，实科中学得到迅速发展，与文科中学形成并存的格局。近代德国中学发展的历史，实际是沿着两条路径逐步被"实"化的历史：一条路径是文科中学学生数量比重上的优势逐步让位于实科类学校；另一条路径是文科中学通过加入数学与自然科学的课程，其自身也在慢慢地被"实"化，但欧洲古典文化和德意志民族传统文化确实因它而得以传承。这种"实"化的过程其实就是德国中学近代化的过程。不难发现，当时被中国人视为德国中学制度特长的"文实分科"，根本不是有些人所理解的为了升学预备的方便而有意的偏文偏实，而是德国中学教育由传统向现代转换过程中的一种动态形式。

相比之下，中国近代中学制度没有经历这样一个逐步、渐进的自然发展过程，而是随近代学校制度的成套出现而骤然产生的。如果比照德国中学制度，中国传统教育中的好多"书院"和"州县学"未尝不是中国式"文科中学"的源流，但由于中国学制的产生方式（当然也是中国近代社会的处境所造成），这些中国式的"文科中学"都被剔出近代学制的范畴，但是这种局面并不是每个人所愿意看到的，如在 1904 年"癸卯学制"颁布后不久，张之洞等人即担心新学制导致中国传统文化的丧失而主张在各地兴办"存古学堂"。如果以这样的思路看清末民初的"文实分科"，就会有另一番新的认识：从表面上看，清末民初"文实分科"是为了让学生就文就实进行专向准备，以便于升学。但在事情的背后却隐含着另一个意图，即以"文科中学"的方式复活中国教育传统，并把它纳入到近代学制之中。其实这也是当时反对中学"文实分科"的蔡元培等人所最担心的。中国有悠久的人文教育传统，传统人文教育又与官本位思想结合，在当时民众科学观念薄弱，理科教育资源缺乏的情况下，如果实行中学文理分科，

① 璩鑫圭、唐良炎编：《中国近代教育史资料汇编·学制演变》，第 749 页。

更容易产生对文科的偏向，进一步弱化本来就薄弱的理科教育。

也许是对《特定教育纲要》和湖南学制提案的纠正，1916 年全国教育会联合会第二届年会议决通过了《中学教育改良办法》案，重新申明"中学校本以完足普通教育为原则"，偏于升学预备是误认中学教育宗旨，尤其对"文实分科"提出了强烈批评。①

但事后对于中学"文实分科"的意见依然分歧，引起各方的注意和争论，1918 年出现了一次争论的小高峰。事出这年 10 月，教育部召集在北京召开全国中学校会议，除各地代表提案外，教育部会前也提供拟于会上交议的议案七题。② 教育部提交的议案内容中又一次明确提出"文实分科"问题，另有浙江会员提交了《中学校宜分设文实建议案》，③ 因此"文实分科"引起大会的争论。会上除北京大学校长蔡元培、教育部视学李步青等表示了反对意见外，④ 以中学校长为代表的中学界对"文实分科"几乎持一致的赞同意见。

归纳会上赞成"文实分科"各提案的观点，可归结为：（1）中学课程分十五科三十多个门类（如数学分算术、代数、几何、三角、簿记等），平均用力，为学生个人能力所不及；（2）学生负担过重，严重影响学生的身心健康，"中学三四年级生，勤学者辄见神经衰弱之症"；（3）无论学生升学或就业，学业和事业都各有专精，文、实殊途，互不为用，中学虽奋力学习，不久即被遗忘；（4）"文实分科"并不等于对文科或实科一概不学，只是各有侧重。⑤ 正是这次争论，导致事后蔡元培专门就此事发表了《德国分科中学之说明》⑥ 一文，直接就倡导"文实分科"者所依据的德国中学情况提出质疑和说明，指出德国文、实科中学并存是一种传统的自然演变，并非人为的规划。

"五四"运动之后，教育界的兴奋点转移到希望对学制的全面改革从而一揽子解决清末以来对学制的各种争论，其中就包括"文实分科"问题，最终导致1922 年"新学制"的诞生。

1922 年"新学制"是以在高中阶段采取不同的课程设计和选课方式来解决"文实分科"问题的，其中高中普通科第一组指向文科，第二组指向理科。从这以后，我国关于文、理科是分科还是并科的讨论则基本脱离了学校制度的层面，不再争论文科中学和理科中学的独立设置问题，而演变为在高等学校招生考试"指挥棒"下长期争执不休的中学课程设置和实践问题。

---

① 李桂林、戚名琇、钱曼倩：《中国近代教育史资料汇编·普通教育》，第 811 页。
②④ 陆殿扬：《江苏省立中学学制变更的历史观》，载《教育杂志》1922 年学制课程专号。
③ 《教育杂志》第十卷第十二期"记事"。
⑤ 李桂林、戚名琇、钱曼倩：《中国近代教育史资料汇编·普通教育》，第 813～825 页。
⑥ 原载《新青年》第五卷第五号（1918 年 11 月 15 日），收于《蔡元培全集》第三卷，中华书局1984 年版，第 212～215 页。

就清末民国时期而言，我国高等学校的招生大致经历了 1932 年前的高校单独招生，1933 年至 1937 年的计划招生，1938 年至 1940 年的统一招生，1941 年至 1949 年的联合执行、委托招生等四个阶段。① 从高校招生的课目设置中我们可以一窥当时对中学文、理科关系的一般取向。

北洋政府时期和南京国民政府初期（1932 年以前）高校单独招生，考试科目比较灵活，但有关当局有时也对考试科目作一些政策性的规定。如根据 1913 年北京直辖高校的招生记录，报考大学预科时，无论今后所学是文科专业还是其他专业，历史、地理、国文、英语、数学是必考科目；报考大学本科文科各系的科目也都包括数学。② 1933 至 1937 年在中学实行较规范的会考制度，在中学毕业生的文、理基础知识得到较可靠保证的情况下，大学文科系科的招生没有规定理科科目（包括数学）。1937 年抗战爆发后，中学会考制度趋于废弛，1938 年实行国立高等学校的统一招生制度，加强了文科系科的理科科目考试，规定文、法、商等系科除考公民、国文、英文（部分院校考德文）、本国史地四门公共必考科目外，还必须考数学和外国史地、物理、化学、生物四科中的一科。③ 1941 年后因抗战导致统一招生制度无法进行，实行大学联合招生制度，据 1945 年规定，国文、英文、数学三科成为统一必考科目。④

从高校招生考试的科目设置来看，民国时期即使是文科系科的招生，也至少没有放弃数学科目的考试要求，这说明当时人们不仅认识到数学作为一切自然科学基础的地位，也看到随着近代以来文理学科的相互渗透，数学也成为社会人文学科研究的一个必备工具。但是，数学在高校招生中的学科地位在新中国成立初期却一度被忽视了。

新中国成立初，经过 1950 年和 1951 年各大区高等学校的联合招生后，到 1952 年，全国普通高等学校开始采用统一考试招生的办法。从 1952 年到 1965 年，除 1958 年改为分省市命题考试外，其余年份都实行全国统一招生考试。这期间考试科目的设置和变动情况大致如下：⑤

1952 年考试科目统一规定为：政治常识、本国语文、中外史地、外国语文（俄语或英语）、数学、物理、化学、生物。录取根据系科类别，确定不同的录取标准。

1954 年分文、理两大类设置考试科目：文科类除财经应加试数学外，其余

---

① 王奇生主编：《中国考试通史》（卷四），首都师范大学出版社 2004 年版，第 317～327 页。
② 同上，第 276～278 页。
③ 同上，第 324 页。
④ 同上，第 328 页。
⑤ 基俊主编：《中国高校招生制度》，东北师范大学出版社 1990 年版，第 11～12 页。

考本国文、政治常识、历史、地理、外国语。理工农医类考试科目有本国语文、政治常识、数学、物理、化学、生物、外国语。

1956 年分为三大类，理工类考试科目有：本国语文、政治常识、数学、物理、化学。农、林、医科和体育类考试科目有：本国语文、政治常识、达尔文主义基础、化学、物理，其中林科的部分专业加试数学。文、史、政治和财经类各专业中财经、哲学要加试数学，外语应加试相应语种外，统一考试科目为本国语言、政治常识、历史、地理。

1964 年开始考试科目又重新分为两大类，文科类考本国语文、政治常识、历史、外国语，其中哲学、财经各专业加试数学但成绩不计入总分，只作录取参考。理工农医类考本国语文、政治常识、数学、物理、化学、外国语。

1964 年中央学制问题研究小组成立后，也把中学文、理分科作为改革的思路，在该小组 1965 年起草的《关于学制改革问题的报告》中指出："五年制中学和高中文理分科，也可以继续试点，积累经验。"①

从新中国成立初十余年的高校招生考试来看，在当时没有规范的中学毕业会考的情况下，高考在绝大多数年份完全采取了文、理分途的科目设置模式。特别是数学科目大部分情况下被高考文科类专业所排斥，这在近代学制建立以来都是极少发生的。我们经常耳闻在民国期间有因高考数学零分而被慧眼识珠的例子，但这种特例并不能动摇数学作为文理公共基础学科在高考中的地位。数学作为一种忽略了物质的具体运动形态和属性，纯粹从数量关系和空间形式上来研究现实世界，它具有超越具体科学的普遍适用性，数学早已跨越自然科学而广泛深入到社会和人文学科的研究和应用当中。数学被剔出文科类高考科目之外，是近代以来文理分科观念走向极端的标志，它对全面落实中学教育目标和培养一代具有科学精神的人文社会科学研究者和工作者都是极其不利的。

"文革"结束后，1977 年中央政府果断恢复了停顿达十余年的高校统一招生考试制度，考试的科目设置采取了传统的文、理分科的做法，不过"文革"前夕文科不考数学的现象得到纠正，三十年来高考虽经多次改革，数学作为文理科必考的科目始终没有动摇。

但在高等教育资源紧缺和庞大的适龄高考人口的双重挤压下，很快形成了"千军万马过独木桥"的高考竞争场面。在激烈的考试竞争面前，高考分文、理科的做法直接对中学教育特别是高中教育实践产生了"指挥棒"效应，在课程设置和教学单纯考虑高考的需要，文化课严重偏科，文不学理，理不通文，学生不能全面发展，知识结构不合理，形成了事实上的"文理分科"。有识之士一再

① 龚乃传：《中国义务教育学制改革大思路》，人民教育出版社 1995 年版，第 54 页。

呼吁改变这种局面，教育部也三令五申要求各地"不要搞高考考什么就只开设什么课程的所谓'文理分科'。"① 但是面对激烈的高考竞争则收效甚微。

事实上，对于中学教育存在的"文理分科"现象理论界也存在分歧，如原国家教委在 1990 年曾专门组织了一次关于普通高中课程问题的研讨会，其中与会者就文、理科关系问题进行了激烈的辩论。有人从普通基础教育的角度认为应该坚决制止文理分科；但也有部分学者从社会需要的角度认为普通高中通过分科进行分流更适合社会的需要，认为可以通过不同的课程结构形成特色高中或特色班级，如文科、理科、财经、工业、农业、商业、外语、体育、艺术、综合高中等不同形式，改变"办学无特色，教学无特点，学生无特长"的大一统的局面。②

多年来所采取的一些教育改革措施已对克服严重的文、理偏科现象发挥了重要作用。首先是高中会考制度的推行。1983 年，教育部提出"试行初、高中毕业会考"设想，在经过上海、浙江、云南、湖南、海南、湖北、贵州、河南等省市的试验基础上，原国家教委从 1990 年起在全国逐步推行普通高中毕业会考制度。普通高中毕业会考的考试课目范围涵盖了语文、数学、外语、政治、物理、化学、生物、历史、地理、体育等高中课程计划所规定的学科，还将劳动技术课和物理、化学、生物的实验操作纳入考查科目。十多年来，虽然高中会考制度在实施中经历了一定的曲折，但对保证毕业生的基本文、理科素质，克服严重偏科现象具有不可否认的效果。

其次是多年进行的高考改革探索。1995 年除上海以外全国都实行 3 + 2 高考方案，即文科考语文、数学、外语加历史、政治，理科考语文、数学、外语加物理、化学。上海实行 3 + 1 方案。教育部并于 1999 年批准广东省实验 3 + X 方案，此 X 有小综合方案（即文科综合、理科综合）和大综合（即文理综合）。综合科目的是考察学生的综合知识和综合能力，自然是文理分科教学所应付不了的，这就必然会对原来的文理分科的教学产生强烈冲击。

另外，进入 21 世纪以后，越来越多的高校在部分专业上实行文、理兼招，这不仅喻示学科融合的趋势，也对中学那些文理兼长的学生提供了更多的选择余地，无论是从观念上还是实践中都能起到抑制文理偏科的作用。2002 年，北京工业大学在新设立的社会工作和广告学专业提出兼招文科生和理科生；首批获得设立本科自主权的中国政法大学在法律、哲学、行政管理等 9 个专业实施文理兼

① 教育部文件《教育部关于进一步提高普通高中教育质量的几点意见》（1983 年 8 月 10 日），见中国教育事典编委会：《中国教育事典·中等教育卷》，河北教育出版社 1994 年版。

② 《普通高中课程研讨会》（1990 年 5 月 18 日），第 131～132 页，见中国教育事典编委会：《中国教育事典·中等教育卷》，河北教育出版社 1994 年版。

招。越来越多的高等学校声明青睐那些高中文理各科基础知识全面而扎实的中学生，而不喜欢缺乏基本数理能力的文科生以及史地知识欠缺的理科生。高等学校是中学的"马首"，打破文理科的专业招生限制势必会促进基础教育中文、理科的平衡发展。

强调文理分科者往往以适应学生个性需要为理由，事实上学生即使到了高中阶段也未能充分分化，这也是被历史的经验所证明的："许多学文组的人，不见得学文特著成绩，在实科上也不见得就不堪深造。许多学实组或理组的，不见得学理特著成绩，在文科上也不见得就不堪深造。"① 过早的文、理分科，对尚未成熟的高中生来说，就其个人的思想、能力和学识都不足以对有可能决定自己前途和命运的学科做出理性的选择，同时，文理分科很可能造成学生基础知识结构不够全面，容易导致理科学生缺乏人文关怀，文科学生缺乏科学精神，而且会影响到学业深造和职业实践。

文理分科是在近代科学分化的浪潮中形成的，到 18 世纪科学逐渐分化为自然科学和社会科学两大体系，现已形成了至今仍在分化的自然科学、技术科学、社会科学和人文科学四大部类。文理分科对于培养高水平的专业人才，推动工业革命和科学技术的进步起了巨大的推进作用。但是科学在不断的高度分化的同时，融合的过程也在悄然兴起：一是同一科学部类内部的有关学科之间的相互交叉与渗透，产生了例如物理化学、生物统计、射电天文、经济地理等学科；二是不同部类的有关学科之间的相互交叉与渗透，产生了例如数学经济、社会生物、计量历史等学科；三是由于科学与技术的紧密结合，使得许多学科实现了工程化，产生了例如化学工程、生物工程、知识工程、金融工程等学科；四是近数十年来出现了系统论、控制论、信息论、协同论、突变论、耗散结构论、超循环论、混沌理论等一批横断学科，它们发现的一般规律正在越来越多的学科中得到应用；五是由于科学研究活动的群体化及社会化程度的不断提高，以及数学模型与计算机的普遍应用，自然科学家要学习经济与管理知识，而社会科学家则要学习数学和计算机知识。② 这种科学融合的趋势已经对高校的专业结构产生了有力的影响。

现代学科发展的融合趋势要求人才具有文理渗透能力，已成不言而喻的事理。在未来世界，综合国力的竞争将主要表现为科技实力的竞争，忽视国民的科技素质必将给国家和民族带来严重的灾难，这也是人们熟知的事实。而问题的关键在于，对效率和技术功利性的过分追求，工具主义的扩张，已经导致一定程度

---

① 王文新：《中国课程改革之我见》，载《教育通讯》复刊第 3 卷第 4 期。
② 陈培瑞：《教育大视野——现代教育改革难点热点问题透析》，青岛海洋大学出版社 1999 年版，第 273 页。

的技术统治和人文素质的严重缺失。人被异化为技术或效率制度的奴隶，不仅失去了人生幸福的基础，也带来了严重的社会问题。21世纪的理想人格应是科技素质和人文素质的统一，科学理性与价值关怀的统一。很难想象一个缺乏健全人格和社会理想的人能很好地运用手中的科技知识对人类作出应有的贡献。人文素质也是一种对多元文化的融合能力，未来社会是一个开放性社会，全球一体化的社会，民主的社会。没有对多元文化、不同意见的兼容意识和融合能力，也很难实现自我的充分发挥。学会共同生活，通过对他人历史、传统和精神的了解，从而达到相互理解包容、和睦相处，这种对多元价值的兼容意识和融合能力则来自一种综合的人文素质底蕴。

第四节　功能综合与功能分散的不同选择

基础教育的中学教育阶段，担负着国民素质教育、大学预备教育和职业生活训练等多重任务。其中升学预备和职业训练这两重目标是由具有综合功能的一种类型的学校来实现，还是通过分设多种不同功能类型的学校来实施，因此产生了世界中学制度中功能综合型和功能分散型两种不同的模式。

一、功能分散型中学是20世纪我国中学制度的基本模式

无论是清末仿日的"癸卯学制"，还是民初的"壬子学制"，实行的都是单一功能中学设置，也就是说，把偏于升学预备的中学和偏于职业训练的中学分而设之。比如，1903年的"癸卯学制"中学堂与初级师范学堂和中等农工商业学堂并设。1912年的"壬子学制"与中学科同级分设的有甲种实业学校、师范学校、补习科、别科和专修科等。1922年北洋政府时期以美制为模型的"壬戌学制"，则一改中学功能分散型设计为功能综合型，实施的范本是综合中学，其主要规定是：（1）在初级中学，必以普通教育为主进行施教，但根据各地的实际情况也可设置各种职业课；（2）高级中学除普通课程外，还有农业、工业、商业、师范、家政等课程，也可根据实际情况单设一科或数科。但是由于教育内外多种因素的制约，综合中学因实施效果不佳而终被取消。1932年国民政府在《中学规程》中规定公立初级中学和高级中学只能附设简易师范科及特殊师范科，不能再兼办其他职业科。1940年当时教育部又规定初级中学分甲乙两组，甲组做就业准备，乙组做升学准备；高级中学分甲乙两组，甲组侧重理科，乙组

侧重文科。至此，中学学制又恢复了清末民初的单一功能型中学。

我国 1920 年代综合中学制度的反复，可以清晰地看出在功能综合型与功能分散型之间选择的艰难与彷徨。选择功能分散型学制，有利于充实中学教育内容提高教学质量，更好地为高校输送合格新生，但却很难顾及到学生的个性差异进行分类指导，不利于学生素养与个性发展。而选择功能综合型，虽然能够弥补采用功能分散型的不足，但由于需要实施条件较高，管理难度较大，往往又因实行效果欠佳而不得不停止。在理想和现实的矛盾之中，民国时期最终选择了比较切合实际的功能分散型的现实主义道路。

新中国成立之后的 50 多年来，我国中学教育大体上也是采用的功能分散型学制。新中国成立之初，普通中学分为初级中学和高级中学两级，实行 3 - 3 分段制。而对中等职业教育，由于在讨论《共同纲领》关于要不要发展职业教育的条文时在认识上产生了分歧，所以在《共同纲领》中只写了"加强中等教育和高等教育，注意技术教育。"而没有把职业教育放在考虑的范畴之内，1951 年新中国学制中只列入了"中等专业学校（技术、师范、医药及其他）"，也就是说，只列了两级技术学校以及参照技术学校办理其他中等专业学校，职业教育缺乏明确的体系，以后强调向苏联学习使职业教育体系更不完整。1957 年中苏关系破裂后，加上模仿苏制出现的问题，我国从 1958 年开始探索适合自己国情的学制。1958 年 2 月，当时任中宣部部长的陆定一向江苏省委提出创办农业中学的倡议。3 月初，江苏省出现了一批由农民自己办的农业中学。同月，教育部在北京召开了全国教育行政工作会议，提出了大力兴办职业教育的要求。到 1960 年，全国农业中学达到 2 万所，在校生达到 230 多万人。其培养目标是具有一定生产技术能力的劳动者，招生对象是高小毕业生，修业年限为 3 年。[①] 1963 年以后，国民经济开始恢复，城市职业教育开始出现，有力地带动了全国职业教育的发展。此时，城乡职业学校出现面向非国家所有制单位招生的现象。小学后普、职教分流略见雏形。

"文革"十年使我国的职业教育几乎濒于停顿。"文革"中套用西方面向不同阶级的"双轨制"来评价"两种教育制度"，进而连累已经成型的职业教育体系，致使农业中学和职业中学全部停办，职工技术学校和农业技术学校被迫停滞，大批中等专业技术学校被裁减，教师和干部下放。为了消灭所谓的资产阶级的"人才教育"和"劳动者教育"的"双轨制"，造成普通中学的片面发展。1965 年普通中学只有 18 102 所，而到了 1978 年则达到 162 345 所，当时中专和技校有所恢复，但仅占中等教育的 0.02%。"文革"以前，高级中学在校学生总

---

① 郝克明：《当代中国教育结构体系研究》，广东教育出版社 2001 年版，第 115 页。

数为 279.37 万人，其中高级中学占 46.8%，中等专业学校、农业中学、职业中学和技工学校占 53.2%，而到了 1976 年普通高中在校生达到 1 483.64 万人，占全部中等教育在校生总数的 94% 强。① 中等教育结构严重失调。

十一届三中全会以后，国家的工作重点转到"以经济建设为中心"的轨道上来。职业教育也得到恢复和发展，"文革"时期形成的单一普通中学的畸形教育结构逐步得到纠正。从 1980 年开始普通中学强调中学的双重任务，并开始举办职业高中和职业高中班。1985 年中共中央做出关于改革教育体制的决定，其中的重要内容之一就是改革中等教育的结构，大力发展职业教育，并提出了中等教育体制改革的目标是：力争在五年内，使大多数地区的各类高中阶段的职业技术学校的招生数相对于普通高中的招生数，逐步建立起一个从初级到高级、行业配套、机构合理又能与普通教育相互沟通的职业技术教育体系。② 在此之后，普通教育和职业教育出现互相沟通之势，其主要表现在：

1. 普通中学开设职业选修课。1981 年颁布的《全日制六年制重点中学教学计划（试行草案）》规定：在高中二、三年级开设单科性选修和分科性选修课，在单科性选修课中可另外开设包括职业技术教育课在内的新课程。为了在全面打好基础的前提下更好地激发学生的学习兴趣和特长，增加适应社会生产技能的教育。1990 年国家教委对此计划又作了调整，将单科性选修课的开设由二、三年级改为一、二年级；分科性选修课的开设由二、三年级改为三年级。内容由文科、理科两类课程增加为文科、理科、外语、文艺、体育和职业技术等六类课程。同时课时由 8 课时增加到 16 课时。关于计算机课程，规定可以根据条件，或列为课外活动或列入选修课程，也可在劳动技术课程中安排，有条件的也可作为必修课开设。另外增加了社会实践活动，每学年安排两周，在劳动技术课、课外活动或学科教学活动时间内进行。其内容主要包括社会活动（社会调查、社会服务、参观访问、军训、结合社会调查或学科教学的远足等）和社会生产劳动（工业生产、农业生产、商业和服务业劳动、公益劳动）两个方面。

其中从 1987 年国家教委在《全日制普通中学劳动技术课教学大纲（试行稿）》规定的劳动技术课的内容来看十分丰富。初中一年级有木工、工艺制作、园艺、家政、公益劳动；初中二年级简单机械工具的使用与维修、白铁工艺、刺绣、编织、服装裁剪与缝制、果树栽培与管理、动物饲养与管理、家政；初中三年级有电工、农作物种植、小农具使用、食用菌的栽培、服务性劳动。高中一年级有：识图、制图、木工、农作物培育、农作物保护、中文打字、英文打字、微

---

① 高奇：《新中国教育的历程》，河北教育出版社 1996 年版，第 257~260 页。
② 《中共中央关于教育体制改革的决定》（1985 年 5 月 27 日），详见何东昌主编：《中华人民共和国重要教育文献（1976~1990）》，海南出版社 1998 年版，第 2287 页。

型电器的构造与操作方法、公益劳动；高中二年级：钳工、无线电技术、泥瓦工技术、农副产品加工、水产养殖、服装制作、公益劳动；高中三年级：电机维修、家用电器维护、农机使用、保护和维修、土壤施肥、工业农业生产、科学管理知识、园艺、插花、盆景制作、公益劳动。

劳动技术课时初中是每学年 2 周，每天 4 课时，三年共 144 课时；高中每学年 4 周，每周 6 课时，三年共 432 课时（1988 年 9 月国家教委又在《义务教育全日制小学、初中教学计划（试行草案）》中将初中的劳动技术课由集中安排 2 周改为各年级每周 2 课时）。据 1990 年统计，全国中小学劳动课和劳动技术课开设率为 70% ~ 80%。[①]

1990 年 3 月，国家教委又在《关于调整高中教学计划的若干意见》中规定在高中开设职业指导课，这是新中国成立以来第一次将职业指导课作为普通中学的课程列入课程计划。

2. 在职业高中渗透普通教育。其渗透的形式主要有三种：第一种形式是在职业中学中加强普通知识的教育。按照 1990 年国家教委规定的职业中学的课程计划是：政治课、文化课和专业课程比，工农医类一般为 3：3：4，文科一般为 4：3：3，某些专业技能要求高的专业工种可以是 2.5：2.5：5。第二种形式是在普通初中办职业高中。第三种形式是在普通高中办职业高中。其中第二种和第三种形式主要设在城乡结合地带。[②]

3. 考试制度改革。通过考试制度的改革加强普教与职教的相互渗透，比如职业高中的优秀学生可以允许考普通高等学校，而普通中学的学生也可以进入高等职业技术学校学习，这样就好像为普教和职教之间建立起了一座教育立交桥，进一步加强了普通教育和职业教育的沟通，为学生的发展提供了更多选择的机会。

由此可见，改革开放以来我国在保持功能分散中学制度模式的情况下，也力求从课程设置、考试制度改革等方面打破普通教育和职业教育之间的壁垒，并且已经出现了相互沟通甚至是融合的趋势，正所谓"普通教育职业化，职业教育普通化"。

二、我国综合中学的历史和现实状况

随着高考制度的恢复，"文革"中被破坏的中等职业学校也得到一定恢复和

---

① 刘冰：《全国人大教育科学文化卫生委员会关于检查〈中华人民共和国义务教育法〉实施情况的汇报》（摘要），http://www.law-lib.com/fzdt/newshtml/22/20050722220848.htm。

② 高奇：《新中国教育的历程》，河北教育出版社 1996 年版，第 265 页。

发展。但由于受传统考试文化和现实就业竞争的影响，中等职业学校的社会接受程度一直远远低于普通中学，生源普遍不足。同时，自 20 世纪 80 年代以后，原来盛行于美国和英国的综合中学制度逐渐成为一些发达国家仿效的模式。在我国，1990 年代后期，随着部分经济先行发展地区办学条件的显著改善，高中普及程度不断提高。在多重因素的作用下，人们开始将综合中学作为一种能够沟通普教和职教的办学模式加以关注，成为理论研究和实践探索中不小的热点。

综合中学（comprehensive high school 或 comprehensive school）是一个在 20 世纪初就引入的概念，指因应学生的能力、兴趣、性向，提供弹性、多样的普通及职业课程的中学。它是与普通中学和职业中学等单一功能中学相对而言的。

综合中学产生的原因非常复杂，但大体上可归纳为两个方面：一是经济和科技发展的原因；二是政治方面的原因，综合中学是民主运动对教育平等和民主的要求。综合中学最早产生于美国，它是美国社会经济发展和科技进步的选择。美国的教育最初是按宗主国英国的单一功能办学模式构建的，但与重普通教育轻视职业教育的欧洲保守传统相异，美国的中学教育受实用主义哲学的影响，比较重视职业的训练，尤其是在文实中学和私立中学。随着科学技术的日益发展，劳动过程不断技术化和科学化，客观上要求普通教育和职业教育相互渗透，然而，传统的普通中学忽视职业实践的训练而职业中学忽视科学基础知识的提高与科学分析能力的培养，这种单一功能型的中学体制越来越不适应对职业人员的综合素质的要求。为了适应这种社会对职业结构的新要求，美国"全国教育协会"（NEA）于 1913 年成立了"中等教育改革委员会专门研究中等教育的结构体制改革问题，并于 1918 年在《中等教育的基本原则》中提出了中等教育的七大目标，即保持身心健康、掌握基本知识技能、成为家庭有效成员、养成就业知能、胜任公民职责、善于利用闲暇的时间和具有良好的道德品质。并着力强调将所有课程包容在一个统一组织之中的综合中学应该成为中等教育的基本准则"。[①] 从此以沟通普通教育和职业教育为目标的综合中学在美国建立起来了。

我国从 20 世纪初引入西方三段式学制以来，在中学教育目标定位上一直纠缠于升学准备、充实普通知识以提升国民素质、进行生活和职业预备三种取向的分离与结合，在中学教育制度模式上一直存在着单轨与双轨、功能综合和功能分散、文理分科与合并等方面的矛盾与争论。而美国的综合中学观念传入我国以后，被认为是解决上述矛盾尤其是沟通升学教育和职业教育的一揽子方案，并最终被 1922 年"新学制"所采纳。

分科选课是综合中学的灵魂，也是综合中学的本质特征。1922 年颁布的

---

① 瞿葆奎主编：《教育学文集·美国教育改革》，人民教育出版社 1990 年版，第 33 页。

《学校系统改革案》虽未出现"综合中学"的字眼，但以分科选科的形式明确规定了新学制的综合中学的性质。具体表现在"说明"部分的第 11 至 13 条："（11）初级中学施行普通教育，但得视地方需要，兼设各种职业科。（12）高级中学分普通、农、工、商、师范、家事等科。但得酌量地方情形，单设一科，或兼设数科。（13）中等教育得用选科制。"①

新学制颁布以后，除原来试行分科选科制的学校继续试行综合中学外，不少省份在拟定新学制施行办法时也都制定了发展综合中学的计划。如浙江省原则上就一所旧制师范学校和一所旧制普通中学合并改组成一所新制中学，计划先设立普通、职业和师范科中的一两科，然后向大规模多学科的综合中学过渡。②

综合中学的实施效果并不能令人满意。当初推行综合中学的时候，人们从理论上推导它能适应学生的个性、兼顾升学和职业需要以及利于培养学生的自动民主的精神等，但在实践中却出现了不少消极的现象。其主要表现为：（1）将普通、师范、职业教育合并一校后，从学校行政和学生意愿上都侧重于升学的普通科，反而降低了职业技术教育和师资训练的水准。（2）综合中学主要通过选科制和学分制来体现，但实行选科制和学分制后，清末以来学生偏文轻理的现象进一步加重，而且集中于选修易学、教师考核较松的科目，适应个性成为空谈。（3）因当时中学规模普遍不大，采用分科、选科和学分制后，必须根据科别、科目和学生学习进度实施分组教学，传统的班级概念被打破，教学单位数量成数倍增加，每个教学单位人数减少，教师、教室等都不敷运用，有时根本无法安排，也导致办学严重不经济。

于是，1928 年 5 月在南京召开的国民政府成立后第一次全国教育会议中，检讨了新学制的得失，会议通过《整理中华民国学校系统案》，不再坚持综合中学是中等教育的主导办学模式。后来随着形势的发展，1932 年 12 月国民政府分别颁布了独立的《中学法》、《师范学校法》和《职业学校法》，这样从法律上取消了综合中学办学模式。从制度上规定了普通中学、师范学校和职业学校分开设立，中等学校又恢复到清末民初的单一功能型。

在中国搁浅的综合中学制度在它的原生地美国则迅速地发展起来。第二次世界大战以后美国国力大增，为综合中学的普遍实行创造了更好的条件。1959 年，曾任过哈佛大学校长的詹姆斯·B·康南特对美国中等教育改革提出了 20 条建议，其中提出要大力发展综合中学，要求高中阶段的综合中学完成多项教育任务：给所有学生以奠定文化科学基础的中等普通教育；为不再升学的学生开设良

---

① 璩鑫圭、唐良炎编：《中国近代教育史资料汇编·学制演变》，上海教育出版社 1991 年版，第 991 页。

② 中华民国大学院编：《全国教育会议报告》，商务印书馆 1928 年版，第 95～96 页。

好的、培养其具有谋生技能的职业课程；为少数禀赋优异的学生升学做准备而教授系统的科学知识，并发展其理智。综合中学一跃成为美国中等教育中最为普遍的学校类型。从 20 世纪 70 年代开始，综合中学虽然因教学质量问题受到了"选择制中学"的冲击，但仍然是美国中等教育的主要形式。

综合中学还被作为一种能够实现教育民主和平等的模式，这在英国的表现最为典型。英国中等教育结构在传统上是以功能分散型著称的，但在 20 世纪 60 年代以后开始由多样化向综合化的方向发展，综合中学得到迅速发展。原因之一是经济的发展要求青年人受到更加完整的中等教育，另外则是第二次世界大战后的民主潮流促使管理者不得考虑建立一种人人都能获得同样机会的中等教育制度。到 1976 年，几乎在英国各地都设立了综合中学，综合中学的总量增至 3 387 所。80 年代初，英国中等教育阶段综合化改组基本完成。到 1985 年综合中学学生占同期中学生总数的 85.9%。第二次世界大战以后，日本、德国、苏联、瑞士、瑞典、意大利和法国等许多发达国家也将综合中学作为办学模式之一，综合中学成为一种较为普遍的国际现象。

随着我国经济、科技和社会的快速发展，普教与职教分离式的中等教育越来越显露其弊端。一方面，由于科学发展和知识更新速度加快，职校生由于只学习初步的职业知识和技能而缺乏坚实的科学理论基础，适应岗位能力差、缺乏发展后劲和潜力，而一旦失去所学技术岗位，往往一筹莫展。另一方面，"职教冷普教热"，不但加重了普通高中竞争的激烈程度，而且为考试而学习，仅仅满足于书本知识，导致知识面狭窄，不利于实践能力和创新精神的培养。更为严重的是，在高等教育资源仍然不充足的情况下，大部分高中毕业生仍然要面对直接就业的选择，这就使得职业准备成为高中阶段教育必然的目标之一。正因如此，现行普教与职教分离的中等教育体制从 1990 年代中期以来开始受到改革派的激烈批评，并积极探索以沟通职业教育和普通教育为目标的综合中学办学模式。

提倡综合中学办学模式者认为，根据目前和未来的社会发展和人的发展的新趋势，应该淡化职业教育和普通教育的区别，而强调二者的沟通与融合。从世界范围来看，综合中学即体现了这种中等教育的发展趋势。与功能分离型的中学制度相比，综合中学具有如下特点和优点：[1]

（1）综合中学是社会经济和科学技术发展到一定阶段的必然产物。科学技术的发展改变着社会经济结构，也引起了职业结构的变化。以后越来越多的职业不再是简单的体力操作，而是充满着创造性的智力劳动，因此需要从业者要有更为宽厚的普通教育基础，同时也要求更好的职业技能准备。

---

[1] 杨黎明：《论综合中学》，载《中国职业技术教育》2000 年第 1 期。

（2）综合中学为普通教育和职业教育的沟通架起了四通八达的立交桥，有利于淡化分轨制学校的标签效应，从而促使学校着力于学校的内涵发展。

（3）综合中学会给学生的个性发展提供良好的自主选择和个性发展的空间。综合中学既设置普通课程，也设置职业课程，以及高深课程，这样就为学生提供了多样选择的平等的学习机会，学生可以根据自己的兴趣、特长、能力选择自己相适应的课程，而且这种选择不是一次完成的，可以有一个变化发展的过程。综合中学将会更关注他们"能学什么"，而不是"不能学什么"，这样会更有利于个人的自主发展。

而在实践方面，1990 年代后期我国综合中学也开始在个别地区进入试验阶段。这种试验主要集中在经济比较发达的大城市，也有少量的农村综合中学的实验。考察这些综合中学，我们不能不承认其中的多数与综合中学的原有内涵存在着不小的差异，主要是表现为"时间拼接"和"空间并轨"的现象。所谓"时间拼接"，如有的"综合中学"在学制上采取"3＋1"模式，即前三年类似于普通中学，三年结束后可参加高考，落榜者再进行第四年的专业课学习，结束后可再参加高职的升学考试。所谓"空间并轨"，通常是为了解决职业中学缺少升学机会，社会接受程度低的问题，在职业中学中增加普通班级，这"事实上是职业中学与普通中学的结合，是一种以校内分轨代替校际分轨的教育实施机构。"[1]这和提供给学生充分类别和不同层次的课程，给学生以自我定向和自主选择，保障学生个性得到自由发展的世界性综合中学的概念相去甚远。

在当前高中普及程度不断提高，高等教育资源紧张局面得到缓解，人们就业观念的更新，教育公平理念和尊重学生个性的思想越来越受到关注的情况下，综合中学模式理应在中等教育结构中占有一席之地。但是我们也必须充分认识到综合中学的特点甚至是消极的方面，以便在开始一项新事物时有足够的思想准备。第一，综合中学不像单功能中学那样目标明确，可就其着重之点充实师资、设备，安排课程。特别在课程方面，单功能中学计划性、序列性强，衔接紧凑，循序渐进，因此学习较有效率；综合中学在规定一定必修课的基础上，学生可根据自己的兴趣、特长选择课程，所选课程很难说就能顾及到前后序列性和关联性。第二，在综合中学环境下，学生常会发生兴趣游移不定、随意选课、长期摸索、彷徨歧路等弊端。第三，综合中学将使传统的班级管理制度变得松散，由于选课和分组的关系，同学和年级概念都将发生变化，没有固定的同班同学，实行弹性升级和毕业制度。这虽然可以照顾不同学生的个性需求，并兼顾升学和就业的不同目标。但是制度越灵活，环境越自由，对管理者的管理艺术

---

① 许建美：《综合中学的内涵不是校内分轨》，载《职教论坛》2001 年第 7 期。

要求就越高，学生就需要有更强的自主、自动、自律性，否则会导致精神涣散和学习动力的丧失。

参考文献

著作：

[1] 周恩来：《谈学制》，载《周恩来教育文选》，教育科学出版社 1984 年版。

[2] 高奇主编：《新中国教育历程》，河北教育出版社 1996 年版。

[3] 龚乃传：《中国义务教育学制改革大思路》，人民教育出版社 1995 年版。

[4] 《教育大辞典》（下），上海教育出版社 1998 年版。

[5] 全国十二所重点师范大学联合编写：《教育学基础》，教育科学出版社 2002 年版。

[6] 常导之编著：《增订教育行政大纲》，中华书局 1935 年版。

[7] 李剑平著：《中国现代教育问题史论》，人民出版社 2005 年版。

[8] 瞿葆奎主编：《教育学文集·苏联教育改革（上册）》，人民教育出版社 1993 年版。

[9] 人民教育出版社编：《毛泽东同志论教育工作》，人民教育出版社 1992 年版。

[10] 王奇生主编：《中国考试通史》（卷四），首都师范大学出版社 2004 年版。

[11] 郝克明：《当代中国教育结构体系研究》，广东教育出版社 2001 年版。

[12] 高奇：《新中国教育的历程》，河北教育出版社 1996 年版。

[13] 中华民国大学院编：《全国教育会议报告》，商务印书馆 1928 年版。

论文：

[1]《一九六四年提出的中小学学制初步方案》，载《人民教育》1979 年第 6 期。

[2] 陆殿扬：《江苏省立中学学制变更的历史观》，载《教育杂志》1922 年学制课程专号。

[3]《新青年》第五卷第五号（1918 年 11 月 15 日），载《蔡元培全集》第三卷，中华书局 1984 年版。

[4] 杨黎明：《论综合中学》，载《中国职业技术教育》2000 年第 1 期。

[5] 许建美：《综合中学的内涵不是校内分轨》，载《职教论坛》2001 年第 7 期。

第四章

当代中国现代学校制度
建设的整体思考*

当前，建立现代学校制度，已经成为我国深化教育体制改革的重要抓手。什么是现代学校制度，为什么要建立现代学校制度，究竟如何建立现代学校制度等问题，已经成为研究热点。

就研究现状来看，大致可以概括为四种研究路径：第一种研究路径，是在借鉴现代企业制度，借鉴西方私营化运动中的效率、选择、市场、民营等理念，对学校经营、学校治理结构、市场选择以及政校关系等问题进行的探索。第二种研究路径，则主要是从国外校本管理的理念和实践经验，借鉴很多企业管理理论和操作性技术做法诸如精细管理、知识管理等，对学校如何自主办学，包括校本管理、校本教师专业发展、校本培训、校本课程开发等方面进行研究，在学校具体微观管理层面的技术应用上实践探索较多。第三种研究路径，则侧重于从社区参与学校管理，针对我国中小学办学中的封闭性，探索了社区与学校之间互动机制问题。第四种研究路径，则主要是从政府公共管理角度，借鉴西方公共组织和公共管理等研究成果，对政府的管理职能和角色定位问题进行了探讨，其内容主要包括：在政府层面向社会和学校放权、培育中介组织；在学校层面，则突出管理方式和手段的变化，如学校发展规划、章程办学、学校形象和创意设计、学校战略管理等；在政府对学校的督导评价方面更加突出过程性、发展性的评价理念。此外，借鉴企业管理经验，在学校管理方面引进 ISO9000 认证、全面质量管理、

* 本章由复旦大学徐冬青博士撰写。

学习型组织等理念，对学校内部的管理程序、组织文化等方面进行了一些探索。

虽然，在不同层面探索的内容和主题差别甚大，但总的来说，其旨趣主要在于：实现学校成为市场主体，自负盈亏，自主经营，法人办学；实现政府管理学校方式的间接化、中介化；在自主、效能、效率的追求中，实现学校的多样化、特色化、专业化；实现开放办学，激发学校在社会资源的利用和整合方面的主动性，锻炼获取办学资源的能力。同时，在开放办学中，实现社区对学校办学的多层面参与，促使学校民主管理。

应该说，不同层面的研究，不同学科角度的研究，不同程度的实践探索，取得了不少有价值的成果和经验。但就总体而言，不同探索仍然存在着"局部"和"点状"的问题，不少地区的学校和政府，缺少宏观和整体上的把握，很多实践者对实践的价值和方向认识不清，往往被看做是完成上级任务，改革动力的内化问题越来越突出。为此，针对当前现代学校制度改革实践问题，非常有必要进行整体性框架性的思考和设计。本文从现代学校制度的定义、意义、环节、改革问题及远景等，尝试提供了一个总体性的改革思路。

第一节　把握现代学校制度的基本内涵

现代学校制度所要调整和理顺的，是政府、社会、市场和学校之间的关系问题。因此，不同层面有着对于现代学校制度的内涵的不同理解。本文在综合各种定义的基础上，尝试提出一个整体性定义。

所谓现代学校制度，就是以学校法人制度为核心，"政校分离，产权明晰，社会参与，有效管理"，其目的在于促使学校真正成为自主经营、自我约束、自我负责、自我发展的办学主体，增强学校面向社会和市场，依法自主办学、主动发展的竞争能力，创建新型学校。所谓政校分离，是针对传统管理体制中政校不分，导致政府替代学校或学校政府化问题而提出，是学校独立办学的前提条件；所谓产权明晰，主要是指学校法人财产权的独立，拥有合理的学校法人治理结构；所谓社会参与，包括从社会中介机构、学校决策管理中的社会参与，以及学校运作中的多层次参与机制的建立等；所谓有效管理，则主要是从学校专业管理的有效性，突出学校管理的效率、效益、效能，鼓励学校自主进行创新实践，促进学校特色和多样化、个性化的形成。这个定义的核心，可以概括为：独立、自治、责任。

一、独立

这是指让长期处于依附性发展状态的学校具有独立性，成为不依赖于任何主体尤其是政府的发展主体，从而调动学校发展的积极性和主动性。也就是说，作为独立的具有人格身份的学校，在行使权利和权力时，有着清晰的边界，在与社会进行资源交换过程中，处于平等地位，有着公开的交换规则。学校的独立性是学校真正形成内在发展机制和动力的前提。

传统学校制度中的一个主要特点恐怕就是它的依附性，学校是行政机构的附属机构，校长是行政人员并以对上级负责的态度执行教育行政命令，按教育行政部门规定的评估和督导要求进行管理和发展学校，是一个对上负责，对下管理，完成上级交代的任务为最高办学宗旨。从资源分配角度来说，也是由上级，经过计划，统一纵向下拨或横向平调的方式来配置教育资源。这样，就形成了学校对行政权力的单纯依附关系，学校在与社会互动过程中，缺少自主获得资源的内在动力，同时，学校在资源竞争中，主要是"等、靠、要"的方式，来自外部的压力非常小。学校在与社会机构发生作用的时候，能量和信息都是不对称的。

总之，在基本上还呈现一种封闭或半封闭的环境中，在社会结构还未分化或分化不够的过程中，形成了学校在资金、信息、人力、文化等资源环境中，对权力的高度依赖性，学校教育变成高垄断行业。建立现代学校制度，主要是为了摆脱这种长期依附性发展问题，真正激励学校作为微观办学主体的活力。在社会结构整体转型的今天，使得学校的自主适应能力得到加强，使得资源在各个方向上，通过流动机制的建立达到有效配置。而如果要达到这种目的，一个前提性条件，就是学校作为办学主体的独立性必须在事实上得到承认，这种独立性至少有三点：

（一）独立的财产主体

原来的学校资金分配和运用，都是由行政部门划拨并规定好的，校长只要按照上级要求按时发放就可以了。随着社会经济，特别是社会主义市场经济的逐步发展，学校在运用自己的资产方面权力越来越大，但是，在资产运作中的不规范行为时有发生。因此，就需要明确学校的财产权利，并使之成为独立主体。因为，只有当学校具有人格身份并能独立行使财产权利的时候，作为一种明晰的学校产权制度才可能对学校的发展产生真正的激励作用。无论是靠行政的外在力量，还是靠资本的内在利益驱动，都无法真正最终保证学校作为独立的财产主体，并以办学为目的的资产经营方式的实现。有句话说得好，"无恒产者无恒心，无恒心者无信用"，假如学校要获得独立身份的话，首先就是要有恒产。

（二）独立的权力主体

权利要靠自己来保护，任何外在的保护都不是长久的，法律也只能是在各个权利主体中通过约定产生才有真正的公共基础。学校既然是独立的财产主体，与之配套，自然应当拥有保护财产权利并独立配置资源的权力。校长在学校治理中，自己的权威固然很重要，但单靠威信，没有制度保证，不是办学的长久之计，因此，必须有与之配套的权力及权力运作的合法性保证。扩大学校自主权是学校独立权力主体建立的前提和条件，因为首先你得有权。但是，到底学校权力有多大，学校权力的界线在哪里，校长的权力与职责是否匹配等都非常具体复杂。不管怎样，只有独立权力主体的建立，才能摆脱依附状态，也只有权力主体独立了，权力制约的多元机制才能建立，二者在实践中相互作用，相互构成。

（三）独立的资源交换主体

如果学校是独立的权力主体，那么在与社会资源交换过程中，它的主体地位就应该是独立的，而不是依附的。这里作为交换主体的独立性主要是指，在学校资源的积聚和扩散中，学校与社会、行政机构、家长、学生以及社会其他机构的互动过程中，学校是独立的，在信息、舆论、纠纷和物质资源交换中，学校是平等的主体，交换规则是公平的。这一点在现代市场经济社会中尤其显得重要，如果资源获得的机制是不合理的，交换规则是一种"潜规则"，那么，学校在办学上很可能走进误区。

二、自治

自主与自治是学校法人办学的关键。只有当法人权力结构完整，学校才能呈现自我组织能力的增生发展状态，学校发展的动力才真正实现内在化，因为，只有自主了，才能主动开放，才能知道要开放什么，吸收什么资源，而自主性则需要有完整的自治制度为保证。具体来说，包括：

（一）法人治理

学校作为社会法人组织，应当具有完整的权力和权利结构。现代学校制度的一个最基本内容就是学校的权利或权力结构是完整的，独立的。其自治的内涵就是拥有完整的权力或权利结构，拥有组织自治能力，具有独立发展和自我循环的自组织能力。某种意义上，衡量现代学校制度的标志之一就是学校的自治程度。只有具备了完善的法人治理结构，才能建立现代学校制度。法人自治意味着学校法人权利结构的完整，而不是只负责部分的或上级放下的权力和责任，法人治理是实现学校独立发展的前提，是改善学校外部治理环境的内发性条件。

（二）专业自主

学校是一个社会专业组织，而不是非专业组织。学校教育工作具有一定的专业独立性和专业特殊性。在这个意义上，现代学校制度所要求的自治，是具有一定的专业自治能力和专业自治制度的现代学校。而专业自主权的下放，则意味着一定的专业自治制度的建立和完善。只有专业自治了，现代学校制度的建立，才能体现出学校的专业独特性和不可取代性，学校才能最终依靠自己，在社会服务体系中，凭着自己的专业服务精神和能力，赢得学校的社会认可和承认，并充分发挥学校在社会职能分工体系中的功能和作用，促使学校的发展更加主动健康，更加内生化、内在化，而并非仅仅是实现政府、社会，甚至家长意志的工具。

（三）决策民主

完善的学校治理结构，一般包括董事会领导下校长负责制或校务委员会制的二级决策体制。通过这种民主决策体制的建立，使得学校不断增长自己治理自己的能力，在学校层面通过多种利益的协调和平衡，使得学校变成自我发展的主体，提高自组织能力，变政府的附属为社区发展中的自治体。这个自治体自治能力的关键在于其决策能力和决策结构的完整。由于学校教育是公益性事业，其在社会发挥的功能复杂而多样，涉及的"利益相关者"是多方面，多层次的，因此，民主决策，集体领导，校长负责就成为现代学校制度在领导决策机制方面的一个重要内容。

三、责任

这是在独立和自治的条件下建立学校问责机制，也是学校良性发展的保证。独立和自治的应有内涵是学校真正成为责任主体，为自己的行为承担责任。通过重新构造学校与政府、学校与社会以及学校内部关系，在明确责、权、利的基础上，使得学校能够承担法人责任，在法律规定的范围内履行自己的义务和职责，从而实现学校评价发展机制的多元化和多向化。具体包括：

（一）有限责任

长期以来，由于政校不分，使得学校的法人不能真正独立，这样在与社会、市场交往中，学校法人责任不清晰。按照道理，学校法人是一种有限责任，法人责任的边界应该是清晰的。但由于政校不分，使得学校责任对象和责任边界不清晰。对于学校来说，或者说对于一个社会组织来说，如果要负"无限责任"，也就等于说，其可以"不负责任"或负"随机责任"。建立现代学校制度就是要明确学校法人责任，虽然是有限的，但是明确的，有效的。

（二）多元责任

学校法人承担有限责任，但负责的对象不是单一的，在其法人责任结构中，应该是与政府、社会、家长、学生等各种主体相对应，按照权利与义务对等的原则建立的责任机制。因此，学校不是单一的对政府负责就可以了，而是要承担在不同社会服务承诺下的多元责任。作为存在着多种"利益相关者"包括学生、教师、政府、市场、社区等，建立现代学校制度，就是要从制度上保证这种多元责任机制的建立和完善。

（三）社会责任

即使是从事以营利为目的的机构，都不可推卸其提供公益产品所具有的公共社会价值。作为公益性的教育机构，学校作为提供教育专业服务单位，其身上的社会责任不可推卸，有限的、多元的责任，并不意味着学校可以不承担社会道义责任。作为提供教育服务这种特殊产品的学校，需要的是一种社会精神，尤其是利用自己的文化产品和精神，服务社会是其不可推卸的责任。学校不应当只是政府行为的注解，不应当只是看重政府评价，还更应当关注自己的社会形象，履行自己的社会责任，重视自己的社会声誉和"口碑"。只有担负起了社会文化影响和主导的责任，才能发挥学校引导社会文明的功能，得到真正的社会认可和评价。建立现代学校制度，从责任机制的意义上，是想从内在动力的角度，真正使得学校成为面向社会的责任主体，履行自己的文化导引责任。

第二节　确立现代学校制度的价值追求

建立现代学校制度，是在学校与政府、学校与社会、学校与学校之间进行的

149

一种制度创新实践，是我国学校改革发展中的深层次整体性的制度变革。为什么要进行这样的变革？换句话说，建立现代学校制度有什么价值？对于这个问题的回答，某种意义上决定了现代学校制度的发展方向，归纳起来，大致有以下几点认识：

一、为不同类型的学校提供统一的制度平台

目前，我国学校办学实践中，出现了许多新花样，带来了办学中的多样性和复杂性，如办学主体就出现了民有民办、民办公助、公民联办、公办民助、公立"转制"、中外合作等；从学校经营来看，就有滚动发展、注入发展、资源整合和股份合作等；其中，如集团办学、股份制办学、单位办学和国有民办都是目前比较有代表性的办学形式。加上公办学校，办学类型五花八门。多种办学模式、多种办学体制、多种办学主体带来的是，学校内外制度关系的多种复杂性，规则的不确定性，制度与制度之间的矛盾、冲突，学校与学校之间经常产生制度性的歧视、不平等，从而增加了当前的来自非竞争机制所导致的非均衡状态。制度的多样性、制度的差异性和制度效力的丧失，都给办学不断增加制度缺失或过度供给后所产生的成本，增加了教育改革的代价。很多好的教育理论、教育教学改革，都因为体制性、制度性因素，导致教育改革的动力不足，甚至成为教育改革的障碍。在这样的情况下，为了避免无序和混乱，为各类学校提供一个统一的制度平台就显得非常必要，这是建立现代学校制度的一个现实原因。

二、树立政府公共形象，实现政府职能转换

实现公办学校、民办学校以及"转制"学校之间的均衡发展，关键在于树立政府的公共形象。随着民办学校以及各种类型的"民营化"、"市场化"运作形式的产生，政府的公共职能被提速，迫切需要强化政府的服务职能，建立公众对政府完成公共职能能力的信心，实现我国由"竞争型政府"向"公共型政府"的角色转换。而建立现代学校制度就是要从制度层面，使得政府不再参与学校与学校之间的竞争和运营，不再对学校的微观办学活动大包大揽，从而树立公共服务和监督者的形象。政府机构改革，如果仅仅是通过减员增效，其效果只能产生短期效应，真正地淡出微观具体领域，关键在于政府职能的转变。而政府管制的目的在于维护教育竞争规则，保护竞争主体合法权益，维护学校产权和家长学生的合法利益。在具体的办学中，如改变对民办学校办学的"审批制"为"注册制"，目的在于从根本上彻底杜绝"非市场行为"，打破政府垄断教育的局面，

强化宏观调控的功能，提高宏观调控和引导社会和市场朝向公益方向办学的能力。

三、建立社会参与机制，促进学校与社区的有效互动

在我国公办教育发展过程中，封闭式办学长期来是一个问题。虽然在教育改革过程中，学校这种封闭式运行已经有所突破，但真正从内在机制上保证学校与社区（会）之间的良性互动，依然非常缺乏。学校缺少主动面向市场、社会办学的积极性，而社区、市场主体也缺少积极性来介入或参与学校发展，市民们一直是将教育看做是政府的事情、学校的事情，很少看做是"我们"的事情。随着市场经济的进一步发展，随着学校周围资源环境的变化，在办学过程中，如何有效和充分利用资源包括信息、人员、智力、资金和公共设施等，对学校的发展起的作用越来越大。从制度上保证学校和社区互动机制的建立，已经显得非常具有学校发展价值，也是实现教育民主化的时代要求。全方位地建立包括家长、学生、知名人士、企业事业单位等参与学校各方面的办学，从投资体制、管理体制和发展机制方面深度改变学校运作模式是建立现代学校制度的又一个实践价值所在。

四、建立完善法律规范体系，依法办学，依法管理

从均衡发展的角度来说，公共政府定位需要制定稳定的政策，形成办学主体的合理预期，尽量克服因政策波动而形成的短期行为。均衡是重复博弈的结果，而博弈需要规则，规则的合理合法是确保博弈效率最大化的关键。如果规则是不公平的或规则可以随意改变，那么博弈次数很难重复，一次性或少数博弈必然导致"坑蒙拐骗"，导致对信誉和品牌的轻视，从而失去办学市场的伦理道德基础，最终导致教育的发展环境缺少长治久安的制度基础。由于我国教育发展中，很多政策不但模糊而且变化非常大，造成政策的不确定性和模糊性，所以致使在学校发展中，短期行为严重。在民办学校中，一些投资者抽资或变相抽资的问题严重存在；在公办学校中则更多地表现为办学缺少可持续性，这些问题除了办学动机不良外，与极不稳定的政策环境有着相当大的关系。从稳定预期的角度来说，需要国家真正走上依法办学、依法治学的轨道，争取早日出台《中华人民共和国学校法》。对于地方政府而言，通过改革实践，积累经验，可以先行探索符合地域特点的地方性学校法规。在梳理我国已有的法律条文和国外相关法律基础上，先行制定地方性的学校法规或学校改革法。从建立地方性现代学校制度的

角度，为国家出台学校法打下坚实的制度创新实践基础。对于现代学校制度改革实验而言，可以考虑在逐步推进改革的过程中，出台一个关于现代学校制度改革的章程性的东西，明确各实验学校的权利和义务，在逐步修改和完善的过程中，可以先从政策的角度形成一些地方性的学校改革法。

五、实现校长身份内涵的转变，培育"教育家市场"

由教育行政部门任命学校校长的用人制度，使得校长长期来被纳入行政系列，按照行政人员的方式予以激励。这样，校长负责对象是上级主管单位，而不是学校，校长不对学校负责，这种责任对象不清是过去领导任命体制的一个弊端。从这种干部任用制度看，使得校长很难将"自己的命运与学校联系在一起。校长在这所学校干不好，还可以换另外一所学校，所以并没有一种紧迫感、责任感和生存的危机意识"[1]。现代学校制度用人制度的改革目标，就是促使校长的行政身份向专业办学者即教育家的身份转变。通过校长任职资格制度的建立和董事会领导下的校长负责制的确立，实现真正意义上的校长聘用合同制，从而在社会分层中，形成一个办学者阶层。其目的是淡化校长的行政身份，实现校长的教育家身份的自我认同。

就现状来说，现在的校长到底是什么身份很难界定。校长要经营、要开上级的行政会议、要攻关、要管理学校、要搞科研等，校长已经被赋予了各种各样的身份，校长是政府公务员、管理者、企业家、教师还是科研工作者并不清楚。笔者认为，现代学校制度建立的一个最重要的标志就是校长真正成为以办教育为天职的"教育家"身份的确立。

教育家一般泛指专门从事教育的工作者，包括教师和校长等。但长期来，教育家一直是作为奖励有特定成绩或在教育战线上作出突出贡献的人士。教育家本身没有身份性，只是作为奖励或一种荣誉称号。在教育战线上，有贡献或有成绩的人士，往往是这样一种升迁模式：在一般学校作出成绩的，被调任重点学校，而在重点学校做一段时间的，则一般被领导看重，进入教育行政部门从事行政管理工作。这样，把办教育与教育行政管理相混淆。这种职业升迁模式是有问题的，不利于教育专业化发展。对于教师来说，也是这样，一般教师如果做得好的话，会逐级提升为教导主任、副校长或校长，然后，走行政系列。也就是说，受传统的价值导向，在教育战线上，个人的价值往往是与个人的行政或仕途之路联系在一起的。个人仅仅在教育上有自己的专长还不够证明自己的价值，似乎走仕

---

① 《公办与民办教育的竞争与合作——陶西平访谈录》，载《教育发展研究》2005 年第 1 期。

途之路才能使自己的价值得到充分体现。这样，"教育家"就变成了一种称号，不是自己的一种身份。

就拿校长来说，校长身份一般都是办学者，是办教育的专家，但社会一般都把校长看做"官"，校长的身份认定按行政级别，这样，混淆了官员和专家的不同社会职能。行政管理与专业管理的区别，在体制上则是政府与学校职能分化不够造成的。虽然不能完全看做是官本位的影响，但客观上对于校长个人来说，在自身价值定位上，往往出现一种冲突，或者说定位不明确。当然，作为行政人员，理应追求的是仕途，这本身无可厚非，但这种升迁方式与作为教育专家专门从事教育的事业却非常不同。两种社会分工之间往往会出现矛盾，带来个人职业生涯上的抉择危机。

当然，并不是说，在实际中如果将教师提到行政岗位上就不可以，而是如果在这种升迁模式中有着价值高低的社会评价的话，这样的观念就不利于教育专业化发展，也不利于让更好的更适合从事教育工作的人才留在教育事业中。市场经济的发展带来了重新审视教育家身份的机遇，提出了需要专门从事教育工作，举办学校的教育家阶层的客观要求。这从民办学校的用人机制上可以看出，将行政选拔改为聘用方式，设立教育家的任职资格，变校长的行政身份为真正的教育家身份，形成一个教育家市场。

说到底，中国教育的发展需要一大批兢兢业业从事于教育战线的人才。这些人才在第一线上勇于创新，敢于挑战，终身"侍奉"教育事业，将自己的人生价值与所从事的教育事业价值融为一体。中国需要一个教育家阶层，这个教育家阶层是个"共同体"，具有自己的独立价值并理当得到社会的普遍认同，有一定的社会地位，具有流动性和选择性，应该是一个"教育家市场"。

第三节 解决现代学校制度建设的关键问题

建立现代学校制度的总体改革思路是：以分权为突破口，以有效合理适度的教育竞争机制的建立为核心，以一体化的有限教育市场的建立为底盘，以社区广泛参与、评价、监督为保证。但具体的改革过程却是复杂的，艰巨的。其中，如何避免"一放就乱，一收就死"的问题？如何促进竞争并预防竞争不足和竞争过度问题？如何建立有限市场并实现市场一体化的问题？如何实现社区多层面全方位地参与学校发展，建立学校和社会的互动机制，保证教育公益性方向不变？而上述这些问题的解决，都需要在制度改革过程中，处理好分权、竞争、市场和社区四个环节的衔接和配套协调问题。

一、分权

分权①是建立现代学校制度的第一个环节，也是制度建设的启动环节。当然，分权可以有两种，一种是主动分权，一种是被动分权。从我们办学体制改革过程来看，一般来说，改革之初是一种主动分权，当改革到一定程度以后，改革行为就会自然产生对制度改革的拉力，这样，一般会迫使权力机关进行被动分权。从正式与非正式角度来看，主动分权多采取一种正式分权方式，而被动分权则一般主要是采取一种非正式的方式，如有的就以课题方式，突出分权的探索性、实验性等，当然，在时机成熟的时候，一般会从非正式分权向最后正式分权转化。

我国改革开放之前，实行的是计划体制。这种体制决定了我国在向市场经济体制过渡中，任何一个方面的改革都从放权开始。因为只要不放权，任何改革都无法推动，在教育领域里同样如此。由于我国改革走的是一个渐进式改革思路，因此，放权的配套性一直是改革实践中难以解决的难题，或者说，必然碰到的问题。因为我们无法预见，当权放下去的时候会遇见什么问题，所以，总是放放收收，"摸着石头过河"。一般来说，分权的最终目标是要让学校真正成为有高度独立性的微观办学主体，释放作为办学主体的最大活力，发挥第一线办学者的最大创造性和积极性。但是，具体到各地区，向学校分权涉及到很多问题，如放权目的是什么？各类权力如何界定？放权条件和配套性措施是什么？放权的时间？具体步骤是什么？哪些权可以放？哪些权不可以放？哪些权先放？哪些权后放？权放给谁？是校长、董事会还是学校？权力运作原则是什么？运作框架是什么？对放权的制度环境和具体影响因素如何分析？放权过程中可能遇到的不确定性问题怎么估计？微观权力制约机制如何建立？分权过程中的利益冲突如何解决？如何补偿改革受损者？淘汰的教师职工，政府如何妥善安排？等等都是需要细致考虑的事情。

就我国目前情况看，分权应当遵循这样几个基本原则：第一，从学校实际出

---

① 一般对于教育分权有三种理解：权力分散是最弱的一种方式，它最多只是把管理责任从中央转移到地方或其他较低层级，而中央部门还是对教育事物保持严格的控制；委托是一种更全面的分权方法，中央当权者把职权借贷给较低层级的政府或像教堂这样的半自主组织，但委托出去的职权是可以收回的；权力下放是最深远的表现形式，财政、管理或教学方面的职权转移是永恒的，不会因为中央官员的一时冲动而被收回。本文主要是在最后一种意义上使用的。转引自劳凯生：《教育分权：公共教育体制范式的转变》，载《教育研究》2004 年第 2 期。

发，采取渐进式、软着陆的方式，分阶段实施以学校法人制度为核心的独立学校权力运作体系；第二，权力与责任相匹配原则；第三，权力与制约机制配套性建设相统一的原则。

对于这些问题的解决是实现放权稳妥"着陆"的前提。因此，如何在对各项权能进行梳理基础上进行放权试验的配套设计是一个关键问题。尽管上述问题非常复杂，但有两个基本点需要重视：

第一，注意权力分割的广度、深度和程度的框架设计。

分权广度，即下放哪些权力，如学校的目标、政策、课程设置、教材选择、教学方法、预算、资源分配、人员聘用、工资发放、绩效评估、晋升、解雇、退休、招生、教师培训和辅助服务；分权深度，即权力下放到哪一级，如地方政府、社区、工商企业、学校、校长、教师、学生、家长等；分权程度，即在多大程度上受到规章、检查、视察等外来控制和责任约束。

第二，横向分权与纵向分权需要匹配。

权力分割是建立现代学校制度过程中必然要碰到的不可回避的问题。以往，我们只注重权力在纵向上的放权，但很少考虑在横向上的权力分化。在政府层面，我们说有"三权分离"之说，但在社会层面上，同样，也存在这样的权力分离的问题，如果在社会层面出现集权，同样，政府的放权也会有顾虑的，所谓"乱"，根本上还是出现了权力的滥用，而权力的滥用，说到底是集权，是权力不受监督，这是权力运作中的问题。因此，政府应当考虑在放权的时候，综合运用纵向和横向的交叉放权分权方式，比如在社会层面，应当将行业协会、社会评估组织、决策科研机构以及其他一些协会、社团组织的职能进行分化，政府进行分类指导，这样各类社会权力形式化和理性化，在横向上，出现权力主体的多元化，这是目前值得考虑的事情。

二、竞 争

教育改革中的竞争问题主要是两个方面，一个方面是防止竞争过度，同时又要避免竞争不足的问题；另一个方面是教育竞争方式和类型单一问题。

由于我国放权改革通常是一个渐进过程，所以往往是哪类权项放下去，学校在哪些方面就先活，这些领域自然先行进入竞争状态，最容易出现混乱局面也是这些方面。之所以现在不少学校改革像企业改革，其中一个原因是我们放的主要是经营管理权，包括经费使用、人事聘用、奖励等权项，而在教育专业自主权方面放权力度不够。这样，如果经营管理权方面的竞争过度往往会影响其他权项的下放，导致分权受阻。由于我们首先放开的是经营管理权，在学校层面展开的自然也是经营性竞争，比如成本核算体系、减员增效等，民办学校就更是以学校经营能力为主要竞争手段了。由于没有教育专业自主权如课程、教学等方面放权措施的配套，其结果很容易导致同质性竞争的强度增加比如高考或"应试教育"，为什么有些民办学校的"应试教育"比公办学校还厉害，分权不均衡是重要原因。尽管不少学校在异质性竞争方面，比如校园文化、课程开发等方面发挥了一定的主动性和积极性，但这种制度环境还是不够理想，不够宽松，学校的可持续发展后劲不足。在竞争机制上，借鉴企业中的经营竞争偏多，而不是把学校发展的竞争重心落实到教育专业竞争上，自然这种改革触及教育自身不够。虽然这种放开经营权的方式，对教育本身的提高不是没有作用和价值，但毕竟是一种外在的间接的激励而不是内在的专业激励，尤其是这种经营竞争演化为成本、资本、投资等简单化的数量型竞争的时候，对教育本身的发展究竟有多少好处，值得我们认真反思，这里不能说不存在改革误区。因此，我们改革力度很大，但我们教育标准并没有发生根本变化。相比企业从产品类型、规格到服务手段等都发生了根本的变化，教育产品和教育服务在变化上却不尽如人意，不适应社会全面发展需要。总之，在放权过程中，在学校经营方面，有的地区因放权力度不够导致竞争不足；有的地区因放权不平衡，导致竞争过度。而在有的地区，异质性竞争不足，而同质性竞争过度，这些竞争不均衡现象和问题值得引起重视。所以，今后的教育改革应当在原有放权改革基础上，进一步把文章做在异质性竞争和教育性竞争方面，这是深化教育改革的需要，也是适应市场多元化发展的需要。

就竞争方式来说，经过这么多年的改革发展，教育领域的多样化办学已经有了不小发展，但从办学体制改革的角度来说，仍然需要进一步深入到教育自身的发展上。为什么"应试教育"的症结如此顽固？为什么民办学校的"应试教育"相比公办学校有过之而无不及？而公办学校也始终不能摆脱应试的囚笼。从竞争本身来说，单一化、同质性、经营性竞争的过度强化是其重要原因。一般来说，改革的目的是促进竞争，提高效益，发挥人的积极性和创造性。但对于教育来说需要进一步分析。我们教育改革的真正目标应当是促进什么样的竞争？从目前教育现状来看，经营性竞争诸如成本、资本运作等一些企业经营理念，在学校中广泛渗透，一方面固然对提高学校的办学效率起到了积极作用，但也存在着过度经营而导致的学校企业化现象，这个问题应当引起社会关注；另一方面是教育竞争，特别是异质性的诸如校园文化、办学特色以及教育创新方面的竞争都显得不充分。造成这种现象的原因可能是教育体制改革特别是放权中，我们主要放的是经营权、人事权，对于教育专业自主权，我们一直是持谨慎态度，结果导致一端发达另一端萎缩的不平衡现象。当然，通过人事权和经营管理权的改革确实对学校的发展起到了重要作用，也在一定程度上调动了广大教职工的积极性和主动性，但毕竟这种激励是一种外在激励，尤其是在"应试教育"的状态中，只可能是"雪上加霜"，最终导致的是"应试"、"分数"的这种同质性竞争，而没有真正让教师拥有专业自主权，在教育创新方面竞争不足。这就向我们提出了，经济学的"经济人"假设运用到教师身上的限度问题。教师作为一种专业人士，如何才能真正形成一种出自内在的专业激励？通过发挥教育专业创造性实现充分的教育性竞争是今后改革要解决的问题。教育的发展固然需要竞争，但竞争的单一化也会不利于教育的健康全面发展。缓解这些问题需要我们从观念上确立教育领域中竞争类型和手段的多样化。对于竞争类型的划分，从教育服务或产品的性质看，可以划分为同质性竞争和异质性竞争两种类型；从具体领域看，可以划分为经营性竞争和教育专业性竞争两种类型；从手段上来说，还可以大致分为直接竞争和间接竞争。但在我们已有的教育体制改革中，往往是集中在同质性竞争和经营性竞争类型中，异质性和教育专业性竞争并不充分。这使得我们学校的改革越来越像企业，竞争状态和企业的竞争状态非常相似，甚至还不如企业彻底规范。因此，对于教育改革中的竞争需要更细致的思考和把握。

三、市　场

教育改革的市场环节是一个重要方面，其主要问题是所谓的有限市场一体化问题。放权就会产生竞争，竞争就有输赢，就会优胜劣汰，如果不能优胜劣汰，这种竞争就不会彻底，效益就不会最大化。但办学活力得到最大化的同时，客观上必然会出现学校之间的分化，这种分化如果超过了一定的限度，也会不利于教育的发展，不利于教育多方面功能的全面实现。但又不能靠政府来托这个盘，盘子太大，政府托不了，并且政府托盘的逻辑只可能是收缩，又回到老路上去，改革必然中断。因此，如果竞争彻底放开的话，托盘的只能是办学市场，只有让市场通过自组织的方式促进教育资源的优化配置。但紧接着的问题就是办教育和办企业不一样，教育怎么可能允许学校频繁倒闭呢？这就需要我们树立有限市场的理念，而且将市场配置教育资源作为一个逐步放开的过程，当然政府调节是必要的，但政府调节的目的主要是在于制定和修改竞争规则，而不是干预市场，在有限市场作为配置教育资源的同时，政府主要是解决当前的市场一体化问题，市场一体化不是市场化，而是市场竞争主体的地位不平等问题，在目前教育市场还没有完全发育成熟的状态下，在公办学校与民办学校发展过程中，出现的种种不平等现象，不利于有限教育市场一体化，也很难做到公办学校与民办学校真正意义上的共同发展，公办学校和民办学校不平等竞争问题是需要政府作出调整和考虑的。

四、社区

社区是教育改革的第四个环节，而且也是教育改革与企业改革的根本区别。社区力量的培育和成熟是彻底放权、竞争适度和有限市场以及教育自愿性公益性正常实现的根本保证。因为在教育领域里，市场不可能解决所有放权以后产生的竞争问题。这样，社区的进入就显得非常重要。在市场中，竞争主体的出发点完全从个别学校利益出发，通过自由选择的市场机制自发调节。往往在这种竞争中，学校利益是第一位的，所以，除了政府之外，一个最重要的利益调节机制就是社区介入。社区可以促进办学的公共性，引导学校朝着有利于社区公共利益的方向发展。从日本、美国和英国等国家的私立学校和公立学校发展历史来看，社区的"自愿者"参与学校的管理和发展非常广泛和深入，包括家长、学生、社区代表等多方人士，形式有理事会、董事会或各种委员会制度等，这些做法值得我们借鉴。因为，当一所学校的发展利益与社区利益紧密结合在一起，任何一个其他主体要想轻易介入，改变办学的公共性特征，从现实操作上都是非常困难的。这也是教育作为公益性事业的客观要求。也正是在这个意义上，社区在保证和促进学校的公共性方面具有最大价值，合理引导社区力量介入办学行为，可以缓解由分权带来的竞争过度问题，弥补市场的缺陷，抑制单纯营利现象，引导办学的公益性方向。因此，在发挥市场配置机制作用的同时，更要有意识地培育社区力量，也只有在办学中社区力量培育出来以后，才能最终保证学校在适度竞争、有限市场的范围内，有较大的可持续发展的空间。这也是教育作为公益性事业的客观要求。从另一个角度来说，学校社区化本身也释放出学校在建构公民社会中的重要作用，这是学校本身的民主发展对促进社会民主化进程所应有的贡献。

上述四个环节形成的是一个相互联系、自我循环、环环相扣，相互作用、相互补充的有机整体，体现了教育改革过程本身的整体性、全面性、复杂性和丰富性。

第四节　正确处理改革中的三大关系

基础教育最基本的特征是基础性，这在很大程度上是与基础教育中的某些不变性、稳定性因素相关。某种意义上，基础教育需要相对稳定的制度环境。由于我们身处社会转型时期，基础教育的基础性制度框架并没有完整地定型，传统的定型化的体制框架，事实上已经不符合基础教育的发展改革需要，需要进行制度改革和创新。改革的过程，使得基础教育与变动性、波动性和不确定性关联在了一起。整体上来说，自上而下的改革丛生不断，表现在两个方面：一个方面是体制改革本身，包括学校领导体制、人事改革、分配制度、招生制度等方面的改革；另一方面，是基础教育的观念和行为的变革，从"双基"到素质教育到新课程等改革。无论从哪个方面来说，都表现为一个自上而下、由外向内且持续不断的变化和变革过程。这样就使得整个基础教育呈现出一种外在化状态，内生和发展的内在动力明显弱化，游戏规则的不断变化，使得人们很难在同一的制度框架下形成有效的知识积累和经验。

建立现代学校制度的根本旨趣在于，在新的转型背景下，实现政府、学校、社会三方关系的重新调整，通过制度变革达到在职、责、权、利等方面，对各个主体的边界和职能进行重新划分和定位，改变利益结构，改变权力结构，改变资源结构和配置机制。从宏观角度来说，是实现政府、学校、社会关系的制度性的整体转型；从微观角度来说，是实现学校层面的内外部治理关系的制度性重构；从机制完善的角度，主要在于协调计划（行政）和市场（契约）两大类机制，促使其在学校办学中的有机整合；从部分地区的现代学校制度的改革来看，遵循着一个从局部转型到整体转型、从点的突破到系统重建、从专业机制的建立到制度文化生态的改造、从单项制度更新到整体制度结构的转换等。

当前，在建立现代学校制度过程中，也出现了各种问题，有的地区或学校走进了"死胡同"，要么"虎头蛇尾"，要么"不了了之"。这都需要加强对现代学校制度改革理论研究，保持改革理论的生命力，形成持续变革的力量。就目前现代学校制度实践来看，不少地区出现了"高原现象"，出现了制度改革的"疲倦"和"疲劳"，因此，要突破制度改革的"瓶颈"，必须处理好以下主要关系问题，在多种关系的透视中，看到制度变革的功能与局限，其根本是要在更大的视野中，找到建立现代学校制度的坐标和参照，确定判断制度改革成效的短期标准和长期标准。

一、自主与自治的关系

学校的自主性和自治性是两个既有区别又有联系的属性。表现为自主发展能力和自治能力两种能力的发展。习惯上，我们把学校自主权和学校自治能力混淆在一起，从而认为学校有了自治权力就必然导致学校的发展。这样的认识是不全面的。因为，至少有高相关和低相关，正相关和负相关的几种关系的可能。也就是说，自治权限越大，学校可能会呈现出正向自主发展力越强，也可能是负向自主发展力越强。比如，在放权改革中，我们看到"一放就乱"的状态出现，就是因为，学校自治权限的大小与学校的正向发展和力度不一定呈现出正相关关系，而是有可能出现负相关和不一致状态。所以，学校的自治需要看对什么样的人，什么样的学校而言。同时，对于自主性较弱的学校，配套的制度改革，尤其是权力监督机制的建立，是实现学校自治与自主良性互动发展的关键机制。所以说，在建立现代学校制度建设过程中需要处理好自主与自治的关系问题。我们看到，在计划经济条件下，学校的制度环境并不宽松，但我们依旧看到很多教育家的出现。而到了放权改革的今天，应该说学校自治环境远比过去宽松多了，学校发展的空间远比过去要大，但却看到教育家的匮乏，整体教育质量并不理想的状态和学校的出现，这都需要我们深入思考制度设计中的自主和自治关系问题。只有那些自主性强的人，乐意奉献于教育的人，自治权的扩大才是有效的。否则，自治权的扩大，是完全有可能出现类似市场中"劣币"驱除"良币"的现象。

二、行政与专业的关系

学校组织的行政性与专业性是学校两个非常重要的属性。如何处理好这样两个属性，也是进行学校制度改革中应该处理好的关键关系。一般来说，行政机制和专业机制是学校组织两个很重要的运作机制。由此，延伸出来的是学校的行政权力与专业权力之间的关系处理问题。抽象地看，行政应该是为专业发展服务的，行政是学校专业的保证，而专业的发展有利于降低行政管理的成本。二者是相互作用，相互协调，相互促进的。但是，在具体的学校发展中，尤其是在学校的自主自治发展中，如何保证行政机制的有效发挥，有利于学校作为专业组织的发展，从而通过放权使学校摆脱过去长期以来的行政隶属，而获得专业自主则是在学校制度建设中的又一个需要处理的关系问题。而这个关系的处理与上面的两个属性之间是有着密切的关系的。从自治的角度来说，政府和学校关系的调整，根本在于行政权力的分配和权力重心的下移，分权、放权、授权目的都是要解决权力重心如何下移的问题，但无论权力尤其是行政权力下移到哪一个层面，权力的本性是不变的，权力就意味着服从和强制。因此，对于学校专业组织中，除了在行政权力内部或外部建立监督制约机制外，更为重要的是需要强化学校作为专业组织的专业权威和地位，只有真正按照专业特点进行的管理和评价，才可能有效促进学校的内在发展。同时，我们也要看到，专业自主权的获得，在教育改革中，也可能成为拒绝教育改革的合理借口。而这时候，行政权力的作用在教育改革，特别是启动改革，推进改革中依旧有它的作用和效力。对此，我们不能一概而论，尤其是在改革中，需要具体问题具体分析，仅仅依靠制度不一定就有效。

在制度建设上，我们同样应当防止"制度理想主义"的问题，这同"道德理想主义"的问题是同样的。在建立现代学校制度，特别是在进行学校内部治理结构的制度变革中，如何处理好行政运作机制和专业运作机制的关系问题，是学校需要处理好的第二个关系问题。

三、教育与经营的关系

学校作为专业的教育组织，其核心功能在于教育。当然，由于学校作为社会组织的复杂性，学校存在的条件却是由多方面的系统性要素构成的。其中，不但要讲究人本，还需要计较成本。因为，学校作为组织是一个消耗性单位，不可能无限制地没有资源约束，也就是成本约束。既然学校是一种有着成本约束的单位，其办学不可以不计成本的消耗和投入，成本意识基础上的学校经营就是必须的，我们看到，在公办学校的各种浪费现象包括显性和隐性的浪费，学校办学的成本意识有多差了，强化学校的经营意识有多么必要。但同时，我们也看到在民办学校中那种注重学校经营，以至以利润、计算、完全以成本核算的办学中，出现的各种违反教育规律的现象，又使得我们从另一个角度看到，由于强化学校成本意识，突出学校经营所带来的学校办学偏离教育规律，漠视教育价值的问题。所以说，在建立学校法人为主体的时候，如何处理好学校经营性和学校教育性二者之间的关系，则更是一个需要我们深入讨论的问题。我们看到，不少学校，当获得自主权的时候，可以向家长进行的各种无法兑现的承诺，虽不能说"坑蒙拐骗"，但利用变相的方式，诱惑孩子进入学校设下的各种"圈套"、"陷阱"，最后的目的还是掏家长的腰包；看到各种学校之间为了升学率而进行的恶性竞争，看到有些学校的课表上从早到晚排满一节一节的语数外，看到各种学校按照招生和升学率的指标进行"大奖"的时候，我们不禁忧虑，师生在这样状态的学校中生活是否会发生异化，这样的学校给我们的孩子带来的究竟会是什么样的结果。学校的经营不足和学校的经营过度都会给学校带来办学的偏差。处理好教育与经营的关系问题是建立现代学校制度的第三个关系。

第五节　远景：期望的走向

上述对建立现代学校制度的现实价值和具体改革环节进行了论述，最后展望一下现代学校制度改革的远景。

161

一、由以政府办学为主体逐步过渡到以社会办学为主体

如果政府被定位于"生产者"角色，必然导致政府深度介入学校教育的具体领域，这种大规模介入具体办学领域的模式，已经被中外实践界和理论界证明是一种效率非常低的经营模式。就一般共识而言，政府办学的着力点应该集中在具有战略地位的领域、影响国民发展的最迫切领域、依靠市场和社会很难提供的教育服务领域，而其他领域应当放开，充分利用社会非营利组织、非政府组织和社区各种力量介入到办学中来，充分发挥社会，包括团体和个人在教育中的作用。凡是社会能够办到的，市场能够办到的，都应该放给市场和社会；凡是在政府有效引导和规划下市场和社会能够办到的，都应该引导社会和市场提供给教育。在这个意义上，政府办学应该逐渐从主体的地位转移到补充的地位，在不断的博弈中，寻找均衡。这绝不是说政府可以推脱自己的责任，说其"补充"，也绝不是要降低其地位，而主要是从机制改革的角度，通过建立现代学校制度，更多地激发学校、市场、社会机构等多种力量的办学积极性和主动性，政府可以提供经费，提供办学设施，提供宏观的要求和评估标准，但微观办学活动则应该有多层面、多主体、多资源、多渠道的机制和动力，现代学校制度应该为实现这种转变提供结构性的制度基础。

二、由国家控制教育标准逐步过渡到由社会自发调节教育标准

教育要真正适应市场经济，关键在于教育标准的多元化。而作为国家制定的教育标准应该是最低限度或特殊要求，国家应该办最低限度的、最基本的、最必要的教育，而其他类型的教育标准应当由社会调节自发实现，而且这种教育标准应当是通过多种类型的教育竞争，借助自由选择来实现。真正合理的教育标准应当是内生于社会中，而不是由国家外加于办学主体和学习主体身上。只有这样，我们的教育才能真正走向效益最大化，教育本身的价值才能最终在其本体意义上被社会所认同，教育改革的最终目标才能实现。现代学校制度的建立是实现这种转变的制度条件，只有现代学校制度的建立，才能保证我们的学校功能不被政治、经济乃至社会非教育文化随意牵引和拉动，教育的独立价值才能最终发挥出来，才能最终将"教育的社会基础"的思维模式颠倒为"社会的教育基础"的思维模式。

三、由办学体制多元化向办学体制一体化的转变

办学体制改革的多元化实践带来了办学的活力，刺激了学校之间的竞争，提高了办学效率。但是，在多元化的探索实践中，伴随旧体制的突破，也带来了一些混乱、冲突、矛盾、空白等制度缺失或制度失灵问题，尤其是包括办学体制、管理体制、组织机制等各层面、各领域的制度问题，使得办学体制多元化发展中，缺少统一的办学体制的制度平台，在多种办学体制改革的实践基础上，深化办学体制改革聚焦到了现代学校制度的整体改革和设计上。各种改革的实践，改革的问题都需要从整体上进行系统性的制度创新，实现学校内部外部治理关系的结构重建，在多种体制并存下，建构整体性的制度体系，进行整体性的制度创新，进行系统性的制度重建，因此，现代学校制度的提出和建立，是在梳理已有各种体制改革问题基础上，从制度的深层变革角度进行的制度变革。目的在于为多元化提供统一的制度框架，促使今后的学校发展能够在制度一体化的基础上，实现更高层次的多元化发展。体制改革已经到了需要在制度层面实现一体化的时候了。所谓一体化，是指在统一的办学市场中，公办学校和民办学校具有同等的法律地位，享受的是平等的国民待遇，国家是将公办学校和民办学校纳入到一个规范体系中进行监控和管理，其一体化的基本要件，具体有：

第一，政府监督，适度资助。政府在学校管理决策体制建立和完善过程中，逐渐淡出学校的微观办学层面，改为宏观监督、政策调控、依法管理，通过信息服务、规划指导等间接方式，引导学校实现公共性或公益性最大化，逐步树立公共服务型政府形象，重构新型政府与学校的关系。政府要适度对民办学校进行资助，降低民办学校在市场中获取资源的竞争程度，如学费的档次，这是保证民办学校在与原有公办学校和转制学校之间取得平衡发展的策略，使得市场机制在民办学校发展中的激励作用有效而适度，这点是对政府在平衡教育市场方面能力的考验。

第二，学校自治，法人治理。这是现代学校制度的核心。从学校内部治理角度，实现学校在职能、权利和权力之间的一致，真正成为独立的产权主体、拥有独立的自主权和在与社会和市场交往中成为独立的交换主体，政府要敢向学校放权，不但是经营自主权而且包括教育专业自主权和课程开发权，引导学校将改革的注意力集中于教育自身方面，使得学校成为其他学校改革的示范。

第三，章程办学，行业自律。政府在管理学校的时候，要尽量考虑利用市场和社会监督制约机制间接监督。通过与学校之间的契约、合同方式建立对学校的考核问责制度。在学校内部治理方面，突出章程的合法性和权威性，政府率先在

学校章程管理和设施上作出示范。通过章程的形式将学校的二级决策体制固定下来，在董事会层面和学校的以校长为中心的校务委员会层面进行明确分工，形成民主的参与的学校决策体系，吸引社区人士和家长参与学校管理，使得专业化管理、行政性管理和公众参与性管理有机结合，为学校建立一个稳固的管理制度体系，尽可能发挥章程的法律效力。在学校外部治理方面，建立学校自主调控机制，通过培育和发挥各类中介机构和行业协会的自主协调机制，促使学校在与社会、市场的互动中形成面向社会和公众的责任机制，承担办学风险和法人责任，利用社会舆论和公众监督的无形之手，促使政府、社会、学校、市场之间的良性互动。通过这种机制的建立，变学校发展的外在行政监督为学校自我监督和内在监督。

总之，现代学校制度的建设在我国还处于发展之中。中国现代学校制度体系究竟应该发展成什么样，目前还难以确定，政府、学校、市场、社会、家长各主体关系，究竟在制度上应该达到一个什么样的"均衡解"，还是一个未知数，还需要在今后的实践发展中进行深化和提升。

参考文献

著作：

［1］叶澜：《"新基础教育"论——关于当代中国学校变革的探究与认识》，教育科学出版社 2006 年版。

［2］徐正福：《现代学校制度探索》，中央文献出版社 2003 年版。

［3］韩呼生主编：《基础教育办学体制改革新进展》，上海人民出版社 2005 年版。

［4］胡卫等：《民办学校的运营》，教育科学出版社 2006 年版。

论文：

［1］徐冬青：《普陀区公立学校"转制"研究》，载《民办教育动态》2000 年第 4 期。

［2］徐冬青：《转制学校需要"断奶"》，载《教育评论》2002 年第 4 期。

［3］徐冬青：《公立"转制"学校"进退两难"》，载《社会科学报》2004 年 9 月 16 日。

［4］徐冬青：《构建现代学校制度的几点建议》，载《中小学管理》2004 年第 5 期。

［5］李继星：《现代学校制度初论》，载《教育研究》2003 年第 12 期。

［6］郝志军、金东贤：《基础教育现代学校制度研讨会综述》，载《教育研究》2003 年第 10 期。

［7］朱小曼等：《关于现代学校制度的含义、特征、体系的初步认识》，载《人民教育》2004 年第 17 期。

［8］黄兆龙：《现代学校制度初探——兼论国有民营学校管理模式》，载《中小学管理》1998 年第 7～8 期。

［9］冯大鸣：《现代学校制度与校长评价》，载《中小学管理》2004 年第 9 期。

［10］范洁梅等：《关于建立现代学校制度的思考》，载《教学与管理》2000 年第 4 期。

［11］朱小曼等：《关于现代学校制度的含义、特征、体系的初步认识》，载《人民教育》2004 年第 17 期。

［12］兰军：《关于现代学校制度构建的探讨》，载《江汉大学学报》（人文社科版）2003 年第 5 期。

［13］褚宏启：《我们需要什么样的现代学校制度》，载《教育研究》2004 年第 12 期。

［14］吴华、宁冬华：《从现代企业制度到现代学校制度》，载《浙江大学学报》（人文社会科学版）2004 年第 1 期。

［15］吴华：《推进现代学校制度的体制性障碍与举措》，载《教育参考》2004 年第 3 期。

［16］张丰、李哉平、陈及人：《教育股份制：现代学校制度的一种"理想"》，中国教育先锋网。

［17］胡卫、徐冬青：《校本管理：现代民办学校管理制度探索》，载《教育发展研究》1999 年第 7 期。

［18］徐冬青：《产权视野下学校性质、制度及其治理》，载《教育参考》2001 年第 3 期。

［19］徐冬青：《办学体制多元化的产权关系与运行机制研究》，载《教育评论》2000 年第 5 期。

［20］徐冬青：《学校的产权分析》，载《教育与经济》2001 年第 4 期。

［21］徐冬青：《对教育资产切换的三点建议》，载《教育发展研究》2002 年第 1 期。

［22］徐冬青：《民办学校治理结构问题研究》，载《复旦教育论坛》2004 年第 5 期。

［23］徐冬青：《简论民办学校管理中的组织架构》，载《民办教育发展研究》2004 年第 10 期。

［24］陈如平：《现代学校制度的基本特性》，载《人民教育》2004 年第 21 期。

第二部分

学校教育
改革深化专题研究

第五章

中国教育概念从传统到近代的转换[*]

第一节　传统教育概念的演变

教育概念作为概括化的观念，是对教育实践的概括化反映，因此，教育概念的历史，开始于专门化的教育活动形成时期。人类的教育活动，从人类诞生的时候就开始了，但是，专门化的教育活动的出现，有一个必要的前提：劳动产品有了部分剩余，社会的一部分成员才可以从生产中脱离出来从事生产之外的专门化的教育活动。所以，教育概念的产生和形成时期，是在原始社会向阶级社会过渡的时期，具体而言，在我国，就是从夏到早商时期。这个时期专门化的教育活动主要是军事教育和音乐教育，即所谓的夏人"以射造士"和殷人"以乐造士"。

中国从晚商时期开始进入阶级社会，但是，奴隶制度很不发达，原始的血缘宗族关系被保留下来，表现为经济上的井田制和政治上的宗法制。宗法制导致世官世禄和学术官守，文化在家族范围内传承。所以，中国最早的文化教育形式是家学。从字源上看，"教"之所以从"孝"会意，与此有关。宗法制的统治从某种意义上说就是家族式的统治，它既需要明确区分宗法系统中的不同等级，又要

---

　* 历史研究的子课题由华东师范大学教育系负责，本章由杜成宪教授、章小谦博士撰稿。

强化不同等级之间的血缘关系，于是以"孝"为核心、以"礼乐"为主要内容的社会教化大行其道。

春秋战国时期，周室衰微，王官失守，学术流落民间，私学开始繁荣。春秋战国时期的私学，是中国历史上最早的专门化的教育机构，它的出现，标志着学校教育概念的诞生。在此之前，尽管出现了专门化的教育活动，但是，教育没有成为社会的一个部门，也没有成为一种社会职业。以传播本学派学术为己任的学术大师成为最早的职业化教育者，而跟随他们学习的人成为最早的以学习文化知识为目的的受教育者社会群体。虽然私学中沿袭了西周家学中"先生"和"弟子"的称谓，但是，"师"字已经开始具有"教师"的含义。由于教育成为职业化的社会活动，对教育概念的反思也上升到理论层面。这一时期，教育概念的发展进入初步的自觉阶段，表现为文献，即出现了专门论述学习者行为规范的《弟子职》；出现了全面阐述教育作用、教育制度、教育过程、教育方法和教师成长的《学记》；出现了体现自我完善教育理念的《大学》。

汉代的崇儒政策通过四条途径影响了教育概念的发展：（1）社会教化按照儒家的德治主义方案实施，教化成为儒家教育概念的基本内涵；（2）设立了以学习儒家经典为主要内容的官学，使学校教育概念得到发展。其在语言上的反映，是在东汉末年出现了"学生"一词；（3）经学教育化和教育经学化相互作用，导致教育人文精神的失落；（4）为经学研究准备条件的文字研究被称做"小学"，而文字教育又是汉代低幼阶段教育的主要内容，结果低幼阶段的教育机构就获得了"小学"的名称。

"名教"一词的流行，反映了魏晋南北朝时期儒家社会教化的轮替；而"教"字所获得的用来指称"宗教"的新用法，则表明佛教、道教等宗教教育作为社会教化的一种方式被纳入了广义的教育概念之中。尤其是对"自然"的崇尚，表明儒家观念一统的教育局面出现了松动。官学从儒家教化体系中解放出来，将文学、史学、玄学以及一些实用性学科相对独立出来并作为教育内容，使学校教育的概念得到进一步的丰富和发展。

隋唐以后，科举制度对教育产生了支配性的影响，官学基本上成为科举的附庸，几乎丧失了社会教化的功能。佛道教育的发展，理学的兴起，刺激了书院教育的产生。以研究和传播理学为目的的书院，对士人沉迷于科举持批判态度。但是书院末流逐步官学化，最终也不免沦为科举的工具。典型的书院具有大学教育的性质，它们的教育活动拓展和深化了中国传统教育概念。

明末清初商品经济的发展，为近代教育概念的萌芽提供了合适的土壤。以黄宗羲为代表的浙东学派和北方的颜李学派，站在学以致用的实学立场上，对传统的儒家教育和科举制度进行了深入的批判，主张将实用性的自然科学知识纳入教育内容。他们的教育思想已经突破传统的教育概念，具有近代性质。

第二节　近代教育概念的形成

李鸿章曾形容鸦片战争之后中国的形势是"千年来未有之变局"。在此之前，外敌入侵有过，但"一国生事，诸国构煽"① 的险恶局面没有出现过。以前的强敌，主要来自西北边陲的少数民族，使用的武器无非是弓马刀枪，而现在的敌人来自大洋彼岸，使用的武器是坚船利炮。要应对这种"千年来未有之变局"，抱残守缺显然无济于事，"师夷长技以制夷"成为必然的选择。于是有洋务运动的兴起，于是有近代教育的产生。

以 19 世纪 60 年代的洋务教育为起点，中国教育开始向近代转型。这主要表现在：

1. 培养目标的变化。洋务教育中所开办的语言学堂、军事学堂和实业技术学堂，以培养实用技术人才为主，已经不同于传统教育以培养政治治术人才为主的教育目标。而戊戌时期李端棻提出的"惟育才之法，匪限于一途，作人之风，当遍于率土"② 的建议，严复发出的"鼓民力"、"开民智"、"兴民德"的呼吁，梁启超系统论述的"新民"学说，在社会各界产生了广泛的影响，使以提高人的素质为目标的普及教育的观念深入人心。

2. 教育内容的变化。"德成于上，艺成于下"、"君子不器"的教育内容观受到挑战，"四书"、"五经"不再是唯一的教材，甚至不是主要的教材，在经历同文馆增设天文算学馆和科举增开艺科的激烈争论后，学习西方先进的科学技术，培养经世致用的人才，逐步成为朝野共识。

3. 教学组织形式的变化。洋务学堂和戊戌时期设立的新式学堂，普遍制定了分年课程计划，确定了学习年限，采用班级授课制，与传统的个别教学形式相比，不但提高了教学效率，而且改变了师生关系的模式。

4. 教育规模的变化。培养目标的变化，引起教育对象的扩大；教学组织形式的改变，导致教学效率的提高；而民族危机的加深，则推动教育投入的增长。所有这一切，使教育的规模急速扩大。

5. 教育制度的变化。教育规模的扩张，一方面使各种类型、各种层次的

---

① 李鸿章：《筹议海防折》，载《李文忠公全集·奏稿》卷二十四。

② 汤志钧、陈祖恩编：《中国近代教育史资料汇编——戊戌时期教育》，上海教育出版社 1993 年版，第 117 页。

教育机构必须按照一定的规则组织成为一个上下相连、左右相通的学校系统，从而引发近代学制的建立；另一方面则使与设立学堂有关的师资配备、教科书编订、资金投入、招生就业等问题接踵而至，从而促成近代教育行政系统的建立。

1904年癸卯学制的颁布实施，以及翌年学部的设立，标志着中国近代教育制度的建立。但是，近代教育概念的形成却早于近代教育制度的建立。一般来说，观念是现实的反映，总是先有了概念所反映的现实，然后才会有反映现实的概念。然而，正如"现代化"这个词语本身所暗示的那样，在近代资本主义的世界体系形成以后，所有落后的国家和民族都被拉进统一的世界历史的发展轨道，现代化作为时间概念空间化了。当时发达的欧美资本主义国家正处于近代阶段，而其他国家和地区则以他们为目标向前追赶，因而正处于"现代化"的过程之中。这样一来，落后的东方国家的历史不再是自然发展的历史，而是在某种意义上成了一种被规划的历史。这种被规划的历史，如果完全按照事先设定的模式发展，就会变成一种"归化"的历史，即世界上所有未开化的地区向着已经开化的地区归化的历史。所以，我们很容易理解，为什么被称做"革命先行者"的孙中山先生会提倡"知难行易"的革命哲学，因为"现代化"变革的前提无疑是思想观念的"现代化"。

不过，近代教育概念的产生，也有其实践的基础。早在鸦片战争之前，已经有外国传教士在澳门举办教会学校。鸦片战争之后，在不平等条约的保护下，西方传教士纷纷来华传教、办学，到19世纪60年代，沿海通商口岸的基督教小学就有50所。这些教会学校，就其课程设置和教学方法而言，都属于近代教育的性质。60年代兴起的洋务运动，在开矿办厂、购买枪炮、训练水师的同时，也举办了一批军事、语言和技术学校，这些学校有别于传统的官学，具有近代教育的特征。虽然，教会教育和洋务教育都是在传统儒学教育仍占统治地位的情况下举办的，但是，它们的出现对传统儒学教育是一个冲击，为中国近代教育概念的产生准备了一定的实践基础。

但是，就全局而言，中国教育观念的现代化是在甲午战争之后才实现的。尽管此前两次鸦片战争的失败，让一部分清醒的中国人开始认识到"师夷长技以制夷"的必要，但是，绝大部分中国人还是对中国的文明制度抱一种欣赏留恋的态度，"中学为体，西学为用"是这种态度的典型反映。然而，素以中国为师、向中国称臣的蕞尔小国日本，却在甲午战争中打败了中国，这不能不使举国上下大为震惊。痛定思痛的结果，是发现日本的迅速强大在于向西方学习，尤其是仿照西方建立了近代教育制度。康有为云："近者日本胜我，亦非其将相兵士能胜我也，其国遍设各学，才艺足用，实能胜我也。吾国任举一政一艺，无人通之。盖先未尝教养以作成之，天下岂有石田而能庆多稼者哉?"① 梁启超亦云："亡而存之，废而举之，愚而智之，弱而强之，条理万端，皆归本于学校。"②

甲午战争后，由康有为、梁启超领导的维新运动得到了蓬勃的发展。维新运动在以下三个方面促进了近代教育概念的形成：第一，维新思想家们对传统的"学校—教化—治国"的教育目的观进行了批判，提出了"学校—开民智—救国"的教育目的观。教育以"开民智"为目的，使教育从教化中分离出来。第二，维新派大办报纸，广立学会，在推动近代新闻事业发展的同时，使教育和其他重要的社会问题一起，成为舆论关注的焦点，这为近代教育概念和教育语言的形成提供了最重要的前提条件，因为概念和词语都是在思想交流和传播的过程中形成的。第三，一些西方传教士出于不同的目的，在教育问题为朝野注目的时候，适时地介绍西方和日本的教育制度，为中国近代教育概念的形成提供了重要的外部参照。对西方和日本表达教育概念词语的翻译，直接推动了中国教育概念的形成和表达教育概念词语的产生。

第三节　近代教育概念的表达

如何表达近代"教育"概念的语言学问题，在清末成为一个重大的问题，该问题随着以下实践问题的解决而得到了解决，这个实践问题就是：随着近代教育的发展，必须设立一个管理全国教育事务的中央行政机关，而设立这个机关的前提是为它命名。

毋庸讳言，这样一种机关是对西方和日本类似机关的模仿，因而在命名方面也必然受到西方和日本中央教育行政机关名称的影响。最早接触到这个问题的是清廷驻外使节和游历官绅。对于他们来说，面临的问题是如何翻译日本和西方中央教育行政机构的名称。日本于 1871 年设立管理全国教育和科学文化的机构，称文部省。清政府于 1876 年开始派驻日本公使，文部省的名称随即经由何如璋、黄遵宪等介绍到中国。由于中日两国文字的特殊渊源关系，文部省之名称可以直接从日文移用于中文。最早出使欧洲的郭嵩焘，倾向于采用音译的办法翻译西方的人名、地名和机构名称，但是，在他的日记中还是有不少地方提到了法国和英国的"教部"和"学部"。很有意思的是，1891 年出使欧洲的薛福成将西方的

---

① 汤志钧、陈祖恩编：《中国近代教育史资料汇编——戊戌时期教育》，上海教育出版社 1993 年版，第 117 页。

② 同上，第 7 页。

官制和中国的官制进行了比较，他说："观各国设官之意，颇有与中国暗合者。如英、法、意、比等国办事，亦各分厥部，每部设一尚书。有内部、户部、学部、兵部、刑部、藩部等尚书。内部即吏部，学部即礼部，藩部即理藩院也。"①

薛福成把西方的学部同中国的礼部相提并论，并非毫无道理，因为当时中国掌管学校的机构正是礼部。但是，随着国内近代教育事业的迅速发展，薛福成的观点很快就过时了。近代教育不再属于礼教的范畴，在礼部之外建立新的专门管理教育事务的中央行政机关，在 19 世纪的最后几年终于被提上议事日程。

李提摩太（英国传教士，编者注）于 1887 年曾建议将中央教育行政机关称做"新学部"或者"广学部"。严格地讲，这个名称与 education department 是不可对译的，因为"新学部"的立足点在推广新学，而不是对全国教育事务的管理。最早在 education department 意义上提出学部名称的是何启与胡礼垣，他们在 1895 年印行的《新政论议》中提到："而添商部、学部、内部、外部，合户、兵、刑、工而为八部。论其次叙（序），则以商部为第一，学部第二，户部第三，兵部第四，刑部第五，工部第六，内部第七，外部第八……以一人为宰相，而八部之长使宰相自择其人"。② 他们并进一步说明设立学部的理由是"学部不设，则国内无堪用之才，故加立学部而进之为第二者，欲中国以贤才为宝也。""学部"名称提出后，即为大多数人所接受。如 1898 年 6 月，康有为在《请开学校折》中，放弃了以前"学校局"的提法，改用学部一词："若其设师范，分科学，撰课本，定章程，其事至繁，非专立学部，妙选人才，不能致效也。"③

但是也有人提出别的名称，如"教部"、"文部"、"文学部"、"学务部"、"教育新部"等。以"教部"为名，如 1896 年汪康年在《中国自强策》中提出："议院既立，则立相以总内外之务"，下设户、刑、商、农、外、兵、工、邮政、民、海、教等部分管各事，学校由教部执掌。④ 在 19 世纪末的汉语语境中，将中央教育行政机关称做"教部"是不合适的，因为这时的"教"多用来指宗教。如王照在《礼部代递奏稿》中建议"教部"和"学部"同时设立，而设立"教部"是为了"以西人敬教之法，尊我孔子之教"，⑤ 这显然是在"宗教"的意义上使用"教"字。

还有人建议将拟设立的中央教育行政机关称做"文部"或"文学部"。如

① 薛福成：《出使英法意比四国日记》，转引自关晓红《晚清学部研究》，广东教育出版社 2000 年版，第 33 页。

② 转引自关晓红：《晚清学部研究》，广东教育出版社 2000 年版，第 68 页。

③ 汤志钧、陈祖恩编：《中国近代教育史资料汇编——戊戌时期教育》，上海教育出版社 1993 年版，第 50 页。

④ 载《时务报》1896 年第 4 册。

⑤ 中国史学会主编：《中国近代史资料丛刊·戊戌变法》（二），上海神州国光社 1953 年版，第 355 页。

1902 年 12 月 29 日《大公报》的"时事要闻"登载了张百熙嘱瞿鸿礼"具草请立文部"的消息。1902 年有人发表《论中国宜设立文部之关系》的文章。[①] 但是,"文部"的名称直接来自日本,不但让清政府,也让一般的中国人觉得难以接受。在中国传统语境中,"文"更多地与现代汉语意义上的"文学"联系在一起,用来表达近代"教育"概念也是很不合适的。

也有人提议用"教育新部"或"教育部"为拟议中的中央教育行政机关命名。如李提摩太于 1889 年在《新学序》中写道:"中国举行此事,不必辄即费银若干,渐进可也。然设新学之法,其要有四:一,国必须先设一教育新部,以专责成,令其于各省要处皆设立新学。"[②] "教育"一词也是来自日本的外来词,而且在国内尚未产生影响,故此议也不可能被清政府接受。

最后,经过反复的讨论和酝酿,清政府终于于 1905 年 12 月 6 日颁布上谕,设立统管全国教育事务的中央行政机关,将其命名为学部。

教育概念是对教育领域里的所有事物和一切现象的概括,清政府将管理全国教育事务的中央教育行政机关命名为"学部",这表明在命名者的观念中,凡是与教育有关的事物或现象,都属于"学",也就是说,"学"是当时表达"教育"概念的词语。大约从《周礼》开始,行政机构设官分职就是基于对社会生活领域的分类。不过,由于不同地区、不同时代的人们对社会生活的各个领域认识不一样,分类的标准不一致,因而机构的设置也会有差别。对事物的分类,反映了人们对事物共同属性的把握,实际上就是给出了事物的概念,并对概念进行了定义。古代由掌管教化的礼部管理学校,说明人们把学校教育看做是教化的一种形式,而近代专设学部管理教育,则说明教育已经从教化中分离出来,像工业、农业、商业一样,成为一个独立的社会部门。为什么将管理全国教育事务的中央教育行政机关称做学部呢?或者说,为什么可以用"学"来表达教育的概念呢?

最早考虑用什么汉语词汇来表达"教育"概念的应该是西方来华的传教士。在中西文化交流的过程中,"教育"概念的表达问题凸显出来。14 世纪在西欧出现了资本主义萌芽,随后,从意大利发端,兴起了文艺复兴运动,16 世纪,路德在德国掀起了宗教改革运动。由于这些历史事件的推动,资本主义性质的教育在欧洲得到了发展,到 17 世纪,欧洲近代教育概念已经形成。当明末清初西方传教士来到中国,出于宗教宣传的目的准备把西方的教育制度介绍给中国的时候,他们发现汉语中没有现成的可以用来表达近代教育概念的词语。明天启三年(1623 年),意大利耶稣会传教士艾儒略撰《职方外纪》,其中有介绍当时欧洲

[①] 见关晓红:《晚清学部研究》,广东教育出版社 2000 年版,第 74～75 页。
[②] 载《万国公报》1889 年第二期,第 14 页。

教育情况的文字如下："欧逻巴诸国皆尚文学。国王广设学校，一国、一郡有大学、中学，一邑、一乡有小学。小学选学行之士为师，中学、大学又选学行最优之士为师，生徒多者至数万人。"① 由于汉语中没有可以同英文 education 及意大利文 educazione 对译的词语，艾儒略选择了用"尚文学"来表达西方的教育概念。

《论语·先进》中已经有文学一词："德行：颜渊、闵子骞、冉伯牛、仲弓。言语：宰我、子贡。政事：冉有、季路。文学：子游、子夏。"邢昺疏："若文章博学，则有子游、子夏二人也。"后转指"儒家学说"，如《史记·孝武本纪》："而上乡儒术，招贤良，赵绾、王臧等以文学为公卿，欲议古立明堂城南，以朝诸侯。""文学"既然可以指"儒学"，而儒家又推崇教化，所以"文学"和"教化"有密切的关联，二者结合生成新词"文教"，和"教化"基本同义。② 如《晋书·刘颂传》："魏武帝以经略之才，拨烦理乱，兼肃文教，积数十年，至于延康之初，然后吏清下顺，法始大行。"由于"文学"和"教化"的关联，艾儒略以"尚文学"一语描述 17 世纪的欧洲教育，大致说得过去，不能算是对中国文化和语言的误读。但是，两百七十多年后，林乐知直接用汉语"文学"同英语 education 对译，却有些扞格难合。在林乐知译、森有礼编：《文学兴国策》一书中，"文学"确实是用来翻译 education 的。比如以下这段文字：③

诚能若是，则虽通国皆平庸之人，亦得藉文学以补天资之不足，全国之风气安有不兴乎？文学既兴，而士农工商四民之职业各得其益，且可交资其益矣。故兴学为有国者教民之本务，实亦为修身者自治之首务焉。

我们无法得到《文学兴国策》中那些英文信件的原本，但是由上文先言"文学既兴"，下文再说"故兴学为有国者教民之本务"可以推断，"文学"就是指"教育"。不过，在《文学兴国策》中，还多次出现"教化"和"学校"两个词，从这两个词在文中的含义来看，教化为"文学"的上位概念，学校为"文学"的下位概念。

教化为"文学"的上位概念，如：④

有教化者，即人之能自修治，以精进其学问德行之功能也；未教化者，即人之不学无术，致未远于生初鄙陋之本质也。如欲使未教化之人尽入于有教化之域，则夫文学之事又安可少哉？

学校（学堂）为文学的下位概念，如：⑤

① 艾儒略原著，谢方校释：《职方外纪校释》，中华书局 1996 年版，第 69 页。
② 《尚书·禹贡》中有"三百里揆文教，两百里奋武卫"一语，但《禹贡》为梅氏伪古文篇目。
③ ［日］森有礼编：《文学兴国策》，林乐知、任廷旭译，上海书店出版社 2002 年版，第 15 页。
④ 同上，第 17 页。
⑤ 同上，第 22 页。

所以家范为文学之初基，可使人激发其亲爱之情；教道为文学之大原，可使人练习于当行之道；学堂为文学之总汇，可使人黜伪崇真而谨守勿失，此文学之次第也。

由上引文字可知，"教化"相当于现代汉语的"精神文明"，"文学"相当于"教育"，是精神文明的一部分。"家范"相当于"家庭启蒙教育"，"教道"是"家庭道德教育"，而"学堂为文学之总汇"，说明学校教育是教育的主体部分。

在 19 世纪末用"文学"来翻译 education，的确不是很妥当的选择。当时汉语中"文学"一词主要有三种含义，一指文化、文明，如李佳白《中国宜广新学以辅旧学说》："商之世，洒哥洛从埃及来，建国于雅典，教民礼义文字，是为欧洲人文学之祖，历代讲求，渐臻明备。"[①] 二指儒学，如徐勤《中国除害议·除不学之害》："无如才识之开，皆由文学，士人既专文学之业，九流咸奉为宗师。"[②] 三指文科，如《通艺学堂章程》："第二条、初次学期功课，除英国语言文法，来者均所应习外，余粗分两比一曰文学，一门艺术，以便学者自择所宜。"[③] 文学在这三种含义上都不宜用来表达教育概念，林乐知勉为其难地使用这个词语，反映了一个问题：由于中国教育近代化实践的不断发展，以及西方教育制度和教育理论的逐步引进，中国近代教育概念已趋于形成，人们却还没有找到这么一个词语，可以最恰当地表达正在产生的近代教育概念。

一开始，人们还是尝试在旧的框架内解决新问题，即用"学校"一词去表达近代"教育"概念，比如，梁启超有两篇专门论述新教育的文章就题名为《学校总论》和《学校余论》，在 1895 年康有为《上清帝第二书》中，曾将设想中的中央教育行政机关称为"学校局"，一些西方传教士则采用以"学校"一词为中心的短语翻译西方"教育"概念，如 1895 年李提摩太翻译的《泰西新史揽要》，就以"学校之事"来表达"教育"，以"学校之制"来表达"教育制度"。[④] 然而，这种表达方式必然引起逻辑上的混乱，"学校之事"与"学校之制"从语言的角度去分析应该是在外延上互不包含的两个概念，而事实上"学校之制"（教育制度）却从属于"学校之事"（教育）。但"学校之事"与近代教育的概念还是有很大的区别。尽管学校是教育的枢纽，教育的各个方面都会与学校发生直接或间接的关系，但是，不是所有的教育问题都可以归结为"学校

---

① 汤志钧、陈祖恩编：《中国近代教育史资料汇编——戊戌时期教育》，上海教育出版社 1993 年版，第 22 页。

② 同上，第 13 页。

③ 同上，第 152 页。

④ ［英］麦肯齐：《泰西新史揽要》，李提摩太、蔡尔康译，上海书店出版社 2002 年版，第 112 页、201 页、228 页。

之事"。说到底，学校不过是教育系统中的一个元素，而依据"系统大于元素之和"的一般系统论原则，试图用一个元素去表达或者描述整个系统是不可能的。

有一个词语，可以表达"学校之事"这个短语的含义，但是比"学校之事"更具有概括性，那就是"学务"。"学务"一词在19世纪初可能已经产生，如《道光三十年谕》："御史麟光奏整顿学务一折。国家建立官学，原以教养宗支及八旗子弟，自应循名责实，无令旷功。""学务"在19世纪中叶以后开始成为常用词。1899年，湖广总督张之洞曾在湖北设"学堂所"，管理新式教育，1901年改为"学务处"，应该也是考虑到举办新式教育条理万端，绝非"学堂"一词所能概括的。比较而言，"学务处"这个名称显然更贴切。不但继湖北之后各地设立的管理新式教育的机关多称"学务处"，1904年清政府的"管学大臣"也改称为"学务大臣"，癸卯学制的核心文件就称《学务纲要》。由学务大臣所属（辖）的机构，可以知道当时"学务"的大致范围，包括："一曰专门处，管理专门学科学务。二曰普通处，管理普通学科学务。三曰实业处，管理实业学科学务。四曰审订处，审定各学堂教科书及各种图书仪器，检察私家撰述，刊布有关学务之书籍报章。五曰游学处，管理出洋游学生一切事务。六曰会计处，管理各学堂经费。"① 由此可见，"学务"在内容基本上囊括了近代教育的方方面面，也就是说，"学务"等同于"教育事务"，"学"可以表达教育概念。

"学"可以表达教育概念，从词汇史的角度看，是因为"学"在传统语境中一直具有极为丰富的内涵。它不但可以指学习、效仿这种行为，如《论语·学而》："学而时习之"；也可以指教育机构，如《礼记·学记》："国有学"；还可以指学科，如《宋史·杨亿传》："真宗称其才，长于史学"；指学问，如《墨子·修身》："士虽有学，而行为本焉"；指学说，如《庄子·天下》："百家之学时或称而道之"；指学派，如《韩非子·显学》："世之显学，儒、墨也"。"学"的这些含义一直保留到近代。但是，"学"可以表达教育概念，主要还是因为时代的发展赋予"学"这个词以新的内涵。表现在两个方面：一是19世纪末新旧教育思想、教育制度的斗争，在一定的程度上被归结为新学和旧学、中学和西学之争，而"新学"、"旧学"所指，已远远超出"学说"、"学派"的范围，涉及到中西文化整合的哲学层面。"学务"一词的外延因此大大扩展，越出"学堂之事"的范围，涵盖到教育宗旨、教育内容、教育制度等各个方面。二是在19世纪末，"学"还产生了一个新的义项，指"社会的一个行业或一个领

---

① 朱有瓛、戚名琇、钱曼倩等编：《中国近代教育史资料汇编——教育行政机构及教育团体》，上海教育出版社1993年版，第6页。

域"。如当时流行的一句话"兵战不如商战，商战不如学战"①，就是把"学"和兵、商并列为社会的一个部门。用"学"来指称整个教育部门或教育行业，这是"学"可以表示教育概念的最显著的例证。

第四节　学校教育与教化的分离

《学记》云："玉不琢，不成器。人不学，不知道。是故古之王者建国君民，教学为先。"这句话中的"教学"是"教育"的意思。"建国君民，教学为先"，这似乎表明，早在汉代，人们就认识到了教育事业的高度重要性，其实不然。通常认为，教育有广义、狭义之分，狭义的教育指学校教育；广义的教育指培养人的一种社会活动，是传承社会文化、传递生产经验和社会生活经验的基本途径，凡是能增进人们的知识和技能、影响人们的思想观念的活动，都属于教育的范畴。《学记》所谓的"教学"，指广义的教育，相当于"教化"。教化有两个层次：第一个层次，是培养贵族子弟，使他们具备"治人者"的资格和能力；第二个层次，是化导黎民百姓，使"治于人者"心甘情愿地接受统治。所以，在"体国经野，设官分职"的《周礼》中，"掌邦国之教"的是地官司徒。司徒即"司土"，"大司徒掌建邦之土地之图与其人民之数"，类似于后世六部中的户部。由司徒"掌邦国之教"，应该是指对黎民百姓的化导。② 负责培养贵族子弟的是"帅其属而掌邦礼"的春官宗伯。大宗伯下设乐官大司乐，为中大夫。"大司乐：掌成均之法，以治建国之学政，而合国之子弟焉"。③ 春官宗伯相当于后世六部中的礼部。《周礼》所述官制过于理想化，其周密程度远远超过西汉的实际官制，因此不可全信，但是《周礼》以隶属春官宗伯的大司乐掌管贵族教育，却开了历代由礼部或礼官管理教育机构的先河。

自西汉开始，出现了专门培养儒学人才的中央官学，称做太学。管理太学的官吏为九卿之一的太常。太常是掌管宗庙祭祀和礼仪的官员。《汉书·百官公卿表》云："奉常，秦官，掌宗庙礼仪，有丞。景帝中六年更名太常。"颜师古说："太常，王者旌旗也。王有大事则建以行，礼官主奉持之，故曰奉常也。后

---

① 有人认为这句话是郑观应在《盛世危言》中提出来的，不正确。《盛世危言》中有"习兵战不如习商战"之语，也使用了"学战"一词，但不是在"兵战不如学战"的意义上使用。不过这句话在19世纪末的流行肯定与郑氏有关，因为它表达的思想显然来自《盛世危言》。维新运动时期，湖南曾组织"学战会"，以研习新学为宗旨。

② 见《周礼·地官司徒》。

③ 见《周礼·春官宗伯》。

改曰太常，尊大之义也。"① 东汉、魏晋、南北朝，太常卿以礼官身份管理学校事务的制度没有什么大的改变。隋唐实行三省六部制，以礼部管理学校。以唐制为例，中书省、门下省、尚书省是国家最高的政务机构，分别负责决策、审议和执行国家政务。尚书省分为吏、户、礼、兵、刑、工六部，部下有司，礼部下设礼部、祠部、膳部、主客四司，其中礼部郎中、员外郎，掌礼乐、学校、衣冠、符印、表疏、图书、册命、祥瑞、铺设，及百官、宫人丧葬赠赙之数。宋元明三朝，官制因时损益，但礼部管理学校之职始终未变。

清朝礼部仍然掌管学校，但是，国子监的情况有些例外。自顺治元年国子监设立到康熙十年，国子监一应事宜，由礼部掌行。康熙十年，改归本监。雍正三年，始设管理监事大臣。乾隆二年，孙嘉淦以刑部尚书管监事。此后，《清史稿》还提到"尚书兼管国子监事刘墉"、"大学士管监事蔡新"等，② 足证清朝国子监自雍正三年以后，都是尚书或者大学士专管或者兼管。不过，国子监所辖，仅限于中央官学，包括国子监六堂、南学、八旗官学、算学等。国子监作为最高学府，接受各省举荐的贡监生，但是，它与地方官学不存在隶属关系。

清朝学政全称"钦命提督某省学政"，由皇帝任命主持一省学务，不属礼部管辖。但是，严格地讲，学政主要是考官，而不是教育行政官员。其主要的职责是主持秀才考试，即院试。然而，学政到省后，所有地方教育官员，均为其属员。明清两代学政之设，充分反映了学校教育已经沦为科举考试的附庸。科举考试制度，本来也是按照"学而优则仕"的儒家德治主义理想设计的，不过由于科举制度本身与儒家德治主义的内在矛盾，科举制度最终走到了教化理想的反面。

由此，在清朝，礼部仍然是管理学校的主要行政部门。清代礼部下设仪制、祠祭、主客、精膳四个清吏司，其中仪制清吏司掌管嘉礼、军礼、学校、科举等事务。仪制清吏司下设建言、王府、印信、学校等科。学校科是专门管理各省官学、书院、义学、社学的机构。

为什么由礼部管理学校？这是因为，古代学校教育是礼教的一部分。政教合一本是儒家德治主义的核心主张，而教化的关键在于礼制的实行。《论语·子路》记载了孔子以礼为治的思想。

子路曰："卫君待子而为政，子将奚先？"

子曰："必也正名乎！"

子路曰："有是哉，子之迂也！奚其正？"

---

① 班固撰、颜师古注：《汉书·百官公卿表》。
② 见赵尔巽：《清史稿·选举志》。

子曰:"野哉,由也!君子于其所不知,盖阙如也。名不正,则言不顺;言不顺,则事不成;事不成,则礼乐不兴;礼乐不兴,则刑罚不中;刑罚不中,则民无所措手足。故君子名之必可言也,言之必可行也。君子于其言,无所苟而已矣。"

如何正名呢?"齐景公问政于孔子。孔子对曰:'君君、臣臣、父父、子子。'"① 教化与正名结合在一起,是谓纲常名教,它后来成了儒家教育的精髓。孟子已经提出把明人伦作为教育的目的。他说:"夏曰校,殷曰序,周曰庠,学则三代共之。皆所以明人伦也。"② 荀子更是将礼教的作用强调到了极致。他认为礼"以为下则顺,以为上则明",所以 "天下从之者治,不从者乱;从之者安,不从者危;从之者存,不从者亡"③。至南宋朱熹,作《白鹿洞书院揭示》云:"父子有亲,君臣有义,夫妇有别,长幼有序,朋友有信。右五教之目。尧舜使契为司徒,敬敷五教,即此是也。学者学此而已。"④ 文中明确地将明人伦作为书院的教育目的。

封建统治阶级也意识到学校教育的根本目的在于教化。明太祖朱元璋就说:"学校之教,至元其弊极矣。上下之间,波颓风靡,学校虽设,名存实亡。兵变以来,人习战争,惟知干戈,莫识俎豆。朕惟治国以教化为先,教化以学校为本。京师虽有太学,而天下学校未兴。宜令郡县皆立学校,延师儒,授生徒,讲论圣道,使人日渐月化,以复先王之旧。"⑤

学校为教化之本,但也担负着培养人才的使命。康熙四十一年颁《御制训饬士子文》强调:国家建立学校,原以兴行教化,作育人材,典至渥也。朕临御以来,隆重师儒,加意庠序,近复慎简学使,厘别弊端,务期风教修明,贤才蔚起,庶几械朴作人之意。⑥

不过,封建时代所谓贤才,主要是指道德上的楷模。所以《礼记·大学》论士人"为学之次第"曰:古之欲明明德于天下者,先治其国。欲治其国者,先齐其家,欲齐其家者,先修其身。欲修其身者,先正其心。欲正其心者,先诚其意。欲诚其意者,先致其知。致知在格物。物格而后知至,知至而后意诚,意诚而后心正,心正而后身修,身修而后家齐,家齐而后国治,国治而后天下平。自天子以至于庶人,一是皆以修身为本。

---

① 《论语·颜渊》。
② 《孟子·滕文公上》。
③ 《荀子·礼论》。
④ 《朱文公集》卷七十四,转引自孙培青:《中国教育史》,华东师范大学出版社 2000 年版,第 208 页。
⑤ 《明史》卷六十九。
⑥ 璩鑫圭主编:《中国近代教育史资料汇编——鸦片战争时期教育》,上海教育出版社 1990 年版,第 120 页。

因为"君子之德风也，小人之德草也，草尚之风，必偃"，① 统治者为政以德，"譬如北辰，众星拱之"，② 其身正，能不令而行，所以，学校教育只要培养出道德高尚的君子，由他们在全社会推行教化，自然就能达到"家齐而后国治，国治而后天下平"的目标。

然而教化非止学校教育一端，礼乐、祭祀、庆典、朝觐、衣冠、册命、祥瑞，举凡皇家的重要活动，都有规定的礼仪，也都与对百官和万民的教化有关，所以，学校教育不过是礼部职责中的一部分而已。制度是观念的体现，中国古代由礼官或礼部掌管学校的历史事实表明，传统的教育概念从属于教化概念，或者说，学校教育不过是教化的一种形式。因为儒家的教化主要采取礼治的形式，所以学校教育也把"明人伦"作为自己的教育目的。传统教育概念从属于教化概念，在语言上表现为传统教育没有自身独立的表达形式，凡是可以表达教育概念的词语，同时也可以表达教化，反之亦然。换一个角度说，传统教育概念还没有广义和狭义之分。将古代官学或者书院的教化活动称做"学校教育"，反映了现代教育学对古代教育的理解，但是，可以肯定的是，古代教育活动的当事人，从来没有达到过这样的自觉，即把与他们的活动有关的各种事物综合起来形成一个统一的概念，并且用一个词语来为这个概念命名。

前已论及，学部的设立，已经表明教育从教化中分离出来，成为一个独立的社会部门。教育与教化的分离，还表现在教育者称谓的变化方面。封建官学里的教育者，统称教官，又称学官。教官之名，先秦已有。既名教官，必然与教育有关。春秋之前，教育尚未从其他社会活动中分化出来，没有专门的教育机构，因此也不存在专职的教育者。所以西周时期的教官，实指掌管社会教化的政府官员，而不是教育机构中的教育者。关于教官的记载，最早见于《礼记·地官司徒》：

惟王建国，辨方正位，体国经野，设官分职，以为民极。乃立地官司徒，使帅其属而掌邦教，以佐王安扰邦国。教官之属：

大司徒，卿一人。小司徒，中大夫二人。乡师，下大夫四人、上士八人、中士十有六人。旅，下士三十有二人、府六人、史十有二人、胥十有二人、徒百有二十人。

中国最早的官立的专门化教育机构，应当是西汉在董仲舒的建议下设立的太学。西汉太学之设，虽然打着仿古的旗号，但是西汉的太学，与古书记载中的太学已经有着根本的不同。它有专职的教师，有专事学习古代经籍的学生，有专门的课程，有系统化的管理措施，有相对正规的招生和就业制度。所以，真正从事

---

① 《孟子·滕文公上》。
② 《论语·为政》。

学校教育工作的教官，最早出现于西汉时期。

在封建官学中，从事教学工作的博士、助教，称做学官或教官；从事管理工作的祭酒、司业、丞、簿，称做监官；主管地方教育的行政官员，称做指学官、学政、学道；主持科举考试的官员，称做考官。监官、指学官、学政、学道、考官称之为官，理所当然，因为在现代教育系统中，这批人仍然是官，比如，教育局长、校长、招生考试委员会的主任，都是有一定级别的官员，但是，现代从事教学工作的人员，只是普通教育工作者，不是官员。为什么封建社会中的教师也会被称做"官"呢？这是因为受儒家德治主义的影响，中国封建社会的教育与政治密切相关，可以说是政教不分，官师合一。明太祖所谓"朕惟治国以教化为先，教化以学校为本"，正是德治主义观念的典型表现。封建时代的教官，实权不大，但品秩不低。以博士为例，《汉书·百官表》云："博士，秦官，掌通古今，秩比六百石。"秦朝博士，还不是教官，那时也没有中央太学，"博士虽七十人，特备员弗用"。西汉始立五经博士，为太学教官，其品秩在大夫与郎官之间。贾谊由博士迁太中大夫，再拜太子少傅，可见博士品位之高。唐代博士比汉代博士在数量上有所增多，地位也有所下降。国子博士，为正五品上阶；太学博士，为正六品上阶；四门博士，为正七品上阶，跟县令相当。宋朝以后，教育规模继续扩大，博士数量又有增加，教官品秩再次降低。据《宋史》卷一百六十八载："诸王宫大小学教授，国子博士，为正八品。"明朝朱元璋重视学校教育，教官品秩有所提高，国子博士为正七品。清朝博士种类繁多，太常寺世袭博士地位最高，为正七品，国子博士次之，为从七品。现代博士是学位，不是官衔，博士从政，据说也是副处，拟之古代官阶，也相当于从七品吧，还不算掉价。

清末新式学堂的教育者一开始被称做"教习"。清末洋务学堂的兴办，标志着教育近代化的开端。同传统教育机构相比，洋务学堂有两个新的特点：一是在教育内容上引进了西学；二是在教育者中出现了洋教习。将洋务学堂里的教育者称做教习，从当时的历史环境来看，具有必然性。首先，清朝中央官学系统中的八旗官学、宗学、觉罗学等教育机构，已经称其教育者为教习，将洋务学堂中的教育者称做教习，不过是沿用旧称，其实，京师同文馆早期的汉文教习张旭升、杨亦铭等人，原来就是八旗官学的教习；其次，洋务学堂受到保守派的敌视和攻击，洋务派自身也刻意强调洋务学堂与传统官学的区别，因此，洋务学堂的教育者在当时的情况下不可能被称做教官。

尽管不被称做教官，洋务学堂的汉教习还是有官阶品级。张旭升、杨亦铭在同文馆任汉文教习两年后，同治四年四月初五日，奕䜣等在《俄法两馆二年期满请照章奖叙教习折》中称：并传八旗教习杨亦铭充俄文馆汉教习，张旭升充法文馆汉教习，均于二年三月初六日到馆。自到馆之日起，扣至本年三月初六日，二年期满，该教习等在馆课读，朝夕无间，自应照章奖叙，均请以知县用。如蒙俞允，即由臣衙门咨照吏部遵办。①

开始对洋教习只是付给丰厚的薪酬，后来，似乎洋人也来了官瘾，清政府只好给洋教习也封官。光绪十一年十一月初十日奕劻等在《请赏给洋教习虚衔折》中奏称：臣等查同文馆总教习丁韪良，于同治四年到馆充英文翻译教习，同治七年升授总教习之任，化学教习毕利于、法文教习华必乐，均于同治十年到馆，资格最深，馆课亦能勤慎，拟请赏给虚衔，以昭激劝。②

随着向西方学习的不断深入，新式学堂不断增多，西学在社会各个阶层的影响日益扩大，教习一词逐渐取代教官，成为对教育者的通称。到了戊戌运动时期，时论言及教育者，只称教习，而不复有教官之说。而教习一旦成为对教育者的通称，其与官品的联系也就松弛了许多。随着教习人数的大量增加，教习有成为一种社会职业的趋向。

然而，就在 20 世纪初，一种奇怪的现象发生了。人们突然放弃了教习这个已经广为使用的名称，而改用"教员"一词来指称教育者。教习之称，产生于明朝，清沿用之，扩展之，算是国粹了，而教员之称，纯属舶来品。意大利汉学家马西尼先生认为，"教员"是来自日语的原语汉字借词。"教员"的日语读音同汉语拼音的读音很接近，至于日语教员的写法，则同汉语完全一样。但是，中国历史上没有"教员"一词。据马西尼考证，汉语"教员"一词最早出现于黄庆澄于1894 年出版的《东游日记》一书中。③ 但是，"教员"一词真正进入国内言论界，应该是在 1901 年。是年罗振玉创办《教育世界》杂志，大举译介日文教育著作、法令，"教员"一词遂从日本迻译过来，并很快被社会各界接受。

在《教育世界》创刊号上，有罗振玉撰写的《教育私议》，其中论及教育者的培养，使用了"教员"一词。其文如下：

"教员者，婴儿之乳母、植物之种子也。故欲兴教育，第一在培养教员。小学既立，以后便当于各府、县多立师范学堂以讲求教育之法，庶教员不致匮乏。此又今日最急之务也。"

同一期上樊炳清翻译的《文部省官制》，周家树翻译的《学校管理法》，汪有龄翻译的《学校卫生学》，都是用"教员"称谓教育者。

戊戌变法失败后，保守势力甚嚣尘上，两三年中，罕有论及西学者。然庚子

---

① 高时良：《中国近代教育史资料汇编——洋务运动时期教育》，上海教育出版社 1992 年版，第 56 页。

② 同上，第 61 页。

③ ［意］马西尼著：《现代汉语词汇的形成——十九世纪汉语外来词研究》，黄河清译，汉语大辞典出版社 1997 年版，第 220 页。

一役，创深痛剧，面对国破家亡的危局，清政府不得不实行意在学习西方资本主义的新政。新政的重要内容之一，是革新教育，建立近代学制。清政府教育改革的蓝本是当时的日本教育制度。日本通过学习西方在近代迅速崛起，给中国国民和政府都留下了极其深刻的印象，毫不夸张地说，中国进入 20 世纪的头十年，是全面学习日本的十年。一批又一批的官员被派往日本学习考察，成千上万的人背井离乡到日本留学，大量的日本书籍被迅速地有时甚至是极其草率地翻译过来，同时，也有很多的日本人被请到中国来担任顾问或者教师，取代昔日由英国人、德国人和美国人占据的席位。这就造成一种后果，日本语言显著地影响了正在急剧变革中的汉语，许多日本词汇没有经过改造，直接进入汉语，成为汉语新词。

国学根底深厚的张之洞，曾经对渗入汉语中的日语词汇表示不满。然而，大势所趋，他自己也未能免俗。在 1901 年 7 月的"江楚会奏三折"中，凡提到教育者的地方，都是用"教习"，但是，在 1902 年的《筹定学堂规模次第兴办折》中却使用了"教员"一词。其文如下：

师范学第一　查各国中小学教员，咸取材于师范学堂。故师范学堂为教育造端之地，关系至重。[①]

其实张之洞是不用为自己的疏忽而介意的，因为此前（1902 年 7 月）颁布的《钦定学堂章程》已经大量使用了"教员"一词，比如《钦定中学堂章程》中就有：第五节　每学生一班，应置教员一人。其教法则每一教员依所认定专教之一班学生，按日分门教授。但中学堂科目较多，应予变通，得合两班或三班，而以两教员或三教员各认教科目而分教之。[②]

既然政府的正式文件都接受了"教员"这个外来词，那么，"教员"算是在汉语中取得了合法的身份。接下来，它要乘胜追击，完全取代"教习"的地位。在"中华民国"成立之前，"教员"和"教习"基本上处于势均力敌的状态。在留日学生翻译的著作、出版的杂志中，大多使用"教员"一词，但是，在官方文件和报刊时论中，还是"教习"、"教员"兼而用之。"中华民国"成立之后，因为政府明令学堂改称学校，堂长、监督改称校长，故将教习改称教员，似乎也顺理成章了。至少，在官方文件中，基本上不使用"教习"一词。

李桂林、戚名琇、钱曼倩等编的《中国近代教育史资料汇编——普通教育》一书，分别收集了清朝末年和民国初年有关普通教育的章程、体制、办学情况等方面的资料。全书 1 017 页，几乎都是第一手资料，能够极好地反映清末和民初这两个不同历史阶段的教育用语情况。上编《清朝末年的普通教育》413 页，共

①　璩鑫圭、唐良炎主编：《中国近代教育史资料汇编——学制演变》，上海教育出版社 1991 年版，第 98 页。

②　同上，第 266 页。

出现"教员"一词522次，"教习"72次，这表明从1901～1911年，"教员"的使用频度已经远远超过"教习"。下编《民国初年的普通教育》604页，共出现"教员"一词464次，而"教习"一词仅出现8次，而且集中在《教育公报》的一篇文章里，这表明从1911～1919年，"教员"已基本上取代"教习"，成为对教育者的通称。

作为表达教育者这个教育基本范畴的词语，"教员"能够在短短的20年内取代"教习"，这是因为：一方面，在这一时期内，中国的教育改革受到了来自日本强有力的影响；另一方面，"中华民国"取代清朝后，中国的社会性质发生了根本的变化。但是，更深层的原因是教育制度和教育观念的转型。前已论及，"教官"、"教习"这些名称作为对封建社会官学及洋务学堂中教育者的称谓，和封建官僚制度有着千丝万缕的联系，是传统教育尚未从政治中分化出来、教师和官员身份合一的反映。从思想层面上讲，中国教育近代化从地主阶级的改良派那里开始已初露端倪，到资产阶级改良派那里趋于成熟。然而，从制度的层面讲，中国教育近代化是由清末新政的兴学举措启动的。教育近代化的一个显著特征是教育作为一个系统，从其他社会系统中相对独立出来，教育者从官僚系统中独立出来，成为一个社会化的职业群体。在这个意义上讲，"教员"一词很好地表达了教育者这种新的社会角色特征。

教育不再是个人对个人的影响，而是在高度组织化、制度化的教育机构中，按照事先制订的周密的计划，由教育者群体通过集体教学的方式向学生群体施加影响。这实质上是一种工业化的操作方式，或者我们可以说，近代教育就是教育的"工业化"，施行的是一种集成化、批量化、标准化的"生产"模式。所以，正如企业的工人被称做职员或者员工一样，教育机构的教育者被恰如其分地称做"教员"。

第五节　从"学"到"教育"的变迁

中国近代教育的诞生，在观念上的影响之一，就是使得人们开始把教育作为一个整体来思考。对教育的整体进行思考，意味着教育本身而不是教育的某一个要素成为人们的认识对象。概念是思维的结果，同时也是进一步思维的工具。人们把教育本身作为思维的对象，不但必须形成教育概念，而且要运用这个概念。被运用的概念必然是一个词语，它承载着概念的内涵，规定着概念的外延。这个词语，不是由某个人任意选择的，它是历史发展的结果。

前已论及，在 19 世纪末传统教育向近代教育发展的过程中，"学"成为表达近代"教育"概念的词语，管理全国教育事务的中央教育行政机构也因此被命名为"学部"，然而，"学"在过渡时期获得的表达教育概念的功能是暂时的，这是由于：

首先，"学"在传统语境中所具有的含义的丰富性和复杂性，曾经是它在近代"教育"概念尚未形成，而急需找到语言表达形式时能够被选中的理由，但是，它的多义性却又成为它被淘汰的原因。近代教育的一个显著特征是教育制度化，而教育制度化必然导致教育概念的学科化和教育词汇的术语化，教育词汇术语化要求在教育概念和表达教育概念的词语之间建立一一对应的关系。但是，"学"作为一个多义词却不符合这个要求。至少在 20 世纪的头几年，"学"既可以作为"学堂"的省称用来表达教育机构概念，又可以表达教育概念本身。"学"同时用来指称教育的整体和它的组成部分，很容易引起用语的混乱。

其次，为了减少一词多义的现象，汉语词汇遵循由单音词向双音词和多音词发展的规律。19 世纪末 20 世纪初，受外来语和白话文运动的双重影响，汉语双音词大量增加，单音词急剧减少。单音词"学"原来所表达的诸多义项都由新的双音词来表达了，如"学堂"、"学科"、"学派"、"学说"、"学问"、"学习"等。"学"表达的"教育"这个义项也应该由新的双音词来表达，这符合汉语词汇发展的一般规律。

其三，"学"可以在 19 世纪末表达教育概念，有一个重要的思想背景，那就是在传统教育话语中，"学"占主导地位，因为"中国古代教育思想说到底是一种学习思想"，[①] 在很多时候，人们都是以学论教。但是，近代教育在教学上以赫尔巴特主义为主要的指导思想，教育话语以"教"为中心。所以，在近代教育基本上取代传统教育之后，再用"学"来表达教育概念就名不副实了。

最后，"学"表达教育概念，特别是"学部"成为中央教育行政机关的名称，与清政府的文教政策有关。清朝政府在 19 世纪末面临着三大矛盾：一是作为中国政府同虎视眈眈的列强之间的矛盾；二是作为统治阶级同被统治阶级之间的矛盾；三是满族同汉族和其他少数民族之间的矛盾。为了富国强兵，清政府希望学习西方先进的科学文化，仿照西方建立近代教育制度，但是，清政府又害怕西方民主和自由思想传入中国，坏了"祖宗之制"，动摇了清王朝统治的思想基础。所以，戊戌变法的激进人物会遭到杀戮、逮捕、通缉，但是戊戌变法的主要措施却在几年之后的新政中付诸实施。张之洞应该是对清朝统治者这种想吃鱼又怕刺的心理揣摩得非常透彻，所以提出"中学为体，西学为用"的文教策略。

---

① 杜成宪：《早期儒家学习范畴研究》，台湾文津出版社 1994 年版，第 3 页。

"学"这个词与儒家传统有着密切的联系，用"学"来表达近代教育概念最能为清政府接受，尤其在为清政府的中央教育行政机关命名的时候，用一个外来词或者新词，都是不可能的。但是，在清政府被推翻之后，用"学"表达教育概念就失去了政治上的依托。

"教育"一词在19世纪末由日本引进中国，在20世纪初开始流行，并很快取代"学"，成为表达教育概念的通用词语。日语"教育"的发音同汉语"教育"的发音相近，说明日语"教育"源于汉语，但是，日语"教育"在同英语education对译后，获得了新的含义。它带着这种新的含义回到中国，成为汉语中的回归借词。马西尼论述"教育"一词回归的过程如下：

1880年，李筱圃使用过复合词"教育院"和"教育博览会"（这两个词均指museum）（李筱圃《日本记游》：172，177）。1889年，傅云龙使用过"教育会"（傅云龙《游历日本》：256）。1887年，美国传教士李提摩太写了一篇题为"新学八章"的文章（此文发表于1889年3月的《万国公报》(2)：I，第14至18页）。在这篇文章中，我们发现了复合词"教育新部"。此文刚好是李提摩太从日本回来以后撰写的，他可能是从那里学到了这个新词的。1896年，梁启超在描述日本的教育体制时，在一个按语中，对"教育"作了这样的解释："言教授及蒙养之法"。在20世纪初以前，此词在中国似乎不见流行。1901年，The Educational Society of China还称作"中国学塾会"，一直到了1905年此名才改作"中国教育会"。[①]

马西尼所述，大致不差。但相关的讨论，颇有可商榷之处。比如李筱圃所使用"教育院"一词，马西尼认为是指museum，这是不正确的。李筱圃原文为："博物院共有四处，最盛者曰教育院，入游者并不取资。"[②]可见教育院是博物院（又译"博览会"）的一个组成部分。博览会（fair）和博物馆（museum）不同，博览会为临时举办，博物馆为常设机构，将"博览会"译作"博物院"固已不妥，认博览会一分馆为museum，更属误解。其实，李筱圃所记教育院，即日本博览会所设教育馆。单士厘《癸卯旅行记》云：

曰教育馆。日本之所以立于今日世界，由免亡而跻于列强者，惟有教育故。即所以能设此第五回之博览会，亦以有教育故。馆中陈列文部及各公立私立学校之种种教育用品与各种新学术需用器械，于医学一门尤夥。更列种种比较品，俾览者得考见其卅年来进步程度。[③]

---

① ［意］马西尼著：《现代汉语词汇的形成——十九世纪汉语外来词研究》，黄河清译，汉语大辞典出版社1997年版，第220页。

② 罗森等：《早期日本游记五种》，湖南人民出版社1983年版，第99页。

③ 郑逸梅、陈左高编：《中国近代文学大系——书信日记集2》，上海书店1993年版，第492页。

所以"教育院"之"教育",即近代意义上的"教育",不过,因为"教育院"是作为一个事物的名称翻译到中国,不至于对国内教育概念的表达产生影响。严格说来,马西尼说"在 20 世纪初以前,此词在中国似乎不见流行"也不确切。将 Educational Association of China 译作"中国学塾会",只能说明近代意义上的"教育"一词尚未流行,而不能证明"教育"本身不常用。事实上,"教育"一词自唐宋以来,一直是个常用词。

像许多新名词在国内的普及一样,近代意义上的"教育"一词的流行,与梁启超有很大的关系。从 19 世纪末到 20 世纪初,梁启超一直是言论界引领风气的人物,梁氏用词的变化,可典型地反映出新词在汉语中成长的情况。梁启超于 1896 年在《时务报》第 5~6 册上发表长文《学校总论》,专论教育,但是没有使用"教育"一词。其脍炙人口的那一段:

世界之运,由乱而进于平;胜败之原,由力而趋于智。故言自强于今日,以开民智为第一义。智恶乎开?开于学。学恶乎立?立于教。

此时的梁启超还完全是在传统的语境中谈论教育问题,他只能用传统的"学"和"教"去表述近代的"教育"概念。这种情况一直延续到1901年。这年梁启超在《清议报》第77~84 册上连载《中国积弱溯源论》,其中有"教育之目的"一语:

历代政治家所以驯其民者,有类于是矣。法国大儒孟德斯鸠曰:"凡半开专制君主之国,其教育之目的,惟在使人服从而已。"日本大儒福泽谕吉曰:"支那旧教,莫重于礼乐。礼也者,使人柔顺屈从者也;乐也者,所以调和民间勃郁不平之气,使之恭顺于民贼之下者也。"

这里"教育"作为新词,同"驯其民"的"驯"(同训),"支那旧教"的"教"同时使用,表现出"教育"概念从传统向近代过渡的特征。然而到了1902年,梁启超已经完全摒弃传统的表述方式,其《论教育当定宗旨》① 一文直接以"教育"为题,是年发表于《新民丛报》第十号的《论进步》,可见他对"教育"的使用已臻规范娴熟:

今勿一一具论,请专言教育。夫一国之有公共教育也,所以养成将来之国民也。而今之言教育者何如?各省纷纷设学堂矣,……若此者,皆今日教育事业开宗明义第一章,而将来为一国教育之源泉者也。试问循此以往,其所养成之人物。可以成一国国民之资格乎?可以任为将来一国之主人翁乎?可以立于今日民族主义竞争之潮涡乎?吾有以知其必不能也。不能,则有教育如无教育,而于中国前途何救也?

---

① 璩鑫圭、童勇富编:《中国近代教育史资料汇编·教育思想》,上海教育出版社 1997 年版,第 254 页。

当然，"教育"一词在国内的流行，最主要的原因还在于大批中国留日学生的推动。1901年罗振玉创办了国内第一份教育杂志，刊名就是《教育世界》，这份杂志大量译介日本的教育著作、教育制度和教育法令，对20世纪中国的教育言论和教育实践都产生了巨大的影响。到1909年《教育杂志》创刊，"教育"一词已基本取代"学"这个单音词，成为表达近代"教育"概念的通用词语。而教育概念本身，随着癸卯学制的颁布实施，也逐步完成了从传统到近代的转换。

不过，由于词语总是和名物、制度粘连在一起，而名物、制度在一定的历史时期内具有相对稳定性，结果导致有些过时的词语用法因名物、制度的延续而得以残存。到1911年，可以说"教育"已经完全取代"学"而成为表达教育概念的通用词语，但是，清朝的中央教育行政机构仍然称"学部"，地方教育行政机构称"劝学所"，于是在有关教育管理的正式文件中，往往是"学"与"教育"兼而用之。如1911年学部《奏改订劝学所章程折》就是这种情况：

查臣部于光绪三十二年奏定《劝学所章程》，行之数年，颇著成效。惟其时《地方自治章程》及《地方学务章程》尚未颁行，所有地方教育事宜均归办理；在当日固可收统筹兼顾之功，在今日转致有权限不清之虑。臣等通盘筹划，拟确定劝学所为府厅州县官教育行政辅助机关，除佐理官办学务之外，在自治职未成立地方，对于自治学务有代其执行之责，其在自治职已成立地方，对于自治学务有赞助监督之权。①

此处"学务"与"教育事宜"含义完全一样，仍用"学务"一词，是为了与"劝学所"、"学务章程"等语相协调。这种用语上的尴尬，到民国成立，改学部为教育部，改劝学所为教育厅、教育局，才得到解决，由此可见语言与历史关系非常紧密。然而，"学制"、"督学"等词语还是保留了下来，它们如同很多流传下来的词语一样，成为语言历史博物馆中的"活化石"。

参考文献

著作：

［1］汤志钧、陈祖恩编：《中国近代教育史资料汇编——戊戌时期教育》，上海教育出版社1993年版。

［2］薛福成：《出使英法义比四国日记》，转引自关晓红《晚清学部研究》，广东教育出版社2000年版。

［3］关晓红：《晚清学部研究》，广东教育出版社2000年版。

---

① 朱有瓛、戚名琇、钱曼倩等编：《中国近代教育史资料汇编——教育行政机构及教育团体》，上海教育出版社1993年版，第91页。

［4］郑逸梅、陈左高编：《中国近代文学大系——书信日记集 2》，上海书店 1993 年版。

［5］中国史学会主编：《中国近代史资料丛刊·戊戌变法》（二），上海神州国光社 1953 年版。

［6］艾儒略原著、谢方校释：《职方外纪校释》，中华书局 1996 年版。

［7］朱有瓛、戚名琇、钱曼倩等编：《中国近代教育史资料汇编——教育行政机构及教育团体》，上海教育出版社 1993 年版。

［8］《朱文公集》卷七十四，转引自孙培青：《中国教育史》，华东师范大学出版社 2000 年版。

［9］高时良编：《中国近代教育史资料汇编——洋务运动时期教育》，上海教育出版社 1992 年版。

［10］璩鑫圭、唐良炎主编：《中国近代教育史资料汇编——学制演变》，上海教育出版社 1991 年版。

［11］杜成宪：《早期儒家学习范畴研究》，台湾文津出版社 1994 年版。

［12］罗森等：《早期日本游记五种》，湖南人民出版社 1983 年版。

译著：

［1］［日］森有礼编，林乐知、任廷旭译：《文学兴国策》，上海书店出版社 2002 年版。

［2］［英］麦肯齐著，李提摩太、蔡尔康译：《泰西新史揽要》，上海书店出版社 2002 年版。

［3］［意］马西尼著，黄河清译：《现代汉语词汇的形成——十九世纪汉语外来词研究》，汉语大辞典出版社 1997 年版。

第六章

关怀生命：当代中国学校教育的价值取向[*]

生活在当代中国大地上的我们，都能感受到社会转型节奏的加快、力度的加大、广度的扩展。处于这一情境下的学校教育，必须直面社会转型，通过自我更新，实现学校教育自身的转型。在这一系统工程中，重建当代中国学校教育价值取向，是一个前提性的问题。而且，从当代中国教育理论研究深化与拓展的需要来看，这也是非常重要的领域之一。

第一节 学校教育价值的诠释

作为核心概念，"学校教育价值"、"学校教育价值取向"的内涵是首先需要研究的。

一、理解学校教育价值

在借鉴已有研究成果的同时，我们可以回归到真实而具体的生活事实中，尊重生活事实和基本常识，将其作为我们思考的原始资源。

生活中的我们，总是在感受着价值、选择着价值。将鲜活的生活事实加以提

* 本章由华东师范大学基础教育改革与发展研究所李家成博士撰写。

炼，我们可以体验到：事物的价值，最终与人的生命存在及成长密切相关。有价值的事物，是维护着人的生命存在、推进着生命成长的事物。而且，事物的价值是可以不断丰富、不断被人开发出来的。事物往往具有多样的可能性，而人类对其价值的发现及选择，使得事物对人类的积极作用不断实现。因此，我们可以在生命存在的基础上看待事物的"价值"：价值是事物优化生命存在、提升生命质量的可能。学校教育价值，就是学校教育所具有的优化生命存在、提升生命质量的可能。这是从教育学的立场出发对"价值"的诠释。

如此认识"价值"，首先会突出它的未来取向。它不会像"属性说"与"需要说"那样更多关注现存的需要、属性，而是更关注未来的可能，指向于"实现"某种可能。其次，它是与人的生命本性密不可分的，事物的价值需要在生命的视野内考察。生命的存在，就是不断拓展生命的存在空间，发现与实现"可能"，从而实现自身成长的过程。外界事物对于生命的价值，就在于它们具有滋养生命、丰富生命的内涵、促进个体生命成长的可能，具有扩展个体生命表达、延长个体生命时间、生成个体生命体验的可能。另外，事物价值的内在性、丰富性，正是与当代哲学对人之意识的开拓功能的关注相契合：人的生存，就是在"意识"照亮下，不断发现新的可能世界的过程。"任何一次意识领悟都是一次意识的扩展，一束光亮的聚射，一次心理统一性的增强"。[1] 作为"可能"而存在着的事物的"价值"，其能否被发现、被实现，是与人之意识发展水平相关的。人类意识水平的提高，会推进事物价值的丰富化。

当我们从生命存在的角度看待"价值"与"学校教育价值"时，我们不仅能发现丰富的可能性，能建设性地看待学校教育，而且更可能将学校教育"财富"的一面充分展现和挖掘出来，将开发财富的可能建立在生命力量的现实土壤中。这样，"价值"就可以与"学校教育"乃至于社会转型、个体成长等概念一起，共同建立在文化、生命优化的基础上，并成为不可分离的整体。在此前提下，我们就可以更为具体地展开对学校教育价值及价值取向的研究。

在上述认识的基础上，我们对学校教育价值的探讨，核心是"发现"并努力"实现"学校教育的"价值"：对于生命而言，学校教育具有哪些提升个体生命质量的可能？学校教育自身蕴藏着哪些"财富"？在此基础上，我们才可能并需要选择学校教育的"价值"、实现学校教育的"价值"。正是诸多可能的存在，即价值的存在，价值取向才至关重要。

---

① ［法］加斯东·巴什拉：《梦想的诗学》，刘自强译，三联书店 1996 年版，第 7 页。

二、理解学校教育价值取向

首先，学校教育价值取向的主体是人，是一定角色的人在对学校教育价值认识、判断基础上自觉而综合的选择。学校教育中的人，总有其自身的价值取向，只不过清晰状态、合理状态不同而已。研究学校教育价值取向，就将直接关注学校教育中"人"的状态，且以"主体"的角色感进入研究过程。

其次，学校教育价值取向的具体指向是实践中的学校教育整体，直接面对的问题是：我们需要何种价值的学校教育？我们需要学校教育向何方向发展、实现何种价值？在这一整体中，我们才可能进一步探讨教育中的各种目标问题。渗透在学校教育之中、直接决定学校教育运作方式与实践形态的人的价值取向，有着鲜明的时空性，有着对实践改革的集中关注。

最后，从研究方式来看，学校教育价值取向是个体对学校教育价值的自觉选择。这是建立在自己生命需要基础上的选择，是个体全部的认识（包括价值观念）、全部的生命需要的产物，是以"主体"的意识参与其中的思考、选择、实践过程。选择的依据是对时代的认识、对学校教育的认识、对学校教育实践改革的认识；选择的机制是：历史反思—重建—实践—再反思。这种面对现实的选择，是行动的先导，有着鲜明的"动"势。学校教育价值取向研究则必须面对实践、面对整体的学校教育，研究者是一个关注实践者和参与实践者。

第二节　当代中国学校教育价值取向更新的需要

从社会转型、理论研究、学校变革之走向三个维度，我们真切感受到学校教育价值取向更新的迫切需要。

一、当代中国社会转型的内涵

传统中国社会的组织方式与运行方式在新的语境下，遭遇到生态环境的巨大变迁。而全球化背景下日益开放的国门、日益深化的改革，形成中国社会新的存在环境。

我们在历史的连续性中观察这种变革，可以认为：从形式的角度看，当代中国社会已经进入到"复杂"状态。复杂系统存在的前提，同时也是它所带来的结果是：对复杂系统内部各要素活力的充分尊重，对相互作用机制的充分关注。它需要、容纳并生成着更为强健有力、更富有生存力的系统成员。

当代中国社会转型，就是当代中国在社会组织方式与运作方式上的重大转型，是人与世界关系形态的一次重建，社会发展进入到"复杂"状态。在这一形态中，个体与群体、社会共生共荣，在不同的层面相互滋养、相互需要、相互促进。社会转型呼唤着健康的、富有活力的生命个体的出现，关注着个体的生命质量，为生命个体的形成提供着可能。这为学校教育提供了丰富的发展空间，向学校教育提出了不容回避的研究课题：学校教育，你该如何面对当代中国社会转型？

二、学校教育价值取向研究的反思

在中国学校教育研究历史上，尤其是改革开放以来，学校教育价值取向研究已经构成一幅多彩的画卷。

（一）分离性研究类型

第一类是强调学校教育价值的"社会"取向研究。自 20 世纪初以来，陶行知、梁漱溟、张伯苓等先驱所开展的教育改革试验，都具有鲜明的价值取向特征，在"教育救国"、"改造社会"的教育理想与信念下展开，在国难当头、民族危机的背景下展开。新中国成立后至改革开放之前，价值取向研究主要是在个人与社会对立的基础上，对学校教育价值做出社会取向的选择，并具体化在学校教育实践中，集中体现在对学校教育政治价值或意识形态价值的突出关注上。新中国成立以来，对学校教育整体发展的定位，主要集中在培养一定阶级所需要的人才上，而且对思想政治教育极为关注。将学校教育定性为上层建筑，直接决定了学校教育的价值取向是政治性的、意识形态性的。

改革开放之后，经过教育研究者的努力，当代中国学校教育的价值取向研究已经触及政治、经济、精神文明建设、人口、社会分层等诸多领域。这一转变与时代的变迁同步。没有"文革"后的思想解放，没有国家发展战略与指导思想的整体调整，学校教育价值取向的变迁就没有现实基础。

第二类是强调学校教育价值的"个人"取向研究。当代中国教育研究中真正重视对"人"的问题的研究，是在 20 世纪 80 年代末期开始的。

相对于"社会本位教育"和"劳动力教育"而言，教育理论研究界提出了"人的教育"问题。有学者明确提出"人是教育的出发点"，"教育的出发点是什么？是人。人，是教育最直接、最基本的着眼点；同时，培养人也是教育的最高目标"。① 还有学者提出："劳动力教育的内涵就是提高与扩展劳动力的素质。人的教育所追求的价值，是人的身体、智力、品德、审美等素质的完善的发展，以便人在社会生活中以主体人的身份出现，充分发挥人的主体能动性，全面地推动社会向前发展，人的教育的内涵应是全面扩展人的价值，提高整个人的素质。"② 这些观点的提出，已经不同于技术性、操作性层面对人的问题的关注，而是具有教育价值取向色彩的思路，是在更根本的教育发展方向层面上提出了问题。

（二）对立中寻求统一的研究类型

这一类型的研究，意识到对立性思维方式的局限性，开始自觉地追求对立双方的统一。一种表现是在已经认同"双方"的基础上，强调对立双方的整合；另一种表现是在已有一方的基础上，继续探寻被忽略的、未被意识到的"另一半"、补上"另一半"，这后一种研究往往更为艰难与重要。

具体到教育的价值取向研究，20 世纪 80 年代末，叶澜教授曾指出："当代中国教育价值取向存在着偏差。它主要表现为：在政府的教育决策中历来只强调教育的社会工具价值，忽视教育的培养个性、使个人的潜能得到尽可能发展方面的价值；总是要求教育出即时的、显性的功效，忽视或者轻视教育的长期效益。"③ 这一探讨，提出了社会与个体、长远与短期等教育价值取向研究无法回避的问题，对教育价值取向的偏差进行了深入研究。

随着当代中国学校教育研究的推进，在个人与社会关系层面上，很多学者已开始强调个人与社会利益兼顾；在个人价值内部，强调科学与人文的统一、精神与肉体的统一、人的全面发展等，提出了超越简单对立思维方式，提出需要强化教育的责任意识与批判功能，从而统一教育价值等观点。④ 在更具体的个人成长研究层面，学校教育研究界对"完整"、"统一"的呼唤也是强烈的。⑤

而在寻找"另一半"的路途中，在承认"被动"的同时，我们找寻到了主

① 扈中平：《人是教育的出发点》，载《教育研究》1989 年第 8 期。
② 孙喜亭：《人的教育与劳动力教育》，载《教育研究与实验》1989 年第 3 期。
③ 叶澜：《试论学校教育价值取向的偏差》，载《教育研究》1989 年第 8 期。
④ 杜时忠：《科学教育与人文教育》，华中师范大学出版社 1998 年版；毛亚庆：《从两极到中介：科学主义教育和人本主义教育方法论研究》，北京师范大学出版社 1999 年版；潘艺林：《论教育价值的分裂与统一》，载《教育理论与实践》2000 年第 11 期；扈中平：《教育目的中个人本位论与社会本位论的对立与历史统一》，载《华南师范大学学报》（社会科学版）2000 年第 2 期；金生鈜：《教育的多元价值取向与公民的培养》，载《教育理论与实践》2000 年第 8 期。
⑤ 庞学光：《唯理性教育的局限与完整性教育的构想》，载《现代教育论丛》2001 年第 1 期。

动的一面；在承认他人影响的同时，我们找寻到了人的自我教育的一面。[1] 这种类型的研究已经体现出辩证、动态的思维特征，为上升到新的层面进行重新组织提供了可能。

在西方，这类研究是以"完人"为代表，强调两种或多种因素的统一或综合。这一思路，关注到人的各方面素养，拓展了人们对教育价值追求的认识。

出现这一研究类型的意义在于：其一，人们已经意识到二元对立、相互割裂思维的局限，开始寻求一种更合理的思维方式；其二，这种寻求结合的研究方式，带来了对现实更自觉的关注；其三，人们开始自觉寻找个体与社会统一的中介，这就必然带来对解决原有问题、超越原有矛盾的愿望与可能。但这一研究更根本的问题在于：统一论的出发点，依然建立于个人与社会分离的基础之上，没有已经出现的分离，不会有、不可能有统一。

（三）重建式研究类型

这种类型是试图摆脱原有的对立性思维框架，以新的思维方式与理论为起点，重建新的价值取向。

这一努力，在西方学校教育研究领域，非常明显地在美国学者波伊尔《基础学校：一个学习化的社区大家庭》一书中体现出来。波伊尔对学校课程的构想，以词汇、数学、艺术作为"语言"的构成，将语言视为"学习的核心"，以"生命周期、符号标志的使用、群体中的成员、时间和空间概念、审美观、人与大自然、生产与消费、有目的地生活"八大主题为基础建立"带共性的基础课"，而且这八门课程的出现顺序，又是根据它们出现在现实生活中的实践顺序排列。[2] 尽管这只是课程研究领域中的突破，但这一思维方式是很值得我们借鉴的。

从某种意义上来说，杜威的"生活"思想、《学会生存》中的"生存"思想，都已经提供了这种可能。"生活"、"生存"这些概念具有高度的浓缩性，更具有与人的生活、与教育的深层次相通性。尤其是《学会生存》的主题是"learning to be"，从价值导向上，学校教育需要"回归生存"。[3] 这样的思想，已经具有更深层次沟通社会、个体与教育的可能。

---

[1] 叶澜：《基础教育与学生自我教育能力发展》，载《上海教育科研》1996年第7期；鲁洁：《通识教育与人格陶冶》，载《教育研究》1997年第4期；同时可参阅鲁洁：《应然与实然两重性：教育学的一种人性假设》，载《华东师范大学学报》（教育科学版）1998年第4期。
[2] ［美］波伊尔：《基础学校：一个学习化的社区大家庭》，王晓平等译，北京人民教育出版社1998年版，第59~90页。
[3] 李家成：《回归生存——论"人之生存"语境下学校教育的价值》，载《南京师大学报》（社会科学版）2002年第3期；另请参阅李家成：《论教育生活的生命价值》，载《湖南师范大学教育科学学报》2002年第1期。

在中国，这种整体性深层次的研究，也处于开端阶段。改革开放以来具有重要影响的学校教育整体改革实验，是一次实践重建的努力。①

这一研究现状，或许可启示我们：现在还需要进一步向"深度"挖掘，寻找前提性问题，并整体性地转换思维方式，不仅在于试图超越对立，而且在于重建当代中国社会转型基础上的学校教育价值取向。

对上述三种研究类型作出系统反思，我们可以发现，在当前的研究中还存在着以下问题：一是前提性观念系统研究的缺乏；二是研究方法论反思的缺乏；三是价值取向选择意识的缺乏；四是价值取向实现过程研究的缺乏。

三、学校教育价值生命取向的反思

当前学校教育价值取向研究中，具有代表性的生命取向，有如下三个相关但有区别的方面。

（一）学校教育内容层面的生命取向

这一类的研究，集中在对学校教育内容的关注上，突出表现在将生理与心理卫生教育、生死教育、安全教育等作为"生命教育"的内容。在这一方式的研究中，"生命"往往局限在基本的生理身体层面，关注安全、健康等主题，其背景往往是与自杀、吸毒、灾难相联系。这一取向，在欧美及我国台湾地区、香港地区等，都具有一定的影响力。②

在我国大陆地区，也有学者提出要加强"生命教育"。2004 年召开的上海市教育工作会议提出，要广泛开展"生命教育"，抓紧制定、实施《上海市中小学生命教育指导纲要》。目前，类似的生命教育，已经在上海等不同省市推进。

（二）学校教育目标与学校教育特殊领域的生命取向

这类研究，已经试图在目标层面或某些特殊的领域关注生命取向。

从西方的教育理论发展历史看，杜威对教育理论与实践的影响是空前的，但他的"生活"教育理论，还不是非常明显的"生命"取向。德国的文化教育学派，对教育理论发展具有历史性的影响。发展到博尔诺夫时期，他自觉深入到人

---

① 宛士奇、戴汝潜：《中小学教育整体性改革实验述评》，载《教育研究》1988 年第 11 期。

② 孙效智：http://140.127.235.4/89gc/生命教育/生命教育的内涵与哲学基础，2002 年 2 月 19 日访问。Internet website：http://www.elf.org. 曾志朗：《生命教育——教改不能遗漏的一环》，载《联合报》1999－1－3；http://life.Edu.tw/homepage. 参见《台湾教育》1999 年 4 月总第 580 期，"生命教育"专题的系列论文；孙效智：《从灾后心灵重建谈生命教育》，载《台湾教育》2000 年 1 月总第 589 期。

与教育的深层次关系之中，研究了空间的属人性的获得、空间所带来的个体发展可能的扩展。① 他以人类学的深度，沟通了生命与教育。他指出，生命不是在等待"学会"什么，而是人在教育生活中，在时间、空间、语言中获得生命的成长。更重要的是在人的生命成长机制问题上，他突出了人成长的非连续性，从而突出了危机、唤醒的重要教育意义。

另外，存在主义教育思想、日本小原国芳的全人教育理论、马斯洛的人本主义心理学和罗杰斯的非指导性教学理论，都是我们今日研究的重要思想资源。

从中国的思想发展史来看，尽管有人将中国传统文化视为一种具有"生命"色彩的文化，② 但这种"生命"取向，更多存在于思想领域。如果我们将"思想"放在制度、生产与生活的背景中理解，将中国历史上的真实的"人"的行为方式与思维方式作为"文化"来研究，则会发现这种"生命"取向在层次与类型上的局限性。中国传统的"生命"资源，虽然存在，但是有限，它主要是从群体的层面突出了"生命"问题。对于当代而言，"群体生命"观不是可以轻易丢弃的，而是需要置放于合理的位置上，从而使它获得新的意蕴。

近代以来，尽管思想界、教育界开始关注个性解放，开始提倡个人的价值，陶行知、陈鹤琴等先驱也曾进行过令人敬佩的"生活教育"、"活教育"的理论研究与实践探索，但那个时代并没有为他们提供现实的土壤。

20 世纪 90 年代以后学校教育生命取向的理论研究，值得我们进一步关注。一种与宗教性取向极为类似的探讨方式，即侧重精神自由的思路。二者的相似之处在于：都是在灵肉二分、物质与精神对立、超验与现实分离的背景下，倡导人的自由、精神的解放、人的尊严。另一种非常具有代表性的研究，是针对学校教育弊病所做的各种改进，其直接的目标指向是育"人"。如加德纳（Gardner. H.）的多元智能研究、诺丁斯（Noddings）的"关心"教育理论研究等。③ 我国也有诸多的研究者在关注"生命教育"的主题，其研究的角度、方式

---

① ［德］博尔诺夫：《教育人类学》，李其龙等译，华东师范大学出版社 1999 年版。

② 这一理解，主要存在于"新儒家"的作品中，参见方东美：《生命理想与文化类型》，中国广播电视出版社 1992 年版；唐君毅：《文化意识宇宙的探索》，中国广播电视出版社 1992 年版。在当代学术研究中，东西文化的强烈对比，也容易使人认同这一理解，甚至产生以东方文化解救西方文化，至少是让西方文化学习东方文化的心理。

③ ［美］斯腾伯格：《成功智力》中文版序，吴国宏、钱文译，华东师范大学出版社 1999 年版，第 6 页。Noddings, Nel., *the challenge to care in schools: an alternative approach to education*, Teachers College Press, New York, 1992, p. 46.

的差异，值得我们进一步关注。[①]

（三）整体性深层次的学校教育生命取向

此处所探讨的"整体性深层次"，一方面是指对"生命"问题有更加深入的研究，对学校教育的研究有新的突破，另一方面是指研究本身是在理论与实践积极互动的基础上展开。这一研究路径，在西方，虽有萌芽（如《学会生存》、波伊尔等人的著作），但还缺少整体性的提出与系统的建构。我将在此处以问题的形式，重点探讨叶澜教授的研究内容。

第一个问题是：关注谁的生命？叶澜教授强调教育应研究在师生双向互动、人与世界的关系中的人的生命问题，强化"我"与"你"以及"我们"的存在。[②] 这一研究的突出价值表现在开始突破师生间的相互割裂或对立，开始体现出联系性的、动态生成的思维方式，而且建立在新的"教师观"、"学生观"乃至于"人性观"之上。

第二个问题是：生命是怎样的？从对生命内涵的理解来看，叶澜教授视师生为"生命体"，重视生命的主动性、人的主动的生存方式，视生命为一种"活"、"生"的过程，不断发展、不断自我突破与超越的过程。因此，这一维度的研究，是一种面对动态、过程的研究。[③]

第三个问题是：学校教育为什么要关注生命？[④] 以"复杂"思维重新考虑这一问题，这一问题的提出，意味着价值取向研究具有提升的可能。而且，在叶澜教授的研究中，对这一问题的研究也在不断深化。她曾明确提出，"教育是直面人的生命、通过人的生命、为了人的生命质量的提高而进行的社会活动，是以人为本的社会中最体现生命关怀的一种事业"[⑤]。在其主导的"生命·实践教育学

---

① 程红艳：《教育的起点是人的生命》，载《教育理论与实践》2002 年第 8 期；冯建军：《当代主体教育论》，江苏教育出版社 2001 年版，第 213～214 页；朱小蔓：《教育的问题与挑战》，南京师范大学出版社 2000 年版，第 172 页；刘慧、朱小蔓：《多元社会中学校道德教育：关注学生个体的生命世界》，载《教育研究》2001 年第 9 期；冯建军：《生命与教育》，教育科学出版社 2004 年版；刘济良：《生命教育论》，中国社会科学出版社 2004 年版等。

② 叶澜：《论影响人发展的诸因素及其与发展主体的动态关系》，载《中国社会科学》1986 年第 3 期；叶澜：《让课堂焕发出生命活力》，载《教育研究》1997 年第 9 期；叶澜：《把个体精神生命发展的主动权还给学生》，见郝克明主编：《面向 21 世纪我的教育观（综合卷）》，广东教育出版社 1999 年版，第 331～340 页。

③ 叶澜：《把个体精神生命发展的主动权还给学生》，见郝克明：《面向 21 世纪我的教育观（综合卷）》，广东教育出版社 1999 年版，第 334 页；叶澜：《"新基础教育"探索性研究报告集》，上海三联书店 1999 年版，第 195 页。叶澜：《"新基础教育"研究简介》，见叶澜：《"新基础教育"推广性研究教师指导用书》（初中部分），上海三联书店 2000 年版，第 5～6 页。

④ 叶澜：《世纪初中国教育理论发展的断想》，载《华东师范大学学报》（教科版）2001 年第 1 期。

⑤ 叶澜、郑金洲、卜玉华：《教育理论与学校实践》，高等教育出版社 2001 年版，第 136 页。同时参阅叶澜：《"新基础教育"论》，教育科学出版社 2006 年版。

派"的创建过程中，对这一问题的研究也将不断深化。

总之，这一研究思路所体现的整体性研究定位、深层次内涵研究，以及对"复杂"的思维方式的自觉追求，正是当代中国学校教育价值取向研究所需要的。

通过上述类型的研究，我们看到，就整体研究状态而言，当代中国学校教育价值生命取向的理论研究是丰富的、多层面的。从已有研究所达到的水平来看，在思维方式上，当代中国学校教育价值取向研究已经由对立、分解的思维方式走向整体的思维方式，复杂的思维方式的运用成为必要与可能；对学校教育与社会、个人间的关系的认识，已经开始走向深入，需要进一步研究现实中的"个人"与"社会"的复杂关系；对学校教育的价值取向研究，已经开始关注社会发展、个体成长，并出现了"生命"取向的教育价值研究。当代中国学校教育价值取向研究已经开始从反思走向更高层次的理论与实践重建。

以深化与扩展的标准看，已有的研究已经关注到人的整体性、人的智力因素与非智力因素、理智与情感等关系，这基本上是一种横向的、面的研究。近年的一些研究成果，开始关注到人的生存方式，关注到人与社会间复杂的关系形态，这体现出一种立体、动态、深入研究的路向。这一研究现状表明，如果想实现新的突破，必须直面问题本身，以新的研究方式与思路，进行更深入的思考，回到根本问题上，从而获得对纷繁的表面性问题的超越。

从现有的研究来看，如何认识"生命"，如何理解"学校教育"，如何加强对"时代"的研究，是不容回避的问题。

四、当代中国学校教育改革实践的反思

就当代中国学校变革实践而言，学校教育改革类型丰富但主题分散。这尽管有着积极的意义，但发展、提升的需要也非常明显。与此同时，学校教育改革关注时代需要但深化不够。更为重要的是，学校教育改革不断推进但内动力不足。在现实的学校教育改革中，"改革"的动力更多来自于政府行政部门，来自于上级的要求与评比。"学校"作为一个主体，并未真正意识到自我变革的必要性与可能性，并未把学校教育改革视为"自己"的事情，而是当成完成上级安排的任务，不少人费心在"编织"供他人欣赏的美丽"花边"。

进一步的问题在于：具有原动力的教师、学校教育管理者，是否意识到自己的力量？是否发现自己改革的空间？是否能够进入一种研究性的改革实践？

上述问题还是显性存在着的，如果从社会转型的角度来看，我们认为，当代中国学校教育更根本的问题在于对个体生命的忽视。在学校教育中，在整体的价

201

值取向上，人们重视知识的传递甚于知识的教育价值的实现；人们重视理性的训练甚于对丰富的生命的培育；人们重视严格的程序与秩序甚于对创造性的关注；人们重视学生的考试成绩甚于对学生个体生活质量的提升。当代的学校教育，太少关注作为生命体的人的向往、活力与尊严；太少关注学校教育中个体的生存方式；太少关注师生个体生命的整体存在状态；太少关注人的生命质量。学校教育还缺少对"人"的生命意识，还没有清晰地意识到"学校教育"与"生命"的关系，还缺少对"学校教育"自身的深刻反思与重建。现有学校教育的价值取向与今天的时代转型之间，出现了滞后与错位。

就当代中国学校教育改革的国际背景、政策环境等具体状态看，当代中国学校的整体转型势在必行，而价值取向的更新需要也日益迫切。

第三节　重新认识学校教育与生命的关系

对学校教育价值取向的系统反思与重建，需要重新认识一系列的基本问题。

一、教育立场下的生命观

"生命"并不是一个新概念。但是，在不同的语境和研究视野中，它的内涵并不相同。"生命"概念本身的丰富性，与研究的主体、主题、目的、领域与具体对象密切相关。在今日的时代背景下，我们再来谈论生命问题，需要从人的生命存在出发，将作为生命体的人的生活历程与生命世界的演化结合在一起，回到真实的生活中来，感受和认识生命的内涵。

（一）生命的向生本性

当我们回到现实世界中活生生的人的立场上理解生命时，我们可以感受到内在于我们的生命的力量、生命的追求、生命的丰富。生命，是"人"这一概念的内核。

1. 人的生命与生命世界具有本源相通性。

任何生命体的存在，都有着生命的本性：要生根、发芽和结果；要长大、长高、长得强健有力。这种本性随生而来，至死而终。

这种"生"，不是特定形式的生，而是一种不断实现的诞生，是以成长为特征的"生"，是创造与演化。在生活中，停滞不前甚至倒退，都意味着生命所遭遇的死亡危险，这是死亡的意象群在向生命挑战。而生命就意味着生成、意味着创造、意味着不断更新、意味着不断自我超越。它不是静止而是运动，不是退化而是进步，不是向死而是求生，不是沉沦而是奋起。弗洛姆认为，"一个有机体的第一'义务'便是活着。'去活着'是一种动力学的概念，而不是一种静力学的概念。"① 李鹏程也曾说，"人的生命存在活动的基本特征，就是在保存生命的存在状态的条件下的、对生命的新的存在形式的不断的创造。这个创造是一种积极的自我活动和自我行为的实现过程，同时，这种自我的实现，又必须借助于整个文化世界的结构"；"'创造性的活动'这一状态，是人的生命存在的根本形态，是人的存在（生存）的根本意义，从而也就是文化的根本意义和特征。"②

人类诞生于这个生命世界，因此，秉承了生命世界的灵气。人需要也可能不断地回归母体，从中获得力量，不仅是物质性的支持，更是一种精神上的鼓励。人是生命世界的一员，人类社会是生命世界的一种体现，人无法离开生命世界而存在。从人的成长的角度看，生命世界在人身上的"积淀"不仅是人存在的前提，而且是人的生命历程根深蒂固的存在。

从这种相通性、积淀性中，我们所能领悟到的，是人的生命活力的原始、悠长的"根"的存在。

2. 人与其他生命体在共通性基础上的特殊性。

这表现在：意识与自我意识将生命的复杂推向了新的高度，不断将人的"潜能"开掘出来。

通过意识的产生与功能的显现，意识照亮了人与世界间巨大的缺口，照亮了人的无意识领域，照亮了理性与非理性间永远进行着的游戏，照亮了纷繁多样的偶然、意外、噪音、不确定性。意识没有解决人类的矛盾，而是将矛盾清晰地凸显出来。面对这些危机、矛盾，人与人类社会需要并必须进行永不停息的进化。因此，意识促成着个体对"复杂"事物的组织。如此，人类生命前方的可能不断展现在人的眼前，人不断增强自身的复杂度，在复杂的状态下成长、壮大。

这表现在：意识与自我意识的产生与发展，不断赋予人自主的力量与可能。通过意识与自我意识，个体不断获得外界的信息、自我的信息。通过对这些信息的处理、加工，通过个体的思考、判断、预测，个体获得了选择、决策、确定理想的可能。

这表现在：意识与自我意识是更可以为个体所把握的力量。在这个不确定的游戏中，唯一可能为个人所把握、更主动地改变与开发的，只有意识与自我意

① ［美］弗罗姆：《自为的人》，万俊人译，国际文化出版公司1988年版，第17页。
② 李鹏程：《当代文化哲学沉思》，人民出版社1994年版，第68页。

识。在这样一个复杂的游戏中，意识与自我意识或许只是微弱的烛光，但复杂系统的神奇恰恰在于：这微弱的烛光，可能燃成熊熊的烈焰，使得生命呈现出迷人的神奇。

因此，人这个生命体才如此珍贵、如此神奇地存在于生命世界中，并在一切人为的活动中，体现着人的意识与自我意识的巨大价值。

3. 生命的向生本性需要主动的生存方式。

在我们将人与其他生命类型、非生命类型比较之后，回到整体的人身上，我们能说的是，生命的本性需要主动的生存方式。

这种主动，是与被动、机械相对立的。人在与世界的交往中，向往着一种主动的生存方式。他积极地寻求着生存之道，追求着更好的生活，并在自身的生活实践中，体现着"主动"。

这种"主动"是渗透在人的生活中，以生存方式的形式出现的。它不是表层性的主动，而是源于个体生命本性、出自于个体内在需要、成为个体血液的一种主动。

这种主动，维护着生命的尊严。富有活力的人的存在、主动的生存方式，是对生命尊严的自觉维护与创造。在这一意义上，"生命"可以深入到"人"这一概念的核心，因此具有"人"这一概念所不具有的深度。

这种主动，是生命个体开发潜能、拓展生存空间的需要。生命蕴藏着创造性，饱含着可能性，充满着孕育力。只有在主动的生存方式中，个体才得以走向更为辽远宽阔的世界。在这种"走向"中，在这种主动中，外在的时间与空间进入到个体的生命质量之中，充实着个体，生成着新的成长平台，生成着新的"你"与"我"。在时间的"绵延"中，昨天与今天、世界与自身，融汇在生命之中，显示着生命质量的发展层次。只有主动，人才能发现自己的生成性、可能性，才能与世界建立亲近的关系。只有主动地去发现、探索、阐释、重建，才会有世界"属人性"的获得，人才可能获得强烈的生命体验。

这种主动，迎来的是一个新的自我和新的世界。"创造在相遇中展现其形象性。它不会沉溺于无为等待之感觉，而是奋然飞升，与急欲探求之感觉相逢。人仅可凭借积极辛劳的活动去期待并赢得日常对象，即活跃于发现成熟的人周围的对象。因为，没有任何事物本是现成的经验，它必在与相遇者之交互作用中呈示自身"①。人正是以自身的努力，参与世界的新生，实现自我的新生。

因此，在主动的生存方式统摄下，生成、运动、发展、创造成为生命的代用词，昭示着生命的存在；而困顿、沉沦、迷离、颓废，则意味着生命活力的消

---

① ［德］布伯：《我与你》，陈维纲译，三联书店 2002 年版，第 22 页。

退、衰减。

（二） 生命的意义追求

生命的存在，意味着何种意义追求？这是一切自觉的人类活动都不能回避的问题。

1. 生命需要获得生命时空。

从个体生命历程来看，有限的生命个体需要个体生命时间的延长。在有限的人生中，在生死之间，如果人能在生命全程的视野下关注当下的生命质量，直面生命的挑战，不断获得成长，不断增强对复杂的组织能力，不断提升自身的存在层次，就可能获得人的生命的"延长"，也就是人的生命质量的提升。

从个体生命表达的维度看，个体生命需要生命空间的扩展。从直接的领域看，人的多方面的成长，包括体质的增强、知识的增进、思维层次的提高、情感的丰富、意志的坚强，都是个体生命的内在需要，并可以成为个体生命质量的一种体现。

从间接的领域看，我们可以集中讨论他人、他物的生命价值。

就个体与他人的关系而言，自己与他人都是生命的存在，这已经提供了人与人之间交往、相通的基础。人与人在"交往"中形成的相互理解、相互欣赏，完全可以成为"亲情"、"爱情"、"友情"般的生命关系。以此解读传统中国社会的"群体生命"价值观，则群体的共存、"子子孙孙无穷匮"，都是个体生命表达的一种方式。或许可以说，传统的"太上有立德，其次有立功，其次有立言"的"三不朽"之说，已经彰显了生命表达丰富性的可能，只是它们被局限在为"群体生命"服务上。而在今日，已经可以而且必须思考：人的生命表达如何可能更为丰富化？

就个体与物品的关系而言，有自然界存在的生命之物，有人造之物。

作为自然界存在的生命之物，如同那闪亮的枝叶、可爱的或者凶猛的动物，它们身上同样涌动着生命的力量，散发着生命的原始气息，它们是生命的存在。个人通过主动的理解、欣赏活动，可以获得生命性的共振共鸣，在它们身上能找寻到力量，找寻到回归原始、神秘的生命世界的归属感。我们是属于它们的，它们也是属于我们的，根基在于：我们都是生命的存在。

作为人造之物，有可见之物，如制造物；有隐藏之物，如思想、文物。作为人的主动活动的产物，它们同样是人生命力量的体现，贯注着人的生气，体现着人的智慧，保藏着人的秘密。这些物品，固然有"异化"的可能，而我们更需要强调的是：它们同样有着属人的一面，有着成为人的生命表达的另一种可能。从这些物品中，是可以读出其中的"生命信息"的。

如此，作为个人的存在，他的生命就不仅仅在于"这个"人，而在于这个丰富的人，在于他所建立的与世界间的属人性关系，在于他的丰富的生命表达。丰富的世界（包括其自身的多方面的成长），可能成为个体生命的表达，成为个体生命的一部分。布伯在论述人与世界的本真关系时告诫我们，"'我'因参与实在而成为实在。'我'之参与越充实，'我'之实在越丰盈。"① 我们还可以接着说，世界也因"我"之参与而日益丰盈。也正是通过这种方式，自然性的空间可以、可能成为个体生命的构成，从而生成个体的生命空间。而个体在成就自身的同时，也恰恰在成就着社会的进化、世界的美好。

而这正是当代中国社会所呼唤的一种文明形态，一种新型的个体与群体、个人与社会的关系形态。个体的成长，同时意味着他人、群体的成长。

2. 生命需要获得积极的生命体验。

生命体验是生命时空获得的内在体现。它在个体生命活动中生成，同时又是对个体生命活动的内在鼓励、对生命的自我确认。它是生命不可或缺的一环，也将作为一种向往、追求、态度，引领着生命走向新的境界。

这种生命体验是经历过生命的磨难、奋争，在付出过自身的努力，主动争取后的一种体验。它也不是多出来的"闲暇"或"休闲"，而是与"劳作"、"努力"的生命活动对他人和社会的积极贡献，个人社会责任的履行与他人的认同等密不可分的。

这种体验在终极的意味上确认着生命的存在。是这种"感觉"使得人相信：自己还活着、自己还具有生气、自己活在世界上是有益的、自己活着是有尊严的。这是一种生命成长的感觉、生命的尊严感、尊贵感、伟大感、快乐感。乌纳穆诺明确指出："感觉自己存在，这比知道自己的存在具有更大的意义。"② 人生的意义在个体的体验中得到确证，而不是确定的意义等待着人的发现。这是对生生不息的生命世界的回应与同构，而得之于心，才产生生命意义感。在这种人与人、人与历史、人与生命世界的谐和的共鸣中，个体获得在"家"的感觉，在"生"的体验中，满怀希望地走向未来更广阔的时空。

从生命的角度，生命体验体现为两种不同的"感觉群"："生"的感觉与"死"的感觉。"生"的感觉是一种成长感、希望感；"生"的感觉是一种舒展感、丰富感；"生"的感觉是一种有力感、新鲜感。

（三）生命在自组织的活动中获得自我更新

我们可以从几个方面来认识生命的成长问题。

---

① ［德］布伯：《我与你》，陈维纲译，三联书店 2002 年版，第 55 页。
② ［西班牙］乌纳穆诺：《生命的悲剧意识》，北方文艺出版社 1987 年版，第 101 页。

1. 生命的成长需要资源。

人生存在世界之中，人的生存活动受到世界的制约，人的生存活动是一种在世的、现实的克服困难、抓住机遇、实现自我成长的活动。

在我们看来，这种制约性，不是生命需要或可能抛弃的，而是需要生命主动地存在于这样的制约性之中，在这种制约性中获得生命的成长。人的生命永远存在于"制约性"之中，人的生命的成长，也永远地拥有着"资源"，永远拥有着生存的可能性。这种人对世界的依靠性，我们不是要否定或害怕，而是要转换思维方向，将这种环境、制约性看做生命成长的资源，并在实践中实现它们的生命资源价值。

正是在这种生命关系中，他人他物、时间空间可能带给我幸福，扩展我的生存，增强我的力量，也可能限制我的生命的成长，挤压着我、威胁着我、消耗着我。但是，无论是面对外界的威胁，还是偶然的际遇，生命总倾向于借助外界而力求实现自组织，力求不断实现自我更新。否则，生命体就会出现复杂性的倒退甚至解体。作为人的生命，更是具有很强的意识性，能保持对外界与自我的自觉、活动的自觉，这为生命的"为我性"提供了强大的助力。

因此，生命是通过积极自主地转化生命资源而获得成长的。人的意识与自我意识的出现及其增强，使生命能够更为主动、自觉地发现资源、组织资源，从而大大提高资源的生命价值。

2. 生命通过自组织的活动，实现对资源的开发与利用。

生命的自组织，是指个体以一种自觉的态度，主动地规划自己的生命目标，努力寻找、开发、利用各种资源，实践自身的规划，不断反思，不断重建，从而获得自我的不断新生。在这种自组织中，个体对生命资源的开发与利用将更加充分，并将在新的层面上，获得更加丰富的生命资源，由此体现出生命成长永恒的新奇性。

在这一过程中，生命资源的价值实现，不是自然科学中的拼贴、组合、构造，而是通过个体生命的"主动"组织而实现的整体重构。个体主动地接受外界环境所释放的"生命信息"，主动地理解、判断信息，主动反思自身的生命存在状态，主动地通过生命信息而实现对自身生命的重构。由此，个体将生命资源融入个体的生命存在，成为个体生命无法分离的"一部分"。

这种重构，是一种整体的重构。在生命成长的过程中，成长不是意味着元素的增加、组合、优化，而是意味整体性生命存在的不断的自我解体、自我组织。

而引起这一重构的，很可能是一个"偶然"。每一次这样的"非连续"的出现，都有可能促成生命整体层次的跃升，引起生命存在状态的整体性变化。因此，对这样的成长"临界点"的把握，有可能使生命的存在水平获得突飞猛进式的跃升，获得生命对"复杂"的整体组织能力的提升。

在这一自组织的过程中，个体理性的力量在不断壮大、不断提升。它被非理性的噪音所打断、所滋养，并为着人的生命体验而存在、而工作。在这种相互作用下，个体对"复杂"世界的组织能力不断获得提升，从而实现个体生命复杂度的提高，不断超越"死"的威胁，不断获得更高水平的"生"，并不断面对更高层次的挑战。

在这种自组织的活动中，在人与世界的相互作用中，个体不断生成着新的生存形态，不断生成新的意识水平。在这种生成中，世界也获得新的阐释、获得"新人"的推动、获得走向更高存在水平的可能。"外部文化世界的生成，人的身体性的生成，人的意识的生成，三者的生成是一个共时性的一体过程。这个过程就是我们所说的'活动'。"[①] 人的活动由此体现出它的孕育力。

人的生命的成长，就是在多样的关系中，不断反思、不断重建、从而不断自我提升的过程。在这一过程中，需要外界的影响，需要自我的反思，需要自己的探索，需要自己不断处理各种信息，需要自己不断重构自己。

在教育的立场下，学校教育中的人都是生命体，需要关注生命的成长，关注生命的成长需要，努力挖掘学校教育生活的价值，实现学校教育的生命价值。

二、生命视阈中的学校教育

（一）学校教育介入人的生命之中

学校教育对个体有限的生命时空的占据与对个体生命体验的影响是无可怀疑的，对个体生存方式的形成具有根本性的影响。这些"影响"，是存在着的事实。这是学校教育关注生命问题、自觉确定价值取向的必要前提。学校教育作为一段生活、一个世界而介入个体生命之中，便应承担起对生命的责任。

（二）学校教育是一种丰富的教育生活

学校教育的内涵可以是丰富的，学校教育对个体成长的影响可以是巨大的，学校教育中蕴藏着丰富的生命资源。

1. 学校教育可以恢复自身"生活"的本然状态。

当我们立足于生命成长的立场，从生命与学校教育的关系角度来思考，就回

---

① 李鹏程：《当代文化哲学沉思》，人民出版社 1994 年版，第 229 页。

到了人的"生活"视角。

"生活"意味着人在现世中的生命活动，是生命与世界间相互制约、相互影响、共生共荣的过程。它意味着每一个人的现实生活，意味着一个个的个体独特的生命历程，意味着个体在环境中通过环境而获得自身的"活"。

学校教育与各种生活形态具有内在相通性。它与各种生活形态之间的关系，不是谁为本、谁为末、谁回归谁的关系，而是在相通性的基础上，各自以自己的独特性，维护着人的生命存在与成长。同样的道理，个体也"生"在学校教育中、纠缠于学校教育中，通过学校教育获得"生"的可能。学校教育意味着一个"世界"。在这里，有物品与人物，有历史与未来，有痛苦与欢乐，有冲突与和谐，有自我与他者。这更是一个丰富的世界，而不仅仅是上课这一形式；这是一个充满可能、充满冲突的人生历程，而不仅仅是微波不兴的平静；这是一个充满价值因而呼唤选择的生活世界，而不只是纪律、制度所严密控制的世界。

这样，"学校教育生活"与更广大的生活世界实现了相通，与人的生命实现了根源性相通。学校教育生活与其他生活形态的相通，在实体的层面上，是人、物、事间的相通，外界的人、物、事可以进入到学校教育生活中，学校教育中的人、物、事，同样是其他生活形态的构成。

2. 学校教育生活中赋涵着个体生命资源。

生命在世界中的成长，是通过对资源的组织而实现的。作为世界的一种特殊体现，学校教育生活中也赋涵着个体生命资源。

学校教育生活中赋涵着个体生命资源表现在：学校教育包含着富有生命气息的构成性资源。

首先，学校教育中的"人"，是有丰富内涵的生命体。

学校教育中存在着相通而不同的人，这意味着更多样、更多彩、更有意蕴的"生命信息"的存在。它们随着差异性个体的绝对存在而存在，而同时又统一在生命的基础上。

学校教育生活中，存在着大量的个体性差异，不仅仅在于教师与学生之间，而且在于学生与学生、教师与教师、进入学校教育生活场景的"他人"之间。差异性的存在，对个体而言，意味着新的可能的召唤；差异性的存在，为个体提供着自身存在的参照。

这种差异性建立在共通的生命本性基础上。无论是"生"的本性、"生"的追求与向往，还是"生"的机制，生命个体之间又都是相通的。因此，作为生命个体的人，每个人都在自身的生活中表现着"生"的活力、"生"的力量，都在自身的存在环境中，践行着生命之"道"。这种生命精神，体现在任何一个生命个体身上，它们是可以体验到的、可以为生命所吸收的力量。

其次，学校教育中的"知识"，可以回归为一种生命信息。

在教育学的立场下，我们对"知识"、"教育内容"的重新认识就是：客观存在着的教育内容或知识，都意味着不同的生命存在。我们要在知识与人、与生活、与历史的关系维度上，重新思考"知识"的意蕴。

文化知识是人类生命在历史进化中的积淀，犹如"化石"一般，它们蕴藏着文化时空、保存着人类自身成长的秘密、聚集着人类生命的能量，需要我们从中领悟、想象、感受，从中获取对生命的体验与融通，获得自身生命存在的时空坐标，获得不断前行的力量，获得生命成长的资源。

透过这样的生命信息，我们能发现的是生命体在特定生存环境中的拼搏与奋斗，能看到个体生命多样的生命情态，看到个体生命的创造，看到个体生命的生存方式与生存智慧。这一切，都在为当代的生命个体提供宏大深远的时空背景，提供生命存在的工具与手段，激励生命个体并为之输送源源不断的生命能量。

其三，学校教育中的方法与技术设施，可以成为更好地呈现生命信息的手段。

通过方法与技术设施，可以使得生命信息的呈现更充分、冲击力更强、感染力更大。通过方法与技术设施，使得个体能进入到更为复杂、多样、丰富的"生活"中，在更为丰富、多样、立体的互动关系中，获得更大的生存空间和更多的生命资源。

最后，学校教育中的教育情境，催生着"可能"的出现。

学校教育中，同样有着某些富有生命意蕴的情境。在其中，生命的创生力呼之欲出。这种情境，从空间的角度，可以有学校层面、班级层面；从性质的角度，有物理性情境与心理性情境。

学校教育生活中富含着个体生命资源还表现在：学校教育赋涵着形成个体生存方式的活动性资源。

学校教育生活的存在，就是一种形成生存方式的资源。它存在于学校教育生活的方方面面。作为个体的教师与学生，它们的生存方式就存在于各种层次、各种类型的关系之中。从对待他人的方式、对待自己的方式、对待事物的方式、对待制度的方式等角度来看，学校教育中都有着大量的生命成长资源。

综上所述，学校教育生活赋涵着形成个体生存方式的生活资源，各种构成要素、时空条件具有向个体生命生成的可能，具有生成生命体验的可能。这些理解促使我们认为：学校教育是一种丰富的生活，具有与生命的内在相通性，赋涵着个体生命资源，是生命成长的巨大"财富"。学校教育生命资源开发、价值实现的过程，就是个体生命成长、活力充盈的过程，并同时会带来学校教育自身的重要变革。

（三）学校教育是制度保障下的生活

学校教育是制度保障下的生活，是有一定组织规则的生活。这种与自然生活形态的不同，已经引起了众多人的关注，并在当代成为学校教育研究中反思的焦点之一。

在本文看来，"制度保障的教育"与"制度化教育"是有重要区别的。学校教育中的"制度"是对学校教育生活的保障。

在一个复杂系统的运作中，"制度"充当着"有序"的角色，它是系统存在、发展不可或缺的条件。正是在有序与无序的矛盾中，在系统的自组织中，有序与无序获得了存在的价值。作为复杂系统的学校教育的存在，"需要"一定的制度：其一，制度保障着学校教育生活的时间获得；其二，制度保障着学校教育生活的空间获得；其三，制度保障着学校教育具体资源的获得与运行；其四，制度不断提升着学校教育与人的发展层次。

制度保障的学校教育，是从自然的生活世界中的一种分化。这种分化，恰恰体现出人的"意识"的存在。我们可以重新回到"意识"中来，将有意识的"生命个体"这一因素放进这一"制度"的特殊性之中，就可以发现：生命的存在，为"制度保障的教育"带来了创造的特征。在制度的保障下，个体可以更为专注于自身的生命实践。它带来了学校教育运行中的整体性、动态性与生成性。

为此，我们可以形成以下观点：学校教育具有动态性，学校教育中的制度不能也不应框死学校教育；学校教育具有生成性，学校教育中的制度要以促进生成性为目的；学校教育具有整体性，学校教育中的制度需要综合设计、合理运作。

第四节 重建当代中国学校教育价值取向

我们对"生命"、"学校教育"的重新解读，为我们重建新的价值取向，提供了源头活水。

一、认识学校教育的当代价值

当我们重新以"学校教育所具有的优化生命存在、提升生命质量的可能"

的价值观来思考"学校教育价值"问题时，便能认识、发现学校教育所具有的
"优化生命存在、提升生命质量"的"可能"。

（一）从时间维度看，学校教育具有短期价值与长期价值

学校教育对人的生命质量的提升，是通过形成学校教育的生命全程视野、关
注人的生命成长的长效性因素而实现的。

当我们将人的生命视为由一段段碎片相连时，当我们将人的时间视为断裂的
存在时，我们只能发现学校教育短期的价值或缥缈的"未来"价值。我们会关
注于断裂性的"现在"——人的即时需要、社会上流行的需要，从而缺少对未
来社会发展的"整体"视野，缺少个体生命成长的"全程"视野。我们也容易
将"未来"确定化，将某些特定知识、能力的获得，定位为"未来"的需要。
这样，学校教育的价值就停留在短期之中。

而学校教育的长期价值，是指学校教育对社会发展与个体成长全程的价值。
当学校教育在研究社会发展的基本趋势、个体成长的基本方向的基础上，综合设
计、实现学校教育与个体的关系时，"现在"就获得了全程的关照，"未来"就
介入到"现在"之中。学校教育"现在"价值的实现，就已经为其更久远的影
响打下了基础。学校教育生活对个体生命的深度唤醒、对个体人生态度的影响、
对个体合理而主动的生存方式的养育，都可以积淀在个体生命之中，长久地影响
着他、滋养着他。

学校教育短期价值、长期价值之分，是不同的"时间"观的体现。而且，
这里的"短期"与"长期"不是对立的关系，而是超越或局限的关系。在长程
视野下，同样需要关注"暂时"的、"当前"的价值，但是不同之处在于：这已
经是一种"长程"中的"短程"，已经在新的语境中具有新的意味。

学校教育对生命的影响，可以是短期的，也可以是长期的。关注学校教育的
长期价值，需要我们更加自觉地关注学校教育生活对生命体的长久影响，关注学
校教育对人之生命成长的长效性。我们需要关注人之生命全程，需要关注学生与
教师的成长与幸福。

（二）从空间维度看，学校教育具有整体价值和部分价值

学校教育的部分价值，表现为对生命成长某一部分的关怀。如对个体政治
生活能力的培养、对个体参与经济活动能力的关注、对个体身体机能完善的关
注、对个体语言和信息技术能力的关注，等等。学校教育的这类价值已经比较
多地被研究者意识到，尤其是学校教育的政治价值、经济价值、文明传承价
值、个体享用价值等。学校教育改革中一些分门别类的改革，也更多体现为对

人的成长具有的部分价值。"学校教育"对个体生命的这类价值具有分割性的特征，往往只关注了个体某一方面的成长，忽略了个体生命的整体性、人类生活的整体性。

学校教育的整体价值，就是整体性地关怀生命。在学校教育研究中，往往有着这样的潜意识：常常满足于将学校教育与政治活动、经济活动、军事活动相并列，但这依然是一种分割性的对生命某一方面的支持。在原有的对"社会"、学校教育与社会关系的分析框架中，这是合理的。但是，当我们发现了社会、学校教育与生命之间存在内在、本源的关系之后，我们就可以说：学校教育与生命之间具有更为整体的关系，可以是对生命存在的所有领域、生命整体的关怀，是对个体与世界关系的一种关注。学校教育生活对个体生存方式形成的影响可以是整体性的，对个体生命质量提升的影响可以是整体性的。学校教育生活中，每一种单独的活动，都是作用于整体的生命存在的。

但这种整体性并不排斥"部分"，也需要以"部分"为突破口。它不是部分的相加，而是通过部分实现整体的生命成长。我们在关注部分的同时，始终需要具有一种整体的视野。缺乏整体意识，"部分"就是一个个割裂的部分。而在整体视野与整体思维指导下的"部分"，则是整体的有机构成，保持着与整体的共生共荣关系。

这样看来，学校教育的价值也可以从生命整体存在、生命成长的角度来阐发。更重要的是，在我们将学校教育的价值与生命成长结合起来后，我们所关注的将不再是如何与政治、经济等生活形态区分开来，如何做各学科、各领域的改革，更不是相互隔离，而是关注：如何在共通的基础上，充分借助其他生活形态的资源，更大程度地实现学校教育的生命价值，促进生命更大程度的成长。

（三）从层面上看，学校教育具有表层价值和深层价值

学校教育的表层价值意味着学校教育对生命的维护，是通过其他中介而实现的。这比较多地体现在以社会、政治、经济、文化等为中介，阐述学校教育对人的影响。如通过"个体的社会化"、"潜在的劳动力转化为现实的劳动力"等途径，实现学校教育对"社会发展"的价值，进而通过社会发展而提高个体的生存水平。这一思想的前提观念是：只有社会生产与社会生活，才具有直接的生命价值，而学校教育不具有直接的生命价值。这样，学校教育就可能会关注于特定知识的获得、特定道德素养的培养、特定能力的获得等。这些知识、能力等素养的获得，并非没有生命价值，但它们与生命的关系是间接的、自然性的，往往以外在于生命的形态出现。

213

学校教育的深层价值，意味着学校教育与生命本性具有直接的关系，学校教育可以通过对生存方式的关注，实现直接的生命关怀。如同人类的繁衍对生命的缔造一般、如同医药卫生对生命的维护一般、如同衣食住行对生命的支持一般，学校教育是在这一层面上维护着生命的存在，关怀着生命的成长。从这一意义上来说，学校教育并不仅仅是通过培养潜在的劳动力、培养未来所需要的人，再通过具体的生产与社会生活来使人获得幸福与完满，而是在更根本的层次上直接关怀生命。这一结论得以成立的观念性前提是：生命作为一种生存方式、作为一种时空性存在与体验性存在，与各种生活形态具有深层次的相通性，学校教育也是一种生活形态。

学校教育深层次价值的存在，意味着学校教育与文化转型、与人的生存方式变革之间具有内在的联系。从生存方式、生命本性的层面看学校教育，它能包容学校教育的各种表层价值，如知识的获得、能力的养成、某些特殊领域行为习惯的培养。但是，如果这些表层的价值不能在深层次价值的指导下实现，就只能停留在表层与自在的影响状态，而很难获得对个体生命自觉的本源性促进。如果能获得深层价值的指导，知识、能力训练等表层性价值的存在，也能深入到生命之中，获得有意识的价值开发。

二、关怀生命：当代中国学校教育的价值取向

在当代中国的语境下，学校教育价值取向具有多种可能，而合理的学校教育价值取向的选择，应该与时代转型、人的生命需要、学校教育自身的可能性相契合，以最大程度地实现学校教育价值为依据。

我们认为：当代中国学校教育，已经需要、并且可能在整体性深层次的角度选择学校教育价值取向，即关怀生命可以成为当代中国学校教育价值的一种新取向。

（一）关怀生命，意味着当代中国学校教育要直面生命存在，以"自我"的身份承担自身的时代责任

今日我们提倡关怀生命的价值取向，意味着当代中国学校教育需要有更清晰的自我意识、生命意识，需要以"自我"的身份，考虑自身的存在方式与价值实现。

在"关怀生命"的自觉意识下，学校教育生活将可能有意识地融汇历史与未来，吸收各种生命资源于自身之中，成为一种有意识地选择、组织、利用信息从而促进人的自我生成的生活形态。正是人的意识性的存在，使得学校教育成为

可能、成为历史性的事实；也正是意识性的增强，使得学校教育可以、可能走向一条自我更新的发展道路，使得今日的学校教育改革、学校教育研究乃至于学校教育价值取向研究成为一种"需要"而不是"奢侈品"。

如此强调学校教育的"自我"意识，不是否认外界条件的重要性，不是追求一种虚无缥缈的浪漫，而是在多样的条件、动态的运作过程中，寻求现实的可能性。学校教育的"自我"意识就是可能的、内在的力量。它的存在使得外界的条件对学校发展不再具有决定性的作用，使得各种条件可能朝着有利于学校发展的方向发展，从而可能生成新的条件、新的环境。

（二）关怀生命，意味着当代中国学校教育以"生命"为本体性前提，以积极的关怀作为基本的行为方式

在学校教育与人的关系形态中，需要有意识地建立对生命的关怀。

以"关怀"为取向，意味着对生命本体地位的清醒意识，意味着学校教育自身对生命的积极关注、主动的行为、建设性的气质。学校教育意识到自身的特殊性以及对于个体生命成长的巨大可能，有意识地将自身财富的一面开发出来，使自身成为个体生命成长的资源。如此，学校教育实践所关注的始终是"人"的问题：人的生命需要、人的生命成长。学校教育实践的价值取向，就是直面人的生命需要，通过学校教育促进人的生命成长。

关怀，是一种积极的行为。它不仅包含着积极的态度，而且意味着学校教育与人之间新的关系形态，人成为学校教育关注的核心。学校教育对待生命，不再是"压抑"，不再是漠不关心，也不再仅仅是出自于自然性的"良知"，而是一种积极的支持、鼓励，是对个体成长的积极介入，是学校教育主动而自觉地影响个体生命的成长。"关怀"取向得以确立的基础，正是在于对生命内涵与学校教育内涵的理解。只有意识到了生命的本性、生命的追求、生命成长的基本机制，学校教育的关怀才有了具体的目标，才使得自身的"关怀"行为有了合理的基础，才可能使自身的关怀具有持久而强大的内动力。同时，也只有深入到"生命"层次，学校教育对人的关怀、对时代转型的作用，才可能更根本、更整体地得以实现。

关怀，意味着我们承认每个生命体都有成长的内动力，都有成长的可能空间，也都需要成长。学校教育的价值，在于使人在学校教育生活中自主、能动、积极地成长；在于使人意识到自身的生命存在；在于唤醒人的生命意识；在于推动、促进每一个人的生命成长。每个人都是成长中的人，都可以有更好的生命存在，都可以有尊严地生活着。学校教育的关怀，意味着信任，意味着介入，意味着唤醒，意味着促进，意味着通过学校教育，使得学生成长得更好。

（三）关怀生命，意味着学校教育以培育具有积极的生存方式、富有生命活力的健康个体为己任

学校教育对时代转型、对人的成长的促进作用，可以在更深层次上实现。关怀生命，就提供了这种可能。

当代中国学校教育所要造就的"人"，是一种具有积极的生存方式、富有生命活力的健康个体。这一"新人"，不仅表现为知识形态和能力技能的时代性更新，而且更根本的是具有一种积极的生存方式。当代中国人只有实现生存方式的更新，从被动压抑的生存方式转换为积极主动的生存方式，才可谓真正实现了人的更新。生存方式这一本源性的更新，将带来人表现形态的全面更新。

正是集中在个体主动的生存方式的形成上，学校教育将以个体生命质量的提升为目标追求。它需要将学校教育所蕴涵的生命资源更大可能地开发出来，在个体积极主动的活动中，实现个体复杂度的提升即生命时间的获得，实现个体生命表达的丰富化即生命空间的获得，实现个体生命体验的获得。学校教育的一切工作，都可以以此为导向，将个体生命质量的提升视为评价学校教育质量的标准，视为衡量学校教育自身发展水平的标志。

对个体生命的关注，正是当代中国社会转型的需要。对个体的关注，需要借助于时代所创造的各种可能性、各种生命资源，将这些资源组织进学校教育生活中，从而整体提升学校教育中人的生命质量。学校教育与社会发展之间、个人与时代转型之间积极互动、共生共荣关系的形成，以及复杂系统的整体演化，是这个时代、这种新型文明的根本特征。

（四）关怀生命，意味着当代中国学校教育要以整体的、深层次的眼光进行自我改造，以建设性的方式促进生命的成长

学校教育对生命的关怀，不是以传统的工业化思维方式将这一个体"培养"出来，而是要回到学校教育自身，以对学校教育生活的优化而实现对生命成长的促进，生命是靠全部的学校教育生活滋养而成的。

从对整体与部分的选择而言，不同的选择，会带来很不相同的"学校教育"。当代中国学校教育的变革，已经在许多方面展开。但是，单一的、局部的改革不可能实现整体的自动更新。我们需要更自觉地策划、设计、实践；需要将学校教育的全部时间与空间作为"整体"、作为一种"生活"，考虑这一"整体"、"生活"的优化，这是更具挑战性的工作。

从"人"的角度看，现在大多数学校的教育改革，都在强化学生意识，但这还不是学校教育关怀对象的全部。我们还必须意识到：教师的生命质量、学校管理者的生命质量，都应该进入"关怀"的视野之中。因此，新型学校教育的创建，需要将学生、教师、学校教育管理者都视为具体的生活者，关注他们，研究他们，自觉地为他们的成长提供条件。

就层次的选择来说，不同的层次选择，同样会带来不同的"学校教育"。

在当代情境下，第一种水平的关怀方式，是在原有目标体系不变的情况下，提高目标的当代品性，例如传授更新的知识内容、养成当代社会急需的技能。第二种水平是在原有目标体系的基础上，进行新的组合、排列、弥补，如关于知识与能力关系问题、认知与情感相统一、科学与人文相协调、使学生学会学习、关注新的三级目标问题，等等。而更高水平的选择，是反思现有学校教育的弊端，重构新的目标体系，整体优化学校教育，在生存方式的层面上，重建一种富有生命气息的学校教育生活。这样，个体能够以富有生命气息的生存方式存在于学校教育生活之中，学校教育生活成为唤醒个体生命意识、滋养个体生命成长、形成个体生存方式、提升个体生命质量的一种生命资源。

对于当代中国学校教育而言，应该并可以自觉地将自身的改造定位于整体性深层次的变革。而且，整体性不意味着与部分的隔离，而是意味着将部分提升到整体的层次，以整体的眼光指导部分的分化；深层次也不意味着脱离表层，而是意味着将表层深入到更根本的生命层次，以深层次的眼光指导表层的行为。

这样，对学校教育生活的改造，就将更加关注学校教育日常生活的质量，关注生命体在学校教育生活中的生存状态，关注学校教育所可能开发、实现的多样的个体生命资源。

三、重建学校教育目标系统

我们所关注的是"学校教育目标系统"的构建。从层面来看，它包括学校整体的办学目标、班级生活与课堂教学目标、更为具体的教学活动与班级活动目标等。从时段上看，它随着时间不断变化，在生命全程的视角下，集中关注当前状态。就所针对的"人"而言，学校教育目标的指向绝不仅仅是关注"学生"，而应将"学生"、"教师"、"管理者"等"人"都视为关注的对象，将"学校教育生活"中的"生活者"作为关注的对象。

（一）学校教育目标系统的核心构成

在本书看来，当前学校教育目标系统尤其需要关注以下内容：

（1）要通过学校教育塑造个体积极的生命情态。积极的生命情态，呈现于个体与世界的关系形态中，是个体以积极而非消极、开放而非封闭、乐观而非悲观、身在现实之中而胸怀美好希望，并且能通过个体的创造性行为，改变不完善的现实状态、推进现实生活优化的精神状态。在学校教育中，那些不怕丢面子、勇敢地投身学校教育改革的教师，有着积极的生命情态；那些在难题面前不退缩、积极思考、解决问题的学生，有着积极的生命情态；那些面对自己学校的现状，不断寻找学校发展可能空间的校长，有着积极的生命情态。在他们的活动中，散发着真诚、执著、进取的气息，充满着开放、生成的意蕴。

（2）要通过学校教育培养个体高质量的活动方式。这里所关注的，是个体如何与世界交往，以何种方式生活。我们可以依照个体活动的基本阶段来进行讨论。这是个体面对"活动"所需要经历的过程，是一种"纵向"的研究思路，关注的是个体活动"过程"的质量，而不是横向的"知识"、"能力"的维度。为此，要培养能合理地确定自身行为目标的个体；要培养具有策略意识与能力的个体；要培养能不断反思自身行为的个体；要培养能走向更新性重建的个体。

（二）学校教育工作的系统构成

对于这样的学校教育目标，需要一种整体的学校教育形态。这种整体表现为学校教育工作的各个方面要始终围绕着核心目标进行。而且，在不同的层面与领域，相互沟通，合理分工但不分家，充分实现自身的独特价值，推进生命整体的成长。

从第一层面看，学校整体的工作目标，应围绕"培育富有生命活力的个体"而展开。全校性的工作安排，校长的全部工作，必须明确这一中心。

从第二层面看，学校教育中基本的生活形态是班级活动与课堂教学。这二者具体的表现形态不同，因此，目标的重心也会不同，但其价值与目标却是一致的，都是在促进学生成长，只是在用不同的构成性资源养育着共通的生命。因此，分析自身的特殊性构成与表现形态，分析自身在生命养育中的特殊价值，就可以构成这一层面的目标特征。

从第三层面看，课堂教学内部的不同学科与课程的教学、班级活动中不同主题的活动，又构成自身的资源特殊性。在自身的特殊性之上，又可以建立这一层面的目标系统，如语文教学的目标、数学教学的目标等。

这样，学校教育的目标系统至少体现在三个不同层面上。如果再考虑更为微观的一次次的活动，这一结构还要延伸。

把这样的结构放在时间的视野下思考，就有了全程与当前的区分。每一次、每一学期具体的学校教育目标，都是具体的，也必须针对当下的学生生存状态。但同时，又必须具有全程视角，将当下的目标建立在学生过去活动的基础上，保持着对未来的开放性，实现真实的层次提升。生命全程的视角与对当前状态的关注，需要结合在一起。

在当代中国社会转型的宏大背景下，在当代中国文化重建的基础上，学校教育价值取向更新的可能已经真实地出现，并在一批批勇敢而智慧的教育改革者身上，在一所所投身自我变革的学校中，生根、发芽。

参考文献

著作：

［1］瞿葆奎主编，丁证霖、瞿葆奎选编：《教育学文集——教育目的》，人民教育出版社1989年版。

［2］瞿葆奎主编，雷尧珠、余光、黄荣昌选编：《教育学文集——中国教育改革》，人民教育出版社1991年版。

［3］叶澜、郑金洲、卜玉华：《教育理论与学校实践》，高等教育出版社2001年版。

［4］叶澜主编：《"新基础教育"探索性研究报告集》，上海三联书店2004年版。

［5］叶澜主编：《"新基础教育"发展性研究报告集》，中国轻工业出版社2004年版。

［6］叶澜：《教育概论》，人民教育出版社2006年版。

［7］叶澜：《"新基础教育"论》，教育科学出版社2006年版。

［8］陆有铨：《躁动的百年——20世纪的教育历程》，山东教育出版社1997年版。

［9］朱小蔓：《教育的问题与挑战》，南京师范大学出版社2000年版。

［10］黄书光、王伦信、袁文辉：《中国基础教育改革的文化使命》，教育科学出版社2001年版。

［11］熊明安主编：《中国近现代教学改革史》，重庆出版社1999年版。

［12］熊明安、喻本伐主编：《中国当代教育实验史》，山东教育出版社2005年版。

［13］李家成：《关怀生命：当代中国学校教育价值取向探》，教育科学出版社2006年版。

［14］张东娇：《最后的图腾：中国高中教育价值取向与学校特色发展》，教育科学出版社2005年版。

［15］蒲蕊：《当代学校自主发展》，广东高等教育出版社2005年版。

［16］李金初：《改革·选择·发展》，北京出版社、文津出版社2000年版。

［17］何晓文：《教育——发现与发展学生的潜能》，教育科学出版社2003年版。

［18］唐盛昌：《中学教育的求索与超越》，人民教育出版社2004年版。

［19］刘彭芝：《人生为一大事来》，高等教育出版社2004年版。

［20］李烈：《给生命涂上爱的底色》，高等教育出版社2005年版。

［21］康岫岩：《生命因教育而精彩》，高等教育出版社2005年版。

［22］詹栋梁：《儿童哲学》，广东教育出版社2005年版。

［23］叶秀山：《中西智慧的贯通》，江苏人民出版社2002年版。

［24］朱良志：《中国艺术的生命精神》，安徽教育出版社1995年版。

［25］李鹏程：《当代文化哲学沉思》，人民出版社1994年版。

[26] 张世英:《进入澄明之境》,商务印书馆 1999 年版。

[27] 宗白华:《宗白华全集》,安徽教育出版社 1994 年版。

[28] 钱志熙:《唐前生命观与文学生命主题》,东方出版社 1997 年版。

译著:

[1] [法] 卢梭著,李平沤译:《爱弥儿》,商务印书馆 1978 年版。

[2] [意大利] 蒙台梭利著,马荣根译:《童年的秘密》,人民教育出版社 1990 年版。

[3] [美] 杜威著,王承绪译:《民主主义与教育》,人民教育出版社 1990 年版。

[4] 联合国教科文组织国际教育发展委员会:《学会生存——教育世界的今天和明天》,教育科学出版社 1996 年版。

[5] [德] 博尔诺夫著,李其龙等译:《教育人类学》,华东师范大学出版社 1999 年版。

[6] [苏] 山·A·阿莫纳什维利著,朱佩荣译:《孩子们,你们好!》、《孩子们,你们生活得怎样?》、《孩子们,祝你们一路平安!》,教育科学出版社 2002 年版。

[7] [美] 特林·芬瑟著,吴蓓译:《学校是一段旅程》,人民文学出版社 2006 年版。

[8] [苏] 科恩著,佟景韩等译:《自我论》,三联书店 1986 年版。

[9] [美] 马斯洛等著,林方主编:《人的潜能和价值》,华夏出版社 1987 年版。

[10] [德] 卡西尔著,甘阳译:《人论》,上海译文出版社 1985 年版。

[11] [德] 贝克勒等编著,张念东等译:《向死而生》,生活·读书·新知三联书店 1993 年版。

[12] [德] 布伯著,陈维纲译:《我与你》,生活·读书·新知三联书店 2002 年版。

[13] [奥] 弗兰克著,赵可式等译:《活出意义来》,生活·读书·新知三联书店 1991 年版。

[14] [法] 莫兰著,陈一壮译:《复杂思想:自觉的科学》,北京大学出版社 2001 年版。

[15] [法] 莫兰著,陈一壮译:《复杂性理论与教育问题》,北京大学出版社 2004 年版。

[16] [美] 埃尔德著,田禾、马春华译:《大萧条的孩子们》,译林出版社 2002 年版。

[17] [法] 帕斯卡尔著,何兆武译:《思想录》,商务印书馆 1985 年版。

[18] [法] 柏格森著,肖聿译:《创造进化论》,华夏出版社 2000 年版。

[19] [德] 西美尔著,费勇等译:《时尚的哲学》,文化艺术出版社 2001 年版。

外文著作:

[1] Areglado R. j., Bradley R. C., Land P. S: *Learning for Life*: *Creating Classrooms for Self-directed Learning*. CORWIN PRESS, INC. 1996.

[2] Jerome Bruner. : *The Culture of Education*. Harvard University Press, 1996.

[3] Jasper Ungoed-Thomas: Vision of A School: *The Good School in the Good Society*. Cassell, London and Washington, 1997.

[4] John P. Keeves: *Gabriele Lakomski. Issues in Education Research*. Pergamon, 1999.

[5] Paul Clarke. : *Learning Schools, Learning Systems*. Continuum, London and New York, 2000.

第七章

义务教育学龄生发展的阶段性特征与学校教育[*]

从成长发展的角度研究学生除了要有全程性的把握，还需要有阶段性特征的认识。关于儿童年龄特征的一般描述在发展心理学著作中十分普遍，本研究的特点有以下两点：其一，研究学生在学校教育要求影响下和学校多种活动中所呈现的阶段特征，是具有鲜明的作为社会角色"学生"的特征；其二，研究是以综合的生态性的视角，即以学生在学校生活中遇到问题变化时所产生的表现来反观其阶段特征。此外，根据学生发展的阶段性特征以及"新基础教育"学生发展研究实践经验，本文简要阐述了义务教育阶段学生发展工作的基本观点、原则和途径。

我们将小学、初中学生成长阶段分为一二年级、三年级、四年级、五六年级与六七年级[①]、八九年级等六个阶段。通过学校教育活动，小学到初中阶段学生都发生着明显的变化。其中，入学年级、三四年级和八年级呈现出转折性特征，是学校教育促进学生发展的关键年段。

---

　　* 本子课题由华东师范大学基础教育改革与发展研究所、心理学系李晓文教授主持、李家成博士参与。本章有关小学、初中阶段学生特征研究由李晓文撰稿。
　　① 由于学制的不统一，在此六年级出现两次。我们将五六年级划在小学段，六七年级划在中学段。

第一节　小学生成长阶段性特征分析

一、掌握规则，内化规则评价（一二年级）

一年级学生普遍容易兴奋，他们直接用行动表现自己的情绪感受，用直接简单的语言表达自己的需求和感受：急了怕了就哭，快活了就笑就跳，有趣了"心"被吸引，没趣了"心"逃离。这种易激发的兴趣状态和直白的自我表现倾向是一年级学生可能发展的基础。

引起老师的关注和赞扬是一年级学生最引以为得意的事。一年级学生不仅喜欢老师赞扬自己，而且喜欢听老师表扬同学，对同学的羡慕和自我提升感混在一起。强烈的自我良好表现需要，是一年级学生重要的发展内动力和重要的发展潜势。而强烈的自我与同学心理边界不分的特征，使得一年级学生容易为群体气氛感染，这使得他们能被集体吸引。

由于现在的孩子大多数都是独生子女，加之对西方孩子家庭教育观念大量引入，传统社会较严的家教明显退化，家长普遍对孩子比较宽松和爱护，这在一定程度上有利于孩子自由活泼的个性发展。但是，父母因此缺少积累养育经验的机会，关爱尺度难以把握。出于宠爱，家长普遍忽视对孩子基本规则的教育。到了入学年龄，过去的入学儿童很少存在的问题现在却凸显出来了。现在中国的很多家庭在生活条件改善后，用物质的饱和供给和过度保护来表达对孩子的爱。其结果是，一些学生连早该具备的生活规则、行为习惯还没有养成。由于与同龄人交往机会少，受到的交往引导和锻炼少，交往能力普遍欠缺。不少学生不知道如何主动去与人交往。一些孩子在家里连基本的生活常规都没有建立，入学时吃饭成为问题：吃饭速度慢、挑食厉害。在地处上海市区的上海市洵阳路小学一年级新生中，吃饭慢的孩子约27%[1]，挑食的孩子约18%；在地处上海市郊结合部的上海市华坪小学，吃饭磨蹭的一年级学生比例高达60%～70%[2]。面对大量吃饭问题的小学一年级的老师们，在开学阶段要花费很多精力用于改善学生吃饭的习惯。

在早期的家庭和幼儿园活动中，弥散性、潜移默化地形成着基本的规则概念：吃饭、睡觉、说话、游戏时，都要遵守一定的与个体健康成长要求相吻合的

---

[1]　调查数据由上海市洵阳路小学周玉敏老师提供。
[2]　调查数据由上海市华坪小学张引老师提供。

社会规则，不能为所欲为。学习简单的生活自理，养成合理的生活作息习惯，学会跟小伙伴一起玩耍，养成待人接物的礼貌习惯，小孩渐渐就会懂得规则，尊重规则。但是，目前家庭教养的普遍状况非但没有注意培养规则意识，为入学做好准备，反而加重了这个问题。因此，规则意识和规则行为的培养成为一年级学生发展最为紧要的一个目标。

为了让一年级的学生尽快适应学校生活，在学校生活中积极健康地成长，需要在一年级学生成长潜能基础上培养规则意识和学习、交往、生活的规则行为，如此才能不与学生的内在兴趣割裂。这样既延续了小孩在幼儿园已经形成的能力，又拓展了他们的内在兴趣和强化新的要求。

到了二年级，经过一年的学校生活，学生对基本的规则要求已经明确（如果没有新的满足和要求，二年级学生也会明知故犯地出现一些诸如不做好课前准备等小小的违规行为）。在班级里，规则已经成为学生群体共同的评价语言，而不再只是老师家长单方面的话语。评价成为自我调节的规则，这是自我调节发展的一个重要起步，从沉浸在感觉漫无目标的状态向用规则评价进行自我调节发展。

作为进入小学生的角色，二年级的目标以学习成绩和成为小干部为重。我们对近 4 000 名二至九年级学生的问卷调查①结果显示，二年级学生表达希望在班级里担任干部和承担岗位工作的积极性最高（见图 7 - 1）。二年级学生想当小干部，第一位的原因是"提高学习成绩"（见图 7 - 2），其次是"满足爸爸妈妈的希望"。"锻炼能力"在较高年级学生的选择中居优，五至九年级以此为由的学生人数接近一半。

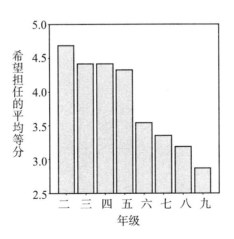

图 7 - 1　二至九年级学生希望担任干部和岗位程度（5 等评分，最高为 5）

---

①　注：调查对象涉及五所小学、三所初中，这些学校位于上海闵行区、普陀区、崇明区和江苏常州。调查时间在 2004 年下半年。

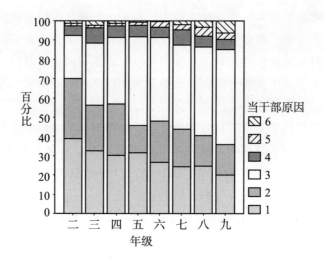

（1. 能提高成绩，2. 爸妈希望，3. 能锻炼能力，4. 得到同学欢迎，5. 能够引人注目，6. 能够有权）

图 7 - 2　二至九年级想当小干部的原因选择

提高成绩与当干部之间关系比较间接，至少在小学二年级这个阶段关系不大。然而，很多二年级学生把提高成绩作为当小干部的主要目的。这一方面是在低年级，小干部往往是由成绩好的同学担任的，这种状况成了他们想当小干部的原因。而当小干部最为直接的过程和结果状态——锻炼能力，却不大被低年级学生关注。这也反映了二年级学生尚处在直观知觉占优势的心理活动水平——关注目前的印象，注重权威在场的反应，还不会观察较长时间段的自己和同学行为状态变化，因此不能对个体历史性的经验进行概括和判断。

学习成绩也成为二年级学生交往的选择标准。对于喜欢同学具有的特征选择，二年级学生选择比例最高的也是"学习成绩好"。图 7 - 3 的图示比例表明，这一选择在二年级明显居优势，五年级后选择率明显降低。低年级学生看重学习成绩反映了家长老师价值取向的内化。

在交往选择中，二年级学生位居第二的选择是"经常受到老师表扬"，经常受到老师表扬的学生为同学所喜欢。尽管选择比例只有 19.2%，但二年级学生的此种倾向程度明显高于其他年级。三年级很快下降，有 8.7%，四年级只有 3.1%，此后各年级所占比例接近 0。低年级学生依赖老师的评价形成自己的喜好，喜欢与这样的同学交往，这一现象有着依附和认同、强化和榜样之双重意义。

对学习的关注也在对老师特征的评价上有所表现。从图 7 - 4 呈现的直方图比例可以发现，二年级学生在两个特征的选择比例上高于其他年级，一个是"教学耐心"，另一个是"严格要求"。二年级学生对喜欢的教师特征的第一位选择竟然如此"成熟"，"教学耐心"超过了"和蔼可亲"。

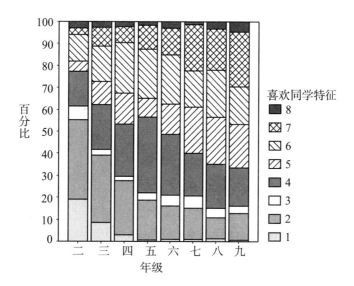

（1. 常受表扬，2. 成绩好，3. 能力强，4. 诚实，5. 为人大方，6. 乐于助人，7. 开朗幽默，8. 知识面广）

图 7 – 3　"喜欢同学具有的特征"选择各年级比例

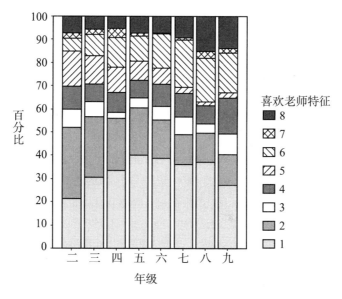

（1. 和蔼可亲，2. 教学耐心，3. 作业留得少，4. 讲课生动，5. 严格要求，6. 幽默，7. 见识广，8. 跟我们交流）

图 7 – 4　"最喜欢的老师特征"第一位选择各年级比例

二年级学生明确意识到，学习在界定自己和同学的状态时极其重要，学习成绩成为优势的评价标准，学习成绩因此成为二年级学生意识层面最具价值的目标。在回答课外阅读的作用时，近半数（43.6%）的二年级学生认为，课外阅读作用在于提高学习成绩。其他年级这一选择的比例都低于二年级。

学习成绩等集体的评价成为学生们追求的目标，这种现象超越了浑然不觉、没有目标意识的"沉浸"状态，是在目标意识层面的成长。同时，这时追求的评价还只是外在的、以具体场合表现评价为重的、纯粹功利性的追求。纯粹功利性的追求，在脱离权威监控场合容易诱发不良行为。在不太懂得社会行为规则的二年级学生身上，会表现出不合道德、违反规则的欺骗和排挤行为。

关注规则评价实际上是一种顺应集体组织的成长状态。因为，规则评价是一个重要的集体组织因素。遵守规则使得群体中的每一成员有了共同的行为方式和共同的倾向。所以，融入集体，是这个年龄段学生进一步发展的趋势。如让学生在以小队合作为主要方式的活动中，培养学生学习合作协商，让学生在生活实践过程中激发友爱善良之心，懂得每个同学都希望得到集体的支持，学会用集体规则进行公正的评价。因此，提出新的合作发展目标，在指向群体间互动和谐的超越一己的规则指导下，有利于纠正成长的偏差，形成新的优势定位取向。

二、超越依赖，凸显个体化表现（三年级）

从三年级开始，在掌握了学校生活的各领域、各场合的规则以后，规则开始由掌握了规则的"我"来选择。个体意识开始凸显，希望从依赖师长的儿童状态超脱出来，自己来主宰自己。三至四年级学生进入了这种状态，显示为强烈的自我表现欲望，这是三年级学生的典型状况。

一项目标投入的想象干预实验揭示了这一现象[1]。实验先对 671 名二至六年级学生的目标状况进行了调查，选择其中设立了目标的 315 名学生作为被试，进行目标实现结果的想象干预。每个年级分为一个控制组和四个实验组，四个实验组分别从"父母"、"老师"、"朋友"和"自己"的角度想象目标实现或者不实现时的反应。图 7-5 呈现了干预结果。可以看到，三年级被试从"自己"角度想象目标实现与否的干预效果最高，从三年级发生显著性提高。而且，三年级被试"父母"、"老师"角度想象的干预效果最低。这体现了三年级摆脱对父母的依赖，追求自我驾驭的需求。

三年级学生选小干部往往从自己需要的角度出发，不像二年级，那些能力强

---

[1] 李晓文、沈群香：《二至六年级学生目标投入的想象干预研究》，载《华东师范大学学报》（教科版）2007年第4期。

但显山露水的同学此时开始不太受欢迎。那些对人和气、憨厚老实的同学更受大家的欢迎，容易被选为小干部。

三年级的学生一只脚还停留在儿童的门槛里，一只脚跨过了少年的门槛，有点像刚刚开始换毛的小公鸡，争强好胜，互不相让，想要显得自主强干，又缺乏处事的策略。也像精神分析师玛勒揭示的复合阶段儿童，一方面希望脱离依赖，另一方面处事能力很弱，非常需要师长的支持和指点。

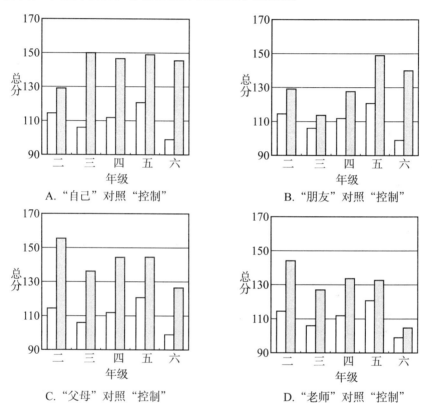

A. "自己"对照"控制"　　　　　B. "朋友"对照"控制"

C. "父母"对照"控制"　　　　　D. "老师"对照"控制"

**图 7 - 5　二至六年级学生不同角度想象目标投入干预
效果（□为干预组，▨为控制组）**

从对待自己看电视状态的评价里面，也可以看到三年级学生超脱了儿童状态，进入少年的转折性特点。我们要求近 4 000 名二至九年级学生报告自己常看的电视节目和喜欢看电视的程度。近 70% 的三年级学生报告，他们最常看的电视节目是少儿类节目（见图 7 - 6）。但是，三年级学生喜欢看电视的程度最低（见图 7 - 7），对电视节目过低兴趣的表达体现了三年级学生想要表明自己已经不是儿童了。这在一定程度上还反映了，三年级学生普遍处在文化饥饿状态，因为他们对少儿类节目失去了兴趣，而对其他较高年级观看率增加的电视剧、娱乐类节目还不够理解，所以，看电视的兴趣急剧下降。

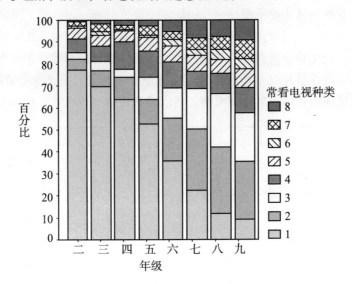

（1. 少儿节目，2. 影视剧，3. 娱乐类，4. 新闻，5. 科技类，6. 纪实谈话类，7. 体育赛事，8. 歌曲音乐）

图7-6　二至九年级学生最常观看的电视类型比例

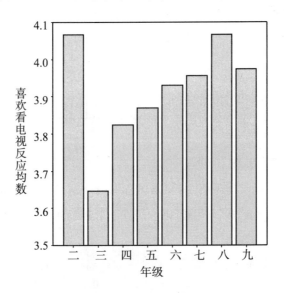

图7-7　二至九年级喜欢看电视反应均数

与成长感同步的是强烈的性别归属意识，定位性别角色。男女生的分化在三年级明显表现出来，异性同学之间发生冲突的举止，多半发生在三年级。这类行为具有强化性别角色心理感觉的作用，通过拉大性别之间的距离，来强化自身的性别角色感。从儿童向少年的转折需求，还表现在与师长交往和对待规则评价的态度方面。个性化的转变需要有平等的朋友关系，但是三年级学生在同学之间很难建立朋友关系。因为大家都处在个性张扬的时候，他们特别适宜于建立具有双重性质的关系：平等并且能够给予支持和依赖的大朋友。

独特个体的意识与历史性视角发展有关。在群体和家庭对自己的评价基础上，根据过去评价积累，超越具体场合下的规则评价，形成整体性特征的自我认同。他们成长的历史视野中，学业表现和成绩比重最大。学业表现和成绩评价的历史构成了能力意识。表现得"聪明"，让别人认可"我聪明"，成为这个阶段学生自我表现的主要目标和发展动力。在回答我们的调查问题："有了烦恼，你采取的办法是：第一_____，第二_____"时，八个年级相比，三年级学生的选择比例以"想法解决问题"居多，这里反映的，正是聪明的、爱动脑的积极自我表现（见图 7-8）。

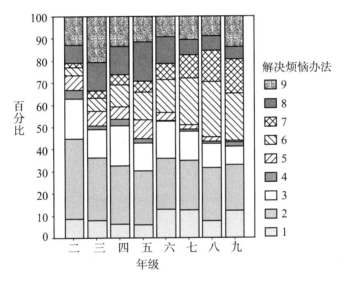

（1. 生闷气，2. 不去想，3. 向妈妈倾诉，4. 向爸爸倾诉，5. 向老师倾诉，6. 向朋友倾诉，7. 发泄，8. 记日记，9. 想办法解决）

图 7-8 二至九年级解决烦恼办法第一和第二位选择

彭琴芳关于能力观和目标取向的干预研究结果发现[1]，三年级学生最容易受到表扬的激励，表扬容易对他们形成发展性的学习目标产生影响。美国心理学家德维克（Dweck）最早发现，人们对于能力的性质有着不同的见解，持有能力固体观的学生容易受挫和退缩，持有能力发展观的学生倾向于积极进取，敢于挑战自我，不

---

① 彭琴芳：《儿童能力观培养干预研究》，华东师范大学心理学系 2004 年硕士论文。

断自我超越。与能力固体观对应的是成绩目标，即试图用好的成绩证明自己的先天能力；与能力发展观对应的是学习目标，即希望通过学习来提高自己的能力。

彭琴芳对 885 名三至九年级学生进行了故事阅读和表扬的干预实验。故事和表扬都蕴涵着能力固定不变和能力可以发展两类观点。干预前测试过被试的目标取向状况，干预后再测目标得分的变化。图 7－9 是不同类型表扬对被试的影响，正向变化表示接近学习目标，负向变化表示接近成绩目标。表扬类型包括"聪明"表扬（你做得很好，得分相当高。这表明你是个头脑特别灵活，反应特别快，特别聪明的同学），"努力"表扬（你做得很好，你应该是开动脑筋认真思考了的。其实，只要你肯动脑筋，肯努力，你的成绩肯定会不断提高的），"潜能"表扬（你做得很好，但还可以更好。因为根据你以往成绩以及你完成作业、回答问题的情况来看，你应该是个很聪明，脑瓜很灵活，很有潜力的同学，你应该有能力做得更好，获得更高的分数）。在各种表扬条件下，三四年级被试得分提高都较大。即使在蕴涵着固体能力观的"聪明"表扬下，三四年级被试的目标取向也有积极的变化。在最具鼓励性的"努力"表扬下，三年级被试目标取向的正向变化相比其他年级更为明显，这说明三年级被试不大能辨别表扬话语的内涵区别，非常容易受赞扬性话语的激励。

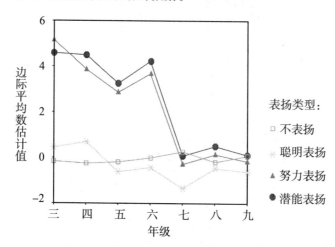

图 7－9 表扬类型对三至九年级被试目标取向影响

三、超越个体表现，寻求聚类定位（四年级）

四年级学生大都在 10～11 岁，这是开始性生理发育的年龄。很多老师反映，学生进入了四年级变化很大，不再是愣头青，有点像大人了，女生尤其明显。

四年级开始，无论在课堂还是班级活动中，学生的投入都不是那么盲目了。老师的指令不再是无条件服从的理由，学生开始注意以自己的感受作判断，不再遵从自己不喜欢的规则，能力的自我判断以及自我定位支配着行为的选择。从四年级开始，学生的自我表现变得老练，不像三年级那么直白。

由于能力和独立性的发展，到了四年级学生普遍会对简单的班级工作不感兴趣，原来令他们热情充沛的日常班级事务会让他们觉得有点"小儿科"了。所以，无论学习生活还是集体活动，到了这个阶段就需要开拓新的具有一定挑战性的活动，以拓展学生活动的视野，增强知识的渗透。班级的组织形态要发生变化，任何一项岗位工作都要具有一定的管理性质。否则，容易出现两种不良倾向，因乏味而形成消极冷漠的倾向，或者表面化的投入。

很多老师发现，四年级起班级里非正式群体明显增多，学生开始建立起比较密切的同伴关系，我们的调查也证实这一点。对于问题"如果有困难你最可能向谁求助？"回答结果是，从四年级起，向好朋友求助的比例明显增多。图7－10呈现了这个调查结果。

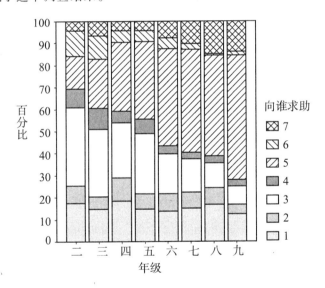

（1. 妈妈，2. 爸爸，3. 老师，4. 小组同学，5. 好朋友，6. 班干部，7. 谁也不求）

图7－10　二至九年级学生"有困难向谁求助"反应比例直方图

朋友圈子建立，意味着交往关系发生了变化，逐渐从依附性交往为主的关系向平行性交往为主关系转化，这是人格独立性发展的标志。所以，朋友关系的建立也意味着个体人格开始发生结构性的变化——新的内在的人格层次开始生成，私密性的感受开始萌发。从关注表层的行为表现和外在评价，逐渐转向关注自己的内心感受。

孙红刚的硕士论文揭示了少年学生异性交往的特点。他选择了上海市中心和山东德州黄夹镇的中小学，对796名三至九年级学生的打斗情况进行比较研究，发现了一些有意思的现象。图7-11A是上海市学生的报告结果，图7-11B是德州学生的报告结果①。男男指男生之间的打斗，男女指男女生之间的打斗，女女指女生之间的打斗。由图可见，两地男女生之间打斗比例都在四年级上升，而且，男女生之间打斗比例变化与男生之间的打斗比例变化呈现互补关系。毕业年级（上海小学五年级、德州是六年级）打斗比例下降。上海初中的男女生之间打斗比例又上升，而德州初中的男女生打斗比例没有上升，但是男生之间的打斗比例则上升，这可能与地域文化有关。德州传统性较强，男女之间交往比较拘谨，而上海市比较开放，男女同学交往相对不受拘束。因此，打斗行为在某种意义上是释放驱力的一种方式，男女生之间的打斗反映了少男少女们对异性交往的需要。

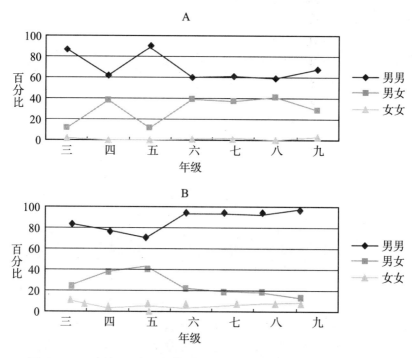

图7-11 上海（A）和德州（B）三至九年级学生打斗比例

不同选择心向形成了不同类型的非正式群体，圈内的互动促进了人格结构层

---

① 孙红刚：《儿童打斗行为形成与平息机制及其亚文化特征比较》，华东师范大学心理学系2005年硕士论文。

次性变化，进入了个性化的成长历程。一些随班跟进四年级的老师们不约而同地反映：曾经相互关心、相互帮助的学生们发生了变化，似乎变得冷漠，看到同学有困难不再像以前那么热心相助了。这很可能是个性化初始发展的一种状态：对自己的主要特征有了比较清晰的了解，也有了与自我定位有关的喜好和排斥倾向，通过在同学交往中表达喜恶倾向以强化自己个性选择。同时，这也说明此时的朋友交往主要具有强化自己选择的作用。

四、初始理性化提升，形成单纯的内在自我调节（五六年级）

随着知识经验的积累、规则内化经历、人际交往经历和脑神经成长等多因素交合，到了五六年级，学生发生了飞跃性变化。

在上海市区，五年级是小学阶段的最高年级。身为学校众多学弟学妹的老大，尤其面临升学，"不知愁"的少年开始变得懂事，产生了内在的发展性的自我调节。前述目标干预研究中我们看到（见图 7 - 5），在未实施干预的控制组里，要数五年级被试的目标投入状态最佳。另一项研究就学生日常主要活动原因取向的调查也发现，在三年级、五年级、六年级和八年级四个年级中，内在发展原因的选择均数五年级最高①。

在前述近 4 000 名二至九年级学生的问卷调查中，要求学生们回答选择当干部的原因，在提供的 6 项选择中，"能够锻炼能力"是最具主体自我调节性质的选择。结果显示，从五年级起，选择"能够锻炼能力"的比例有稳定而明显的提高（见图 7 - 2）。

就自我意识发展所做的一项实验研究②结果也与此类似。选择"参加考试，只要纪念品"的被试在二至四年级占 70% ~ 80%，到五年级急转直下，降到 31%。选择"不要纪念品，要求得知成绩和标准答案"的被试在二三年级只有 7%，四年级 19%，到五年级猛增至 61%③。这种表现是指向较长久发展效应目标的自我调节行为。五年级学生进入了一个比较纯粹、比较完全地认同集体规则的状态。

因为人格独立性发展，与师长之间关系，开始转向具有平等性的关系。与老师建立了密切关系的五年级学生会变得善解人意。如果受到较多指责，感到大人

---

① 李晓文：《青少年日常行为取向及其形成因素分析——自我发展特征透视》，载华东师范大学学报（教科版）2004 年第 4 期，第 53 ~ 62 页。

② 李晓文：《关于 8—13 岁儿童自我意识发展的一项实验研究》，载《心理科学》1993 年第 1 期，第 15 ~ 21 页。

③ 李晓文：《学生自我发展之心理学探究》，教育科学出版社 2001 年版，第 65 页。

不放心不理解自己，会触发对立情绪，所以，四五年级起父母与孩子之间出现的冲突较多。我们的研究性时间说明，如果老师提前给予与父母交流沟通的引导，便会减少甚至消减冲突。

自我调节的发展与理性思维发展不无关联。自皮亚杰以来的研究表明，12岁左右是形式思维明显发展的阶段。而且，知识学习到五年级也保证了基本思维运作的可能，理性思维是五六年级学生发展的一个重要基础。在一个完整的人身上，理性思维、认知思考与情感体验存在着相互缠绕的关系，理性思维的提升会增强理解水平和思维兴趣，提升美感体验欣赏能力，进而提升自我发展目标的选择水平。在二至九年级学生基本情况调查中，我们就学生喜欢几个人讨论的形式进行了调查，提供了二人讨论、四人讨论、六个左右、全班讨论四项选择。二人讨论的性质一般是课堂操练；全班讨论往往是教师组织学生准备好的发言；六人左右属于小组活动的基本单位，讨论范围大了，所以不大采用；四人进行的讨论是合作探讨性质的，讨论具有的思维水平较高。调查结果显示，五年级起发生阶段性变化，喜欢四人讨论的比例高于较低年级 10～20个百分点，选择全班讨论和二人讨论的比例均低于较低年级大约 10 个百分点（见图 7－12）。

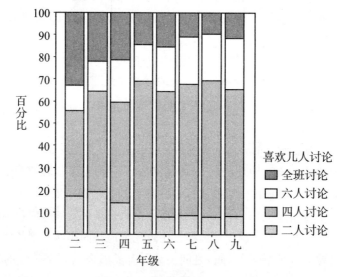

图 7－12　二至九年级学生"喜欢几人讨论"选择比例

随着思维水平的提高，阅读理解主题思想的能力也会增强。彭琴芳的硕士论文研究结果也证明了这一点。她让三组学生分别阅读三种类型的故事，一种是蕴涵"能力固体观"的"天分故事"，一种是蕴涵"能力发展观"的"努力故事"，还有一种不涉及有关能力观点的"无关故事"。阅读之前和之后采用同样性质的两套问卷测目标取向，将之后得分均数减去之前得分均数得到取向变化分，分数高于 0 说明倾向于体现"能力发展观"的"学习"目标，分数低于 0 说明倾向体现"固体能力观"的"成绩目标"。图 7-13 是三个故事阅读干预结果。阅读无关故事的控制组变化均数线基本在 0 位，各个年级控制组被试目标取向没有什么变化；各个年级阅读努力故事目标取向得分都提高，学习目标取向增强；各个年级阅读天分故事的反应不同，三四年级被试阅读之后反应均分有所提升，五年级起阅读天分故事反应均数下降，偏向体现天分能力观的成绩目标。这一现象说明五年级及较高年级被试能够理解故事的蕴义，并对自己的目标取向产生影响。

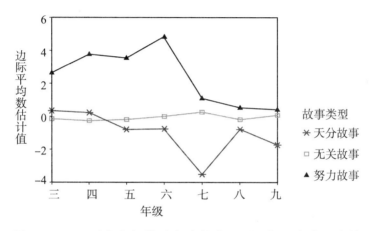

图 7-13　三至九年级被试各类故事干预目标取向变化均数

第二节　初中学生成长阶段性特征分析

一、把握环境变换机会，积极塑造自我形象（六年级或七年级）

进入初中，开始新的学习阶段。这是在六年级（小学五年）或七年级（小学六年）学生的一个转折点，而且对于绝大多数初入中学的学生来说，这是一个新的发展机会。下面两个实验结果突出显示了这一特征。

图 7-14 是彭琴芳硕士论文里的一个结果。六年级被试表扬干预效果高于五

年级。这个实验被试取自上海，六年级是初中的初始年级。图7-15和图7-16取自徐玉兰的硕士论文①。徐玉兰的硕士论文研究了自我概念稳定性发展特征。徐玉兰研究的被试取自浙江，七年级是初中初始年级。先测被试的学业自我概念，之后请被试参加一个虚假的发散思维测验。几天后，给予假的测验成绩反馈，再让被试测学业自我概念。将前后两次学业自我概念测验分数相减，不考虑变化方向（提高或下降），得到变化绝对值。考虑变化方向，得到学业自我概念变化的相对值。图7-15呈现了学业自我概念变化均数绝对值。可以看到，小学阶段随年级增高变化下降，六年级变化最小，七年级变化陡然上升，最接近于二年级被试受反馈的学业自我概念变化。

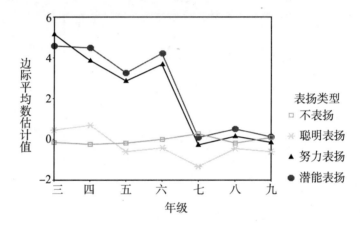

图7-14　表扬干预类型与目标变化

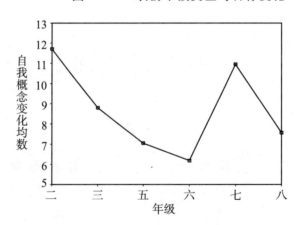

图7-15　反馈后学业自我概念绝对变化均数

---

① 徐玉兰：《2—8年级学生自我一致性发展研究》，华东师范大学心理学系2004年硕士论文。

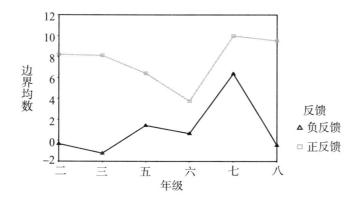

图 7 - 16　正负反馈下学业自我概念相对变化均数

实验给出的假反馈有正负两种。正反馈告诉被试发散性思维测试成绩得"优"，并评价其思维灵活潜力大。负反馈告诉被试发散思维成绩"较差"，评价其思维灵活性不够，学习比较吃力（实验结束向被试说明真相，避免产生不良影响）。图 7 - 16 呈现了正负反馈下的学业自我概念相对变化。可以看到，二三年级被试受反馈影响较大，正反馈下学业自我概念提升，负反馈下学业自我概念略为下降。六年级被试不大受到正负反馈的影响，这说明，到了小学最高年级，学业自我概念基本保持稳定。进入初中后情况又发生变化，七年级被试的学业自我概念不再稳定。而且，无论得到正反馈还是负反馈，都倾向于提升学业自我概念，表现出不轻易放弃的劲头。

上述研究结果表明，自我概念不是随年级上升而稳定性线性提高，环境变化会产生相当强势的影响。环境影响显然不是单方面形成的，而是个体的发展需求与环境状态变化之间交互作用的结果。环境的变化会给青少年带来争取自我提升努力的机会，他们对环境变换的积极意义十分敏感，积极投入努力的行动本身又促成了自我概念的重新选择和积极建构。

二、沉入同伴互动，吸收社会化资源（六年级、七年级）

五六年级的学生在小学发展到了一个比较理想的状态：通过小学各门学科学习积累了知识和学习经验，基础性的理解和思考能力得到了发展，校园生活经历养成了基本的规则行为和规则调节意识。这一切都促使多数小学最高年级学生进入一个朴素的理性化水平，自我调节达到单纯的自觉状态。

进初中后，学生身体发育加速，个头明显长高，学科增加，学习要求的独立性提高，老师的教学和管理方式比小学时候灵活，家长的交往方式也随着孩子个头长大而有所变化。这些变化既带来了紧张压力，又强化了成长感。性发育也在进入初中时候达到旺盛期，尤其初中男生，性别角色感意识也明显增强。这些因素都促使初中生注意起自己的个性，学习不是唯一的成长任务，成长的需求也使他们把视线投向生活环境里成人世界里各种信息。大约从初中开始，以学校学习生活为基准的自我同一性选择逐渐走向了以个体人为基准的选择。个体人是多重角色的叠加。

刚刚进入初中的一段日子，积极自我表现争取老师首肯从而获得好印象的倾向占据优势。良好的班级环境能够创造各种条件让初中新生如愿以偿，这样的班级通常具有广泛参与班级工作的机会。新的集体很快建立，给集体赢得各种荣誉，是学生们控制调节自己行为的最强动力。如果不创设机会，学生积极自我表现的热情很快会冷下来。

建立朋友关系，是初中生走向独立的主要过渡和支持力量。在解决烦恼办法的选择比例中，选择"向朋友倾诉"在初中阶段提高。尤其从七年级开始，向朋友倾诉成为解决烦恼的主要选择（见图7-17）。"困难向谁求助"也具有年级特征。二三年级向老师求助的居多，四、五年级选择向好友求助的比例接近，占1/3左右。六至八年级，向朋友求助的比例增加到45%左右，到了九年级超过半数选择向好朋友求助（见图7-18）。这一选择比例的变化反映了人际关系性质的变化发展。

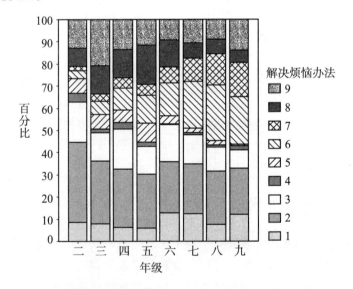

（1. 生闷气，2. 不去想，3. 向妈妈倾诉，4. 向爸爸倾诉，5. 向老师倾诉，6. 向朋友倾诉，7. 发泄，8. 记日记，9. 想办法解决）

图7-17 解决烦恼办法的选择

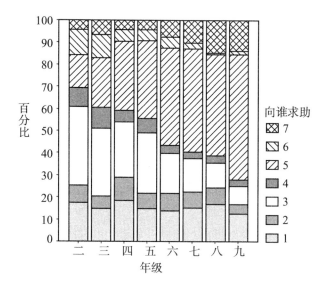

（1．妈妈，2．爸爸，3．老师，4．小组同学，5．好朋友，6．班干部，7．谁也不求）

图7－18　二至九年级学生困难求助者的选择

初中以后的朋友交往关系有了更多的深层次的选择和交流，对于"秘密告诉谁"的选择从一个侧面体现了这种变化。六年级起，选择"秘密告诉好友"的比例占40%以上，七年级以后达到一半左右。（见图7－19）

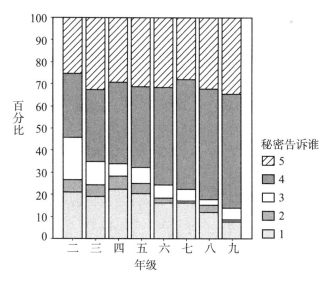

（1．妈妈，2．爸爸，3．老师，4．好友，5．谁也不告诉）

图7－19　二至九年级学生倾诉秘密对象选择比例

从日常议论的话题可以看到青少年们交流兴趣的变化倾向。邹琼对 550 名中学生自我表露特征发展的研究揭示了这一变化特征①。聚类分析得出了四类表露：第一类命名为"自我宽型表露"，表露交流兴趣主要在有关学习、自己的情况、评价明星和文艺作品，其次是关于同学和家人等周围环境中事物的信息；第二类命名为"自我窄型表露"，表露交流重心是有关学习和自己的情况，其次是关于周围环境中事物的信息，再次是明星和文艺作品的信息；第三类命名为"学术型表露"，表露交流重心是关于文艺作品和学习的情况，少量表露交流关于自己、明星和周围环境中事物的信息；第四类命名为"外界型表露"，表露交流重心是有关明星和周围环境事物的信息，其次是文艺作品，关于自己的情况表露较低，学习情况表露更少。

图 7 - 20 呈现了表露类型与年级的对应分析。可以看到，小学三年级被试与自我有关的表露对应关系疏远，小学的四、五年级对应于"自我窄型表露"，初中和高中的年级对应于"自我宽型表露"。图 7 - 21 呈现了表露类型与表露对象的对应关系。可以看到，聚焦表露学习和自己情况的"自我窄型表露"对应于父母和喜欢的老师，即以学习和自己的情况为主的自我表露主要是在与师长交流中进行的，"自我宽型表露"对应于好朋友和同学，即关于学习、自己情况、明星和文艺作品的信息是与朋友和同学交流的主要内容。

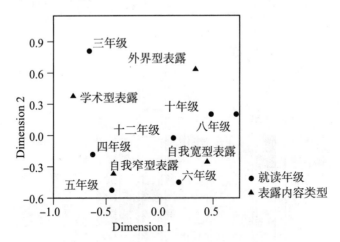

图 7 - 20 表露类型和年级对应分析

---

① 邹琼：《中小学生自我表露特点发展研究》，华东师范大学心理学系 2007 年硕士论文。

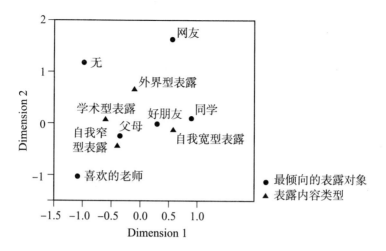

图 7 - 21　表露类型和表露对象对应分析

内心隐秘的变化和对社会文化信息的兴趣产生也与青春期发育有关。不少男生进入初中以后明显发育，因此初中生广泛进入异性交往的敏感状态，开始了性别角色化的阶段。这一发展也有一个先抑后扬的交往过程，初一前后男生跟女生之间会拉大距离，相互指责、相互排斥。这种拉开距离的表现起到了增强性别差异的心理感受，处在相互排斥行为时异性交往比较幼稚。随着成长，这种现象自然消退。如果集体气氛融洽，异性同学之间的交往成为青少年人格发展的又一个平台，在交往中各自根据对性别角色理想特征的理解来调节自己的表现，对性别角色特征的理解和选择成为自我定位的重要思路和发展动力。

三、涉足世俗流行，构建社会人角色（八年级、九年级）

初中的老师们都会感觉到，初二左右学生变化明显。我们的几项研究也发现，初二处在发展的转折期，最为明显的是人际交往风格变化。

师生之间交往进入平等的独立个体的状态，学生关注起老师作为一个社会人的个性特征，比如幽默、善于与人交流。他们喜欢与老师建立朋友式的关系，并且重视这样的关系。在家庭里面的身份感也发生了变化，不再被动地无意识处于被赋予的孩子角色状态，意识到自己作为家庭一员的角色。一方面，需要父母的尊重，另一方面也会萌发分担家事的意识。自我角色定位拓展了，向着多重角色叠加的社会人角色发展。

整合同学交往信息的结果，形成了对各种类型同学观点的了解和接纳。因此，初二左右的学生不仅有了亲疏之分，而且不把感情好恶表现在交往态度上，不愿意伤害和得罪同学，为了保持同学之间的和气，有时会略施小计，敷衍老师的要求。蒋奕雯的硕士论文也在投射问题反应中发现了中小学生人际交往中亲疏有别的发展特征[①]。投射题如下：小亚刚写完一篇散文，他把文章拿给小明看，想听听小明的评价。小明看后，觉得这篇文章写得不好。要求被试根据小明与小亚的不同关系（好朋友/一般/不太友好），推测小明的反应。

上述研究结果揭示，八年级同伴交往的态度与三年级相比，在一定程度上产生了颠倒性的变化，从亲近者友好疏远者严厉，变为亲近者直白疏远者客气（见图7-22和表7-1）。这一方面体现了朋友关系进一步向相知共享性质的深层次转化，同时也反映了同伴交往态度和能力风格变得更为社会化，亲疏感与交往态度和表达区别开来，关注交往对方的可接受性。

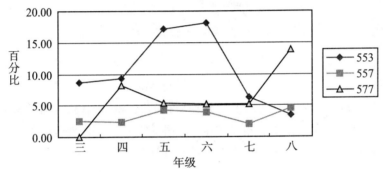

图7-22　各个年级不同表达方式的比例

表7-1　　　　　　　　　　　图例说明

策略类型 ＼ 评价对象	好朋友	一般同学	不友好的同学
"577"	5 中性评价	7 委婉评价	7 委婉评价
"553"	5 中性评价	5 中性评价	3 负性评价
"557"	5 中性评价	5 中性评价	7 委婉评价

我们的另一项研究从情绪自我调节角度，发现了八年级学生心理状态的转折变化[②]。情绪自我调节主要表现在以增强或减弱的方式来表达情绪，研究者认为，情绪表达具有内在的"展示规则"[③]，懂得何时、何地、如何适当地控

① 蒋奕雯：《3—8年级学生"诚信"概念理解及其情境反应的发展研究》，华东师范大学心理学系2006届硕士学位论文。

② 李晓文、李娇：《6—11年级学生情绪自我调节发展研究》，载《心理科学》2007年第5期，第1042~1045页。

③ Saarni, C. Socialization of emotion. In M. Lewis. &J. Havlland（Eds.）. Handbook of emotions, New York：Gullford Press. 1993：417 - 434.

制和表达情绪。展示规则既是个性倾向性的一种选择，也受社会文化潜移默化
的影响。研究对象是 504 名六至十一年级学生。通过问卷向被试呈现了各种情
绪情境，包括"正性事件"和"负性事件"，两种性质的情境里又分别包括
大事件和小事件。正性大事件如"得到渴望已久的奖励"，正性小事件如"看
到一件好笑的事情"，负性大事件如"遭遇大失败"，负性小事件如"当我犯
了一个无伤大雅的可笑的错误"。要求被试对每个情绪情境作出三种评价，一
是此种情境下自己的情绪体验；二是在与人交往场合的情绪表达；三是在独自
一人场合的情绪表达。下面图 7－23 至图 7－26 是六至十一年级被试的反应
结果。

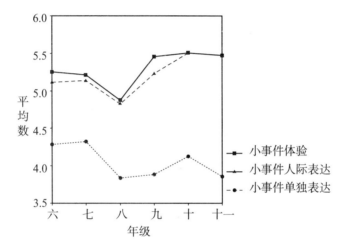

图 7－23　正性小事件表达与体验

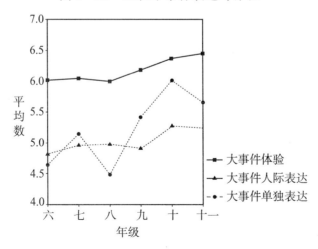

图 7－24　正性大事件表达与体验

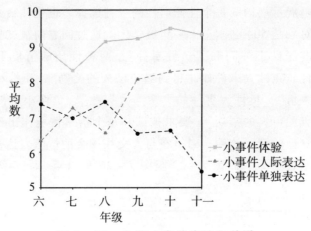

图 7 – 25　负性小事件表达与体验

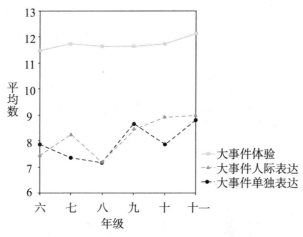

图 7 – 26　负性大事件表达与体验

　　我们可以看到，正性小事件两种情境下的情绪表达都是初二（八年级）最低，正性大事件独自场合下的情绪表达也是初二最低。初三以上年级被试单独一个人时候对快乐事件情绪表达的强弱与事件意义比较吻合，小的事件弱表达，大的事件强表达。但在人际场合下，表达恰恰相反，小的快乐事件强表达，大的事件弱表达。对于负性事件，则人际场合的情绪表达比独自一人时候更加释放。这反映了初三以上的学生能比较灵活得体地调节情绪，正性大事件公开场合不事张扬，小的正性事件借机营造快乐气氛，对于负性事件则在公开场合适当释放自己。较低年级两种场合的表达不大稳定。八年级明显处在转折位置，表现出与较高年级相反的，过于收敛的情绪表达方式。这虽然并不一定是他们日常的表现，但这却是有意识的对自己情绪表达的要求。八年级被试对于正性情绪的私下表达都显得有所控制，对于负性事件的公开场合的表达也比其他年级弱。八年级被试表现出对自己沉稳和冷静的要求，也许，这是他们对成熟的理解，并且刻意表现出成熟的姿态。

从前述近 4 000 人调查中关于阅读书籍种类和观看电视节目种类各年级选择比例，可以了解青少年吸取信息的需求和兴致的变化。图 7－27 呈现了小学二年级到初三学生经常阅读书籍类型比例。图 7－28 呈现了小学二年级到初三学生经

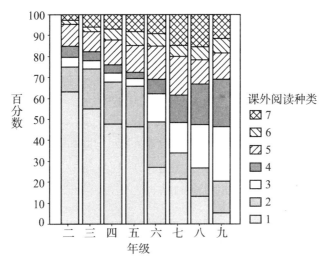

（1. 少儿读物，2. 作文指导，3. 明星娱乐杂志，4. 流行读物，5. 科技类，6. 人物传记，7. 名著）

图 7－27　常读书籍种类选择

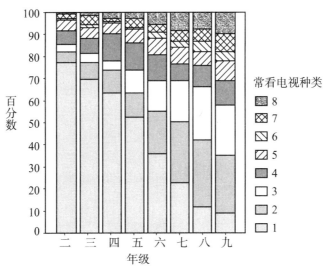

（1. 少儿节目，2. 影视剧，3. 娱乐类，4. 新闻类，5. 科技类，6. 纪实谈话类，7. 体育赛事，8. 歌曲音乐）

图 7－28　常看电视种类选择

常观看的电视类型比例。类型的排列和横坐标的设置基本是从比较幼稚的种类到比较成熟的种类延伸。可以看到，两幅图上的直方图分布非常相似。无论是读书还是看电视，流行文化为初中生所瞩目。六年级起，接触明星娱乐类杂志比例升高，接触少儿类读物比例明显下降；七年级起，接触流行读物和名著的比例增高，阅读作文指导类读物明显下降。而且可以发现，初中生对流行文化的兴趣逐步上升，八年级起再度上升，对少儿类读物和电视节目的接触比例降到百分之十几的低比例。

这表明，初中生喜好的文化发生了转型性变化，流行文化和社会成人的文化逐步取代少年儿童类文化，成为初中生接触的主要文化，到了八年级基本脱离了少儿文化的世界。遗憾的是，人物传记类和纪实谈话类等具有真实历史感和思想性的书籍接触比例始终较低。流行文化以青春偶像为特色，他们的靓丽形象和个性表现之所以吸引青少年，正是应和了青少年自我形象和个性表现理想化选择的需求。接触流行文化，会影响他们对理想的性别角色特征的选择和认同。涉猎流行文化和社会大众文化对于青少年的自我发展会产生这样的影响：增强作为社会人的感受，这种感受会介入自我同一性定位。

当各种角色追求产生，社会信息从多方面涌入时，青少年的价值评价角度不再单一，他们不但根据学校通常的评价作判断，而且注意到社会现实生活各方面的情况，尝试从多方面进行价值判断。在我们对中小学生基本价值取向的研究发现[①]，八年级被试既看到竞争过程的不利，也看到合作过程的不利（见图7-29、图7-30）。不再完全赞同正统教育中的积极价值取向，开始接受社会上一些比较消极的说法（见表7-2因素分析和图7-31、图7-32）。比较赞同"轻松自在"的生活价值取向（见图7-33）。

钱诚以400名六年级至高三年级的男生为被试，研究理想男性角色概念的发展特征[②]。研究发现，"责任感"在所有选项中选择率最高，而且选择为男性角色理想特征的比例随年级上升，但是，这一特征的选择率在八年级最低（见图7-34）。

八年级男生报告自己心目中的理想男性角色选择的特征的反应结果是，"帅气"选择率最高，其次是不斤斤计较、广交朋友、讲义气、成绩好、球玩得好（见图7-35）。在学校里，八年级学生确实特别关注自己的外貌和服饰，特别喜欢追求时尚和潇洒漂亮，特别在意别人对自己形象的评价。

[①] 李晓文：《青少年日常行为取向及其形成因素分析——自我发展特征透视》，载《华东师范大学学报》（教科版）2004年第4期，第53~62页。

[②] 钱诚：《中学男生性别角色特征发展研究》，华东师范大学心理学系2007届硕士学位论文。

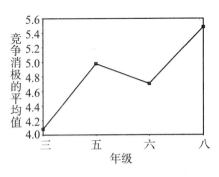

图 7 - 29　竞争不利

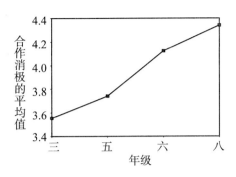

图 7 - 30　合作不利

表 7 - 2　　　　　　　　基本价值评价因素分析

	Component		
	1	2	3
诚实得友情	0.978		
助人都有利	0.970		
诚实获信任	0.921		
友谊是幸福	0.888		
助人强大	0.862		
成功是幸福	0.836		
诚实吃亏		0.954	
诚实得罪人		0.854	
助人被利用		0.769	
助人自受损		0.705	0.223
轻松是幸福			0.859
自在是幸福			0.828

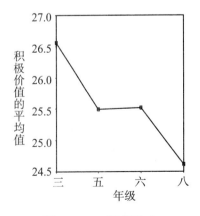

图 7 - 31　积极取向

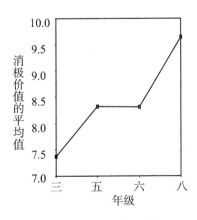

图 7 - 32　消极取向

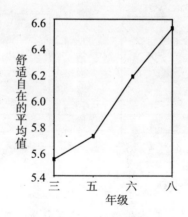

图 7 - 33　轻松取向

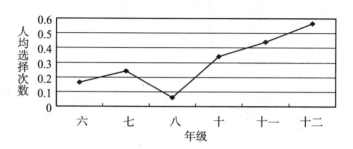

图 7 - 34　责任感的各年级的人均选择次数

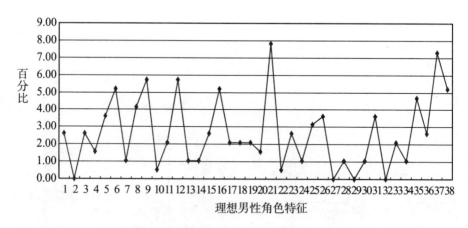

理想男性角色特征

（6. 成绩好，9. 广交朋友，12. 讲义气，21. 帅气，37. 不斤斤计较，38. 球玩得好）

图 7 - 35　八年级被试自己眼中的理想男性角色特征选择结果

　　将八年级被试的选择与七年级和十年级被试的选择结果做比较，可以发现一些年级特征。七年级被试眼中的理想男性角色特征选择率最高的是善良，其次是讲义气、责任感强、乐于助人、不斤斤计较（见图 7 - 36）。十年级被试眼中的理想男性角色特征选择率最高的是责任感强，其次是富于幽默、真诚、大气、稳重（见图 7-37）。七年级被试的理想男性特征主要体现在人际交往的友善，八年级开始转向个性特征，但主要是外在的、形象性的特征，十年级（高一）选择率较高的特征都是内在的比较深层的个性特征。

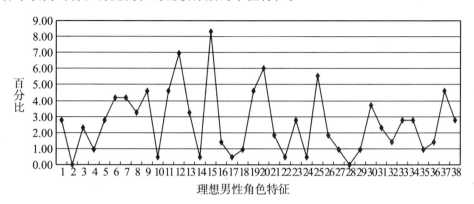

（12. 讲义气，15. 善良，20. 责任感强，25. 乐于助人，37. 不斤斤计较）

图 7-36　七年级被试自己眼中的理想男性角色特征选择结果

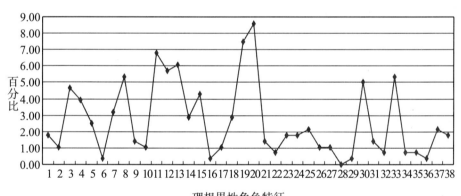

（8. 大气，11. 真诚，19. 富于幽默，20. 责任感强，33. 稳重）

图 7-37　十年级被试自己眼中的理想男性角色特征选择结果

综合几项研究结果分析，八年级是个性化转折的初始阶段，关注的主要是外显的、表层性的特征。在某种程度上，通过对世俗的认同，对规范的异议来表现成熟和独立，这是一个社会化的过渡。与其他过渡阶段一样，带着夸张，具有某种矫枉过正的作用。这使他们理解复杂、变得现实，为后来的内在的深层次的个性发展形成基础。进入九年级，转折期过度抑制的"玩深沉"和夸张性的反常规现象得到调整，变得比较稳和自如。当前的九年级，面临中考的紧张准备阶段，他们普遍压制了与学业无关的需要，因为焦虑而变得比较脆弱，尤其需要同学的友情、老师的支持和家人的理解。

第三节 学校教育为学生建构自我发展创造条件

一、学生发展工作的基本观点和原则

人的发展实际上是一个在不经意之间逐渐超越的过程，只有深深浸润在自然真实的生活中才可能形成不断的超越。不可能让个体脱离自己的生活，用外界的力量来塑造其发展。学校教育以促进学生发展为目标，只有让学生进入发展性的生活才可能实现他们的发展。在生活中实现的发展是发展者自我建构的发展。

要进入生活，必须创建与学生的经历和现状相符合的生活方式。要形成发展性的生活，则要促使发展的可能变为现实。当指点他们克服当下弱点或者避免容易出现的偏差时，是在引导他们发展，但是，这还不能完全让他们进入自己的发展性生活。只有让学生拓展自己的潜能，投入校园活动，进入自我构建的生活时，才是形成他们发展性的生活。学生的发展潜能是身心发展的综合性素质，包括认知、情绪情感、人际交往以及知识的综合积累等潜存于学生个体身上的各方面的可发展的能力。

学生个体的发展是在群体互动中形成的，这是由人的关系性质和发展中个体的弱性双重决定的。建构发展性的生活，其中非常重要的是要建构起不断变化的群体关系。因为学校里的学生发展具有非自发性，需要有预测地渗透性地介入引导，所以学校必须建设起融入学生生活、引导学生自主发展的关系网。学生组织是体现这一性质、促进学生发展的关系网。学生组织既是学生发展性生活的组成部分，又是学校教育促进学生发展的重要机制，保证了学生合理有序的发展。

学生组织建设的条件存在于各个年段学生群体性的潜能中，这种群体性潜能包括交往需求和交往能力，合作、管理和策划的能力。随着交往、合作和管理能力的发展，学生组织的形态随之发展。小学学生组织发展序列是：岗位→小组（队）→班委→双班委（或者班委和中队委）→学校活动调研策划；初中学生组织的发展序列是：多维小组（岗位组、兴趣小组）→班委、社团→年级委员会、社团。每一次发展，学生自主管理要求都发生质的提升，学生在学校生活的关系网络拓展，学生活动的物理和心理空间出现新的开放，学生组织发生立体性结构变化。

二、根据年级特征促进发展

一年级学生首次进入人生的新角色，这一生活事件本身就具有内在价值和激励功能，因此，及时把握发展的契机非常重要。在入学初始阶段，强化角色变迁带来的自尊提升感，与家长联手指导规则行为的实践，将角色的积极形象具体化为小学生基本的日常规则行为。在班集体氛围下，展开评比竞赛，不断强化小学生角色名誉下的成长感，由此内化为持续的自我感。

游戏是一年级学生特别感兴趣的活动形式，采取集体游戏活动形式渗透特定规则的教育有利于强化学生对规则的积极体验。集体游戏过程内在具有培养集体性的规则行为的功能。因为集体游戏本身必须由规则来调节，游戏过程必须通过语言表达、协商交流来进行，因此，采取集体合作的游戏形式，以规则性的语言表达和交流为活动载体，以学习、交往、学校生活的规则行为培养为目的，以规则调节集体活动和评价学生，从而在强化集体活动内在兴趣的同时，培养一年级小学生校园生活的规则行为、内化规则意识，借助集体游戏活动形式，逐步形成集体性的自主调节能力。

进入了人生初始的工作状态，从幼儿园的儿童变成了小学校的学生，调动他们积极投入集体的劲头，通过参与集体管理，在岗位基础上学习小组合作，这是形成集体组织，培养合作自主能力的起步。

二年级学生已经融入了集体，而且有了主动建构集体的可能。他们学会了群体性的游戏，而且喜欢这样的群体性活动；他们逐步学会倾听和简单表达，能够在同学之间对话，为学习进一步的合作奠定了基础。在上海市，二年级开始加入少先队，因此，二年级学生可以在小队的合作活动中建构起集体组织，形成最初的群体性自主。

聚焦于小队合作的引导，在集体和个体两方面都具有推进发展的意义。一方面，小队是集体最为基础的组织，集体的发展要以建构小队的活力组织起步，这为日后建立具有凝聚力的班级组织打下坚实的基础。而且，二年级学生的能力也适宜进入小队性的自主管理。经过了一年级的适应，集体初步形成，只有趁热打铁，才可能推进发展。另一方面，二年级学生在掌握学校生活基本规则情况下，积极地以集体的双重参照系、规则和同学表现，追求着符合规则的评价，依此要求自己在群体里获得优势定位。努力在学校群体中获得优越评价和认可，在评价中实现满意的自我定位优势将基本奠定自我身份选择或自我认同选择。追求好

251

评、争取在群体中获得优势等等，成为目标明确的行为动力。过于关注学习、挑战、游戏活动过程之外的评价，那种全身心投入活动的状态可能弱化，关注一己的外在价值追求会增强，加之学习成绩的差距出现，诚实问题、歧视同学问题逐步显现出来。

此外，一二年级是对富有想象力的童话世界感兴趣的年龄，尤其是二年级学生具备了一定的语文知识，可以在老师引导下创编童话，这是一个特别适宜于这个年龄阶段开发的潜能。

"新基础教育"基地学校的老师发现[①]，用"聪明"进行教育引导时，最容易调动三年级学生的积极性。引导冲动莽撞的三年级学生变换一个角度想问题，让这些特别想要表现得聪明的学生明白怎样可以聪明。这是一个培养策略意识和现实有效努力的时机，需要在多重目标融合的活动中，培养具有策划组织能力的班委会，在发展学生组织的同时让学生学会有效的自我管理。

此外，要开发适合于三年级学生的文化资源，改变他们的文化饥饿状态。三年级学生的知识学习比低年级有明显的提升，个性活跃，思维正处在具体到抽象之间，科学幻想类、神话传说类的故事特别适合他们。让他们交流和创作，在现实与想象之间遨游，利用板报形成丰富的班级文化。

三年级学生喜欢自我表现。显然，喜欢表现是少年期"不知愁滋味"的典型特征。此外，其中又蕴涵着认同和归属定位的价值选择特征。认识这一阶段性的特征意味着要认识其中潜伏的新的自我角色发展的可能趋势，凡是他们认为有价值的东西，都会被他们视作提高自我价值感的东西，都可能激发他们的认同和归属感。如果引导得法，激发地域归属、民族归属和国家归属的自豪感，由此建构和强化少年们自我同一性的族群定位。这些在少年们身上升腾的自我提升价值感是一个发展的重要动力源，可以成为这一时期人格结构性发展的动力组织。

因为生理的成长性变化，四年级学生的情绪感受变得敏锐和深刻，四年级学生是情感发展的时机。他们比较容易在自己的投入中激发起对关爱和亲情的感受。四年级学生是承担"大手拉小手"活动的大哥哥大姐姐的合适人选，也比较容易通过了解亲人、老师、同学的内心世界，形成情感的发展。阅读、朗诵和创作诗性的少年文学作品尤其适宜于促进他们的情感发展。

四年级非正式群体广泛产生，此时，正式集体应该包容和引导各种学生群体。四年级的双重班级管理组织可以同时承担不同的学生群体的活动组织。以兴趣或特长为准则灵活组合学生活动小组，通过开辟集体文化建设的空间，让各种

① 这项研究由上海市华坪小学的陆敏老师首创。

群体的学生在不同活动中发挥各自的作用，建立各个群体间相互交流相互帮助的关系，使得小群体成为大集体的有机部分，也使得学生的精神生活更加丰富。而且，这种多重组合形成的组织，以及与之相应的以趣味特长为内容的活动展开，有了扩大学生交往范围的需要和可能。所以，四年级可以建立学生的年级联络组织，同时承担起"大手牵小手"——帮助一年级学生的工作。在这样的交往关系中，丰富他们的情感和兴趣，增强他们的责任感。

五年级起，理性思维和目标导向意识发展，理解探究能力比较强。所以，需要开拓较高水平的活动空间，让五六年级学生广泛参与智慧水平较高的创造性活动和探究策划活动。比如，就学校范围的某项活动进行调查，提出建设性意见。毕业之前参加这些活动可以让他们在小学留下最后值得纪念的足迹，表达和寄托他们对母校、对同学的留恋。由此也提升了他们的智慧、情操和责任。

随着阅读理解能力提高，在社会文化资源中获取深层教育影响的可能性增强。而且，自我意识发展，具备了目标导向行为的发展。这说明，个体历史感开始出现，加之逻辑思维能力质的发展，产生了对来龙去脉的领悟能力和兴趣。所以，这时有了理解历史知识的潜能。五六年级以上的学生可以通过历史知识的理解来强化自己的归属和认同。让理性思维崭露头角的少年们打开新的视野，接触社会和历史文化，了解民族和国家的过去和现在，热爱自己的祖国，建立社会性的归属感。既满足了让他们在课堂之外的文化田野里汲取养料，又在更加宽广层次上形成社会性的自我定位。

进入初中的六七年级学生，需要马上熟悉起来，形成集体性的自我管理。所以，通过建立比较灵活的组合：兴趣小组、生活管理小组和学习小组，让每个学生在参与集体活动中得到自我表现的机会，进而喜欢和融入新的集体，从而让学生们熟悉起来，迅速建立新的集体，让学生们自主管理起自己的日常校园生活。并且，通过建立学习小组，培养新的学习习惯，适应初中的学习生活，并在此过程中建立起有工作效能的班委会。

初中生的同伴交往需求较强，而且同伴之间有着较强的相互影响力。班级形成以后，可以立刻构建跨班级的年级网络，通过班级之间的活动交流和竞赛，强化班集体的凝聚力，激发学生发展。此外，还可以建立起学生社团。与目前中学存在的以精英和特长生为主的表演类社团不同，中学生的社团应该是广泛参与的。广泛参与的学生社团活动，是构建初中生活跃丰富校园生活的一个途径。因此，中学生的社团可以允许一部分学生以欣赏者为主的状态参与活动。通过社团活动和班集体活动的交合，形成立体化的学生关系网。在扩展每一位学生的兴趣，提升每一位学生修养的同时，拓展学习策划管理自己生活的空间。

初二左右，学生普遍注意自己的形象，关注时尚流行。这是提升学生鉴赏能

253

力，培养美感的时机。评价和欣赏歌曲、音乐、戏曲和服饰，都是受学生们欢迎的教育方式。初二也是开始共青团建设的阶段。所以，一方面可以通过歌曲、音乐、人物传记和历史故事等方式来扩展他们探讨人生的视野；另一方面让学生通过参与社区活动，了解世界和国家的状态，现实地了解和参与生活。学科知识的学习与学生的文化活动可以密切渗透，双向提高他们的活动质量和学习兴趣。同时，通过班级或者社团的交流比赛，激发学生参与的积极性，促进集体的和谐氛围。

初三是初中毕业年级，面临中考，学生和家长都处在紧张状态中，这种现象短时期难以变化。所以，初三学生要以年级为单位经常进行有利于提高学习效率、有利于调整情绪的活动。文艺联谊、体育比赛能够让学生交流联络感情，也有利于身心的放松。同时，这些活动的成功还可以强化一些对学习失去信心的学生产生激励作用。让学生合作组织与学科结合的竞赛、板报和专题讨论会，可以促进学生反思总结学习经验，拓展视野、相互帮助、共同提高。

参考文献

论文：

［1］李晓文、李娇：《6～11年级学生情绪自我调节发展研究》，载《心理科学》2007年第5期。

［2］李晓文：《青少年日常行为取向及其形成因素分析——自我发展特征透视》，载《华东师范大学学报》（教科版）2004年第4期。

［3］钱诚：《中学男生性别角色特征发展研究》，华东师范大学心理学系2007届硕士学位论文。

外文著作：

［1］Saarni，C. Socialization of Emotion. In M. Lewis. &J. Havlland（Eds.）. Handbook of Emotions，New York：Gullford Press. 1993.

第八章

中国普通高中学生发展特征
与培养目标的多维分析[*]

对当代中国高中教育改革的研究，我们是从对高中与大学衔接中的学生发展问题研究开始，从发现大学一年级学生发展中的普遍问题入手的。这一问题具有普遍性、严重性和复杂性。深究这一问题的原因，并不是简单的大学生"适应"新的学习生活的问题，而是我国高中教育、大学教育、社会文化诸多问题的综合反映。由此，我们开始更为集中地关注这一领域，并进入对当代中国高中教育改革研究的探索之中。

第一节 高三与大一学生发展问题的凸显

在 2004 年开始的第一轮研究中，我们对上海市高三与大一学生在整体生活状态、学习方面、生活方面、自我发展方面四大领域进行了调查研究和理论研究。2005 年开始，我们进一步挖掘其理论内涵，开始转换成"关系"思维基础上的再研究，形成了一些基本认识。

在上述两轮研究的基础上，我们进一步加强对学生"成长需要"的理论研究，

---

　　* 本章由本课题组成员的研究成果汇总而成，课题组成员包括邓睿（华东师范大学公共管理学院研究生）、陈彦（北京大学教育学院研究生）、顾培培（上海市第一中学教师）、吴宝贵（上海市洋泾中学教师）、张新梁（上海市甘泉外国语学校教师）、李家成（华东师范大学基础教育改革与发展研究所研究员）等，华东师范大学基础教育改革与发展研究所李家成博士执笔汇总，并请参阅本章的参考文献部分。

形成新的认识。这促使我们在加强理论研究的同时，进一步开展对现实状态的研究。

我们认为，"成长需要"具体可以从四个不同的层面来进行思考。第一个层面，是个体对自己生存状态的直接感受、体验，它可以以"满意"、"困难"、"失望"的不同结构方式和不同的程度来体现；第二个层面，是个体的具体素养，包括个体的"认识"素养、情意素养、思维方式素养等；第三个层面是个体的行为方式；第四个层面是人之本质属性层面，是通过人的全部活动而体现出的个体生命属性的发育程度。

2005 年 11 月开始，从系列座谈会、个案研究开始，我们积累了上百份个别访谈的资料，在华东师范大学、上海交通大学等高校组织大一学生座谈会 6 场以上。2006 年开始，进入大型问卷调查阶段，对上海市曹杨二中、奉贤中学、市北中学、市西中学、建平中学、复兴中学、七宝中学、洋泾中学、北虹中学、光明中学、杨思中学、五爱中学、甘泉外国语中学、沪新中学、高行中学、东格致中学、教科院附中学、第十中学、仙霞高级中学、第六十中学、桐柏中学等 21 所高中，5 250 位高三学生进行了问卷发放，并回收 4 555 份，有效问卷 4 170 份；对复旦大学、上海交通大学，华东师范大学、华东理工大学、上海理工大学、工程技术大学、上海第二工业大学等高校大一学生发放问卷 3 500 份，有效问卷 2 575 份。在上述研究工作基础上，形成了以下认识：①

就高三学生的精神状态层面看，高三学生感受到的高三生活是"充实忙碌"、"压抑紧迫"、"努力进取"。在这里，"压抑紧张"、"充实忙碌"和"努力进取"也都是由学习这一个中心事件引起的。"单调乏味"的生活内容、"紧张束缚"的生活空间，学生并没有从内心真正地认同它；"希望早日摆脱这样生活"的学生占 39.8%，"无所谓，已经习惯这样生活了"占 35.2%，而"比较满意，留恋这样的生活"仅占 8.4%。同时，高三学生对这样的生活又持肯定的态度，美好的大学生活成为他们不断努力、奋力拼搏的动力源泉。

对于大学生活的"样子"，大一学生实际所感受到的与高三时想象中的有很大差异，与高三时的生活也大不相同。调研发现，大一新生认为大学生活是"单调乏味"的，不是"丰富多彩"的。新生将自己的生活描述为"自由宽松"、"轻松愉快"、"单调乏味"，认为不能描述为"郁闷难过"、"丰富多彩"、"颓废散漫"。结合我们的个案研究和座谈会的信息，我们认为大一学生整体生活体验状态不够理想，值得高等教育工作者研究和关注。

从个体内在的具体素养层面看高三与大一学生的成长需要，表现也非常丰富。

---

① 具体参阅陈彦：《上海市高三学生成长需要调查研究报告》，2006 年华东师范大学毕业论文；顾培培：《上海市大一新生成长需要调查研究报告》，2007 年。

在"认识"素养方面,通过调查发现,高三学生对大学整体生活的认识带有理想化的色彩,大学生活在高三学生的心目中是美好的,神圣的,世外桃源般;高三学生对大学人际关系的认识趋于社会化;高三学生对高中生活的认识趋于功利化。

对于大一学生而言,在访谈中,家长对学生填报大学和专业有绝对的影响,学生作为子女,除自己很有主见、把握和说服力外,大多听从了家长的意见,甚至完全失去自己的判断力。85.5%的大一新生认为有必要了解大学的情况,但31.1%的新生认为"有必要,但希望他人来告知",是相对被动的状态。36.6%的学生认为"应然"了解大学的时间是"分科"到"填报志愿"前,而34.3%的学生认为是"高一"到"分科"前。从时间点上分析,高中之前、高一、分科、填报志愿是关节点,至少分科时的选择,已经与大学的文理科有了间接的关系。填报志愿时,基本已经定了大学和专业,这时如果仍旧不了解相关信息,可以说作出的选择是缺乏理性支持的。

访谈发现,部分大一学生并不清楚自己掌握的信息以及尚待了解的信息,在"想做某件事情"上表现得犹豫不定,没有进行充分的思考,而对"究竟怎么去做这件事情"更显得没有把握,表现很不成熟。

在个体对自我的认识方面,高三学生对自我需要认识的不清晰、对自我能力评估的高预期、对自我发展问题认识的缺位等状态比较明显。通过访谈,我们发现高三学生对自身的需要不清晰,对自我的兴趣和理想处于模糊或者自我猜测的状态。由于高三学生缺乏对自我的正确认识,导致他们无法对自身能力进行客观的评估。在具体问题的情境中,高三学生对自我发展的认识处于"去问题化"的状态。从对认识性质的认识维度看,高三学生的认识处在"理想化"与"现实化"既分裂又冲突状态。

在"情意"素养方面,首先,从情感的稳定性维度看,高三学生的情感极易受到外界因素的影响,尤其学习成绩的起伏。其次,从情感的深刻性维度看,当高三学生遇到理想与现实相矛盾,陷入困境时,仍能积极上进,即使最终无法达到心中的理想状态,他们也能够进行自我调整,以平和的心态去面对。高三学生能够内隐其情绪体验,使其不断深刻。最后,从情感的丰富性维度看,以高三学生对现存生活的情感体验为例,高三学生既不认同现存的高三生活,希望早日摆脱,又在这样的生活中看到希望和美好的未来。他们对现存生活的态度具有矛盾性,在肯定的同时,又带有一丝功利化的色彩,处于一种复杂的、多元的情感体验状态。

在"思维方式"素养方面,从时间维度看,学生缺乏反思性、发展性的思维品质;从空间角度看,学生具有多维度的思维方式,但仍处于较低品质状态;从与外部世界双向建构、互动生成的过程看,学生具有主体介入的思维品质,但该品质还不健全。

257

从个体行为方式层面看高三学生的成长需要。第一，高三学生缺乏具有发展性、预见性的目标，即便是"考大学"这一现实目标也处于不清晰的状态。进入到行为展开环节，高三学生缺乏高质量的信息处理能力。一方面，高三学生获取的信息质量不高，判断、分析信息的能力比较缺乏；另一方面，很多学生的选择能力存在缺陷，所做的选择带有轻率、盲目的色彩。第二，高三学生的交往能力呈现两极分化的状态。第三，高三学生的组织协调能力、策划选择能力等有待提升。

就高三学生实际"所为"状态看，在访谈中，我们发现由于学生自我目标设定不清晰，发展性目标缺失，同时实现目标的基本手段、诸多能力存在缺陷，因此学生的"所想"难以转化为"所为"。

进入大学生活后，大一新生在形成新目标、努力实现自己目标方面，依然有相当明显的问题，尤其是目标发展状态。针对大学毕业后的职业目标问题，总体样本发现，"高中和大一阶段始终比较清楚，现在已经在行动，努力去实现"的占18.9%；"高中时比较清楚，现在遇到一些困难，发现要调整自己的目标"的占20.9%；"高中时不是很清楚，现在很清楚，在努力"的占16.2%；还有34.8%的学生回答"现在还不是很清楚，但希望能尽早明确，现在过好大学生活"；8.1%的学生选择"没有想过，现在还不需要去想，想也想不出来，走着再说"。

具体到面对发展挑战所付出的行为，以学生比较普遍会遇到的专业发展问题为例，针对"如果您不喜欢自己现在的专业，您打算怎么办"的问题，54.8%的学生选择"试着去积极适应"；16.5%的学生坚定地选择"转专业"，4.1%的学生选择"不知道怎么办，很担心"；而有11.1%的学生选择的是"只要能毕业就行，无所谓"，还有11.4%的学生认为"不会出现这种现象"，2.2%的学生选择"其他"。结合访谈，我们更能发现学生在具体实践自己的目标、努力争取发展资源、不断反思与重建方面，有着诸多的缺陷。

从个体的人格发展层面看，高三的生活表现出的是一种被格式化的生活模式，充斥着学习与考试。对于高三的学生，老师和家长也已为其设定好了生活的内容。可以说，高三学生享受到的自由度是有限的。然而到了大学，学生获得的自由一下子得到质的提升。与此同时，个体在获得自由的同时，也需要为此承担责任。

然而由于在高中阶段缺乏类似的锻炼，学生在进入大学后，面对期盼已久的高品质的自由，却是茫然不知所措。大量的访谈和座谈会的信息告诉我们：部分学生能够"享受"新的生活中的自由、开放、丰富，而相当多的学生，遇到的是自主、自由、多元、开放对自己综合素养的挑战，对自我人格发展水平的挑战。

研究发现，高三学生会主动与高中教师交流，交流内容多集中在学习方面。通过这一阶段进一步的调查，我们发现学生在其他情境中，缺乏主动与教师交往的意识与行为。面对假设的大学情境——发现自己因为某个原因，需要与教师进行交流，或获得交流的帮助时，选择先不主动联系老师与之交流的高三学生占到了58.1%。在高中去问题化、格式化的生活中，这一品性对个体成长发展的重要性并没能清晰地体现。然而在大学这个广阔、宽松、自由的时空条件下，生活的方方面面都需要学生进行自主规划，并主动地付诸实践，之后再进行自我反思。

在现实的高中场域中，高三学生对大学生活充满了期待，想超越现存的生活状态，迎接他们企盼已久的大学生活，享受在高中生活中无法获得的"自由宽松"、"丰富多彩"、"轻松愉快"的生活状态。然而，通过前面的现状描述可知，他们对大学的设想存在偏差，且过于理想化。

与此同时，当高三学生面对"如果进入大学后，你不喜欢自己的专业，打算怎么办"的假设情景，选择"转专业"的为29.5%，然而对转专业事宜了解的仅为2.5%。从中我们可以看到高三学生所具有的那种超越是缺乏现实根基的，也是无法实现的。

第二节　高中学生成长状态的系统调研

在对高三与大一衔接问题作出探索性研究之后，通过查阅国内外文献资料，我们开始系统研究当代中国高中教育改革的相关理论与实践问题，并开展了相对丰富的调查研究。我们首先访谈部分大一、大二学生，通过他们对高中生活的反思把握高中生活中的关键人和关键事。2006年7月和2006年11月，我们对浙江省宁波市象山县象山二中和绍兴市绍兴县鉴湖中学两所学校各年级的高中学生进行了抽样座谈。在此基础上，我们形成了针对高中三个年级的三份问卷，分别试测后，将上海市、江苏省、安徽省、云南等四省市的高中按综合实力排名分为好、中、一般三层，分别选取其中11所学校的2 812位同学进行问卷调查。问卷调查也分两部分进行，首先在东部地区进行，在数据分析的基础上补充了中、西部的问卷调查，相对客观地明晰了全国范围内高中生成长需要的特点。除此之外，我们还使用作品分析法，比较研究法等方法开展研究。

一、透过高中学生的整体生存体验看高中学生的成长需要[*]

通过对我国东、中、西部各地学生的问卷调查，我们能够看到高中学生对自

---

[*] 具体参阅邓睿、贺小莉：《走向成长，走向和谐——我国东中西部普通高中学生成长需要研究》，第十届"挑战杯"全国大学生课外学术科技作品竞赛一等奖作品，2007年。

己当下生活的体验以及对以往生活的回顾。

对于高一的生活，高一学生普遍感受到高一生活是充实忙碌、压抑紧迫和努力进取的；而高二、高三学生记忆中的高一生活则是轻松愉快、自由宽松、丰富多彩的。对于高二生活，高二学生对自己当下的生活体验是充实忙碌的、压抑紧迫、努力进取的，这与高一学生的体验完全一致。但是在高三学生的回忆中，高二生活则是努力进取、积极主动和自由宽松的，这却被高二学生选为最不能体现其生活感受的词语。对于高三生活，学生感受到的则是压抑紧迫、充实忙碌和紧张束缚，轻松愉快、自由宽松、丰富多彩则被认为是最不能体现这一阶段生活体验的。

从下表可以看到三个年级的学生对于高中生活的期待相对而言还是比较一致的，他们都向往轻松愉快、丰富多彩、自由宽松的高中生活。

表 8－1 　　　最能描述期待中高中生活的词语排序 （整体样本）

选项	最期待的高中生活		
	高一	高二	高三
轻松愉快	1	1	1
积极主动	4	3	4
自由宽松	3	4	3
丰富多彩	2	2	2
努力进取	5	5	5
压抑紧迫	10	8	8
郁闷难过	9	12	10
消极被动	11	9	11
紧张束缚	7	7	9
单调乏味	12	10	12
颓废散漫	8	11	7
充实忙碌	6	6	6

二、透过高中学生的目标状态看高中学生的成长需要

通过对高中学生目标状态的分析，能够较为综合地反映高中生的综合素养和发展中的问题。

（一）高中生读高中的目的

我们通过对高中生读高中目的的调查，试图考察其对高中生活的认识。

图 8－1 显示，我国高中学生无论在哪个年级，读高中的首要目的便是考上一所好大学；次之为提高自己的综合素质；排在第三位的原因则是找到一份好工

作。可以理解为在大部分高中生的眼中，高中生活仅仅是其未来美好生活的一个跳板，这种对高中的认识功利化色彩比较浓。

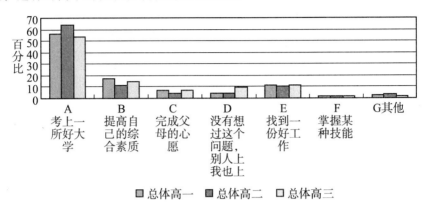

图8-1　读高中的目的（整体样本）

（二）高一学生选择分科或加试科目的态度

从图8-2来看，高一学生对即将开始的分科或加试科目的选择，将近一半的学生表示正在考虑，还没有最后确定；12%的学生从未考虑过这个问题，另有3%左右的学生表示无须考虑，到时听家长和老师的意见即可；只有36%的学生表示已经考虑并拿定了主意。

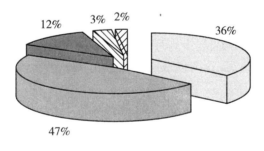

图8-2　高一学生对分科的准备状态（整体样本）

（三）高二、高三学生选择大学或专业的态度

就高二、高三学生而言，对即将开始的报考大学或专业问题，如图8-3所示：近50%的学生"一直在考虑但是还没有确定"，在当初选择分科或加试科目

时就想清楚将来志愿问题的学生为数不多，占 20% 左右。不到 20% 的学生准备到要填写高考志愿时再决定。5% 的学生从未考虑过此类问题，另有不到 10% 的学生回避了此类问题。

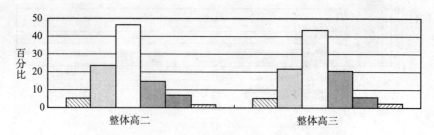

A 从未考虑过
B 在选择分科或加试科目的时候就已经考虑清楚
C 一直在考虑但是还没有确定
D 准备到要填写高考志愿时再决定
E 现在还不愿意去考虑这个问题
F 其他

图 8 - 3 高二、高三学生报考大学、专业的认识准备（整体样本）

（四）学生选择分科、加试科目、大学或专业的依据

从学生选择影响其分科的因素来看，如图 8 - 4 所示：几乎所有的高一学生都将"自己在该科目所能取得的成绩"排在了第一位，次之为"该科目所学内容、学习方式等与自己的兴趣爱好是否相符"，接下来依次为"该科目对将来选择大学的影响"、"自己所在学校对该科目的重视程度、教学水平等"以及"该科目在人们心目中的地位"。

高二、高三学生在选择未来的大学和专业时，最关注的也是成绩，其次是所学的内容或大学、专业是否符合自己的兴趣爱好，再次是大学的就业率。

（五）不同年级学生的目标状态比较

通过数据分析，我们发现不同年级学生的目标状态的差异也体现在学生报考大学或专业的目标准备状态方面。随着年级的升高，学生的目标逐渐清晰，逃避现实的学生逐渐减少。

此外，对于高二、高三学生来说，成绩、专业的研究内容以及大学的就业率都是影响他们选择大学或专业的重要因素，但是随着年级的升高，学习成绩对于他们做出选择的影响越来越大，而其他因素的影响力则下降。

综合上述分析，高中学生的发展目标比较单一，具有短视性，固守传统的一

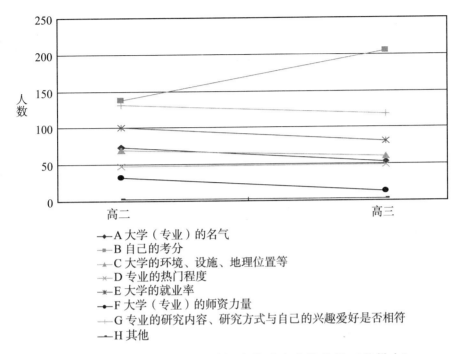

图 8 - 4　高二、高三学生选择大学或专业的依据（总样本）

元成才观，对于大多数学生而言，其高中三年的生活内容仅有学习，生活的唯一目的便是考入一所好大学。高中生的发展目标很模糊，对自身的需要不清晰，对自己的兴趣和理想处于猜测状态。这些都严重影响了学生的生存质量，制约了他们的成长与发展。

三、透过高中学生的人际交往状态看高中学生的成长需要

高中生的重要关系人主要有同学、家长和老师，其中同学和老师在其人际交往中占有较大的比重。

（一）高中学生的同学交往状态

无论是从问卷的选择题还是开放题的比较分析来看，高中生的同学交往状态在不同学校和区域之间没有明显差异，不同年级之间则有较明显的差异。

1. 高中学生的整体同学交往状态

在问卷中，我们通过请学生对在遇到困难时找谁帮忙进行排序来考察不同主体在学生心目中的地位与作用，图 8 - 5 显示，除了自己解决之外，"高中同学"是学生的第一选择，远高于家长、教师。可见同学交往在高中生生活中占有相当

263

重要的地位，高中同学和朋友是学生在遇到困难时比较依赖的对象。这种结果也决定了高中生对于同学交往质量的要求比较高。

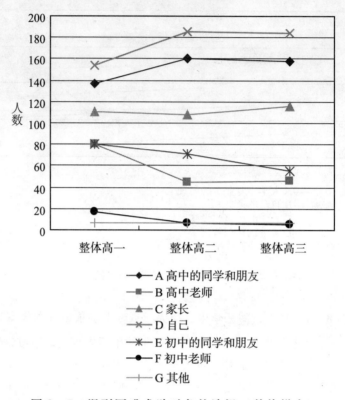

图 8 – 5　遇到困难求助对象的选择（整体样本）

在问卷选择题中大部分学生对同伴交往状态的评价是"很好，同学关系比较融洽"（见图 8 – 6）。而在开放题中"交不到知心朋友"则是所有失望事件中出现频率第二高的。所以确切地说，学生所遇到的交往问题不在交友的数量而在于质量，学生表面关系都非常好，但要找到能够交心的朋友则比较困难。

2. 不同年级学生的同学交往状态

尽管问卷调查显示高中生对同学交往状态总体偏向满意，但具体分析每个年级满意度的数据（见图 8 – 7），可发现高中生同学交往随年级变化的趋势：随着年级的升高，学生对于同学关系的评价逐渐下降，选择"一般"、"很糟糕"的比例随着年级的升高而升高了。造成这一现象的主要原因可以从开放题得到答案：高一刚入学同学交往不深，同学之间的矛盾没有凸显，这时的同学关系比较融洽，然而随着时间的推移，同学间的了解逐步深入，相互的依赖也逐渐加深，于是各种问题逐渐暴露——很多高中生不愿敞开心扉与同伴交往。在高中生活的重压下，他们或是不愿、或是不敢、或是无法与同伴进行深

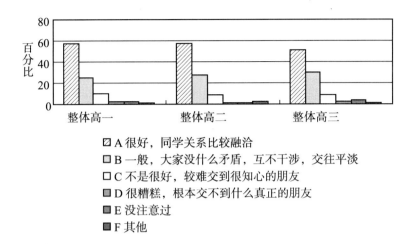

☑A 很好，同学关系比较融洽
☐B 一般，大家没什么矛盾，互不干涉，交往平淡
☐C 不是很好，较难交到很知心的朋友
▨D 很糟糕，根本交不到什么真正的朋友
▨E 没注意过
▨F 其他

图 8 - 6　高中生同学交往状态（整体样本）

入、坦诚的交往。

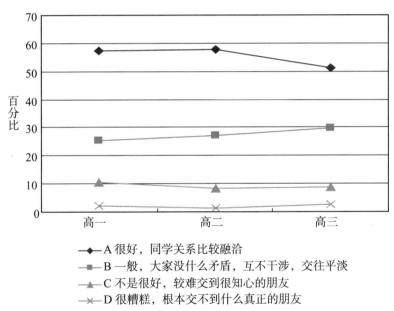

——◆—— A 很好，同学关系比较融洽
——■—— B 一般，大家没什么矛盾，互不干涉，交往平淡
——▲—— C 不是很好，较难交到很知心的朋友
——✕—— D 很糟糕，根本交不到什么真正的朋友

图 8 - 7　学生对同学交往状态的评价（按年级）

如图 8 - 8 显示，高中学生交流的主题主要集中在学习以外的"娱乐"、"生活中的新闻、逸事"等方面；而较少交流"人生理想"方面的内容；关于学习方面的话题则随着年级的升高而减少。这也从另一个侧面解释了为什么高中学生的同学交往质量随着年级的升高而降低。

一方面，随着年级的升高，学习任务越来越繁重，学生更需要一些轻松的话

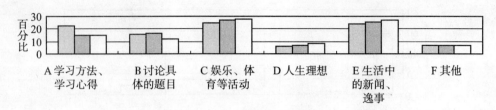

图 8-8　高中学生之间交流的主题分布（整体样本）

题来调剂其紧张的生活。因而娱乐、新闻成了学生之间交流的主话题。另一方面，随着高考压力的增大，学生的神经也越绷越紧，竞争意识逐渐增强。不断被强化竞争意识的学生们对学习方面的话题变得敏感，因而有意在交谈中回避这一问题。

（二）高中学生的师生交往状态

教师也是学生在校生活的重要关系人，师生关系问题在调查中也特别突出。问卷通过一系列选择题，从交往数量、交往范围、交往内容以及交往方式等方面对高中师生交往状态进行了调查，整体的调查结果显示出当前普通高中师生交往存在着数量低、范围狭窄、内容单一、方式被动等特点。进一步比较分析，我们发现高中生的师生交往状态在地区间存在着一定程度的差异，而学校间的差异则不明显。

图 8-9、图 8-10、图 8-11 显示了师生交往频率、内容及范围：高中师生交往频率比较低，其交往内容以学习问题为主，超过 50% 的学生表示他们与老师的交流主要集中于学校，甚至仅仅是课堂。

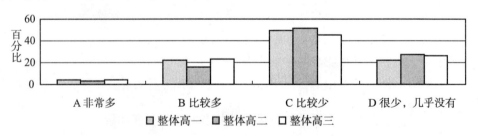

图 8-9　师生交往频率（整体样本）

面对这样的师生交往状态，学生的态度从调查结果来看是比较出乎意料的，图 8-12 显示对师生交往现状持满意态度的学生占较大比例，其次对这种现状无所谓，呈现出麻木状态的学生也不在少数。

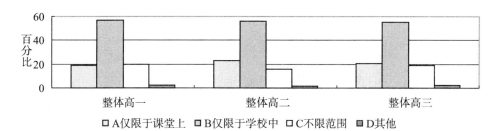

图 8 – 10　高中师生交往范围（整体样本）

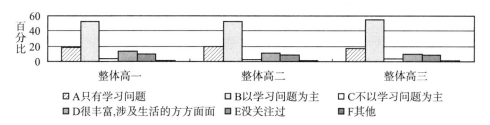

图 8 – 11　高中师生交往内容（整体样本）

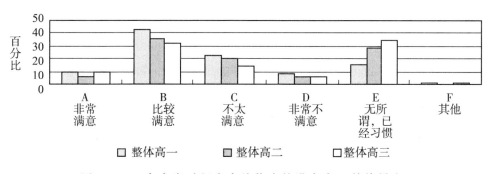

图 8 – 12　高中生对师生交往状态的满意度（整体样本）

　　调查问卷中请学生选择当他发现因为某个原因，需要与老师进行交流获得老师的帮助时，将采取怎样的行动。调查结果显示大多数学生都选择"先找其他途径解决，实在不行再找老师帮忙"。具体结果见图 8 – 13。

　　与此对应的是问卷中的另两道题：一是在选择分科或加试科目、选择未来的大学或专业、选择未来工作的情况下，请学生对与自己有联系的各关系主体意见的影响程度进行排序，结果老师的意见排第三位，列在学生自己的意愿和家人的意愿之后；另一题则让学生对在遇到困难的情况下向哪些关系人求助进行排序，结果显示高中教师列第五位，排在学生自己、高中同学和朋友、家长、初中同学和朋友之后。

　　这样的结果使我们认识到，高中教师对学生的影响并没有我们想象中的高，而高中教师的作用在学生心目中也不大。当老师在学生心目中的地位不是

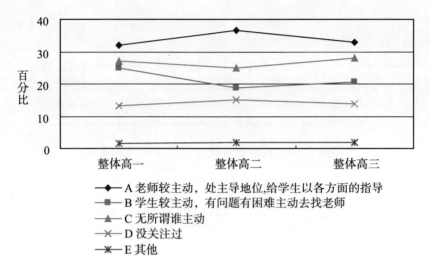

图 8 - 13   学生在师生交往中的主动性（整体样本）

很高的时候，对于能否经常和老师交流、在哪里交流以及交流什么内容等问题，学生也就不会过分地关注了，老师只要完成日常的教学工作，在学生看来也就基本满意了。

但从学生内心深处来讲，他们并不满足于这种状态。他们认为教师本应该扮演更加重要的角色，给予他们更多的帮助，而事实上教师可能并不具备这样的素质与能力。

四、透过高中学生的学习状态看高中学生的成长需要

学习是高中生生活的重心，问卷在选择题及开放题中就学生在高中生活中遇到的问题进行了调查，结果显示高中学生所遭遇的问题有相当一部分集中在学习领域。

（一）高中学生的整体学习状态

问卷选择题对高中生学习满意度进行了调查，结果显示无论哪个年级、学校、地区的学生，其对学习状态的满意度都不高。结果如图 8 - 14 所示：选择"一般，希望有所改进"、"不太满意"以及"非常不满意"的总数超过了 2/3。

用作品分析法对学生在开放题中列举的高中生活令其最满意、最失望和最困惑的三件事进行整理发现：无论学生处于哪个学年段，最困扰他们的问题始终是学习成绩，具体来说是如何提高成绩考入好大学，而学习方面的其他问题也均排在前列。这在一定程度上反映了学生对自己发展的关注，最直接的是考高分进好

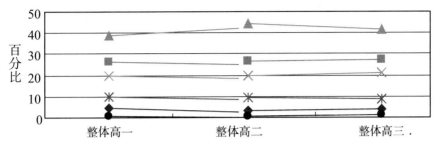

◆—— A非常满意
■—— B比较满意，还有一些需要改进的地方
▲—— C一般，希望这种状态有所改进
✕—— D不太满意，没有找到学习的感觉
✳—— E非常不满意，希望摆脱现在这种学习状态
●—— F其他

图8-14 高中生对学习状态的满意度（整体样本）

学校，更进一步则有学生开始思考学习的价值、生活的目的、生命的意义等一系列与个体生命成长息息相关的问题。

（二）不同年级高中学生的学习状态

表8-2、表8-3、表8-4反映了困扰学生最主要的三个问题，从中可看出：困扰高一学生的主要问题是"与初中相比学习内容的难度突然加大"、"学习方式的改变"以及"自己在高中班级中没有初中时优秀"。对于这个问题的排序在不同城市的不同层次学校中均一致。

在高二年段，学生一致认为"不善于自主学习"是他们当前所面临的最大问题；"自己在高中班级中没有初中时优秀"和"生活没有初中时期优秀"也是困扰大多数学生的问题。

而对于高三学生，困扰其的问题分别是"学习成绩不好，无法提高"、"找不到未来发展的目标"以及"生活单调，活动太少"。

表8-2   困扰高一学生的主要问题（排序）

	苏州	上海	东中西部汇总	四星级、市重点	三星级、区重点	二星级、普通
与初中相比学习内容的难度突然加大	1	1	1	1	1	1
学习方式的改变	2	2	2	2	2	2
高中老师没有初中老师关心自己	5	6	4	6	5	5
自己在高中班级中没有初中时优秀	3	3	3	3	3	3

	苏州	上海	东中西部汇总	四星级、市重点	三星级、区重点	二星级、普通
很难交到新朋友	7	7	7	7	7	7
生活没有初中时期丰富	4	4	5	4	4	4
找不到读高中的目标、价值	6	5	6	5	6	6

表 8 - 3　　　　　　　困扰高二学生的主要问题（排序）

	苏州	上海	东中西部汇总	四星级、市重点	三星级、区重点	二星级、普通
学习难度太大	2	3	2	4	3	2
不善于自主学习	1	1	1	1	1	1
高中老师没有初中老师关心自己	6	5	5	5	6	6
自己在高中班级中没有初中时优秀	4	2	3	2	2	4
生活没有初中时期丰富	3	4	4	3	4	3
很难处理与异性同学的交往	7	7	7	7	7	7
发现自己不喜欢或不适合所选的科目	5	6	6	6	5	5

表 8 - 4　　　　　　　困扰高三学生的主要问题（排序）

	苏州	上海	东中西部汇总	四星级、市重点	三星级、区重点	二星级、普通
学习成绩不好，无法提高	1	1	1	1	1	1
找不到未来发展的目标	2	2	2	2	2	2
不能与老师进行良好的沟通	6	6	6	6	6	6
不会合理地安排自己的生活	5	5	5	4	5	5
生活单调，活动太少	3	3	3	3	3	3
自己的兴趣爱好无法得以满足	4	4	4	5	4	4
很难处理与异性同学的交往	8	8	8	8	8	8
不喜欢、不适合所选的科目	7	7	7	7	7	7

第三节　普通高中培养目标的多维分析

在上述调查研究的基础上，我们进一步开展了对百年中国高中教育培养目标问题的研究。

一个多世纪以来，我国普通高中培养目标经历了 1896 年到 1948 年的培养目标探索时期、1949 年到 1965 年的培养目标性质重建时期、1966 年到 1976 年的培养目标遭到破坏陷入混乱的时期、1977 年到 1998 年的培养目标的重新调整时期、1999 年至今的培养目标活跃发展与完善时期等五个时期。[①]

一、普通高中教育培养目标的历史透析

（一）表现形态上的统一与多元

从历史变革中我们看到普通高中培养目标的表现形态随着国家以及其他制定培养目标的主体的参与程度、力量对比的变化而变化。

1. 国家的统与放

高中教育的培养目标从诞生之日起至今一直在发生着改变，处于调整的状态，它的表现形态也因国家的控制程度不同而呈现出不同的特点。

中学刚引入时培养目标的表述是非官方化的，呈现出多样性的特点。随着政府对教育的控制逐渐加强，中学教育的培养目标开始有了统一的官方表述。这一时期的培养目标总的来说是比较统一的，受到了政党的控制和利用。

新中国成立后，高中教育的培养目标进一步高度统一，并发生了性质上的根本改变，从中央到地方，对高中教育的培养目标的表述几乎一致，高中教育严格按照政府制定的培养目标展开，这一点在"文革"时期表现得更为明显。

从"文革"中走出之后，这种高度统一的情况逐步得以改变。高中教育的培养目标依然由政府进行统一的规定，从培养目标的具体内容来看，除了之前极其关注的思想政治教育之外，培养目标关注的领域逐渐增多，呈现出多元化的特点。

[①]　因受篇幅限制，本章不作展开论述。可具体参阅邓睿：《普通高中教育改革中培养目标设定问题的研究》，2006 年华东师范大学毕业论文。

从近年来的历次教育改革来看，今后的高中教育培养目标将仍然保持由官方进行统一规定的趋势，但是其具体内容则将继续走多元化的发展道路。一是主体的多元化，从历次培养目标制定的主体来看，已经不再仅仅局限于领袖、政党了，更多的主体正在逐渐介入。二是内容的多元化，主要是关注的领域越来越多，而且对于培养人的素养的认识越来越丰富。三是在不同区域的多元化发展，受到历史的、地理的及现实的多方面因素的影响，中国东、中、西部的教育存在着很大的不同，培养目标上也会有相应的差异。

2. 培养目标制定中各主体的关系问题

最初的洋务学堂，没有政府的统一控制，各主办者基本上都是当时涌现出的实业家、民族资产阶级等，他们办学校均从自己的需要出发，培养各种专业的技术人才，从而向自己所举办的实业输送劳动者，促进实业的发展。

其后的北洋政府时期和"五四"运动时期，中学教育呈现出多样化发展的特点。一部分学校是由政府出资举办，因而这些学校的培养目标自然是统治者的政治意志的体现；另外有相当一部分学校是由当时的爱国人士、教育学者等人主办的，这些学校成为这些人实践自己教育理想、政治理想的试验田，培养目标多以他们的思想为依据。

而到了国民政府统治时期，中学逐渐全部被国民党控制。国民政府明确表示要通过教育配合其政治建设，实现以党治国的目的，此时中学教育的培养目标完全以国民政府的意志为转移。

新中国成立之后，高中教育的举办者变为了中国共产党，培养目标就自然而然地由党和政府进行统一的规定。

今后高中教育的培养目标仍然由政府进行宏观的统一规定，但是在具体落实的过程中，由于受到社会力量办学的兴起、学校教育发展过程中体现出的多元性、社会发展的多元性等因素的作用，培养目标会在很大程度上反映这些举办者的意志，根据他们的思考和判断呈现出多元化的特点，但是在大方向上不会超越国家统一规定的范围。

（二）影响因素上多层立体的构成、渗透和影响

普通高中教育培养目标的历史变迁中受到了诸多因素的影响。这里我们将分为宏观、中观和微观三个层面进行具体的分析。

1. 宏观层面

（1）人口因素。

最初的中学教育所接受的受教育者基本上来自中产阶级以上的贵族家庭，这就导致了最初的培养目标的精英主义、贵族化的取向。随着时代的进步，人们逐

渐认识到中学教育应该属于普及教育，招收的学生应该面向更广大的人民群众，这样就产生了调整培养目标的需求。这就导致了中学教育的培养目标不能只考虑升学，还要关注职业技能的培训。培养目标中关于升学和就业关系的讨论在很大程度上受到这一因素的影响。

新中国成立之后，高中教育的受教育者主体由工农子女构成，这一阶段的培养目标围绕着生产劳动所展开。而知识分子家庭的受教育者则有更多的升学的需求，所以培养目标具有升学和就业的双重任务，并在很长时间里围绕着两者之间的比重如何决定的问题进行调整，在这个过程中，学生的背景成为重要的影响因素。

受到人口增长的影响，在八九十年代各级教育的学生人数都呈直线上升的趋势，而 1999 年开始的高校扩招，在一定程度上也刺激了高中规模的扩大，越来越多的学生获得了进入普通高中学习的机会。这使得现在的高中教育的受教育者来自更广泛的社会阶层，各自家庭背景、文化的差异决定了培养目标必须兼顾各方的利益，呈现出多元化、多样化发展的趋势。

（2）社会因素。

中学从诞生时，培养目标体现了浓厚的富国强兵的思想色彩，这一点从洋务学堂时期的专才的培养以及抗战时期的军事人才的培养等方面表现出来。

新中国成立初期，各项事业百废待兴，因此培养合格的社会主义劳动者在培养目标中占了很重要的成分。"文革"时期对人的思想改造提出了很高的要求，培养目标就随之将思想政治教育提到了首要位置。

改革开放出现了新一轮的对人才需求的高潮，因此如何培养合格的社会主义事业的建设者又被提到培养目标的重要位置上。随着社会的发展，各项事业对人才的需求越来越大，这种需求的增长不仅表现在数量的增加上，对于人才培养内在规格的要求也在不断地提升。在改革开放初期，这种需求主要体现在要求人的知识构成与技能水平等方面上，这就要求人们通过接受更高级别的教育来补充知识、提高技术水平，由此培养目标开始关注如何为学生进入高一级学校深造而准备的问题，出现了对升学率的狂热追求。

社会转型趋势的进一步清晰化，使得培养目标越来越关注个人素质的培养问题。学习型社会要求公民不仅具有一定的知识结构、能力水平，更要求公民具有较强的综合性发展能力，即具备终身学习的意识与能力。学习型社会不仅要求公民能够运用已掌握的知识和技能从事社会生产，更需要公民有创新精神与能力，有适应不断变化发展的社会的能力，有开放的心态、国际化的视野接纳新的事物；要求学生具备较高水平的学习能力，能够在结束正规的学校教育之后进行自我学习，不断适应并推动时代的发展。因而，最近的几次高中课程改革不断地调

273

整培养目标中对人的能力和素养培养的表述，正是为了适应不断变化发展着的社会需求。

（3）经济因素。

教育和经济的关系历来都是非常密切的，一方面因为教育有着强大的经济功能，另一方面教育也深受经济状况的制约，因此高中教育的培养目标在设定过程中必然要考虑经济发展的状况。清末民初时期，随着中国国门被打开，外国资本的大量流入，民族资产阶级开始觉醒，当他们意识到经济强大可以救国时，高中教育自然就以为经济建设培养人才为目标了。改革开放以后，中学教育培养目标满足经济发展需求的特点就更加明显了。此外，教育与经济的关系并不是单向的，它们是相互作用、相互影响的，在教育为经济服务的同时，经济的发展也为教育的发展提供了更多的可能性。

（4）思想文化因素。

我国的中学教育思想最早就是从西方传入的，高中教育的培养目标自然受到西方教育思想的影响，这一点在"五四"时期表现得非常明显，诸位教育家、学者对教育的理想，以及随着资本一起由西方传入的思想，深刻地影响着我国中学教育的实践。

近年来的教育改革教育实践也体现出了这一特点，在全球化的背景之下，国际交流合作更加频繁、密切，越来越多的外国教育思想冲击着我国的高中教育，为我国的高中教育改革提供了理论基础和参照对象。

2. 中观层面

高中是在教育中存在的，从内部结构来看，教育的发展与社会的发展是不一样的，教育自身的发展也是有着自己的独特性的。因此，我们回到教育，在教育中再来看高中教育的培养目标的设定问题，有两点非常值得我们关注：

（1）教育理念的发展直接影响了普通高中培养目标的设定。

20 世纪 90 年代以来，对我国教育影响最深的恐怕就是素质教育的理念了。素质教育的理念本身是从基础教育、特别是从中小学的角度提出来的，但是最终它更多地渗透到高中教育，甚至影响到高等教育。

素质教育是人们对高中教育性质的一种新的期待。这种理念直接作用于高中，使得高中教育的培养目标变得更加丰富，开始关注到人的发展中的各种素养和能力的形成。而素质教育作用于高等教育，以及高等教育的扩招，又带动了高中办学规模的发展，从而使得高中教育的功能发生了改变：原有的强大的筛选功能开始弱化，而培养的功能则日渐突出。这种功能的改变又必然导致了培养目标的调整。同时随着素质教育理念本身的发展，我们对于人的发展所需要的素养和能力的认识也在不断地调整、完善，而高中教育的培养目标也就在这逐渐发展的认识过程中不断地更新。

（2）高中教育在整个教育体系中的地位与作用影响了其培养目标的定位。

西方国家的中学有两种类型：上构型的中学是指与大学紧密相连的，这类中学的培养目标往往以升学为主要目的，培养目标偏向于使学生有能力、有资格获得大学的学习机会；下构型的中学是指与初等教育紧密相连的，这类中学往往以就业、技能培训为主要内容的，培养目标偏向于使学生具有生存所必需的能力，满足社会生产的需求。

现阶段，我国对普通高中的定位是基础教育的重要组成部分，它连接了初等教育和高等教育，越来越多的人开始关注到它与高等教育的衔接问题，因而培养目标在设定的过程中呈现出了向两头延伸的趋势，既注重了与初中、小学的衔接，对学生在此之前形成的一些能力、素养进行提升，也开始关注了高等教育对学生的要求，培养学生具有更强的发展能力、适应能力，为其未来的生活做准备。

3. 微观层面

再将目光聚焦到更加微观的层面，我们发现影响高中教育培养目标的因素还有存在于教育活动中的各个主体——校长、教师、各种不同的高中学校。他们是高中教育培养目标的最终落实者、践行者，但是从高中教育的发展历史来看，他们并不仅仅是简单、被动的接受者，事实上，他们也不应该仅仅扮演这样的角色。

校长对于培养目标的理解和认识影响着他的办学理念的形成，而他的办学理念又指导着他的实践，最终影响着学校对于培养目标的落实。教师对培养目标的理解及对办学理念的认同程度更是直接关系到这种目标能否最终作用在学生的身上。

各所不同的学校，其发展历史各不相同，在长期的发展中，他们或多或少地进行着文化的积淀，由此形成了各自的风格和氛围，形成了不同的发展基础。这些都为培养目标的落实创设了不同的环境。

在历史上，这一微观层面的因素对于高中教育的培养目标设定就产生着巨大的影响。清末时期的洋务学堂，都是举办者根据自己的认识来制定培养目标的。为了挽救民族危机而产生的那一批有思想的教育家，他们自己开办学校，将自己对于高中教育的认识在具体的实践中加以验证，形成了当时活跃的办学气氛。即便是在新中国成立后很长一段高度集中、高度统一的时期内，我们依然可以看到校长、教师对于学校办学的影响。

这些因素在现阶段对高中教育培养目标的影响更为明显。在这样一个多元的、开放的环境中，越来越多有思想的校长、教师涌现出来：唐盛昌、刘彭芝等名字开始进入我们的视线，他们的教育尝试让我们看到了教育存在的新的可能。每一所学校都可以有它自己对培养目标的认识，这其中又有很多学校已经将这种认识转化为了行动，形成了各式各样的特色教育：如上海中学丰富的选修课程、晋元中学的"选择教育"、洋泾中学的"责任教育"等等，高中教育的培养目标也就在这些活动中变得更加立体、丰富、真实，这些学校的实践也为高中教育开创了更为多元的局面。

（三）高中培养目标制定中内在的核心问题

每一次高中教育培养目标的变革都会围绕着某一个核心问题展开，以下四个问题就是经常困扰人们的问题。

1. 社会需要与教育可能

从历史发展来看，教育可能与社会需要不可能完全的一致，一方面是因为教育的发展与社会的发展不是完全同步的；另一方面则是因为教育可能中还受到了个人需求的影响，而个人的需求与社会的需求也是不可能完全一致的。因此，我们的普通高中培养目标就在协调处理这两者之间的矛盾中变革着。

最初的培养目标更多地只关注了社会发展的需求，很长一段时间里，个人发展的需求充其量只能处于附属地位，在新中国成立初期更是如此。现在人们认识到个人的发展与社会的发展并不矛盾，个人发展并不仅仅依附于社会的发展，有时候它们是相互促进、相互制约的关系。社会的发展需要每一个人更好地发展，而且教育可以也应该为人的发展提供更多的可能，在此意义上，社会需要与教育促进人的发展之间的关系是统一的。因而，近年来高中教育培养目标的改革越来越关注个人发展的需求，这也将是未来高中教育培养目标设定中的重点考虑因素之一。

2. 人们对高中的认识与办学实践中的冲突与偏差

人们对高中的认识是制定高中教育培养目标的一个起点，从最初的"贵族全人格主义"到今天的对人本真的存在与发展的素质的要求，这些都体现着当时人们对于高中教育的认识，或者可以说是一种憧憬。

但是在具体的办学实践中，人们发现很难将那种美好的设想付诸于现实。人们总是会发现这样那样的问题，培养目标在具体的落实中总会产生一定的偏差，表现得最明显的就是"应试教育"的问题。其实不论哪个时期的高中教育培养目标，其出发点都不是应试教育，都不是以升学为绝对唯一的目标，每个时期的培养目标都或多或少地关注到了作为不断发展着的人所需要的能力和素养，只是在办学过程中，它们并没有成为办学目标中的核心问题，或者是在具体的实践过程中被异化了，而形成了所谓的"应试教育"。

高中教育培养目标的变革就是在不断地调整人们的认识与具体的办学实践中的冲突，努力调整产生的偏差。在这个调整的过程中，对高中的认识继续向前发展，具体的办学实践也在这一过程中不断丰富、成熟，更好地服务于学生的发展。

3. 大众主义与精英主义的取向

我国高中教育最初的取向是精英主义的，这从一开始就引发了激烈的讨论，在这个过程中逐渐转向大众主义。现在我们已经明确地将普通高中教育归为基础教育的一部分，这就决定了普通高中必须面向大众。此外高等学校的扩招更是为普通高中教育面向大众提供了可能性与必要性。在这样的价值取向的影响下，培养目标一次又一次地被调整，其中受影响最大的就是升学与就业的比重问题了。大众或精英的取向决定了受教育者的来源，而受教育者的来源又直接决定了中学教育的基本目标。当高中教育是精英主义取向时，培养目标必然偏向升学预备，而大众主义则更偏向就业预备，至少是两者兼顾。大众主义和精英主义两种取向虽然在对象上的选取是唯一的，但是作为教育的价值取向，在实践中并不是非要二者取其一的。

4. 升学与就业

这属于从高中诞生以来就一直缠绕着培养目标设定的问题。经历了以单纯的升学或就业为目标的尝试之后，人们逐渐形成了一个统一的认识，即普通中学应该兼具升学和就业的双重目标，无论片面追求升学率还是片面强化职业技术培训对于普通高中教育来说都是不合适的。但是对于它们之间的关系、比重分配等具体问题一直没有达成共识。

升学与就业的问题还带来了关于教育与生产劳动相结合的问题。在高中教育培养目标设定之初，绝大多数的受教育者家境都比较好，他们是不需要直接从事生产劳动的，升学是那时中学教育的主要目的，因此教育与生产劳动是相脱离的。新中国成立后生产劳动成为培养目标中一个非常重要的因素。很长一段时间内，我国高中教育的培养目标就是培养合格的社会主义劳动者。这一目标的合理性后来受到了质疑，但并没有被彻底地推翻，而是在变革中逐渐寻找更好的结合方式。近年来生产劳动不再直接出现在培养目标的具体内容中，但是我们依然可以找到它的替代品——社会实践。而这一提法已经得到了大多数人的认可，并且越来越受到关注。

二、21世纪以来我国普通高中的培养目标的现实状态

考虑到中国东、西部教育水平的实际差异，高中教育改革在各个地区的状态都有各自的特点，下文选取上海市的普通高中为主要研究对象。

（一）学校层面对我国普通高中教育培养目标的落实

上海地区的普通高中近年来的教育改革一直处于比较活跃的状态，不断涌现出有思想的校长，他们对高中具体的办学模式、办学理念、办学目标的思考在一定程度上反映了当前我国高中教育改革实践中培养目标的落实状况。

从各种对高中校长访谈的文章、书籍来看，新时期我国正涌现出越来越多优秀的校长，他们对于高中教育有着深刻的理解，对于培养目标、办学模式、育人方式等也有着独特的见解，而他们的这些思考都决定着他们所在的高中将如何落实高中教育培养目标的问题。

通过对上海部分普通高中的实地调查以及阅读这些学校校长的访谈，我们可以总结出上海地区普通高中对培养目标的落实状况呈现在以下三个方面：

1. 大多数学校关注的学生素质有相似的部分

虽然每所高中对于培养目标的具体论述各不相同，在具体实践中也是各有特色，但是从校长对各校办学理念的叙述中，我们仍然可以找到一些相同的关键词——终身教育、终身发展、全面发展、以学生为本、发展性、个性、主体性等等。这些词语都反映了当前我国普通高中培养目标的核心思想，并且在这些学校中变得更加具体、真实。

大多数学校在制定自己的办学理念、培养目标的时候关注到了学生个体的发展，培养目标中增加了更多"人"的色彩，增加了"终身教育"的思想。培养目标在这些学校中不再是静态的，而是动态的，具有发展性的。

此外，大多数学校还打破了"重理轻文"的传统，开始关注人文科学，"人文见长"一词越来越多地出现在学校的办学理念、办学特色之中。这代表了大部分学校对于高中应该发展学生的能力和素质还是有所共识的。

同时，这些学校也不再将目光仅仅局限于将学生送入大学上了，他们更多地开始考虑学生在高中后的发展问题。他们已经意识到学习是终生的事业，学生是学习过程中的主体，这些都是制定培养目标是不可忽视的因素。

2. 不同学校之间对于培养目标的认识和实践各不相同

通过不同的校长谈话中我们可以看出，不同学校对于高中培养目标的认识和理解并不完全相同，落实到具体的实践中也就有很大的区别了。

以"人文素养"为例，同样是提倡"人文见长"，但是落实到具体的培养目标，各个学校又有不同的理解。

在七宝中学，"人文见长"是这所学校的办学特色，强调培养学生的人文精神，使其具有人文修养和较高的文化品位。"全面发展，人文见长"的具体培养目标是培养学生与人为善的品质，求真、求实的精神，爱国报国的情结，自主、自立、自强的能力，指导他们处理好人与人、人与社会、人与自然的关系，使他们能够树立为他人、为社会、甚至为人类承担责任的人生态度，培养他们具有健康的心理和完整的人格。

而在同样以"文理相同，人文见长"为办学理念的曹杨二中，则将其进一步解释为：促进每个学生的个性自由发展、潜能充分发挥、素质全面提高，为社会培养造就具有创造精神和实践能力的人才。具体要求学校培养的学生关注社会、关注自然、关注自身发展、关注人类的进步和幸福，培养既有扎实的现代科技文化知识，又有良好的道德品质、素质结构全面、个性特征鲜明、人格健全的现代人。

从这两段叙述中，我们看到两所学校对于"人文见长"的内涵的把握还是比较一致的，但是对于具体的能力、素质的培养已经有所差异，其具体的实践也有明显的差异。

还有部分学校则仍停留在理想阶段，在实践中并没有采取与培养目标相一致的行动，依然关注高考的训练，使培养目标事实上还停留在 20 世纪 80 年代的水平。造成这种差异的原因有很多，除去校长个人的能力、素质问题之外，一个很重要的原因就是这两类学校在整体实力上有差距。前者基础比较好，高考升学率对他们来说已经基本不成问题，因而他们有能力也敢于将精力更多地投入到发展学生的全面素质上。

3. 部分发展较好的学校已经将这些培养目标付诸实践并形成了自己的特色

从前几点的叙述中我们看到，普通高中的培养目标在落实到具体的高中时已经开始变得相当丰富了，同时为了使培养目标中提及的能力、素养能够在学生身上真正体现出来，这些学校纷纷探索各种教育途径，并由此形成了学校的特色教育。

例如，同样是为了学生终身发展和各方面素质的协调发展服务，上海中学开设了各类选修课程以满足不同类型学生的不同层次的要求；晋元中学通过"选择教育"来体现其"以学生发展为本"的教育理念和办学思想；市西中学在"人格与学力的主体性教育"中塑造学生健全的人格，培养学生终身学习、终身发展的能力。除此之外，还有延安中学的"景观课"、同洲模范学校的"攀登教育"、崇明中学的"自主教育"等等，都开展得有声有色。

（二）教师层面对我国普通高中教育培养目标的认识

从收集到的一些文献来看，高中教师对于现行的高中教育培养目标的认同度还是比较高的。不少老师都从自己的实际工作出发，论证了培养目标中关注的能力和素质的合理性。但是从具体的实践来看还存在着不少问题。在一次教育部中学校长培训中心的讲座中，讲座教师问在座的各位校长我国当前普通高中的培养目标是什么，场下一片惊愕的表情，校长们似乎被这个问题问个措手不及，没有一位能够说出个所以然来，个别校长在被提问到的时候说出来的是"为社会主义事业培养建设者和接班人"、"建设社会主义事业"、"培养四有新人"。① 当然这个现象可能并不能代表普遍的情况，但是我们要承认现实中的确存在这样的现象。这其中至少反映出了两个问题：一是高中教育培养目标本身的影响力不够强；另一个是校长作为诸多办学因素之一，在具体的教育实践中，对培养目标问题的关注程度不够高。

当我们对个别高中校长、高中教师进行深入访谈时，则发现教师们在具体工作时依然是将升学、成绩作为他们的唯一至少是最重要的目标。在他们看来"只要高考存在，指挥棒的力量依然存在，教育改革对实际教育教学工作很难有大的改观"②、"高考压力丝毫没有减轻，这对教师来说是紧箍咒根本没有消除，教师要受到学校、学生、家长的多重监督与限制，处于夹缝之中"③ ……作为校长考虑得就更多了，"你说的培养目标中的那些能力、素质的确非常好，对于学生来说是非常必要的，但是仅有一个目标，没有配套设施怎么可能实施呢？作为校长我必须维护学校的声誉，这声誉从哪里来呢？当然就是升学率了。这是不可改变的事实。"④

总的来说，我们在现实生活中接触到的校长、教师对于普通高中教育培养目标这一问题多少显得有些无奈，他们对于培养目标中所涉及的能力、素养以及由此对教师和学生提出的新要求并不是排斥的，只是在他们那里，理论与实践很大程度上是脱节的，在具体的实施过程中，他们觉得是与高考的现实相冲突的，这直接导致了培养目标成为一纸空文。

（三）高中学生层面对我国普通高中教育培养目标的感受

高中学生对培养目标针对的具体对象，从一个接受者的角度，他们对高中教育培养目标的感受在很大程度上反映了我国现阶段普通高中教育培养目标的情况。在我们课题组进行的一项关于"上海市高三学生成长需要"的问卷中，对学生实

---

① 这里引用的资料均来自"高中教师工作状态的研究"课题组研究资料。下文的引用亦如此。该访谈做于 2006 年 3 月 10 日，由邓睿进行，地点为教育部中学校长培训中心，被访者为中学校长培训班的部分校长。

② 该访谈做于 2005 年 7 月 31 日，由李家成通过电子邮件的形式进行访谈，被访者为教育管理学系在职硕士、高中教师。

③ 该访谈做于 2006 年 3 月 16 日，由邓睿进行，地点为华东师范大学文史楼，被访者为南昌市某重点高中校长。

④ 同上①。

际感受到的高中教育培养目标的状态进行了调查，结果如表 8 – 5 至表 8 – 7① 所示：

表 8 – 5　　高中教育实际对您的素养发展影响最大的排列顺序 *

选项	素养	整体②	市级中学③	区级中学	普通中学
A	考试能力	1	1	1	1
B	自主学习能力	2	2	2	2
C	自理自立能力	5	3	6	7
D	交往能力	3	5	3	3
E	不断自我发展的意识	6	7	4	6
F	积极乐观的心态	7	6	7	4
G	开阔的视野	9	9	9	9
H	策划选择能力	10	10	11	10
I	思维的品质	4	4	5	5
J	组织协调能力	11	11	10	11
K	自主性	8	8	8	8
L	其他	12	12	12	12

　* 问卷中的排序题是按重要程度排序，数字越小越重要，如 1 为最重要，下面排序题亦如此。

表 8 – 6　　高中教育实际对您的素养发展影响最小的排列顺序

选项	素养	整体	市级中学	区级中学	普通中学
A	考试能力	7	7	8	7
B	自主学习能力	9	10	10	8
C	自理自立能力	6	6	3	4
D	交往能力	3	3	6	6

　① 参考陈彦、邓睿所进行的《上海市高三学生成长需要研究》。该研究为"高三与大一衔接过程中学生发展问题研究"的后续研究，从 2005 年 7 月起至今，对上海市不同类别的 21 所高中的 5 250 位高三学生进行问卷调查，回收问卷 4 555 份，其中有效问卷 4 170 份；同时对 17 位高三学生进行深入的访谈，并对其中的 8 位学生进行跟踪访谈；此外还通过参加高三学生的班会、成人仪式、高考咨询等方式收集信息；还邀请部分高三学生和大一学生分别写作《我心目中的大学》及对大一生活的反思等作文。具体的研究资料及数据详见陈彦论文。
　② 这里的"整体"是所有被调查的学校的高三学生。下表亦如此。
　③ 这里的"市级中学"、"区级中学"、"普通中学"是根据《经上海市教育委员会批准 2005 年可招收初中毕业生的高中阶段学校名单》中的学校类型分的。下表亦如此。

续表

选项	素养	整体	市级中学	区级中学	普通中学
E	不断自我发展的意识	10	11	9	9
F	积极乐观的心态	5	4	5	5
G	开阔的视野	4	5	4	2
H	策划选择能力	2	2	2	3
I	思维的品质	8	8	7	11
J	组织协调能力	1	1	1	1
K	自主性	11	9	11	10
L	其他	12	12	12	12

表 8 - 7　　您希望高中教育对您的素养发展影响最大的排列顺序

选项	素养	整体	市级中学	区级中学	普通中学
A	考试能力	11	11	11	11
B	自主学习能力	2	2	1	1
C	自理自立能力	9	9	9	9
D	交往能力	1	1	4	4
E	不断自我发展的意识	6	8	5	5
F	积极乐观的心态	3	3	3	3
G	开阔的视野	4	4	2	4
H	策划选择能力	7	7	7	8
I	思维的品质	5	5	6	7
J	组织协调能力	8	7	7	9
K	自主性	10	10	10	10
L	其他	12	12	12	12

　　从表8-5中，我们可以看出，高三学生普遍感受到的高中教育实际对他们的素养发展影响最大的三项，按照从高到低的顺序排列，分别是：考试能力、自主学习能力和交往能力。在这里，我们注意到，无论是市级中学、区级中学还是普通中学的学生，感受最深的依然是"考试能力"，这多少反映了即使在上海这样一个教育发展水平较高的地区，依然面临着考试的问题。表8-6则显示高中教育实际对他们的素养发展影响最小的三项依次是：组织协调能力、策划选择能

力和交往能力，其中"组织协调能力"是所有类型的学校共同缺失的。在普通中学里"开阔的视野"的忽视程度更加严重，而市级中学对于学生"交往能力"的培养则是在三种层次的学校中最缺失的。而从表 8 - 7 中，我们了解到，学生们理想中的高中教育应该对他们的素养发展影响最大的三项分别是：交往能力、自主学习能力和积极乐观的心态。此外学生们对于"开阔的视野"的认同度也比较高。

根据这个调查结果，我们可以知道，从学生的角度来看，高中教育最关注的是应试能力、自学能力和交往能力。这和他们的期待有点差距但是并不大，但其更为丰富的内涵，还有待进一步的研究。

再来看高中教育培养目标中提到的开阔的视野、策划选择能力、思维品质、组织协调能力等，在落实到具体的高中学校教育中时，还存在一定的问题，至少学生们并没有强烈地感受到高中教育有这样的培养目标。

与此同时，由教育部进行的一次关于"普通高中课程实施现状"[①] 的调查中显示了相类似的结果：学生感受到的学校教育实际关注的目标从高到低依次为"基础知识技能"、"自主获取知识"、"实践能力"、"责任感和道德"、"科学素养"、"价值判断"、"身心健康"、"创新精神"、"交流合作"、"批判性思考"、"搜集利用信息"、"生活生存"、"人生规划"。

因为教育部的这个调查是针对高中课程的，所以所列素养与我们的研究有所区别。但是从两个研究的结果中，我们还是可以看到，普通高中培养目标在学校的具体落实过程中，仍然存在重知识、轻能力，重考试、轻发展等问题。

三、培养目标设定过程中应当处理好的几个核心问题

当代中国高中教育改革，重要的起点是目标系统的重建，在培养目标设定过程中应处理好以下几个问题：

1. 要处理好社会需要与教育可能的关系

我国社会正处于转型期，社会发展对人的基本素养的要求也更加多元。高中教育作为基础教育的最后一个阶段，与初中和小学教育不同，它将不仅把学生输送到更高一级的学校，也会将其中的一部分直接送到社会中具体的工作岗位上。无论是哪一种情况，都需要学生不仅具有扎实的基础知识与技能，还需要学生具有较强的学习能力，以一颗开放的心去迎接复杂世界的各种挑战。

2. 要协调人们对高中的认识与办学实践的冲突

现阶段在这个矛盾关系中我们面临的最突出的一个问题恐怕就是"高考"

---

① 刘月霞：普通高中新课程方案介绍 . www. teacher. com. cn/netcourse/tln011a/wenj 2005 - 11 - 15。

了，因此培养目标的设定与落实必须要处理好它与"高考"之间的关系。

高中校长和教师的访谈以及人们的普遍认识都认为高考是阻碍高中教育发展的桎梏，只要有高考的存在，高中教育改革就无法进行，素质教育根本无法实施，培养目标说得再美好，最终还是归于一点——升学率。这种观点较有影响，但却反映着一种唯条件论的思维方式。

为此，必须重新回到高中教育的基本价值取向的调整中去，重建我们的思维方式，形成清晰的高中办学理念，直面高中改革问题，设计新的改革思路。

3. 要研究如何在"大众主义"的背景下提升教育质量的问题

大众主义与精英主义代表高中教育的两种不同的价值取向。在历史上这两者之间的关系基本上是对立的、非此即彼式的，但是在今天这样一个多元化、开放的社会中，我们所要关注的已经不再是究竟选择谁的问题。随着办学主体、办学模式的多样化发展，各种不同类别的高中学校可以有自己的选择，而无论何种价值取向，它们培养目标的出发点始终是一样的：为了学生的发展。普通高中教育作为基础教育的最后阶段，虽然到目前为止它还不属于义务教育阶段，但是在当今这样一个学习型社会的发展过程中，终身教育的需求、高中教育自身的发展、高等学校的扩招等因素，都决定了普通高中教育的发展方向必然是"大众化"的。而我们必须要注意的是"大众化"不能以教育质量的降低为代价，恰恰相反，在这样一种价值取向下，我们所应做的是进一步提升教育的质量，首要的就是要制定更高质量的培养目标，在制定培养目标的过程中要考虑到"大众化"所带来的学生群体变化的因素，以及由此对学生提出的新的要求。

4. 要关注升学与就业所需的共同的素养

无论何种性质的高中，单一地以升学或就业为目的是不太现实的，升学与就业这两个看似矛盾的目标都渗透到了高中教育的培养目标之中。就我国现阶段教育发展的状况以及未来趋势而言，普通高中的毕业生升学的比例将大大提高，也就是说升学可能是每个学生的目标，但这并不意味着升学将成为普通高中培养目标中的重点，正相反；在有升学可能性的保证下，普通高中教育将有更多的精力去关注学生其他方面的发展。而就业也不会因为升学率的提高而从培养目标中消失，它将转化为另一种形式——实践能力的养成。同时，我们认为这一目标应该成为培养目标关注的重要领域，因为它是具有发展性的，关系到学生最终走上社会的具体工作岗位时，能否将所学转化为具体的社会财富问题。因此，高中教育的培养目标应当继续关注这两个问题，只是在它们的具体表现形式上有所调整。

此外，从培养人的角度来看，升学与就业并不是两个完全独立的集合，它们对学生素养所提的要求并不是完全对立的。升学所要求的绝不是学生的应试能力，就业也不是不需要学生具有较强的学习能力。当我们深入考察"升学"与"就业"的内部要求时，就可以发现它们都要求学生具有较强的学习能力、具有自主学习的能力、具备主动交往的意识与能力、具备一定的知识结构与技能水平、具有较强的适应性等等。这样"升学"与"就业"的矛盾就向另外一个问题转化了——应该培养学生什么样的具体素养以适应这两者的要求。

第四节　对高中教育改革的几点思考

结合当前高中教育的研究与改革状态，尽管我们感受到其内部有差异、发展水平有分化，但不可否认的是：高中教育改革的力度与质量，都需要快速提升。我们曾经从高三与大一衔接的教育政策、区域教育行政部门的高中教育发展战略等角度做过思考，以下集中讨论高中学校层面的变革需要与可能。

一、高中教育迫切需要强化对学生生命成长的关注，形成生命全程意识和整体意识，重建关怀生命的价值取向

高三乃至于全部的高中生活，绝不仅仅是为了考上大学，绝不能仅仅从升学的角度认识高中教育的价值，而必须从生命成长的角度认识高中教育的生命价值、当代价值。在我们看来，高中教育不仅仅是大学的预备教育，更是一段重要的生命教育时期。

高中教育绝不只为考大学，更为学生今后更好地生活，为学生当下生命质量的提升而努力。高三由于面临高考，的确应把重心放到学习上。但如果高一、高二也采用高三模式，围绕"高考"展开，从长远角度看，这是对学生的不负责。所以高中应在高一、高二甚至是高三的部分时间里，有意识地利用和创造各种机会，培养对学生今后发展至关重要的能力。

高中教育不仅仅在做事——无论是应对高考，还是日常生活的开展，而且需要有"人"的意识、"生命"意识的觉醒，重建高中教育中"人"与"事"的关系，形成"成事"、"成人"统一的价值取向。

这一转变看似"务虚"，但却是制约当前高中改革极为内在的影响因素，也是教育改革中非常重要的内容之一。为此，高中教育者需要认真反思自己的教育观念，形成适应社会发展和高中教育改革需要的新理念、新思想。

285

二、高度重视对高中阶段培养目标的反思，重建系统的学校培养目标体系

从我们的调研可以看出，当前高中教育的整体"质量"不容乐观，这迫切需要我们关注高中教育改革中的目标意识，强化对学生多方面发展的关注，尤其是我们上文中所探讨的学生发展的诸多方面。

为此，当前的高中教育需要走向开放，需要对自己已经培养的学生做一定的跟踪研究，需要对自己学校所培养的学生的素质做清晰的反思。在我们的研究中，极少发现有高中以自己所培养的学生的终身发展为荣、以培养出社会发展与高校满意的学生为荣，而仅仅将高考升学率、名校升学率作为自己的评价标准。

当然，这也必然牵涉到高校对于高中教育的合理反馈、社会各部门对于高中教育的合理反馈问题。而更为具体的重建，还需要在对高中教育性质、目标作出历史与当代的整体思考之后，进一步研究不同年段学生的成长需要，由此形成更细致的高中各年段培养目标。

三、重建高中学生的在校生活方式

学生成长状态、尤其是其素养发展状态，是其生命实践的产物，并作为影响因素而影响着他的生命实践。对于学校教育来说，重建适合学生成长需要的学校生活、提升学生在校生活的品质，是基础性的教育改革思路。

这首先意味着高中教师需要进一步形成学生立场。在基础教育领域中，高中教师有着较好的学科专业素养和自主意识与能力，但在具体的教育改革中，还需要形成对学生成长的清晰意识和整体观念，需要对自己学生的成长需要形成合理的认识，并具体化到自己的工作实践中。

其次，高中阶段的教育，需要有整体、综合性的教育设计。在深入、具体地研究当代我国高中学生成长需要的基础上，有可能、有必要对高中不同年段学生发展目标和系列活动作出系统设计。

其三，就高中教学改革而言，需要努力促进学生的生命与人格成长。高中应在教学内容、教学形式上作调整，改变纯粹"做题"的教学方式，加强学生对学习过程的主动参与、主动思考、主动反思，充分开发高中课程的育人价值。要高度重视高中学生主动学习的意识与能力的培养，拓展学生视野，深化其思维的深度，帮助学生获得学习的内在乐趣。要高度重视高中教学方式与大学教学方式

的衔接，目前的主要问题并非出在大学阶段，而是高中教育中的学生学习方式急需改善。当前非常需要探索高中不同学科教学改革的深入，相信随着高中阶段课程改革的开展，这一问题应该有解决的可能性。

最后，在重建学生生活方式的探索中，还要丰富高中的生活形态，开展丰富的班级建设、年级建设、学校学生工作的整体变革，提高学生自主参与、自主发展的意识与能力。高中应尽可能开展多样的课外活动，丰富学生课余生活，可以通过大型活动、兴趣小组等形式开展，可以在人生理想、知识交流、行为习惯培养、精神激励等多重目标方面开展。

四、加强教师队伍建设和管理人员素养提升，唤醒专业自觉，建设一支有理想、有思想、能实践、敢创造的优秀教师队伍和管理干部队伍

高中教师与管理者良好的素养基础，完全可以期待他们有更多的专业自觉、改革自觉。在我们所做的辅助性的研究中，也发现高中教师与校长生存于高考的强大压力之下，而这又是当前中国社会文化更新所需要面对的一系列复杂问题。与此同时，在高中教育内部，教师开展自助改革实践、教师同伴间的积极互助、管理者的办学思路提升与改革实践的开展，也都面临更多的挑战。

但是，高中教育改革需要我们关注高中教师与管理者的专业成长，关注其行为品质的提升，也期待我国高中教育有新质的生成。

从我们开展的四省市的问卷调查的最后一题——学生欣赏的老师具有哪些特征的回答来看，教师有必要提升教育素养以满足学生的成长需要。

首先，教师应提升自己的学生意识。学生渴望与教师交流，需要获得教师的帮助，而这一切都建立在教师心中有学生的基础上。提升教师的学生意识关键在于教师要将学生作为一个完整的生命体看待，主动接近学生、研究学生，正确认识其成长需要。

其次，教师应提升自己的课堂教学能力。在正确认识学生成长需要的基础上，教师应采取相应的教育措施。表现在课堂教学中，给予学生更多参与课堂的机会；营造良好的课堂氛围；增强教师的感染力，使学生对所学内容产生兴趣。

其三，教师应提升个人修养。个人修养包括很多方面，从学生角度来说，良好的个人素质、开放的性格特征、端正的品行态度、公正的处世方式以及较强的沟通能力等都是决定师生关系是否融洽，教师的教育行为能否产生效果的重要因素。

最后，高中教育的变革，离不开有自主办学理念和办学勇气的校长的发展，离不开一支优秀的管理干部队伍，这都将成为当代中国高中教育改革的重要研究内容。

参考文献

著作：

［1］金一鸣主编：《普通高中办学模式的探索》，上海教育出版社 1995 年版。

［2］王伦信：《清末民国时期中学教育研究》，华东师范大学出版社 2002 年版。

［3］叶澜：《"新基础教育"论》，教育科学出版社 2006 年版。

［4］叶澜：《中国教师新百科（中学教育卷）》，中国大百科全书出版社 2002 年版。

［5］李晓文：《学生自我发展之心理学探究》，教育科学出版社 2001 年版。

［6］李家成：《关怀生命：当代中国学校教育价值取向探》，教育科学出版社 2006 年版。

［7］李家成：《成长需要：在高三与大一之间》（第一卷），天津教育出版社 2006 年版。

［8］李家成、陈彦、邓睿：《回首高中：大学生的高中记忆及教育学评点》，天津教育出版社 2006 年版。

［9］金大陆主编：《向着前途的询问和企盼：当代中学生的心灵独白》，中国青年出版社 1994 年版。

［10］崔国良：《张伯苓教育论著选》，人民教育出版社 1997 年版。

［11］恽昭世主编：《教育实验与学生发展——上海市实验学校 10 年纪实》，人民教育出版社 1997 年版。

［12］唐盛昌：《中学教育的求索与超越》，人民教育出版社 2004 年版。

［13］何晓文：《教育——发现与发展学生的潜能》，教育科学出版社 2003 年版。

［14］孙鹤娟：《学校文化管理》，教育科学出版社 2004 年版。

［15］康岫岩：《生命因教育而精彩》，高等教育出版社 2005 年版。

［16］刘彭芝：《人生为一大事来》，高等教育出版社 2004 年版。

［17］李希贵：《为了自由呼吸的教育》，高等教育出版社 2005 年版。

［18］傅国涌：《过去的中学》，湖北长江出版集团、长江文艺出版社 2006 年版。

［19］张东娇：《最后的图腾：中国高中教育价值取向与学校特色发展》，教育科学出版社 2005 年版。

［20］国家教委中学司：《中学教育文献选编》，光明日报出版社 1987 年版。

［21］国家教委基础教育司、课程教材研究所：《普通高中课程改革研究与实验》，人民教育出版社 1997 年版。

论文：

［1］陈彦、邓睿：《在断裂中追求新生——高三与大一衔接视角下的学生发展问题研究》，第九届"挑战杯"全国大学生课外学术科技作品竞赛一等奖作品，2005 年。

［2］邓睿、贺小莉：《走向成长，走向和谐——我国东中西部普通高中学生成长需要研

究》，第十届"挑战杯"全国大学生课外学术科技作品竞赛一等奖作品，2007年。

［3］陈彦：《上海市高三学生成长需要调查研究报告》，华东师范大学毕业论文，2006年。

［4］邓睿：《普通高中教育改革中培养目标设定问题的研究》，华东师范大学毕业论文，2006年。

［5］顾培培：《上海市大一新生成长需要调查研究报告》，2007年。

译著：

［1］［德］博尔若夫著，李其龙等译：《教育人类学》，华东师范大学出版社1999年版。

［2］联合国教科文组织国际教育发展委员会：《学会生存——教育世界的今天和明天》，教育科学出版社1996年版。

外文著作：

［1］And rea Venezia，Michael W. Kirst，Anthony L. Antonio：Betraying The College Dream：How Disconnected K－12 And Postsecondary Education Systems Undermine Student Aspirations. Final Policy Report from Standford University's Bridge Project.

第九章

学校教学改革的理论与实践[*]

第一节　重建教学价值

作为学校教育课程的学科教学，对学生的成长发展有怎样的教育价值，人们对这个问题一直都存在着认识的偏差，这些偏差概括起来主要表现在以下几个方面：

第一，是对学校教学价值认识的狭窄化。其教学实践中的表现主要体现在三个方面：一是强调教学为社会发展服务，关注客观知识结论的代际传递；二是强调教学为专业发展服务，关注知识掌握为教学唯一任务；三是强调教学为保证升学服务，关注知识掌握程度的目标达成。无论是为社会发展服务，或是为专业发展服务，还是为保证升学服务，学校教学关注的轴心始终是客观知识的传授和掌握，知识成为学校教学的目的本身，成为遮蔽"人"的生命存在、影响"人"的成长发展的主要因素。

第二，是对学校教学价值认识的割裂化。在教学实践中的表现形态主要有两种情况：一种形态是把学校的某一类活动，或者以某种内容为主的活动，视作是为某一方面服务的。比如以学科教学为主的课堂教学是为智育服务的，对于学生

　　*　本章由华东师范大学基础教育改革与发展研究所吴亚萍副教授、叶澜教授撰写。

具有"育智价值";班级、团队活动是服务于德育的,对于学生具有"育德价值";等等。另一种形态是把教学内容某一环节的活动,看做是为学生某一方面服务的。比如许多教师把教学目标设计为认知目标、情感目标和能力目标;也有教师把教学目标设计为认知目标、过程与方法的目标、情感态度价值观的目标等等。这些都是把人的生命的某一方面从生命整体中分解与割裂开来,按照人的某个方面来思考和认识学校教学的价值,这是一种割裂化的思维方式。

第三,是对学校教学价值认识的空泛化。在教学实践中的表现形态是强调什么理念,就增加什么作为教学目标。比如提倡素质教育,就在教学目标中增加"培养学生的语文或数学素养";强调"学会生存,学会合作",就在教学目标中增加"培养学生的团队合作精神"。于是,"培养学生的探究能力","培养学生的创新精神","改变学生的学习方式"等等,诸如此类的口号性目标在教师的教学设计中比比皆是。这些增加的目标,反映了教师对教学的多元教育价值思考和认识的意识开始觉醒。但是像这样口号性的目标,具有广泛的"普适性",它几乎可以作为任何一堂课的教学目标,由于其空泛而很难在教学中得到具体的落实。

总之,传统的学校教学以知识与技能的传授为价值取向,把学生完整的生命作为认知体来看待,知识成为学校教学的目的本身,成为遮蔽"人"的生命存在、影响"人"的成长发展的主要因素。作为学校教学根本价值的"育人"问题,作为学校教学的根本任务——满足"人"的成长发展的需要、促进"人"的成长发展的问题,始终都没有作为学校教学的一个前提性的问题来研究。

我们认为,学校教育活动的特殊性,在于其具有鲜明的"生命性"。"在一定意义上,教育是直面人的生命、通过人的生命、为了人的生命质量的提高而进行的社会活动,是以人为本的社会中最体现生命关怀的一种事业",[①] 作为这样一种体现生命关怀的事业,"生命价值"是其基础性价值。因此,学校教育要从外在的工具价值转换到对内在的生命价值的追求。确立生命价值作为学校教育的基本价值取向,是当前学校教育应作出的价值选择。为了在学校教育中体现生命价值的追求,学校教育需要由"近代型"向"现代型"转型。"现代型学校的存在价值不再停留和满足于传递、继承人类已有知识,实现文化的'代际遗传'和社会生产力、生产关系的复制式再生,而是追求为社会更新性发展、为个人终身发展服务的存在价值,使教育成为人类社会更新性的再生系统。"[②]学校教育是通过直接对个体的身心发展的影响效果来实现其社会价值,因此,学校教育要将人的发展视为根本的和最高的价值。这是在教育价值观念意义上

---

① 叶澜等:《教育理论与学校实践》,高等教育出版社2000年版,第136~137页。

② 叶澜:《世纪初中国基础教育学校"转型性变革"的理论与实践》,收录于叶澜主编:《"新基础教育"发展性研究报告集》,中国轻工业出版社2004年版,第16页。

实现社会价值与个人价值对立的超越。

为了使现代型学校对于生命价值的追求能够在具体的教育教学实践中得以具体的实现，我们开展了长达近15年的"新基础教育"研究。其中有关课堂教学变革的理论研究与实践研究，形成了一系列新的认识与经验。我们将学校教育的生命价值追求通过层层地逐步转化，形成了学校教学的三层次价值观，即学科教学的共通价值，学科教学的独特价值，学科教学的具体价值，以下的论述是相关成果的概要表述：

第一，学校各学科教学共通层面的价值观的确立。现代型学校对于生命价值的追求，使学校教学的根本目的不再是养成适应现成社会的人，而是转换到培育生命自觉的人；使学校教学不再把知识的牢固掌握与人的生命成长相对立，而是把学科的书本知识作为教学中重要的育人资源与手段，服务于"育人"这一根本目的。人的生命自觉是人的生命价值实现的内在力量，它不仅使人在与外部世界的沟通、实践中具有主动性，而且对自我的发展具有主动性。因此，以培养人的生命自觉为目的的教学，是使人走向自由、自主发展的教学，是人在有限的世界中勃发生命力、实现创造和超越的教学。这是在教学目的意义上对现实与理想对立的超越，对精英与大众对立的超越。

第二，学校各学科教学内部总体层面的独特价值的拓展。只有一般共通层面的价值观的重建，还不足以使我们能够具体地在教学中实现育人的目标，还需要拓展各学科教学独特的育人价值。任何一门学科的教学对于学生的独特价值，"它除了指该学科领域所涉及的知识对学生的发展价值外，还应该包括服务于学生丰富对所处的变化着的世界的认识；为他们在这个世界中形成、实现自己的意愿，提供不同的路径和独特的视角；学习该学科发现问题的方法和思维的策略、特有的运算符号和逻辑；提供一种唯有在这个学科的学习中才可能获得的经历和体验；提升独特的学科美的发现、欣赏和表现能力。唯有如此，学生的精神世界的发展才能从不同的学科教学中获得多方面的滋养，在发展对外部世界的感受、认识、体验、欣赏、改变、创造能力的同时，不断丰富和完善自己的生命世界，体验丰富的学习人生，使学科教学能实现满足学生成长需要的价值"。①

例如在语文学习的过程中，学生既可以通过作品中的人物或事件的感染，产生丰富的联想和情感体验；又可以通过对语言文字的感受以及与作品的对话，了解和体悟人生丰富的意义；还可以通过文中先哲和时贤的思想与情感的影响，促进自己价值观的形成；更可以通过作品中人物的健康心灵的浸润，影响自己的个

---

① 叶澜：《世纪初中国基础教育学校"转型性变革"的理论与实践》，收录于叶澜主编：《"新基础教育"发展性研究报告集》，中国轻工业出版社2004年版，第16页。

性、品位和促进自己健康人格的发展。不仅如此，学生还可以用语言来表达自己的生命体验和成长体验，而这种种表达本身也将成为其生命体验的构成。总之，学生对语文的学习和使用，就是要把其内在的语言智慧转化为自身的生命智慧，使语文学习成为自己成长过程中不可替代不可剥夺的生命体验，成为自己的精神根基和生存方式的一部分。正是在这个意义上，语文教学对于学生发展的独特价值，就不仅仅是语文知识本身的掌握，更为重要的是，既要帮助学生提升语言和人文素养，又要帮助学生提高言语智慧水平，还要帮助学生学会表达自己的生命体验，更要帮助学生建构起自己的精神根基和生存方式，从而实现语文教学与学生生命成长的双向转化和双向建构。

又如在数学学习的过程中，学生既可以通过数学知识的发现，了解知识与生活、知识与知识间来龙去脉的关系，了解发现的视角和形成猜想的意识；又可以通过数学问题的解决，了解形成知识的过程，产生丰富的体验和有意义的认识；还可以通过数学独特的符号语言表达的实践，学会抽象的思考和形成准确、严谨的表达能力；更可以通过数学内在的结构关系与规律的揭示，产生主动探究的欲望和形成学习数学的内驱力。不仅如此，学生还可以通过发现事物数量、数形关系及转换的不同路径和思维策略的选择，感悟渗透其中的数学方法与思想，建立判断与选择的自觉意识，形成基本的数学素养。总而言之，学生通过对数学特有的逻辑系统的学习和思考，在与现实生活沟通的过程中，在从具象到抽象的提升过程中，把丰富的体验和认识转化为自身的逻辑推理发展和提升思维品质的力量；通过对前人的伟大发现和发明的再创造过程，与他们进行对话，在感受和践行前人的数学智慧的过程中，把知识内在的智慧转化为学生自身的生命成长和发展的力量。概括地说，数学教学对于学生发展的独特价值，不仅仅是数学知识本身的掌握，更为重要的是，既要帮助学生提升思维品质和数学素养，又要帮助学生学会抽象的符号表达和提高数学语言表述的水平；既要帮助学生建立猜想发现和判断选择的自觉意识，更要帮助学生形成主动学习和研究的心态，建构起一种唯有在数学学科的学习中，才有可能经历和体验并建立起来的结构化的思维方式，从而实现数学教学与学生生命成长的双向转化和双向建构。

正是因为这些独特价值的开发和体现，学校教学才有可能生成丰富而又多元的资源，学生的精神世界的发展才有可能从中获得多方面的滋养，才有可能不断丰富和完善自己的生命世界。只有如此，学校教学才能实现满足学生成长发展需要的价值。

第三，学校各学科教学内部具体层面的具体价值的确定。即从各学科教学的具体层面上，进一步分析不同的教学内容对于学生发展的具体价值。在此以数学为例，表9-1所示的是小学数学教学中不同教学内容的具体价值。

表9-1　　　　　　　　小学数学教学内容的具体价值研究一览表

教学内容		教育价值
数知识的教学	数概念的教学	借助于数运算的教学，使学生经历数概念不断形成和扩张的过程，感悟数认识的框架性结构的存在。引导学生主动地认识数的意义、组成、读写、排序和分类，在把握数的构造结构基础上不断生成新的数；而且可以从本质上沟通整数、小数和分数之间的内在联系；更为重要的是，学生通过了解前人创造发明数的原理之所在，感受渗透其中的智慧和力量。
	数运算的教学	借助于数运算的教学，使学生经历计算法则的抽象以及在多种算法中作出选择的过程。帮助学生掌握数运算的基本方法，建立判断与选择的自觉意识，养成根据自我需要作出正确选择的主动学习的习惯，提升思维品质和形成基本的数学素养。
	数量关系运用的教学	借助于数量关系运用的教学，使学生经历从具体的现实情境中抽象出一般的数学问题，并选择和运用相关的数学知识解决问题的过程。学生能感受到数学学习的现实意义，体验数学抽象的必要和艰难，感悟渗透其中的数学建模的思想。学生通过发现事物数量关系及其各种不同的转换路径和思维策略的选择，通过对数量关系从简单到复杂、再到特殊的逻辑系统的学习和思考，把丰富的体验和认识，转化为自身的逻辑推理发展和提升思维品质的力量。
	规律探索的教学	借助于规律探索的教学，使学生经历规律发现和探究的过程。帮助学生了解数学知识发现和形成过程的来龙去脉，建立发现和猜想的自觉意识，感受数学中变与不变的思想方法。激发学生主动探究数学问题的欲望，增强学生学习数学的内驱力，养成主动思考的习惯，形成主动学习的心态，并逐渐建立起类比猜想和结构迁移的思维习惯。
形知识的教学	图形认识的教学	借助于图形概念形成的教学，使学生经历"感知—比较—归纳—抽象"的概念建构过程。帮助学生形成对概念内涵的丰富认识，形成比较和分类、概括和抽象的能力，提升准确、简练和严密的数学语言表述水平。
	图形测量计算的教学	借助于图形计算的教学，使学生经历图形特征和相互关系发现的过程。引导学生了解和把握图形之间的内在关联，真切地体悟渗透其中的数学思想和方法，开发和提升学生的类比创造能力，建立起三维的空间概念，在提升学生思维品质的同时帮助学生建立起关系的思维方式。
概率统计的教学	描述统计的教学	借助于描述统计的教学，使学生经历样本数据的搜集、整理分析和特征量计算的过程。帮助学生认识和学会制作统计图表，学会计算反映数据集中趋势代表量的平均数。在对数据进行统计处理的过程中，了解和认识统计在现实生活中的作用与意义，提升学生搜集数据、分析数据、处理数据的水平和能力；使学生感受和发现现实生活中不确定的随机现象，提升发现和把握随机现象发生的统计规律性的能力，并能根据这些规律对未来可能作出初步的预测与判断。

教师唯有对各学科的知识，作如上所述的育人价值的具体研究分析，才有可能使各学科知识成为促进学生发展的力量，成为可见可行的资源，而非一种美好的、无法实现的愿望。

第二节　重建教学内容

教学内容是课堂教学中重要的基质性要素之一。教学内容不仅有选择的问题，还有呈现方式的要求。它与学科知识密切相关，但并不是相关知识的压缩本。选择什么样的教学内容，用怎样的方式呈现，会直接影响到育人资源的生成状况，在一定程度上也会影响到学生生命成长的质量。育人资源的贫乏，学生的生命成长有可能因营养不良而枯萎；育人资源的丰富，学生的生命成长则可能因养料充分而饱满。在以往的教学中，传统教材在内容的选择、呈现的方式等方面的问题，导致了学校教学中的育人资源的贫乏。

第一，教材内容的选择带来育人资源的贫乏。从教材内容选择的角度来看，传统教材往往是以相应的科学的学科为基准，目的是让学生掌握学科的基础知识、技能及方法，为进一步的学习或将来专业化的学习做好准备。因此，尽管在教学内容编排时也强调要关注学生的认知水平、特点和接受能力，不能完全按学科的逻辑来编制，但其本质上还是为了能使学生更容易、更好地学习学科知识。而且大多数学科的学习内容与学生今日的成长缺乏内在联系，既没有反映学生成长的需要，也没有促进和提升学生成长的需要，课堂教学内容与学生的日常生活隔绝，成为一个专门的、与学生成长需求分离的世界。

第二，教材呈现的方式带来育人资源的贫乏。从教材呈现方式的角度来看，主要是以知识演绎和"点"状编排的方式将各学科领域内已经形成的基础性知识以客观真理的面目呈现在学生面前，要求学生理解、掌握和运用。这种呈现方式便于学生在短时间内学完前人几个世纪创造的精神财富，但同时也割断了抽象的书本知识与人类生活世界、与人类发现问题、解决问题和形成知识过程的丰富的复杂的联系，使得这些书本知识变成了一堆固化的、缺乏"人气"的、僵死的符号化的结论，导致教材育人资源的原始性贫乏。

如果说传统教材内容选择与呈现方式有先天不足，那么教师习惯于"教"教材，缺乏创造性地"用"教材的意识，则是一种后天不足。这种"教"教材的具体表现，就是教师对教材的执行可以说是"忠实"有加，不敢越"雷池"一步。有的教师把"读"教材的重心放在死抠知识点上，把一篇完整的课文肢解成一个个的问题，学生围绕教师提出问题逐一作答，看似面面俱到，实则拘泥于细节；有的教师实行"本本主义"教学，不思教材编排的恰当与否，不问学生基础的状况如何，一味地机械照搬。教师被动地依附于教材的结果，常常是教师被教材牵着走，学生被教师牵着走。长此以往，带来的实践后果是，教师养成了一种对教材的习惯性依赖，逐渐丢失了主体意识和研究创造的意识。

我们认为，培育生命自觉的教学在内容选择上，要为学生提供能与现实生活世界和个体经验世界沟通的内容，要有助于学生形成内外世界既区别、又融通的能力；有助于学生形成对相互转化的外部世界的认识、又具有不断健全个性发展的能力。这是对教学内容的概括性的特征式表达，也是在教学内容意义上实现科学与人文、具体与抽象对立的超越。为此，我们从教育学的立场出发重新认识学科知识的内涵和价值，不仅要关注作为人类经验和精神文化成果的知识，更要关注作为人的生命实践活动的过程形态和关系形态的知识。具体地说，主要包括以下两大方面：

其一，关注符号知识背后的过程形态的知识。就学科知识的呈现方式而言，从表面上看，学生所面对的是显性的、外在于自己的知识世界，是以符号形态表现出来的学科知识。从更深的层次看，学生所面对的不仅是以显性化方式存在的学科知识，而且还同时面对隐含着的、未加以明确表述的、反映人的生命实践活动的过程形态的知识，它内含着人类当时所处的社会背景，所面临的问题，人的生存状况，以及表达中的深层框架和思维方式等等，构成了知识赖以存在的根据，知识存在的背景，以及知识的组织形式等。这些过程形态的知识不但可以改善学生个体的生命实践，而且还可以丰富学生的生命体验。因此，学科教学与其让学生接受外在于自己的符号化知识和显性化经验，还不如让学生认识体验人类创造知识的生动过程，使学生与生产知识的人和历史进行对话，从而把他人生命实践的结果转化为自己生命实践的体验，把他人生命实践中的经验和智慧，通过自己的体悟和践行，转化为自己生命成长的资源和精神能量。唯有如此，才有可能在学科教学中实现学科知识的真正转化。

其二，关注点状知识背后的关系形态的知识。就教科书的编排方式而言，从表面上看，学生所面对的是局部的、经过人为编排的一个个知识点，是以点状形态表现出来的学科知识。从更深的层次看，学生所面对的不仅是以局部化方式存在的知识，而且还同时面对隐含着的、未加以揭示的、反映人类自身实践的关系形态的知识，它内含着知识整体与部分之间的关系，以及知识部分与部分之间的关系，是反映学科知识整体关系构成的知识结构群。学科中的不同内容都有各自的结构群，学生对于不同内容结构群的学习和内化，不仅有助于学生在头脑中形成诸多有差异又能相通的结构群，而且还能帮助学生形成结构化的认知和思维的方法。这对于学生在陌生复杂的新环境中能用综合的眼光去发现问题、认识问题和解决问题具有基础性作用，是身处复杂多变时代的人生存、发展所需要的一种基础性的学习能力，也是学生的学习能力可自我增生的重要基础。因此，学科教学要拓展学科知识的不同结构群对于学生成长发展的价值，充分开发蕴藏其中的丰富的育人资源，促进学生对各学科内不同的结构群形成丰富的认识，并建立起独特的结构化的思维方式。

总之，不论是静态的结果形态的符号知识，还是动态的过程形态的生命实践，或是整体的关系形态的知识结构群，它们都可以成为促进人的生命成长和发展的资源与养料，不仅有助于改善和提高个体生命实践活动的质量，而且有助于滋养和丰富个体生命的精神世界。如果学科教学关注学科知识对于学生个体生命滋养的价值，努力使学生把学科知识转化到自己的生命实践之中，把他人生命实践的智慧转化成为自己生命成长发展的资源和力量。那么，对于学生而言，学科知识就不再是死板的符号形态，而是活化为人类生命实践的过程形态；学科知识也就不再是点状的局部形态，而是结构化为学科知识整体的关系形态。对于教师而言，学科教学也不再只是分析式的教学，而是有可能实现学科教学综合与融通意义上的回归。从这个意义上说，学校的教学内容需要从原来分析式的、专业性的培养走向综合与融通的教学。

在这样认识的基础上，我们在开发教材文本知识中所蕴藏的丰富的育人资源上下工夫，提升教学内容的生命性和结构性，将凝固的"符号化"的书本知识"激活"，将断裂的"点状化"的书本知识"修复"，使知识呈现出鲜活的"生命态"和整体的"结构态"。具体的路径和原则有两条，一条是从开发教材知识过程形态中的育人资源，形成了教材生命激活的原则；另一条是从开发教材知识关系形态中的育人资源，形成了教材结构加工的原则。

根据上述认识，我们在"新基础教育"研究中，十分关注学生作为生命体的主动发展和成长需要的研究。从开发教材知识过程形态中的育人资源的路径出发所形成的教材生命激活原则，是在对教材内容结构化重组的基础上，从满足和提升学生主动发展的成长需要的维度，努力实现书本知识与人类生活世界的沟通，与学生经验世界、成长需要的沟通，与发现、发展知识的人和历史的沟通，充分挖掘知识原有的鲜活的生命态对于培养主动、健康发展的人的价值。目的在于唤起学生学习的内在需要、兴趣、信心和提升他们的主动探求的欲望及能力，同时拓展教师自己的认识领域，不仅关注教学内容，而且关注学生的前在状态、潜在状态、生活经验和发展需要，通过对教材编排知识的激活，尽最大可能地把符号化的文本知识转化为学生现实生活中的智慧和生命发展的精神力量，使教材真正为教学所用，为实现学生的真实发展所用。这既是教师能否实现对教材文本个性化和创造性占有的关键一步，也是教师能否实现从"教"教材到"用"教材转换的关键一步。

"新基础教育"还十分关注书本的知识结构与人的认知结构之间的关系研究。强调根据人的知识理解和储存结构的特点来思考学科知识学习的结构安排。这样，就为促进学生形成合理的认知结构、提高教学的有效性提供了可能。从开

297

发教材知识关系形态中的育人资源的路径出发所形成的教材结构加工原则，是从学生"认知"这个维度对教材内容进行结构化重组，充分挖掘不同学科内容所蕴涵的不同学科结构群对于培养主动、健康发展的人的价值。

对知识结构内涵的不同理解，会对教学处理产生不同的影响。在学校教学实践中，不同教师往往表现出对知识结构内涵理解的不同层次。处于第一层次属表面理解。比如有的教师把结构仅仅理解为教科书编排体系中知识学习的前后顺序；有的教师把结构理解为知识学习、掌握与运用之间的联系。这些不同状态的理解反映了教师几乎还没有摆脱教科书知识点编排的束缚。教科书知识点的编排方式确实可以显示出教学渐进的结构性，然而，这种渐进关系体现的只是知识之间联系的最外在的表现。第二层次进入意义的理解。布鲁纳认为："掌握事物的结构，就是允许许多别的东西与它有意义地联系起来的方式去理解它。简单地说，学习结构就是学习事物是怎样相互关联的。"①　然而，这还仅从学习有意义的层面来理解知识之间的结构关系。从关注知识之间联系的外在表现，到关注知识之间联系的意义关联，尽管认识已经前进了一大步，但它们还未突破在知识"点"里进行知识之间联系的思考和认识。

我们认为，可以从更深的层面去开发知识内在的结构。如果我们跳出知识点教学的认识框架，以一个教学单元或一个教学长段的整体视野，透过这些教学单元或教学长段中一个个知识点不同的表面，就可以发现这些知识之间还存在共有的本质联系和内在的结构关联。为了把这些看似不同实质却有联系的知识梳理清晰，我们尝试从不同角度对教材进行结构加工来形成教学策略。

一、基于"条状重组"结构加工的长程两段策略

"条状重组"的结构加工是指把教科书中以纵向的"点"为单位的符号系统，按其内在的逻辑组成由简单到复杂的知识结构链，使学生主动地把握贯穿单元教学前后的知识结构。这种结构加工比较强调知识结构间的纵向关联性。根据知识结构间的内在关联性，我们既可跨学年段对教材文本进行"条状重组"，亦可跨单元对教材文本进行"条状重组"，还可在单元内对教材文本进行"条状重组"。在对教材知识"条状重组"结构加工的基础上，我们可以选择"长程两段"的教学策略。具体地说，就是在整个单元的知识结构、特有的育人价值思考的基础上，将每一结构单元的教学分为教学"结构"和运用"结构"两大阶段。在教学"结构"阶段，主要采用发现的方式，让学生从现实的问题出发，在问题解决的过程中发现和建构知识，充分地感悟和体验知识之间内在关联的结构存在，逐渐形成学习的方法结构。为了让学生充分把握学习的方法结构，这一阶段的教学时间可以适度放慢。在运用"结构"阶段，主要让学生运用学习的

---

① 布鲁纳：《教育过程》，邵瑞珍译，王承绪校，文化教育出版社1982年版，第28页。

方法与步骤结构，主动地学习和拓展与结构类似的相关知识。由于学生已经能够掌握和灵活运用结构进行主动学习，这一阶段的教学的时间适合以加速的方式进行。

为了更好地使用"长程两段"的教学策略，结合教师的教学过程和学生在学习过程中把握结构特点的思考，我们对知识结构内在关系进行进一步的归纳分析，提炼出"长程两段"教学策略使用的不同结构类型，即知识整体的框架性结构、教师教学的过程性结构、学生学习的方法性结构。这样，教师就可以灵活地选择、运用和创造性使用教学策略。

第一种类型，体现知识框架性结构的教学。从学科知识教学的整体框架的角度，可以发现不同的教学单元或教学长段之间存在框架性的类同关系，我们称之为知识整体的框架性结构。例如，在小学数学教学中的整数的教学长段内，教学内容主要包括整数的意义、加减乘除运算以及四种运算的内部规律；在小数的教学长段内，同样需要从小数的意义、加减乘除运算以及四种运算的内部规律展开教学；分数教学长段的内容也依然如此。因此，整数、小数和分数知识之间有着共同的框架性结构，学生如果从整数阶段学习起就能建立起这个知识学习的大框架，那么就有可能通过小数、分数与整数之间进行类同关系的比较，寻找它们之间的区别和联系，不断地把小数知识和分数知识纳入到整数的认知结构之中，这就是一个体现数学认知结构化的过程。

第二种类型，体现教学过程性结构的教学。从知识教学过程展开的角度，可以发现有一类知识具有共同的教学过程结构，我们称之为知识教学的过程性结构。例如，小学数学教学中的各种规律探索，以及中学数学中的规律探索和图形研究等等，这些内容的教学过程性结构是：发现和猜想——验证和去伪——归纳和概括——反思和拓展。认识到这种过程性结构的存在，我们就可以从最初的教学内容起，努力引导学生了解和把握这个过程性结构，这样，学生在以后的规律探索过程中，就可以主动地按照这个过程结构开展研究活动。

第三种类型，体现学习方法性结构的教学。从学生对知识认识过程的角度，可以发现有些知识虽然表面不同，但是在认识这些知识的过程中却体现出共同的学习方法过程，我们称之为方法性结构。学生利用这类方法性结构，就可以主动地参与到其他类同知识的学习过程之中。这些共有的本质联系的存在，为我们从整体上利用知识结构的内在关系作为学科教学的育人资源提供了可能。这种类型又可以分为两种情况：一种是一个教学单元或一个教学长段内的教方法结构与用方法结构；另一种是一节课内的教方法结构与用方法结构。

就一个教学单元或一个教学长段而言，我们可以采用"教方法结构"和"用方法结构"的方式进行教学。例如，小学数学二三年级中关于加减乘除四种运算的教学是一个教学长段，它们几乎都需要思考运算中数的对位、运算顺序、运算中的结果定位。根据这四种运算的共有特点，我们把整个教学长段分为两

299

段，在加法教学时，注意引导学生把握学习的方法结构，即从数的对位、运算顺序、结果定位来思考加法运算，在以后的减法、乘法和除法教学时，就可以让学生运用这个方法结构主动地开展学习活动。就一节课而言，我们也可以采用"教方法结构"和"用方法结构"的方式进行教学。例如，小学数学中三角形与四边形周长计算的教学，三角形周长计算的问题就是以"教方法结构"为主，指导学生把握图形周长思考和研究的方法；而四边形周长计算的问题就是学生"用方法结构"主动迁移。

二、基于"块状重组"结构加工的整体感悟策略

"块状重组"的结构加工是把教科书中以横向的"点"为单位的符号系统，按其内在的类特征组成一个知识结构块的整体，使学生先整体感悟认识再局部地把握知识。这种结构加工比较强调类知识结构间的横向关联性，因为某一类事物在被认识的过程中蕴涵相同的思维方式，教学就可以打破"只见树木不见森林"的"点"状模式，把具有类特征的内容整合到一单元，凸显点状知识背后共通的思维方式。在对教材知识"块状重组"结构加工的基础上，我们可以选择"整体感悟"的教学策略。具体地说，就是按照"整体—部分—整体"的过程来系统教学的策略。在这里，第一个"整体"是指"整体感悟"，即学生通过学习能够从整体上有初步的感悟和体验。期望教师要根据教学内容的不同特点，努力引导学生在以下几方面形成整体的感悟和认识：一是整体感悟知识学习的背景框架；二是整体感悟问题解决的思维路径和思想策略；三是整体感悟概念背后的丰富内涵。第二个"整体"是指"整体占有"，即学生通过学习在对所学知识内化的基础上，以个性化和创生性的方式，从整体上占有知识。自然，第二个"整体占有"需要通过学生对教学单元或长段的系统复习整理之后才能实现。因此，"整体—部分—整体"一般是指整个教学单元或长段的教学策略，而整个教学单元或长段的第一课时一般则要用"整体感悟"的教学策略。

就教学单元或长段第一课时的教学而言，可以先引导学生整体感悟知识的背景框架，或问题解决的思维策略，或上位概念的丰富内涵；然后在整体感悟的基础上，学习背景框架中的局部知识，或思维策略指导下的具体方法，或下位概念的具体表达。概括地说，"整体感悟"的教学策略有三种类型：第一类型是从整体背景到局部知识的结构教学；第二种类型是从思维策略到具体方法的结构教学；第三种类型是从上位概念到下位概念的结构教学。

三、基于"条块融通"结构加工的融合渗透策略

以"条块融通"方式对教材进行结构加工，就是进一步打破条状知识结构链与块状知识结构块之间的界限，把视野从单元整体结构拓展到整个年级乃至整个学段的教学长程之中，在整个教学长程的视野下审视、策划和体现知识结构链与结构块之间的关联性。因此，我们需要把视野从体现一个教学单元或长段的"整体"结构扩大到更大的范围内，即在整个知识教学的范围内树立更为整体的思想，采用"融合渗透"的教学策略，这样就有可能打破传统的单一、凝固、割裂的教学格局，关注和处理单一打破后的信息多变的"活情境"，形成有主有从、有机渗透的教学新局面。具体地说，就是要用综合的方法来关注和处理单一打破后出现的复杂的多维变化的信息，通过价值判断和结构化的处理，形成有核心的丰富的统一。这是融合以后而形成的"多"与"一"的统一。新形成的"一"不是"单一"，而是有主有从，有层次、多方面的和谐统一。这种融合可以唤醒学生灵活判断与主动选择的自觉意识，意味着学生的思维有了更大的空间，是在更深一个层次的灵活主动。

第三节 重建教学设计

传统的教学设计最为显著的特征主要表现在以下几个方面：其一，强调以教材和教学参考书为中心的教学内容研究。通俗的说法就是"备"教材的重点和难点，"备"教学参考书的要求和建议。教师通过精心的"两备"，充分吃透教材和教学参考书的精神，领会其中的要求与指示，并把它们作为"圣旨"，必须在自己的教学设计中加以贯彻和执行。其二，以认知目标为取向的教学目标确定。由于传统的教学价值观的导向和影响，教师在教学设计时往往只考虑教学的认知目标，把学生仅仅看做是一个为知识而存在的认知体。其三，以教师活动为主线的教学程序编制。具体的表现就是"备"教学程序、"备"标准答案。所谓教学程序，就是影响中国近半个世纪、由苏联教育家凯洛夫所提出的"五环节说"，即"准备—复习—新授—练习—小结"的教学过程；所谓标准答案，就是还没有上课教师已然在教学设计中写出了他所假想的学生应该回答的结果，而这个答案不仅正确无误，而且还是唯一确定的。所有这些特征都可以从下面这张传统的教学设计表中得到集中的反映。如表 9－2 所示：

301

表 9 – 2　　　　　　　　传统的课堂教学设计表

姓名：	学校：		年级：
课题：			
教学目标： 教学重点： 教学难点： 教具、学具准备：			
教　学　过　程			
一、复习			
二、新授	教师：提出问题…… 学生：问题答案 教师：…… 学生：…… ……		
三、练习			
四、总结			

从前者的"备"教材、"备"教参,到后者的"备"教学程序、"备"标准答案,再到整个教学过程的认知目标的确定,十分突出地强调了以知识教学为中心、以教科书为中心和以教师为中心的"三中心论"。由此而见,这种传统的教学设计已然不能为"育主动发展的人"这一教学的根本目的服务。其最为根本性的问题在于:

第一,传统的教学设计是以知识传递为教学的价值取向。在这样的教学价值观的影响下,学生和教师都是为知识而存在的,服务于完成知识的传递这一中心任务,教学中最为重要的"人"的因素被忽视了,即忽视了教学最为重要也是最为根本的育人价值。

第二,传统的教学设计关注一节课的知识点的教学,表现为一种点状的教学设计。教师通过"备"教材和"备"教参,往往关注了知识点的重点和难点,同时也把自己的思维局限在"点"里面,既忽视了从整体上把握教材知识之间内在结构的联系,也忽视了抽象的书本知识与人的生活世界的丰富复杂的联系,更忽视了抽象的书本知识与人发现问题、解决问题、形成知识过程的生命实践的联系。

第三,传统的教学设计中的学生是抽象意义的学生,其典型的反映就是教学设计中假设的标准答案和统一的"一刀切"的要求，不但忽视了学生前在的经验积累和个体差异，而且还忽视了学生潜在的多种可能和学习困难，更忽视了学生的成长需要和可能达到的发展水平。概而言之就是对学生"具体个人"的忽视。

第四，传统的教学设计把教学过程中的教师和学生割裂成两个独立的单位，从"学生"围着"教师"转，到"教师"围着"学生"转，再到"教师主导和学生主体"甚至是"双主体"，等等，这些观点都是把教师和学生孤立地对立起来，是一种简单的思维方式的集中表现。忽视了用整体综合的思维方式来认识和处理教学过程中教师与学生之间的复杂关系。

概括来说，传统的教学设计最为致命的局限在于：一方面是对教学中的"人"的忽视；另一方面是认识和处理问题的思维方式比较简单。这带来的结果就是教师还比较缺乏用整体综合的思维方式对教学作出整体策划和综合设计的能力。

许多教师往往受这种传统的课堂教学设计的影响，局限在"备"教材、"备"教参、"备"教学程序、"备"标准答案上，对教学各个要素及其内在联系缺乏整体规划和综合设计的思考和意识。例如，教师往往注意思考一节课的教学备课，忽视了整个教学单元或者教学长段的整体研究和规划；即便是一节课的教学备课，教师经常是注意思考教学内容的重点与难点，忽视了学生多方面发展状态和需要的研究；注意思考数学知识的认识性目标，忽视了数学教学对于学生多方面教育价值的研究；注意思考微观的教学方法和多媒体技术手段的使用，忽视了教学方法、手段和技术使用的目的研究；注意思考教师在教学中的活动状态（如串联过渡词语、对学生的提问及教学演示），忽视了师生双边共时、交互影响的互动研究；注意思考课堂练习的花样和类型，忽视了学生数学学习过程中的障碍分析和对策研究；注意思考面向全体学生的划一的目标和统一的要求，忽视了学生之间的差异研究，以及针对"具体个人"的弹性化设计的研究，诸如此类，这里不再一一展开。概而言之，教师在教学设计时往往只关注局部而忽视了整体，只关注教材内容而忽视了教学中的"人"。显然，仅仅有局部点状的思考是很难作出整体综合性规划与设计的。更有甚者，有些教师为了展现局部的精致，甚至还导致了课堂教学机械和僵化的现象。

我们在"新基础教育"相关教学的研究中，十分强调课堂教学的整体综合性设计。教师、学生、教学内容是构成课堂教学的三个不可或缺的基本要素，我们要以整体综合的思维方式处理各要素之间的复杂关系。其一，整体综合性的教学设计强调教学对于学生成长发展的重要价值，即教学要"从单一地传递教科书上呈现的现成知识，转为培养能在当代社会中实现主动、健康发展的一代新人"，① 这也是我们在进行课堂教学变革过程中所要秉持的教育学立场。其二，整体综合性的教学设计强调包含性，把教学过程的每个环节看做是这节课的一个局部，把每节课看做是整个教学单元或者教学长段中的一个局部，把每个教学单元或者教学长段看做是整个学年或者学段中的一个局部，把每个学年或者学段看做是整个小学阶段中的一个局部。正是这种整体与局部的包含关系的存在，要求我们从人的培养和发展的长程考虑，以整体结构的方式对教材进行结构加工和生命激活的处理，开发和拓展教学内容的育人资源。其三，整体综合性的教学设计强调综合性，把课堂教学的各种要素看做是教学整体的一部分，将各种要素进行综合，形成不可剥离、相互锁定的整体。例如，我们要以整体单位的方式把教学作为教学过程展开的基本的分析单位，也就是说，教学过程中的"教"和"学"不是两个割裂的独立单位，而是相互构成、同生共长的一个有机整体。其四，整体综合性的教学设计强调有机性，把课堂教学各种要素进行综合的过程，不是简单做"加法"的过程，而是各种要素之间相互影响、相互渗透、有机融合的过程。为了在教学中体现这些认识和追求，我们制定了"新基础教育"的课堂教学设计表，如表 9 - 3 所示：

表 9 - 3　　　　　　　"新基础教育"课堂教学设计表

姓名：	学校：	年级：
课题：		

一、教学目标确定的依据
1. 教材分析
　　·该教学内容所处教学单元或长段的知识结构分析
　　·该教学内容的教育价值分析
　　·体现教育价值的教学策略的选择和教材处理情况说明
2. 学生分析
　　·学生个体对于所要学习内容的已有经验分析和个体差异
　　·学生个体对于所要学习内容的各种可能与困难障碍分析
　　·学生发展的需要和对学生可能达到的发展水平的估计
二、教学的具体目标

① 叶澜：《重建课堂教学价值观》，载《教育参考》2002 年第 5 期。

教学过程设计			
教学环节	教师活动	学生活动	设计意图
开放的导入			
核心过程推进			
开放的延伸			

"新基础教育"的课堂教学设计表与传统的教学设计表的不同之处有以下几个方面：

第一，是对教材文本的解读和分析。其分析内容主要包括，不但要分析所教内容所处单元的知识结构，而且还要分析该教学内容对于学生发展的教育价值，在此基础上，为了在教学中体现这样的教育价值的追求，对教材所进行的结构加工和生命激活的处理情况，以及与此相应的教学策略的选择，等等。

第二，是对学生状况的解读和分析。其分析内容主要包括，既要分析学生个体的前在状态，即学生个体对于所要学习内容的已有经验和学生个体之间差异的分析，又要分析学生个体的潜在状态，即学生个体对于所要学习内容的各种可能及学习中可能存在的困难与障碍分析，还要分析学生个体的成长需要与发展可能，即学生个体对于所要学习内容的学习需求与可能达到的发展水平，等等。也就是说，对学生"具体个人"的关注需要从教学设计开始，这样才不至于在教学实施过程中对学生表现出盲目关注的状态。

第三，教师要注意把上述两个方面的思考和分析作为教学目标确定的依据，

305

在"读学生"和"读教材"的基础上作出三个层次的教学目标设计，即整体规划教学长程的总体目标，递进设计教学长程的阶段目标，量身定制弹性的具体目标。对学生所提出的具体目标既要注意具有可测评性，还要体现针对性的要求，更要体现发展性的要求。

第四，教师要注意教学过程展开的"三放三收"的设计。所谓"三放三收"的设计，一是以大问题设计为前提，而且问题之间及问题与学生已有经验之间，要具有内在的关联性，尤其关注开放点的设计；二是将大问题"放下去"，面向全体学生开放，通过教学的重心下移，使学生基础性资源得到生成，也能使他们的起点状态得以呈现；三是将学生生成的不同信息和各种资源"收上来"，为下一步形成生生和师生的互动提供互动性的资源；四是思考资源要以生生和师生互动的方式才能利用有效，通过"收"的层次性，来实现教学过程的推进和提升；五是在"三放三收"设计的基础上，还要进一步分析学生对每个大问题思考与解决的多种可能，分析学生可能产生的困难与障碍，同时还要思考应对的策略和方案，为教学实施过程中动态地调整方案提供可能。概括地说，教学任务的设定对于学生而言的挑战性，以及为学生思考、体悟、践行、反思和重建提供充分的可能性是新教学过程能否形成的关键所在。

在设计教师活动的问题时，也要安排学生相应的活动内容及要求，组织方式要使每个学生主动参与，各种活动方式之间的关联与有效转换，以避免形式主义而缺乏交互作用的实际意义。

第五，教师要注意表达自己对每个环节的设计意图，即教师在教学过程设计中的认识和思考。为什么要这么设计，体现哪些认识和追求，设计背后的理论支撑又是什么，等等。通过设计意图的表达，帮助教师实现教学理念与教学实践行为的相互转化和内在统一。

总之，"新基础教育"强调的开放和弹性设计与传统的教学设计相比，涉及了教学设计的价值追求、要素的关系认识乃至背后的思维方式等方面的根本性的变革。概括起来说，这种根本性的变革主要表现在以下方面的转换发生：从对"人"的忽视或"抽象个人"转换到对学生"具体个人"前在和潜在状态以及发展可能的解读；从教学的"抽象目标"转换到教学三层次目标的设计；从点状的教学设计转换到结构的教学设计；从封闭的硬性设计转换到开放的弹性设计；从确定性的标准答案的假设转换到学生可能性状态的分析；从教师单向的"教"或学生单向的"学"转换到师生活动双向的交互式设计。正是通过这些多方面的转换，把不确定性和可变化的弹性因素引入到教学设计之中，使教学设计为师生课堂教学的实践提供了主动参与、积极互动和创造生成的可能；使教学为学生的主动发展服务的价值观有可能转化并落实到教师对自己教学行为的预先策划之中。

第四节　重建教学过程

　　关于学校教学过程中教与学的关系问题，传统教学观强调以教师的"教"为中心，教学过程按"先讲后练"的程序进行，让"学"围着"教"转。有些论者就反其道而行之，为了突出教学中学生的主体地位，强调以学生的"学"为中心，主张教学过程应按"先练后讲"的逻辑展开，把教师放在附属于学生的地位，让"教"围着"学"转。"以教师为主导，学生为主体"似乎是想对两者作折中平衡，但在本质上没有跳出传统教学观的认识框架，即以决定与被决定、主导与被导的思维方式来认识教与学的关系性质，依然没有真正摆脱师生双方中有一方成为"物"的地位。因为"在确认'教师主导'的前提下开展的课堂教学，学生最多只能有一个按教育要求和沿着事先确定的'行进路线'主动学习的资格与权利，而不可能有教学作为复合过程意义上的主体地位和主动参与权，不可能完全摆脱'物'的地位"。① 无论是以"教"为中心、以教师为主导所建立的教学过程观，还是以"学"为中心、以学生为主体所建立的教学过程观，还是都把教学过程中的"教"与"学"看做可以分割为两个独立单位的活动，两者之间的关系是一种谁决定、主导谁或者谁围绕着谁转的关系。

　　"新基础教育"认为教学过程是师生为实现教学任务和目的，围绕教学内容，共同参与，通过对话、沟通和合作活动，产生交互影响，以动态生成方式推进教学活动的过程。"教与学在教学过程中是不可剥离、相互锁定的有机整体，是一个'单位'，不是由'教'与'学'两个单位相加而成"，② 所以课堂教学过程"互动生成"的基本分析单位不是"教"，也不是"学"，而是"教学"如何"互动生成"。教学中的"互动"，不仅仅是指教师与学生"一对一"或者"一对多"（全体或小组），还包括学生个体和群体、小组之间的各种教学活动。这是一种人人参与的网络式互动，作为网络中节点的每个人都既是信息的接受者，又是重组者、传递者和生成者，教师和学生都处于多元变动的交互作用之中。交互作用强调师生双方在实现共同教学目标的立场下相互关注对方，并以对方不同方式传递的信息，作为自己作出回应的基础与出发点，从而形成不是由一

---

　　① 叶澜：《重建课堂教学过程观》，载《教育研究》2002 年第 10 期。
　　② 叶澜：《世纪初中国基础教育学校"转型性变革"的理论与实践——"新基础教育"理论及推广性、发展性研究结题报告》，收录于叶澜主编：《"新基础教育"发展性研究报告集》，中国轻工业出版社2004 年版，第 22 页。

方规定另一方，而是双方相互规定相互生成的关系格局。在教学过程中由师生交互作用而产生的相互规定，不是规定对方的活动性质，而是规定对方的行为指向；带来的结果不是使对方的活动性质凝固化、行为模式机械化，而是不断生成新的、具有情境和针对性的教学需要。在师生交互作用的过程中，师生之间呈现出有机关联性的行为，并不断推进教学活动的展开与目标的实现，使教学过程成为师生共同参与的动态生成过程。在课堂教学中，教师需要对因师生多元互动而产生的不确定性因素进行判断、选择、利用和重组，使课堂教学过程向纵深推进，从而促进教学的动态生成。

教学中的"生成"，就是通过开放式的教学，开发学生的"基础性资源"，实现课堂教学过程中的学生资源的生成，再通过生生、师生之间的互动及交互的回应反馈，生成与教学内容相关的新问题"生长元"，实现不同于教学设计原定内容或程序的新教学过程的生成，最后通过开放式的延伸，使教学过程得到进一步的拓展和生成。也就是说，教学中的互动生成包括"资源生成"、"过程生成"和"拓展生成"。"资源生成"是指因开放式互动而产生的新教学资源；"过程生成"是指对新生的教学资源进行即时分析与重组，而形成不同于教学设计原定的内容或程序的新过程；"拓展生成"是指在巩固已经形成的认识的基础上，通过多维、多视角的拓展，形成后续性学习的新问题，以及为下一个整体性的教学过程提供新的方向性问题与目标。[①]

总之，教学过程从师生封闭的单向执行预设，转换到开放的双向互动和动态生成，这是在教学过程意义上实现教与学、继承与发展、接受与创造对立的超越。互动生成是对教学过程动态性、不确定性的展开状态的刻画，它是对教学过程特殊性的本质反映。互动生成的目的不仅是为了帮助学生扫除学习过程中的困难与障碍，形成对知识内涵的丰富认识和体验，更重要的是发展和提升学生的思维水平，并形成学生元认知意义上的学习习惯和思维方式。而且，在促进课堂动态生成的过程中，教师的教学实践能力和教学智慧也将逐步得到提升。从更高层次的生命意义的角度来看，互动生成所体现的教育思想，是对师生的人文关怀和生命尊重。它揭示了教育活动的特殊性——课堂教学是生成的，只有在生成的教学环境中才能实现真实的生命成长。在教学活动的过程中凸显了互动生成的特征，课堂的生动可变性就能得到体现，也就能体现出教学活动过程中的生命性。

为了在教学活动推进的过程中促进教学的"互动生成"，我们强调课堂教学过程要形成师生之间积极、有效、高质量的互动。所谓积极、有效、高质量自然是以育人价值的实现为目的。课堂教学互动生成过程的内在展开逻辑，主要是由

① 叶澜主编：《"新基础教育"发展性研究报告集》，中国轻工业出版社 2004 年版，第 23 页。

有向开放——交互反馈——集聚生成等三个相对区别的步骤组成。从师生互动的角度来说，课堂教学"互动生成"过程的内在展开逻辑可以概括为如图9-1所示的推进过程：

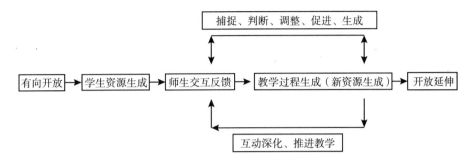

图9-1 "互动生成"过程推进展开图

从整个教学互动生成的推进过程来看，从资源生成到过程生成、再到拓展生成的过程，是教学过程因互动展开而"集聚生成"的过程。具体地说，"集聚生成"的过程是师生在"有向开放"和"交互反馈"的基础上，形成多种相对分散或者局部性的认识，然后把这些认识经过分类或者聚类的处理，从而形成清晰化和结构化的认识，形成相对完整、丰富和更高水平的概括和问题。从这个意义上可以说，"集聚生成"的过程是教学过程不断推进和提升的过程。

从"集聚生成"过程的整体来看，它分别由三类具有内在关联性的分析单位构成。为了促进课堂教学的"集聚生成"，我们需要区别和明确这三类不同分析单位所承担的任务差异。①

"资源性生成"分析单位的任务，主要是激活学生个体的不同内在资源，在资源呈现的过程中，通过多维多种形式的互动，使资源围绕主题逐渐条理化，再通过集聚生成出新的具有丰富性、具体性、开发性和结构性的教学共同资源。

"过程性生成"分析单位的任务，主要是指在资源生成的基础上，在具体的情境中通过有针对性教学来形成核心任务的推进过程，是使学生对新的教学内容形成感受和体悟、认识和理解的过程，是通过分析和解决问题形成清晰思路和基本结论的过程。

"拓展性生成"分析单位的任务，主要是在基本思路和基本结论形成的条件下，通过多维、多视角的拓展，检查全体学生理解、掌握的状态，巩固已经形成的认识，使它具有灵活性，同时形成后续性问题，为下一个整体性的教学过程提供新的方向性问题与目标。

---

① 叶澜：《"新基础教育"论——关于当代中国学校变革的探究与认识》，教育科学出版社2006年版，第274页。

以上三类分析单位构成了一个完整的互动生成的教学过程。在这里需要说明的是，由于每一个分析单位具有相对的独立性和完整性，而且，它们之间既体现了在教学推进过程中的递进性，又体现了同一课程的课与课之间具有的内在连贯性，所以，在具体的教学过程中可以体现相对灵活性的设计，即教学过程可以由一个分析单位，也可以由两个或者三个不同类型的分析单位构成。这需要由每节课的具体进程来决定，也应该随着教师和学生的实际状态而变化。

第五节　重建教学评价

一、评课文化的重建

现实中的学校教学的变革，不只是要改变教师的教学观念和教学行为，还需要改变已经形成的上"公开课"和"评公开课"的特殊文化。也就是说，学校教学评价的改革仅仅通过评价观念和评价技术的改造是不够的，它必须伴随着旧评课文化的改造和新评课文化的创造，必须致力于变革者对改革的健康心态的形成和自我发展需求的提升。

长期以来，"公开课"评课方式具有把学校教学"圣化"的倾向。只要是上"公开课"，无论是教师还是评价者，都会把它定位为"示范课"。面对"公开"的且是"示范"性质的课，评课时常常都会碍于情面，对教学大多以肯定性评价为主，形成了"多讲优点，少讲问题，具体肯定，抽象否定"的评课方式。在这样一种评课方式的影响下，任课教师往往把评"课"看成是评价"他"本人，容易给任课教师造成心理上很大的压力。而且，这种方式既容易形成教师"展示完美"的表演心态，又容易形成教师期望评课时多听到"表扬"而不是"批评"的"评课期望"。在这两种心理的双重作用和驱动下，容易导致教师追求展示式的完美，不利于教师的成长和发展。之所以这么说是因为，一方面，真实的课总是有缺憾的课，课中存在问题与不足是正常现象，没有问题才是不正常的。况且，在对传统教学进行"改"和"破"的过程中，必然会与各种问题"相遇"。另一方面，如果教师所进行的教学没有任何问题，就说明教学不需要变革，教师也不需要再发展，或者说两者都已完成。在"新基础教育"研究中，我们着力改变"展示完美"的表演心态，改变只想听到"表扬"的"评课期望"，改变以往习惯了的"公开课"评课方式。说到底，就是要变"公开课"为"研究课"。

所谓"研究课",是对教师所上的课进行以问题研讨为主的评课。评课不只是指向具有对个人改进意义而言的变化;课堂中师生呈现的资源与智慧;内容、过程、方法之间的适切程度和课堂互动的质量与有效程度等方面,更重要的是,还指向教师教学行为中存在问题的呈现,并对行为问题背后的思想观念的剖析,我们把这一过程称作为"捉虫",即捉教师头脑中妨碍教学改革的传统观念之虫。不仅如此,评课还要在"捉虫"的基础上,提出改进和重建教学观念与行为的具体建议,使教师结合自己的课,对新理念指导下的具体教学行为的形态是什么有所启发,对理论与实践在教学行为中的内在关系有所体悟,从而产生体悟之后的"喔"效应。"喔"是指通过评课,教师有所发现和明白该如何改革时发出的声音。此后,教师在倾听他人意见基础上再作有关这一课的更为深入的第二次反思与重建。

这种"研究课"的评课方式,有利于形成新的评课文化:其一,"研究课"的评课是针对"课",而不是针对任课教师本"人"。而且,在评课过程中所呈现的教学行为问题,往往是教师普遍存在的共性问题,问题的揭示、剖析和重建过程,又是帮助教师提高认识实现发展的过程,这有助于教师减小因他人听课而顾虑重重的心理负担。其二,"研究课"的评课是导向教师"上"反映自己教学常态的真实的"课"。因为只有在真实的课堂教学中,才会发现教学行为问题之所在,所以我们强调真实,不追求虚假的完美。其三,"研究课"的评课重在发现教学中的问题。因为只有找到自己的问题之所在,才有可能去反思、去重建,才有可能在发现问题、反思重建的过程中,不断提高认识和实现自身的发展。我们主张不回避问题,而是直面、思考和解决问题,将问题转化为真实的发展。换句话说,发现了问题就意味着发现了发展的空间。教师也只有在这种新的评课文化氛围中才有可能实现真实的发展。因此,"研究课"的评课是为教师的成长和发展而进行的评课,"其宗旨就在于使评价成为一种发现问题、发现经验、发现可能创造的过程,成为相互切磋、讨论,对变革认识清晰化的过程,成为促进教师学生进行自我反思和形成自我意识的过程"[①]。也就是说,评课要从"就课论课"重"事"的状态,转换到重"人"的发展,这是在教学评价意义上对"事"与"人"对立的超越。

二、教学评价指标的重建

教学评价改革历来强调作为工具的评价指标的客观性和科学性。教学评价的

---

① 叶澜:《"新基础教育"发展性研究报告集》,中国轻工业出版社 2004 年版,第 35 页。

一系列组织、程序和方法的技术设定，基本上都是以客观性和科学性为前提要求的。正是在这种科学化和客观化理念的影响下，使教学评价改革与课堂教学改革实践之间缺乏关联式的沟通，从而产生两者之间的"双重脱离"现象：即评价主体与教学主体的脱离、评价过程与教学过程的脱离。这样的双重脱离直接导致了教学评价内容不能反映课堂教学改革实践的要求，导致了教学评价过程外在于课堂教学改革过程，成为非教学人员对已经进行过的教学过程结果的测量和评判，而不是直接指向教学过程本身的评价。而且，在目前的教学评价改革中，尽管过程性评价和发展性评价的提出推动了教学评价研究的发展，在教学评价的价值追求、评价主体、评价方式等方面都发生了变化，但是就评价什么这样一些问题，在根本上没有大的变化。具体地说，就教学评价的具体内容而言主要存在的问题是：

第一，教学评价的内容主要局限在课堂教学过程实施的评价，缺乏对课堂教学改革实践的全过程进行全程性评价。教师所进行的课堂教学改革实践，包括了三个主要的环节：课前的教学设计、课中的教学过程实施以及课后的教学反思与重建，三者之间联系紧密、缺一不可。如果没有课前的教学设计的改革，就不会有体现改革要求的教学过程的实施；如果没有课后的教学反思与重建，就难以发现实践中的问题所在，反思传统教学观念的影响根源，重建体现新教学理念的教学行为和实践形态。从更深的层次看，这样的评价所带来的实际后果是，容易使教师依旧成为被动的被评对象，因被动而缺乏自我意识，意识不到自我发展过程中存在的问题；因被动而缺乏反思和重建的意识，意识不到学会思考和研究对于自我发展的价值；因被动而缺乏生命意识，意识不到研究性的改革实践对于个体生命的意义。所以，教学评价的改革必须反映和体现课堂教学改革实践全过程的评价，要使改革的实践者成为评价的主体。

第二，即便是教学过程实施的评价指标，其指标构成也是平面化而且相互割裂的。所谓平面化，是指传统的教学评价指标体系往往只是考虑了教学评价的方方面面，如教学思想、教学目标、教学内容、教学过程或环节、教学方法、教学组织形式、教学效果等方面。这样平面化的指标设计，不仅容易导致评价指标之间相互割裂，缺乏有机的内在关联，而且也不能立体地反映和体现课堂教学活动的动态推进过程的评价，更不可能反映课堂教学"互动生成"内在逻辑的展开过程。所以，新教学过程实施的评价指标设计，不但要体现新课堂教学实践形态的新质要求，还要反映教学过程的基本特征和内在逻辑。

第三，教学评价的指标设计缺乏因人而异的弹性尺度。由于关注的是评价标准的公正与客观，因此评价指标设计往往用"同一把尺量所有的人"，发挥的是课堂教学评价的甄别与选拔功能，忽视了评价对于不同教师的激励和发展性价值。所以，新的教学评价指标设计应该体现弹性化的评价要求，通过评价使教师既发现自己的进步和存在的问题，又明确下一步努力的方向，真正发挥教学评价对于教师发展的导向功能。

我们的研究把评价的价值追求定位在：① 一方面通过课堂教学的评价改革促进课堂教学变革的发展；另一方面又要将变革过程中所形成的一些新的经验和呈现出的新质进行抽象，并形成新的教学评价指标体系和具体形态，促使变革者对新型课堂教学之形态认识的具体化。在这样的价值取向下，"新基础教育"把教学评价改革贯穿于学校教学改革研究与实践的全过程，改变了评价者脱离学校教学改革实践，评价过程脱离学校教学改革实践过程的"双重脱离"的现象，改变了在改革中"做的人无评估权"、"评的人不做改革"的两分局面，使改革与评估之间形成内在关联，使评估成为改革者反思、重建改革行为的过程，使改革的认识和实践的深化因主体的提升而得到保证。这是在教学评价意义上对主观与客观对立的超越。为此，我们在教学评价改革中努力体现以下几个特点：其一，新的教学评价改革的指标体系，成为课堂教学改革的认识深化和实践推进中不可或缺的重要构成，它伴随着课堂教学变革实践的逐步深化、规模不断扩大的过程而逐步清晰和形成。其二，新的教学评价改革的指标体系的形成过程，是把课堂教学改革实践的深化过程和阶段成果，作为教学评价改革的重要资源，并不断转化为教学评价改革的深化过程。反映了教学评价改革与课堂教学改革实践不但几乎近于同步进行的过程，而且还反映了两者之间相互渗透、相互沟通和形成统一要求的探索过程。其三，新的教学评价改革的指标体系，不仅要体现课堂教学过程全程性评价的要求，而且还要立体地反映课堂教学推进过程中师生互动状态之内在逻辑性的要求。

在上述价值追求和改革实践的基础上，我们经过不断地总结、提炼和抽象，形成了"新基础教育"课堂教学全程性评价的指标体系。② 该指标体系包括课堂教学设计的评价、课堂教学过程实施的评价和教学反思与重建的评价三个部分。这一评价指标体系和评估方法的构成在以下两个方面体现出"推进型评价"的特点。

第一，在制定评价指标体系的过程中，尤其是在确定评价同一对象的指标时，我们不只是关注到指标的相关要素，更关注组成该对象（或事物、或过程）的因素和发展阶段之间的内在关联性。具体地说，课堂教学设计评价表由三个项目组成：教学目标制定、教学内容设计和教学过程设计。其内在的逻辑关联性表

---

① 叶澜：《"新基础教育"发展性研究报告集》，中国轻工业出版社 2004 年版，第 34 页。

② 叶澜、吴亚萍：《改革课堂教学与课堂教学评价改革》，载《教育研究》2003 年第 8 期。在此已略作修改。

现在：一是教师对教材文本的解读状态，反映的是其自身对学科的认识和理解能力。二是教师对教材文本的转化状态，反映的是教师如何通过教学把自己对学科的认识和理解转化为学生对学科的认识，并通过教学促进学生多方面的发展。由于转化的终点是学生，所以教师在教学设计中首先需要对学生状态进行解读，以找准教学的起点和确定学生发展的目标；其次需要对教学内容进行组织、设计，以体现教学的整体结构和育人价值；教学过程设计需要思考师生双边共时的同步活动，围绕问题展开和针对学生可能状态的"放与收"设计，以及体现师生积极有效互动的策略选择。

课堂教学过程实施评价表由四个项目组成，分别是课始的常规活动、课中的开放式导入、核心过程推进和最后的开放式延伸。其中反映教学过程展开的内在逻辑是，课始的常规活动目的是为学生基础性知识和能力的日积月累创造条件，而且要将基础性知识和能力的练习与当天课的内容尽量连接。课中的教学因开放式导入而使教学资源生成；因师生互动而使教学过程得到推进和生成；最后因开放式延伸而使教学拓展生成。从资源生成到过程生成再到拓展生成，反映的是课堂教学过程数次"放与收"的螺旋式上升的推进过程，也是生生和师生之间围绕问题展开和交互反馈形成有效互动的结果。不仅揭示了教学过程互动生成展开的内在逻辑，而且还立体地刻画了课堂动态推进的状态与质量。

课堂教学反思与重建评价表由三个项目组成，分别是总体评价、问题反思和教学重建。其内在的逻辑关联性是：一是需要引导教师对自己在研究性变革实践中的发展状态有清晰的自我意识，并且能联系自己的实践作理论分析，使教师从自己的行为变化和认识发展中具体地感悟变革的理论对于实践的价值和力量；二是引导教师在理论认识提升的基础上，能够对教学中的问题作出自我诊断，并能对现象背后的内在观念、行为习惯和思维方式等问题进行透析，逐步使教师的理论认识与教学行为的一致在其个体身上实现内在的统一；三是引导教师在内向反思与外向吸收的基础上进行二度重建，努力把自己的认识转化为具有可行性的改进设想，不断提升教师的理论吸收与内化的学习能力和转化为实践的能力，提升教师对教学活动整体的自我反思能力和重建能力。

第二，在评价指标体系整体性设计和内在逻辑性体现的基础上，我们还进一步对各评价指标给出了具体的内涵描述，通过描述来突出指标之间的层级性差异。所谓评价指标的层级性，就是在评价表中给出三个不同层级差异的评价标准，其中第三层级的评价标准是课堂教学改革要求的底线，这是检验教师是否体现课堂教学新"型"要求的分水岭；改革达到第二层级的要求，表示教师进入了相对成型阶段；第一层级的评价标准则是课堂教学改革要求的高标，达到第一层级的高标要求，意味着教师呈现出改革的成熟阶段。评价指标的底线要求，是期望教师要体现新"型"的基本状态；评价指标的高标要求，对于引导教师努力追求和体现课堂教学之新"型"的丰富和完善具有指导价值，从而发挥课堂教学评价指标对改革实践的推进和导向功能。

然而，要对评价表中的每个指标给出不同层级差异的描述，这项研究工作的难度很大，其本身也是评价研究的基本内容。尽管我们对指标要求有具体认识，但如何把它们转化为不同层级差异的描述呢？第一稿的层级性描述，我们采用了习惯意义上的程度副词来表示不同程度的差异，如关于教学目标指标描述的三个等级分别是：教学目标表达具体清晰、教学目标表达比较具体清晰、教学目标表达一般。那么什么样的目标表述是"比较"状态的？什么样的目标表述又是"一般"状态的？很显然，采用这种习惯意义上的程度副词来表示不同等级的差异时，主要反映的状态是程度差异，而不是层级差异。层级差异要表达出项目指标可能出现的不同水平级的差异状态。

在本书形成的过程中，通过对第一稿的讨论，我们对层级性描述要改变什么有了一定的认识，但还缺乏体现层级性描述的具体表述方式。在经历了几次修改后，我们形成了评价指标层级差异的描述方式。具体地说，层级差异描述一般可以从以下几方面来反映：一是指标内含要素的数量差异；二是指标内含要素的程度差异；三是在整体上反映改革实践中达到的不同发展水平。即第一层级指标包含的要素应尽可能全面和高水平，第二层级和第三层级的要素则是在前一层级要素的基础上，缺少某些表达高水平程度的要素。

例如，在"教学设计评价表"中对学生状态解读的指标描述，第一层级有三个要素：（1）对学生总体状态有了解，对不同层次学生的差异分析清晰；（2）对学生已有经验和学习困难分析准确，所提目标有针对性；（3）对学生的潜在分析估计准确，所提目标有发展性。在这三个要素中，包含了对学生总体和不同层次及个体、已有状态、潜在状态与可能状态等多方面的具有结构性的把握，呈现出整体高水平的要求。

第二层级减少为两个要素：（1）对学生状态总体有了解，有不同层次学生的差异分析；（2）对学生已有经验和学习困难有分析，所提目标有针对性。减去的要素是与教师对学生潜在状态相关的把握，尽管它只是三个要素之一，但教师有无这方面的把握，对教学开发学生潜能这一重要功能的实现却是关键性的。因此这一"缺失"能表达出教师达到水平在实际上低于第一层级的层级差异。

第三层级减少到只含一个要素：对学生有了解，所提目标有针对性。在这里有一个要素即对学生差异性以及学习经验与困难分析的缺失，表现出教师虽研究了学生，但还停留在一般年龄、年级、班级意义上的了解，缺乏对学生作为具体个体的聚类式分析。因此，这仅仅达到了改变过去教学中忽视学生研究、教学目标无针对性的问题，是"新基础教育"要求教师须达到的最低限度水平。显然，后两个层级在整体上达到完善与高水平的等级要依次降低。

上述研制课堂教学全程性评价指标的过程中关注的问题及其解决方式，至少体现了以下两个方面的现实意义：（1）体现教学过程内在逻辑和层级阶梯式的教学评价指标的设计，不仅是对教师课堂教学过程的结果性评价，而且是对教师从课堂教学设计起，到教学过程的动态实施再到结合教学实践反思与重建的全过程的评价，一方面旨在引导教师对课堂教学新"型"认识的具体化，另一方面又期望教师通过自己的研究性变革实践，实现自身教学观念、行为的改变和反思能力的发展。（2）阶梯式层级化的教学评价指标描述的设计，既反映了对教师课堂教学底线的基本要求，又反映了上限的可能达到和期望达到的高标要求，同时还反映了教师研究状态的层级化差异和质的变化状态，使课堂教学评价指标既有底线基准，又留有发展空间且指明发展方向，激励教师开发自己发展的可能性，使改革不断向目标迈进。

总而言之，我们所从事的学校教学变革的理论与实践研究是基于超越的重建。这种超越既是面向未来的发展需要，又是对事物内在规定性的重新把握，更是在大量已有实践经验基础上的更新性的提升和创造性的重建。

参考文献

著作：

[1] 叶澜等：《教育理论与学校实践》，高等教育出版社 2000 年版。

[2] 叶澜主编：《"新基础教育"发展性研究报告集》，中国轻工业出版社 2004 年版。

[3] 叶澜：《"新基础教育"论——关于当代中国学校变革的探究与认识》，教育科学出版社 2006 年版。

[4] 布鲁纳著，邵瑞珍译，王承绪校：《教育过程》，文化教育出版社 1982 年版。

[5] 叶澜：《重建课堂教学过程观》，载《教育研究》2002 年第 10 期。

[6] 叶澜、吴亚萍：《改革课堂教学与课堂教学评价改革》，载《教育研究》2003 年第 8 期。

[7] 叶澜：《世纪初中国基础教育学校"转型性变革"的理论与实践——"新基础教育"理论及推广性、发展性研究结题报告》，收录于叶澜主编：《"新基础教育"发展性研究报告集》，中国轻工业出版社 2004 年版。

第十章

学校转型中的领导发展与管理变革[*]

我国正处在一个由农业社会、工业社会向全球化、信息化或后工业社会转型的重要历史时期，是一个从物质到制度再到文化心理都不可避免地发生转型的时代。转型时代的教育改革，就其对人的观念与行为冲击较大、影响较深的要端而言，一是改革价值取向上的多元性，二是改革过程的动态生成性，三是改革主体方面的全员参与性和民主性。这些时代特征，必然要求参与教育改革的每一个人在基本素质上发生适应性调整，要求卷入教育改革大潮中的每一所学校都要在整体面貌、内在基质和实践形态上进行变革、更新或重组。并且，这种变革与调整一定是结构性的，而不是增减修补式的。下面围绕学校领导发展和管理变革这一主题，展开价值取向和变革实践的反思，并尝试进行学理上的讨论与提升。

第一节 "成人之道"：基于教育学立场的
学校管理变革取向

古典组织理论自引入科学管理思想以来，一直秉承的价值核心是"驭人之术"，这一取向也深刻地影响着教育管理学研究；从当代学校领导与管理变革理

---

* 本章由区域研究子课题负责人，"新基础教育"成型性研究"学校领导发展与管理变革"专题研究组组长杨小微撰写。

论与实践相互作用过程中生成、提炼和概括出来的新的核心价值追求，则是"成人之道"。在学校教育变革和发展的进程中，正在显现从"驭人之术"到"成人之道"的演化脉络，这一脉络大体可以概括为：早期受科层制行政管理思想影响，学校管理以权力上收和层层控制为基本特征，学校组织中的人因角色等级的桎梏而失去"自我"，为人所"用"，管理的"驭人之术"得以凸显。继而受来自企业经营活动启发，引入组织行为学理论，"人"这一因素开始受到关注。然而，以效率为核心追求的企业管理思想导致学校组织中的人仍然无法摆脱任人利用的工具地位。对科学主义管理思想的反思，以及对教育学独特立场的深刻反省，使得真正以人的成长为关注中心的学校组织理论开始萌芽。

一、"成人之道"在学校变革中的确立

如果说，在学校变革过程中，以各种面目出现的"驭人之术"有着太强烈的功利目标和工具理性，导致人存在意义的丧失，与教育学的人文关怀有着天壤之别，那么，通过反思和新的实践，我们在学校管理理念及组织行为中需要确立的，是以促进人的成长为根本旨趣的"成人之道"。由于这种"道"刚刚进入我们的视野和实践，目前暂时只能作一假设式的整体描述，即：这种成人之道具有坚定的教育学立场，积极的人性假设，以人为视阈、以人的成长为聚焦中心，以互动生成为行动逻辑。

所谓教育学立场，是指在学科之间对话、渗透和交融十分频繁的背景下，研究者对自己所在的教育学学科有着强烈的自我认同和归属感，视其学科的思想观点为宝贵资源，同时坚持对自己学科的问题和立场展开有深度的反思，努力寻找借鉴与融通的可能性。这种态度可称为"内立场"。相反的态度，从不把教育学视为一门学科，而只是当作某一学科（通常是比教育学"发达"的学科）原理应用或外推的"领域"，甚至站在别的（尤其是"发达的"）学科立场上对自己的学科品头论足、说三道四，我们称之为"外立场"。在将管理学研究成果引入学校变革的过程中，若坚持管理学"外立场"，则关注的问题焦点是效率问题（主要是"生产效率"或"行政效率"问题），为了效率就不能不把学校中的人视为效率机器。只有坚持教育学"内立场"，才可能将学校变革中组织的问题、制度的问题、文化的问题等等，最终都归结为"人的问题"，才可能视人为目的，才可能在成就事的过程中关注人如何成长。

所谓人性假设，是指每一个学科之间、每一个学科内部的成员和流派之间，常常存在前提性假设上的差异。如：组织管理理论研究中麦格雷戈提出的著名的假设理论——X理论、Y理论，前者假设的人性是消极的，因而管理上需要强制

和监管，而后者则完全相反，人性是积极的，需要激励和发挥其创造性；教育心理学研究中则从"人的善恶本性"和"人与世界的关系状态"这两个坐标的函数意义上提出不同组合的假设前提，即人是"善"而"能动"的、"恶"而"能动"的，或者"中性"而"相互作用"的。假设不同，教育和管理上的理念与行为亦不同。

教育组织的成人之道坚持积极的人性假设，但又区别于 Y 理论假设下的管理理论，也就是说，不仅仅关注主动、责任、创造和工作满意度，更以人的（包括教师的、管理人员的和学生的）成长需求为出发点，帮助每一个人在成就事情和事业的过程中成就人自身的成长。不把教育组织中的人限定于某一方面固定的"角色"位置①，更关注他的"个性"（或自我）在不同角色的转换中获得成长的教益。

这就引出了成事与成人相互生成的行动逻辑。"新基础教育"基地学校的建设历程中，已经形成了多元、多层、多群、多向互动生成的组织活动形态，学校中的每一个人，都是学校发展共同愿景的分享者，学校组织、制度和文化自我更新的变革者，领导和管理活动的参与者、合作者与责任人。在个人与个人之间、个人与组织/部门/团队之间、组织/部门/团队与组织/部门/团队之间，发生着以改革事项为依托性活动的高频度的互动与生成。尤为重要的是：每一项活动从决策、设计、组织、实施到反思与重建，关心"事"的成败是必要的，但处于关注中心地位的，是成事过程中"成何人"和"如何成人"。

二、学校组织的定性与定位

确立学校管理变革与领导发展的成人之道，前提是要认清学校既不是典型的科层式行政组织，也不能与工商业组织画等号。学校是人置身其中以自主、合作、互动的方式、在成就事业的同时成就自身的生态组织。

首先，学校组织是一种"制度规范强于组织规范"的特殊组织。所谓"制度规范强于组织规范"，是指学校承担着为社会培养人才、为家庭培养后代的重任，因而社会的意识形态、道德法律等等都会对学校教育工作者产生强有力的规范与监督作用；也是指社会对学校输送人才的规格渐渐趋于标准统一，我国的一套办学体制、课程标准、教研制度等等也在发挥着一种类似"行规"的调控作用。这些对任何学校，无论它是凝聚一体还是一盘散沙，都是一致地起规范作用

---

① 这里的"不限定"，包括不把人限定在某个固定的角色位置，在有些活动任务中，他可能是参与者，在另一些活动任务中，他可能是责任人。

的。随着社会转型和学校变革的复杂性、创新性要求的提高，教师的专业发展日显重要，对学校专业组织的活动要求也相应提升。

其次，学校是以人的质量而非以经济效率来衡量其效益的，所以，学校要在反对"效率崇拜"（主要是经济效率崇拜）的同时，重新定义学校所要追求的效率的内涵。组织理论研究中的效率，一般有三种含义：（1）官僚式行政效率，即：有能力、善办事、执行到位、指令传递迅速；（2）经济效率，即投入与产出之比；（3）人际关系意义上的效率，如对组织活动的满足度等等。学校的效率观，要将这三种效率置于不同情境下综合考量。而且还要将"对组织活动的满足度"扩充为"组织成员对自身在组织活动中的表现及自我成长效果的满足度"。这在事实上是将组织成员的成长（也可以说是"生产者的自我生产"）列为组织目标之一。这样一来，人际关系理论和激励理论对人的情感、创造性的关注，也就有可能落实到人的成长需求、进而落实到对成长真实的促进上来。相应地，专业化分工所形成的部门和团队，以及部门和团队中的合作研讨，也就有了除提高工效和调动工作热情外的新的功能——促进组织中个人自主性和合作意识的增强。显然，组织成员的成长，仅靠机械重复和各自为政式的个体劳动是难以实现的。

最后应指出的是：不同的组织结构及其氛围，对人的成长状态的影响是不同的。在高度严密控制、个人较少自主的结构中，人的角色地位被突出，而个性被压抑，人的个性成长以被动方式出现。但是，学校是一种松散结合组织，如果合理地尊重和利用这一特性，反而给教师的发展（尤其是其专业和个性的发展）以极大的自主、自由空间。

基于上述分析，制度环境的强力控制、专业化分工带来的自主化倾向以及教育活动总会对学生产生全人格影响这些特殊性质，就为学校提供了从"唯事是为"到"兼顾人的特性"再到"立人、达人"这样一个立场和视角转换的不可怀疑的根据。

三、"成人之道"这一变革取向的实践意义和理论价值

"成人之道"的确立，既能引领学校领导发展与管理变革实践的正确方向，又对教育管理学的理论发展提供了新的启示。

在学校领导与管理活动中确立"成人之道"，首先要确立"人"在学校组织中的核心地位。从管理学视角分析学校的组织要素，其偏差不是出在没有看到学校组织中的人，而是没有意识到人在学校组织中的核心地位。差不多所有的组织行为学、教育组织行为学的经典教材都涉及组织要素的讨论，但是，"人"只是

作为四个基本要素之一，放在与"结构"、"任务"和"技术"平行的层面上展开讨论的，这种讨论方式的缺陷在于：人在其他因素中是当仁不让的主体这一事实容易被忽视。事实上，结构在本质上就是人的关系结构，是多层次、多类型的相互关联网络；制度是对人与人之间、人与组织之间、组织与组织之间关系的规范系统；任务是人决策和策划的产物，又由人来作为其承担者；而技术显然是人创造出来，又归属于人的东西。只有在关系状态中，人与其"关系者"才能被真正理解。

继而，"成人之道"须明确"所成何人、何以成人"。学校领导与管理过程中的基本关系是"人"与"事"。泰勒制的科学管理思想精髓，就是以成事为核心的价值观在管理行为中的经典体现。人际关系理论、激励理论等带有人文主义倾向的管理思想，也仅仅完成了从关注"局部的人（如把工人视为没有认识只有动作行为的人）"向关注"整体的人"的转化。在效率（主要是行政效率和经济效率）至上的价值追求之下，无论给人多少"恩惠"，也始终无法改变人在组织中作为成事工具或手段的命运。成事与成人的一致性，是学校管理价值观的有关目的与手段关系实现双向转换与统一的表达，具体地说就是"在成事中成人，用成人促成事"。"在成事中成人"是指学校的日常教育实践和学校变革的实践，是造就新型教育者和学生的根本路径；"用成人促成事"要以"在成事中成人"为基础，所成之人主要指教师，所成之事首先是指"学校转型性变革和新型学校创建"之事。管理者建立了这样的关系思维，就不仅能在指向他人的管理活动中注意成事与成人的关系，而且能在从事管理实践的过程中关注和努力实现自身的成长。① 成就学生、成就教师、成就领导者/管理者这一"成人"取向，应当成为学校一切工作的最高目的，成为学校追求的最核心的价值，并且这种追求要成为不言自明、理所当然的"默许假设"。

"成人之道"可以大体分为"成学生之道"、"成教师之道"和"成管理者之道"。"成学生之道"意味着学生的成长需求应该得到尊重，学生的各种正式组织或非正式组织应当成为他们个性和社会性形成的基本"土壤"，每一个学生的主动健康发展应当成为所有课程、各门学科教学及一切学校活动的共通的价值取向。"成教师之道"要将教师从"圣化"和"匠化"的片面、刻板的角色定位中解放出来，使课堂教学和班级工作成为教师的研究性变革实践，使各种专业组织成为教师从专业到人格都能健康成长的良好"小生境"，使每一位教师都成为"好学习、善研究、能合作、会创造、求发展"的强者。"成管理者之道"意

---

① 参见叶澜：《"新基础教育论"——关于当代中国学校变革的探究与认识》，教育科学出版社2006年版，第336～338页。

在使学校的日常管理和变革活动都成为管理者成长的有效路径，"学习、研究、实践、反思和重建"成为他们不断自我更新的基本方式，从而使"事"之成功与"人"之成长得以相辅相成。

总之，当"成人之道"成为学校从决策策划、组织实施、评价反馈全过程中一以贯之的"道"，成为渗透在课堂教学、班级建设、管理变革等所有学校活动中不可须臾离开的"魂"时，才使"成人"这一核心理念成为"非常道"之道、"无常法"之法，学校这一特殊组织才真正显露出"助人成长"的独特品性。

"成人之道"在学校变革与发展中的凸显，向教育管理学的更新与发展提出了什么样的启示呢？教育管理学与教育社会学、比较教育学、教育经济学、教育法学、教育政治学等等相对传统和新兴的交叉综合型学科一样，主要贡献在于为教育的认识提供了来自其他学科的新立场、新视角、新概念、新框架和新方法论。然而，他们也往往以这样的"新"来傲视教育学的"旧"，不屑于对教育本身的问题作深入的探究。"这可能是交叉学科在形成初期都会出现的状态——攀附式的发展"①。从本章的论述可见，教育管理学也面临着同样的问题——如果这种探究教育管理问题的"外立场"不能随着研究的深入发生适应性的立场转换，就难以从攀附走向独立。

第二节　学校转型性变革中领导的角色与自我成长

一、学校变革中的领导角色与职责

一般认为校长就是学校的领导，学校的一切责任都由校长承担。而实践中呈现出来的校长工作状态，又是"管理"多于"领导"，整天不是被校内的事务缠身，就是疲于应付外来的各种检查，丝毫显露不出"引领"、"先导"的姿态。对学校领导内涵的这一"窄化"理解，以及校长的这一"事务化"的实存状况，都与期望中的学校转型性变革时期的领导角色形象相去甚远。

转型性变革中的"学校领导"，不是某一个在矛盾交织中"拳打脚踢"的"孤胆英雄"（如校长），而是一个具有凝聚力和战斗力的团队。所谓领导，"是

①　叶澜：《总论：在裂变与重聚中创生——2001～2005年中国教育学科发展评析》，载叶澜主编：《中国教育学科年度发展报告2005》，上海教育出版社2007年版，第9页。

个体影响一群个体实现共同目标的过程"，由于学校这一个大的组织内部，活跃着一个个人数不等的团队或小型组织，这些团队和小型组织中又有它们的领导人，这些领导人的"集合"，则构成一个以校长为灵魂人物的领导集体。

作为这个"集合"的灵魂——校长，也不应当是一个忙忙碌碌的事务主义者，而是审时度势、引领学校这一富有活力的社会组织前行的领导人，他的根本职责是领导而不是管理。西方有文献专门区分了管理和领导功能上的不同："保证组织的秩序和一致性是管理压倒一切的任务，而领导者的主要职能是产生变化和运动。管理寻求秩序和稳定；领导寻求适应性和建设性的变化。"具体地说，管理者通过计划/预算，组织/人事，控制/解决问题来"产生秩序和一致"，而领导者通过建立愿景/制定策略，人员匹配/交流，激励/鼓励来"产生变化和运动"。① 显然，在一个充满变革性和不确定性的时代，学校的生存和发展尤其需要"领导意义上的领导"。

也许有人会说，校长既要领导又要管理，承担着多种角色。的确如此，一位西方研究者在其著作《形成学校文化》中，通过人种学的案例研究解读现行的学校文化，为了探明学校领导人怎样形成他们各自学校的文化，作者借用人类学的术语，提出了关于学校领导角色的"隐喻"，即校长应当是：历史学家、人类学勘察家、幻想家、象征者、制陶工、诗人、演员和疗伤者。作者认为他们在塑造学校"良好生态"、形成日常生活常规方面的作用是不可低估的。② 这还只是从学校文化这一种角度提出的校长角色，便已如此之多。指出校长在学校具有多重角色，无疑是符合学校真实状况的，但是，我们又必须看到，校长在多重角色中，最"本色"的角色应当是"领导者"而不是"管理者"。

学校领导是"一个团队"而不是校长一个人。校长和以他为核心的领导班子、学校中教师专业团队或组织（如教研组、年级组、备课组等等）的负责人，都是学校中的"领导"，他们是学校组织里的核心成员，既像所有教师一样工作在第一线，又在校内大大小小的组织和形形色色的工作任务中负有领导责任。

"新基础教育"推广性、发展性研究中一批学校领导工作职能转变的过程，极为生动地刻画了转型性变革时期学校领导"转型"的轨迹。推广性研究之初，由于"新基础教育"的研究重心在班级和课堂层面，所以对校长的要求是从多方面为参与研究的教师提供支持。两年后，本课题组为所有参与推广性研究的学校校长举办了持续一年的校长研修班，目的是通过组织校长等学校领导者的理论学习、研讨和实践反思，加速学校层面的整体性变革。同时，课题组负责人明确

---

① Northouse，P. G；《领导学：理论与实践》，吴荣先等译，江苏教育出版社 2004 年版，第 6 页。
② Terrence E. Deal etc（1999）：*Shaping School Culture：the Heart of Leadership*. California. pp. 87 - 99.

提出所有"新基础教育"实验学校要开展学校管理层面的改革，校长要成为创建 21 世纪新型学校的"第一责任人"，随后对这些学校进行的"中期评估"过程，使校长们真切地体验到了作为"第一责任人"在学校变革与发展中的决策、策划、实践、反思、调整、重建的全程式和全景式的经历。

由于校长及学校领导班子是与教师同步进入改革的，所以要通过学习、研究和实践领悟，率先更新自己的教育观念。又由于学校的变革是在诸多现实矛盾交织的背景下展开，其中最直接的矛盾冲突是成绩和升学率与变革性研究的矛盾，所以学校必须以变革的成效来增强变革的自信。事实证明，"新基础教育"研究与升学并不矛盾，搞"新基础"不是放弃教育质量，恰恰相反，"新基础教育"要的是超越单纯知识传授的教育价值取向，通过培养主动健康发展的新一代而实现教育价值的根本提升。

这些推广性研究的学校普遍实行了由"三级管理"向"二级管理"的过渡或转变，即原来的教导处和政教处这类的"中层机构"或者撤销，或者转变职能，由过去的"上传下达"变为咨询、参谋、指导，校长及校长室直接面对年级组和教研组，形成校长领导校长室负责宏观决策，中间处室（如教导处、德育室、科研室等）抓执行落实，年级组长抓好日常管理，教研组长、备课组长则对教学质量负责的"扁平化"管理新格局。这些教师专业团队的负责人，也在经历着领导和管理角色的转型。

二、学校领导在变革中的自我成长

在非变革时期，一位校长只要恪尽职守，就是好校长。然而，在社会急剧发展变化的时代，要适应转型时期学校变革发展的要求，学校领导就必须正视一个十分迫切的问题——如何自我成长。有学者指出，能引导学校进行转型性变革的校长必须是这样一位领导者：（1）十分看重思想和目标的引领，即价值观和先进的教育观念引领；（2）要有三个"把握"意识，即把握学校整体、把握发展趋势、把握重要机遇；（3）具有发展策略的意识以及做出发展策划的能力，既能果断决策，又善于将决策转化为实践。当然，除此而外还应具有用人的意识和能力、具有很强的个人精神力量和凝聚群体的个人魅力。[①]

要成为这样的领导，有必要进行自我发展的路径设计。一般来说，学校领导的自我成长，离不开学习与研讨，实践与体悟，反思、重建与自我超越。

学习包括理论学习和经验学习，研讨是指生成于课堂、班级和学校管理实践

---

① 根据叶澜教授 2004 年 11 月 30 日在上海市闵行四中"新基础教育"现场专题研讨活动上的报告。

过程中的各种专题性研究，学习和研讨是与学校组织中所有成员同步进行的。最初的学习研讨也许带有被动的成分，常常需要制度来约束，如每学期读几本书、写几篇读书心得、举办几期教育"沙龙"、开展几次"专题研讨月"等等。一旦从中尝到"甜头"，或者竟使学习研讨成为一种"习惯"，则不再需要任何硬性规定。

实践对学校领导而言，主要是有关学校变革和发展的决策、策划、组织实施。以起草学校五年发展规划为例，以往那只是"书生"的搜索枯肠、笔下生花的过程，学校领导一般只是布置、督促和检查，并未有真实的投入。而在"新基础教育"基地学校启动的第一个学期里，校长及相关领导全力投入，不仅作了大量的调查、讨论，而且自己执笔、反复修改。起草规划的过程，成了反思学校发展优势、问题和潜力的过程，成了关注发展需求、引领共同愿景、形成学校发展内动力的过程。通过实践体悟，规划的制定成为学校组织中每个人每个团队真实的成长需求。

一位清醒的领导，他在要求组织成员关注自身实践过程及效果、强调反思重建的重要性的同时，他自己也是注重反思并使反思指向重建。也许，校长或者学校其他领导并不一定要以"反思笔记"的方式来体现反思，但他们一定不能缺少实质性的反思。校长对"外来"工作要求上的取舍，对教师需求的解读，还有规划制定过程的真心投入等等，都是领导者对过往经验教训反思的结果，也都是基于反思、积极重建的结果。只有在"实践——反思——重建"的螺旋式提升过程中，学校领导的角色意识和引领才干得以不断地自我超越。

基地学校几位中青年校长大多是在进入推广性研究前后接任校长的，起初他们都抱着"萧规曹随"的态度，然后发现，由于他们与老校长在资历、性格和领导风格上的差异，无法很快建立信任、打开局面，或者虽能维持局面，但工作没有多少成就感，于是开始探索适合自己特点的领导方式，很快建立了威信，生成许多有创意的"新规"，也形成了新的学校文化特色，有的校长甚至改变了学校原有的文化氛围。新任校长在最初几年，往往是别的学校争取的（各种称号、奖牌等）他都想要，但渐渐发现这样一来，自己办学的主见和学校的个性越来越少。于是，开始从学校自身的发展需要出发，认真思考什么是该要的什么是不该要的。

进入基地学校建设之后，每所基地学校都足足花了一个学期的时间制定学校五年发展规划，由于校长亲历了规划的全过程，对学校的历史现状进行了系统的梳理与分析，学会了准确判断自己学校发展的优势、困难和潜力，敏锐地把握发展的机遇，决策和策划的意识与能力大有提高。两年下来，不少校长自身的思维品质也发生了变化，更具系统性、创新性和变通性，校长与外界合作交往的能力、与教师对话沟通的能力、处理适应外在要求与学校自主创新关系的能力等等也都有了明显的提高。显然,校长用于自我指导的原则,在与新的"场域规则"相互作用下,越来越具有生成力。

第三节　学校转型过程中的组织、制度与文化创新

一、从学校发展规划的运作和管理与实践（课堂与班级）两个层面的改革入手，探索"管理重心下移、变革全面推进"的运行机制

"新基础教育"学校管理的假设是积极的人性假设,从总体的价值定位上看,着重于两方面的人的成长:一是学生的主动健康成长,一是教师职业生命质量的提升。这一基本价值取向应当成为"新基础教育"组织变革、制度建设及文化创生的出发点和归属。然而,如果学校中的每一个人都是在不假思索地按别人的思路和指令工作,自主发展的取向就难以实现。保障个人和组织自主活动与发展的前提,便是赋予个人和组织一定的责任与权利。在传统的学校管理中,基本上是由上级教育行政部门为校长当家,校长则为学校中层干部当家,中层干部则当了教师基层组织的家……依此类推,权利是向上集中的趋势,每个人都不能自主地考虑该由自己来考虑的事情。

"新基础教育"基地建设总策划书明确地提出了"重心下移"的工作思路,而制定学校和基层组织的发展规划便成为落实这一管理新思路的最具操作性的方式。由校长牵头研究和编制学校层面的发展规划,由中层干部领衔制定各部门的发展规划,由教研组、年级组自主制定本组的发展规划和行动计划,教师则主动考虑个人的发展方向和规划。这使每一级组织负责人及每一位教师都成为自主决策和策划的一员,开始自主地思考并主动地行动,从前提上保证了学校中个人和组织的自主发展。

三年基地建设下来,我们欣喜地发现,制定和运行规划的功能,远远超出了"形成一个规划文本"的意义,显现出许多令人惊讶的新的积极作用。一是提升了学校和个人进行自我诊断的意识和能力,几乎所有基地学校都能在规划中准确地判断和分析本校发展的优势、问题和潜力;多数学校能深刻分析上述优势、问

题和潜力产生的原因；少数学校还能将自我诊断与把握外界条件和机遇结合起来思考，为发展决策提供重要依据。二是使发展目标建立于自我诊断所提供的坚实的依据之上，发展目标切合本校实际，目标具体、清晰，结构合理，有的学校还能合理地设置长远目标与阶段目标，二者关系清楚，目标实现的可行性强，可检验度高。三是根据合理的目标制定明确的、有创意的、行之有效的发展策略，有的学校在发展策略的选择上还体现了系统思想和蕴涵适应变化的可能。四是为形成学校自主自动的发展运作机制起到了很好的奠基作用。

由于基地学校在实践和管理两个层面，课堂教学、班级建设和学校管理三大领域都展开了相关、互动、整分结合的结构性变革研究，以及组织、制度和文化多个相关维度的实践探索，所以，带有新型学校特质的运行机制也正在形成。这四个机制是：（1）"校长负责与民主参与的办学机制"；（2）"分工负责与协作推进的实施机制"；（3）"评价反馈与激励完善的发展机制"；（4）"常规保证与研究创新的动力机制"。

如果说，变革之前的秩序可能是自发形成的话，那么变革所追求的新秩序及其内隐机制需要有意而为。例如，传统意义上学校管理组织习惯于上传下达，形成的是由上而下的"命令—执行"式的单线垂直路线，形不成有分支、有回路的真正的机制，这是因管理的重心过高、调控的方式过于单一所致。如果变革的策略是强调重心下移，那么原有的路线将转换成由下而上的自主运行机制，这样一来，上下级沟通的方式，参与者之间的分工合作、责任权利关系，责任部门或责任团队的职能及活动方式等等，都有可能发生变化。只有清晰地认识到这种变化的缘由和意义，才有利于提高变革的自觉性，而认识变化并及时调整，有赖于机制研究的质量。所以，机制研究是使变革走向稳定、走向成型的关键路径。

二、学校内部组织机构重组后引出职能转换与功能整合新话题

推广研究阶段，不少学校提出并试行过"二级管理"，也遇到了机构重组或撤销后新机构新部门的职能如何重新定位的问题。基地建设启动以来，一些学校开始深化这方面的变革性实践。如闵行区实验小学在机构和制度改革上重点抓了行政组织机构的调整与运行，将中层管理部分改组为四个部，即课程教学部、学生工作部、校务工作部和信息技术部，实际上形成了部门负责制。在名称上尽管"科研"两个字没有了，但实际上渗透到四个部门分管的各方面工作中去了。调整后的四个部职能发生了转变，主要是决策和规划的职能增强，中层干部主动思考和规划自己的工作，不再静等校长的指令。如数字化校园完全由信息技术部策

划，课程教学部成立增强了课程意识以及课程教学一体化意识，学生工作部使学校德育超越了"小德育"观念，全面关注学生校内外的生活与成长，教育教学以外的事情都由校务工作部担当起来，统筹协调的能力增强。

如果说实验小学的组织变革主要是行政性组织的变革，那么，新基础教育实验学校的尝试则是对非行政性组织的探索。后者倡导由骨干教师领衔的"项目工作站"，即由骨干教师组织部分教师组成课题组，提出所在学科、所在年级、所在部门遇到的焦点问题及其研究计划，经学校的"学科委员会"（同样是"民间组织"，由学科带头人和教研组长组成）的审批立项，组成工作站。工作站因对问题的发现而产生，因问题的解决而完成使命，因新问题的发现而重新组成……这种非行政性的组织是相对广泛化的活动产物，它使研究的氛围热烈起来，把教师的专业尊严树立起来。没有专业尊严，教师就只能是在"流水线"上忙碌的"熟练工"。当然，工作站不要固化，要开放，有变化和可发展，它的生命力要通过达到行政性组织不能达到的目的和效果而显现。

除了丰富组织类型、调整组织机构外，新型学校的组织变革还注意减少组织层级、形成组织网络。典型的做法是将原来相当于一级管理组织的中层管理机构，由传统的上传下达方式，转变为发挥参与决策与策划、担当咨询与参谋、承担服务与协调等新的职能。这样一来，减小了管理的跨度，强化了基层组织，尤其是学科和年级这样的教师专业组织的自主权，拓展了这些组织自我发展的空间，调动了他们自主开展变革研究与实践的积极性。同时也加强了各层、各类组织之间的联系与互动，共同构成充满活力、动态发展的学校组织新形态。

三、重心下移后的组织变革进一步激发教师专业团队的活力

"新基础教育"基地学校在实行管理的重心下移之后的组织变革呈现出一个明显的特征，那就是教师专业团队的活力被极大地激活。以常州第二实验小学为例，该校把二级管理体制重建的目标定位在：降低重心，提供时空，发挥管理者和教师的主动性、创造性，提高管理效率，具体措施是：（1）开展年级组长负责制的学生发展研究。学校下放管理权限，各年级组在三部（学校发展研究部、课程管理与研究部、综合服务部）指导下，组织日常教学、教育科研、教师培训、学生发展、文化建设等工作实施与评价，职能部门实行质量监控，各司其职，提高了管理的针对性和有效性。实践中发现，加强年级组建设，除了在维护正常的教育教学秩序，提高学校日常管理方面发挥重要作用外，已经在学生发展

研究，特别是关注学生成长需求，策划组织符合本年级学生年龄特点和认知水平的成长系列活动中显示了自己的优势。（2）开展学科主任（组长）负责制的课堂教学研究。大学科组以发展需要为主线策划活动系列，如学科组规划制订、大组教学沙龙、研讨、专题报告等，学科主任平时重在协调和指导，而小教研组长则负责并参与集体备课课间、午间同年级自发的闲谈式研究，小教研组活动不论时间，不选地点，不拘形式，可随时发生，也可随时结束。大小教研组交替开展活动，有分有合，较好地实现了"把日常教学工作与研究融为一体"，满足了教师提出的"活动要贴近日常教育实践"的需求。

以闵行实验小学为例，他们将本校研训的重心全面下移到教研组层面，以组内的研究课题为引领，通过"前移后续"的教研活动方式，来全面、深入、扎实地推进每一个教研组日常的专题性教研活动，以此促进组内每一位教师日常化的实实在在的专业成长与发展。

所谓"前移后续"的"前"、"后"是以某一次基地学校共同体层面上的某学科专题研讨活动为"中点"的。以往这种专题活动，是谁承担研讨课谁操心，其他学校老师，或者即使是承办学校但并不担任执教的老师，都是事先毫无准备，到时候才去现场感受一下。进入基地建设以来，我们渐渐意识到，有无准备性研究，参加现场研讨的效果大不一样。于是提前数周就研讨课的主题自己展开研究，自己上课、相互听评课，然后上"重建课"，有时重建课可以上到五六次，反复研讨反复琢磨。这就是"前移"。这样一来，可以带着自己的研讨结果去专题研讨现场听课评课，对照兄弟学校老师和华东师大课题组老师的评课，反思自己的研究结果。回到学校后，再继续展开听课评课、反思重建的活动。这就叫"后续"。

到后来，学校把这种教研方式进一步扩展到校级甚至学科组或年级组层面，逐渐形成了一个个与日常教学过程联系紧密的专题或课题，每次专题性教研活动前后，教研组内教师都要围绕主题内容进行"前移性"和"后续性"的学习、反思与研讨。由于前移后续过程需要多次反思重建，于是同年级的老师轮流担任执教任务，人人都有参与的机会。

事实上，在"新基础教育"基地建设启动以来，11所基地校的大多数都不约而同地探索出类似的教研新方式。"前移"、"后续"最具革命性的意义，是把教研活动由指向"事"（完成教研任务）转变为指向"人"，因为"前移"和"后续"活动使教研组每个人都获得发展机会。同时，这种方式的研究，带来了教师团队分享资源、共同发展的良好效应。起初，在不少学校确实需要用制度来强化和保证这种新方式的开展，然而，随着教师从中尝到"甜头"，逐渐走向自觉时，一种新的教研文化也就产生了。

四、学校的制度创新与文化生成形成了良好的互动与双向建构效应

（一）学校内部制度建设以关注成人成事为基本导向、以动态生成为基本方式

制度是为建立必要的秩序而产生而存在的，为了秩序的形成与保持，制度会对人的行为产生制约，但是制度并不限制人的创造与发展，而是为了人更好地发展。新基础教育的制度观认为，制度是为教师积极参与学校改革发展和个体发展创造条件，有利于全员参与，有利于形成合力。

例如，闵行区华坪小学从制度改革的就事论事、加加减减到思考制度的系统变革再到把特定的价值追求加入到制度变革的宗旨中，体现了以人的发展为本，体现了人文精神，华坪小学把原有的分散状的 14 项教学与研究制度合并为一项，从教学计划管理、教学内容管理、教学过程管理、教学考核管理、教学质量管理、教学研究管理等六个方面提出规范性要求，有的还附上建议与指导意见；又如新基础教育实验学校由单纯的"成事"观点向"通过成人来成事"转变；上海普陀区洵阳路小学对那些限制了师生个性张扬的、已经融于教师行为的，或者不适应新的要求的制度进行删除、简化或改造；浦东外高桥小学提出了以评促教，由外控转为内需，鼓励参与、体验、分享、成长的激励机制；崇明实验中学则重点抓了科研制度和机制问题。

"新基础教育"从不把制度看做是一劳永逸的东西。制度的改造、生成和更新过程，其形态上是互动生成的，其实质是所有人参与的。基地学校的制度建设总是从本校改革的实际出发，着眼于处理好多方面的关系，有计划有步骤推进改革。制度更新过程中，尤其重视教师的参与和创造，在对话和尝试中不断生成完善。也就是说，制度是"我们"的制度，不是校长或哪一个人一相情愿规定的制度。

（二）基地学校的制度创新，以决策、研究、责任和评价为基本内容

基地学校的制度创新，主要涉及决策、学习和研究、责任和评价等方面。关于决策制度，各基地校在启动的第一学期，就由校长牵头，经过上上下下的信息沟通与互动，形成五年学校发展的基本规划，把做规划的这一过程加以提炼，决策制度及机制也就显现出来。学习研究制度是"新基础教育"十余年的传统，没有学习研究就不能形成新的参照系，就不会有新的行动，学校领导意识到要带

头做"好学者"、"好思者"，否则就会在实际上失去做领导的资格，而教师要做一个新型教师，组织的学习是其自身发展的一个新的基质。责任制度体现了责权一致的理念，"赋权"必须有"问责"作保障，享受一份权利，就必须同时负起一份责任。评价激励制度目前正引起高度重视，2009 年基地学校将接受中期评估，而从 2008 年起，评价和基地自我评价的问题就要提上日程。

（三）　在关注制度建设的同时重视制度创新与文化生成的相互促进

组织或团体内成员参与制度形成的过程，也是文化（主要是制度文化）的形成过程，参与、对话、协商等活动的本身，也是个人和组织形成相应文化特质的基础。闵行实验小学提出了"自主—合作"之制度与文化的双向建构思路，明强小学正在形成审美文化，华坪小学则在探索和乐文化……这些均体现出学校进行文化建设的自觉意识和行动决心。

还有不少学校总结出制度创新的阶段问题。如洵阳路小学经历了"依靠校长个人魅力诸多事情都亲自去做"、"用系统的制度加以规范"和"超越规范、创建学校文化"的制度创建三阶段；华坪小学则在对制度的认识上经历了三个阶段：首先是意识到要把课堂教学、班级建设过程中形成的制度文本稳定下来；其次是意识到制度建设是一个系统工程，需要有整体思维，将制度建设的价值取向定位于为师生主动健康发展服务；最后是认识到制度建设必须目标明确，关注制度的动态生成，在明确取向、分析校情的基础上，让制度建设人人知晓、人人参与、人人得到锻炼和发展。到第三个阶段，哪是制度哪是文化，在事实上已经难以区分开来。

参考文献

著作：

[1] 叶澜：《"新基础教育论"——关于当代中国学校变革的探究与认识》，教育科学出版社 2006 年版。

[2] 叶澜：《总论：在裂变与重聚中创生——2001～2005 年中国教育学科发展评析》，载叶澜主编：《中国教育学科年度发展报告 2005》，上海教育出版社 2007 年版。

译著：

Northouse，P. G. 著，吴荣先等译：《领导学：理论与实践》，江苏教育出版社 2004 年版。

外文著作：

Terrence E. Deal etc（1999）：*Shaping School Culture：the Heart of Leadership*. California.

第十一章

当代中国学校的文化建设[*]

文化建设历来是学校领导必须承担的一项重要且具有全局性的工作，它往往被理解成校园文化建设，强调学校物质环境、制度环境和心理环境的建设，突出学校特色和个性的形成。自课程有显性和隐性之别的西方观点引入国内以来，学校文化建设又被称为隐性课程建设，因此还被纳入课程论的范畴。然而，且不论隐性课程与校园文化是否可等同，若把学校文化建设仅仅与校园文化、课程建设联系在一起，必然缩小了学校文化建设的意义、任务与功能；在学校处于转型性变革时期的今日中国更是如此。

当代中国学校领导首先要有一种文化自觉，即意识到学校的文化精神，学校在当代中国社会的文化发展中的历史使命。这是由中国社会的学校文化建设与社会大文化复杂生态直接关联所决定的。也是由学校在文化继承和创新中的独特地位与功能决定的，我们把这一意义上的学校新文化建设称为学校大文化建设，把通常理解的校园文化建设称为学校小文化建设。尽管这两类文化建设相互沟通且都体现在学校之中，但是两者思考问题的立场与视角存在区别，对学生身心发展的意义和对教育者的要求也有不同。基于有关小文化的建设讨论甚多和本章前面的论述中已有涉及，在此我们把讨论的重点放在学校大文化建设方面。

* 本章由叶澜撰写，原文发表于《教育发展研究》2006 年第 8 期（A 版），辑入总报告时作了修改。

第一节　文化与学校关系性质的再认识

　　学校大文化建设的实质是学校文化精神和使命的确立。[①] 对于当代中国社会而言，这种学校文化的自觉，首先要反思已经形成的学校与文化关系的观念，进行当代中国文化与学校关系性质的再认识。

　　自工业社会以来，文化与学校的关系性质，主要强调的是"传递"，即将传递人类已有的文化之精华——以学科方式组织的知识、技能等，看做是学校教育的功能。还有人把这种功能称为"教育遗传"，以示与生物界用"生命遗传"保持类特征延续的区别。尽管在传递中也强调培养学生的智力、情感乃至创造力，但这是文化与学校教育的一种间接关系。这种"学校文化功能说"在本质上强调教育的文化使命是"保持"，而不是"发展"。若进一步分析我们还可以看到，这一观点背后的三个前提性假定：第一，文化被理解为一种人类已创造出来的、已定型的存在，它是以往历史的积淀。第二，突出了文化与文化之间在纵向发展上的继承性，未涉及文化冲突与转型问题，即社会转型时期的文化问题。第三，在认可教育的传递功能时，没有或不认为教育在特定的社会背景下，有可能或者有责任直接参与新文化的构建，即认为教育不必也不具备超越现有文化的功能。显然这是在抽象的、常态社会意义上讨论教育与文化关系所得出的结论。当代文化研究的发展、社会变化的加速，尤其是当代中国转型期的特殊背景，都向上述定论提出了挑战。

　　当代文化研究充满着争论，并指向"文化是什么"这一最为核心的领域。荷兰哲学家冯·皮尔森（C. A. Van Peursen）结合时代致力于拓展文化概念并使之动态化的观点[②]，对我们形成当今的文化观十分有启发。他指出：目前人们正

---

　　① 有关这一主题的详细论述，参阅笔者撰写的论文《世纪之交中国学校教育的文化使命》，该文首刊于《教育参考》1996 年第 5 期，后辑入笔者主编的《"新基础教育"探索性研究报告集》，上海三联书店 1999 年版。在此涉及的相关内容以该文为基础，经选择、部分修增而成。

　　② 当代文化研究中还有一些重要的问题对我们当前的学校教育改革是重要的，如文化多元的趋势，在西方主要是探讨各种不同民族的文化是否具有共存的合理性，它们如何相互影响、相互作用。这是每一个采取开放政策的国家和民族都会面临的问题，何况我国目前还有转型时期的独特"多元"现象。文化的继承与发展是国内研究的一个热点问题，这是从时间维度认识不同时态文化的相互关系。从内容上看，还有现代化过程中科学主义与人文精神各自的更新和相互协调问题。此外，还有主流文化与非主流文化、文化的冲突与融合等有关文化分层、分流和动态变化的研究。许多不同的观点，甚至问题提出的本身，都为我们思考中国当代的学校文化使命，提供了世界和时代的不可忽视的认识背景。

在经历加速发展步伐的历史时期，文化的研究应"着眼于未来的文化策略"①，这是他的研究在价值取向上与其他人的差异，即由过去转向未来。在此取向指导下，皮尔森把文化概念拓展为"人对周围力量施加影响的方式"②，"文化"成了人的生存方式的同义语。这个改造拓展了文化的内涵，改变了对文化下定义的视角，不从历史积淀的角度，而从人与周围世界相互作用关系的角度，对人类的所特有的文化现象作了普适性概括。皮尔森进一步分析了文化的动态性，他强调，文化更应该理解成动词，"文化是人的活动，它从不停止在历史或自然过程所给定的东西上，而是坚持寻求增进、变化和改革。人不是单纯地问事物是怎样的，而是问它应该是怎样的。以这种方式，它能够通过确立超过实际状况的规范（超越性），而突破自然过程中或历史过程中所产生的确定条件（固有性）"③。"提出标准和运用标准的活动形成了一个超越的方面，它要求个人和集体不断地采取主动行为，建立新的起点，从而以这种方式突破自然的固有性。正是这种活动为人类历史提供了动态因素。"④ 在皮尔森看来，文化具有自身和对于社会双重意义的动态性和超越性。应该说皮尔森对"文化"原有的规范和局限于保存过去功能的突破是有力的。他突出了人的活动不同于自然活动的能动性、目的性与指向未来的超越本质，使人们的文化观念冲出了"产品型"、"过去时"、"凝固态"的限定，扩展到"策略型"、"未来型"和"流动态"，给文化的内涵注入了生命的活力，以此为基点再看教育与文化的关系就会发生极大的变化。

文化首先不再只是书本上、以各种符号或非符号形式保存下来的、来自过去的知识，不再只是学校以学科课程方式选择编制的教学内容的构成，这些内容也不再只是具有如斯宾塞早在19世纪中叶就提出的为我们美满生活作准备的传统贮存式的功能。当代对文化在教育中的功能更关注的将是形成学生对周围世界和自己的一种积极而理智的，富有情感的行为，探索、创造、超越现实的态度与作用方式。文化成为开发学生生命潜能并具有生命意义的一种力量，它超越了原来只作为教育内容构成的定位，作用上升或统一到目的层次。正是这种超越，使我们看到了教育在本真意义上向传统教育文化意蕴回归的走向。在中国古代社会中，学校教育目标与内容是一致的，教育内容是以怎样做人、成人的伦理道德为主线，有关知识、行为授受则是一种成人的践行。当然，这是一种成为当时之人的规训践行，但它与人的生命实践的统一性是清晰而自然的。社会的发展，尤其是近代工业社会以机械和分工为基础的生产、社会生活，以分科为特征的知识扩

---

① ［荷］C. A. 冯·皮尔森：《文化战略》，刘利圭等译，中国社会科学出版社1992年版，第2页。
② 同上，第17页。
③ 同上，第4页。
④ 同上，第5页。

张，都促使学校文化中为"成事"而必须学习的相关知识，成了与"成人"分开的重要的教育内容。"成人"这一根本的教育目的，在为"成事"服务的文化知识技能的学习、训练过程中被淡化、乃至遗忘。学生成了学习知识的奴隶，教育中文化的生命本真意义被丢弃。当代社会的进一步发展冲破了对新一代人只须掌握现有知识、技能的教育局限，要求教育促进人创造性、个性和主动精神的勃发，要求人具备应对变化、不确定环境的生存和发展能力，同时也为这种能力的发展提供了物质和技术的保证。新的文化观正是源自社会发展的客观需要，形成了教育与文化关系在复杂世界中，在人的生存与创造更高意义上的统一，要求教育在新的水平上实现"成事"与"成人"的统一。因此，学校不仅要求每一门课程，而且整个学校生活的每一项活动，都应渗透、弥漫着"成人"的文化气息和文化追求。

其次，学校教育中的"文化"也要作为动词来理解，在社会急剧变化的时代，文化在学校教育中需要实现面向未来的转化，具有直接参与新文化创建的任务。这意味着学校不能把"变化"拒之门外，把"世俗"与"流行"视作洪水猛兽，以昔日的围墙保持校内一方经典的净土。同样，我们也不能把以往人类的经验与文化，包括教育自身的传统都弃而不顾，只从时髦与流行中寻找当代人对待世界的模式。真正面向未来的学校文化，恰恰扎根于传统与现实的文化土壤中，孕育出超越历史与现实的文化。学校文化本身也应体现指向未来和超越的本质。

提出当今中国学校必须有超前的文化意识的另一个重要依据来自社会现实。中国社会主义正处在向现代化发展的重要历史转型时期：生产力的构成和整个国民经济的产业结构的转型可称为基础性转型；经济体制的转化、经济增长方式的转型可称为体制、机制性转型；社会发展观和发展模式的转型可称为系统性转型。这一系列转型尽管远未完成，却已深深地渗入到社会生活中的各个层面，影响、改变着人们的观念、态度和作用世界的方式（作为动态的文化的转化），我们可以把最后一类转化视为最深层次的转型，即中国人的生存意识和生存方式的生存性转型：在生存的时间意识上，从重视过去向重视未来转化；在生存方式上，从稳定向发展转化；在生存的价值追求上，从趋同向多元、自主创造转化。

上述不同层面的一系列转型，我们都用两极化的方式表述，但这远远不是转型社会复杂变化状态的全部描述。实际上，当代中国社会是在经历一场艰巨、痛苦却又伟大的变革。转型往往表现为对习惯运行轨道的偏离，或对社会已有各种稳定结构体系和秩序的突破。然而，并非所有的偏离和突破都是进步和合理的。在破旧的同时，新的未必就那么容易形成，夹杂在中间的也许是混乱、无序和基本规范的缺失。人的生命活力以前所未有的强度和广度释放出来，但并非都是积极、健康、发展的，同时并存的还有贪婪、邪恶和荒唐。时代的巨轮就这样，在新旧的矛盾与冲突、理性与非理性的风浪中不可逆转地向前。人们对时代的感受可能是既兴奋又沮丧、既渴望又焦虑、既获得又失落。这是一个需要人人在风浪中学会游泳的时代。

当代学校与文化关系的转变，学校文化的生命内涵和创造意向的提出，正是当代中国社会发展和文化观念变化的产物，是当代社会文化生态在学校文化中的表现。

第二节　社会文化生态复杂化前提下的学校文化建设任务

社会文化生态复杂化是当代学校文化建设不可回避的环境因素，它不仅作为与改革开放前学校所处的不同的文化背景存在，而且直接渗透到学校之中。学校中的人不是与社会隔绝的人，学校不在社会之外的真空地带。当代学校必须在认清这一复杂生态的前提下，明确提出具有现实针对性和发展意义的文化建设任务。它是当代学校实现文化创新的内容构成，这些任务主要是：

一、市场竞争和消费社会生境中的人生导引

当前中国社会价值观正在由一元向多元发展，原主流价值系统已受到挑战，失去了原来全面主导、支配人的行为的地位，而新的主流价值体系尚未形成。各种不同价值观的相互冲突尤为激烈，这集中表现在人生观与生活方式上，表现在人的身心状态上。有人称当前中国社会已进入压力社会和消费社会。这是中国历史上第一次出现的状态，是市场经济在中国近二十年来急剧发展，竞争空前激烈和社会财富增加，但文化在价值观导向上滞后的产物。

压力社会是市场经济竞争加剧和高科技带来的社会变化加速的产物。人在社会中生存的不确定因素增加，不安全感增加，由此产生自我加压，为了提高就业保险系数、求得好的就业岗位与生活条件，人不断地提高学历，读各种证书，一人兼多份职业或为高薪和福利不断地跳槽等在城市青年中已是普遍现象。对农村青年来说，只要他能看到外面世界的精彩，只要他有机会走向城市，外出打工则会作为一种首选的生活道路，摆脱贫困是他们最强烈的愿望。无论是谋求更好的生活还是摆脱贫困，从本质上来看，都是为金钱和直接可见的利益而生存，

"利"在人生价值观中地位的提升已成了不可避免的事实，在市场经济的社会中人不能无金钱，人不能不谋利。

人对利的追求和压力社会的精神焦虑已经直接影响到学校、教师与学生，其集中表现是升学竞争的下移、尖锐化和市场化，而城市的独生子女化又加剧了这一势态。这也就必然导致一些不正当竞争方式的出现，其必然不利于学生的身心发展和健康、积极、向上的人生观与生活方式的形成，不利于生命成长中的青少年产生丰富的精神体验。

在社会与家庭、市场与行政的多重压力下，学校领导与教师往往也被赶上这条趋利的快车道。最直接的是所谓"乱收费"，教师上课"留一手"，课后收费补课等。这也就使学生和教师变成为学校而存在而不是相反，是学校趋利化的集中表现。

由此可见，如何对待人生观中利的获取之价值，不仅是教育学生，而且首先是学校中的领导与教师要用教育实践回答的问题。"利"的问题进一步引申，则是如何处理个人与他人、群体及社会关系的问题。

压力社会主要从获取财富的角度，关涉到人生观与生活方式的多种选择。消费社会则是从拥有财富以后如何生活的角度，涉及同样的问题。消费社会与生产社会的主要区别在于消费成为主导生产的力量。市场为了获取更大的利润，在引导消费的策略上，一方面是世俗化，突出对人的感官刺激和诱惑，不求什么意义、内涵。强调包装的华丽、品种更新换代的速度快、使用的方便、利于大众参与等是其主要的品质。这种"快餐化"的物质消费方式，在文化消费上同样存在。如卡拉OK、迪斯科舞、电脑游戏、电影娱乐片、搞笑电视节目和追星族的栏目策划，文学中的性泛滥等都是突出的表现。市场引导消费策略的另一方面是名牌化，它属于奢华消费，目前国际上名牌消费品纷纷进入中国主要城市，已经形成了以白领和高收入家庭为主要对象的消费市场。在一定意义上，品牌的高低成了评判人的财富实力和社会地位的标识。消费的等级用最外化的方式表达了社会阶层的差异。类似物质品牌的消费还体现在文体等活动中，如高尔夫球场的会员制、昂贵的剧场票价等。

上述消费的两端都影响着成长着的青少年和学校。麦当劳和肯德基影响了他们的口味和身材；迪斯科、游戏机战占据了他们的课余文化；电视剧传递着时尚的伦理；超女引发了他们的明星梦和打造了世俗化的偶像。品牌尽管不是孩子凭自己的能力可以获得，但常常成为相互攀比的一个内容，成为家长炫耀的资本和刺激子女的强心剂。而家庭贫寒的学生往往因这些因素造成了他们的自卑，尤其在城市中，生活、消费水平的差异会造成不良的学校生际关系，一些学生萌生出或迁怒于家长，或仇恨社会的偏态心理。教师自叹尽管辛苦不少，但地位不如白领炫目，也会产生出各种心理不平衡。教师的社会地位和消费水平、衣着打扮，同样影响着学生的消费品位，影响着师生关系。除此以外，在改善学校的基础设施和现代化的过程中，也出现了学校高消费、追求豪华的消费心态，这在一些社会上有影响的知名学校，特别是高中寄宿制学校和民办寄宿制（一般为12或15年制）学校中更为突出。

"为财富而生存"成了在高压力和高消费社会中生活的人，在人生观和生存状态方面具有的相当普遍性的写照。人生观和生存状态的多元是在这个大背景下的区别。其中，尽管有强调精神生活和人生意义的声音，但在强大的市场背景下显得微弱。"为财富而生存"同样在观念、物质、活动等方面，影响着今日的学校生活和师生的生存状态。但是，无论是发达国家的历史还是今日中国的现状，都表明财富不是幸福人生的直接构成，更不是全部。财富甚至还可能成为犯罪的根源。因此，当今学校文化建设的十分现实和重要的任务，不是回避或以精神否定财富的方式来形成学生积极的人生态度，而是要从财富与精神、幸福人生关系的意义上，帮助学生形成健康、积极的人生观和生活方式。这是基础教育学校文化建设的首项任务，不仅对于个体如此，教育给予学生的最宝贵财富就在于使人成为能提高生命质量和把握人生的人；对于社会来说也是如此，社会需要有智慧和丰富的新人来不断推进更富创造和更富人性的社会发展。学校文化、无论是科学的、人文的还是技术的、社会的，无论是低年级、中年级还是高年级，无论是教学还是教育，学校生活的一切须尽全力去实现下列的一切：拓展学生对人性和世界丰富性的体悟和认识，让学生对未知、未来充满向往，对学习、探索本身充满兴趣并能从中获得内在的满足。让学生树立自信，懂得人生必会遭遇各种不测，环境必有顺逆，人只能在各种环境下生存和实现发展，怨天尤人无用。每个人都只能自活，不能被人代替活。可靠的、可把握的、可运用的、别人无法夺走和代替的根本力量，是一个有足够实力和意志、有明确目标、善于策划、能与环境对话并能战胜自我以及与他人合作奋斗的自我。使学生相信只有合理的愿望、合法的手段获得的财富，才是坦荡的财富。相信财富是人的奴隶，不是人的主人，用财富完善、丰富人生，能使财富体现对个体有意义的生命、人文的价值。相信自己是可变的、可发展的，只有提高本身的需求水平、丰富性和实现需求的能力，才能创造和享受幸福的人生，才能在成就最好自我的同时，为事业、社会作出自己的最大贡献。

二、西化对本土浸漫背景下的文化培根导引

开放，是转型期社会的又一重要特点。把世界各国尤其是发达国家作为中国

现代化过程的重要参照系，关注全球性的发展趋势、问题与对策，强烈的赶超意识和以强盛的姿态屹立于世界民族之林的愿望，以及对发达国家经济实力、先进科技、消费生活水平的赞赏、羡慕都使外来文化以顺畅的势头浸漫到中国社会的各方面，渗透到各地各区、城市、街道和大大小小的家庭，其内容涉及技术、生产、思想、管理、观念、制度、科学、艺术、商业、消费、生活、娱乐、教育、医疗，几乎无所不包，无孔不入，如此强劲的势头可谓空前。

无疑，异域文化参照系的确立及其适度的渗入，具有推动本国文化发展的转型、加速现代化进程的积极价值。但是，这种"迟发展效应"，并非都是积极的，它也有严重的、消极影响的一面，如若对此缺乏警惕，无策以对，就有可能出现民族经济发展受阻和文化殖民化的倾向。需要说明的是这并非"杞人忧天"式的推测，它在现实中已经有所表现。在新中国建立后绝迹多年的娼妓、吸毒、赌博、贩毒、黑社会等的重新出现是其最表层，也是引起一切善良公民反对和忧虑的负面表现。稍为软化的、易被接受的是西方文化产品的多层面、多类型的输入，从文化用品、电影、电视、游戏软件，到文学、艺术展品，以及各种反映西方文化的传统节日如圣诞节、情人节等在国内的盛行等已达到使政府部门意识到：我国在全球化中处于文化传播弱势的现实，意识到我国文化软实力的薄弱与有13亿人口和五千年文化古国不相称的地位，进而提到了文化安全的问题。然而这一切在青少年那里是没有感觉的，他们被新奇、刺激、快节奏吸引，年青一代赶洋时髦的热情空前高涨，对民族历史、文化、经典、节日和民俗疏远，对民族文化的情感和特色意识日趋淡化，最易被忽视的、然而却深入到文化最微观层次造成负面影响的，是对语言——"民族文化的精神家园"的消极浸入，它表现在一块块以洋名显示高档、招徕顾客的商店招牌和商品品牌上，在日常交谈、荧屏里常可听到夹杂的洋文声里，在全社会学英语的热潮中。难怪时任英国财政大臣的布朗2003年访问中国时得意地说：英国在继续进口越来越多的家电、服装和其他东西的同时，可以用一样东西来平衡，这就是英语。英语教学作为一项出口，它的价值在5年里已经从65亿英镑增加到了130亿英镑，大约占GDP的1%。[1] 在近百年中国史上，当前是外来文化第三次，也是最大一次向本土的浸漫。中国表层的文化土壤已发生变化，西方文化不再是陌生的面孔，它正在以悄然无声的方式向深层浸透。在这个过程中学校教育也非超然世外。我们且不论师生的校外文化生活，只就校内的学习生活并以外语为例，外语在学校中的学科地位空前提高，不仅开课时间下移到小学一年级甚至幼儿园，而且自初中起与本国语的课时持平。即便如此还意犹未尽，有的学校打出"双语教学"、"国际学

---

① 引自赵启正：《文化复兴是民族振兴的基础》，载《中国证券报》2006年3月3日。

校"、"有专聘外教"、"外语特色"等招牌吸引生源、抬高身价，有的学校以与国外合办，或毕业生可直接进入国外某（或某类）大学作为高收费的砝码。学外语还受到学生和家长的追捧，在许多家长的心目中，外语的学习是捧金饭碗的敲门砖，比本国语还要重要。留学的低龄化和风潮化是又一标志，国外的教育机构也以中国为教育市场大举进入。在教育改革与国际接轨的旗号下，学校不仅出国交流的频度大增，而且以西方的理论、改革动向为标的，移植、追赶之风不减，现在已开始了某些学科整套使用外语原版教材的试点。某些市和地方政府还推出了让国外机构培训国内校长的名校长培训工程。由此可见，学校追洋、西化的风潮之盛还与行政力量和政策的支持相关。率先行动的常常是一些国内有影响的名校，其他一些学校虽心向往之，但力不足，做得不够非不愿，而只是不能。形成鲜明反差的是学校民族文化教育的一面。它虽非无，但与加强外语和对外来文化的态度相比，显得乏力。如民族文化和传统的教育，学校通常将其划在德育范围、与政治节日活动相关，这使其与学生的性情、兴趣距离增大，以表演节目和集中大型活动进行相关教育的方式，又使相关教育像风一样地吹过，有时还有许多形式主义、只求完成任务，不求实效的心态，本土文化的浸润作用和功利价值，在与西方文化相比时都显失色。

　　全球化和中国目前处于文化传播弱势的地位不可能在短期内发生转变，但中华民族的全球性生存和伟大复兴不能没有文化复兴。学生成长中对民族文化、语言的认同是一种根的认同，是将学生个体精神世界与民族精神血脉联通的重要纽带。

　　面对如此的现实，包括学校的现实，学校领导必须清醒地认识到：通过学校教育实现青少年一代文化培根的导引，是学校文化建设中关乎民族文化兴旺的大事，是任何国家都会关注，且不能依靠国外文化引进来解决的大事，是只能由自己来做的大事。改变盲目迷信、迷恋国外文化与教育的心态是学校首先要做的工作，而后才可能认真对待和承担起文化培根的任务与责任。它不是一项单一的工作，而是要内化在学校的一切工作中；它不只是加一些课程、读一些经典文献诗词，而是要用民族文化的精神浸润学生的心田；它不只是让学生多一些知识、技能或工具，而是要树立21世纪中国新一代的民族自尊、自信，使他们成为国际文化交流中的平等对话者、民族文化的传播者。只有对自己民族文化的精神和财富有了体验、沟通、把握与由此而生热爱的人，才是有根的人，才能更好地走向世界，才能在面向异国文化时真正吸收到有助于本国文化生长发展的营养，增加民族文化的发展与创新能力。

　　民族文化的根只有在一代人的心中扎根壮大，才有绵延发展的生命力，这是学校教育亘古不易的使命，在全球化还处于弱势地位的今日中国，这一使命的实现虽然更为艰巨，但也更为关键和迫切，清醒并自觉地承担起这一当代文化使命，是学校文化自觉的重要表现。

三、现代与传统纠缠状态中的未来导引

无论是从个体角度看当代学校教育有关个人健康、幸福人生导引问题，还是从社会角度看民族文化的培根导引问题，都可以归到更为综合和以时间为维度的一个新问题——现代与传统纠缠中的文化发展的未来导引问题。个人生活在时间与空间的连续与绵延之中，时间内含着不同空间的交互与碰撞。因此，学校新文化任务间的关系不是简单的并列，而是将个人、社会的文化关系，层层综合到具体的、历史的、关联的、交互的时空之中，旨在明晰指向发展与未来的今日学校的文化创建使命，形成当代新型学校的文化自觉。

现代与传统的纠缠是今日中国文化生境中十分突出和独特的一个景观。就"现代文化"而言，包含的不只是上面已经提到的时尚消费文化、西方流行文化，而且还包含着当代十分突出的科学技术文化，以及体现当代精神的学术文化，涉及到物质、观念、价值观、人生观、生活方式、思想方法、科技人文等与人相关的社会生活的一切方面。传统涉及的方面与现代相同，但它源自历史的积淀，不仅有凝固的历史态，还有存活于当下的现实态。在社会常态稳定发展时期，文化更多呈现的是传统的承继与发现，现代的因素只是点状、局部的起着更新文化的作用，且通常以补充、提升传统的方式进行，不会出现激烈的冲突。但是当社会进入非常态的激烈转型时期，"现代"似潮水般地涌进，年长一代无法适应，年青一代兴奋地投身，现代与传统就会出现对峙与冲突，并在两代人的显著不同的取向上得到显明表现。正是从这个意义上，当代学校教育如何在现代与传统的纠缠中进行以面向未来为导引的新文化建设具有特殊的时代和教育意义。

在此，我们用"纠缠"而不是用"冲突"、"对立"来表达现代与传统的关系，是因为两者本身不是那样黑白分明，而是具有多重关系。以传统而言，尽管我们惊呼现代人对传统的经典越来越疏离，对本民族的传统节日没有以前那么重视，在年轻人那里还不如过洋节那样有兴趣，民俗、戏曲等中国特有的文化形态正在消失。然而，传统经典所反映的中华民族的价值观念、思维方式、情感体验，还相当普遍地存活于生活在中国土地上的人们的头脑中，成为支配人们行为的一种精神力量和认识世界的最内在方式。汉字的独特形态依然是民族的象征，汉语的丰富性、独特的表达力和内涵的想象空间，数千年的文明史，使中国人拥有其他民族不可替代的人类最丰富的精神、物质家园和独特的中国智慧。它以悄然无声的方式存活在我们的日常生活中，看似无形，但一旦遭遇强大的灾难、处

于生死存亡的危急关头，就会汇聚成挽狂风巨澜之伟力，使中华民族数千年来生生不息地屹立于世界民族之林。中国传统文化中内涵的开放性和包容性，转换和可变的机智性，又使传统具有吸收现代和实现当代更新的能力，是传统本身提供了传统发展的可能和基石，它并不是以一种阻挡现实发展的力量存在于当下。可以说，没有传统的现代是不存在的。

传统与现代在文化上确实存有差异、直至冲突，这是纠缠的另一种表现。差异、冲突的存在一方面是因为一个半世纪前中国的现代化历程是以外来文化借助武力打开国门的方式开始的，而且长时间与外来文化处于相争的状态，中国的弱势地位又使其缺乏与外来文化对话的可能，从而滋生出对西方文化或依赖仰视、或追赶模仿、或敌视排斥的偏态。另一方面因为外来文化中的科技因素及其渗透到一切领域的广泛应用，使中国社会结构和生活方式发生重大的变化。它既改变了一部分人的地位和生存状态，同时又衍生出许多传统社会中不可能发生的新问题。再加上现代西方文化内含的独立个体之基本立场和伦理价值观，对个人独立意志的尊重和西式平等、民主的维护，与中国传统中的人伦立场和等级秩序平衡的维护不可能简单相加或相容。

中国当代文化的发展只能在这样的纠缠中实现。但是，实际上无论是对中国传统文化，还是对以西方为代表的现代文化，当代的中国人大都还没有完全读懂。对传统缺乏的是自觉、深究和活化，对现代缺乏的是理解、选择和我化。如果从发展的眼光看，正是这种"纠缠"的存在，提供了丰富的资源和复杂的、多种可能与路径，使中国当代文化的发展有可能蔚为大观，创造出包含着现存又超越现世的新的文明。这种新文化的创造者将在今日的学校中养成，为此需要学校承担起文化上的未来导引任务，它不仅关乎中国，也关乎人类新文明的创造。

学校教育大文化建设中现代与传统的关系有多重表达。从根本上看，学校是人类社会、民族文化繁衍纵向沟通的最重要的机制，继承和发扬文化传统，参与当代新文化的创造，为未来新文化的创建培养人才，是学校作为社会存在之必要的重要依据。目前，国内对传统文化的重视出现了一些新的气象：由民间或办学机构提倡和掀起一股"国学"热；学术界开展了关于中国传统文化，尤其是儒学复兴的讨论；政府则提出建立和谐社会的目标，寻找这一目标提出的理论、现实和传统的支撑，还通过参与祭孔等传统仪式和保护文化遗产、尊重民俗节日等外显行为表达对传统文化的期望。这是值得学校关注的现象，也为学校在继承、发扬传统文化方面提供了社会条件。但学校新文化的创建不能仅局限于此，而要着力于传统与现代的沟通。学校要区别文化的精神、知识、技术、工具和行为方式等多种层面和载体，区别不同文化的异同，明晰在具体历史和社会条件下整合的原则，研究当代学生精神成长所需的"文化营养"。唯有如此，学校才能将大文化的建设落实并发挥文化创新中的未来导引作用。

学校新文化的建设还要求处理好一系列的教育问题，尤其是处理教育改革中的传统与现代的关系，以及教育中的师生关系。前者重在完成教育观念、办学行为和教育行为由传统向现代的转换，它需要对传统的深究、激活与更新，也需要对现代西方教育思潮的辨析、取舍与吸收，更需要基于当代中国社会和教育实际的、面向未来发展的整合与创造。后者重在建立起新型的师生关系，它既不是传统的师道尊严的维护，也不是像有些人十分强调的当代新一代对老一代的反哺作用的增强，"反哺观"是一些对当代信息技术，尤其对技术的作用特别强调的人所持的一种观点。我们认为在对新技术以及由此而带来的一系列包括学习、生活等方式的变化方面，新一代的接受和喜爱程度会强于成年人，极端的还会沉溺其中，但不能因此而把"反哺"看做是一种普遍现象乃至规律。因为技术不是也不能代替一切，成年人与青少年相比，最大的财富在于成长经历与成熟水平。正是在这方面具有的经验和自觉，使成年人有可能作为老师；也正是在这方面缺乏经历和体验，青少年需要老师。"新基础教育"主张建立的新型师生关系，是以师生相互在人格上的尊重与关爱，在认识上的理解与沟通，在行为上的自主与协同，以及教师的积极导引和学生的主动发展相结合等为特征的，富有教育性的民主、平等、合作、发展的师生关系。

以上从社会转型的角度阐述了转型时期中国社会向学校提出的文化的超越性任务，同时，也简略地展示了当代中国学校所处的前所未有的复杂文化环境。这种环境一方面以外在于学校的社会存在方式作用于学校，使社会文化影响与原有的学校文化之间产生众多的不一致、矛盾和尖锐冲突。另一方面它又渗透到学校内部，造成学校内部文化的复杂生态。这是每一个在学校工作的人都能感受到的事实：如学校中育人目标与经济效益的矛盾；教师意识中义利关系观念的变化及其在职业行为中的表现；师生之间、青年教育与中老年教师之间价值观的差异、矛盾与冲突；新旧教育观念的碰撞；学科知识价值的判断和实际上的重新定位；校内文化氛围原有传统的打破等等。它们均让人感到喜忧交加，在看到新目标的同时，又感到失落和茫然。校内外生态的复杂已经把教育者推到如此两难的境界：要固守原有的学校文化模式不仅不能适应社会的发展，而且在实际上也守不住，无论你愿意还是不愿意，变化已经出现，并且还在进行之中。要想按新的培养目标改变现有的学校文化状态，社会又还没有形成可直接供学校所用的、体现中国社会发展和新世纪人类发展精神的新文化体系，社会自身还在转型的初期运作中。因此学校要完成适应新时期发展所提出的新文化任务，唯一的出路是参与到社会新文化的构建中去，按社会发展的要求和时代的精神，构建超越现实的新学校文化。这就是笔者认为社会在不同于常规发展的转型时期，学校面临的文化使命。

第三节　创建学校新文化的策略

学校教育如何构建新的学校文化？凭空制作显然不行，把各种"流行"拿来拌成"文化色拉"同样不行，让各种文化轮流坐庄，或"只取其一，不及其余"也不行。在笔者看来，可以采用的合理策略是整合。需要指出的是，"整合"在有些文化人类学家那里是对不同类型文化相互作用后产生的融合状态的描述。例如美国人类学家恩伯夫妇（Carol R. Ember, Melvin Ember）所著《文化的变异》一书中就认为："人类学家认为文化往往是整合的，其原因之一就是，文化一般是有适应性的。"[①] 因为"构成文化的诸要素或特质不仅仅是习俗的随机拼凑，而是在大多数情况下相互适应或和谐一致的。"[②] 还因为"人们倾向于自觉改变那些从认知和概念的角度看来与其他信息不一致的信念或行为。"[③] 即"文化整合不仅可以由适应性所导致，而且也可以由认知所导致。"[④] 然而，本文所说的"整合"并非只是上述形容词类的状态描述，而且是动词类的。"整合"是对当前中国学校教育在现实状态中走出复杂困境、创造新的文化规范的行为策略的概括，它植根于当前情境，但要作出的却是超越历史和现实的新规范，还要借助于新建的学校文化规范，推动学校文化与社会文化的改造和重建。它们不是由简单的取舍而是通过整合而生。在这一节中讨论的文化整合策略尽管是较抽象的方法论层面的研究，但对学校文化整合在行动上具有重要的指导意义。

策略是人对解决某方面问题所须遵循的思维方法、原则与步骤的总体设定。并不是所有的人都具备策略意识，也不是所有问题的解决都需要制定策略。但对学校文化整合这样一个复杂而重大的问题，策略研究无论如何是必需的。

在思维方法上，整合要求突破原有的单一凝固的主流性文化的格局，转向对多维变化的关注，通过辩证的、批判性的取舍，经过结构化的处理，从原先统一失去后出现的纷乱中走出，形成有核心的丰富的统一。也就是说要摆脱我们常用

---

①②③　[美] C. 恩伯、M. 恩伯：《文化的变异》，杜杉杉译，辽宁人民出版社 1988 年版，第 47 页。
④　同上，第 48 页。

的处理简单问题的方法和按二值逻辑作非此即彼选择的习惯，学会处理复杂问题的综合方法，做到"多"与"一"的统一。新形成的"一"不是"单一"，而是有主有从，有层次、多方面的和谐统一；其"主"的部分，也不是由过去的"单一"或现在时行中的另一个"单一"来承担，而是由不同文化模式中的精华部分有条件和适度的整合组成。

就学校文化整合过程的基本步骤而言，首先需要明确学校文化的主导价值观，它是人类社会发展需要的主导价值观在学校领域内的特殊表现，与培养目标直接相关。然后是构建学校文化的总结构，在总结构框架清晰的基础上，再来勾画每一方面、层面的框架和内容。进一步研究进入到怎样在学校的各项活动中实现新文化追求的实践层面。这是一个由整体到部分、由价值到内容、由静到动的生成过程。学校新文化的生成最终必将促进学校教育的整体改造。

为了对现有的社会文化进行改造和实现真实意义上的整合，需要遵循如下几个基本原则：

一、取舍原则

它要求在学校新文化的生成过程中，对现存的各种文化作生成状态的判断和价值评析。如前所述，当前，我国已出现了复杂的文化多元现象，这一方面为形成新文化提供了丰富的资源，同时也产生了发展性问题。首先是面对多元文化如何取舍，文化相对主义无助于这一问题的解决，因为我们关注的是各类文化存在的合理性和共存的可能，只取文化相对主义的态度，必然导致无主次、无价值判断、无结构式的多元文化并存。为了整合首先需要判断。按历史的发展过程和现实的状态，判断某种文化现象出现的条件，判断其中合理的成分与程度，判断它在现实中是发展、是不足，还是过度，及其分布状态与特点，这些都是与存在状态及其合理性相关的判断。除此以外，还需按有利于人类和个体生存发展这一基于生命本质的标准，判断不同文化的存在价值。只有通过这两种评价，我们才可能把握每一种文化的特质与特殊价值，并在此基础上作出取舍，为混乱走向有序、无度走向有度创造条件。

二、综合原则

在对不同文化逐一分析评价的基础上，要实现综合。综合的原则是有关形成结构与关系的原则。它要求我们认真研究各种文化的关系状态与关系性质，列出纵横交叉的关系网络，判断它们之间相互作用的方向与性质，诸如互补与互斥、

345

包容与被包容。通过关系分析，可在认识上将上述经过评析的各种文化联结起来，置于相互作用的场之中，并给予恰当的定位（包括分层、分类、分阶段），形成不同于综合前的任何单一文化模式的新文化模式。

三、转化原则

以上两条原则是就处理社会现存的各种文化并形成超越于现状新文化的认识而言的，但这种新文化是一种理想的社会文化模式，还不是学校文化的直接构成。因此，需要解决转化的问题。首先是社会文化向学校文化的转化。关键是要围绕学校教育目标，根据对象的年龄特点和学生需要、潜力的差异，从内容到形式都进行改造。既要有相对稳定、对所有学生都适应的部分，还要提供可供学生选择的多样化的活动、内容与方法，形成及时吸收社会不断出现的新的、有利于学生发展的文化内容与方式的机制。这几方面促成学校需要的文化由外向内的转换。其次应建立逆向的转换机制，即形成使学校文化参与和推进社会主流文化发展的机制。只有在双向机制都形成的情况下，学校与社会文化的沟通才呈螺旋上升式，才有共时性，学校文化才具有开放的特征，才能完成自身面向未来和双重超越的现代转型。

第四节　学校文化个性的形成

学校缺乏个性，这是当代我国学校普遍存在且已被意识到的问题。目前普遍采用的改变方式是强调创建自己学校的特色，但大多数学校对特色的理解是作出"强项"，以强项点状呈现的方式标明特色，这已经在前面提及。

我们认为，学校个性的本质是文化个性。新中国成立以来，学校尽管有了很大的变化与发展，但大一统的观念、文化单一主流的规定，行政式的指导，使校长的办学缺乏创造空间。一旦校长的个性被磨灭，或本人原本就无突出个性，也不思进取，那么，学校无个性就成了自然而然之事了。因此，改革开放初期，把学校变革、更新、发展的希望首先寄托在校长身上，也确实出现了一批敢于搏击时代潮的新型校长，办出了有自己个性的学校。因此，舆论得出了有一个好校长，就会有一所好学校的结论，这是正常而不奇怪的。可以说，这个结论内含着合理的一面，即校长的精神状态和领导水平、能力与个性，确实会外化在学校的不同方面，会影响学校的发展。但只关注校长能力的提高，还不足以形成学校的文化个性。学校文化个性的形成，不仅要求校长有办学理念与文化追求，还要有全体师生和学校所有教育活动的精神融通方能形成。它既是精神的，又是实践的；既是个人的，又是学校群体共有的。

具体地说，学校文化个性的形成取决于学校领导对自己学校历史中形成的文化传统的把握和辨析，对当代社会变化和学校大文化使命的把握，以及对目前学校师生状态以及他们不同生活背景中形成的文化特征的把握，并在此基础上，提炼、形成体现和适应本校办学理念的文化追求。有这样一系列的具体的分析与整合，才能入木三分地勾勒出学校理想的、可实现的文化个性的建设目标。

学校领导形成的办学理念与相关的文化追求，要想变成学校教育渗透性的有机构成，还必须获得全体教职员工和学生的认同，并能创生性地体现在各自日常的教育实践中。学校领导形成和完善学校文化个性建设目标的过程，就有教师与学生的参与，这是一种有效的策划，它不仅有助于目标确定本身的合理性与针对性、可行性与发展性，而且还会增加师生对目标的亲和感。因为，这是他们一起讨论出来的共同追求。

学校文化个性的建设必须落实到学校的一切方面，在明确了目标以后，要有细致的行动方案，如：形成体现文化个性的校训和学校形象标志。在环境上要从建筑设计、整体布局与风格、室内外布置、墙面文化、走廊文化和绿化设计等方面都有文化个性的体现，这些是其他人走进学校就能感受到的、最为表层的文化个性的载体。进一步体现学校文化个性的载体是相对刚性的学校制度和稍有弹性的组织构架。若有统一的文化精神作支撑，人们能通过制度文本的阅读、解释和组织结构原则的评析中读出。学校文化个性最为深入的表现是在师生的精神面貌、心理状态、行为举止、人际关系以及各种学校活动的过程和处理各种教育事件的方式方法上，它也是学校文化个性形成中最富有活力和能将文化精神转换成真实的教育力量的构成。如果文化个性的建设没有深入到这一层面，那么，它不但是不完整的，而且将成为流于形式的、精神与行动割裂的不良学校文化；它会造成精神枯萎和实践无华的两败俱伤局面。要想最为真实地感受学校这一最深层面的文化个性，只有通过在相关学校生活乃至工作。

由此可见，文化个性的形成绝不是靠文化公司的包装就能完成，绝不是为了评比、展示服务所做的事，也绝不是由课程内容或德育内容单一方面、领域能独立承担的任务。对于学校领导而言，清醒地意识到这一点十分重要。不要忘记，学校是滋养和创生文化的宝地，不要让学校变成不知学校文化为何物、有何意义、如何创造的文化个性不能生长的盐碱地。

参考文献

著作：

叶澜主编：《"新基础教育"探索性研究报告集》，上海三联书店1999年版。

译著：

[1]［荷］C.A.冯·皮尔森著，刘利圭等译：《文化战略》，中国社会科学出版社1992年版。

[2]［美］C.恩伯、M.恩伯著，杜杉杉译：《文化的变异》，辽宁人民出版社1988年版。

第十二章

教育研究中理论与实践的关系再探[*]

教育理论与实践的关系是一个"多年煮不烂的老问题"①。这一问题之所以纠缠不清，很大程度上是因为问题本身所具有的"二重性"。当教育研究者审视教育理论与实践关系时，似乎是抽身而出，作为问题的"局外人"进行理性的思考和辨识。但实际的情况却是，研究者之于教育理论始终是"自我相关"的。一方面，既有的教育理论是教育研究者的思想资源；而另一方面，教育研究者本来就是理论的持有者和创生者。这意味着，教育理论与实践的关系不仅取决于我们如何"看"，更取决于我们如何"做"。换言之，教育理论与实践之间的关系并不仅仅是预先给定、静候研究者去认识的，而且常常是在研究者与实践者的交往互动中不断生成着的。于是，两类不同的主体各自选择什么样的生存方式和交往方式，将直接影响理论的品质和样态，影响实践的路向和状态，从而呈现出教育理论与实践不同的关系样态。诚然，"做"并不妨碍"看"且不能替代"看"，但是倘若在认识过程中抽空了二者关系中的"行动"因素，将教育理论与实践看成各自完成的实体，而后再在二者之间寻求沟通或融合，这种探求思路本身就存在问题，因此而得的教育理论与实践关系的解答也必不健全。对于理论与实践关系的分析，除了要进行"产品"分析外，还必须进行必要的"生成分析"。因为，理论也好，实践也罢，在本源的意义上，它们都不是以彼此外在于

---

 * 该章由华东师范大学教育学系博士生孙元涛撰写。

 ① 参阅叶澜：《思维在断裂处穿行——教育理论与实践关系的再寻找》，载《中国教育学刊》2001年第 4 期。

对方的方式"自在"生成的，而是彼此渗透进对方的生成演变过程中。正是在这个意义上，我们才不难理解，一生致力于探寻行、知关系的大哲学家杜威，在年届70时所表达的观点："理论与实践的关系不只是一个理论问题；它是一个理论问题，但也是人生中最实际的问题。因为这个问题要考察智慧是怎样指导行动的而行动又怎样可以由于不断洞察意义而获得的后果；所谓洞察意义就是清晰地了解有价值的价值和在经验对象中保证获得价值的手段"。① 因此，在把握教育理论与实践之间的关系问题时，不能不把握这种互动生成的复杂关系。当我们以这样一种动态发展的眼光来从事双方的"生成分析"时，将获得另一种关系图景。

第一节　回顾：观点纷呈的关系图景

如果说，教育学领域中理论与实践的关系问题，有着悠远的学术史根源，部分地属于古老哲学传统中理论与实践关系在教育学领域中的投射，这应当不会招致过多非议。但倘若因此判定，对教育理论与实践关系问题的探讨，是一个"劳而无功的虚假性命题"②，则未免失之草率。因为，教育学领域中关于教育理论与实践关系的讨论，虽然部分地源自哲学的感召，但更重要的却是由于生活实践领域中教育理论与实践的关系"成了问题"。这使得原本不属于教育学私己问题的理论与实践之关系问题，转化成了教育研究者必须面对而且必须有教育研究者参与解答的"属己"问题。如果说，以往的"解答"出现了问题，并没有超越哲学研究所划定的圈限，或者干脆用哲学领域关于理论与实践关系的研究结论来套解教育理论与实践之关系，这只能说是探索的思路上存在值得反思的地方，但不能否定问题本身存在的合理性，因而也就无权更无法终止教育研究者对该问题继续索解的努力。但继续索解的前提是对教育学领域中的既有探索进行必要的回顾

---

① ［美］约翰·杜威：《确定性的寻求：关于知行关系的研究》，傅统先译，上海人民出版社2004年版，第284页。

② 高伟：《一个"劳而无功"的虚假性命题——评"教育理论与实践关系"之争》，载《北京大学教育评论》2005年第2期。

与反思，为此，有必要回顾与综述以往的教育学研究中对该问题的代表性观点。[①]

一、中介论

这一观点建立在一个基本的理论前提上，即教育理论结构中有不同的理论层级和性质成分，教育实践也有不同的层面和类型，不同层级或性质的教育理论与不同层面或类型的教育实践之间的关系必然互不相同。因此，有必要通过建立或激活教育理论与实践之间的中介，使二者由隔离走向贯通。出于这一考虑，有学者对理论通向实践的中介以及相应的模式作了专门的研究。[②] 例如，有学者基于中介论的主张，从物质技术、精神、制度、理论四个层面着手，设计出了四种教育理论通向实践（教育理论现实化）的路径:[③]

1. 教育理论—教育技术、方法—教育实践

2. 教育理论—教育理念—教育实践

3. 教育理论—教育政策—教育实践

4. 教育理论（基础理论或元理论）—教育理论（应用理论）—教育实践

需要注意的是，作者在论述理论与实践沟通的中介时，仅仅关注到了问题的一个方向，即寻找从理论通向实践的中介，而忽略了实践通向理论的桥梁的找

[①]　在国内教育学界，教育理论与实践的关系问题曾经一度会聚成教育研究中的焦点问题。1991年，《教育研究》杂志曾开辟专栏，在6期杂志上刊登了21篇专论文章。参与者既有专职的教育研究者，也有教育行政工作者，还有一批知名教师。在这次大讨论中，形成的主要观点是：（1）教育理论与实践之间存在着脱离现象。（2）"脱离现象"的存在，部分地是因为理论陈旧、抽象、缺乏操作性，理论研究者缺乏深入实践的兴趣、意愿和基本功。（3）实践者缺乏研究意识与研究能力、不学习、不研读理论也是导致"脱离现象"的重要原因。可以参阅叶澜著：《教育研究方法论初探》，上海教育出版社1999年版，第159页。在研读这些文献的过程中，笔者注意到，不同身份的作者在理论脱离实践这一问题上的判断是基本一致的，但是基于不同的身份和相应的立场，归因的路径以及给出的策略却有不同。此后一段时间，关于教育理论与实践问题的讨论热度降低，专论文章相对分散和减少，但并不意味着"脱离"这一现实问题已得到了解决。近年来，随着教育研究队伍的扩大，国外教育理论的大规模进入，其他学科领域理论的渗透，以及教育学界对一些基本问题和相关问题认识的深化，关于教育理论与实践问题的讨论又开始升温。笔者通过"中国期刊全文数据库"检索到，仅2000年以来，直接或间接论及该问题的文章不下50篇，散见于国内诸多教育学领域的核心刊物上，如《教育研究》、《高等教育研究》、《华东师范大学学报》（教育科学版）、《教育理论与实践》、《教育研究与实验》、《北京大学教育评论》等等。在这里，无法对这些文章一一综述，只能对观点相近的文章进行聚类分析，提炼出有代表性的观点。同时，借助于网络和国外期刊，对能够查询到的国外相关研究成果也进行一定数量的综述。

[②]　中介论是一种聚合性的概括。实际上，在中介是什么，由谁（什么）来承担中介角色等问题上，中介论内部存在着很大的分歧。有人认为中介是区别于基础理论的应用理论，有人主张以教育实践优化模式来充当中介，也有人提出了中介思维、中介理论、中介机构三种不同的中介形式。限于篇幅，在这里不对中介论者的每一种观点做具体展开，而是选择较有代表性的观点进行述评。对以下各观点也取此策略。

[③]　何小忠：《论教育理论现实化的路径》，载《教育理论与实践》2002年第6期。值得关注的是，依照作者的构想，每一种承担沟通职责的"中介"背后，都隐含着"人"这一沟通的真正实践者。

351

寻。这也是国内许多学者在研究教育理论与实践关系问题时的一个共同的缺陷。这一缺失事实上透露出一个重要的信号：理论与实践的脱离，主要的"罪责"在理论，只要找到理论通向实践的中介问题就能解决。事实上如果辩证地思考这个问题，我们尚需关注：如何使实践者有欲望、有能力、有意识地学习理论、接近理论？倘若不考虑实践主体在沟通问题上应当付出的自觉努力，片面强调理论向实践的靠拢，有可能导致理论的矮化，或者使理论在变动不居的实践面前无所适从。在这个问题上，重温马克思的告诫或许是必要的："光是思想力求成为现实是不够的，现实本身应当力求趋向思想"。[1]

与上述将"人"隐身于中介背后的主张不同，有学者直接以人作为沟通理论与实践的中介。例如金斯伯格（M. B. Ginsburg）与格罗斯蒂加（J. M. Gorostiaga）认为：既然理论与实践是在两种不同的文化中发展起来的，理论研究者与实践工作者（决策者）之间的联系就需要必要的中介。这种中介通常可称为"知识经纪人"、"联络者"、"翻译者"等。经由这些中介（人），我们可以建立起理论与实践、研究者与实践者之间沟通的各种途径，从而促成二者的有效联系。当然，联系的方式可以采用单向方式，即把理论从理论者传递给决策者或实践者；也可以采用双向方式，不仅把理论传递给实践者，而且也把实践状况发回给理论者以进行必要的反馈，促进后续的研究。[2] 不难看出，作者主张的中介是承担转化的行动主体——人。但是不同主体在传递转化过程中，是否尚需借助其他中介，则未有涉及。不过，在这里，我们看到了从理论到实践、从实践到理论两个方向上着力的主张。

对于沟通教育理论与实践而言，中介论无疑体现着一种务实的取向，且观点中不乏合理之处。但是尚需进一步思考的是，中介除了有"类"的分别外，是否还有层次上的差异？换言之，理论与实践之间的转化或沟通，是一次完成还是需要经由多重转化？人在其中究竟起着怎样的作用？进而，教育理论与实践的关系，是否仅仅表现为彼此相互脱离这一种状况？

二、对 话 论

与中介论不同，对话论并不认为理论与实践之沟通需要借助中介。在它看来，真正的沟通必须通过直接的对话才能达成。在这里，对话显然主要指教育学

---

① 《马克思恩格斯选集》第 1 卷，人民出版社 1995 年第 2 版，第 11 页。

② Ginsburg, M. B. & Gorostiaga, J. M. (2001) *Relationships between Theorists/Researchers and Policy Makers/Practitioners：Rethinking the Two-Culture Thesis and the Possibility of Dialogue.* Comparative Education Review, 45 (2).

研究者和教育实践者作为两种不同活动主体之间的"对话",这种对话一定意义上需要彼此突破各自的生存边界,在彼此的开放、理解和沟通中达成一种"视界融合",或者实现对差异的谅解。对话论的提出,一个重要的前设是,无论是理论到实践,还是实践到理论,转化过程必须要由人来承担,而要想在研究与实践这两种不同形态的实践之间实现沟通,就不能不借助于必要的主体对话。"行动研究"曾被作为一种非常有价值的研究路径为国内学者所推崇。而且,由于实现了边界跨越和彼此的行动介入,行动研究确实在沟通理论与实践方面具有值得期待的作用。但是,早期的教育行动研究在经过了短暂的喧嚣之后,有过一段沉寂与反省期。其主要问题是:在很多情形下,行动研究变成了由研究者操控的研究,导致实践者的所谓行动,变成了对研究者的呼应、参与、配合。行动研究因此演变为由教育研究者单方发动的教育实验,成为对学校日常教育实践的"侵入"和"剥夺",因此而遭到教育实践者的冷遇甚至拒绝。之后,在批判理论的激发下,第三代行动研究的重要代表人物韦尔弗雷德·卡尔(Wilfred Carr)和史蒂芬·凯米斯(Stephen Kemmis)提出了"批判行动研究"的理论,重构了行动研究理念。在批判行动研究看来,行动研究是理论过程与行动过程的统一;是理论发现与理论检验过程的统一体;是教师实践性语言转化为共同的诠释范畴,并借此构造理论的过程;也是由个体经验上升到理论的过程。[1] 在以这种理念培塑起来的行动研究中,"理论与实践不仅是相互构成的,而且是辩证相关的。这种转化不是从理论到实践或者从实践到理论,而是从不合理性到合理性,从无知和习惯到理解和反省的转化"。[2] 卡尔等人对行动研究的重构,为其注入了新的生机与活力,一定意义上促成了行动研究的复兴。但是,过度鲜明的意识形态特征、重批判轻建设、只批判不辩护的理论特质,使得批判行动研究的应用范围及深入发展的空间受到了一定的影响。

作为行动研究的变种,也有学者倡导一种集体研究与实践研究的取向。这一取向提出要扩展理论研究者与实践者(决策者)之间的传统角色,模糊二者的界限,使两个角色共同实践,共同产生理论。不同主体之间致力于对话、联合反思和行动。理论研究者的实践能力和实践意识得到强化,而实践工作者的能力也得到了极大的尊重。[3]

行动研究一度在我国教育学研究中受到关注,这不仅表现为介绍、评述和研

---

① 参阅唐莹著:《元教育学》,人民教育出版社 2002 年版,第 378～380 页。

② [英]卡尔:《教育理论与实践的原理》,郭元祥、沈剑平译,载瞿葆奎主编,瞿葆奎、沈剑平选编:《教育学文集·教育与教育学》,人民教育出版社 1993 年版,第 569 页。

③ Wagner, J.(1997)*The Unavoidable Intervention of Educational Research*:*A Framework for Reconsidering Researcher-Practitioner Cooperation.* Educational Researcher. 26(7).

究行动研究的文章与书籍数量可观，而且以实际行动去"做"行动研究的教育学者也不在少数。但是有学者指出，行动研究在局部的尝试之后，暴露出了诸多意料之外的问题，结果并未真正担当起沟通理论与实践的使命。[①] 问题的浮现，究竟是因为操作失当还是行动研究的本性使然，或许尚待深入研究。

三、理论分层（类）论

持该观点的学者一般倾向于将理论划分为几种不同的层次或类别，而后分别审视不同层次、类别教育理论与实践之间的关系。这一思路可谓由来已久，例如，早在约一个世纪以前，法国著名社会学家、教育学家爱弥尔·涂尔干就将教育学划分为两部分：教育学（实为"实践教育理论"）和教育科学；德国著名元教育学研究者沃尔夫冈·布列钦卡将教育理论划分为三类：教育科学、教育哲学、实践教育学；而国内学者陈桂生则主张四分法：教育科学理论、教育价值理论、教育技术理论、教育规范理论。[②] 凯瑟尔斯（Jos Kessels）和科泰根（Fred Korthagen）在思考教育理论与实践关系时，主张回到古典时代去寻找智慧。他们借用源自柏拉图和亚里士多德对 Episteme 和 Phronesis 的区分，提出了两种不同的教育知识：作为 Episteme 的知识和作为 Phronesis 的知识。在他们看来，前者是抽象、客观、命题性的知识，是对若干情境进行综合抽象的结果；而后者是情境化、感性化的知识，建立在对具体情境的观察和体悟上。对于教师而言，日常教学中更有用的是实践智慧，因此在教师教育过程中应致力于使缄默知识显性化，促进理论知识（纯粹科学知识）向实践智慧的转化。[③]

在理论分层（类）的情况下，不同层次、不同类别的教育理论面对实践的姿态与方式是不同的，因而也就有着不同的理论——实践观。在这里，我们看到了一种多元化的关系图景，即认为教育理论之类别不同，层次各异，因而一般性、总括性地提教育理论与实践的关系或许是缺乏针对性的，应当承认存在着不

---

① 牛瑞雪：《行动研究为什么搁浅了——大学与中小学合作研究的困境与出路》，载《课程·教材·教法》2006 年第 2 期。

② 限于篇幅，此处不作展开。三位学者的理论论述具体见于［法］爱弥尔·涂尔干：《道德教育》，陈光金、沈杰、朱谐汉译，上海人民出版社 2006 年版。Wolfgang Brezinka：*Philosophy of Educational Knowledge*：*An Introduction to the Foundations of Science of Education*，*Philosophy of Education and Practical Pedagogics*，Kluwer Academic Publishers. Dordrecht/Boston/London. 陈桂生：《教育学辨："元教育学"的探索》，福建教育出版社 1998 年版，第 49~50 页。

③ Jos Kessels and Fred Korthagen. (2001) *The Relation Between Theory and Practice*：*Back to the Classics*. Fred A. J. Korthagen. *Linking Practice and Theory*：*the Pedagogy of Realistic Teacher Education*. LEA，Publishers，Mahwah，New Jersey，London.

同形态的关系图景。相比而言，这样一种讨论思路，更倾向于"客观"地"呈现"出教育理论与实践的关系，并没有表现出努力促成两者沟通、转化的意向。或者说，持这一观点的学者，其研究的侧重点在于分析和揭示，而不是寻找促使二者沟通与转化的策略与行动指针。这意味着，教育理论与实践之间的关系，可能远比"联系"、"脱离"这样的概括复杂和丰富。

四、合理（适度）脱离论

持该观点的学者一般认为，教育理论与实践理应保持一种必要的距离。没有距离，也就失去了思想的空间与张力。但是距离又不同于隔离，保持适度距离，正是为了更好的联系。可以看出，持该观点的学者，反对的是理论与实践无原则地趋近和彼此迎合，对理论联系实践、指导实践可能导致的理论品性的失落心存警惕。在这一观点看来，理论与实践之间应当是一种"合法的脱离"。脱离是教育理论与实践的品性所决定的，也是必需的。教育理论联系实践，不仅是服务于实践，而且也是批判实践、超越实践。只有这样，教育理论才能保留自己在任何一种实践之外进行反思的权力，保持自己超越盲目和偏见的能力，避免彻底的思想病态和可能带来的灾难。因此，作者认为，教育理论与实践应当保持一种适度的距离，即既脱离又联系。脱离是为了坠入到非反省性实践的合理防御之中，联系则是为了防止陷入与教育实践毫无关联的经院式研究中去。①

教育理论与实践保持适度脱离，不割断联系，这一观点无疑具有合理性。但是，这还只是一种立场或姿态的宣示，还未进入到对具体问题的探讨。例如，这里的"度"以何为标准？"联系"是什么意义上的联系，脱离又是什么意义上的脱离？不同形态、层次、类别的教育理论在面对实践时是否保持同样的姿态？更重要的是，文章所针对的，"企图克服、否定、抛弃教育理论与实践之间的'脱离'"这一问题，在学术领域中并无与之对应的观点，现实领域中也未出现类似势态或趋势。

五、本然统一说

持此观点的学者，从源自亚里士多德的"实践哲学"传统中，衍生出教育理论与教育实践的本然统一观。因为亚里士多德强调，实践是一种自身即是目的的政治、伦理活动。实践之过程即蕴涵着"实践之知"与"真实的践行"，二者

---

① 曹永国：《"教育理论与实践紧张性"辩解》，载《湖南师范大学教育科学学报》2004年第2期。

并非割裂的关系，由此作者得出：从实践哲学的角度观照，教育理论与实践是本然统一的。[①] 还有学者从伽达默尔诠释学的实践哲学转向中读出了实践哲学的要义，并由此致力于论证教育理论与实践的本然统一。作者呼吁教育理论"必须出自实践本身，并且用一切具有典型意义的概括唤起清晰的意识，然后，再回到实践中去"。[②] 从学理上辨析出"本然统一"，对于厘清一些相关的根本性问题不无启示。不过，尚需进一步关注的是，对于当代教育研究和教育实践而言，重要的恐怕不是原本的"合"，而是现实的"分"。由此产生的问题是：在"分"中何以"合"？哪些可以"合"？哪些无法"合"？哪些无须"合"？这些问题在该研究中并没有论及。而且，如何让一个哲学已经做过较为清晰考述的问题，在运用于解决教育学问题时，真正体现出教育学的眼光和立场，真正指向教育（学）领域中的现实问题，防止"教育"成为一个粘附在既有哲学理论上的标签，可能还需要做更为深入的转化。

六、"不可通约"说

持该说的学者认为，教育学领域里讨论教育理论与实践之间的关系，是转借了一个"他者"的问题，是一件"劳而无功"的事。理论与实践有着各自的使命：理论研究的目的是把问题"说"得"清楚"，实践活动的目的是把事情"做"得"完美"。二者本不可通约。硬把理论"强加"到实践之上，或者硬把实践"强加"到理论上，均可能导致一种相互的"迎合"，使理论不像理论，实践不像实践，彼此不伦不类。因此，理论只需为自己理论成果的真实性和价值性负责，却无法为理论在实践中的应用性负责。所以，理论与实践的统一是理论研究者力所不及的事。理论研究者只能在充分意义上完成一个理论研究工作者的使命，除此之外，不能决定他根本没有能力决定的事情。[③] 无疑，在当前专业分化相对清晰的现实背景下，厘清教育研究者和教育实践者各自的使命和责任非常必要。警醒教育研究者恪守学术边界，不随意僭越也颇为中肯。但是尚需进一步思考的问题是，教育理论与实践之沟通，是否果真属于教育研究者根本不能决定之事？如果我们承认，现实世界中，教育理论与实践之关系问题，取决于教育研究者与实践者的具体行动和价值选择，那么关系状态的改变如何能够在研究者缺席

---

① 李长伟：《论教育理论与实践的本然统一——从实践哲学的角度观照》，载《教育理论与实践》2003 年第 4 期；《再论教育理论与实践的本然统一》，载《湖南师范大学教育科学学报》2003 年第 5 期。

② 宁虹、胡萨：《教育理论与实践的本然统一》，载《教育研究》2006 年第 5 期。

③ 高伟：《一个"劳而无功"的虚假性命题——评"教育理论与实践关系"之争》，载《北京大学教育评论》2005 年第 2 期。

的情况下实现？研究者是否可以对这一问题完全免责？

第二节　反思：教育理论与实践关系研究中的问题

　　教育实践者在谈及这一问题时，表达出的往往是对"教育理论脱离实践"的不满。① 他们其实并不真正关心二者之间的学理问题，因而他们对于教育理论与实践关系的判断，往往比较多的是一种经验判断。真正从学理上关心教育理论与实践关系问题的，往往是教育研究者。而教育研究者基于惯常的研究思路，往往习惯于以演绎的逻辑，从理论与实践关系的论证中直接推演出教育理论与实践的关系，或者以纯粹的"旁观者"的眼光来思考理论与实践的关系。这样的研究思路虽然可能使问题的呈现过程显得清晰明畅，但却常常在对问题的简单化处理中导致对问题实质的遮蔽。

一、简单演绎路线

　　教育理论与实践之间的紧张关系既非当代特有，也非中国独具，甚至并不纯然是一个"教育学"问题。因为，哲学思想史关于理论与实践关系的考辨至少延续了两千多年。在中国，古代思想家关于"知行关系"的辩难，可以看做是今天理论与实践之争的思想始基。在西方，亚里士多德关于理论、实践、技艺的三分，开启了理论与实践彼此割裂的端绪。② 而其实践哲学思想中关于实践与"实践之知"内在统一的思想，则为当代理论与实践关系的重构提供了另一种可能的思想路径。③ 对于今天的学者来说，进入理论与实践关系的讨论，不仅需要

---

　　① 教育理论脱离实践，是一个非常粗糙的概括，究竟在什么意义上脱离？脱离是否有其合理性？这些问题都需要进一步地辨析。

　　② 关于这个问题，在当前的哲学研究中存在很大争议。张汝论认为，亚里士多德的实践哲学体现着理论与实践的"本然统一"；而丁立群则认为，亚里士多德的实践哲学是造成理论与实践彼此割裂的思想源头。关于这个问题之所以会产生如此大的分歧，不仅涉及对亚里士多德思想的理解差异，更重要的则是对概念演变史的把握上的分歧。笔者将在文章中进行必要的辨析。

　　③ 伽达默尔后期力求实现解释学的实践哲学转向，在很大程度上就是要复兴亚里士多德的实践哲学传统。伽达默尔在亚里士多德实践哲学的"实践智慧"中解读出了所谓"理论与实践的本然统一"。他力图以此来消弭科学时代实践的技术化倾向以及由此带来的理论与实践的割裂。这一观点对于我国的部分教育学研究者具有非常大的吸引力，近年来，颇受关注的教育理论与实践"本然统一说"就是循着亚里士多德实践哲学的传统，且自觉地融入了伽达默尔的阐释，从而得出结论的。但是，这一结论由于是循简单演绎路线得出的，因而存在着许多难以解释的理论困难。本文在后续论证中将以此作为例证进行分析。

把中外思想史中的讨论作为思想资源，而且必须将思维触角延展到理论与实践的概念演变与关系演变历程中，从中透析出理论与实践关系的生成演化逻辑。这些构成了思考教育理论与实践关系的思想基础。但思想基础毕竟只是思想基础，不能替代教育学领域中对于理论与实践关系问题的独特思考。在这个问题上，沿循简单的演绎路线，力图从理论与实践关系的认识直接得出教育理论与实践关系的认识是不恰切的。

（一）简单演绎的路线不能产生新知识

目前，很多关于教育理论与实践关系的讨论，是将一个哲学"本体性问题"转借为教育学的"知识性问题"。"它只是利用哲学表达方式和致思成果，'迁移'性地'制造'教育领域的理论与实践的关系。由于几乎完全不理解理论与实践关系探索的实质，教育学因而只能重复性地谈哲学，而不能创造性地谈教育。"① 在这里，"教育"虽然一直附着在"理论"与"实践"前面，作为重要的限定词，但事实上却一直处于实质上的"缺位"状态。"教育"成了标签，研究者借"教育"这一标签，说出的其实是理论与实践的关系。所以，在这里，问题是转借了哲学的，答案是嫁接了哲学的，教育研究者并没有为问题的解答增加任何新知识，也没有突破哲学研究中的认识框架。因而，简单演绎式的研究路线其实并不可取。

（二）简单演绎路线的弊端更体现为对特殊性的简单抹杀

在教育理论与实践的关系问题上，倘若以为揭示出理论与实践的关系，就解决了教育理论与实践关系的问题，首先表现出的是对教育学之独特性缺乏必要的认识，这种认识上的缺乏其实是一种"普遍性的暴力"，即认为普遍性中已经必然地含涉了特殊性，因而可以替代特殊性来作出回答。从表面形式看，普遍性的确有超乎特殊性的概括力和抽象性。但是，越是概括力强、抽象程度高的理论，随着其普遍性提高、适应性增强，对于独特性和丰富性的舍弃也就越多。因此，从理论与实践关系研究直接演绎出教育理论与实践关系的结论，

---

① 高伟：《一个"劳而无功"的虚假性命题——评"教育理论与实践关系"之争》，载《北京大学教育评论》2002 年第 2 期。需要说明，笔者引述该观点，并赞同作者对简单演绎路线的批判，但是笔者不认为，"教育理论与实践关系"是一个"劳而无功"的虚假性命题。一则是关于该问题的研究并不全部是沿循简单演绎路线，有的研究者已经"楔入"教育领域对教育理论与实践关系问题作出了"教育学"的解答，在笔者看来，批判研究中存在的问题是必要的，但是力图用批判来"一网打尽"则可能是草率的；二则是问题探讨路径的偏差不能否定问题本身存在的合理性。我们需要做的，或许是转换思考问题的方式，而不是否定研究该问题的合理性。

这是一种有缺陷的研究思路。在今天探讨教育理论与实践的关系，除了要考述学术源流，还必须明辨现实的境遇。当学术源流会聚于当下，与特殊的时代环境、学术制度相"遇合"，并铺展于特殊的教育场景中时，所生成的教育理论与实践的关系，并不是单纯依靠对理论与实践关系的简单演绎迁移就能辨清的。

二、纯粹的"旁观者"眼光

如前所述，当教育研究者思考教育理论与实践的关系时，往往是以"认识者"、"旁观者"的立场进入该问题的。这意味着，研究者将该问题作为置放于我们对面、与我们不发生内在纠缠的"对象"问题来对待。在这样的研究立场之下，教育研究者之于教育理论与实践的关系是一种主体与客体的关系。客体是不受主体影响、按照其自在逻辑发展、演变着的，而主体的使命便是"如其所是"地呈现出二者之间相互作用的状态。应当说，思维从现实世界中"抽离"出来，实现对现实世界的"对象化"与反观，这是人类思维的特质，亦是确保人获得对世界理性认识的必要前提。但是，在实现思维的"抽离"时，切不可、事实上也不可能将自我实质性地从关系中解脱出来，以一种实体性的旁观者立场来认识世界。倘若遗忘了教育研究者在理论与实践关系生成中的"卷入"效应，遗忘了教育研究者在构建理论与实践关系中所产生的影响和应当承担的使命，则可能使问题陷入固化与僵化。这样"认识"出来的理论与实践的关系是片面的，甚至是失真的。诚然，当我们这样剖析问题的时候，并不意味着我们必须放弃认识者的角色，或者放弃对理论与实践关系的反观性研究。事实上，任何研究都必须借助于"认识者"的眼光，也都不得不采用抽身而出的策略。我们需要警惕的是，当我们让思维从现实关系中抽离出来时，切不可遗忘在被当做对象的问题中，内含着我们自身的态度、行为方式与行为结果，我们本来是属于这个关系的。只有将"我"重新植入所属的关系中，看到关系中的"我"以及因"我"的存在而构筑起来的关系态，才算是把握了关系的实质。依此路径，我们不难看出，无论是教育研究者还是教育实践者，他们与理论和实践之间的关系处于一种持续不断的循环式相互建构中。一方面，行动受制于关系，两种不同主体的行动不能不受到他们之间相互关系的影响；而另一方面，关系本身并不是先在的，它恰恰是在持续不断的行动过程中建构生成的。

单纯的"旁观者"眼光，其弊端不仅表现为对问题实质的遮蔽和扭曲，更有可能演变出一种"旁观式"的生存方式。美国著名科学哲学家、"范式"理论的创立者库恩曾经指出，当一门学科日渐成熟，其从业人员就会逐渐从其赖以生活的文化环境中隔离出来，在一种专属学术共同体的话语系统中进行专业讨论。① 对于学术研究尤其是人文社会科学研究来说，如果陶醉于对专业术语的把玩，忽略了对现实问题的思考，放逐了自己在真实的社会人生问题上本该承担的责任，把握不好就有可能演变成杜威所批判的"搬弄命辞的把戏、琐细的论理和广博周详的论证的徒具外表的各种形式的玩弄"。②

三、"生成分析"的缺位

由"旁观者"到"行动者"视角的转换，有可能带来分析路径上的转变。之前，在分析教育理论与实践的关系时，研究者往往把二者作为彼此分立、各自独立的实体。以静态分析的思维方式探寻二者之间的关系。这种探求有其合理的一面，但却舍弃了对二者各自生成发展过程的"生成分析"。从教育理论一方讲，教育理论并不全然是教育研究者在实践之外的理智构想，在其内部，可能已经合理地吸收了实践的因素，体现了实践的智慧；在教育实践方面，教育实践并不是在与绝对绝缘情况下的一种自在运作，其展开过程实际上内涵着非常丰富的理论元素。也就是说，理论先行地楔入了实践的发展演变过程，影响实践的走向和表现形态；而实践也在理论的生成和演变过程中扮演着重要的角色。由此可见，几何分析式的静态分析思路，可能遮蔽了教育理论与实践关系的另一个维度：彼此的渗透与交互生成和转化。或者说，"关系"、彼此的渗透与交互生成，原本就是理论与实践的重要存在方式之一。对这样一个复杂的相互生成过程的理解与分析，不能凭借线性思维，必须借助"网络思维"；不能停留于简单逻辑，必须走向复杂思维；不能抱守简约化抽象，必须在抽象的过程中借助于"总体的综合思维"。③

第三节　溯源："关系问题"背后的"问题"

对于一个"多年煮不烂的老问题"，教育学界之所以热情不减，除去理性探究的欲望之外，在其背后有更为复杂的原因。同时，一个看似简单的问题，之所

---

① 参阅［美］托马斯·库恩：《必要的张力：科学的传统和变革论文选》，范岱年、纪树立译，北京大学出版社 2004 年版，第 119 页。

② 杜威：《哲学的改造》，许崇清译，商务印书馆 1958 年版，第 11 页。

③ 杜维明：《对话与创新》，广西师范大学出版社 2005 年版，第 35～36 页。

以聚讼不已，争论不休，实因问题背后潜藏着更为复杂的"问题"。尝试揭示"关系问题"背后的"问题"，不仅有利于加深对关系的认识，而且更为重要的是对关系问题的性质做出明晰的判别。

一、概念演变中的分歧

当我们在当前的学术境遇中讨论教育理论与实践的关系时，除了要关注二者在现实生活中实际展现出的关系状态外，很重要的一个方面是进入"理论"与"实践"的概念演变史，从中清理出二者关系发展的主要脉络。[①]

在中国的文化传统中，理论与实践的关系问题在未产生学科专业化之前，以"知行关系"问题表达出来。但是，与今天关于理论与实践关系的争论不同的是，知与行之间的紧张更多地表现在同一主体身上。无论是"知先行后"、"行先知后"、"知易行难"、"知难行易"，还是"知行合一"，其关注更多的是个体身上所发生的知行矛盾或统一关系。而且，这一关系最初发生于道德实践领域，后来才演变为一个认识论问题。因此，虽然可以说，理论与实践的关系在中国文化传统中早已有之，但却不能简单将此关系等同于"知行关系"。

在西方传统中，理论与实践原本是两种不同的生活方式。就称谓所表达的意义而言，西方传统中的"理论"与"实践"与我国传统中的"知"与"行"是截然不同的。据考证，"理论"一词来自希腊语的"旁观者"（theatai，一说来自"旁观"），其基本意涵是"沉思"，即从外面、从位于参与演出和完成演出的那些人后面的角度来观察。"作为旁观者，你能理解演出所包含的'真理'，不过，你必须付出的代价是不参与演出"。[②] 与此相应，作为一种生活方式的理论生活，是对一些永恒性问题的"沉思冥想"，其要旨不在于改变它们，而在于通过冥想永恒，"神入"属神的世界，以此来分享神性。而"实践"作为一种生活方式，主要指古希腊人参与城邦事务的政治伦理生活，其核心要义是"自身即是目的"。也就是说，实践作为一种生活方式，其目的并不外求，其目的就蕴涵在其自身的展开中。在这里我们能够看出，在古希腊，"理论"与"实践"的区别是两种不同生活方式的区别，或者说是人生存在两个不同方面的区别。这种区别不是截然对立的，而且由于有第三种活动——"创制"（或技艺）的参与，

---

① 需要说明，循概念史详细考述理论与实践的关系，并非本文立意所在。且中外学术界对此已有颇多研究。笔者在此想要凸显的是"理论"与"实践"关系演变过程中所发生的关键性的转折。笔者认为，无视转折点，仅仅立足理论与实践关系的原初状态来推演理论与实践的关系并迁移到教育理论与实践的关系，这种思路是导致诸多理论误解的深层原因。

② ［美］汉娜·阿伦特：《精神生活·思维》，姜志辉译，江苏教育出版社 2006 年版，第 102 页。

361

"理论"与"实践"甚至不是一对可以对举的概念。倒是肇始于亚里士多德的实践哲学中关于"实践智慧"的论述，颇值得深究。"实践智慧"并非"实践"之外的附属物，而是在"实践"过程中生成并积聚起来的特殊智慧。离开实践，它无由诞生，也无所依附。因其兼具"知行"二重性，因而与我国古代关于"知行"问题的讨论有相通的命意。

西方哲学在实现了认识论转向之后，"理论"与"实践"的基本意涵开始发生移易。尤其是伴随着自然科学的勃兴，理论更多地与自然科学之研究成果相勾连，而实践更多地秉承了亚里士多德的"创制"（技艺）意涵。至此，理论与实践的关系在认识论意义上演变为科学理论与其技术开发和应用之间的关系。于是，理论与实践的关系发生了重要的转折，二者不只是具有相应的、彼此分立的两种不同生活方式，而且具有彼此相互转化的可能性。至此，现代意义上所谓理论与实践的关系之紧张状态才真正呈现出来。由此我们可以看出，日前我国教育学界颇受人关注的所谓教育理论与实践的"本然统一说"，实际上是受到了伽达默尔所言及的诠释学的实践哲学转向的影响，力图在亚里士多德的实践哲学传统中找寻到理论与实践的原初关系。在一定意义上，在概念的演变史中"考掘出""本然统一"关系，对于我们更为深入地理解理论与实践之关系的复杂演变过程，有着非常重要的意义，而且对于重新定位二者之间的关系也不乏启示。但是，在找寻过程中，切不可忽略不同时代、不同文化传统中的概念移易所导致的概念理解上的分歧。所谓理论与实践的"本然统一"，必须严格限定在实践哲学的领域中才有意义。而且还不能忘记，当我们在实践哲学框架内来理解理论与实践的本然统一时，是用今天的"理论"与"实践"去对接了亚里士多德"实践智慧"中之"知"与"行"。其实，亚里士多德的"实践哲学"，本就与"理论"（以及"理论之知"）有着层次差异甚至尊卑差异，说实践哲学是理论与实践的本然统一是违背亚氏之理论原旨的。事实上，恰恰是自亚里士多德开始，在理论、实践、创制（技艺）的三分格局下，理论与实践走向了两条不同的道路。值得关注的倒是亚里士多德实践哲学思想框架中的"实践智慧"，对于现实境遇中处于分裂状态的理论与实践之沟通可能提供必要的思想资源。而伽达默尔之所以要回归实践哲学，恢复"实践智慧"的重要地位，很大程度上正是看到了这一概念中所蕴涵着的值得期待的思想空间和张力，以及它对于治疗我们的"时代病"所可能发挥的重要作用。①

---

① 伽达默尔关于该问题的有关论述，可参阅夏镇平译：《赞美理论——伽达默尔选集》，上海三联书店 1988 年版；［德］伽达默尔著，薛华等译：《科学时代的理性》，国际文化出版公司 1988 年版。

二、制度化分工导致的"内外"冲突

无论是中国古代的"知行"关系，还是亚里士多德所谈及的"实践智慧"，都是相对于同一主体而言的。因此，"知行"关系中的"知"并不等同于今天我们所谓的"知识"，更不是我们在讨论理论与实践关系时所涉及的"理论"。这里的知，毋宁是个体的一种理解与认识。而"实践智慧"的所谓"智慧"本身就是内在于个体的，它是对变动着的情境进行理性判断和做出行动策划的能力，因而它也不能等同于"理论"。更何况，随着社会理性化程度的提高，职业分工的固定化与专业化，教育领域内开始出现了理论主体与实践主体的分离。因此，在今天，当我们谈论理论与实践的关系时，虽然内在地涉及了个体自身层面上的"知"与"行"的关系，但却又增加了"内"与"外"，或曰他人理论（以及公共理论）与自身实践之间的关系。而当我们一再深陷理论与实践之紧张关系的争论中时，其实主要是在后一层意义上思考问题的。

从制度化分工的角度讲，教育研究者和教育实践者之间的职业分工始于19世纪。此前，社会分工中并没有一个专门的团体，专事教育学理论的研究与生产。人类最初的教育思想与其所由以产生的教育实践并没有被制度隔离并固定下来。但是随着社会理性化程度的加强，大学的大规模扩张，以及相应的学科制度化发展的需要，在大学中开始出现了教育学科，相应地建立起了教育系，诞生了各种教育学研究者团体和理论刊物，构筑了后续人才培养机制等等，这些都是教育学完成其学科建制的重要标志。此后，教育研究者开始成为学术体制中的一个特定的专业群体。在一个专业化的时代中，不仅分工越来越精细，而且对于不同专业的评价也越来越细致和严格。在这种背景下，教育理论的创生与教育实践的展开开始由不同主体分别承担，而这种由制度化分工造成的区隔，是教育理论与实践分离的深刻的社会学动因。虽然我们不能将教育理论与实践的隔离完全归咎于制度化分工，因为理论与实践的彼此分立有其漫长而深刻的学术传统，但是，教育理论主体与实践主体的制度化分工，以及围绕学科建制构筑起来的一套理性化、专业化的体制，无疑确认、巩固并加深了教育理论与实践之间的隔离。

因此，在今天的专业化背景下思考教育理论与实践的关系，必须首先确认的事实基础是：教育理论与实践确实存在着彼此的隔离。要缓解这种紧张状况，有两种路径可供参考：一是主体之间的对话与沟通，借此可实现两种主体之间的理解和互谅，让割裂的理论与实践彼此靠近，借助于中介桥梁实现融通，或者在对话中实现相互的转化；二是使理论的产生过程重新揳入实践动态发展过程中，从发生学的意义上，实现二者的双向建构与互动生成。这里涉及的是一种立场的转变，而这种转变带来的将会是一种新的关系图景。

第四节　重构：新立场、新关系

理论也好，实践也罢，都内涵着主体有意识的创造性实践。因此，在究问二者关系时，我们时刻不能忘记，它们之中，一直隐匿着一个看似模糊、实则非常明确和清晰的主体的"身影"。作为研究者的我们，在思考二者关系时，固然可以实现一种思维的超越，将自己的形象从中抽离出来。但这种抽离，是为了认识需要的一种思维抽离，并非真正地"抽身离去"。关系是由彼此双方"共谋性"地建构出来的，即便是彼此疏离的关系，也不是一个与"人"无关的问题，而是由主体的行动意向和具体实践所造成的。因此，在探讨教育理论与实践之关系时，有必要从"旁观认识论"的单一思维框架中走出来，辅以"行动认识论"的眼光。

一、作为方法论的"行动认识论"

破除理论与实践、知与行之间的对立状况，是杜威漫长哲学生涯中一个重要的理论追求。1929 年，年届 70 的杜威终于向世人交出了自己在这个问题上的完整"答卷"。在他看来，以"主动调节的方法来寻求具有高度概率的安全性"，来代替"靠纯心理的方法在认识上去寻求绝对的确定性"，这是一种有着深远意义的认识论变革。它实现了"判断的标准从依据前件转变为依据后果，从无生气地依赖于过去转变为有意识地创造未来"。对于自己的这一理论创造，杜威丝毫不掩藏自己的自豪和得意："如果这样颠倒过来的变化，从其意义的深度和广度而言，还不能与哥白尼的革命相比拟，我就不知道我们将在什么地方再会找到这样一种变化或这种变化究竟会是一个什么样子。"①

在行动认识论的视野中，杜威认为，我们所面对的世界并不是外在于我们、伫立在我们对面静候我们去"反映"的世界，而是一个我们置身其中，与我们不断发生着交互作用的世界，一个我必须赖以生存，且因为我的"存在"与

①　[美] 约翰·杜威：《确定性的寻求：关于知行关系的研究》，傅统先译，上海人民出版社 2004 年版，第 292 ~ 293 页。杜威为该书的第 11 章（最后一章）起的标题就是"哥白尼式的革命"。

"行动"才呈现为"如此这般景象"的世界，"一个我们生活着行动着的世界，一个我们需要思考、需要认识的世界，一个我们受其影响也通过行动而影响着的世界。这个世界变动不居，我们就在这个动荡的世界中感受着恩宠与背弃，成功与失败"。① 正是这种与世界的互动共生关系，使得思想与观念在其提供美感供人赏玩的功能之外，更增添了一种"建设性"职能。"思想的任务不是去符合或再现对象已有的特征，而是去判定这些对象通过有指导的操作以后可能达到的后果"。"除非把观念变成行动，以某种方式或多或少整理和改造我们所生活的这个世界，否则，从理智上讲来，观念是没有什么价值的。……追求观念并坚持观念是指导操作的手段，是实践艺术中的因素，这就是共同创造一个思想源流清澈而川流不息的世界"。②

透过杜威的论述，我们能够看到，在行动认识论的视野中，世界变了"模样"。这里的"世界变了模样"叙说的倒不是世界自身处在不断的流变中，更重要的是，人们看世界的眼光发生了变化，并且人们对待世界的观念与行动发生了变化。从行动认识论的眼光看出去，行动的知识取代了静观的知识，行动的心灵取代了静观的心灵。"心灵不再是从外边静观世界和在自足观照的快乐中得到至上满足的旁观者。心灵是自然以内，成为自然本身前进过程中的一个部分了。心灵之所以是心灵，是因为变化已经是在指导的方式之下发生的而且还产生了一种从疑难混乱转为清晰、解决和安定这样指向一个明确方向的运动。"在杜威看来，"从外边旁观式的认知到前进不息的世界活剧中的积极参加者是一个历史的转变"③。

对于旁观认识论的批判以及对行动认识论的倡导，并非杜威的专擅。在不同学科甚至不同国度的思想家那里，我们听到了响亮的"和声"。这也反映出：对于旁观认识论的反思，对于行动认识论的呼吁，抓住的是一个体现着时代精神特质的"社会结构中的公众论题"，而非"环境中的个人困扰"。④

法国著名社会学家布尔迪厄曾经是旁观认识论的忠实践行者。但是，对阿尔及利亚的人类学研究经历，使得布尔迪厄与传统人类学研究所主张的"参与性观察者"立场走向了决裂。如他个人所说，决裂之所以发生，是因为在面对政治上的弱势群体时，这种所谓的"参与性观察者"的角色定位令他心存"愧疚"。他希望能够"有所作为"，以消除"良心上的愧疚"。如果说，这一言说作

---

① ［美］约翰·杜威：《评价理论》译者序，冯平等译，上海译文出版社 2007 年版，第 6 页。

② ［美］约翰·杜威：《确定性的寻求：关于知行关系的研究》，傅统先译，上海人民出版社 2004 年版，第 137～138 页。

③ 同上，第 293 页。

④ 参阅 ［美］C. 赖特·米尔斯：《社会学的想象力》，陈强、张永强译，生活·读书·新知三联书店 2001 年版，第 6 页。

为布尔迪厄学术研究立场的表达还不够清晰和直率的话，那么在下面这句话中，我们至少能够解读出布尔迪厄在理论与实践关系问题上的"介入"立场："我从未接受将研究对象的理论构建与一组实践程序——没有这些实践程序，理论就算不上真正的知识——相分离的观念。"① 布尔迪厄始终怀抱着一种介入实践的研究立场。这种立场与他从事社会人类学的研究经历有关，与他对于社会学研究性质的认识有关，也与他对于实践的逻辑、对于社会学研究与实践逻辑之间关系的理解有关。他认为，"作为一名社会科学家，不去介入、干预，恰如其分地认识到各自学科的局限，而是袖手旁观，这是对良心的背叛，是让人无法容忍的选择"。② 这无疑是行动认识论的一种明确道白。

当代复杂科学的重要代表人物，法国思想家莫兰同样反对单纯的旁观认识论，主张研究者对社会生活的介入与干预。在他看来，"研究不是为了验证一种事先就有的思想，而是为了使思想由于实际而丰富起来，实际也由于思想而变得更加多彩"。③ 由这一基本的立场出发，莫兰认为，社会学研究的过程，不仅无法，而且也无须排除主观性因素。在前者的意义上，主观性因素的"涉入"是难以避免的。但难以避免却并不等同于合理。在很多情况下，恰恰是由于我们意识到了"涉入"的难以避免，才要更为谨慎地警惕主观性的"涉入"。但是，在莫兰这里，主观性因素"涉入"研究过程和研究对象，尚有另一种意义：作为研究者的我们，不仅应当认识到主观性因素涉入的不可避免性，还应该合理地承认并恰当地利用主观性。基于此，研究者一方面必须和我们所研究的现象保持距离，同时也和我们自己保持距离，但另一方面他又常常要为自己的研究而着迷。正是在这个意义上，莫兰认为，"价值和目的不能排除在这一研究之外，价值和目的应该变成有意识的价值和目的"，"我们应当在研究中利用我们的参与、我们的好奇、我们的利益，甚至还可以说是我们的爱"。④

从上述思想中不难看出，"行动"、"介入"、"干预"已经逐渐转化为先觉的思想家从事社会科学研究的方法论，并且不仅仅是思考问题的方法论，更转化为具体研究实践的方法论，例如，在莫兰和布尔迪厄这里，我们都能够看到这种方法论的实践性运用。这些可贵的探索，对于中国教育研究者而言，无疑具有参照价值。

---

① ［法］皮埃尔·布尔迪厄、［美］华康德：《实践与反思——反思社会学导引》，李猛、李康译，中央编译出版社 1998 年版，第 36 页。

② 同上，第 265 页。

③ ［法］埃德加·莫兰：《社会学思考》，阎素伟译，上海人民出版社 2001 年版，第 182 页。

④ 同上，第 20 ~ 21 页。

二、"双重行动者"视野中的关系图景

所谓"双重行动者",首先意指教育研究者在面对教育实践时,并不把自己视为一个单纯的旁观者和局外人。无论是就实践的变革与改进,还是就教育研究自身发展需要而言,教育研究者都需要一种行动者立场。但是,教育研究者作为行动者,又区别于教育实践者,他们在实践问题上彼此持守的立场不同,承担的任务不同,因此审视问题的视角可能会有着很大的差异。我们可以将教育研究者的这种行动者立场称之为"参与性行动者"。其次,"双重行动者"的另一方面是指教育研究者在面对中国教育学学科建设、面对教育理论的构建时,他不是一个冷眼旁观者,而是一个学科发展的"当事人",因而必须承担起行动者所应承担的职责。这意味着,对于教育研究者而言,教育理论与实践的关系问题,并不是一个先于其角色选择的预设问题,而是一个由其实际作为决定着的生成中的问题。

如果不避"机械"之嫌,我们可以从"行动者"立场出发,对教育理论与实践的关系问题作如下两方面的分析①。

(一) 业已生成的教育理论与当前教育实践之关系②

这又可以分为两个更细微的维度:一是历史上延续下来的教育理论与当前教育实践的关系;二是当前教育理论主体创生出的教育理论与实践之间的关系。当然,二者之间又有着非常多的纠缠。这种纠缠来自于理论的传承性,即在教育研究者的理论结构内部,可能已经部分地实现了既存教育理论与自我教育理论的交融。

在这一维度之下,涉及的问题是教育理论如何转化为实践(即是使理论产生实践效应),教育实践如何检验理论、滋养理论、丰富理论的问题。一方面,

---

① 笔者不得不承认,任何的分析,实际上都是一次构设韦伯所说的"理念型"的过程,因此也就不得不冒着牺牲完整性、对问题人为肢解的风险。而且规避这一问题的根本途径,不在外部,而是还要回到"人"本身,即由教育研究者的自我反思意识作为最后的屏障。就这一点而言,笔者认为,所谓的教育学理论的"客观性"问题,本身就不是一个自足的问题。因为维护"客观性"的最终依据内在于人,内在于"主观性"的自我告诫和自我反思。对于这个问题,笔者会另文论述,此不赘述。

② 我们讨论理论与实践关系时,往往讨论的是这一维度的关系。需要指出,笔者认同于这一讨论维度的合理性,但是必须注意的是,业已生成的教育理论其实也有其具体而真实的生成过程。而这一过程本身与其所以产生或关联的实践是有非常复杂的关系的。这种关系可以参照笔者对下一维度的论证。由于理论产生之后,可以借助各种媒介保存传承,因而理论对于实践的价值就不仅仅表现为"即时"价值,因此,笔者在这一维度中探讨的是其与"当前实践"之间的关系。

教育实践主体要借助理论来改变自己的参照系，提升实践智慧，就有可能产生自觉的理论需求，他们对于理论就会经历一种理解、选择、尝试运用、怀疑（信服）、调适内化的过程，在这个过程中，理论不仅经受着检验，而且有可能获得实践的滋养，从而产生丰富、提升的可能性。这一可能性的实现可以是实践者的局部实现。此时，实践者就具有研究者的"质素"，也有可能通过各种渠道返回到当前的理论主体那里，成为理论主体新的研究资源。另一方面，理论主体要想检验理论的真确性和适切性，或者使理论产生实践效应，就必须承担理论的进一步阐释、宣传、推介、转化等责任。这样做的目的，一则是促进理论被实践者更好地理解，二则是为了搭建由理论走向实践的桥梁与中介。值得关注的是，教育研究主体在进行理论阐释及其实践转化的过程中，不仅有可能扩展自己的认识，甚至有可能彻底颠覆自己原有的观点和信念，在这里，孕育着新理论创生的"胚芽"。由此可见，只要双方主体采取积极对话、自觉选择与主动转化等姿态，教育理论与实践之间可以构筑起一种相互滋养，互利互惠的关系。从这个意义上讲，教育实践之于教育理论绝不仅仅是一方"试验田"，更可能成为新思想的"培养基"。由此看来，将教育理论与实践的关系简单概括为"理论指导实践、实践检验理论"，至少是一种过于简单化的处理方式。至于当前有的学者提出"教育理论不能指导实践"，或者"教育理论不承担指导实践之责"等观点，则是把现存的隔离当成了必然的逻辑，且没有在隔离中看到融通的可能性与现实性。①

（二）生成中的教育理论与实践之关系

之所以在"关系探索"中增加这一维度，是因为我们越来越发现，教育理论与实践之间的关系，并不仅仅含涉着作为"成品"的教育理论与实践之间的关系，而且还内在地包含着生成中的教育理论与实践之间的关系这一常常被忽略的维度。正是在这一维度中，我们发现了教育理论与实践关系的另一种形态。

当教育研究者以"强介入"的方式进入教育实践时，教育实践的原生形态为之发生改变，而研究也因为一种介入效应发生了自我改变。在这里，研究与实践依然是两类不同的活动，但是，它们却以一种"双螺旋"② 的结构紧紧缠绕在

---

① 我们必须承认，确实有些理论，经由历史的选择和过滤，慢慢淡出了人们的视线，成为无人问津的"史料"。这些"史料"有可能还重新获得重新阐释和发现的机会，但是至少在其被人重新发现、重新阐释之前基本不会与当前实践发生关系。在当前，对于这样的理论，讨论其与实践的关系并无意义。因此不在本文论证逻辑之内。

② 叶澜教授基于复杂方法论，多次强调"双螺旋"结构。此处笔者的使用即受益于叶澜教授的启发。

一起，共生共长。在这里，两种不同的活动——研究与实践在各自保持自身特质的同时，融入了一个特殊的"研究—实践共同体"。理论从中获得创生，而创生中的理论不断地汇入生成着的实践；实践在理论的渗入中又不断调整。在理论的参与中，实践的动力性因素处在不间断地累积与调适中，这些动力因素有的作为促动力量汇入到了实践之"流"中，并转化进实践的作品中，有的则反作用于实践主体，引起主体力量的增强和意识的敏感化，还有的则返归于研究者，对理论的创生产生新的挑战或需求，于是，又促进了理论的不断丰富与更新，而后再返回实践……由此，展现出教育理论与实践之间持续不断地循环互动、相互建构、互动生成的关系图景。

教育实践并不是沿理论划定的路线僵直行走的，毋宁说，任何的教育实践都带有"即席创作"的成分。这些成分固然属于实践主体的创造，但未尝不可以从中发现理论的身影。当教育研究者与实践者打破横亘于其间的制度壁垒与身份边界，在一种"研究—实践共同体"中展开协同创造时，实践将因其理论的介入而不断地获得灵感，最终收获的必然是实践主体内在力量的增强。同时，理论也将因其实践依托性而成为有根基、有底气的理论，这样的理论是双向的，而不是单向的；是民主的，而不是霸道的；是生成的，而不是赋予的；是开放的，而不是封闭的。

需要说明，本书所说的"强介入"，并非"强硬介入"，而是指介入的广度、深度与强度，具体指研究者怀抱改进实践的意向，直接介入到教育实践过程中，与教育实践者共同创造一种新的实践形态。之所以要选择，且能够践行"强介入"的研究立场，很大程度上来自于教育研究者对"学校转型性变革"这一特殊的教育实践生态的判断，以及在这种判断基础上对自己在实践变革和中国教育学发展中所应承担之责任的自觉。并不是所有的教育研究者，也不是在任何时候都可以选择"强介入"的研究立场。与"强介入"相比，既有"非介入"姿态，亦有"弱介入"姿态。所谓"非介入"①，指研究者将研究作为了解实践的工具。研究所构筑的理论仅仅是为了如实呈现研究对象的特征或某些特定方面，研究者不希望介入实践，或者不希望由自己完成对实践的指导或影响。目前，国内教育学界质的研究范式的凸显可视为该研究立场的典型代表。质的研究并不反对教育研究对教育实践的价值，但它认为这种价值仅仅表现在研究成果为决策者采用，或者被实践主体选择等等。它要求研究过程尽量不扰动教育实践，且研究者不承担改进实践之责。可以看出，"非介入"立场力图将教育理论的创生过程

---

① 严格说来，所有的教育研究都不可能是纯然的"非介入"式的。但是，作为一种立场选择，研究者却有可能以此作为自己的基本规范。正如价值中立对于人文社会科学不可能实现，但却值得警醒和有限度地追求一样。

与教育实践过程分开来讨论和认识。因此，在这种姿态下创生出的教育理论与实践的关系，亦可归入上述所谓"业已生成的教育理论与当前教育实践之关系"。一般而言，当教育研究者身处教育实践之外，力图以"观察者"的身份去接触一种相对陌生的"实践文化"时，较为适合的策略就是"非介入"。此时，教育学者应当恪守谦逊的理性，尽量深入、透彻地解析教育实践的"逻辑"与"结构"。所谓"弱介入"，在本书中是指研究者进入实践现场，且表现出了干预实践的意向和行动，但是，这种干预并非基于"扎根"式的研究，且并不直接参与实践的变革，而是提供一定的建议，做一些相应的"指导"等。这种介入姿态一般可分为两种情况，一是研究者受行政部门委托进入学校教育实践进行"指导"，二是研究者受实践之邀以专家身份进入实践，在了解实践状态后进行"指导"。一般而言，在教育实践处于平稳、有序发展时期，相对温和的"弱介入"容易被教育实践所接受。当然，即便是温和的"弱介入"，也需建立在对教育实践深入理解和准确把握基础上。

从理论上讲，"强介入"或许还要面对多重诘难。例如，"强介入"的合理性问题，"介入"过程中的角色定位问题以及"介入"过程中的研究伦理问题等等。这些问题确实需要我们从理论上加以必要的清理，但是，理论的清理并不是单靠纯粹的思辨就能解决的。最终，理论的思考还必须回归到实践中，在实践的探索尝试、会聚提炼中获得灵感。理论研究者"介入"实践，并不是很快就会得到理解与接纳的，两种不同主体的交流，以及工作方式上的冲突与彼此的调适，都会面临很多非常现实的挑战，但是，这些冲突、阻抗、调适过程，或许也只能通过彼此之间的试探、理解、互助得到最终解决。在我国，由"新基础教育"探索出的"研究性变革实践"之路已经为"强介入"的合理性与可能性做出了实践层面上的解答和理论层面上的论证①，而且也正在为进一步推广作谨慎的尝试，这里不仅体现着教育研究和学校转型性变革的新探索，而且可能蕴藏着中国教育学创生的新路径。

参考文献

著作：

[1] 瞿葆奎主编、瞿葆奎、沈剑平选编：《教育学文集·教育与教育学》，人民教育出版社 1993 年版。

[2] 叶澜：《"新基础教育"论——关于当代中国学校变革的探究与认识》，教育科学出版社 2006 年版。

[3] 唐莹：《元教育学——西方教育学认识论剪影》，人民教育出版社 2002 年版。

① 参阅叶澜主编：《"新基础教育"发展性研究报告集》，中国轻工业出版社 2004 年版。

［4］叶澜：《教育研究方法论初探》，上海教育出版社 1999 年版。

［5］张汝伦：《思考与批判》，上海三联书店 1999 年版。

论文：

［1］叶澜：《思维在断裂处穿行——教育理论与实践关系的再寻找》，载《中国教育学刊》2001 年第 4 期。

［2］高伟：《一个"劳而无功"的虚假性命题——评"教育理论与实践关系"之争》，载《北京大学教育评论》2005 年第 2 期。

［3］宁虹、胡萨：《教育理论与实践的本然统一》，载《教育研究》2006 年第 5 期。

［4］李长伟：《论教育理论与实践的本然统———从实践哲学的角度观照》，载《教育理论与实践》2003 年第 4 期。

［5］何小忠：《论教育理论现实化的路径》，载《教育理论与实践》2002 年第 6 期。

译著：

［1］［美］杜威著，傅统先译：《确定性的寻求——关于知行关系的研究》，上海人民出版社 2004 年版。

［2］［美］杜威著，许崇清译：《哲学的改造》，商务印书馆 1958 年版。

［3］［美］汉娜·阿伦特著，姜志辉译：《精神生活·思维》，江苏教育出版社 2006 年版。

［4］［德］伽达默尔著，薛华等译：《科学时代的理性》，国际文化出版公司 1988 年版。

［5］［美］托马斯·库恩著，范岱年、纪树立译：《必要的张力：科学的传统和变革论文选》，北京大学出版社 2004 年版。

［6］［法］皮埃尔·布尔迪厄、［美］华康德著，李猛、李康译：《实践与反思——反思社会学导引》，中央编译出版社 1998 年版。

［7］［法］埃德加·莫兰著，阎素伟译：《社会学思考》，上海人民出版社 2001 年版。

［8］［美］C. 赖特·米尔斯著，陈强、张永强译：《社会学的想象力》，生活·读书·新知三联书店 2001 年版。

外文著作：

Nicholas Lobkowicz（1967），*Theory and Practice：History of a Concept from Aristotle to Marx*，University of Notre Dame Press.

第三部分

中国
教育学重建研究

第十三章

在裂变与重聚中创生：2001～2005年
中国教育学科发展评析*

从 2001 年始到 2005 年，我们每年编写了一本《中国教育学科年度发展报告》（以下简称《报告》）①。其宗旨是通过《报告》的撰写，及时总结、反思教育学科的发展，形成和强化研究者学科发展的自我意识并以年度报告的形式留下21 世纪中国教育学科发展的轨迹，表达我们对学科发展的关注与思考。每本《报告》都由总论和学科分述两大部分组成②。2005 年的"总论"对五年来的中国教育学发展的脉络作了综合式的评述。它成为一篇继教育学百年研究之后，反映我们对教育学科当代发展状态的剖析的研究报告。五年，是个不短不长的时段。在寻常的日子里，它虽不足以发生"沧海桑田"式的质变，但已能让人感受到世间和自身的变化。何况如今处于变革的大时代，五年的绝对时值虽不变，以变化来表达的相对时值却已大增，我们可以也需要对教育学科 21 世纪最初五年的发展作一次小结，以获得更为清醒的发展意识，包括对过去五年和未来五年可能追求的目标的认识。

为了撰写本报告，笔者除了阅读 2006 年各分学科撰稿人提交的年度报告外，还重读了由自己编制的、2001～2004 年报告的分学科提要，把它们按时间和议题两个维度排成系列，努力地想从中找出教育学科五年变化的足迹、发展的势态

---

* 本章由本项目总负责人叶澜教授撰写。
① 该《报告》系列由上海教育出版社出版，自 2002 年到 2006 年共出五本。
② 每本《报告》的总论，由主编叶澜撰写，分论由各相关学科的教授负责撰写。本章是 2005 年《报告》的总论，由叶澜撰写。作为本课题结题报告的部分，作了文字修改。本章涉及的具体内容可参阅相关的五本《报告》。

与机制。

在阅读和思索的不同阶段，笔者头脑中冒出一些很不相同的总体图景。先是一种进入"热带雨林"的感觉：种类繁多的植物长得密密麻麻，高低不一的乔木上，长满了各式附生植物，连叶面都不放过。这种纠缠、杂乱的丰富，表达了教育学科发展的强烈愿望和生长的某种特性，但却让人透不过气来。梳理出"雨林"中共生的、不同学科的生长势态，成了首先要完成的任务。正是在梳理的过程中，反复出现的一些学科发展中的共同问题和频率很高的强势概念，按其相关性渐渐汇拢，使笔者脑海中浮现出由新概念构成的"星际云"和恒星式的共有问题。寻解恒星式问题的奥秘和辨明"星际云"内部的聚变，是要透析已有的和建设更加有利于学科发展路径的需要。这种思考使笔者穿出"雨林"飞向高遥的"星空"。当思想再次返回"大地"，重望教育学科五年变化的总体图景时，笔者最想说的话是：教育学科发展的"春秋时代"到了。"在裂变与重聚中创生"的标题才赫然跃出。

第一节 不同类型教育学科发展路径的评析

先后被我们作为《报告》研究对象的教育学科共有 11 门。回望不同类型学科五年的发展路径发现并不相同，但也并非迥然不同。造成这些不同的原因，归结起来主要有如下两方面：一是从学科自身的角度看，主要与学科的性质、研究对象关涉的领域，学科历史的长短及研究传统，学科反思、重建的自我意识等因素相关；二是从学科所处的生境来看，其中还有内外之别。内生境指的是各分学科在教育学科群系中所处的地位及其影响力，它与学科群系中其他学科的关系程度与性质。外生境一指该学科与教育学科群系外的其他学科的关系；二指该学科与教育实践的关系；三指教育行政对该学科的关注程度，即学科从社会权力机构获取资源可能性的大小。以上两大方面的因素，渗透到每一个分学科的发展中，形成独特的组合，并通过相关研究群体对学科发展价值、目标、方式的选择和研究实践的运作等主体因素，具体而深刻地影响着每一个教育学分学科的发展路径。因此，分门别类地，不是笼而统之地描述各学科的发展路径，不仅对于研究主体认识问题本身是必需的，而且对于形成认识影响学科发展路径因素的自觉和把握也是必要的。

教育学科与其他经典人文学科相比，在整体上属于年轻的学科，但其内部依然有传统与新兴之别。以"教育学"、"教育史"为代表的传统学科，其学科形态的稳定大多在 18～19 世纪，20 世纪初传播到中国。新兴学科的发展可分为两大时间段。第一时段在 19 世纪末至 20 世纪 30 年代左右，主要在欧美地区，我国 20 世纪 20 年代前后的师范教育课程中都有所反映。第二时段自 20 世纪 50 年代末起至今。我国 20 世纪 50 年代主要受苏联教育学界的影响，形成了主要由教育学、中外教育史和学科教学法三门组成的教育学科传统格局。70 年代后再次出现国外教育学科大量引进的浪潮，逐渐突破了原先的老三门，出现了教育学科群的内结构转型①的新局面。

一、传统基干型学科

就传统学科而言，《报告》中的"教育学原理"、"教育哲学"属基干型中理论研究一类；"中国教育史"和"外国教育史"属历史研究一类。两类学科的共同之处，都以教育的总体存在作为研究对象。中国研究传统中强调的"论史不分家"，又使这两类学科有内在的依存性。

在理论研究类中，教育学原理与教育哲学的关联性是明显而无疑的，但在两门学科的研究对象、目标和旨趣的区分方面却并不十分了然。在我们撰写《报告》中也遇到了这个问题。两门学科常有材料选择上的重复，最后由主编作裁决。因此，有人认为两门学科实际上是一门学科的不同名称，有人主张取消教育学原理，或以教育哲学代替教育学原理。这给原先因分支学科迅速发展而带来的所谓"单数教育学"的存在危机，又增加了一成威胁。

可以说，教育学原理在当代中国的发展始终与学科存在"危机"相关。因为，它是在危机中诞生的，是 20 世纪 80 年代始分支学科纷纷从单数教育学中分裂出去后的产物。所以，它已经不同于 50 年代中国以凯洛夫教育学为范本的单数教育学，而是成为以教育中关涉总体性的问题和教育学中属于基本原理性的问题为研究对象，以教育的基本结构、功能、性质和原理的揭示为宗旨的学科。从这个意义上看，教育学原理也是一门新学科。只因为它在目前教育学科群中是唯一的一门不具有显性交叉学科性质的学科，往往被有些人认为是原先的单数教育学的遗留物。实际上，这是不察变化造成的偏见。真正的遗留物是在这些结论拥有者的头脑中，而不是在"教育学原理"中。

自 20 世纪 70 年代末起持续到 80 年代初的关于"教育的本质与属性"的讨论，可以视作是教育学原理研究人员对本学科理论内在危机意识的觉醒，以自我

---

① 参见叶澜主编：《中国教育学科年度发展报告（2003）》，上海教育出版社 2004 年版，第 2～4 页。

批判、争论与反思的方式，寻求教育学原理重建的起始阶段①。80年代中期以后，这种反思性的探究进入到元教育学和教育学元研究的层面，从教育学科整体发展的角度开展反思性探讨，并持续至今，形成了教育学科元研究领域。这两个相关但并不相同的研究指向，增加了教育学原理研究中一个新的层面，建立起教育学发展的内动力系统，形成了教育学原理研究在反思中完善、拓展和重建的新研究传统。

近五年来，教育学原理的发展路线之一是上述新研究传统的继承与发展。相关研究群体的部分人员开辟了教育学分支学科的系列研究，体现出教育学原理在拓展分支学科方面的影响力；另一部分，则将教育学科发展问题从学科史、研究方法论的反思与系统探究，推进到学科立场、学科理论基础更新、学科知识特性和教育学原理原点的探究等新世纪学科重建所必须面对的一系列前提性问题的研究。此外，有研究者已经开始尝试新的原理建构，提出理论教育学和实践教育学的分野②，也有大量以原理为视角，对各类教育问题作专题研究的论文和著作问世。

教育学原理另一条发展路径是下行式的、指向当代中国教育改革的实践研究。理论研究者不仅把此当做是一种责任，也把它视作是当代中国教育理论建构所必需的、回到源头式的探寻，在丰富的改革实践和富有创生性的变革研究中，重新审视已有理论和形成对教育问题的当代认识。教育学原理的发展现在正处于十分艰难的新的积聚和孕育之中，新形态的形成和真正产生原理的作用还需要持续相当的时间。笔者作为教育学原理研究队伍中的坚定者之一的最深切体验是：危机是一种催生的力量，它并不可怕。可怕的是不识危机之根，不知反思，不善于走出危机，不善于抓住发展的新时机。可怕的是对原理本身在任何学科建设中作为灵魂和基干的不可或缺的怀疑，更深一层的可怕则是对教育学作为一门学科建设的漠然和内在需求的丧失。

教育哲学与教育学原理的区别，其实只有在两种情况下可能成为问题。一种是当教育学原理进入到对形成原理的前提性问题的拷问时；另一种是教育哲学进入到具体教育理论和教育问题领域探讨时。如何确定教育哲学的学科对象与特性，是教育哲学近五年来自我反思的一个重要方面。讨论中学者们有诸多不同的看法，但教育哲学的研究并未因此停步。其基本的行进路线有两种取向：

一是以不同哲学流派的核心观念、理论，批判、解读和重构教育学的问题或

---

① 详见叶澜：《中国教育学发展世纪问题》相关部分。

② 参见熊川武等著：《实践教育学》，上海教育出版社2001年版。

已有理论。五年来最多被运用的是后现代主义哲学。在此，呈现出作为交叉学科的教育哲学其性质上是哲学的应用学科。由于哲学是一门具有丰富历史资源、强大理论动力和在当代十分活跃的学科，因此，这一条路径显得资源丰富和有学术的底蕴，突显了哲学对已有教育学知识、概念的质疑和澄明的价值，也不同于基于教育问题的理论探讨。因为后者的视角与方法都不是纯哲学的，结果也不只是澄清与否定。这种路径的进一步发展尚需深思的问题是：一般层面上的哲学观念和理论，在什么意义上和如何运用，才具有教育哲学而非政治哲学、科学哲学等的价值与特性？教育哲学有无自己独特的哲学范畴和哲学问题？其实，所有教育学科中的交叉学科都面临同类问题，即教育学本身在交叉学科形成中的作用与地位问题。相当普遍的状态是，教育学在交叉学科中通常作为被说明的对象和涉足的领域，相关研究者们一般相当关注交叉学科中另一方的学科发展，包括观念、理论、方法论和趋势的变化，对教育学的发展却缺少关注，认为这与该交叉学科的发展关系不大，甚至无关。

教育哲学发展的第二种取向是走"下嫁路线"，关注当前教育改革中的一系列重要问题，用哲学的方式进行讨论与研究。在五年的发展历程中，有关教育的价值、课程改革、道德教育、教师发展等一系列方面，都成为教育哲学的研究领域，表现出积极的实践关怀，使其不再成为只是在高空俯视大地的"神明"，而是行走在大地上目光炯炯的凡人。这一路径的本身有可能通向基于教育本体研究的教育哲学的建设，但其对研究人员有关两门相关学科的素养要求都很高。

教育哲学在有关学科发展本身的研究上也下了大工夫。除了对 20 世纪中国教育哲学的发展作了系统梳理①外，还对西方教育哲学当代发展进行了深入研究。杜威教育哲学的再研究则成为重要的关注点。对中国传统哲学的当代研究，黄济先生在《教育哲学通论》中，突出了"熔古代中外教育哲学思想于一炉，吸收我国古代教育哲学思想的精华，借鉴国外教育哲学流派的学说，结合当前教育面临的实际问题，建立起一个具有中国特色和现代教育意识的教育哲学新体系"②的宗旨，迈出了体系建构的重要一步。在 2004 年的论文中，他进一步阐发了这一指导思想③。响应者在中国传统哲学和教育家哲学思想方面，都作了进一步专题式的研究。

上述一系列研究对发挥教育哲学理论批判、价值辩护、现实透析和理想引领

---

① 参阅陆有铨、迟艳杰撰写：《教育哲学》，载于叶澜主编：《二十世纪中国社会科学（教育学卷）》，上海人民出版社 2005 年版，第 81~181 页。

② 黄济：《教育哲学通论》，山西教育出版社 1998 年版，第 1 页。

③ 黄济：《构建中国特色、中国风格、中国气派的教育哲学》，载《教育研究》2004 年第 9 期。

的功能，明确学科发展的问题与路径，实现学科建设中思想、理论的突破和成果的积聚，都有积极的推进价值。但要实现具有整体框架性的突破与重建，形成体现时代性、内含中国文化意蕴，以教育内在问题和逻辑为研究本体，提炼出富有原创性的教育哲学的范畴与体系，还有很长的路要走。

中国教育史和外国教育史五年的发展，均处于社会相关需求紧缩时期。在一个社会大变革、现实问题层出不穷、令人眼花缭乱的时代，谁还有多少心思去"治史"呢？近两年来，尤其是"和谐社会"的提出、"文化传统"的强调，使环境稍有改善，但并未回到昔日的"基础性"地位。面对来自环境的生存空间的逼仄，两门史类学科一方面坚守着自己原先形成的传统领地，且作更加深入、系统或补缺性的研究；另一方面两门学科采取了既相同又不同的策略拓展生存空间。

相同策略的表现，一是从现实问题出发，寻找历史的根源与借鉴。如中国教育史围绕着当代社会的教育转型中出现的一系列问题，加强了教育近代史的系统研究。外国教育史与当前我国发展高等教育和创建一流大学的需要相呼应，开展一系列关于国外著名大学与高等教育学的研究。二是利用与历史人物或重大历史事件纪念日的到来，开展专题的研究活动和出版专著。如中国教育史学术界在废除"科举"百年时推出"科举学"研究，外国教育史学术界在纪念杜威逝世50周年时相关专著与学术会议的集中推出等。这些研究不仅在深入程序和史料的开发上有进展，而且在研究视角、立场和观点上都有所突破。中外教育史在推进学科发展策略上的区别表现为：中国教育史更看重研究中新视角的形成，用"小开刀，深开掘"的方式来推进研究深度方面的进展。外国教育史则以将史的研究延伸到当代的方式，突出研究对象空间上与本国的距离和时间上与现实的几近同步。这不乏是一种可行的发展路径，但也带出了在研究主题上与比较教育可能发生交叉的问题。

在2005年的《报告》中，教育史学科提出了一些有关学科发展的很有意义的问题和思路①。首先是教育史的定位问题。论者认为，如果归到史学类则为应用学科，并不受重视；若归到教育学类则是基础性学科。究竟如何为好，似有为难。有论者认为要形成大教育史观，重视史学理论与方法的进展研究，这显然是借史学之力，提升或形成教育史研究新格局的思路。还有研究人员建议，教育史要作教育发展原生态式的研究。这一主张，如果和近年来中国教育史研究中关注教育学概念演变史的研究联系起来看，那么无论是中国还是外国教育史的研究，将会产生"一石三鸟"的效果。它将使当代教育史学科的研究不仅为当代中国

---

① 参见叶澜：《中国教育学发展年度报告（2005年）》，上海教育出版社2006年版。

教育改革与发展服务，而且能为当代中国教育学建设，奠定概念、范畴和原生态意义上认识教育演化历史的丰厚基础；并在深层次上形成教育理论与教育史发展的内在联系和互济共生的局面，突显其在教育学科中不可或缺的重要地位。更为重要的是，这一研究路径的形成，不仅有可能使教育史走出环境的挤压，更为重要的是将可能带来教育史研究范式的深层变革，使教育史呈现出当代的风貌，形成本学科的主干框架，而不只是扮演简单围绕现实问题转的历史解说员的角色。

二、局域分支型学科

在《报告》所列的学科中，教学论、课程论、德育原理等学科都属于教育学科群中的局域分支型学科，所谓局域是与教育活动整体相对而言；所谓分支是指它与整体的关系，且表明在学科的名称上尚未出现与其他学科交叉的关系。自然，这不等于其研究和知识体系与其他学科没有关系。以上三门虽然不是局域分支型学科的全部，但反映了与学校教育相关的最主要的方面，也表现了分支的不同取向。如教学论是以学校的某类活动——教学为对象的；课程论是以学校教育所需的"原料"——知识的选择、组织、结构及其形态等问题为研究核心，逐渐从教育学总体中独立出来的；德育原理则是以学校教育目标的重要构成——学生道德的形成核心所开展的、相关教育的原理问题的研究。由此可见，分支学科的形成有不同的划分原则，他们并不是一个预先策划好的总方案的同步或分步实施，而是在教育学科发展过程中，应现实的需要和研究深化的必然逐渐生成。一旦生成，就有可能发展成为相对独立的学科，形成自己的历史和轨迹、风格与个性。

我国改革开放以后，教学论是上述三门学科中最早出现的分支学科。在传统的单数教育学中，教学论一直是核心构成，有相对坚硬的理论内核。它的发展先经历了一个开放的吸收阶段，如在 20 世纪 80 年代先后介绍进来的一系列国外的研究成果[①]；后又进入到理论深化和创生阶段。王策三的教学认识论、裴娣娜的主体教学论等都是其中突出的成果。从 90 年代后期起教学论作为学科的存在，面临着两方面的挑战：一是教育改革实践的冲击，尤其是当时素质教育对应试教育的批判，强烈要求改变学校的课堂教学；二是应国家课程改革需要而兴起的课程论，将教学视作课程的实施，形成要包含教学论的走向，由此而引起教

[①] 在此期间先后介绍进来的有［美］布鲁纳著的《教育过程》，［苏］赞可夫著的《教学与生活》，［苏］巴班斯基著的《教学过程最优化》等。

学论与课程论关系的讨论，出现了有关"教学论"作为一门学科的生存危机的舆论。世纪初五年的教学论发展，基本上是一条寻找走出危机、自我更新的道路。

这一更新在学理探究上沿着两个方向开展：一个方向是对已经形成的"教学认识论"研究的不断深化，扩大这一认识论的包容度；一个方向是寻找新的理论内核，其来源大多是哲学范畴，且十分不同和多变，其中有"交往论"、"生命论"、"互动论"、"回归生活论"、"学生主体论"、"生成论"、"过程论"、"符号论"等等。这一方面表明教学活动自身的丰富性和研究人员思想的活跃，另一方面说明新的理论内核尚未完全形成，反映了方法论研究尚须加强。除此以外，教学论研究者深入教学实践开展教学研究，做了大量的、多种类型、不同层面的实验研究；学科教学论开始成为教学论的交叉型分支学科，重要的下移式生长领域，同时还吸收了一大批中小学教师参与。遗憾的是学科教学论与教学论研究人员之间的学理上沟通与学术上交往尚不足，若能加强并取得实质性的成效，这将使教学论研究形成层次间的合力，并产生在不同意义上达到共同提高的目的。

课程论能不能将教学论包含进去？在笔者看来，如果仅作推理式的分析，从不同的角度，这两门相关的学科都可以包含对方，这似乎无须作太多的论证。但从学科发展的历史和学校实践的状态看，还是以相对独立，但相互照应、增强对话与沟通更为可行且有利。何况，课程编制及其原理的研究与教学研究的实践主体、核心问题都不相同，难以相互取代。

与教学论努力走出危机，为生存辩护、为发展奋斗不同，课程论近五年的发展充满成长感，显出一派生机，这对一批年轻学者特别有吸引力。课程论研究群体一方面忙于国外课程理论、发展史、现状的研究和介绍，同时还要尽快构筑起自己编、著的理论框架；另一方面忙于参加由国家行政领导的当前国内课程改革的策划，从工作方案到课程设计，再到课程标准和教材的编写，试点区校的实践指导和教师培训。他们在这两方面做了大量工作，为课程论在我国的迅速崛起和课程改革的迅速推进起了重要的作用。但作为一门学科在中国的成熟，显然还需要时日。加强与相关学科、主干学科的对话与沟通，也是课程论今后发展须要加强的方面。

德育原理的学科建设在社会资源上是丰富的。目前的中国，不仅学校以德育为首、为本的地位之确认没有变化过，而且加强德育已从对学校的要求扩展到对社会全体成员的要求，是党中央高度关注的领域。但是，从社会文化生态和学生家庭状态来看，青少年道德教育问题面临着新中国成立以来从未有过的尖锐挑战。其中社会价值的多元和道德行为的失范最为突出。因此，德育原理的学科发展生境十分复杂。五年来其发展路径主要体现在两方面：一方面属理论建设。在着力于基本概念如大、小德育关系的廓清的同时，加强了道德底线与道德理想关系的研究，以上两点都与以往道德教育在认识上尚不清晰相关。作为道德教育基础性学科——伦理学研究的加强，则是德育理论研究进一步延伸到道德教育的基本问题的表现。在 2005 年度的相关报告中有学者指出①，目前德育研究存在着对"道德形成"缺乏研究的问题。这是很有见地的分析，它关涉到了德育原理与伦理学的理论核心的分野，当然还不是全部。从学校教育的角度看，须加强学校教育中学生的道德形成问题，以及它与其他场域和生活中的道德形成间的关系研究等重大方面。德育研究五年发展的另一方面以现实问题为主要研究取向。主题的丰富与多变是一大特征，直面现实的研究具有不可替代的价值，无论对于实践的改进还是理论的发展都是如此。但重要的是，不能只停留在现象层面上，不能像蒲公英那样随风飘荡。

总体上看，德育原理还有很大的发展空间。因为它面临着深刻的现实挑战和内涵着复杂的、有待开发的学术资源。

三、交叉综合型学科

《报告》选择的这类学科，有相对传统与新兴之别。教育社会学、教育管理学、比较教育学属于前者，教育经济学属于后者。与教育经济学类似的学科还可列出无数，如教育法学、教育政治学、教育制度学、教育文化学、教育生态学……这是一个无穷大系列，我们只取其一来研究。

追随与教育学交叉的另一学科的发展，是教育学科群系中的交叉学科主要发展路线。无论属"传统"还是"新兴"学科都基本如此。他们在所追随的另一学科群系中属应用之列，且大多数还不是重要的应用领域或相对成熟的应用学科，故很少能对所追随学科的理论发展有所贡献。其贡献主要是在对教育的认识，提供了来自其他学科的新立场、视角、概念，框架与方法论，多了一种有关教育的理解和解释。正因为如此，他们往往以这样的"新"来傲视所谓教育学的"旧"，不屑于对教育本身的问题作深入的探究。这可能是交叉学科在形成初期都会出现的状态——攀附式的发展。

因此，交叉学科的进一步发展面临着一些与分支学科不同的特殊问题。首先，怎么看待以他学科立场、框架为参照得出的有关教育的认识。笔者认为，十分重要的是要意识到其局限性。这类认识即使是正确的，有意义的，甚至是有新

---

① 参见叶澜主编：《中国教育学科年度发展报告（2005）》，上海教育出版社 2006 年版。

第十三章 在裂变与重聚中创生：2001~2005年中国教育学科发展评析

意的，也不是有关教育的完整认识，两者可相互参照，但不能相互取代。同时，还需要判断其适切性，即另一学科的立场、概念，甚至观点、方法，对于认识教育对象的适切性。例如经济学中的经济人假设、市场规律等是否可全然用来说明教育中的人与规律；社会学中人际关系的假设是否适合运用到师生关系的分析中来等。在此，提出了对其他学科不证自明的，且已渗透到概念、结论和方法中去的，形成学科体系的一系列假设，这些假设属前提性的、具有全局性和决定意义的假设，在运用到教育研究中时，是否需要有适切性的审视和论证的问题。其次，如果教育学科群系的交叉学科，不满足于仅作为其他学科的应用领域，就会提出"走出攀附、走向独立"的问题，交叉学科怎样找到自己的"生长域"、生出自己的"根系"，长出自己的"身躯"，并对因交叉而产生自己的不同本源性学科的发展做出独特的"回报"等一系列问题。

尚需提到的是比较教育学，它与另外三个学科不一样，是以方法的特殊性成为学科的标志。近五年的发展路径，除了比较对象更为拓展外（不仅有传统的国别专题比较，还增加了历史比较和国际、国内区域比较等维度），在主题选择上也体现服务于当代中国教育改革需要的宗旨。随着国内在全球化影响下，教育国际交往的增强和世界各国对国际教育的关系，在比较教育研究中，逐渐生出以国际教育为研究对象的发展意向①，也许这是一门可以期望的新学科的诞生，但它也并不能代替传统的比较教育的存在，只是比较教育研究水平的提高，研究人员至少不能缺这两方面的素养，一是教育学的理论，二是对比较对象的透彻把握。

第二节　教育学科发展机制的评析

不同教育学科近五年的发展路径尽管不同，但如果从发展机制的角度看，我们可以看到一些共有的方面。分析这些共有的方面，有助于我们加深对学科发展机制的认识和提升，有助于学科高质量发展的自觉性。

一、新概念"星际云"的形成

学科的发展，尤其是更新式的发展，通常必然有概念和概念系统的更新。从

---

　　① 参阅叶澜主编：《中国教育学科年度发展报告（2005）》，上海教育出版社2006年版。

五年的《报告》中，我们可以读到许多不同于以往的新概念。这些概念按其内在的相关性、接近度形成不同的组合。在同一组合中概念间又存在着交叉、连续、分化等多种不同关系，且还处在内部的裂变和重组之中。笔者很难选一个确切的词来表达这种关系形态，只好借用"星际云"这一表示"星系里一部分星际物质聚集生成的云状物"① 的概念来象征性地表达。

在此，我们不可能详尽地列出近五年来所有的"星际云"式的新概念的生成组合状态，只想以具有核心意义的概念，即教育学中经常提到的"人"的概念的变化来说明。"教育"、"社会"、"人"是教育学中历来最多涉及的三个基本概念，它们之间的关系研究构成了教育学中的基本原理。在近五年的发展中，教育学对这三个概念的理解和认识都发生了不同意义的变化，其中有关"人"的概念的变化和衍生颇具典型性。

教育学科中"人"的概念的变化是从凸显人的生命性开始的。可以说，"生命"一词是近五年来被十分强调的一个概念。它的出现并引起共鸣，与长期以来教育活动中将"人"视作"物"、"工具"，忽视人具有鲜活的生命，生命具有整体性和能动性相关。尽管"生命"并不是"人"的同义词，但在对"人"的理解上忽视生命性，则必导致"物化"和"工具化"。强调人的生命性，是对人之存在的原点整体式的回归，对人的认识至少能从"物理学范式"走向"生物学范式"。

然而，将"生命"抽象化，或用生物属性意义上的生命性来理解教育中的"人"显然是不够的。因此，对人的生命的理解在社会生活中还必须由活体式"存在"转向实践态的"生存"，人的生命的具体"生存"，只能在具体的，而非抽象的人身上，每一个具体的人都在具体的环境中生存，而且由他与具体环境在生活实践中的相互作用中而形成个体的具体性与独特性。实践对于人的生存价值和发展价值是并存的和基础性的，人只有通过生存实践才能成为"具体个人"。针对以往教育中和教育学研究中对个性形成的忽视和抽象、一般式的讨论，又引出了人的生存、日常生活、生境、具体个人、生活实践等一系列的相关新概念。

"具体个人"的进一步展开，又涉及"理性人"与"非理性人"的关系问题，涉及人在社会生存环境和个体参与社会实践中的主体性问题，教育学中关注的首先是学生生命发展的问题，针对学校教育和教育学中以知识传授为核心的教育活动造成学生被动应答式的成长，学生成长的"主动性"概念被提出。再深入下去，则关系到学生在与世界相互作用和人与人的相互关系中的"德性"、

---

① 《辞海》，上海辞书出版社 1999 年版，第 3950 页。

"智慧"、"践行"和"创造"能力的生成问题。这一组概念又改变和丰富了有关"人的全面发展"内涵的理解，并使其具有个体生命的气息。

除此以外，教育研究中人的生命性意识的加强和对个体生命发展的关注，不仅局限于学生，而且扩展到教师及其他教育工作中的专业人员。由此，又引出了五年来几乎所有教育学科都涉及的"教师发展"专题的研究，形成了研究领域式的热点。教师发展是与教师的教育实践密切相关的，"教育实践"对于人的发展价值扩展到教育活动中的最重要的两部分人，即教师与学生的研究，继而又进入到一个以"实践"为原点的新的概念领域。

从以上十分简要的、并不完整的、由教育学传统中"人"的概念之转换，而引出的概念"星际云"的生成描述中，我们至少可以得出有关发展机制的几点认识：

1. 新的概念，尤其是学科中基础性、核心式概念的更新，对于学科发展具有十分重要的、定音鼓式的作用。教育学科群系中各学科发展的快慢、聚散程度都与此直接关联。这并不是说，只能有一个概念作为学科发展的"定音鼓"，而是说，要形成学科具有内在关联性的系统的新发展，不能没有新的核心概念的确定和衍生出相关的"星际云"。

2. 新概念的生命力，在于这一概念所针对的问题的重要性或根本性；在于对原有学科体系建立的范式和思维方式的冲击力；在于其生成相关概念的生长力；在于比被替代的概念有更强和更符合研究对象内在规定性的解释力；在于体现本学科理论性质的表达力。

3. 从一个新概念的出现到"星际云"形成的过程，是概念以生长、分解、重组、裂变等各种方式的衍生过程。虽然其衍生的方式、路线可能十分多样，但是，要有朝着进入教育学研究这一特殊领域方向前进的自觉意识。恰如上述有关"人"的概念向"生命"转化后的行进路线那样。如果只停留在"生命"这一原点上，没有进入教育学所必须面对的独特的人之生命问题，就会停留在哲学或其他学科的范畴内讨论问题。

4. 形成新概念的"星际云"并不是研究的终点。将星际云内部概念群的相关性、区别性及衍生方式梳理清楚，明晰"星际云"间的联系和关系性质，才能促使学科新的主干理论的逐步清晰和体系的构建。

二、学科立场意识的强化

无论在上述各学科发展路径的论述，还是在概念"星际云"的讨论中，我们都涉及了"学科立场"。笔者认为，这是一个关涉到教育学科发展机制中定向性的问题，说得再重一些，是关涉到教育学科有无存在价值的问题。如果只要借助其他学科的理论、方法就能说明全部教育问题，那么教育学就没有存在的必要。就近五年的发展状况来看，大多数教育学科都产生了危机意识，在某种意义上是学科立场问题在新世纪的凸现。学科立场涉及研究的对象、视角与核心领域的清晰，发展空间的取向、研究价值的创造，以及与其他学科关系、关系性质、相互作用的方式及范围的选择等一系列问题。许多学科的危机意识与这些问题的产生相关。克服和走出危机的过程在一定意义上是学科立场意识形成和强化的过程。目前的状态是相关意识已经呈现，在一些学科中开始得到强化。如对学科原点问题的思考，师生的学校生存状态的研究，教育、教学内过程的重新认识，学生成长以及教育在学生成长中的作用研究等，都成为教育研究的重要关注领域。教育学自己的家园正在清理之中，但还远远没有建设成形。

学科立场意识的淡薄，是教育学研究中相对普遍存在和旷日持久的状态。在学科化几近普遍完成的 19 世纪初，赫尔巴特对教育学成为他人领域的苦恼，至今在不少研究者身上，不仅不复存在，而且认为理所当然；在一些交叉学科的研究人员那里，甚至成为一种发展策略。因为在他们看来，今天已经是学科发展走向交叉和综合的时代了，再强调学科立场是落伍保守的表现。即使在传统学科中，用西方新哲学流派的话语来演绎有关教育的新结论，也是一种时髦和习以为常的发展方式。我们经常是用别人的"话语"，讲着自己的"故事"。如果这样持续地讲下去，时间再长，教育学也不可能有真实的原创性的发展。

在教育学科的研究中何以会如此？这是一个需要和值得深究的问题。就目前而言，笔者的认识主要有如下几点：

1. 教育学科研究对象自身的复杂性、综合性，当人类科学认识模式尚处在经典物理学时代时，无力完整地把握有关教育的认识，无力在理论上完成教育学从抽象到具体的任务。就此而言，借用其他学科的理论或停留在经验水平的研究是不可避免的历程，也是必要的。即使在今天，教育学的发展也不能不借助于这两方面的力量。但是，这不等于因此而不存在教育学立场问题。借用依然有立场，依然不等于教育学研究的全部。

2. 当代人类认识世界的模式已走向多元，不同事物、现象间的关联及变化的复杂性日益呈现，复杂思维作为一种认识方法论的出现，使相加式的、以各不同学科都来进行某一领域研究的综合学科的形态，仅仅成为综合学科的初级形式。而以复杂的思维方式研究复杂性对象，揭示其内在关系、变化、生成等有机意义上的综合学科高级形态正在创建。一种不同于 20 世纪上半叶基本稳定的"学科"规范将被打破和实现更新，人类知识形态的整体结构正在变化。一组以复杂事物或事物的复杂性为研究对象的新型综合学科群将聚集生成。教育学科研

387

究对象的性质，决定其属于这一学科群。意识到这一点，是教育学科立场定位的起点和独立性的依据所在。教育学科将以巨大的包容性和整合能力，吸纳其他学科的相关成就，并以此为资源，生成自己独特的生态家园。

3. 交叉学科以学科相对独立性为前提条件。如果没有构成交叉学科双方各学科的独立存在，所谓交叉只能产生具有独立学科形态一方的应用学科，而不是交叉学科。或者需要重新定义交叉学科，把它看做是某学科在其他领域研究结果的产物。所以，现在所称的教育学科中的交叉学科，要深思自己的学科归属和性质问题，这可能会引发出新的发展方向和思路，开辟出新的天地。

4. 教育学科研究对象的综合复杂性，决定了学科研究的根要扎到教育的原生态之中，唯有研究原生态，才能发现关系与结构、互动与生成、转化与发展；认识确定性与不确定性在现实中的统一；寻找教育因素、过程与演化展开的内在复杂逻辑。教育学立场形成的核心是把研究的根扎到教育世界之中，扎到孕育教育世界的民族文化土壤之中。没有这样一个由外向内的教育学立场的变化，教育学很难形成具有新质意义上的发展机制。

三、理论与实践相互滋养与建构关系的形成

这五年的《报告》中透出浓浓的实践气息，而且是学科发展意义上的关注实践的气息。从当代中国的学校和教育变革中发现新问题，以本学科的方式开展研究，形成新的认识，提出与实践改革相关的建议，成为世纪初教育学科发展的重要推进机制。这种自觉性的提升和普遍化的趋势，可称空前，也是上述教育学立场意识得到强化的具体表现。

面对这种"空前"，我们更需要深究：今天在教育学科的发展中，教育实践与教育理论的关系究竟有何特殊？我们何以要将研究实践作为一种推进学科发展的机制？如何才能更有效地发挥这一机制的作用？

我们从五年的《报告》中可以读出，把教育实践当做学科研究的对象，首先是与研究者共有的专业责任心联系在一起的。我们意识到在当前中国教育大变革中，教育专业研究人员不能无视实践发展的需要，不能不思考学科发展如何体现当代水平。从现实的一系列新问题入手是一种具有双重价值的选择。这意味着教育学科专业人员的一份成熟，有责任的研究者是专业道德上成熟的研究者。

时代变化之急剧使我们这些生活在其中的人都感到陌生和些许的惊慌。一系列始所未料的社会及教育现象的涌现，对我们已经具备和早已习惯的认识带来强烈的冲击。我们面对现实不得不反思已有的理论，寻找新的答案。这就是大变革时代出现的新问题所独具的巨大发展性能量。它不仅指向实践变革本身，而且指

向人的认识、观念及其习惯的思维方式与行为方式。改革的潮流裹挟着你我朝前，正是理性的力量使我们"回望"与"前瞻"，在回望与前瞻中形成新的坐标，得出新的认识。这种状态不同于平稳发展过程中运用已有理论解决现实困难式的、理论指导实践式的理论与实践的关系，那种与主体生境相脱离，仅仅运用研究主体掌握的外在理论去解决他人的问题的理论与实践的关系。变革大时代中发生的问题是研究主体遭遇的问题，是同时指向研究主体和现实，是研究者身在其中的问题。正是在这个意义上，变革时代问题的认识与解答，要求研究主体内在理论观念和思想方法发生变化，具有促使研究者本身发展的价值。这是当代研究变革实践所独特的、促进研究者发展的机制。也许我们能以此为标杆来测量实践在推动学科发展的机制方面达到何种深度。当然现实中还有研究者用已有的理论、头脑中现成的标尺来度量今天现实的理论联系实践的方式，但这恐怕难以达到期望的目标。在我们的报告中，曾有人提出要发现真问题。在笔者看来，至少上述一类形成双向冲击和双向推进的问题可算是一种真问题。真问题往往不是现成的，而是需要发现和提炼的。

对于变革的现实问题，不同的学科完全可以选择不同的角度切入和开展研究，而且，未必现实中的每一个问题都足以成为有价值的研究对象。更为重要的是，对实践问题的研究不能只满足于开处方，或是已有经验的介绍和罗列，从国外到国内，从历史到现实。真正深刻的问题往往需要理论与实践的双向构建。我们需要努力使研究的过程成为实践与理论共同协作、相互创生的过程，思维的触角与行为的探索因经常发生碰撞而擦出创造的火花。也就是说，无论是单纯的经验与问题，还是单纯的理论、方法论的更新，都不足以推进今日中国教育深度问题的解决和满足时代发展的需求。唯有能从现实的问题中透析学术发展的触发点，并切切实实地用可能的方式，开展具有理论与实践内在关联性的研究，才能使当今实践问题的研究成为推进学术发展的机制，成为一种极富原创性的研究。

以上全部简要的评析远未勾勒出新世纪最初五年中国教育学科发展的全貌，甚至还不足以表达笔者本人对问题的全部思考。但它至少表明了学科发展阶段性反思的必要，说出了我们部分的进步与问题，足以让我们意识到中国教育学科的"春秋时代"的到来。如今学科发展中的裂变与聚合依然在悄然进行，大时代中教育学科的创生还远未完成。

参考文献

著作：

[1] 叶澜主编：《中国教育学科年度发展报告（2003）》，上海教育出版社 2004 年版。

[2] 陆有铨、迟艳杰：《教育哲学》，载于叶澜主编：《二十世纪中国社会科学（教育学卷）》，上海人民出版社 2005 年版，第 81~181 页。

［3］ 黄济：《教育哲学通论》，山西教育出版社 1998 年版。

［4］ 叶澜主编：《中国教育学科年度发展报告（2005）》，上海教育出版社 2006 年版。

论文：

黄济：《构建中国特色、中国风格、中国气派的教育哲学》，载《教育研究》2004 年第 9 期。

第十四章

当代中国教育学研究"学科立场"的寻问与探究[*]

人类从事的任何一个学科的研究，其实面对的都是一个共同拥有的关系世界，但是不同学科，即使是同一学科中不同的研究者，却生出了各不相同、如此之多的学科世界。何以如此？这首先要归因于"立场"。不同的学科，不同的研究群体与个体，只要有了立足点、视阈和指向上的区别，就可能由此开始建立起不尽相同或完全不同的学科研究的对象、主要领域、核心问题及研究意义，并通过持续的研究，逐渐形成相对独立的学科体系或学说流派。这里的相对独立有两重意义：一是不同学科、学派之间的相对独立，但对于他们共同相关的世界而言，他们之间依然是相关的，或是局部相交的、重叠的；二是相对于实体性世界的存在而言，学科、学派形成的"产品"是关于研究对象的认识，属精神性的存在，也具有相对独立性。

第一节 "学科立场"指什么的界定与说明

关于"学科立场"指什么的讨论需要概念界定，目的在于使讨论聚焦到同一领域之中，使对相同领域有兴趣的研究者可进行交流，但并不排斥不同界定的存在。在此我们根据上述学科体系或学派的相对独立性，将"学科立场"界定

* 本章由叶澜撰写，辑入叶澜主编，杨小微、李政涛副主编"生命·实践"教育学派论丛（第二辑）：《立场》，广西师范大学出版社 2008 年版。

为：由学科研究主体确立的，观察、认识、阐明与该学科建构与发展相关的一系列前提性问题的基本立足点。以上界定至少有三点须加以说明：

第一，学科立场是由该学科的研究主体为建构和发展学科而确立的。只要有学科存在，学科立场就必然存在，因此，学科立场的提问方式不是"有"还是"无"①，而是"什么"、"怎样"、"为何"和"如何"等。"立场"的直接解释与空间有关，即研究者立足点在哪里（场域）、方位、以什么视角去研究相关学科，它不同于切入点。

第二，研究主体是一个总称，由不同的个体和群体组成。由于诸如研究者的学科背景、研究旨趣与经验、学术素养以及所处的时代、年龄段的差异等等因素的综合作用，不同的研究主体会有不同的立足点的选择，处在不同历史时期或学科发展的不同阶段的研究主体，会面临重新认识和确立学科立场的问题。因此，无论从历时还是共时的角度看，研究主体都有选择不同学科立场的可能需要与权利。为此，不仅不同的学科持有不同的学科立场，而且在同一学科内，也会存在不同的学科立场。但这并不等于说任何一种学科立场的选择、确立具有同价性。这里的"价"是指对建构和推进学科发展的价值。这是"学科立场"问题研究的目的所在。

上述价值判断可以由持某种学科立场的研究者作出自评，说明自己的意向和贡献，其意义不只是有助于研究者反思，而且为他人理解和作出评价，提供来自研究者本身的、不可替代的资源。但它最终不由自评定音，而由另外两方面作出：一方面是由研究群体在讨论、比较和沟通中逐渐形成相对一致的基本评价，从而使某种或某些立场及由此出发建构的学术观点乃至体系，逐渐由个体、学派扩展为具有更大公共性的价值共识；另一方面则更为根本和重要，那就是以新的学科立场的确立，是否以及在什么意义、多大程度推进了学科发展，提供了新的视角和认识框架，改变、突破了以往的认识方式为依据。如果说第一方面属主体间性式的价值评定，但正因主体间的巨大差异和同受时代局限等因素的制约而难以形成广泛的共识，那么第二方面则属于以成果的存在做依据、与事实相关的价值判断，它须放到学科历史形态的演化、比较中，通过时间的积淀和实践的检验，才能作出。此类判断在时间上有较长的滞后性，但正是这种滞后，可以洗刷一些学界不可避免的门户之见、学术偏见，甚至是一些非学术的评价因素的影响。这也许正是要求倾心于学术的人，要耐得住寂寞的重要原因。真做学问者总

---

① 金生鈜的论文（以下简称"金文"）《无立场的教育学思维——关怀人间、人事、人心》发表于《华东师范大学学报》（教育科学版）2006年第3期。细读此文可见，金文所言的"立场"，实指意识形态意义上的立场，与本章所述的"立场"内涵不同。金文中阐明了自己的研究"立场"，即在永恒和公共的立场上思考教育，并就这一立场选择及依据做了阐述。

是期望自己有新的发现，对学术有新推进与贡献，这是一种学术责任。但确实不必在乎他人评价的好坏。真要在乎的话，就应在乎别人评价是否真正了解和读懂了你，是否有道理，对你是否有启发。被人认同不是做学问的目标，推进学术、有利于实践才是做学问的本真价值。研究者自身也只有在这种追求和研究中，才能实现发展与成长。

第三，"学科立场"的确立是为了明晰与该学科发展相关的一系列前提性问题，相关研究属于教育学元研究层次。它只有在学科发展积累到一定水平后才出现，具有反思和建构的双重性。在学科处于形成或转型时期，研究学科立场是为了提升学科主体的认识自觉。学科研究的前提性问题，在学科研究过程中也许并未被研究主体意识或自觉思考，但是他们事实上先存于主体头脑之中，并通过具体内容的讨论显露出来。这些问题主要包括：学科研究对象的建构与领域的厘清；学科性质的明晰与价值取向的选择；研究的方法论讨论与思维方式的自觉。显然，对上述问题的研究不能脱离学科发展的历史和现状、成就与问题，不能不以人类知识体系当代发展水平与趋势为参照系，并吸收其中具有积极建设、推进本学科发展的思想资源。然而，更为重要的是研究者必须对本学科发展的势态作出清醒的判断。因为当学科建构与发展研究进入到需要"范式革命"，需要提升到"自觉"和"自为"的层面，一旦相关研究主体意识到这一势态，并愿意投身到历史的转折之中，就无法不面对和不研究上述构成学科立场的一系列问题。笔者认为当代中国教育学发展正是处在这样一个重要时期，它需要，我们也选择了"投入"。

第二节　"学科立场"是当代中国社会、人文学科共存的问题

对学科立场的关注和研究，在当代中国并不是教育学界独有的现象。事实上，许多学科，有些一向被认为比教育学科学性高得多、成熟得多，因此地位也高得多的学科，同样在讨论"学科立场"问题。这是因为彼此都同处在社会大转型的时代，当然，各自关注的重心、在什么意义上和为何讨论学科立场的具体取向并不相同。在此，笔者想通过一些其他相关学科讨论的概述，说明并找出当代中国社会、人文学科界在"学科立场"研究上共存的倾向性问题。

在我国当代社会科学的发展中，经济学一方面由于是社会科学中最早引入定量研究方法的学科，因而得到大家对其科学性的认同早，另一方面因我国社会发

展当前以经济建设为中心，经济学得到来自政府的高度重视，进而把它推向显学的地位。由此产生了"泛经济学"、"经济学帝国主义"和"数学帝国主义"等现象。它所面临的立场问题是对"泛"的规范，是确定"经济学的边界"。"经济学的作用是毋庸置疑的，数学的作用也是毋庸置疑的，但不管是数学还是经济学，作用再大也不能到'包治百病'或'包办一切'的地步，作用再大也要有一个自身的'作用边界'"[1]。此类问题，目前为止至少在教育学中不会发生。教育学不是自身已被"数学帝国主义"化了，而是因其化得不够而缺乏科学的面孔，怕不被当做"正统"意义上的科学；教育学不仅谈不上"教育学帝国主义"，而是被许多"帝国主义"化了的，以及某些强势学科、新兴学科化进去了，还有人错当这样的"化"就是教育学自身的发展。教育学也有"边界"问题，但不是经济学式的因膨胀过度而带来的边界模糊，而是因缺乏内在核心、过度开放而造成对自身边界认识的不清晰。经济学研究是当学科处于强势时，尚能保持清醒的边界意识，进而反思原以为是使学科之所以成为优势的数学方法的局限性问题，这种自觉精神对于教育学研究者提升学科立场意识具有警醒价值。

　　哲学无论在东方还是在西方，都是一门传统悠久的学科。自20世纪80年代中期以来，在对外开放和解放思想的国策支持下，中国哲学界也进入了一个新的反思期和确立当代研究的学科立场时期。如在什么是当代哲学研究的核心问题上，"人"日趋中心。新的哲学流派研究如存在主义、现象学、解释学、实践哲学、价值哲学以及科学哲学、后现代主义等，随着西方哲学思潮的流变而不断成为国内的中心话题，逐渐形成多元并存的格局；马克思主义的哲学研究也由反思起步，通过重读，逐渐走向内在价值的当代发现与建设，更多地关注现实社会发展中的问题的哲学探究，以丰富和发展马克思主义哲学；中国哲学则在20世纪末新儒学的带头冲击下，开始了持续至今的对已有"学科范式"寻根式的反思与批判，为了改变"以西释中"的状态，甚至提出了"去哲学化"的要求，极大地强化了中国传统哲学思想，并不局限于儒家的深度开发，表现出基于传统的重建中国哲学的势态，确立中国哲学的主体性，研究中、西哲学在学科建设中的关系，成为中国哲学"学科立场"的重要问题。这一切使古老的哲学又获得了新的能量，原先稳定立场出现震荡、统一和分化、流派纷呈的局面，预示着一个新的发展阶段的开始。[2]

---

　　① 皮建才：《经济学的边界——谈经济学科学主义的争论》，载《光明日报》2007年8月7日。相关论述可参阅姚洋：《经济学的科学主义谬误》，载《读书》2006年第12期。
　　② 参阅魏长宝：《2005年的中国哲学研究：反思、对话与回归》，载《光明日报》2006年3月21日；张汝伦：《道无常法——关于中国哲学形态的若干思考》，载《光明日报》2006年5月29日；郭齐勇：《略谈当前中国哲学研究的趋向》，载《光明日报》2007年8月14日。

与哲学、经济学相比，社会学属后起之秀，在中国更是如此。改革开放后社会学研究恢复至今，已经走过了主要介绍西方理论的过程，开始了以西方学科范式为框架的中国问题研究。世纪初中国社会学领域中的泰斗级人物费孝通发表了《试谈扩展社会学的传统界限》一文，带头并深刻地表达了他对社会学的学科立场的深度反思。费孝通从我国社会学传统中缺少对"人文"，尤其缺少对中国社会自身的历史文化传统研究这样一个普遍存在的问题出发，提出了社会学的当代发展，要破除将人的自然性与社会性相对立的思维模式，研究"天人之际"的统一性，确立"'人'和'自然'相统一的立场"；主张社会学研究要深入到人之为人的精神世界，不要用社会性的非精神的机制去解释精神世界，"真正开辟一个研究精神世界的领域"，并由此推进到对人与社会关系中的"朽"与"不朽"的文化关系研究，对"只能意会"，"讲不清楚的心"、"将'心'比'心'"等方面开展研究。费孝通强调，这些新问题的研究，"不是我们今天用实证主义传统下的那些'可测量化'、'概念化'、'逻辑关系'、'因果关系'、'假设检验'等标准"可以去完成的，"这种观念，不同于我们今天很多学术研究强调的那种超然置身事外、回避是非的'价值中立'、'客观性'等观念，而是坦诚地承认'价值判断'的不可避免性（inevitability）；它不试图回避、掩盖一种价值偏好和道德责任，而是反过来，直接把'我'和世界的关系公开地'伦理化'（ethicization 或 moralization），理直气壮地把探索世界的过程本身解释为一种'修身'以达到'经世济民'的过程（而不是以旁观者的姿态'纯客观'、'中立'的'观察'）"。为此，他要求社会学在方法论和方法方面进行新的探索，目前通用的实证主义思路、方法已难以进入这些领域；社会学研究要达到一个成熟的"学"，必须有突破，它需要通过"文化反思"和"文化自觉"来实现。①

在此相对详细地概述费孝通论文的基本观点及思路，主要是因为初读这篇论文，笔者就受到强大的震撼并深受启发。笔者被中国社会学创始人和年事已高的费孝通先生对时代的敏锐感受、对学科发展的深度责任和着力探究的精神所震撼，因他清晰的思路、明确的观点、毫不含糊的批判与反思，对新领域研究必要性的历史、文化和理性的分析而深受启发。费孝通的论文，其意义在于对社会学研究传统界限拓展的集中探讨；在于充分表达了社会学的特殊领域中，当代中国社会、人文学科在学科发展上面临的一些共同的，具有立场转换意义的问题。如果与前面提到的哲学、经济学等联系起来看，或者再拓展到其他学科，诸如伦理学、历史学、文化学等方面则更易看清。这是一组具有强烈时代性的问题，是处

---

① 以上有关费孝通观点的阐述和引文，均来自费孝通：《试谈扩展社会学的传统界限》一文，载《北京大学学报》2003 年第 3 期，《新华文摘》2003 年第 9 期全文转载。

于全球化时代，又正值社会转型时期，力图通过创新和加速发展实现民族振兴与国家昌盛的中国，面临的一系列问题。它需要并催化中国当代社会、人文学科明晰自己的发展取向与任务，认识为了实现新的发展，需要对现有的学科立场作出怎样的反思和变化。目前还呈现出的十分突出的问题，还有如何对近代"西学东渐"以来逐渐形成，且相对固化的学科研究范式实存的立场作出反思和重建。说得再具体一些，那就是当代中国社会、人文学科发展与中国文化传统及现实社会的关系问题，即全球化背景和西化学术传统下的本土化问题；中国社会、人文学科发展与盛行的实证主义、理性主义的关系问题，即对以自然科学真理观和方法论为传统研究立场的反思与突破的问题。

第三节　教育学*"学科立场"研究的特殊需要

当代中国教育学的发展处在同一的学术大生态中差别不大，但在小生态中却有很大的不同。造成不同的原因很多。从客观上看，有学科演化历史积淀而成的学科发展不成熟，并由此而造成的在社会、人文学科中不被重视，甚至在学科内部也存在自怨自艾的状态；还有学科研究对象和性质本身的特殊性也加深了教育学研究的复杂性与难度。从研究主体角度看，由于还存在着对学科立场问题是否存在以及理解上的区别，故而难以形成类似其他学科相对自觉地对学科立场的反思与研究之势态，难以形成强大的合力。这可以从 2005 年 8 月中国教育基本理论专业委员会以"教育学的学科立场"为主题召开的第十届年会《综述》[①] 中读出，无论是对教育学的学科立场、学科危机的反思，还是对教育学如何发展的问题的回应，都还处于散点的状态，自然，其中不乏真知灼见。也有人断言："学科立场的探讨并没有给教育学术的发展注入新的活力和力量。理论探索上虽然有新的变化，但这除了增添大家（尤其是教育学者）心中几分焦虑之外，确实还没有看到乐观的迹象。"[②]

指出小生态中存在的问题并不是为不去深入研究"学科立场"找到理由。

---

* 在此，教育学是指作为一门学科的教育学，教育学的"学科立场"是相对于其他学科的学科立场而言的。目前教育研究所形成的学科群，在文中涉及时称教育学科群，以示区别。

① 该"综述"发表于《教育研究》2006 年第 1 期，由宋剑、董标整理而成。年会的主题确定与笔者的建议有关，笔者也参加了这次年会，因而，对讨论难以聚焦、对话、深化有真切的感受，尽管与会者都有真诚的投入。

② 宋兵波：《现代学术传统与中国教育学研究》，载《教育学报》2007 年第 3 期（本章以下简称"宋文"）。

相反，是为了更加自觉主动地投入到这一关系中国教育学发展不可回避的前提性问题的研究之中。在这点上，"宋文"与我们持相同立场，但确实还有人认为没有必要再去研究这些似乎有些玄的问题，只要研究具体的教育理论和实际问题就可以了。无疑，我们期望有更多的人，但没有权力也没有想过要强求他人进入相关研究，重要的是，只要自己意识到问题的价值，就可以且有权开展研究。确实，每个研究者或研究群体都生存在学术研究的小生态中，并受其影响和制约；但是，每个研究者或研究群体又都是这一小生态的构成者、影响者，都有可能用自己的研究行为促使其变化：或向着积极的方面，或向着消极的方面。所以重要的不是去埋怨现状，而是努力从自己做起，努力使自己的学术研究成为增强中国教育学发展的积极力量。

任何一个学科在发展历程中都会因遭遇范式转变而催生出生存、发展的危机感。教育学也不例外。但与其他学科不同的是，教育学的危机是事关学科存亡的危机，是更为根本与深刻的危机。这也是说教育学研究小生态相对艰难的一个重要原因。如果连学科存在的信心也缺失了，如果许多人只是在这个领域里讨生活、求名利，怎么可能实现学科发展？因此，走出学科生存危机的阴影是当前中国教育学发展需要解决的特殊问题。而对教育学的学科立场缺乏深度讨论和未形成系统的基本观点，正是教育学危机存在的认识根源。有关教育学学科立场研究特殊必要性的深度认识，还需要通过相对深入和系统地梳理危机生成的过程、原由和表现状态得出。

教育学的学科立场问题的提出，始于有意识地将教育学建设成一门学科之时。在中国，教育学作为学科是由西方引进的，所以有关学科危机的梳理，也须从西方开始。在教育学界已经形成的基本共识是，教育学作为学科建成的代表作是赫尔巴特的《普通教育学》。这并不是说在此之前没有人专门研究有关教育的问题，提出对教育的系统认识并形成著作，其中尤以捷克教育家夸美纽斯、英国的哲学家洛克、法国的思想家卢梭的贡献最为突出。而康德则是作为近代并对后世产生深刻影响的大哲学家中，第一个在德国的大学中开设了"教育学"讲座，从而使教育学满足作为一门学科的要求，即在大学里成为正式课程。康德认为，"人只有通过教育才能成为人"[1]。"能够对人提出的最大、最难的问题就是教育。""人们可以把两种发明看做是对人类来说最困难的东西，这就是统治艺术和教育艺术，而且人们对它们的理念远处在争论之中。"[2] 同时他又指出，为了使孩子变得比父母更好，"教育学就必须成为一种学问……教育艺术中机械性的

---

[1] ［德］伊曼努尔·康德：《论教育学》，赵鹏、何兆武译，上海人民出版社 2005 年版，第 5 页。
[2] 同上，第 7 页。

东西必须被转变成科学，否则它就不能成为一种连贯的努力，而某一代人就可能会毁掉前人已有的成果"。① 从上述引文中可以清楚地看到，教育问题在康德看来是十分重要又是最难的事情之一，他要求形成教育学的学问，主要是关于教育艺术的学问。教育的根本任务在于形成人的内在的、由理性把握并养成的精神力量，② 康德以他的哲学体系为据来思考教育和形成他对教育问题的理性认识，透出浓浓的启蒙时代的人文关怀。这些精神财富对于今天依然有重要价值。但康德确实还不是从学科的意义上来研究教育学。笔者之所以在讨论赫尔巴特前提出了前面几位对教育学、教育思想作过杰出贡献的人物，并更多谈到康德，一则因赫尔巴特与康德之间不仅有教育学教席上的连续关系，而且在哲学精神上有内在关联；二则从有不同倾向性的重要历史人物的比较中可以看出，教育学理论知识的来源，有三个不同维度：一是基于教育实践或经验的提升、抽象和系统化（近代可以夸美纽斯为代表）；二是基于时代、社会、政治、思想变革的教育诉求的集中反映（如卢梭）；三是基于哲学发展体系变化而提出的教育问题的理念、内容与思想方法的变化（如康德）。这三个维度提供的思想资源随着时代的变化而变化，它们构成教育学理论的内部张力。如何运用和处理三大思想资源及其相互关系，始终是教育学学科立场建构中需要作出回答的第一大问题，直到今天也是如此。

众所周知，在人类认识世界的历史过程中，学科是从关于自然的认识自哲学中独立出来，并成为不同于哲学的自然科学而始的，它得益于培根新方法的提出。因而提及学科，其最早区别于哲学的，不只是研究对象的分化与明晰化，而且还指以科学方法为保证的、知识的确定性和可检验性。赫尔巴特之所以被公认为作为学科存在的教育学的创始人，在于他当时清醒地意识到了学科之成为学科的基本要求，并努力在教育学中体现。赫氏《普通教育学》的绪论中，集中、充分和系统地表达了这一坚定的信念和追求。

赫氏在批判了仅以经验作为教育基础的观点后表示："但愿那些很想把教育基础仅仅建立于经验之上的人们，对其他的实验科学作一番审慎的考虑。"③ 在他看来，"假如教育学希望尽可能严格地保持自身的概念，并进而培植出独立的思想，从而可能成为研究范围的中心，而不再有这样的危险：像偏僻的、被占领的区域一样受到外人治理，那么情况可能要好得多。任何科学只有当其尝试用其自己的方式并与其邻近科学一样有力地说明自己方向的时候，它们之间才能产生

---

① ［德］伊曼努尔·康德：《论教育学》，赵鹏、何兆武译，上海人民出版社 2005 年版，第 8 页。
② 同上，第 46 页。
③ ［德］赫尔巴特：《普通教育学·教育学讲授纲要》，李其龙译，人民教育出版社 1989 年版，第 9 页。

取长补短的交流"。① 两段引言明白无误地表明：赫尔巴特在对教育学现实状况批判的背景下，对教育学成为一个独立学科的期望及策略。他认为将教育仅建立在个人经验基础上，会使教育不具有可靠性；他批判教育学缺乏自身的概念和独立的思想，让其他各种学说、流派来治理。为了改变这种状况，教育学就要像其他科学一样来形成自己。在将教育学作为一门学科来研究时，赫氏引进了科学的意识和标准。"教育学是教育者自身所需要的一门科学"②，赫氏虽然把教育者关于教育目标的选择看做是取决于人的见解，但这种见解的正确形成不仅要以实践哲学为基础，还要具有科学与思考力。"教育者的第一门科学，虽然远非其科学的全部，也许就是心理学。"因为在赫氏看来，"心理学首先记述了人类活动的全部可能性"。但他并不是要教育者从心理学中推断出对学生的构想，而是主张教育者要观察儿童，"只要一个具有良好头脑的人留意观察人的心灵，那么他就会获得一种心理见识"。③ 这里表现的是赫尔巴特看重科学的什么，那就是科学能使人具有一个良好的头脑，对不同的意见采取谨慎的态度，而且使人们具有"眼睛"，"一只人们可以用来观察各种事情的最好的眼睛"。赫氏正是用这样的科学方式，通过详细分析当时形成认识所必须选择出来的各种措施，作出"教育者应当带着什么样的意图去着手进行他的工作"④的回答，写出了他认为的教育学的前半部。在此，笔者想强调的是，有关赫尔巴特教育思想的评论者大部分都认为赫氏的教育学在关于"教育目的"的问题上是根据哲学，科学的依据主要体现在教学的论述上。这恐怕是把赫氏的教育学截然分为两大部分了。就把科学当做一种超越具体经验的研究、思考过程和一种观察世界的方法而言，在赫氏对教育学的整体构思中是贯彻始终的，我们可以从他的绪论中谈及教育学前一半的形成中，清楚地看到这一点。

在论述教育学的后半部时，赫氏依然强调的是科学，即教育者"还应当掌握传授知识的科学"，并以"不存在'无教学的教育'"和"不承认有任何'无教育的教学'"⑤的双向否定的话语方式，突出了他的教育、教学化为一体、相互贯通的思想。同时他以心理学的知识为依据，作出了教学过程在他看来是以心理科学为基础的分析。在此，我们又一次看到赫氏学科立场中科学意识的强化，以及在他这个时代和他个人哲学背景及知识、经验独特基础上的哲学与科学的沟通。

赫氏对科学性的追求也表现在他希望自己的教育学的知识是具有普遍意义

---

① ［德］赫尔巴特：《普通教育学·教育学讲授纲要》，李其龙译，人民教育出版社 1989 年版，第10 页。

②④⑤ 同上，第 12 页。

③ 同上，第 11 页。

的。他对教育者的方法论指导就是"希望那些知道通过个别怎样说明一般的人能够从个别中制订出一般的计划，通过人类来说明个人，通过部分来说明整体。然后再按符合规律的关系，将大的紧缩为小的与更小的"①。这是典型的科学认识在处理个别、一般以及认识规律的思想方法的表述。此外，赫氏确信实验方法的重要和科学性，但无奈于教育中开展实验的困难和效果检测的不可确定性。因而在其任哥尼斯堡大学教育学教职时，还创办了教学论研究所、教育研究所和师范研究班、附属实验学校②，用实践的方式来验证自身理论的合理性，以弥补不能开展科学的教育实验的不足，表现出与纯哲学思辨式不同的创建教育学的路径。尽管赫氏的《普通教育学》不具有正宗自然科学要求的科学性和形态，但他在这方面的意识和努力是超越前人并走在时代前列的。

以上关于赫尔巴特《普通教育学》在学科立场方面的分析表明：自赫氏有意识地建立一门作为学科的教育学时，他力图与康德有区别的，就是增加科学的维度，并使哲学与科学融通，共同服务于教育学的学科式建构。他以自然科学关于学科的理解来衡量，开始了教育学的学科之旅。教育学的独立性和科学性问题也正是从此时起，因衡量学科标准的选择，而内含于初建成的作为学科的教育学。此后，随着科学越来越丰富和理性的标准日益显性化、方法化和可操作化，到19世纪下半叶，尤其在20世纪，教育学爆发了一次又一次存在危机。而中国的教育学也因初始阶段就从赫氏的《普通教育学》引进而内含着危机，并在这方面与西方教育学危机有着非同步，但基本同质的多次存在危机的出现，且延续至今。③

19世纪下半叶以后多次由新因素而产生的教育学危机，概括起来主要表现在两个方面④：

第一方面是作为整体学科的教育学自身不断分解⑤。第一次分解在西方是始于19世纪下半叶赫氏逝世之后，弟子们对赫氏的学说理解出现分歧，并导致

---

① ［德］赫尔巴特：《普通教育学·教育学讲授纲要》，李其龙译，人民教育出版社1989年版，第20~21页。

② 同上，第5页。

③ 需要说明的是，中国教育学的危机还有特殊的表现。以下行文中，中西共性的方面合起来说。

④ 以下论述可进一步参阅叶澜：《教育研究方法论初探》，上海教育出版社1999年版，第64~88页；叶澜主编：《中国教育学科年度发展报告（2003）》，上海教育出版社2004年版，第2~4页；黄志成：《教育研究中的两大范式比较："日耳曼式教育学"与"盎格鲁式教育科学"》，载《教育学报》2007年第2期（以下注释或引文简称"黄文"）。

⑤ "黄文"中提到日耳曼式教育学分解时列出三次，第二次分解指的是由方法论的不同而带来的，这是事实性的判断。因本章从分解造成危机的角度来论述，故未把虽是不同流派但对象依然是教育整体的教育学变化列入其内，因为这样的变化会对教育学整体研究带来新的视角、视野和活力，而不是消解。但本章未列入，并不是说不承认或不赞同黄文的三次分解说。

"教学论"独立成为一门学科，"道德教育"也相应独立。随后的发展中，"学校管理"也独立门户①。这种分解实际上是赫氏教育学中内含的几大部分构成的独立化过程，可视作是第一层面的分解。第二层面的分解是在"教学论"这一分支学科之下，与中小学的学科教学相关的各科学科教学法又作为独立学科存在。这些学科的出现与学校教学实践的需要密切相关，在赫氏的构想和实践中也有所体现，他认为"我们需要一系列教育学专著（指导人们应用某一种教养手段）"，在他的研究班中对数学教学有过专门研究。

上述两个层面的分解是沿着下行的路线进行的。当"普通教育学"的内容都由分支学科分别作更详细的论述以后，还需不需要以整体为对象、表达一般理论的、作为一门学科的教育学的质疑就产生了。此类教育学的存在危机因自身的裂变而引起，我们可以称其为"内裂危机"。

造成危机的第二方面的新因素是其他社会、人文学科以及部分综合类学科对教育研究的介入逐渐增多，在时间上也自19世纪下半叶始。20世纪上半叶则走向丰富，到20世纪下半叶，尤其是60年代末、70年代起，随着信息化时代的到来而进入"爆炸期"。这些学科进入教育学领域的研究都在自己的学科传统、研究范式相对成型之后，把教育当做自己学科的一个研究领域介入，在一定意义上，他们并不在乎教育学在研究什么、如何研究以及形成了什么，而是着力于形成本学科的应用学科②。如教育哲学属应用哲学类，教育社会学属应用社会学类。对这些学科更为清晰的表达应是"教育的××学"或"××学中有关教育的研究"，而不是"××的教育学"、"有关××的教育学"。然而这些学科都自认对教育学的发展与丰富作出了教育学不可能作出的贡献，更有甚者认为因此而无须教育学。在教育学界内，"教育××学"则被视作是教育学与其他学科交叉而生成的教育学领域中的交叉学科。这种错觉更因其中的部分研究人员出身于原来教育学专业而得到强化。相关人员未细究在这样的交叉中教育学究竟起了什么作用，这样的地位是否是唯一选择，是否合理，是否有利于作为学科的教育学的发展，相反，却轻易地将其纳入教育学的范围内。但2002年前我国学位办将"教育管理学"从"教育学"门类中拉出，列到"公共管理学"的门类中，可以说是给教育学研究人员开了一帖清醒剂，是否有一天教育哲学将归哲学大类？教育社会学将归社会学大类？而现在教育学名下的交叉学科将不再存在？依笔者看，教育学界若不清醒，这一天必将至。

因交叉而带来的教育学存在危机，在以英美式的教育科学逐渐成为强势并走

① 参阅黄志成：《教育研究中的两大范式比较："日耳曼式教育学"与"盎格鲁式教育科学"》，载《教育学报》2007年第2期。

② 参阅张渭城编：《国外教育学科发展概述》，教育科学出版社1982年版。

向国际化的过程中得到强化①。"黄文"较深入地从词源学及其不同文化传统背景下，分析了一些欧洲国家首先使用的"教育学"（Pedagogia）与在英语国家首先使用的"教育科学"（educational sciences）的重要差别。即前者是指作为一门学科的教育学，但在英语国家中并不流行和通用。英语国家通用的教育科学"明确指的是由多门科学形成，而不是单一科学，是指各自独立于教育的，但部分又是研究教育现象的科学或学科群"。教育科学是开放的系统，教育科学一开始就不是封闭的、独立的，也不是要建立固定的、有形的联系。它们只是在进入同一实践领域的意义上，为实践提供来自应用其本学科研究范式而得出的有关教育实践的应用性知识。只是在与教育实践关联的意义上可通称为"教育科学"。这与"英语的教育（education）被看做是一种实践"，英语中的"教育理论"是一种为了教育实践的理论有关。因此，英语中的"教育理论"是"教育科学群"中的一个，其目的不是教育的理论研究（theory study of education），而是为了教育实践的理论（theory for education practice）②。在笔者看来，这一区分是重要的，且与我们接触到的欧洲大陆教育学研究与英美教育学研究，在风格与重心上的区别是吻合的。这对我们国内某些因翻译英语国家著作，熟悉"教育科学"的用法，而少见"教育学"的用法，进而认为教育学应该终结，由教育科学来接替教育学发展的研究人员来说③，可能提供了进一步思考的资源④。

我们将这种因其他学科介入教育领域研究而产生的教育学存在危机称做"外裂危机"⑤。应该说，"教育科学"的繁荣并不是一个需要否定甚至谴责的状态。在一定意义上，这是教育学所研究的对象——教育在整体上的丰富、综合与复杂性决定的，是教育研究中具有发展意义的行为，没有人可能或有权阻挡。它也不必然带来教育学的生存危机。真正值得反思的是教育学自身。何以因其他学科进入教育研究，教育学自身存在的必要性就会遭否定？何以因其他学科在进入教育研究时，可以无视教育学的存在，不能在真正意义上因学科交叉而产生与教育学，而不只是与教育相关的新学科？教育学如何才能形成以本学科研究范型为依据，将其他学科研究对象看做应用领域的、教育学交叉学科

---

①② 参阅黄志成：《教育研究中的两大范式比较："日耳曼式教育学"与"盎格鲁式教育科学"》，载《教育学报》2007年第2期。

③ 在国外，我们较熟悉的持"教育科学观"的代表人物是：法国的G.米阿拉雷，可参阅〔法〕G.米阿拉雷：《教育科学导论》，郑军、张志远译，李泽鹏校，光明日报出版社1989年版。

④ 由此引出的联想是中国的教育学界应对教育、教育学的理解，作出基于中文辞源学和文化学综合意义上的界定，以免老是由别国的规定左右我们的思维，一旦不清楚他国之间的差异，把我们自己的头脑也搞乱。有此体验，故言。但这已超出本章论述主题，暂存不论。

⑤ "外裂危机"是与"内裂危机"相对应的称呼，它指原来的教育学因外部学科的介入研究而引起解构危机。

类的应用学科?①

我们将"内裂危机"与"外裂危机"统称为"双重裂解"危机,它在我国教育学界同样存在。与西方教育学或教育科学原发式国家不同的是,两类危机在中国的引起是继发式和集中式的,在 20 世纪中华人民共和国成立以前就存在。中华人民共和国成立以后,尤其在 20 世纪 80 年代始,"内裂危机"就出现。在高等师范学校里,教育学由一门课程转变为教育原理、教学论、德育原理和教育管理学四门课程。于是,教育学是否还需要作为一门学科的问题就被提出了。此类裂变随着时间的发展和国外研究的不断引进,自新旧世纪之交始愈演愈烈,且生出了"新"分支能否取代原分支甚至取代教育学的讨论。与此同时,"外裂危机"也激烈增加,除了上述的分支、交叉学科以外,还出现了以教育问题为中心的、多学科综合研究所生成的新学科。让人们生出"道生一,一生二,二生三,三生万物"的感慨②。正是在这样的背景下,笔者提出了一系列的问题,"学科得以存在的依据、根本在哪里?"新学科的增加对传统的教育学意味着什么?"是消亡还是再生?""不同学科对教育研究的切入有无立场的差异?教育学领域的交叉学科是否只有一种属性,即切入学科的应用学科?有无以教育学为母学科的交叉应用学科存在、发展的可能与必要?在这样的背景下,有无必要思考和明确教育学立场与教育学视角?"等等③。这些问题显示了我们提出"学科立场"问题的当代背景,它与教育学危机之间的内在联系。

中国教育学界围绕教育学本身发展问题的思考与讨论其实在 20 世纪 80 年代就已开始。先是对教育学的学科史的研究,以雷尧珠的《论试我国教育学的发展》为肇始,逐渐形成中国近代教育学发展史研究领域并延续至今④。西方教育学史的研究中有陈桂生的力作《历史的"教育学现象"透视——近代教育学史探索》⑤。以瞿葆奎、喻立森发表于《教育研究》1986 年第 11 期的《教育学逻辑起点的历史考察》一文为序幕,开辟了"元教育学"在中国的研究⑥,形成教育学领域研究中一个新的层面。继此之后,笔者以《关于加强教育科学的"自

---

① 教育学有自己的应用学科,主要是以教育制度中各级各类教育为对象研究而形成的学科:如高等教育学、中等教育学、初等教育学、职业教育学、特殊教育学、家庭教育学等。

② 参阅叶澜主编:《中国教育学科年度发展报告 (2003)》,上海教育出版社 2004 年版,第 2~3 页。

③ 同上,第 3 页。

④ 雷尧珠文发表于《华东师范大学学报》1984 年第 2 期。近年较大规模的研究成果有:瞿葆奎:《中国教育学百年》,载《元教育学研究》,浙江教育出版社 1999 年版;叶澜主编:《二十世纪中国社会科学·教育学卷》,上海人民出版社 2005 年版。

⑤ 陈桂生:《历史的"教育学现象"透视——近代教育学史探索》,人民教育出版社 1998 年版。

⑥ 有关"元教育学"研究的主要论文汇编在瞿葆奎主编的《元教育学研究》一书中,由浙江教育出版社 1999 年出版。

我意识"的思考》一文为起点，组织了关于"教育学科元研究"的系列丛书①，从学科元研究的层面，与元教育学研究相呼应，尤其是在"教育研究方法论"、"教育学科与相关学科关系"研究方面做了系统的探讨。

1989 年陈桂生发表于《华东师范大学学报（教科版）》第 3 期的《教育学的迷惘和迷惘的教育学》一文，对新中国成立以来中国教育学的发展路径及其存在的主要问题作了回顾批判式的论述，提出了在教育学分化和出现多门交叉学科以后还要不要大一统的教育学，怎样看待中国化的教育学建设等教育学发展的重要问题。可能与建国四十周年相关，这一年成为教育学发展反思总结式论文相对集中的一年，但以陈文的影响力为大。遗憾的是不少人只是对题目中的"迷惘"有兴趣，并未读懂陈文的真意，只是沉浸在"迷惘"的感觉中，并常以"迷惘"作为讥讽中国的教育学的最佳用词。

1995 年吴钢在《教育研究》第 7 期上发表的《论教育学的终结》一文，又一次掀起了关于教育学存在危机的讨论，并以不同却相关的话题方式持续至今。支持吴文者大多围绕教育学无可能或无必要成为独立的学科展开论述，而持不同观点者多从不同的角度或路径，认识实存的"内裂"和"外解"危机；从不同的路径，尤其在教育学的性质、对象、方法论、理论特质、理论与实践的关系等不同的方面，探究当代教育学的建构问题。②

由此，教育学作为学科的生存问题在西方社会，从赫氏《普通教育学》诞生以来历经了两个世纪，而在中国也经历了近一个世纪的争论，并随着时代、人类认识的发展，老问题几乎以不变的提问方式继续存在。尚需补充的是，在中国，教育学研究的依附性在很长的历史时期内还有强烈的政治意识形态化的倾向，以及主要以国外的教育学或教育科学发展为资源，用翻译、编译或阐述等方式来体现教育学的发展，同时，存在着忽视中国自身实践与问题、忽视中国文化传统中思想资源的特质等两个不同于西方国家的特有的问题。

在《中国教育学发展世纪问题的审视》一文中，叶澜提出"意识形态与教育学发展的关系问题"、"教育学发展的中外关系问题"和"教育学的学科性质问题"，是影响中国百年教育学发展并依然影响当代中国教育学发展的组合式核心问题的观点，认为对三个问题作进一步聚焦，"可集中到教育学的学科独立性问题上"。该文在结语中指出："20 世纪中国教育学在太多的束缚与

---

① 叶澜论文发表于《华东师范大学学报（教科版）》1987 年第 3 期。丛书以"教育学科元研究"为总称，由上海教育出版社自 1999 年始出版，至今已出版五本。

② 与此相关的论文陆续有发表。首先作出针锋相对回应的是郑金洲：《教育学终结了吗?》，载《教育研究》1996 年第 3 期；《教育研究》1997 年第 2 期中周浩波的《论教育学的命运——与吴钢、郑金洲商榷》是又一篇直接回应的文章。其他文章不一一列举。

依附中建立，它既受意识形态的强控制，又追逐着国外教育学说的变化，还受着学科性质认识停留于应用的自我局限，依附于交叉学科中的其他学科，扮演着随从的角色。""教育学在一个世纪发展中走过的曲折和付出的'学费'，换来的最重要的启示就是要提升教育学科的独立学术品格和力量，教育学界要为此作出持续和艰苦的学术努力"①。这一努力首先是立场和视角的变化："我们的眼睛不能只是向上看，向左右、东西看；还要向下看，向内看，向中看，向前看。"② 借此，再一次表达笔者对如何走出"教育学生存危机"所持的基本态度：要敢于直面，但不简单置可否。笔者不欣赏只用嘲讽、指责的方式对待今日中国的教育学研究，而提倡用积极、认真、持续的学术研究的态度和行为，去推进认识的深化和发展，并首先从自己和志同道合者做起③。在笔者看来，只有教育学研究队伍中抱有这种愿望和行动的不同个体或群体越来越多，新的教育学研究的世界和空间才有可能逐渐生成。教育学在当代的生存危机问题的认识只有在研究深化的过程中，才能越来越清晰。同时，这个过程也是我们实现有关"教育学"认识的自我更新过程。就笔者的切身体验而言，没有研究过程中研究主体的自我更新，很难明白今日的世界与教育学建设的任务，更不可能有真实意义上的学术创新与发展。这就是笔者所理解的中国教育学"学科立场"研究的特殊需要。

第四节　重建当代中国教育学"学科立场"的尝试

在当代中国，教育学如果要走出生存困境，进行转型性再生是一条可行之路。为此，需要重新思考有关教育学学科立场内涵的一系列前提性问题，形成新的"答案"。首要任务就是对教育学研究的对象和领域进行再认识。它的提出本身就是上述"双重裂解"的直接后果之一。

在赫氏初创教育学之时，研究对象的问题是清晰而简单的，那就是教育。赫氏的研究领域又集中于学校内部的教育，他的努力是在怎样使教育学具有作为独

---

① 叶澜主编：《二十世纪中国社会科学·教育学卷》，上海人民出版社 2005 年版，第 50 页。

② 同上，文中所涉及的方位词都是借喻。"上"指政府意志，"下"指教育实践，"左右"指相关学科，"内"指教育学本身，"东西"指国外教育学研究，"中"指本国研究，"后"指历史，"前"指发展、未来可能等，特加说明。

③ 这也是我们提出学派创建的原因之一。时而也看到一些对教育学是否有可能建立学派的讨论，自然仍是仁者见仁、智者见智，类似于教育学还能否生存一样。这都很正常，尤其在中国。笔者在此想表明的只是我们的心迹在于想更好地积聚力量，自觉地去做自己认为该做的和能做的，以及有指向、有基础、有积累的事，不是去妨碍或反对别人"为"和"不为"、如何"想"和"做"。

立学科的核心概念和理论形式。当时的教育学现在看来虽然有不少问题，但它的对象是有内在统一性的，无所谓今日的"双重裂解"问题。

中华人民共和国建立之初到20世纪80年代初，教育学研究对象问题在中国也并不存在。当时普遍认同的观点是教育学以教育现象为研究对象，其任务是揭示研究规律；研究立场是阶级立场，即要站在无产阶级立场；方法论是马克思主义，它是唯一科学的世界观，只有用马克思主义的辩证唯物主义和历史唯物主义作指导，才能揭示教育规律。一切都是明晰和确定的，故无对象或其他前提性问题可讨论。

20世纪80~90年代的中国，教育学的"双重裂解"，以教育学科群的迅速成长和多级、多重交叉的方式呈现出"繁荣局面"。在这突然长高、长胖的巨人面前，教育学研究者的反思，除了提出原先作为一门学科的教育学是否还需要或可能存在以外，还将原先对教育学的学科框架、理论体系的讨论，扩展到教育学科群内在关系的讨论，力图理清梳理这一学科群内在关系的分类标准。为此，除了翻译、借鉴国外相关的论著与论文提供的资料、观点以外[1]，国内的学者也作出了各种不同的分类建议，实际上开始了有关教育学、教育科学或教育研究对象的再认识。

如瞿葆奎、唐莹提出了教育科学分类以学科研究对象和学科形成机制（即如何运用其他学科来形成教育学科）的复合分类框架[2]。这一分类方式建立在将运用其他学科（包括理论框架、方法或工具、用多门学科解释教育问题等三大类）形成教育科学看做是教育理论的一种特性，"它要站在'众人'的肩膀上——把许多学科集于一身，去综合成自身的体系。从某种意义上说，它比这些学科更复杂，也更富于挑战性"[3]。与此同时，该文将所有的与教育相关的学科都称为"教育科学分支学科"。除此文外，国内学者还有不少的、不同类型的分类

① 如前面已经提到的［法］米亚拉雷《教育科学导论》外，较有影响的有：［德］W. 布雷岑卡：《教育学知识的哲学——分析、批判、建议》，李其龙译，他在文中提出按研究任务把教育学一分为三："教育科学"、"教育哲学"和"实践教育学"。该文最早刊登于《华东师范大学学报（教科版）》1995年第4期。2001年华东师范大学出版社又出版了他的专著《教育科学的基本概念：分析、批判和建议》。另外，国外教育学著作中也涉及分类问题，如［日］大河内一男等：《教育学的理论问题》，曲程等译，教育科学出版社1984年版，第193~196页。

② 参见瞿葆奎、唐莹：《教育科学分类：问题与框架》，最早发表于《华东师范大学学报（教科版）》1993年第2期，后经修改辑入瞿葆奎主编：《教育学的探索》，人民教育出版社2004年版，第1~28页。（以下简称"瞿、唐之文"）

③ 瞿葆奎、唐莹：《教育科学分类：问题与框架》，载《华东师范大学学报（教科版）》1993年第2期，第23页。

标准与论文发表①。其中涉及的分类方式繁多，或以对象、领域为据，或以方法为据，或以学科理论性质为据，或以学科功能为据，呈现出视角和论据的丰富性和多样性。由此可见，教育研究者对于研究对象和领域的认识在 20 世纪 90 年代已经出现了分化、细化和分类意识。如果没有教育研究领域内的"双重裂解"，就不会出现这么多的思考和认识上的变化。这也可算是"双重裂解"的积极贡献之一吧！然而这些研究虽然都承认教育研究出现了多元和学科群现象，但对是否因此而生出教育学的存在危机，教育学是否有"独立性"问题，教育学是否需要重新认识自己，重建"学科立场"等问题却抱有不同的观点与态度，不少人并不太在意。但在瞿、唐之文中，可以看到对其他学科介入教育研究可能出现的问题的警觉："由于教育理论的性质（指'运用解释的解释'——引自同文第 11 页，笔者注），教育科学分类很容易步入这样的陷阱之中，即以已经存在的其他学科进行某种任意选择为基础，并从这些学科的分类中演绎而来。"遗憾的是，在笔者看来，这类演绎生成的交叉学科在教育科学中实际上已大量存在。因此，"有一点是十分明确的：除了以教育理论为研究对象的学科以外，所有的分支学科都要以教育现象为汇集点（重点号为原作者所加），围绕教育本身来组织有关教育的知识"②。

　　笔者认为，瞿、唐之文指出的问题，对于我们以承认传统教育学当前确实存在危机为前提，持重建作为一门学科的教育学，对于当代教育学科群新发展十分迫切的观点者来说，是需要面对和作出进一步探究的。我们的提问方式是：教育学一个多世纪的"双重裂解"，究竟对教育学作为一门学科及学科群的发展提出了什么新的问题？为什么其他学科，不论是自然科学（如物理学）还是社会科学（如社会学），在同样经历着学科分化和交叉学科不断增加的情况下，却不像教育学那样，提出诸如物理学、社会学是否还能存在之类的问题，或至少没有形成像教育学那样广泛、持久和激烈争论之势？教育学科发展中出现的、我们可以称之为"消解基础学科"的现象本身说明了什么？当今还有没有必要和可能建设作为一门学科的教育学？这些问题汇集起来，首先要回答的就是在"双重裂解"的背景下，究竟如何认识教育学的研究对象与领域。

---

① 如陈桂生：《四分法：教育理论成分解析的新尝试》，载《教育研究与实验》1995 年第 2 期；《略论教育学体系问题》，载《教育研究与实验》1996 年第 1 期。冯建军：《论教育科学的构建与检验》，载《高等师范教育研究》1995 年第 6 期；《教育学有独立性吗？》，载《上海教育科研》1995 年第 5 期等。有关教育学研究的主要论文（国内及重要译文）主要汇集在瞿葆奎主编，瞿葆奎、沈剑平选编：《教育学文集·教育与教育学》，人民教育出版社 1993 年版；瞿葆奎主编：《元教育学研究》，浙江教育出版社 1999 年版；瞿葆奎编著：《教育学的探究》，人民教育出版社 2004 年版等三本著作中。书中还列出了详细资料索引，有兴趣者可查阅，本文因篇幅有限，不再作介绍。

② 瞿葆奎编著：《教育学的探究》，人民教育出版社 2004 年版，第 16 页。

　　教育学研究对象是教育研究对象的特殊组成。因此，先要理清的是教育研究对象在当代的变化。笔者采用"教育存在"的概念作为对教育研究对象的总称，并将这个概念按"教育存在"的形态（即"以它通过怎样的实践产生为主依据，并兼顾形态特征"①）区分为三个"层次"（不是"方面"②）：第一层次为"教育活动型存在"，它由教育实践活动本身组成，是教育存在中最生动、丰富、多变的基源性存在，无此类存在，就不可能产生后两个层次的研究对象存在。第二层次为"教育观念型存在"，包含了认识人类教育活动多方面的"认识成品"，包括经验性、常识性、决策性及理论性、科学性的认识。它与第一层次的主要区别在于它是通过人的认识活动产生的，是一种观念形态的存在。第三层次是"教育研究反思型"存在，它虽然也以观念形态存在，但其产生是对产生"教育观念"的研究活动（而非教育实践活动）及其系统化成果的再认识，具有反思的性质③。随后，笔者还对三层面的内结构作了分析，并着重指出了教育研究的对象与教育的对象的区别，以免因将"人"及任何对人产生影响的活动均列为教育研究的对象而带来的研究对象"泛化"问题④。如此泛化的存在若不被意识到，可能造成教育研究的对象无边无际。无限扩大研究对象及领域，也是消解学科的一种方式。

　　教育研究对象的形态与结构分析，为进一步建构教育学研究对象提供了认识框架与基础。如前所析，目前存在的教育学科群，从其生成机制来看，至少可分为由内部分解和外部介入两大类。前者我们可称其为教育学的"内生分支学科"，其研究对象尽管各不相同，但都属原先作为一门学科的教育学研究对象范围中的某一局部⑤，都是以教育活动最基础的核心构成作为原始的研究对象。这样建构教育学科研究对象的立场可称为"内立场"。后者与"内生分支学科"相对应和区别，他们以原教育学研究范围之外的其他学科介入教育问题的研究而生成；以介入学科的研究范式、理论框架、基本观点和方法，作为生成新交叉学科的路径；又把由此形成的交叉学科视作本学科在研究教育领域中新建的应用学

---

① 叶澜：《教育研究方法论初探》，上海教育出版社 1999 年版，第 306 页。

② 因人们往往忽视"层次"与"方面"的区别，故想强调指出，"层次"与"方面"是两个在空间指向上有区别的概念，"层次"是三维空间上以高度的层级区别为标准的划分，"方面"是二维空间即平面意义上，或即使面对具有三维空间的多层级构成的事物，但强调的是一个侧面、切面的视角看问题。在系统论中，"层次"的区别是重要的区别。

③ 叶澜：《教育研究方法论初探》，上海教育出版社 1999 年版，第 306～307 页。

④ 同上，第 308 页。

⑤ 如教育学原理、教学论、德育原理、学校管理学等。也有一些是 20 世纪早期发展起来的分支学科，如课程论。尽管在最初的教育学中没有以"课程"命名的专章（原因是多方面的，包括词源学和文化的差异），但作为构成教育活动不可缺少的基本要素，教学内容问题却从夸美纽斯开始就内含在教育学之中。虽然课程论与教学内容所指已有很大的不同，但相互间的内在关系是不可割断的。

科。因此可称其为教育研究中形成的"外生交叉学科"。如此建构教育学科研究对象的立场可称为"外立场"。

对目前存在的教育学科群作如此"内"、"外"立场的区别，不是为了使两大方面成为壁垒分明的对手，也不是认为一方面重要、对发展教育认识有贡献，一方面不重要，研究教育问题可以不去关注，而是为了使我们能更清楚地看到目前在教育学科的总结构中，在研究对象的建构方面还有两大重要缺失：

第一大缺失是以当代教育活动本身内在整体为研究对象的、作为一门学科的教育学研究存在的缺失，我们可以把它称之为"内在整体学科"研究的缺失。显然，这是在教育学科有了大量，而且还可能生出多类和多级分支学科背景下提出的问题，它的研究领域和任务不同于初始状态作为一门学科的"教育学"。这种不同，一是因为教育活动本身的价值与功能、要素与结构、形态与过程等无论哪方面，以及教育在整体上与社会之间的互动性质与方式、路径等方面，都与教育学初建时代有极大的不同，而且产生了许多以往不存在的新因素（如教育技术因素的极大增强）与新问题。这些变化的本身需要也可能通过对教育活动的整体研究形成新的认识。二是因为人类对教育的认识本身，不仅有了极大地丰富，而且有了深刻的变化。这些变化和丰富，需要梳理、整合和形成新的系统的深化认识，这一认识的形成，不可能由哪一门分支学科独立承担，也不可能用各门分支学科已有成果简单相加的方法来完成，它需要通过以当代教育活动内在整体为对象的深入研究来形成，需要吸收、整合、提升已有分支学科的研究成果，在更高层次上，形成一个不同于分支学科研究对象划分原则的、相对独立的一门教育学来承担。"裂变"与"重聚"是事物发展过程中相辅相成的两种形态，虽然在不同的发展阶段呈现出不同的倾向，但不可能跛足行得很远，教育学经历了相当一段时间的裂变，现在是到了需要和可能用"聚合"作出补充的阶段了。

还须指出的是，原先大一统的教育学虽然已经不可能去统包成为内分支学科的教育学学科群了，它的部分内容理论虽然被更新、扩大，或细化、重组，其中有些已经陈旧的观点，却依然可以在一些分支学科群，尤其在第三级分支学科群中体现（如学科教学论，亦有人称学科教育学）。因为这些学科中有些不是通过教学论和课程论去形成教育是什么的理论认识，而是直接从教育学中吸取理论，与学科教学结合，形成第三级分支学科。上述现象也会在教育学的应用学科中出现（如初等教育学、中等教育学等）。这种新、旧混杂的情况，说明以教育活动内在整体为研究对象的教育学依然需要且还在发挥作用，但必须更新重建。由此可见，从积极发展的角度看，作为一门学科的教育学面临的命运不是消亡与终结，而是发展、更新与转型。

我们可以这样说，只要作为内在整体的教育活动还存在，以此作为对象的内在整体式的教育学就有存在的需要。没有一个内分支学科的研究，哪怕是他们的总和（也没有任何一个外生交叉学科，哪怕是他们的总和）所形成的有关教育的认识，可以代替教育研究主体对教育整体的把握。作为教育活动内在整体的研究，其目的是形成当代教育学，不是恢复以往只有大一统教育学的局面，削弱或限制分支学科；是为了体现当代教育主体有关教育整体的新认识，进而有助于内生分支学科和内生应用学科的发展；是为了形成新的作为认识教育是什么、为什么、应如何和怎样展开等问题的基础理论性的认识，使整体与分支、理论与应用形成更为有效、相互促进，且具有建构价值的当代教育学科新的关系形态和发展局面。

教育学研究对象中第二大缺失是以教育学的研究范式、理论框架、基本观点和方法为依据，以其他学科领域中与教育相关问题或教育内部与其他领域相关的问题为研究对象，以教育学为本体的、应用性的"内生交叉学科"的缺失。这类学科既不同于"内生分支学科"，也不同于"外生交叉学科"，但能与它们形成互补互生的相互关系。显然，改变这种缺失是一个更为艰巨和复杂的任务，因为到目前为止，还没有看到如此建构的教育学"内生交叉学科"的形态。造成这一状态一方面是由于人们误以为"外生交叉学科"就是教育学交叉学科的唯一形式，故而没有积极、有意识地去建构这样的研究对象，更不可能形成学科；更重要的是因第一个缺失的存在，人们认为当代已无须教育学的观点和由此引起的生存危机的争论，贻误了教育学建设性的发展，使当代中国的教育学作为一门学科，还没有变得相对显明和成熟（多以"教材"的形态存在）。这种情况好比根还没长深，枝干很难成为"嫁接"的母本，它极大地限制了第二个缺失状态的改变。但是，从逻辑上来说，上述教育学的"内生交叉学科"的存在既是必要的，也是可能的。[1]

如果我们把两大缺失联系起来看，更可以清晰地看到当前重建以教育内在活动整体为研究对象的教育学的重要。它不仅对作为一门学科的教育学的发展，而且对整个教育学科形成新的、更为合理的结构和水平具有决定性意义。上述第一方面的缺失，也正是其他学科不会，教育学却会因学科群的出现而引出生存危机的原因之一。

两大"缺失"的提出，实际上关涉教育学发展的当代空间的开拓，为的是提升当代教育学研究主体，对不可推卸的历史责任和难得一遇的发展时机的把握，也是对有关当代教育学研究要加强内立场，走深入研究教育活动本身，形成

---

① 笔者曾在与学生的讨论中论及此事，并举例说明。可参阅叶澜主编：《回望》，广西师范大学出版社 2007 年版，第 197 页。

教育学视角的研究路线的强调。当然，这并不意味着要排斥其他学科对教育的研究，教育作为一个人类社会活动的领域，它不仅对所有的，不管是哪个学科的研究者开放，而且谁也无权且不可能阻止这种研究。何况，教育本身与各个领域之间有着不同性质、不同形态的千丝万缕的联系。所以，即使用教育学的立场研究教育问题，也需要综合运用不同学科的研究成果。作为教育学的研究者需要形成胜任教育学研究需要的其他相关专业的研究素养。但是，其他学科形成的与教育相关的知识，不等同于教育学知识。我们不能以简单搬运其他学科的方式来充实教育学的内容。综合运用不同学科的研究成果可以说从赫尔巴特的教育学始就有所表现，他用当时的联想心理学的认识来说明教学过程的四个阶段是一例。当代研究者想用学习心理学来代替教学研究是上述问题的现代式表达。在此，我们不涉及联想心理学和学习心理学的对错问题，也不否认心理学理论在认识教育中的价值，我们所强调的只是学习心理学代替不了教学研究，因为学习心理学的研究对象与视角，不是教学活动的全部，更不是教育活动的整体。所以，不能以外生的交叉学科代替内生的交叉学科，反之同理。我们目前缺失的是内生交叉学科，故而就针对时弊而言，需要强调后者建设的迫切性和必要性。

如果以上两个缺失的状态发生基本改变，教育学科的整体结构就能呈现出丰富、相对完整的新的状态与形成新的更为合理的相互关系。这一结构可简单表示为图 14－1，它需要当代教育学研究主体合作创建。

<table>
<tr><td>基础理论</td><td>教育学
（内在整体学科的当代重建）</td><td rowspan="4">外生交叉学科群</td><td rowspan="4">外学科的应用理论</td></tr>
<tr><td>分支理论</td><td>教育学内生分支学科群</td></tr>
<tr><td rowspan="2">应用理论</td><td>内生应用学科群</td></tr>
<tr><td>内生交叉学科群</td></tr>
</table>

图 14－1　教育学科群理想结构状态

说明：① □表示目前基本存在的学科群；

② ▒表示尚须加强和建设的学科群；

③ 各框内名称具体所指可参阅前面的文字解释；

④ 所有的分类都具有相对性，都可能产生越级、越界的各种交互作用和产生新的学科类型，在此只为说明区别而分。

在这部分最后要提到的是关于教育学研究的领域，即它与教育研究对象——

"教育存在"的关系。笔者认为，领域与研究对象的界定是相对的，它与"教育存在"三层次的关系不是涉及其中哪一层的问题，而是根据对象界定角度，从何切入三个层次的问题。恰恰是三个层次的相关研究，才能有效地推进教育学的发展，尤其在学科处于转型的时期，与学科理论发展相关的实践领域、已有理论领域和反思领域的研究缺一不可、相辅相成。

学科性质的判断是当代中国教育学学科立场需要思考和作出回答的第二个重要问题，它关系到对学科发展去向的选择和理论品质的认识。

通常而言，谈到学科性质，首先会问该学科归属于哪个大类。人类知识第一层次的分类指哲学、科学、艺术之三分。概而言之，哲学指的是对事物形而上的思考，是超经验的"玄思"；科学指以经验为基础而形成的对事物的系统认识，是有具体对象的研究之产物；艺术则以表达研究者对世界万物和人间诸事，包括人及其自我的内在感受、体悟为主要内容。三者无论是哪一类，都是人类精神生活的组成，也是人类精神生命的创造。三者尽管有区分，但也存在着相互转化和依存的关系。

在第一层次三大类框架中，教育学就其研究对象性质而言，属于科学一类，教育活动是人类一种社会活动，它是实践式的。但是对于教育的认识，无论是为了认识本身，还是认识所形成的知识，其中必然涉及有关人性及有关人类实践、知识等一系列方面的哲学思考，有关教育活动的人际互动和多次、多重主体间的转换的过程研究，以及促进人的生命发展的目标和方式的研究，还需要有艺术直觉式的体悟作支撑，需要借助于一些艺术作品来加深对人的内在世界的领悟。故在教育学的知识中有一些也与哲学和艺术相关。因而我们可以说，就知识品性来讲，教育学具有综合的特征。这种特征在教育学的学科发展史中表现得很明显。如康德的《论教育学》呈现出显明的哲学性，赫氏的《普通教育学》则是哲学、科学的交织。苏联和"文革"前的教育学，则在与哲学相关的领域中，加强了政治意识形态的因素。而当代有一些流派的教育学，如德国文化学派的教育学，则增强了艺术和直觉、体验、情感、人生遭遇等方面在认识教育中的作用。

当我们从学科对象的角度，确立教育学属于科学之类，接踵而至的问题是：教育学属于哪一类科学：自然科学、人文科学还是社会科学？在此，科学是作为广义理解来使用的，因为若是按狭义的自然科学性质来要求，人文、社会学科都不能被称为科学。但即便如此，广义的科学还是要求达到传统科学所规定的最基本的条件。例如，科学必须注意事实与价值的剥离；要客观反映研究对象的性质，排除研究者主观的偏见；研究所得出的结论呈现具有超越经验的普遍性与一般性，具有稳定性与可靠性，要形成有内在逻辑结构的阐述体系等。说到底，作为科学的学科虽然是研究主体形成的知识体系，但其结论的内容不关涉研究主

412

体，也不关涉具体背景，是一种无主体式的知识体系。

这一科学观在经典的自然科学中得到了最充分的体现，尽管 20 世纪自然科学的发展，科学哲学对科学本身的反思与批判，已经开始突破上述维持了三个多世纪的科学观，认识到研究主体即使在自然科学中也不可完全排除，人类自身对世界的认识，必然受人类自身及认识主体的局限；认识到科学知识具有相对稳定性，科学自身发展中范式转换的整体性和不可排除性。但相对于社会、人文科学而言，自然科学依然是最具科学品性的。因而社会科学、人文科学往往自觉或不自觉地以自然科学为模式，努力地向科学性目标靠拢，企图以本学科科学性的提升而获取更多的尊重。其中如语言学、经济学算是佼佼者，社会学的进步也可称大。

教育学也想走这条路，其中尤以 19 世纪后期和 20 世纪初期曾作出过极大努力的"实验教育学"派最为典型。教育科学研究方法这门学科的兴起，尤其是教育研究中的实验法与准实验法的创造，统计预测及评价理论、工具与方法的研究，可以说，都是教育学为提升科学性而作出的巨大努力。但结果并未奏效，尤其在持传统科学观之尺、量教育学的学者那里，教育学更谈不上科学性，连称其为理论也不过是一种"尊称"（奥康纳名言）。教育学常为此痛苦和无奈。其实，出现这种状态，在思想方法上还是因我们拿别人的衣服来套自己的身体而造成的。我们可以明显地感到，与夸美纽斯、卢梭、康德、裴斯泰洛齐，包括赫尔巴特的教育学著作相比，20 世纪始中国的不少教育学著作，缺乏鲜活的思想和隽永的智慧，即使是语言也显得生硬乏味而缺乏个性。说得再尖锐一些是丢失了"人气"，但依然没有换来期望的地位的"提升"。这一历史事实的本身就值得我们深思。

笔者认为教育学对自身"科学性"的认识，应以对象的性质来衡量。即教育学在多大程度上揭示了教育作为一种特殊的社会活动的特殊性，揭示了作为这一活动为实现目的所规定的"事理"，从而作出了其他学科不能代替的、对教育的认识和知识的贡献，以及对教育实践发展的导引作用。

从这个意义上，教育学的学科性质可以定义为与"人为系统"相关的"事理"性学科[①]。教育研究属"事理"研究。这里提出了一种新的分类标准，即"自然系统"与"人为系统"，前者为"天成"之系统，后者为人按需要创造出来的系统，即由"人"为人之需要的满足而"为之"的系统。两大系统的最大区别在于前者是"存在"先于"价值"，后者是"价值"先于"存在"，且由人

---

① 关于教育学的学科性质的讨论，笔者在《教育研究方法论初探》中有过相关论述。包括"事理"研究的判断和特性等方面的分析，都有相对展开的论述，本章在相关内容方面只是概述并作了一些补充。读者可参阅《教育研究方法论初探》第六章、第七章。

有意识地使自己创建的存在（可以是"实体的"，也可以是"活动的"）服务于价值的实现和需要的满足，也就是使价值内化到价值选择确定之后所建构的事实性存在之中。这种"人为系统"在技术工程或工具制作中相对简单，它在功能、目标价值确定之后，重要的研究是选择物质资源载体和过程、程序设计。尽管这些设计也要考虑到诸如生产条件与操作者因素，但在高度发达的信息、自动控制的系统之中，外在环境与操作者的影响均可降低到最低限度。相反，属人类社会活动的人为系统就复杂得多，教育则是复杂程度最高的系统之一。

教育活动的价值选择本身极为复杂，而且它集中地以教育目的选择的方式表现出来，又体现于教育过程之中。由于教育活动涉及参与主体的多元和多层次性，利益需求的方面与程度有极大的差异性，甚至可能达到对立的地步，所以明确提出的价值、目的及选择原则，和事实上存在的价值、目的及选择原则之间有很大的区别。可见，教育研究不仅不能像自然科学那样不研究价值，而且还要研究不同价值主体在教育活动中的价值选择、不同价值选择之间的博弈及其结果以及教育事实中内含的价值及主体因素。教育研究难以作事实与价值剥离式的研究，相反，研究价值、揭示价值与事实在教育活动中的复杂关系状态及其影响因素等，正是教育学研究的特殊科学性的要求。

除此之外，与研究主体相关的研究价值和关于教育价值的选择问题是教育学研究中与价值相关的一个更深层次的问题。教育学研究主体首先面临的是为何要作教育学研究的价值选择问题，是以仅对事实，包括把教育中存在的价值问题当做事实去作出解释，或研究者不作相关的价值判断、更不作价值导引这种被称为类似"实验研究"客观性的价值选择，还是在研究"实然"的同时，作出以研究者（经研究）所持的、有关教育价值的应然判断为参照，对实然状态作出批判和导引？

在坚持价值中立立场的研究者那里，往往选择"实然"研究，并宣称自己的研究是价值中立的①。然而事实上这种"中立"是难以实现的，因为研究者本身无法摆脱自己对教育以及相关问题的认识"偏见"，使自己在研究"价值实然"问题时头脑处于"空白"状态，也不能摆脱自己的思维方法去认识教育中的"价值实然"。这就像鲁迅所言，不可能期望"拉着头发使自己离开地球"那样。研究主体即使只为了说清楚实然，也至少要有"理解"，有"观察"，有"判断"，而这些都不可能在没有参照系和立场的背景下作出。一旦有了这些，"偏见"就必然会进入所谓的"实然判断"。说到底，所谓的"实然判断"还是对一种无主体知识体

① 参阅陈桂生：《中国教育学问题》，福建教育出版社 2006 年版，第一章（4），"教育科学对'教育目的'难题的应对"。其中作者概要介绍了西方在教育目的研究上不同流派的立场，包括持"价值中立"的立场，第 33～41 页。

系的要求，这在自然科学中都难以彻底做到，何况是与价值有着如此千丝万缕的教育科学？这至多也只能算是一种"公正"、"客观"的幻想而已。①

与"价值中立"不同的选择是教育学研究者将形成、提出有关教育价值与目的之应然判断作为研究的目标之一，将教育学研究价值与目标的意义定在影响教育实践中的价值选择和教育行为上。国外教育学研究中也不乏持这样立场的研究者，持批判和解放立场的教育学者都是如此。笔者也持这样的立场。这不仅是因为上述"价值中立"的立场基本上是无法存在的，还因为笔者认同：交往理论中关于人类之间思想、认识、交往沟通的真理性标准，是通过主体间性来实现的②；笔者认同马克思主义关于实践是检验真理标准的观点。主体间性的形成、实践检验的可能，都是以主体观点（包括价值观）的明确表达为前提的。因而，恰恰是研究者价值取向的明示和论证，才能使避免"偏见"的追求成为可能。主体间性的形成和实践检验都不是研究主体仅靠主观判断能完成的，一种超越研究主体偏见的力量恰恰要通过持不同"偏见"主体的开放式沟通及实践来实现。

教育学研究之所以需要研究主体有价值参与，还因为"价值"本身是教育学的研究任务，教育学自身的发展也需要有价值取向的探索与发展，因为价值取向的变化，会带来教育"事理"的新建构。它是关系全局意义的研究，是教育学研究内含的意义，不仅具有认识的，而且具有促进教育发展的实践意义。我们把此也视作教育学研究的学术责任之一。正是持这样的立场，"生命·实践"教育学研究中的价值取向是明示的，它可能不完善、有偏向，但它以学术研究的方式参与到现实教育的改革之中，使学术呈现实践的意义，并在这个过程中获取学术进一步完善与发展的真实力量。

以上关于教育学的学科性质、科学性的讨论，可归结为：有关"价值"与"事实"的关系方面，教育学的特性也是综合变通的。当代中国教育学研究在学科性质的认识上，需要突破以"去价值"、"无主体"作为标准的、传统科学观之"茧"自缚的困境，深入研究由教育学研究对象性质所内在规定的学科之科学性的自身标准。要"量体裁衣"，不能以"衣"画"体"。画"虎"不成之"猫"或"狗"，终究不会成为"虎"，但"猫"和"狗"与"虎"一样有自己的存在根据。重要的是找出这种根据，而不是去追随他者的存在根据。当代中国教育学研究的这一突破，也是建构自己学科立场的过程，是思想解放的过程。由此而引出新的发展形态的探索。教育学成立以来一直在为成为"科学"而努力，现在是到了应努力认识和成为"自己"的时候了。

---

① 参阅［德］雅斯贝尔斯：《什么是教育》，邹进译，生活·读书·新知三联书店1991年版。
② 参阅［德］伽达默尔：《真理与方法》，王才勇译，辽宁人民出版社1987年版，及其他有关哲学解释学的著作。

教育学是理论型学科还是应用型学科？这是教育学之学科性质判断中经常遇到的更为具体层面的第三个问题。教育学常因研究对象的实践性及研究价值中的实践关怀取向，而被认为是应用科学，而且是以规范、操作、方法为其主要知识贡献的应用学科；前面分析教育学危机时又论及，其他学科把以自己的立场进入教育研究形成的教育学科，称为本学科的应用学科。出于以上两点，教育学界也有不少人认同整个教育学科属应用学科类。

无疑，教育学科群内有应用学科，无论是外生的还是内生的，但应用的前提是基础理论的存在。在"双重裂变"前的教育学，实际上起着学科基础理论的作用，这是教育学科发展史上的事实。我们可以认为它不够成熟，不像哲学那样深奥，不像科学那么严谨、准确，但不能否认它的存在及其所发挥的、作为学科内部基本理论的功能。这是笔者与此论题相关的第一个观点，即在任何学科的内部，都有基础理论和应用理论之分。作为具有整体综合性的教育学，在教育学科群中属基础理论学科。作为传统教育学研究的当代继承和发展的研究人员，即使认为理论的"土壤"不够厚、丰饶，也不能视而不见或弃之而去，提升作为一门学科的教育学基础理论水平是我们的分内之事。

另外，在更广泛的范围内，教育学能否被称做理论学科，这与前面讨论"科学性"同样涉及到理论的标准问题。"理论"常是与"实践"对举的一个概念，但又在不同的程度上与实践相关联。教育学研究对象是自有人类以来就存在，且只要人类还存在就不会不存在的，对人类文明传承和创造、对个体生命成长与发展具有基础性作用的教育活动。有关如此恒久与重要的人类活动领域的研究，不可能形不成相关的理论。只是这种理论的形态不同于传统意义上关于"理论"的规定，如概念的分析抽象，逻辑的假设与演绎，或经验的还原、分解，因果关联的线性清晰等特征，以及理论的普遍适用性与确定性等特征。教育学的理论具有事理的特征，它是对教育事态和过程的综合式的类抽象[1]，是对不同类型和层级的主体间认识、行为、知识、能力交互作用和转化机制的抽象分析。在形式上不同于传统的理论标准，但这是由教育内在规定所要求的方式。正因为教育学理论综合抽象的特征，因而，教育学并不是如杜威所言，没有内在的教育科学内容，只能运用其他科学的资源来说明教育[2]，或称其为"运用解释的解释"。杜威当时已"感觉到教育过程的复杂性"[3]，所以他强调要运用多学科的

---

[1] 与此相关的阐述，可参阅叶澜：《教育研究方法论初探》，上海教育出版社 1999 年版，第 342 ~ 344 页。

[2] 赵祥麟、王承绪编译：《杜威教育论著选》，"教育科学的资源"一文，华东师范大学出版社 1981 年版，第 276 ~ 285 页。

[3] 同上，第 282 页。

研究成果和方法，来说明和研究教育。构成对实践具有指导作用的教育科学，显然与杜威的实用主义认识论立场相关。尽管这一立场已经不同于在他之前的认识论立场，实现了杜威所处时代的认识论革命，但当时尚未形成研究认识复杂事物的方法论，故而杜威无法得出用复杂思维的方式，研究十分复杂的教育过程，可形成具有属于教育学的内在理论的结论。这是时代的局限。自然，关于复杂思维在教育研究中的运用并不是只要意识到就能实现，它还需要有一个探索的过程，同时还不能以此排斥其他思维、研究方式在教育学研究中的运用。我们所要强调的是，教育学需要运用这种方式来形成有关教育的综合、整体式的理论知识。教育学不能只是人类创造的知识的用户、消费者，它也应该是人类知识创造领域中不可替代的一部分。认识教育学知识具有基础理论的性质，实际上是提出了提高教育学知识的创新与对人类知识的贡献率问题。教育学唯有如此，才能在人类知识大厦中有一席之地。

以上围绕教育学的学科性质所作的三方面的分析，不仅使我们看到了教育学之学科性质综合特征的不同角度和层面的表现，而且意识到思考问题的参照系和思维方法的变化，对于教育学立场重建的重要性。实际上我们已经进入到有关教育学立场的第三个方面——教育学研究方法论的讨论。①

早在 2001 年，叶澜就指出：现存教育学中对教育这样复杂事物的研究（包括自己的研究在内）采用的思维方式，"基本上还是把复杂的事物看做可分解为简单来分别认识，而后把分别得出的结论加以联系，即可形成对复杂事物的总认识。如果我们继续沿着这条思路走下去，也许还能不断提出修正、补充或加深的观点。然而，不可能真正对教育复杂性的整体式关系形成突破性认识。所以，当前对于我们来说，重要的是要改变思维方式，学会用复杂思维的方式来认识复杂事物，以实现认识上的突破性发展。"② 这是针对教育学研究现状主张采用复杂思维的原因。教育学研究方法论之所以需要运用复杂思维，更为重要的依据来自教育学研究对象的性质和教育学研究的目的。当代法国著名的思想家、复杂思维范式的创立者莫兰，在很多著作中，尤其是在《方法：思想观念》③ 中，对复杂思维作了相当集中和深刻的阐述，若将此与认识教育学研究对象结合起来、与当代中国教育学学科立场重建需要综合起来思考，对笔者而言，在方法论上至少有以下几方面的启发④：

---

① "方法论"问题已在笔者撰写的《教育研究方法论初探》一书中作过相对广泛和详细的讨论。本章将有关内容集中在关于复杂思维的阐明上。

② 叶澜：《世纪初中国教育理论发展的断想》，载《华东师范大学学报（教育科学版）》2001 年第 1 期。

③ ［法］埃德加·莫兰：《方法：思想观念》，秦海鹰译，北京大学出版社 2002 年版。

④ 以下观点是笔者阅读莫兰一系列著作后，择其相关点综合形成的认识。

第一，如何认识超级复杂系统。莫兰在批判用简单、还原方式相加的思想方法，形成对复杂系统的认识路线的基础上，明确地提出类似人类生命这样具有自组织能力的超级复杂系统的三个特征：一是等级和硬性的束缚减少，这是使多种应变方式可能产生，提高应变随机能力的重要原因；二是系统控制的方式不是命令的简单执行，而是协调、引导；三是面对系统中存在的多种矛盾甚至出现的危机，不能用教条的方式，而是通过寻求新的解决方式、通过组织和自我再生的方式使系统达到更复杂和更自觉的方式来实现。莫兰指出：复杂性思维就是懂得处理、质问、淘汰和保持矛盾的思维，这是对以往分裂、对立式的"认识原理本身的重构问题"[①]。要"维护和发展认识活动与客观性之间的脐带关系"；"恢复和建立反思与知识之间的沟通"；"在所有的领域和问题中，维护和发展反思"；"探索认识之认识，把认识之认识纳入所有的认识"[②]。这一系列解释为我们认识和处理教育这样的人为复杂系统中的结构、关系、矛盾、发展提供了新的思维方式和参照系。

第二，这种认识原理的重建，需要回到知识和原点，回到被观念、原理、范式所排除的原始现实之中，回到更丰富、更复杂、更有生气的、尚未被切割的"元视点"中去。"任何认识系统都需要参照一个元系统，元系统既包含认识系统又超越认识系统，它为认识提供考察自己，使自己合法化和解释自己的可能。"[③] 这个认识原则的重组，是"重新提出最初的问题，必须并意识到必须以新的方式提出这些问题，必须不以最基本的确定性为出发点"[④]（这是指原有学科认识体系中的确定性的出发点）。只有走出这样的确定性，不同的观念、学科之间的对话才能进行。这些论点帮助我们找到学科为何需要重建和如何重建的路径，其中至少包括要回到丰富、关联、变动不居却又呈现系统物质的教育实践中去探索，包括对教育学原点的重新寻找，包括对确定参数的原则的改变。

第三，莫兰强调了在重组、认识原则中研究主体——人的重要，以及这种改变对于人的意义。莫兰认为元视点的突破除了心理、历史、社会条件以外，"主体再次出现在发明、创造、想象和违规之中"。他列举了数学发展史上历次重大认识论意义的突破与杰出数学家的创造性研究的关系。他认同这样的观点：即使在抽象如数学和元数学的理论中，也"永远有不可简化的直观成分"，有"主体的位置"[⑤]，而在个体—主体的背后和内部，"还有科学家的圈子、知识分子以及

---

①② ［法］埃德加·莫兰：《方法：思想观念》，秦海鹰译，北京大学出版社 2002 年版，第 75 页。

③ 同上，第 97 页。

④ 同上，第 103 页。

⑤ 同上，第 224 页。

历史—社会—文化的复合体"①。莫兰谈及元视点时，也关涉到相关主体问题。他指出：在元视点的形成中，不仅需要有观察者的对象方式的陈述，还需要有经验陈述者的陈述，以及需要用这样的陈述者的具体人格有关的信息，来丰富这个元视点，使演绎和归纳两种似乎逆向的逻辑方式形成一个复杂的元视点。② 莫兰还强调了复杂思维对于研究主体的意义："只有复杂思维能够加强和发展个人的思想自主和有意识的反思，只有复杂思维能够使每个人在自身建立一些元视点的瞭望台，只有复杂思维能够承认它自身的黑洞，只有复杂思维能够展开整体和特殊、部分和全体、科学客观性和哲学反思性的对话，只有复杂思维能够不遗余力地考虑全球视野以及全球视野之外的视野……"③

关于莫兰的复杂思想笔者不敢肯定已完全读懂或读明白，也并不是仅有以上几点启发，但它带给笔者的启发是震撼性和希望式的。笔者不敢肯定复杂思维会将我们的教育学研究推进到多远，尽管我们已经在"新基础教育"研究和笔者的论著《"新基础教育"论》中，作了运用复杂思维认识教育改革和建构相关教育改革理论的尝试，并且确实形成了一些新的认识，一些不改变思维方式无法形成的新认识。但笔者愿意继续尝试，即使最终可能无功而返。这种尝试至少使我们不会产生这样的遗憾："如果说，以传统科学标准构建出来的科学宫殿不可能有教育学的位置，那么，在新的科学家园的建设中，我们会不会因为还在追寻'昔日旧梦'而丧失了作为成员的资格呢？"④ 因为我们行动过了，尝试过了，努力过了，如果不成功，我们也会形成对认识之认识的问题"黑洞"在何处的富有体验性的认识。⑤

参考文献

著作：

[1] 叶澜：《教育研究方法论初探》，上海教育出版社 1999 年版。

[2] 叶澜主编：《中国教育学科年度发展报告（2003）》，上海教育出版社 2004 年版。

[3] 叶澜主编：《二十世纪中国社会科学·教育学卷》，上海人民出版社 2005 年版。

---

① ［法］埃德加·莫兰：《方法：思想观念》，秦海鹰译，北京大学出版社 2002 年版，第 75 页。

② 此处莫兰是以如何用复杂的元视点来破解"克里特岛人悖论"为例，说明元视点的构成之复杂性，直至提出对陈述主体的人格信息的获得对于破解悖论的意义。本文作了观点式的概述。参见［法］埃德加·莫兰著，秦海鹰译：《方法：思想观念》，北京大学出版社 2002 年版，第 200～201 页。

③ ［法］埃德加·莫兰：《方法：思想观念》，秦海鹰译，北京大学出版社 2002 年版，第 105 页。

④ 叶澜：《世纪初中国教育理论发展的断想》，载《华东师范大学学报（教育科学版）》2001 年第 1 期。

⑤ 由于篇幅和撰写时间的限制，还有一些重要问题，如教育学研究中的理论与实践之关系，中外、古今等方面的关系问题都尚未或尚未充分论及，有待在随后为《基因》和《命脉》两集撰稿时，再作补充。

［4］叶澜主编：《回望》，广西师范大学出版社 2007 年版。

［5］瞿葆奎、沈剑平选编：《教育学文集·教育与教育学》，人民教育出版社 1993 年版。

［6］瞿葆奎主编：《元教育学研究》，浙江教育出版社 1999 年版。

［7］瞿葆奎主编：《教育学的探索》，人民教育出版社 2004 年版。

［8］陈桂生：《历史的"教育学现象"透视——近代教育学史探索》，人民教育出版社 1998 年版。

［9］陈桂生：《中国教育学问题》，福建教育出版社 2006 年版。

［10］张渭城主编：《国外教育学科发展概述》，教育科学出版社 1982 年版。

［11］赵祥麟、王承绪编译：《杜威教育论著选》，华东师范大学出版社 1981 年版。

论文：

［1］叶澜：《世纪初中国教育理论发展的断想》，载《华东师范大学学报（教育科学版）》 2001 年第 1 期。

［2］叶澜：《中国教育学发展世纪问题的审视》，载《教育研究》2004 年第 7 期。

［3］叶澜：《关于加强教育科学"自我意识"的思考》，载《华东师范大学学报（教科版）》1987 年第 3 期。

［4］雷尧珠：《论试我国教育学的发展》，载《华东师范大学学报（教科版）》1984 年第 2 期。

［5］瞿葆奎、喻立森：《教育学逻辑起点的历史考察》，载《教育研究》1986 年第11 期。

［6］瞿葆奎、唐莹：《教育科学分类：问题与框架》，载《华东师范大学学报（教科版）》1993 年第 2 期。

［7］陈桂生：《教育学的迷惘和迷惘的教育学》，载《华东师范大学学报（教科版）》1989 年第 3 期。

［8］陈桂生：《四分法：教育理论成分解析的新尝试》，载《教育研究与实验》1995 年第 2 期。

［9］陈桂生：《略论教育学体系问题》，载《教育研究与实验》1996 年第 1 期。

［10］冯建军：《论教育科学的构建与检验》，载《高等师范教育研究》1995 年第 6 期。

［11］冯建军：《教育学有独立性吗?》，载《上海教育科研》1995 年第 5 期。

［12］吴钢：《论教育学的终结》，载《教育研究》1995 年第 7 期。

［13］郑金洲：《教育学终结了吗?》，载《教育研究》1996 年第 3 期。

［14］周浩波：《论教育学的命运——与吴钢、郑金洲商榷》，载《教育研究》1997 年第 2 期。

［15］费孝通：《试谈扩展社会学的传统思路》，载《北京大学学报》2003 年第 3 期。

［16］金生鈜：《无立场的教育学思维——关怀人间、人事、人心》，载《华东师范大学学报（教育科学版）》2006 年第 3 期。

［17］皮建才：《经济学的边界——谈经济学科学主义的争论》，载《光明日报》2007 年 8 月 7 日。

［18］姚洋：《经济学的科学主义谬误》，载《读书》2006 年第 12 期。

［19］魏长宝：《2005 年的中国哲学研究：反思、对话与回归》，载《光明日报》2006 年
3 月 21 日。

［20］张汝伦：《道无常法——关于中国哲学形态的若干思考》，载《光明日报》2006 年
5 月 29 日。

［21］郭齐勇：《略谈当前中国哲学研究的趋向》，载《光明日报》2007 年 8 月 14 日。

［22］黄志成：《教育研究中的两大范式比较："日耳曼式教育学"与"盎格鲁式教育科
学"》，载《教育学报》2007 年第 2 期。

［23］宋兵波：《现代学术传统与中国教育学研究》，载《教育学报》2007 年第 3 期。

译著：

［1］［德］伊曼努尔·康德著，赵鹏、何兆武译：《论教育学》，上海人民出版社 2005
年版。

［2］［德］赫尔巴特著，李其龙译：《普通教育学·教育学讲授纲要》，人民教育出版社
1989 年版。

［3］［法］G. 米阿拉雷著，郑军、张志远译：《教育科学导论》，光明日报出版社 1989
年版。

［4］［德］W. 布雷岑卡著，胡劲松译：《教育科学的基本概念：分析、批判和建议》，华
东师范大学出版社 2001 年版。

［5］［德］W. 布雷岑卡著，李其龙译：《教育学知识的哲学——分析、批判、建议》，载
《华东师范大学学报（教科版）》，1995 年第 4 期。

［6］［日］大河内一男等著，曲程等译：《教育学的理论问题》，教育科学出版社 1984
年版。

［7］［德］雅斯贝尔斯，邹进译：《什么是教育》，生活·读书·新知三联书店 1991
年版。

［8］［德］伽达默尔著，王才勇译：《真理与方法》，辽宁人民出版社 1987 年版。

［9］［法］埃德加·莫兰著，秦海鹰译：《方法：思想观念》，北京大学出版社 2002 年版。

而强化研究者和实践者的自我意识。学习人类学的目的是在认识自己，了解人类。人类学家希望对人类社会的普同性与特异性之了解，逐渐可以发觉出人类整体未来发展的种种可能性。在此过程中，人类学试图寻找其他社会的生活方式，来克服社会理论的自我限制，人类学将这种研究和思考的方式，叫做"他者的目光"。

第二，提供了人类学的标志性研究方式：田野研究。它的创新意义在于："将先前主要由业余学者或其他人员在非西方社会中进行的资料搜集活动以及由从学术理论研究的专业人类学者在摇椅上进行的理论建构和分析活动结合成一个整体化的学术与职业实践。"①

第三，引发"问题"意识，提供对问题的解答。如前所述，人类学为教育学研究提供了一个宏阔的思想框架，这一框架里容纳了"体质、精神、理性、个体与整体、文化和习俗、民族、种族与族群"等似乎无所不包的内容，使人不仅成为"生物"的，而且是文化的、社会的、民族的和国家的，于是，通过人类学理论视野的引入，教育学可获得来自人类学研究的异常宽阔的背景和伸展空间，从而为新研究问题源源不断的产生提供了丰厚的土壤。在人类学的诱发下，一系列在教育学传统框架内的问题产生了。这些问题包括：其一，人的本质与教育的关系。人类学通过自己有关人的本质理论，将教育与人的存在、人性的关系以及人的自我定义结合起来。人类学所发现的人的本质可通过教育活动得到实际的再现和完善。其二，人类进化与教育的关系。人类学将教育起源问题纳入到热烈的起源及发展进化的背景之中。在这个问题上，教育研究者视线的陡然开阔是显而易见的。其三，人的体质与教育的关系。体质人类学研究人体的结构和发展、生长模式、成熟系列、体质发育受心理成长的"剪刀差"、认知结构，文化背景对人本身和人的发展成熟度的影响，以这些问题为基础，教育研究可进入相应的教育、教学的具体问题，如桌椅规格、建筑要求、脑体调节、教学卫生等等，这是人类学对教育学直接切入的结果。其四，文化与教育的关系。将文化和习俗作为重点研究内容的人类学，对教育学最重要的贡献之一是丰富了教育领域的"文化"问题。在人类学的启发下，教育问题被视为文化问题，它为如下问题提供了新的答案：不同国家和民族的教育之所以是呈现出千差万别的态势，是因为民族文化的功能有差异。通过人类学已有的对不同文化中文化传递者与接受者在价值观、动机、认知、语言和自我概念形成等方面差异的研究，为认识人的发展和教育的关系问题提供了人类学资源。

① ［美］乔治·E·马尔库斯、米开尔·M·J·费彻尔：《作为文化批评的人类学——一个人文学科的实验时代》，王铭铭、蓝达居译，三联书店1998年版，第39页。

第四，改变了提问方式，提供分析和解决问题的途径。人类学对于教育学的介入，在一定程度上改变了教育学就教育问题的提问方式，因而引发了一场变革。这一变革正如怀特海所言："不是某些事物的改进，而是完全在方向上的真正变化。"① 自狄尔泰以来，（哲学）人类学在价值批判的意义分析、基本的心理结构分析和本体论意义上的存在分析三种分析路径的基础上，从人类学的角度重新规定了教育学的基本问题，即我能认识什么，我必须做什么，我希望什么，人是什么。人类学视野下的教育问题与教育学视野下的教育问题在这里显出了差异。首先，旁观者转化成了具有主体色彩的"我"。二者的体验与视角迥异。教育者不再是以旁观者的立场，以居高临下的姿态发问：我们（教育者）应该给予他们（受教育者）什么，应该怎么做，而是与受教育者同时追问：我们是什么，我能而且必须做什么。其次，这一提问方式将教育问题由"人的教育"转变为不同文明背景下的"人的认识"问题。其三，它赋予了教育问题的存在论基础，使教育由人的生活表层进入到人的存在深层，与人类存在联系在一起，也与世界的存在、宇宙的存在联系起来。哲学人类学创始人舍勒的名作命名为《人在宇宙中的地位》，这为打开教育学对人的认识的视阈提供了启发。

除了引发新的问题之外，人类学还为教育学提供了一种解决问题的方法，即人种志（或民族志）的研究方法。教育人类学采取了最便捷的拿来主义方式，通过"教育人种志"这一概念，简洁明了地表明了自己的方法论源泉。不仅教育人种志的概念、类型和研究步骤都源自于人种志的相关内容，而且它所遵循的潜在的方法论原则也来自于人种志。这些原则包括文化相对论的立场和功能主义的视角，即承认不同文化存在的价值和意义，并试图对其功能加以阐述。在这两个原则的支配下，人种志向教育学输出了一套解释性的分析模式，使教育与文化的关系问题不再仅仅是一个哲学思辨的问题，而且是一个经验的实证的问题，它有效地阐明了教育与文化的多重复关系，并为两者之间的互动提供了充分的"田野证据"。这种分析模式在操作层面上，为教育学者从人类学的角度，理解和从事教育研究提供了从理论向实践操作转换的方法基础。

第五，提供了对于生命理解的新的思想模式。从思想史的角度看，影响人们对生命的看法的主要有如下五种思想模式：

实体—属性思想模式：它最早形成，在亚里士多德的著作中就已经得到充分论证。古代和中世纪的神学家常用它来思考生命和灵魂不死的问题。他们把灵魂解释为一种精神的实体，把意识理解为灵魂的属性。死就是物质性的身体与精神性的灵魂的分离。精神性的灵魂可以脱离物质而继续存在。因而，灵魂不死，轮

---

① 赵祥麟主编：《外国教育家评传》（第三卷），上海教育出版社1992年版，第839页。

回乃至借尸还魂就被视为顺理成章的事情。这一思想模式主宰了古代和西方中世纪的教育。

力—能量思想模式：它产生于近代科学，牛顿力学和爱因斯坦的相对论是其代表，19世纪和20世纪初的生命哲学是贯穿这种思想模式的结果。生命看来是一种能量的延续和转换。植物通过光合作用从太阳中吸收能量，动物则通过吃植物或其他动物而获得能量。能量在不同种类的生物上以不同的形式展开、保存和转化。生命体是能量流变之居所。

这时期的生命哲学家提出了生命力的概念。除了物理的力—能之外，还有生命的力或能。他们认为生命力有其特殊性。柏格森认为生命力是一种向上喷发的冲动，物质则是生命冲动的逆转，是它向下坠落的结果。生命是一种绵延，对于生命的这种绵延的特征是不能靠感官的观察和理智的分析所认识的，而只能在对自己的生命的直觉反省中体会到。

如果把生命力的概念再延伸到意志力，就形成叔本华、尼采的意志主义哲学，如果把生命力的概念进一步扩大，把它理解为贯穿于一切存在物中的内在的动力，而把一切存在物理解为存在本身的表现形式的话，或者说，把存在者本身理解为存在本身显现的结果，那么就形成了海德的存在主义的哲学。

在生命哲学和存在主义的哲学中，实体—属性的思想模式被消解掉了，取而代之的是"生命力—生命"的表现形式或"在—在者"的思想模式。宇宙万物之终极实在不是被理解为某种物质的或精神的实体，而是被理解为贯穿于宇宙万物之中的内在的生命力或存在本身。[①]

系统论思想模式：生命被理解为系统之中的存在。并且，生命的系统不是封闭的，而是开放的。没有一种生命能自给自足，而必须与其周围环境中的其他系统相交换才能生存。由此加强了人的存在是关系之中的存在的立论。人不仅是生命链中的生物，而且是人类社会中的生物。

基因—信息的思想模式：它是在晚近的科学中形成的，还没有受到人们的充分重视，用以思考生命的问题。在这一模式里，基因及其内涵的生命信息，隐藏着生命发展的诸多密码，掌握了这些信息密码，也就在很大程度把握了生命发展的逻辑进程。

复杂论思想模式：它不仅要求对生命发展置于多元视角下观察和理解，而且主张非线性和关系式的思维方式。这种思想模式在法国哲学家莫兰那里得到了充分的体现。近些年来日益受到我国教育研究者的关注。

---

① 参见张庆熊：《死和永生的问题》，载于许志伟主编：《基督教思想评论》，上海人民出版社2007年版，第66~68页。

与上述五种思想模式相比，人类学提供的则是文化—族群论的思想模式，主张将人的生命发展置于其所处的文化和族群的环境内考察。例如，本尼迪克特（Benedict）对于印第安人的研究，首先聚焦于美国印第安社会文化的研究，其所著的《文化模式》重点考察的是印第安人民族文化人格的形成。与此类似，大多数人类学家都是在文化—族群的背景下考察当时当地人群的生活状态，进而分析其教育状况。他们理解的人始终是文化人或族群人。

除上述贡献之外，人类学还为教育学提供了新的基于人类学基础的科学规范和对学科进行自我反思的评价模式，同时也提供了一种语言方式，使得教育学者学会运用"文化"、"族群"等人类学特有的语言方式"说话"、"写作"、"思考"和"行动"。可以说，就是人类学的上述贡献，直接催生了教育人类学的产生。在这个意义上，称"人类学是教育人类学的母体学科"并不为过。然而，一个根本性的困惑豁然而立：人类学最初所追求的"人的改变之道"，不正是教育学所追求的吗？教育学不同样具有整体性和综合性之特征吗？二者之间有什么根本的差异呢？这个问题既是人类学与教育学发生内在关联的连接点，也是两者的分水岭，只不过，这一分水岭长期处于被遮蔽之中。教育人类学的出现是解决这一问题的尝试吗？从教育人类学形成与发展的历史看，恐怕不是这样。教育人类学是在人类学作为一个专业学科已经基本成形的基础上开始发展的，而后在人类学者和教育学者对若干议题产生共同兴趣时才逐渐苗壮。① 这些议题构成了教育人类学独特的问题域。纵览教育人类学形成与发展的历史，可以看出其总的发展脉络和主要特征在于：

第一，人类学成为教育人类学的母体学科，学科发展的逻辑线索是：从人类学到教育人类学。教育人类学的产生，主要得益于人类学本身的研究。人类学家在观察世界各地各文化群体，积累了许多有关文化的理论知识的同时，也注意到了各族群在教育方面的相关措施和独特的教育经验。就如米德所说"没有一个人类学者在做田野工作时，没有注意到当地人的教育经验"②，大多数学者也从中获得对己文化教育问题的启示。他们发现：社会文化背景的不同，会导致教育的过程和结果均产生巨大的差异。对于人类学家而言，社会文化→教育→社会文化是其基本的思维路径。考察教育不是他们的最终目的，只是运用和验证人类学的理论与方法的手段。因此，通过人类学与教育学的关联而形成的"教育人类

---

① 它的根源可以追溯到自 19 世纪末叶一些重要著作，如 Barners（1896）（*Education among the Aztecs*），Fletcher（1888）所写的奥马哈印第安族儿童生活（*Glimpses of Child-Life among the Omaha Indians*），Vandewalker 所写的《人类学上一些教育的要求》（1898）（*Some Demands of Education upon Anthtopology*）打开了教育和人类学结合的风气。到了 20 世纪初期蒙台梭利（Montessori）的教学人类学（*Pedagogical Anthropology*）（1913）则为教育人类学开启了重要的基础。

② 转引自周德祯：《教育人类学导论——文化观点》，台湾五南图书出版公司 2001 年版，第 15 页。

学"，是人类学的理论与方法在教育领域演绎和运用的产物。不仅思想资源、学术立场，而且衡量教育人类学学科发展和成熟的标尺或参照系也来自于人类学。如所谓的"成熟期"，实际上就是人类学的成熟期在教育人类学发展的缩影或折射。所谓"新的动向"，恰恰就是 20 世纪 70 年代的人类学出现的新动向。一言以蔽之，人类学走到哪里，教育人类学就会走到哪里。这是一个亦步亦趋的过程。在此过程中，教育学对于教育人类学的形成影响不大，或者说，没有对教育人类学的形成、创建构成实质性影响。

第二，最初的教育人类学家的身份主要是人类学家，而不是教育学家。因此，从人类学家到教育人类学家是必经的途径。换而言之，要成为教育人类学家首先必须是人类学家，但不一定是教育学家。

第三，基于以上特征，可以看出，教育人类学是为用人类学的方法解决教育问题并完善人类学而生的，不是为了彰显人类学与教育学的差异，更不是为了完善和发展教育学而生的。与其说教育人类学的出现凸显了两者的差异，不如说导致了两者的高度趋同。正如世界上有些美好长久的婚姻可能将导致夫妻双方的面容越来越相似一样，人类学与教育学的联姻也使双方的性别差异和个性差异越来越走向趋同，当然，趋同的对象和标准是人类学的标准。在这一联姻中，人类学处于无可争议的强势地位。这种地位来源于人类学的"母体"地位。

但是，教育人类学如果只满足于在这样的母体下讨生活，将丧失自己的独立性，"教育人类学"之"教育"如果仅仅被理解为人类的一种活动，或者是一个谁都可以随意出入的问题域，在人类学的强势笼罩下，其具有的内在的教育学立场和方法论可能因此而被忽略不记。如前所述，"教育人类学"中的"人类学"已经通过它的种种贡献得到了充分的光大。之所以要对人类学对于教育学的贡献寻根究底，目的并不在于为早已被公认的人类学的价值锦上添花。对于教育学而言，人类学只是一种思想资源，是一种工具。但实际情况可能恰恰相反。在初创到现在，教育人类学基本上变成了人类学施展理论力量的领地和工具。有研究者明确宣布："教育学与人类学发生密切的关联后，必须建立以人类学为主的教育学。"①

总体来看，教育人类学始终没有确立自身的教育学立场。只有人类学自觉和人类学意识，缺少教育学自觉和教育学意识的教育人类学不仅是不完整的，而且很难称得上是真正的"教育"人类学。笔者不否认基于人类学立场的教育人类学的意义和价值，因此不会采用非此即彼的思维方式，但是，只有一种人类学声

① 詹栋梁：《教育人类学》，台湾五南图书出版公司 1986 年版，第 118 页。

音的教育人类学只是人类学，而不是"教育"人类学。换而言之，只有二者存在明显的差别，才能形成交叉与融合。在这个意义上，可以说，教育人类学尚未真正完成。

通过本章的写作，笔者试图回答的基本问题是：以"人类学"为母体，基于人类学立场的教育人类学可能的缺失在哪里？除此之外，我们是不是还需要另外一种"教育人类学"？即基于教育学立场的教育人类学？两者如何通过互补而共同推进当代教育人类学的繁荣与发展？

第二节　从人类学的田野实践到教育人类学的田野实践

"学术并非都是绷着脸讲大道理，研究也不限于泡图书馆。有这样一种学术研究，研究者对一个地方、一群人感兴趣，怀着浪漫的想象跑到那里生活，在与人亲密接触的过程中获得他们生活的故事，最后又跑到自己原先的日常生活中，开始有条理地叙述那里的所见所闻"[①]

这就是人类学的学术方式。它在书斋式研究之外，开启了另一种研究"人"的方式，即田野式的研究。它同时也构成了人类学的实践方式，即"田野实践"。人类学家主张，要认识人文世界的丰富性和复杂性，需要深入地观察具体的人的生活，而要进行这种观察，人类学要求运用实地观察的第一手资料。在实地调查中，人类学家集中在一个地点住上一年以上的时间，把握当地年度周期中社会生活的基本过程，与当地人形成密切的关系，参与他们的家庭和社会活动，从中了解他们的社会关系、交换活动、地方政治和宗教仪式。这一基本的工作就被人类学家称之为"田野工作"，"田野工作"的基本内容则是"参与观察"。在"田野工作"之后，人类学家依据他们所获得的社会知识写成专著或报告，可以集中考察当地社会的某一方面，也可以整体表现这个地方的社会风貌，总的做法还是整体论的。人类学家把这种基于社会文化整体的观点写成的专著或报告称做"民族志"。[②] 这个概念中的"民族"包含的愿意，就是基于当地意识的基础构成的文化整体观。著名人类学家吉尔兹将它的精神实质总结为"地方性知识"，"地方性知识"指的就是社会生活中可观察和不可观察的方方面面构成的

① 高丙中：《汉译人类学名著丛书总序》，载于［美］詹姆斯·克利福德乔治·E·马库斯编：《写文化——民族志的诗学与政治学》，高丙中等译，商务印书馆 2006 年版，第 1 页。
② 参见王铭铭：《人类学是什么？》，北京大学出版社 2002 年版，第 3 页。

429

伦理、价值、世界观及行动的文化体系。① 人类学家眼中的"田野"是：

"具体的看得见、摸得着的实实在在的地点，而不是一个抽象的空间，其中各种看不见的磁力相互感应。人类学家进入田野，期望从他们的脚下获取泥土；像其他'田野科学家'一样，他们旨在发现由'凌乱的'、'血肉般的'、'扎实的'等形容词反复描述的现实生活。"②

从中不难看出，与书斋式研究不同，人类学试图通过田野研究确立自身的大地和根基，借此表明他们对现实的关注，对生活的直观和对实践的热爱。

田野工作既是人类学的理论，又是人类学独特的实践活动。这一工作使人类学成为一门有可能将理论与实践实现内在融合转化的人文科学。"田野"这一概念给笔者最初的感觉是"神秘"，它频繁出现在各种人类学著作中，不断地被人们以各种方式谈到，但笔者从未接触到真正的田野。马凌诺夫斯基、列维·斯特劳斯和萨林斯（M. Sahlins）等人类学家的作品，曾经引起笔者无限遐想，他们笔下的田野异常遥远、深邃和生动，当笔者试图成为一位教育人类学家时，就意识到自己也必须走入真正的"田野"。这时，首先面临的问题是如何选择我的"田野"，对于人类学来说，这也是首要的问题：不是人类学要研究"什么"，而是人类学在"哪里"从事研究。

"人类学的研究工作所经历的磨难与艰辛都来自于一个'离我远去'的过程。做一个人类学家，要培养一种'离我远去'的能力，到一个自己不习惯的地方，体会他人的声、气息和面貌。所以，这里的'我'是'自己'，但不单指个人，而指人生活在其中的'自己的文化'。"③

在人类学家眼里，这种"离我而去"的方式甚至构成了一种独特的艺术，这种艺术使人类学家获得了与其他学者不同的经验，该经验的价值在于使其能够比较"移情"地觉悟到自己的文化的局限性。由上述可以看出：其一，"离我远去"的"我"的实质是塑造我的文化传统，用布迪厄的术语来说，就是我的"惯习"，人类学相信，只有远离他们，才可能会有真正的田野实践。这种远离的过程，又类似于现象学的悬置：将自身头脑里已有的对于人的观念悬置起来，直接面对一个新的人群和文化。其二，由此延伸，"离我远去"的目的是要觉悟到自己的文化的局限性，同时获取一些与原来的"我"不同的文化体验。人类学学家相信：这种体验就是人类学知识的源泉。

---

① 关于"地方性知识"的概念及相关思想，参见 ［美］克利福德·吉尔兹：《地方性知识——阐释人类学论文集》，王海龙、张家瑄译，中央编译出版社 2000 年版。

② ［美］古塔·弗格森：《人类学定位——田野科学的界限与基础》，洛建建译，华夏出版社 2005 年版，第 10 页。

③ 王铭铭：《人类学是什么？》，北京大学出版社 2002 年版，第 50 页。

　　然而，当我试图去践行这种"离我远去"的观念之时，我遭遇到了纯粹的人类学家不曾遭遇的困难：我进入的田野不是纯粹的原始部落和原始文化会聚的田野，而是学校，我怎么去实践"离我而去"？离我而去的目的是不是就要放弃我已往的教育体验和文化体验，去体验一个完全陌生的教育体验和文化体验吗？"离我而去"之后，我所得到的是不是只有对自己的文化局限性的觉悟？这种觉悟对一个教育学研究者究竟有多大价值？作为一个教育学研究者，究竟该怎么理解和运用"离我而去"？"离我而去"的人类学意义与教育学价值的内在一致性在哪里？可能的冲突在哪里？

　　从这里开始，一种身份的困惑油然而生：如果要成为一个教育人类学家，自己的身份首先是一个人类学家，还是教育学家？如果把自己归于教育学家之列，但运用的研究方式，包括其价值取向、思考起点等，却要求笔者按照人类学的思路或者立场来审视教育的田野。对一个"理想的"田野地点的选择，按照人类学的要求，"不仅要考虑资金和入境手续，而且还要考虑到田野地点与学科相关的问题和争论的适宜性"[①] 这可能吗？那么，什么是适宜人类学研究的田野？经典人类学的田野地点存在着一种"纯正级序"：越是"非家乡"的地方就越适合做田野，也更像"田野点"。这一切当然是因为人类学想要"离我而去"。不仅地点的选择有等级性，就连研究对象和题目也同田野点一样具有等级性：

　　　"依据其人类学性进行排列。不熟悉的、'不同的'以及'当地的'（与家乡的不同）文化现象被认为适合于人类学的研究，而'家乡'熟悉的或者以某种方式已经熟悉的现象和对象则被认为不太值得进行民族志研究。……被认为适合'人类学'研究的题目已经限定了批评的形式和范畴。"[②]

　　这就是人类学的传统田野想象，总是把心目中的"田野点"描述为遥远的异域的"地方社区"。

　　"教育田野"也具有同样的等级性吗？笔者是不是非得到远离中国文化的地方，例如，笔者需要远赴非洲、南美洲那些完全陌生的文化环境中去，或者，至少得要到偏远的云南、西藏等与过去生活的文化圈有很大差异的地方才能作笔者的田野点？如果选择了笔者现在所生活的上海或者周边地区，按照人类学的等级标准，笔者所做的就是最低下的田野研究，甚至这些地方完全算不上"田野"？问题的关键可能还是在于：笔者选择田野和进入田野究竟要做什么？"去做什么？"决定了"去哪里做？"以及"怎么做？"。与此相关的核心问题是：选择田野点的标准究竟是什么？教育人类学有没有与人类学不同的选择标准？在一般意

---

① ［美］古塔·弗格森：《人类学定位——田野科学的界限与基础》，洛建建等译，华夏出版社2005年版，第12页。

② 同上，第20页。

义上，人类学走入田野的目的在于获得关于人及其文化的体验与知识，具体涉及四个方面：（1）研究自然状态下的原始人类；（2）通过远足他乡进入"田野"体验文化的差异性；（3）拯救濒临消失的文化；（4）获知社会事实的本性。

（1）和（2）是以马凌诺夫斯基、拉德克利夫—布朗等为代表的人类学家开启并成为人类学传统的研究任务。做田野调查就意味着从事自然历史的研究，聚居于有限区域的被研究的对象是处于自然状态的原始人类。① （3）是由博厄斯（Franz Boas）开创的，他认为，人类学的任务不在观察功能社会，而在于编撰和记录濒临消失的文化，以期重构人类迁移和流动的历史，建立基本数据档案。正是在这个意义上，博厄斯的人类学被称为"抢救人类学"。它实际上是一种人类学家通过观察和询问而有意识地重构生活于殖民地的"非自然"状态下的土著人的尝试。（4）得到了墨菲充分的强调："学生进行田野工作并不只是为博士论文搜集资料，而是要去获知社会事实的本性。"② 这里的"社会事实"囊括了有关"文化与人的事实"。

从以上目标可以看出，经典人类学具有三个指向：一是群体指向，或者类指向。其研究的重心是在群体而不是个人。二是文化指向。注重体验文化差异和关注文化变迁，主张文化对于人的决定性影响，其核心观点"不同人的风俗与成就的差别并不是由于隐秘的生物学力量，而是来自文化"。③ 三是他者指向。此群体不是我的群体，而是另一个或一些群体，此文化也非彼文化，是外在于我的文化，即异文化。

以上目标和指向主导了人类学选择田野的标准。显然，如果我们以这样的标准来选择教育田野，肯定将束手无策。其矛盾在于：教育学的任务和人类学的任务有根本性的差异。尽管是站在同一个屋檐（教育人类学）之下，顶着同样一个帽子：改变人之道。这种差异首先来自于教育的内涵和使命，"教育是有意识的以影响人的身心发展为直接目标的社会活动"。④

从这个定义出发，可以找到解读教育学与人类学目标差异的钥匙。无论是选择田野点，还是进行田野工作，所有的人类学家都是有意为之，但其意向对象并

---

① 到了 20 世纪早期，许多田野工作者意识到，他们的研究对象实际上并非生活在一种原始的"自然"状态之中，因此"档案馆"和"城市"也开始被接纳成为"田野"的一部分。例如，部分人类学相信，存在一个完全在档案观里实验的不同寻常的人类的事业。在和传统的田野工作同样艰苦的过程中，通过把档案文件和他们的作者看成是对话者，他现在可能构建（或者重构）过去的社会世界的知识。柯莫洛夫（Comaroffs）对此做了精彩的论述。参见 ［美］古塔·弗格森：《人类学定位——田野科学的界限与基础》，洛建建等译，华夏出版社 2005 年版，第 82 页。

② ［美］罗伯特·墨菲《文化与社会人类学引论》，王卓君、吕遒基译，商务印书馆 1994 年版，第 265 页。

③ 同上，第 283 页。

④ 叶澜：《教育概论》，人民教育出版社 2006 年版，第 10 页。

非指向影响所观察的人群，更不考虑影响其身心发展。他们只是有意观察和有意书写而已，并无有意改变之意。这种有意，就是在遥远的异乡田野里"找事"，然后回到自己家乡"说事"。人类学的所谓人之改变之道，实质上只是"解释"人之所创造和身处期间的文化的自然性的改变之道，即人类文化自然的改变之道，并非是借助外力，有意改变之道。其定位还是人身之外的文化的自然改变上。

教育学则不同，它以直指人的身心发展的教育活动为研究对象，这既是"教育之事"，也是"教育学之事"，教育学研究要做的关键之事是：如何更好地促进人的身心发展，如何改变或完善教育影响。其中的"如何"涉及"成事"，"人的身心发展"则是"成人"。这恐怕是教育学与人类学的根本区别：一是所关心的"事"之不同；二是人类学只关心"找事"、"说事"，教育学则关心"成事成人"。两者在价值取向的差异显而易见。至于文化问题，教育学同样考虑，但只有当文化与成事成人联系起来时，才具有教育学意义。因此，出现了两种教育人类学：人类学立场下的教育人类学和教育学立场下的教育人类学。

教育学立场下的教育田野，是影响人的身心发展的场所，这个场所的代表不一定非要"社区"，大量的或重要的可能是"学校"，学校是进行教育的正规性制度化的地点。教育人类学的田野点首先是"学校"，以此为核心发展起来的是"学校人类学"，即是以"学校"作为田野单位和分析单位的人类学。至于选择什么样的学校作为田野，不是取决于学校所处的地域是否遥远和它的文明程度，也不取决于其文化背景，而是取决于具体的教育问题。这样，学校田野选择的标准就变成了：什么样的学校田野能够发现和解决什么样的学校教育问题？这个教育问题的最终指向是人的成长与发展。总而言之，教育人类学的核心分析单位是学校，基本指向是人的成长。这并不意味着学校的地域不重要，例如，笔者选择的学校田野，一是上海闵行区，二是无锡南长区，既同属吴文化领域，又各有其地域文化的特色，但对地域的考量依然是以学校为核心，是学校所处的地域，而不是地域内的学校，所有思考和实践的焦点都是学校，其他则是学校这一田野点的环绕之物。

笔者对学校田野点的选择，存在着两种因素：一是客观因素，如闵行区是"新基础教育"改革①区域性推进的地区，作为"新基础教育"改革的参与者，笔者自然就身处其中了，无须费力选择。二是主观因素，笔者认同"新基础教育"的教育观和学校变革之道，这是一种针对如何促进学校实现整体性转型性

----

① 需要强调的是："新基础教育"研究和实践，是一个整体性的教育改革，对这样一项改革的推进，不同的参与者有不同的研究方式，田野研究只是笔者采用的一种研究视角和方式，不能代表"新基础教育"全部的研究与实践，并不意味着"新基础教育"研究就是"田野研究"。

变革的推进性变革。选择其中的学校作为田野点，不仅能够更好地观察学校变革是怎么发生的，而且也可能会因自己的研究而介入学校田野并对其变革产生影响，这就是我选择学校田野时欲解决的教育问题。这种以介入和置身为基础的有意影响，是基于人类学立场的教育人类学无意为之的。

田野点选择之后，随之而来的是另一个问题：怎么进行田野实践？即如何进行田野研究？

罗伯特·墨菲曾经描述并概括了他的田野实践的步骤和方法：

一是开始田野工作，做好相应的物质和精神准备，尤其是要准备经受由于异域文化冲击给田野工作者带来的压抑、退避和失范。二是语言学习。尽可能用当地人的语言与其交流。三是参与性观察。通过长时期地居住在当地居民从而参与到其日常生活之中进行观察。四是采访。对当地居民进行访谈。五是在复杂社会中的研究，强调要以复杂的眼光看待田野。六是解释。对所观察的现象和收集到的资料进行相应的解释。①

虽然不同时代不同人类学家在具体的步骤和做法上可能会有差异，但支配这些方法背后的目的是一致的：田野工作的过程主要是进行参与性观察的过程，是收集资料和解释资料的过程。他们不要求考虑以自己的理论研究去影响田野的问题，也很少去想象：通过自身至少一年的田野实践，多年以后，田野之地有没有因此而发生或者将要发生什么变化？人类学中的理论与实践的特殊性在于：田野工作本身就是实践，无论是当地的人还是文化，都只是人类学家观察的对象，甚至只是研究的工具，只有研究者自身才是目的和终点。他们并不把和当地人探究问题和解决问题视为自己的工作，这就带来了一种"纳凉者"的心态。"纳凉者"就是旁观者加议论者。既然我只负责打捞与己有关的故事和信息，那么，学校实践中发生的一切，都可以事不关己，高高挂起，悠闲地恣意评说——这也是很多人类学家的常见状态，由于被观察者基本看不到（人类学家也无意让他们看到）人类学家对他们的记述和评论，人类学家可以毫无顾忌地评说，有所顾忌的只是自己的同行和自己文化圈的人群，写作者会千方百计地吸引他们相信自己对异己文化和异己人群生活的述说。上述这些状态可称为"人类学综合症"。

"新基础教育"的研究者并没有声称自己是田野研究，但根据笔者的观察和切身经历，无论是创始人叶澜教授还是其最早一批合作者，其长期的研究与实践不仅已经具备了学校田野研究的条件，而且显示了自己的独特：首先，从田野点的选择角度来看，如同前述，"新基础教育"是一种以"学校"和"学校变革"

---

① ［美］罗伯特·墨菲：《文化与社会人类学引论》，王卓君、吕道基译，商务印书馆1994年版。

为分析单位和研究单位的研究，学校就是"新基础教育"研究的田野；其次，从进入田野的时间来看，她们自1994年起，就在学校这个田野已经耕耘了十三年之久，已将自己的工作和生活与学校田野中的日常生活融合在了一起。① 最后，从田野研究的目的来看，与人类学不同，基于教育学立场的"新基础教育"和所去的学校田野主体有着共同的价值追求：回应时代精神，改变学校现状，实现从近代型学校向现代型学校的变革，在学校变革中实现"成事成人"。这种价值追求也成为双方共同的内在需要。在这个意义上，"新基础教育"的田野研究，不存在人类学意义上的研究者与被研究者的关系，而是基于共同的价值追求和内在需要的合作者的关系。当初迷惑笔者的那种"人情味的增加"是因为交往的频率增加造成的，而不是源自于彼此的内在需要。

在人类学的田野里，人类学家有对田野点的原住民的需要，但原住民并无对人类学家的需要，对他们来说，强行挤入其生活圈的人类学家，再长的逗留也只是过客，与自己的日常生活无关，因而不会产生根本性的影响。但在以教育学为基本立场的教育人类学的田野里，研究者和实践者的需要却是双向的。实践者需要进入其田野的研究者帮助他们既发现问题，又能解决问题。他们希望得到的不只是研究者提供的各种资料和信息，还要有改进其日常工作的价值性判断和有针对性建议，以及有助于改变其生存方式，提升其生命意义。这对研究者提出了非常高的要求，也"迫使"研究者不断提升自我，实现自我全方位的超越。迫使笔者改变"旁观者"式的人类学立场的重要原因就是：笔者深切地感受到了"新基础教育"实践者对笔者的内在需要，他们看待我们研究者的眼光既是渴盼的，又是挑剔的，他们不断成长本身对作为研究者的我来说，也是充满诱惑力和压力的挑战，逼使我摆脱人类学家式的悠闲自在的观察者姿态，从远观之到贴近之，再到真正的置身其中。使"我—他"关系，变成"我—你"关系，直至形成"我们"。

无论是人类学之眼中的田野，还是教育学之眼中的田野研究，"如何建立研究者和实践者的良好的合作关系"是保证田野研究取得实质性成果的关键性问题。现代人类学家主张：

"人类学要成为一门善待他人的学问，他们意识到'人的科学'必须怀有对被研究的人的基本善意，才能真正了解这个人，同时才能通过了解他来了解自己。我们可以称这样的人类学是一种善待他人的学问。"②

① 参见叶澜：《我与"新基础教育"——思想笔记式的十年研究回望》，载丁钢主编：《中国教育：研究与评论》，教育科学出版社2004年版。在我看来，这篇长达4万字的笔记，就是"新基础教育"变革十年的田野笔记。另可参见李政涛：《追寻"生命实践"的教育智慧》，载《中小学管理》2004年第19期。此文对"新基础教育"的创始人叶澜教授的日常变革生活有较细致的记录和描述，可以与前者互参。
② 王铭铭：《人类学是什么?》，北京大学出版社2002年版，第191页。

第十五章　基于"教育学立场"的教育人类学初探

"人研究人，不同于人研究物"，知道了研究人的人，必须"要把所研究的对象看成身外之物，而且还要能利用自己是人这一特点，设身处地地去了解这个被研究的对象。"①

同样是"善待他人"，教育学立场下的教育人类学主张给予被研究的对象以"真诚的关怀"，这一点人类学立场下的教育人类学也不会反对，但是"关怀的方式"却大相径庭。

后者是"贴近的守望"。走入学校田野，以田野中的问题为研究指向进行各种咨询、调研、访谈、评论，随后便"退而结网"，所结之网是研究者自己的网，此网与实践者以后的生活无关，不会对实践者的生活产生实质性的影响。前者则是"置身式的介入与互动"。所谓"介入"，是指介入到实践者日常生活中所遭遇的实际问题或困难之中，所谓"互动"主要不是形式，而是指向于"生成"这一结果，生成的主体既是研究者，又是实践者，"对实践的介入导致两类工作者形成互补、分享，沟通、对话的有利格局，其结果是'共生'和'双赢'"②。两种关怀的方式也有其共同点，即都要求解读研究对象。但同样是解读：

人类学式的解读是"非我"的解读，即采取"非我的眼光来看待被研究的人"；教育学式的解读是"有我"的解读，这里的我既是作为研究者的"个体的我"，有自己明确的研究目的，又是"教育学的我"，是教育学的自我意识，蕴涵着教育学的立场和理想。

人类学的解读，是对被研究的人既成之事，或正在发生之事的解读，其时间指向是面向过去的，费边（Johannes Fabian）曾经对在其《时间与非我：人类学如何构建其对象？》一书中，对西方人类学的时间观、历史观以及客观诉求，提出了尖锐的挑战。③ 他认为，人类学及民俗学从一开始，就建立在对时间的某种想象上，这种想象把"非我"事先放置在历史长河的"原始"那一端，以确立现代"我类"这一端的文明之优越。去"传统"社会做"田野"的大前提是把"他们"作为"我们"人类的过去来研究，而不是关注"他们"存在的现实意义。"他们"的现实状况必须翻译成"我们"的过去，才获得其真实内涵。作为研究对象的"非我"，由于不能踏入和研究主体同样的时间和空间，被研究者不能以主体的身份，参与真正的对话或争辩。教育学立场下的解读则不仅要回到过去，还要从生成发展的角度，未来的角度，可能的角度，读出被研究的人及其文

① 费孝通：《学术自述与反思》，三联书店1997年版，第328页。
② 杨小微：《教育理论工作者的实践立场及其表现》，载《教育研究与实验》2006年第4期。
③ Johannes Fabian：*Time and other：Honw Anthropology Makes its Object*，New York：Columbia University Press，1983.

化的可能之事，未来之事，在此过程中读出其过去的需要和将来的需要，读出其发展空间来。

人类学的解读，不要求被研究的人进行有明确指向的自我解读，被研究者不会把自己当成解读和研究对象，其只是研究者的研究对象，研究者也不会主动为其提供自我解读的框架。人类学家会用各种谈话技巧诱发其"在自然的状态下"说出各种与自我有关之事，然后人类学家再据此进行加工式的解读，这种解读有明显的替代意味。教育学的解读，则有意要求被研究者进行有明确目的和强烈自我意识的自我解读，这种解读的视角是以自我为研究对象，是面向自我发展、面向未来的。因此，在"新基础教育"的学校田野里，从骨干教师、教研组组长到校长都会主动进行以促进自我发展为目的的解读，这种解读不是一次性的，而是制度性的，是实践者每个学年、每个学期，以及每一种重要之事完成之后都必须和会去做的工作。研究者会将自己的解读与被研究者的解读相互参照，以确立自己的研究状态，但从不会以自己的解读替代被研究者的自我解读。

人类学的解读，几乎不会跟被研究者的自我策划联系在一起，这种解读只与研究者的研究规划和研究进展有关，但与被研究者的发展无关。教育学的解读则是指向于被研究者的发展，他欲读出影响和制约其发展的各种问题、困难和障碍，并以此作为帮助其制定自我策划的依据。两种关怀的方式都奠基于研究者与研究对象建立的共同体，但无论是目的、形式和活动方式都有差异。

人类学家与被研究者结成的共同体，是单向的和松散的，即人类学家主动进入其生活圈内而形成的，虽然双方可能会形成某种亲密的关系，但被研究者并无与人类学家合作的意愿。对于被研究者而言，多一个人类学不多，少一个人类学家也不少。人类学家的介入在他们的生活中只是偶尔划过天际的流星。

教育学家与实践者（在人类学家那里被命名为"被研究者"）组成的共同体，是双向的和制度化的。

首先，这种共同体基于双方的合作需要，这种需要的核心是"变革"与"发展"。正是基于双向式地交往合作的需要，"新基础教育"才在研究中创建了一个独特的组织——"新基础教育"研究共同体，此共同体是具有共同发展需求之体，是交互生成之体。在这种共同体的一次次活动中，"新基础教育"的学校田野成为异常生动的变革之田野，成为既成事又成人的教育学之田野。

其次，这种共同体内部的关系，不是人类学视野中的观察和被观察的关系，而是合作研究的关系。这种关系要求研究者：

"应以服务和促进学校发展为己任，而不是只想让合作学校为你提供条件、资料和试验对象，使研究成为外加的、与学校发展无关的事。学校工作者只有在感受到学生、班级、成绩、学校，包括自己在内都有发展和进步时，感受到研究人员与他们是'一条心'时，才会出现真诚和有效的合作。"①

其三，这种共同体是制度化的，要有研究活动的常规制度。制度的本意是一种规范和约束，对于研究者而言，除了起码的研究规范和研究伦理要遵循之外，还包括日常活动的规范，如每学期初进入学校田野时，都要有策划，学期中间和学期末都要作研究总结，提出下学期的研究任务。对于实践者而言，也要在每学期进行自我诊断、制定研究计划、写出研究小结，在每学期开始和结束时与研究者进行交流。这种对被研究者的制度要求，在人类学的田野工作里是不可能有的。

最后，在教育学的立场看来，之所以确立合作制度，是因为制度有其"育人价值"。在研究者那里，"能亲历现实的变革过程，逐渐学会换位思考，提高与实践工作者对话的能力和效益，提高作出综合判断和提出解决实践问题的建议、方法和方案策划的能力"②。在实践者那里，可以使其有自己的独立思考和研究任务，而且能及时获得富有针对性、启发性和直接指导价值的点拨和建议，对其观念和行为的转化产生积极作用。显然，这种价值也是双向的，而且只有在双方积极开展合作研究的情况下才有可能产生。

由此可以看出，同样是身处田野，同样具有建构性，人类学立场下的学校田野中研究者和被研究者的关系只对研究者有意义，被研究者只是研究者建构人类学文本的工具和资料，这种研究对被研究者本身并无实质性价值。对于研究者而言，建构的结果是新的人类学文本和知识的产生。研究者基于教育学立场下的学校田野研究之所以具有双重意义，是因为双方有共同的目标追求和价值取向，如"新基础教育"所强调的"成事成人"。这同样也是建构的结果：在田野之事成就的同时，田野中的所有人也得以成长与发展。不同的价值取向导致不同的评价对象和评价标准。人类学立场下的评价的主体只是研究者，即人类学家。田野作品一般不会被研究者所阅读。大量的被研究者也无能为力作这样的阅读。基于这样的评价主体，其评价对象有二：一是田野本身是否符合传统的等级标准；二是对田野作品的评价，是否真实地呈现了社会事实？以及对于这种社会事实做了什么样的解释？越新颖，越奇异，越能让我们感到异域文化的特殊性越好。总之，评价对象和评价标准最终落脚到了文本上，而不是人上。

教育学立场下的评价主体则是多维的，研究者和实践者都是主体，田野文本的阅读者既可能是同行，也可能是校长、教师和行政官员。这些主体的关系具有"互为主体性"的特征。与人类学主张的"文化互为主体性"不同，教育学立场

---

① 叶澜：《我与"新基础教育"——思想笔记式的十年研究回望》，载于丁钢主编：《中国教育：研究与评论》，教育科学出版社 2004 年版，第 13 页。

② 同上，第 13～14 页。

下的田野则是"理论者与实践者、观察者与被观察者、研究者之间、实践者之间的多重多层次的互为主体性"。这种"互为主体性"也具体体现过程性和结果性文本的交互阅读上。一方面，研究者通过观察和与实践者的互动生成的田野文本，可以为实践者广泛深入的阅读。另一方面，实践者的文本，包括规划、总结、课例、案例等，也成为研究者必须阅读的文本。对于这些文本，每一个身处学校田野中的研究者不仅有阅读的要求，而且有帮助其修改和提升的义务。正如叶澜教授所言，每当实践者写就一个文本（如规划），她往往会花数天时间进行全面细致的阅读，提出修改意见，请学校拿回去修改后，再阅读，再修改，仅仅一个学校五年发展规划，就前后修改了6稿之多。这种修改不仅对实践者，而且对研究者同样有价值。这一过程就是互为主体的过程，是双方在互动中实现价值生成和转化的过程。

基于这种多元化的互为主体性，教育学立场下的对于学校田野研究的评价内容有三：一是"田野之事"做得如何；二是"田野之人"生成与发展得如何，人与人互动的质与量如何；三是"田野之事"与"田野之人"的成长之间有没有建立起内在的互动关联。之所以如此，是因为教育人类学的最终目的是改变被研究者的文化及其生活在文化中的人本身。这就是基于教育学立场的教育人类学的价值，它来自于教育的使命和任务。

需要进一步强调的是：之所以要以"新基础教育"为例，对人类学立场下的田野研究和教育学立场下的田野实践做区分，目的是要引起教育人类学研究者对这一学科中"另一半"，即"教育学存在"的关注，这可能是已有的教育人类学存在的缺失或者留下的空白点。为此，我们需询问的是：

（1）教育学立场与人类学立场的根本差异在哪里？

（2）在教育人类学的形成与发展进程中，教育学立场有什么用？它对教育人类学的贡献是什么？有了教育学立场，教育人类学的分析框架会有什么根本性的改变？

（3）是否有基于教育学立场的教育人类学？它对人类学的贡献又是什么？教育学与人类学的结合给人类学带来了些什么？教育学对人类学的贡献何在？是否可能？如何可能？

第1个问题，前述以"新基础教育"变革的田野实践为例，已经有所阐述。但在这里，还需进一步加以明确。

教育人类学者索伦·基姆巴（Solon Kimball）曾经指出，人类学者和一般教育学者的不同在于：前者认为教育是文化的传递，这是一种在社会文化环境中的教育过程；后者认为教育是以学校课程为主，包括学生该学些什么，如何学，如何了解问题，改善学习成果。两者之间最明显的差别是他们对教育所持的观点、定义和教育问题的解决方案的不同。教育工作者的活动主要以"教导"（instruction）这个概念来涵盖，也就是视教学为一件独立的活动，学校生活是为教学而教学，和日常社会生活关联不大；教育人类学的核心概念是背景，认为教育应放在社区的背景来理解，教育的发生、功能和目标，都和社会系统，教育机构的文化行为相关。遇到教育问题，人类学者比较不会根据某些特定情境特定角度作解释，而会从比较宽广的、全面的社会文化脉络来看待问题。

在一定程度上，上述人类学与教育学的差别的确存在，但差别并不等同于立场。问题在于何以有这些差别？"对教育所持的观点、定义，和教育问题的解决方案的不同"并不能说明教育学的立场是什么，"为什么会有不同"才是根本之所在。

基于教育学立场形成教育人类学与基于人类学形成教育人类学不同在于它对进入人类学的方式是借鉴性和引用性的，而不是验证性和延伸性的。教育学是带着"如何实现人的生命的主动健康发展"这个特殊问题进入人类学领域的。作为"人教人"的一门学问，它与人类学有着最贴近最内在的关联：都是直面生命的学问。也正是在这一点上，教育学的立场在教育人类学的思想和方法中得以呈现。

然而，同样是"直面生命的学问"，两种立场的内涵和性质的差异首先在于人类学以人之"类"为对象，后者则以作为个体的需要发展的人为对象，同时还包含着"实践观"的差异。

人类学立场下的直面生命，是"离我而去"之后对他域、他族之人的生命活动的直观，这种生活涉及食、性、礼、仪等各种具有文化特色的活动（如吉尔兹所直面的巴厘岛人的"斗鸡"活动），人类学家期望这种直面产生的最大影响是反观自己的文化。因此，其田野实践在根本上是一种以旁观者为指向，以文化为本位的一种"文化实践"。

教育学立场下的直面生命，不是对生命活动无所不包的直面，其聚焦点在于"生命成长与发展"这一特殊的但却对人类族群延续具有重大价值的活动。基于这种立场的教育人类学不仅是直面生命的学问，而且是"直面生命成长与发展"的活动。基于教育学立场的"实践"之本义或者真谛在于：它直面的对象和内容，即实践的对象和内容是人的生命成长与发展；它的直面方式，是介入式，介入到直面对象的生命成长与过程中，介入的方式包括：将人的理想转化为教育目的，在具体地参与被直面者的各种日常性教育活动的过程中（如制定策划方案、备课、上课、说课等），为其提供各种价值性判断和建设性的建议；它直面的结果不只是形成一些田野文本，也不只是获得一些对人与文化的新认识，而是促使"真实的生命成长"。在上述意义上，学校可成为教育学立场上的重要田野单位。

基于教育学立场上的教育人类学，首先将有助于我们重新理解"教育人类学"的学科定义。美国学者认为，教育人类学是一门用人类学知识来研究教育的科学。该定义只是表明了教育人类学的知识来源，它是典型的基于人类学立场的定义。罗特的定义是"教育人类学是探讨由人的本质到人的心灵和精神的改变的一门学科"[①]。这一定义聚焦于"人的改变"，具有教育的味道，但又将这种改变定位在"人的心灵和精神"上，导致"人的改变"之含义狭窄化。此外，这一定义还缺失了主体，"谁"来改变并不明确。

当"教育人类学"不再对人类学立场亦步亦趋，开始有了"教育学立场"意识，此时的"教育人类学"的定义可能因此而增添新的内涵："以研究教育的人类学问题为核心，以教育人种志的研究方法为特征，探讨不同人类文化与个体在教育过程中的转化及相互生成的一门学科。"

基于以上定义，教育人类学将有意识地与人类学这个所谓的"母体学科"保持距离，它在教育学立场的导引下，逐渐走出了与已有的教育人类学不一样的轨迹，具体表现在：

具体到教育人类学而言，其意义有四：

第一，从旁观者到参与者、介入者。基于教育学的立场，教育人类学的角色和身份首先发生转变。由于教育学立场主张对生命发展进行"实际参与"，这与人类学所要求的研究者自身必须保持对于研究对象的客观中立截然不同，教育人类学研究者试图影响、介入和改变研究对象的生命发展进程。因此，教育人类学者的角色不是旁观者，而是对教育生活中的人的生命发展的参与者和介入者，并在这种介入中体验教育本身，以实现与被研究者的面对同一主题的有效沟通。教育人类学中的"教育"就是对人的发展的帮助。所谓发展就是"形成和改变"。主宰这种帮助的，不是居高临下的态度，而是以平等的对话的态度，双方不是"我—他"的关系而是"我—你"的关系。

第二，从"离我远去"的分析、"贴近我"的直观到"介入我、影响我"的置身。当研究者的身份和角色转变之后，教育人类学的研究方式也随之转变。教育人类学中的教育学立场强调的研究活动，不是一般人类学意义上的进入田野，直面生命，而是直面生命成长与发展的现场。教育人类学不会仅仅通过书本和文字来理解人，更不是通过理论推演和抽象思辨来描绘出生命发展的图像，而是通过对教育现场中的学生和教师生命状态的直观、洞察与互动，来领悟、反思生命成发展的奥秘，重建通往生命发展的道路。这种的直观和改变的过程就是置身于实践者的生命成长与发展的过程之中，同时，在此过程中，教育人类学研究

---

① 转引自冯增俊：《教育人类学》，江苏教育出版社1998年版，第20页。

者也需要时常反观自我，目的有二：一是获得"对人的发展之道"的新的认识，以新知新悟来充实自身；二是反思自我在这种研究过程中改变了什么，改变了，这样就将"他人的发展之道"变成了"自我发展之道"，这种以发展的内在关联为基础的融通转化是教育人类学相对于人类学的独特所在。

第三，从人的观察到人的培养，从人的发现到人的完成。从研究的最终目的看，教育人类学中的教育学立场要求的不仅是对生命状态的观察，而是致力于以一种人的发展、完善图像为目标，致力于如何完成人的探讨。在对人的不确定性和不完善性的完成中，造就完整的人。这点与人类学有显著差异，人类学立场重在发现和描述，教育学立场重在转变和完成，聚焦于寻找最优化的教育形式，即促使完整的人及其生命发展得以实现的各种途径。

第四，从群体的人到个体的人。同样关注人，人类学立场中的是群体之人，"人类学家一直关注的重点主要是群体而不是个人。我们可以调查研究一个种族或社会群体，通过测量体重和身高，注意其体质形态的大小和分布。个人只有作为群体的成员时才有重要意义，因为我们只对决定群体内形态和功能分布的因素感兴趣。生理学家可能研究剧烈运动对心脏功能的影响。人类学家在接受这些资料的基础上，调查群体内有利于进行剧烈运动的普遍的生活状态。它们对构成群体的个人或整个群体在形态、功能和行为上的影响，是人类学家的研究领域"。[①]这就是人类学的基本立场。而教育学立场则落脚到具体的人。[②] 这并不意味着群体与个人的对立，更不意味着教育学就不关注群体，"如何通过群体来培养个人"才是教育学立场所真正关注的焦点。

综上所述，教育人类学中的教育学立场，就是以理想的人的图像为价值标准，对教育生活中的人生命"发展"的实际参与和深度参与，以达到对观察对象、描述对象以及自我生命成长过程的影响和改变。与人类学立场不同，这一立场的逻辑路线不是"文化—族群→教育→文化—族群"，而是"教育→文化—族群→教育"，不是"文化—族群→人→文化—族群"而是人→文化—族群→人，这样，教育人类学就不再仅仅是描述生命的学问，而是"生命·实践"的学问。

在教育学的学科体系里，教育人类学的地位和价值何在？有了教育人类学，与没有教育人类学，有什么区别？尤其是，当传统教育人类学走出对人类学的附庸和从属地位，转而以教育学的立场重构其学科内涵和分析框架之后，对教育学和其他教育学分支学科而言，有何意义？换而言之，教育人类学对于教育学的独特贡献和对教育研究者的特殊启示何在？

---

① ［美］弗朗兹·博厄斯：《人类学与现代生活》，刘莎等译，华夏出版社 1999 年版，第 4 页。
② 叶澜：《教育创新呼唤"具体个人"意识》，载《中国社会科学》2003 年第 1 期。

　　基于前述对"新基础教育"变革的田野实践的讨论，笔者认为，这种贡献和启示的核心是：从事学校田野工作成为教育学研究和理论创建的基本路径之一，当代教育学研究者有没有，能不能，以及在多大程度上做好学校田野工作，是衡量其基本素养和基本能力的标准之一。显然，产生这些启示的原点是"学校田野工作"，其独特的价值和功能在于：

　　其一，为教育学研究提供了一种基于"田野研究"的新的方法论视野，贡献了一种新的视角、新的思维路径、思维方式和新的分析框架。

　　以校长研究为例，一般流行的方式是：查看国家对于校长职责的定义；对校长的境况进行问卷调查；探究现时代的文化与教育对校长素养和能力的要求，以演绎或归纳的方式提出和阐述"校长专业化"的问题；分析校长在具体的学校管理中的基本策略等等，这是学校管理学的方式。但是，要想细致真实地了解校长到底在学校实际做什么、起到什么作用、怎样生存、他们有什么样的忧虑和想法，单靠那些分析性的说明和问卷调查是难以获得的。美国学者沃尔克特（Harry F. Wolcott）耗时两年进行"校长"（艾德）的民族志研究。[①] 他叙述了一个平凡的校长艾德是怎样工作、处理各种关系以及个人生活的，其内容包含了教师、学生、亲人以及督学等人对校长以及"艾德"的看法，艾德的职务以及具有规律性的年度工作，他的成长历史以及这些观念怎样影响到他的工作。如同有的研究者阐述的那样，这样展现的一个校长，与那些文本表述以及大量问卷询问出来的"校长"相比，通过民族志方法作出的成果呈现出的是校长的日常生活状态和一个鲜活的充满个性的校长形象，而且裸露出了校长行为背后的意义。在"新基础教育"的田野研究中，主张研究者和实践者共同来研究学校年历、月历和事历，如同叶澜教授在一次"新基础教育"的总结会议上所言：

　　"学校不能变成庙会，一天到晚热热闹闹。学校要建立学校年历，这涉及到学校的时空分配，要有年、月的规划等。年历中某些时间分给某一领域是基本固定的，变的只是具体内容。如行政例会这一时段是固定的，但行政例会的内容可以变化。这就能够使学校保持一个常态秩序和基本韵律。但'新基础教育'的学校常态秩序是变革后形成的体现新型学校所必需的新秩序，即变革成果的常规化表达，而不是原封不动的原有常规的保持。常规、月历、年历设计要相对稳定。自然，光有常规即使是变革后形成反映新秩序的稳定机制也不行，还需有研究创新的机制与之匹配。"

　　这一基于田野工作而形成的事历和月历的特点和作用是：它们有助于呈现学

---

　　① ［美］Harry F. Wolcott：《校长办公室里的那个人：一种民族志》，白亦然主译，（台湾）师大书苑有限公司 1973 年版。同时可参见张玉杰：《片段的生活：身在其中与神在其外——读〈校长办公室里的那个人：一种民族志〉》，载《北京大学教育评论》2007 年第 3 期。

校的工作常态和校长、教师的日常生存状态，通过观察其生存状态，既能够发现问题，解决问题，也能使研究者设身处地地体认实践者的实践逻辑，这是单纯的理论思辨或者调查问卷所难以达到的；它们具有变革指向，记录了学校的变革史和基于变革的新秩序、新常规的形成和发展的历史。这种历史记录也是任何理论性的研究和调查研究所不可替代的。

其二，由于田野工作既包括了现场功，也包括案头功，因此，"学校田野工作"能够有效地实现教育理论与教育实践的双向滋养双向构成，"新基础教育"十三年来的田野工作表明：通过长期置身于浸泡于学校田野，能够真正实现"在实践中形成、发展理论，在理论形成和发展过程中改变实践"。

其三，学校田野工作成为推动学校变革研究与实践的内在力量。主导学校田野工作的指向是"学校和人的变革"，它以研究者和实践者共同经历的理论与实践的双向转化为基础，以双方的"双向变革"为基本目标和特征。这里的双方既是指"研究者与实践者"，也是指"学校与人"。

第三节　成为一个"教育人类学家"

既然教育人类学对于教育学有着重要和独特的价值，在教育学研究者的队伍中需要"教育人类学家"。那么，成为"教育人类学家"意味着什么呢？使教育人类学家成为教育人类学的根本是什么呢？一言以蔽之，拥有"教育学立场"。具体而言：

一个教育人类学家要有教育自觉。他知道投身于教育人类学研究之根本在于：在教育中、为了教育和改变教育，当他踏入教育人类学大门之时，首先收获和享有的不是各种人类学的知识或者人的知识，而是"教育学"的眼光，这一眼光使其能够将各种对于人与文化的观察、体验和感悟转化到教育的轨道中来，将各种碎片式的吉光片羽统合到"如何有意识地影响和促进人的身心发展，如何培育人的生命自觉"的大道之上。在这一眼光的投射下，任何与人类有关的知识都潜在的具有"教育价值"，一个具有教育自觉的教育人类学家明确其人生的使命就在于把这些"潜在"变为"现在"，并通过所有的"现在"构筑和通向人的成长的"未在"或"将在"。

一个教育人类学家要有价值自觉，即要有对自身工作价值的真切认同。人类学家对本学科"发明"的田野实践十分自豪，但有时也会对这种工作的实际性价值产生怀疑，如列维·斯特劳斯曾经如此抱怨：

"为了能花几天或几个小时的时间，去记录一个仍然未为人知的神话，一条新的婚姻规则，或者一个完整的氏族名称表，我们可能必须赔上半年的光阴在旅行、受苦和令人难以忍受的寂寞……这样做，值得吗？"①

也许列维·斯特劳斯并不是真的怀疑其工作的价值，否则也不会有其以后的学术成就。但这种对其工作价值的"怀疑"和"拷问"是必须经历的，只有经过如此怀疑和拷问的历练之后，研究者才可能获得真正牢固的自我价值认同。

笔者在田野实践中也有过类似的体验。当笔者放下挚爱的书籍，离开熟悉的书斋，进入学校相对陌生的田野，首先感受到的是一种两种生活方式的差异和冲突：一种是新的生活方式，即在田野中思考、写作和交往的生活，这是一种活跃流变的不规律的生活，也是一种需要极大脑力和体力付出的生活；一种是旧的生活方式，是每日与书本交往的生活，是有规律的宁静的生活，这种生活不需要考虑人事的纠缠，只需要把脑袋扎进书本里，感受前人的感受，思想前人的思想。笔者之前有关人与教育的知识，就是在这样的生活中获得。所谓的冲突是：一方面，笔者时常发现自己从书本而来的知识和体验与田野中实存的实践者的情况不相吻合，后者呈现的状态远比书本中记载和表达的丰富复杂得多。这种真实的复杂起先动摇了笔者对书本，即有字之书的原始的信仰，继而开始怀疑自我存在的价值。另一方面，当笔者遭遇"实地指导"无效时，又不由得怀念书斋生活：在这样的生活里，自我的价值可以用读书的数量和写作的数量清晰地衡量，笔者在时光流逝中凝固了什么，为自己所处的时代和未来的时代贡献了什么。而在田野工作中，笔者收获了什么呢？——当笔者如此想的时候，实际上还是受了人类学立场的影响，最终还是把衡量研究价值的基准，放在回归书斋之后的"田野文本"。人类学家也很少会作出这样的反思：通过一段时间的田野实践，我自己改变了什么？发展了什么？他们的目光只是聚焦在：由于自身的田野研究，有关人与文化的已有观念和知识丰富了什么？增添了什么？与之相比，作为一个基于教育学立场的教育人类学家，其价值自觉体现在三个方面：

一是明确学校田野实践的独特价值在于"生命价值"。他应有这样的价值意识：田野实践的目的是观察人的生存方式，改变人的生存方式，提升人的生命质量。因此，时常萦绕其脑海中的是：通过此种实践活动，共处于田野中的理论者和实践者的生存方式和生命质量有没有得以改变和提升？人类学家也关注田野实践本身对于研究者自身的价值：

"人类学给我带来智识上的满足……满足了我前面提到的那种永远跃动、深具破坏性的口味，因为人类学提供我一堆事实上永远无穷无尽的研究材料、习

---

① ［法］列维·斯特劳斯：《忧郁的热带》，王志明译，三联书店 2000 年版，第 3～4 页。

俗、礼仪和制度样式之繁多，永远研究不完。人类学使我的个性和我的生命之间得到和谐。"①

对于教育人类学家而言，这种使研究者的"个性和我的生命之间得到和谐"的价值，也是其价值追求之一，但并非根本性的，"成长与发展"才是田野实践对于教育人类学家价值的核心所在。当然，这种田野实践对研究者的自我价值，并不意味着一切以研究者为中心。作为一个教育人类学家，他要打破的是以自我为中心，而应转向基于实践者的立场，他知晓的是：自己的价值不在自身，不在躲入观察角落里的隐秘观察和回到书斋后的独白，他的价值在于与他人对话的过程，在于自己的合作者和对话者，即实践者的生命价值的实现和彰显。换而言之，研究者的生命价值在于与实践者生命价值的内在联结之中。

二是明确价值实现的方式在于"有字之书"和"无字之书"的互动生成，在于研究者与实践者的对话，即在田野共同体中的交互生成。

三是要有价值实现的能力。这种能力的实质是转化力，表现为思想到思想的转化，即将研究者头脑里的思想层面的价值内涵与实践者精神世界中的价值内涵的相互转化，以及思想到行为的相互转化。对于教育人类学家而言，要形成和发展这种转化力，特别重要的要有对田野的解读能力、进行田野合作与开展推进工作的策划能力、持续性的自我反思和重建能力等等。具备了上述能力的教育人类学家将集案头功夫与现场功夫于一身。这种价值自觉，就是教育人类学家的根基和原点所在。教育人类学家的无根性，在于只有人类学的立场，而没有教育学立场，因而失去了教育自觉和价值自觉，这种无根性也是"长久不愈"了。一个教育人类学家要有根有基，要站在自己独特的根基上思考和行动，不仅要从自己身上发现召唤，而且要从田野中的教育实践者那里发现召唤，回应召唤，甚至改变这种召唤本身。在这个意义上，教育人类学田野研究的过程就是与田野中的教育实践者相互召唤和应答的过程，并因为这一应答而改变和提升召唤的方式与品质的过程。

一个教育人类学家还应该有文化自觉。这一自觉是指：

"生活在一定文化中的人对其文化有'自知之明'，明白它的来历，形成过程，所具的特色和它发展的趋向，不带任何'文化回归'的意思，不是要'复归'，同时也不主张'全盘西化'或'全盘他化'。自知之明是为了加强对文化转型的自主能力，取得决定适应新环境、新时代文化选择的自主地位。"②

这番话是针对中国人类学家而说的，对于中国教育人类学家而言也是适用

---

① ［法］列维·斯特劳斯：《忧郁的热带》，王志明译，三联书店 2000 年版，第 60 页。
② 费孝通：《反思·对话·文化自觉》，见费孝通：《论人类学与文化自觉》，华夏出版社 2004 年版，第 188 页。

的，他们同样需要思考：我们的文化是从哪里来的？怎样形成的？它的实质是什么？它将把人类带到哪里去？与人类学家相比，他还需要进一步思考文化实践和生命·实践的内在关联及其关联方式，即当代教师和学生的文化传统是什么？中国的文化传统怎么参与了教师与学生精神世界和行为方式的构成？怎么适应全球化的影响，通过改造重建中国文化来重塑当代师生的文化精神？如果说，费孝通先生通过《江村经济》成为人类学转向本土，转向文明社会道路上的里程碑，那么，教育人类学如何以自己的方式，在学校田野实践中实现转向本土，经过自主的适应，确立中国学校和中国教育在已经形成的多元文化世界里的位置？列维·斯特劳斯曾将总体的人类学分为三个层次，民族志、民族学和人类学。意思是说，完整的人类学知识需由记录性的个案研究、区域性的文化比较和超经验的理论分析组成。① 这一层次体系的价值在于：作为一个中国教育人类学家，要能够具体体现文化自觉，需要从这两个层次的研究入手，在个案研究和区域性文化比较的意义上，以学校田野为基地，具体研究中国师生的体质、中国师生的族群、中国师生的语言、中国师生的气质与性格和中国师生的价值观念与教育观念，探究这些方面对于中国人生命成长与发展的历史意义和现实意义，并借此参与到中国新文化的创生和理想新人的构成的进程中来。这样的教育人类学家就是一个胸怀天下的人，就是一个对自己的文化和在此文化中成长和发展中的生命拥有使命感和责任感的人，也是一个对文化意义上的新生命的创生有所作为的人。

参考文献

著作：

[1] 叶澜：《"新基础教育"论——关于当代中国学校变革的探究与认识》，教育科学出版社 2006 年版。

[2] 叶澜：《我与新基础教育——思想笔记式的十年研究回望》，载于丁钢主编：《中国教育：研究与评论》，教育科学出版社 2004 年版。

[3] 叶澜：《教育概论》，人民教育出版社 2006 年版。

[4] 冯增俊：《教育人类学》，江苏教育出版社 1998 年版。

[5] 冯增俊：《教育人类学教程》，人民教育出版社 2007 年版。

[6] 詹栋梁：《教育人类学》，台湾五南图书出版公司 1996 年版。

[7] 周德祯：《教育人类学导论——文化观点》，台湾五南图书出版公司 2001 年版。

[8] 童恩正：《人类与文化》，重庆出版社 1998 年版。

[9] 王铭铭：《人类学是什么》，北京大学出版社 2002 年版。

[10] 王铭铭：《社会人类学与中国研究》，广西师范大学出版社 2005 年版。

---

① 参见［法］列维·斯特劳斯：《结构人类学》（第一卷），谢维扬、俞宣孟译，上海译文出版社 1995 年版，第 374 页。

［11］王铭铭：《西学"中国化"的历史困境》，广西师范大学出版社 2005 年版。

［12］王铭铭：《西方人类学思潮十讲》，广西师范大学出版社 2005 年版。

［13］叶舒宪等：《人类学关键词》，广西师范大学出版社 2004 年版。

［14］费孝通：《论人类学与文化自觉》，华夏出版社 2004 年版。

［15］刘云杉：《学校生活社会学》，南京师范大学出版社 2000 年版。

论文：

［1］张玉杰：《片段的生活：身在其中与神在其外——读〈校长办公室里的那个人：一种民族志〉》，载于《北京大学教育评论》2007 年第 3 期。

［2］郭晓静：《人类学的研究传统与教育学的知识》，载于《教育理论与实践》2002 年第 2 期。

译著：

［1］〔美〕Harry F. Wolcott 著，白亦然主译：《校长办公室里的那个人：一种民族志》，（台湾）师大书苑有限公司发行 1973 年版。

［2］〔德〕博尔诺夫著，李其龙等译：《教育人类学》，华东师范大学出版社 1999 年版。

［3］〔奥地利〕茨达齐尔著，李其龙译：《教育人类学原理》，上海教育出版社 2001 年版。

［4］〔英〕菲奥纳·鲍伊：《宗教人类学导论》，中国人民大学出版社 2004 年版。

［5］〔美〕乔治·E·马尔库斯、米开尔·M·J·费彻尔著，王铭铭、蓝达居译：《作为文化批评的人类学——一个人文学科的实验时代》，三联书店 1998 年版。

［6］〔英〕马凌诺夫斯基著，费孝通译：《文化论》，华夏出版社 2002 年版。

［7］〔英〕拉德克利夫—布朗著，夏建中译：《社会人类学方法》，华夏出版社 2002 年版。

［8］〔美〕克拉克·威斯勒：《人与文化》，商务印书馆 2004 年版。

［9］〔美〕克利福德·吉尔兹著，纳日碧力戈等译：《文化的解释》，上海人民出版社 1999 年版。

［10］〔美〕克利福德·吉尔兹著，王海龙、张家暄译：《地方性知识——阐释人类学论文集》，中央编译出版社 2000 年版。

第十六章

中国学术转型与教育学的转型研究[*]

近代以来在中国梳理学术史的高潮有两个时期，一次是自晚清开始，第一次实现了学术传统的转型，以学科分化为标志；另一次始自20世纪末并延续到当前，是在中国学术传统和西学传统整合意义上再次"关联"式地思考中国学术的当代转型问题。重提学术史研究很大程度上是为了解决自身的发展困惑，在"危机被意识，新'范式'即将浮现的关键时刻，借'辨章学术，考镜源流'来获得方向感"。[①] 当前社会科学各个领域梳理学术史的重点有三个，即中和西、传统和现代以及跨学科研究问题。不过此时依托"中西古今"的时空定位系统和学科科际关系系统思考中国学术的发展，不仅仅是一种学术探索的方向，更多意义上已经着力在学术"建设的思路"。

第一节 20世纪的中国学术转型及其主要特征

"1927年以后的中国学界，新的学术范式已经确立，基本学科及重要命题已经勘定，本世纪影响深远的众多大学者也已登场"，同时，晚清开创的思想多元

---

[*] 本章由宁波大学教育科学学院吴黛舒教授撰写。

[①] 陈平原：《中国现代学术之建立——以章太炎、胡适之为中心》，北京大学出版社1998年版，第1~3页。

449

第十六章 中国学术转型与教育学的转型研究

局面由于舆论一律、党化教育推行而结束，党派与主义之争鹊起，"20 世纪中国学术从此进入一个新时代。"①

这是中国学术的一次非常重大的转型，这次转型直接摧毁了传统中国学术"经传注疏"的思维方法和治学方法，使西方为主框架的学术形式得以确立。这次转型性变化主要在以下方面得以充分表现：

第一，虽然没有形成阻碍政治对学术强力干预的机制，但实现了官吏和学人、业师和人师复合身份的分离，知识分子的学术信仰和使命也发生了重大转变。科举制取消，是中国教育和学术发展的一件大事，使近代的教育和学术转型得以启动，学科设置、课程教授、论文写作、学位评定、图书分类、学术期刊的创办，对中国学人来说都是新鲜的事情，但这些相对于另外一些根本的东西，还是比较表层的，真正动摇中国学术根基的还是这些表层背后的深层转折，即"政"与"学"的两位一体终于在学术自觉、学术独立和中国知识分子"铁肩担道义"的道德理想的冲突中实现了一种条件性的剥离；学人和官吏的复合身份直接内在涉足政治和学术的方式，变成了不同的专门家从外部思考、干预国家事务（不同专业的专家干预社会的能力和愿望大小是有差别的）。现代中国学者"走向专门家"的几道重要关卡，"首先是学术与政治，其次是学科与方法，再次是授业与传道，最后是为学与为人"② 被一道道打开了，从王者师，人师，最后剥离到只是"业师"，读书和精神生活无关，求生谋职的工具性价值成为最显在的，和其他行业一样，"教师"变成一种依托专门技术的"职业"。

第二，虽然"求真"未必代替"求善"成为学术的主导精神，但从"专治一经"转变到"专治一科"，已经大大改造了知识的传统形态，而知识类型的变化，也意味着认识世界的视角（专注内心世界和外部世界）和思维方式（和而不同、综合思维和分析对立思维）发生了内在的结构性变化。中国式的专治一经和西方式的专治一科是有区别的。中国的文、史、经相互独立分离出来大概在宋代就已经完成，但是"合"或者"统整"的思维方式和价值追求一直左右着中国知识分子的为人和为学，文史经合一，或文苑、儒林、道学合一，或像黄宗羲"合理义象数名物而一之，又合理学气节文章而一之"③，都是不满足于专攻一家，综合学问与文章、做人与学问、学问与学问的理想表现。但事实上，文与

---

① 参见陈平原：《中国现代学术之建立——以章太炎、胡适之为中心》，北京大学出版社 1998 年版，第 6～7 页。中国现代学术的转型是晚清和"五四"两代学人的"共谋"，为本书的核心观点。

② 参见陈平原：《中国现代学术之建立——以章太炎、胡适之为中心》，北京大学出版社 1998 年版，第 10～11 页。

③ 参见陈平原：《从文人之文到学者之文》之第七讲《超越"江南之文"——全祖望的为人与为文》，三联书店 2004 年版，第 183 页。

学、文与史、义理和考据，难得有人把它们结合得好，这里面，除了个人的学术能力和修炼程度之外，可能各个领域相互之间确实有不可通融的东西，使人不可能兼而得之，所以"以通人之资成专门之家"，就只能是退而求其次的学术目标了。而事实上，中国传统的所谓通人理想，其实并不是或者事实上指的不是一通百通的"全人"，而是指和中国的知识形态、思维方式和关注的世界图像相关的、以一种"合"的思维方式关注世界的复杂和联系的学人，不是像西方基于分析思维基础上由学术分科造成的、把鲜活复杂的关系还原为单一形态来思考的专人。但无论传统怎样，此后又经历过多少反复和波折，1950 年以后，文人学者借助西学的分科终于把"学术界限"明确起来，把传统的综合理想有理有据地搁置，堂堂正正做起专门家了。

第三，虽然以西学的全面挺进和传统的全面退让为主要特征，但是"古今中外"的关系问题综合交错地渗透在中国学术发展的各个领域、各个层面、各个时期，并以不同的消长方式和结构组合形式，促使了中国两大类不同学科的形成，并使中国不同领域的学术历程呈现出阶段性的共性特征，也表现出独特的个性差异。两大类学科，一是指那些"有传统的学术基础"的学科，即不仅有独立的悠远历史传统，而且形成了相对完备学术体系（独立的概念范畴、评价标准和方式方法）的学科，如史学、文学、艺术美学（"气韵"、"意境"、"虚实"、"动静"、"疏密"以及"散点透视"）及中国思想（史）等，当然我们现在描述这些领域的方式也许仍然仰赖了"现代学术分科"的眼光和标准。古代中国的治学浑然一体，却也并非没有相对的领域划分，只不过这些领域恰好和现代西方的学术分科有某种程度的一致性。我们姑且称之为"国情学科"。二是"无传统的学术基础"的学科，如社会学、经济学、人类学、法学、心理学等，确实无法在传统学术中找到与之直接对应的领域也是事实，所以从形式上来看，是一种以"无中生有"方式进行的借鉴，姑且称为"移植学科"。但如果考察再精细一点，"国情学科"还可以再分，即有自己的传统学术基础但被强扭进西方学术体制的领域，如以西方哲学体系和范畴重新书写的中国传统思想史（胡适的《中国哲学史大纲》可谓"开先河"者），还有一些是放不进"学科"之中、但确实又无法忽视而且具有社会价值和学科发展意义，只能以独立的方式存在，如史学中儒家尤其是清代儒家的治史方法和历代史家的治史方法，无论是"致用"（有政治之用和发扬光大民族文化之用的区别）还是"求真"，均有其方法论价值和客观实践依据，此外比较特殊的还有中国画、中国建筑等。这些传统学术中形成的一些学术范畴、学术命题和价值标准，还能解释历史和部分的当下生活，而且治学方式和从业研究者的师从关系，也还保留一定的传统成分，与西方的大学教育模式有很大的区别。

19～20 世纪之交、20 世纪 50～70 年代、20 世纪 80 年代以后以及中—西关系、传统—现代关系、学术—政治关系、思想—学术（规范）关系、学科科际关系等，这几个时间和几对范畴对几乎所有的学科来说都可以产生相同相似的回忆和联想，但是，由于学科的产生基础和方式不同，在不同时期对这些问题的应对方式和策略也有显而易见的差异。从产生和发展方式上来说，传统学术中可以对应西学的领域做的是旧型改造的工作，如胡适用西学的史学方法重塑了中国思想和思想史；传统中无法对应的新的社会现象，以无中生有的方式移植，如经济学、政治学、社会学和心理学以及方法等等；传统学术领域中西学无法插足的，或搁置或安插在新体系中作为独立存在的"国情学科"，这种情况在历史、艺术、文学等领域都有存在而且命运飘忽不定，如国史和国画，还如文学中的鲁迅和他的杂文文体虽然进不了《文学概论》，但可以在中国文学史中确定他的地位和意义。

在中国教育学的学科类型归属上，存在着一个棘手的难题。如果从学术发展的角度，中国教育思想源远流长，天然地粘合渗透在博大的中国思想史之中，有很浓厚的文化传统底蕴，是很"国粹"的一种思想文化存在；但从学科意义上来说，中国教育学却采取了"无中生有"的移植方式，是一种被公认了的"移植学科"，对于无法忽视的传统教育思想，开辟了"中国教育史"学科，而自此以来，它很也就很安静地以"历史"的方式存在着，很少迈出"中国教育史"的门槛。

第二节　当前学术转型的任务与教育学转型问题的提出

最近一次"转型"概念的提出和研究，是 20 世纪 90 年代社会学学术史上的一个重要事件。一般认为，是中国年青一代社会学中的代表人物李培林博士以论文《"另一只看不见的手"：社会结构转型》[①] 首次提出并系统阐述了"社会转型"理论，且在学术界和社会上引起强烈反响。李培林认为，社会转型是一种整体性发展，也是一种特殊的结构性变动，还是一种数量关系的分析框架。现在，"社会转型"已成为描述和解释中国改革开放以来社会结构变迁的重要理论范式，同时也成为其他学科经常使用的分析框架。

---

① 李培林：《"另一只看不见的手"：社会结构转型》，载《中国社会科学》1992 年第 5 期。

一、当前中国学术转型的任务和尝试

经过一个世纪的摸索，当下中国在新百年之际的学术转型出现新的特征。从总体上来说，不是以"古今中西"对立的思维方式在谋划一种简单的传统复归或者中西合璧，在充分演绎过分析式的"冲突"或者"融合"之后，中国传统"和"的追求和西方"分析—综合"的思维传统、知识传统在更深层意义上得到精神贯通。具体来说，在以下几个主要方面，中国学术担当起共同的任务和使命，各个学术领域也以不同的方式进行着现实的尝试。

（一）在"古今中西"纵横的时空坐标系统中从不同的层次和角度动态地、理智地认识传统；这个进程已经开始启动

其实，在中西关系问题上，并不是西学一直大行其道。国学也有作为旗号的明言坚守，如晚清的《国粹学报》，20世纪二三十年代的《学衡》、《制言》，还有90年代的"国学热"，以及新近的"国学院"的酝酿等（当然，19～20世纪之交的国学更多是以一种坚守阵地、守护家园的方式展开和西学的顽强对抗，而当前的国学坚守更多一点对"稀有文化物种"保护的意味，有时保护的目的不是为了作为一种活文化而渗透于民族文化生活之中，而是为了"观赏"、为了"展览"、为了"收参观门票"）；还有一种是作为精神或者方法或者思维方式乃至思想与学术须臾不分的共进，如在艺术、文学和史学研究中所呈现出来的一些传统文化景象，学为政本、学术担负转移社会风气的使命等，都不是"现代学科"所宗旨的原则。无论过去什么原因促成或者对待传统采取过什么激进或者保守的态度，当前传统成为建设新的学术体系不能忘情的因素却是事实（虽然动机比较复杂）。不过可以庆幸和欣慰的是，当今重新对文化传统进行认识和清理，在有些学术领域和有些学人那里，再不是完全简单的否定或者复活一些固有的传统文化元素，而更多地认识到文化作为一个整体的不可分割性和可以因时因势的可变性；不是把传统看做是与现代和西方对立的一种固有静止和完成性的存在，而是更多在"文化生命"和"文化生态"的意义上，把民族文化传统在各种外来的文化营养和内在生成的新文化细胞作用下向现代的演进看做是一个自然的过程，或者从认识论的视角看，是以综合了古今中外的"现代"眼光对传统的一种重新发掘和解读，是把民族文化生命的根重置于它真实的文化生态系统中，获得与现实当下的生活生机勃勃的关联；人们逐渐认识到，对立的思维方式诱导人只能在极端之中作出选择，而综合的、具体的、复杂的思维方式才能使人尊重事实的常情和常理。

在一般意义上和文化精神方法上重新认识文化传统，所有社会人文学科都有一致性，如经济学的核心也可以在这种意义上与中国传统文化贯通：一个人最有效率的行为是遵从道德的行为，经济学精神和中国传统的道德思想珠联璧合；中国文化的基本精神是"有效率"，反映在17、18世纪欧洲的中国运动，对先驱魁奈、斯密都产生了影响。① 从文化精神的一致性上打通传统与现实的关联可以称许，但以"移植学科"为先在的价值标准和学术准则来规范中国传统文化和思想的做法却不见得要过分提倡，比如对孔子的所谓经济学思想、心理学思想等的探究就未必需要那么执著。在具体的学术传统（方法论、思维方式和具体的学理资源等）汲取方面，文史和中国思想等学术领域有显而易见的优势，所以也在与传统的精神沟通和具体联系方面走得更远。20世纪80年代以后谁先举起了中国传统学术的旗帜一时不好考证，但艺术、文学和史学领域在现代学术体制下的坚守却还一直是有迹可循的，因为国画和西画、中国文统和西方文统、中国史学和西方史学在价值取向、审美趣味和治学方式等方面的差距之大，确实还很难寻觅到任何超越二者之上的审判标准来实现彼此的圆通和相互阐释，不仅无法彼此解释和评价，甚至也无法在具体学人和其学术生涯以及具体的学术实践问题上实现"互补"，那种被人钦敬的"学贯中西"，在知识层面的贯通容易，在实践和精神气质乃至思维方式层面的贯通难，不仅是技术上难，而且是有无法消除的内在抵牾。中西关系中的"取长补短"只能在笼统和整体意义上来讲，放在具体的情景中，进入到实践过程时，会发现"长"是有来由的，"短"也不是凭空的，纸头上可以"博采众长"，但行动起来却不能众长一起用，而且无论用哪种长，都不能拒绝长的另一面，那就是"短"。"中西合璧"，虽然无数人梦寐求之，但至少目前在具体的践行中还不是作为普遍现象存在的。而不以机械的长短论为宗旨，可能更有助于推动研究和相关的实践。

确实，在许多层面，"传统"一直就没有"过去"过，但此时我们更强调和看重的是它在理智的、自觉意义上的存在。以文艺理论为例，20世纪80年代以后对待文艺理论遗产的认识有两点进展可以确认：确认古代文艺理论是一种具备完备思想体系、独特话语系统的学术形态，是一种具有对文学艺术进行整体把握、深度透视的有效性、有逻辑一贯性的思想体系；确认古代文艺理论具有与西方文艺理论系统进行平等对话的资格，并只有坚持这个民族理论传统才能获得基本对话资格进而真正有效地进行文化交流，才能完成具有民族特点的当代文艺理论体系建构的任务。② 这种认识其实意味着一种取向，即在一些可能的领域，传

---

① 盛洪：《经济学精神》，上海三联书店2003年版，第268～269页。
② 庄锡华：《二十世纪的中国文艺理论》，上海三联书店2000年版，第85页。

统已经不只是研究的对象，已经尝试从静观描述它的存在或者用它描述过去的事实，开始了用作学术标准或者价值目标引领当下。从这种意义上来说，"国情学科"是以"自然延续"的方式接受传统学理资源的直接滋养并实现与现代学科发展的"自然汇流"，而"移植学科"习惯做也需要做的恐怕还是以现在的眼光"回望"历史，在浩瀚的传统文化中去寻找还不明朗但确实又需要依赖才能实现自身进一步发展的资源，如中国传统文化中关于社会治乱兴衰的思想，对于观察现实的中国社会、对于改造西方社会学理论，应该是不可或缺的，但却又不见得是"现代社会学"或"西方社会学"标准所能直接接受的。不过，如果中国社会学研究者对历史河床的疏浚工作不停止，传统的文化血液则有望由断续的涓涓细流逐步汇聚壮大而涌进"中国社会学"发展的河道。

（二）在尊重事实的前提下开展独立研究的工作也有进展

不仅能尊重现在的事实，而且包括过去的事实；不仅尊重自己的事实，而且还正视别国的事实以及不同事实之间的差异、不同事实差异基础之上的学术传统、理论和方法的合理独特这样一种关系事实。或者说，不仅独立研究彼此的事实，而且独立研究彼此的研究；借鉴细节和现象的同时关注细节和现象之后的整体和规则。

正视和认同彼此的本土性，或者把差异性作为一种常识，在中国学术上其实并不是一件容易的事情。尽管我们不缺乏对这种差异客观存在的理性认识和多方求证，也不缺少历史的和现实的差异性实践。经济学的、社会学的、人类学的、艺术的等等，在中西之间，同样的命题、同样的术语，却笼罩着无论如何都抹杀不掉的事实差异。从前我们总是认为我们的事实错了，我们的实践走样了，现在我们终于领悟到承认差异的必然、尊重差异的必要和在事实层面寻求同质强求一律的危险。民族、国家、前卫和现代、民主和自由、天人关系，那么"中国"地存在着，那么顽强地以存在者的事实姿态抗拒着概念的裁割，这种事实层面的自我坚守，以及外来学术理论在向事实推进过程中的挫败（如主流经济学家解释中国经济现象和推进经济改革的困厄）等，终于激活学术界对事实本身的敬畏和感动。"中国有中国的文化现实，特有的历史传统，特有的政治游戏规则（中国的集权文化与中国的君权有本质的差异；中国人有自己的民主自由人权和实现方式），特有的地理人口条件。中国人有中国人特有的人生观，特有的思维方式、表达方式和理解方式。尤其不要忘了，中国有中国特有的语言文字……中国文化与西方文化之间不是差距（先进与落后）的关系，而是差异的关系。"①

---

① 河清：《现代，太现代了！中国》，中国人民大学出版社 2004 年版，第 351 页。

即使没有西方提供的学术工具，我们也有自己连续的社会文化发展史和连续的学术史，有了西方的学术资源，却不能为了学术接轨在双重的否定（否定事实也否定事实基础上的学术）基础上去另外拓现一种别样的社会文化发展史和全新的学术发展史。

以研究的眼光对待西方学术成果而不局限于翻译、介绍和拿来就用，从学术独立的意义上开始反思和重建中国学术的努力而且有成效并达成共识从而接近于常识被接受，当推中国史学和中国思想史以及一些"国情学科"的存在和延续；因为学术和现实的天然联系，这些学科的本土立场、实践立场和原创立场更容易觉醒和确立。如果说从总体上看过去一百多年的学术发展是以汲取西学为主，过去半个多世纪的学科发展更多依赖社会学、经济学、人类学、西方哲学的大量滋养，但现在有望开始独立的双向互动和共同滋养，却不得不重新依托国情学术和国情学科对传统资源的基础性延续和重建，也不得不借助于这个参照系统标识我们当前学术的方向。比较明显的例子，中国社会学、经济学的"本土特色"和"原创发展"，很大程度上就依赖了中国史学对于"传统资源"、对于"本土真实"匡正复本的重新认识，史学领域的几个重大论争，其影响力其实已经远远超出了史学的范围。比如，中国社会史和社会性质问题、中国古史分期问题、资本主义萌芽问题、关于中国封建社会长期延续问题、历史主义与资产阶级观点问题、社会形态演进法则问题、历史发展动力问题等。

在立足现实，研究问题的意义上，中国社会学作出了开创性的努力。在早期，严复用治乱思想给社会学下定义，费孝通在《乡土中国》中用"差序格局"来说明乡土社会划分群己人我界限时所形成的一种社会结构格局等等，就是立足自身的一种学术创造。中国社会学恢复与重建后，小城镇理论和实际、社会转型论、社会运行论、新视角下的社会学本土化理论等则是有中国特色的社会学理论中较有影响的几种。[①] 但从这些"原创"思想中，总是不难发现与中国史学发展的内在勾连。

（三）围绕学风、学术规范、学科范式等问题，开始推进中国式的学科建设

针对学术建设中长期存在的通过西方知识之间的互释、西方知识和中国知识之间的互释、西方知识和中国事实之间的互释来发展中国学术的状态，传统学人的思想资源（道义担当的学术使命和价值目标、学术综合理想以及传统学术方法训练等）再度进入学术视野；学科规范被创造性地改造，原创思想资源（传

---

① 郑杭生：《五点希望：人文社会科学的创新之路》，载《中国人民大学学报》2003 年第 3 期。

统的和现在的）开始走进学科以专业化的方式在现代大学制度中实现着学科制度、方法论训练、研究问题的统一；实践和理论的互释（而非单方面理论对实践的裁割）正在有意识的努力中开拓着局面。强调理论和实践的本土关联，不是要迁就事实本身，从学理上来说，所改变的是观念先导的对事实的解释，所追求的是从实践的根上生长出的与实践契合从而实现互释和导引的概念、命题和理论。

"优势学科"狂妄自信的破碎和多学科个性视角的确立，使在"浑然一体"中寻找私密空间有了可能。学科的制度化进程也许无法拒绝，但学科范式的变化和发展却不完全受制于西方或者古人。曾经相信"经济学的逻辑可以解释人类社会的一切问题"的人，在事实和学理面前也可以产生打消这种学科狂妄的勇气，慑服于经济学超越利益动机的道德理想美和经济学的信仰美、文化美和精神美，"经济学不是一堆结论，不是一组数学公式，也不是一种逻辑，甚至不是一种分析方法，而是一种信仰，一种文化，一种精神。"[①] 学科也许不会再固守一种知识范畴或观念方法，而是一种原则、信仰，或者是一种探究的态度和精神传统。同时，学科的独特视角也因为学科的狂妄破碎而清晰起来，经济学的视角、艺术家的眼光、社会学的思考、教育学的立场，已经成为新的学术话题，认识到自己的有限，但又寻求以有限的方式和另外一些有限性的勾连，以无限多的有限性获得对丰富的无限的相对合理的认识。"和而不同"，有望成为学科诸侯争霸之后解决学科之间关系的基本原则。

而且，"后学科"时代对学科立场的坚守，使建设的意识和努力显示出来力量和成就。

二、中国教育学转型问题的提出

社会转型对中国教育的挑战一样严峻和迫切。21世纪中国的社会生存环境发生了巨大变化，无论是为实现在经济全球化、社会信息化背景下的社会主义现代化和民族复兴的伟大事业，还是为满足新时期每个人生存、发展的需求，都迫切要求创建不同于近代型的现代型教育。中国的教育面临着新的转型性发展，而在这样的背景下，中国的教育学也不可能不与时俱进，不可能不适应教育实践的变化而回避掉自身的转型性问题。

如上所述，从学术意义上，教育研究的学术转型在上个世纪之交以"隐线"的方式存在，当前则以自主独立的"学科"姿态参与到中国学术转型的队列中；

---

① 盛洪：《经济学精神》，上海三联书店2003年版，第273、265页。

不过从学科的严格意义上，作为学科的中国教育学面临转型性的发展还是第一次。在 20 世纪初期，因为中国缺少西方"学科"意义上的原有之型，所以中国教育学是从"无型"到"有型"；为适应传统教育向近代教育的转型，我们借鉴了赫尔巴特、杜威等的教育学。在由近代型教育向现代教育转型的过程中，与赫尔巴特教育学精神气质一致的凯洛夫教育学成为中国教育学的发展样本。

在这个过程中，虽然也尝试着建设"中国特色的教育学"，但总体上却缺少从根本上适应中国社会转型的中国的教育学。其中原因，有学术方面的，也有实践形态方面的，因为中国教育本身仍处于"近代型"，还没有完成"现代型"的转换。[①]

"转型"，不仅仅是社会背景、时代潮流，而且也已经成为各个学科共同酝酿的学术氛围。教育学的转型问题被教育研究者从不同方面提出、思考、探索，其中"原创教育学"是比较有代表性的一种。其主要研究内容综述如下：

从词源学的意义上，原创性的"原"是指"源头"、"根本"和"原本"，是任何后继者的本源、原型或母本；"创"从消极意义上讲是指"伤害和惩戒"，从积极意义上讲是指"始造与开创"，但在事物的创生中，任何一种肯定其实都包含了对对立面的否定，从这个意义上说，"创"的消极和积极意义是同时包容其中的。[②] 从词源学的考究出发，有研究者认为，研究可分原创性研究和继发性研究。原创是最初或最早的创造。是否具有首创性、基础性、导引性，是区别原创性研究和继发性研究的主要标准。原创性研究是最初解释特定研究对象构成要素和运行与发展规律的研究，或最早提出了特定的解决问题的思路或模型与方式的研究。原创性研究既可以在学科领域中进行，也可以在实践领域中进行。[③] 或"原创性"是"原始创新性"的简称。教育理论的原创性就是指某种教育理论在原始创新性方面所达到的程度。[④] 但是，本章认为，以"早晚"、"先后"来对原创的内涵进行规定，必须满足这样的条件：第一，是同一类或同一个问题；第二，是发生相同或相似条件中的带有普遍性的问题。如果问题不同，或者问题的表现形式相同，但发生在不同的文化环境中，即使最早的"创新"，对不同的问题和不同条件下的同类问题，其基础性或导引性的价值还是要打折扣的。所以，用"先后"作尺度评价原创，不适用于不同文化类型之间的关系评价（"先后"作评价尺度可能更适合于以"进步"为明显特征的自然科学的研究领域）。

---

① 参见叶澜：《实现转型：新世纪初中国学校变革的走向》，载《探索与争鸣》2002 年第 7 期。

② 王树人：《〈周易〉的原创性及其思维特质》，见杨适主编：《原创文化与当代教育》，社会科学文献出版社 2003 年版，第 286～287 页。

③ 傅维利：《教育研究原创性探析》，载《教育研究》2003 年第 7 期。

④ 石中英：《关于推进教育理论创新的若干思考》，载《中国教育学刊》2002 年第 6 期。

但是，中国教育学原创性问题的提出，并不是从词源学上追溯出来的，它直接针对的现实靶子是中国教育学研究一贯的依附性状态，要解决的是如何实现中国教育学研究的"转型发展"问题。

第一，在"中外"教育学关系的维度，中国教育理论的原创性是指"以本国教育发展需要和问题为研究的本源，通过各种不同手段获取原始性素材，或作原始性（相对于'验证性'）的研究，进而得出在国内或国际范围内富有独特性和创新性的理论（或其他形态的研究成果）。"中国教育理论的原创性至少应体现出"问题的原发性、研究素材的原始性、结论的独特性和创新性"等要求；对于教育理论原创的意义，则认为除应有的理论和实践价值之外，教育理论原创性的发展，"还涉及到学术领域里的民族自信心问题"。"一个偌大的中国，一个拥有最多教育人口的中国，一个进入了21世纪的中国，不能没有原创的教育理论。"① 教育理论的原创研究是基于本土、面向本土的、解决本土的现实教育问题的研究，本土性必然地成为教育理论原创的应有之义。②

第二，从教育学科建设方面来谈"原创性"问题，教育理论"原创"之"创"的内涵是指"发现了新的研究对象，或者拓展了原有研究对象的范围，并为此提供了新的研究基础；提出了新的研究问题的视角和思维方式；形成了新的独立的别人无法替代的言说方式和表达方式；以上述三者为基础，提出了新的问题、概念、范畴、命题和观点。"而教育理论"原创"之"原"的内涵则体现在"以自己特有的研究对象、视角、思维方式、命题的言说方式等"构成一个"论述框架与范式"，而这个"论述框架和范式"要作为同类研究的起点并为同类研究预设一个"问题域"，使紧随其后的研究都不得不从这起点出发或不得不在"原创者"所设定的"问题域"内发问——虽然这个框架和范式可能会存在诸多问题而受到后继者的批评，"但即便这些批评者也不得不承认，这些框架和范式是他们所绕不过去的"。③

第三，从研究者个人立场谈原创性问题。创造是创造者的创造，研究是研究者的研究，任何原创性研究都首先表现为研究者个人的原创性，所以，原创性研究还有一个个人的立场。有学者认为，教育理论的原创性主要表现为它对于教育问题把握的敏感性程度、研究视角的新颖性程度、研究结论的创造性程度和学术观点的深刻性程度。从某种程度上说，所有可以称为"教育理论研究"的东西，

---

① 叶澜：《世纪初中国教育理论发展的断想》，载《华东师范大学学报（教育科学版）》，2001 年第 1 期。

② 吴黛舒：《教育理论原创的应有之意》，载《教育研究》2002 年第 7 期。柳海民、李伟言：《教育理论原创：缺失归因与解决策略》，载《教育研究》2003 年第 9 期。

③ 李政涛：《教育研究的原创性探询》，载《教育评论》2000 年第 1 期。

都或多或少地具有原创性，但是彼此之间的原创性程度显然有很大的差别：过于满足于对别国或别人教育理论的概括、总结、介绍或诠释，甚至满足于对他人或自己观点的拼凑、复制或盲从，或在功利主义学术价值取向的影响下，开始给教育理论"注水"。所有这些，都会极大地影响到教育理论的原创性。①

以上研究其实提出了原创性的三个基本维度，即立足于中国本土的、相对于西方教育理论的、以追求自己本国特色或教育研究领域里的民族独立性为目的的原创教育理论。"原创"之意义可以理解为"中国的"、"本土的"或"民族特色的"，树立了中国教育学研究的"本土立场"，以及立足于学科建设的、相对于其他相关学科的（如社会学、人类学、文化学等）、以追求"学科"独立性为目的的教育理论原创。"原创"应理解为教育学"独有的"、其他学科"不能替代的"或直接说是"教育学"的，树立了中国教育学研究的"教育学"立场。第三个维度是相对于他人来说，是个人的、私己的，树立了中国教育学研究的"个人立场"。所以，原创性教育研究树立起教育学研究的本土的立场、教育学的立场和研究者个人的立场，其实是对一个世纪中国教育学研究的基本问题，即教育学研究的"依附性"问题的集成，并试图在这一问题上实现新世纪的研究突破。

第三节　中国教育学转型研究之一："生命·实践"教育学的探索

在库恩那里，"范式"有两种不同的使用方式。"一方面，它代表着一个特定共同体成员所共有的信念、价值、技术等等构成的整体。另一方面，它指谓着那个整体的一种元素，即具体的谜题解答；把它们当作模型和范例，可以取代明确的规则以作为常规科学中其他谜题解答的基础。"② 同时库恩也指出，在一定的情况下，有时正是接受了一种范式，使先前只是对自然界感兴趣的团体转变成了一门专业或至少是一门学科。在科学中（尽管不像医学、技术和法律那样的领域，它们主要的存在理由是外部的社会需要），发行专门刊物，建立专家学会，争取列入学校课程中，所有这些活动都与一个团体第一次接受一个单一范式密切相关。③

---

① 石中英：《关于推进教育理论创新的若干思考》，载《中国教育学刊》2002 年第 6 期。

② ［美］托马斯·库恩：《科学革命的结构》，金吾伦、胡新和译，北京大学出版社 2003 年版，第 157 页。

③ 同上，第 18 页。

　　而"科学革命"实质上是指范式的转化、过渡和更替，科学革命是旧范式向新范式的过渡，从这个意义上来看，范式是科学革命的标志，也就是说，它又可以是新科学与旧科学的标志。在科学革命中，构成范式的几个基本因素都发生变化。一个专家组成的特殊共同体究竟共有哪些东西，库恩建议用学科基质表示。用"学科"是因为它指称一个专门学科的工作者所共有的财产。用"基质"是因为它由各种各样的有序元素组成；范式、范式的一部分或具有范式性的团体的承诺对象，都是学科基质的组成部分，并因而形成一个整体而共同起作用。[①]

　　其中，学科基质的重要成分包括[②]："符号概括"，即那些团体成员能无异议也不加怀疑地使用的公式，通常用（x）（y）（z）φ(x、y、z)之类的逻辑形式来表达。第二种基质为"形而上学范式"或"范式的形而上学部分"，即共同体成员共同承诺的信念，如"热是物体构成部分的动能"、"电路可以看做一个稳态流体动力学系统"等。第三种成分为价值，通常它们比符号概括和模型更能为不同的共同体所广泛共有，而且它们在使全体自然科学家觉得他们同属一个特定共同体上起了很大的作用，而且当一个特定的共同体的成员必须查明危机之所在时，或后来必须在不相容的从事研究的方式之间做选择时，则愈发显得重要。第四种要素是范例。所谓范例，首先指的是学生们在它们的科学教育一开始就遇到的具体的问题解答，包括在实验室里，在考试中或在科学教科书每章结束时遇到的。此外，还有某些在期刊文献中常见的技术性问题解答，这些文献是科学家研究生涯中的必读，并通过实验示范他们的研究应该怎么做。比起其他基质，各组范例之间的不同更能够给共同体以科学的精细结构。例如所有物理学家都从学习同样的范例开始：斜面、圆锥摆、开普勒轨道等。

　　库恩揭示了科学研究的两个最基本的特征：第一，任何科学研究都不是价值中立的；第二，科学发展变化有两种基本方式，即"常规发展时期"和"科学革命时期"。不过库恩认为，"在社会科学各部分中要完全取得这些范式，至今还是一个悬而未决的问题。历史向我们提示出，通向一种坚实的研究共识的路程是极其艰难的。"[③]确实，社会科学中的共识是难以达成的，其实，即使是能够达成，"共识"也是相对和暂时的，因为社会系统的变化比起客观自然世界的变化，更加充满无序、不确定和非逻辑。

　　尽管自然科学和社会科学存在差异，但在学科发展的历史上也可以辨识出教育学发展的两种基本形态：一种是累积性的发展；一种是转型性的发展（类似

---

　　① ［美］托马斯·库恩：《科学革命的结构》，金吾伦、胡新和译，北京大学出版社2003年版，第163～164页。

　　② 同上，第164～168页。

　　③ 同上，第14页。

第十六章　中国学术转型与教育学的转型研究

于库恩所说的"常规科学"时期和"科学革命"时期)。世界范围内，夸美纽斯、赫尔巴特和杜威的教育学，都具有转型性的发展特征，而且一般都是伴随着整体的社会转型、教育转型发生的。夸美纽斯的教育学诞生在传统社会向近代社会、传统教育向近代教育过渡的过程中；赫尔巴特的教育学除了社会现代转型的大背景，还和知识转型、学科制度发展关系直接；杜威的教育学则直接是美国社会全面转型期的产物①。

学科危机可能不是作为学科转型的一个绝对必要条件，但却提供一种自我矫正和反思的契机。反思主要在两个方面：一是反思"范型"本身的缺陷；二是反思"通用型"的缺陷。但就目前来看，中国教育学研究者们在反对旧型方面意见非常一致，但确立一个统一的新型，却可能不是一件容易的或者也许是不可能的事情，每个个人或者群体按照自己的方式实现着对旧型的改造和改写，至少是这个转型阶段的正常群像和态势。因此，虽然针对同一个领域的共同问题，它们之间呈现共性，如相当长时期以来对教育实践表现出的浓厚研究兴趣，通过研究实践构建新型教育学、为了推进实践变革而进行教育学的转型研究等倾向性非常明显；在反思以"塑造"、"划一"、"整体"、"客观"、"传授"、"社会"等为核心构成的概念符号系统的基础上，共同运作着一套以"主体"、"主动"、"生命"、"反思"、"情感"、"超越"、"个性"、"创造"等为重要构成的新的符号系统，表征着一种"人"的活跃景象。但是仔细考察下来，在"共像"背后，还是能分辨出立场、信仰、思想方法、思维方式等方面的鲜明个性。

至此，从理论和现实两个层面我们都有理由相信：在特定时期内，中国的教育学"范型"可以由某个学术共同体内部产生并由之进行理论践行；不同的学术共同体可以执著自己独特的"范型"。至于最终哪个"范型"能够有良好的"竞争"力或者获得较高的价值评价，有待接受长时段的理论和实践的双重检验。

下面，谨以"生命·实践"教育学的范型为例，来说明中国教育学范型的形成和发展，并希望借此呈现中国教育学对新时期"学术转型"任务的独特应答。

---

① 1860～1920年是美国的社会全面转型期，在美国国土上形成了区别于欧洲大陆的政治经济文化体系，进步主义运动在这种背景下发展起来。重大事件和转型表现有：大革命。新美国形成：从旧的农业平均主义、启蒙运动、杰克逊的边疆运动兴起的资本主义工业。贵族的灭亡：民主原则被接受，但却走向了财阀统治。中产阶级的出现，城市文明；边疆的扩展，城市的扩建；城市迅速发展。思想发生变化：从边疆产生占地，剥削和进步等思想；科学的影响导致启蒙思想的淡薄，产生现实主义精神；从欧洲无产阶级哲学产生一种新社会理论。三大潮流：统一潮流、现实主义潮流和批评潮流。参见［美］沃浓·路易·帕灵顿：《美国思想史》，卷三，陈永国等译，吉林人民出版社2002年版。

一、对教育学学科信仰和立场的思考与坚持

库恩说的共同体成员"共同承诺的信念"，其中包括学科立场，即对一门学科的功能、价值、性质等的基本认识。比如经济学家比起其他社会学家，较少辩论他们的领域是否是科学这个问题，"这是因为经济学家知道什么是科学吗？或者不如说是因为他们都同意什么是经济学"。[①] 与自然科学领域相比，包括教育学在内的整个人文社会科学领域，信仰、立场更多元和复杂，因此，"学派"可能会更多，"优胜劣汰"的现象比自然科学出现的也会更少。在教育学内部，即使对教育学的学科类型、学科性质和学科功能的认识，其实也存在者基本信仰和立场的差异。同时，也正是因为这些差异，才使各个学术共同体对共同的研究基础的理论投射，折射出不同的个性的光束，形成了学术研究的缤纷繁荣。在学科"信仰与立场"方面，"生命·实践教育学"的个性表现在：一是"自觉"把学科立场的作为教育学研究的前提性、基础性的理论问题加以直面，如对学科立场本身的探究，对教育学的学科性质的认定等（教育学研究对象的复杂性和研究方法的综合性决定了教育学是哲学、科学与艺术方法的具体综合的"综合学"[②]；而从目的和活动方式、活动领域的角度，则又规定了教育学的"为人学"和"事理学"属性[③]）。二是把自己明确提出的学科立场作为自己的"信仰"，贯穿和渗透在教育学的理论研究和行动研究之中，如作为"为人学"的教育学禀性，在"新基础教育"实验中得到充分的表达，"成事成人"不仅是理论倡导，而且更成为"新基础教育"实验研究者所奉行的行为准则。[④]

---

① ［美］托马斯·库恩：《科学革命的结构》，金吾伦、胡新和译，北京大学出版社 2003 年版，第 145 页。

② 参见叶澜：《教育研究方法论初探》，上海教育出版社 1999 年版，第 325～332 页。

③ 叶澜教授于 2004 年 2 月 29 日下午，在北京师范大学题为"当代中国教育研究若干问题思考"的讲座中提到，教育学是一门"时代学"（更新性）、"事理学"和"为人学"。此外对于教育学的主要观点还参见《世纪初中国教育理论发展的断想》，载《华东师范大学学报》（教科版）2001 年第 1 期。《思维在断裂处穿行——教育理论与实践关系的再寻找》，载《中国教育学刊》2001 年第 4 期。《为"生命·实践教育学派"的创建而努力——叶澜教授访谈录》，载《教育研究》2004 年第 2 期。《"新基础"教育概论》，教育科学出版社 2006 年版。

④ 文献参考主要见叶澜：《在学校改革实践中造就新型教师——〈面向 21 世纪新基础教育探索性研究〉提供的启示与经验》，载《中国教育学刊》2000 年第 4 期。《重建课堂教学价值观》，载《教育研究》2002 年第 5 期。《改革课堂教学与课堂教学评价改革——"新基础教育"课堂教学改革的理论与实践探索之三》，载《教育研究》2003 年第 8 期。《重建课堂教学过程观——"新基础教育"课堂教学改革的理论与实践探究之二》，载《教育研究》2002 年第 10 期。

463

二、研究的基本问题

一个领域的问题是多种多样的，但每一个学术共同体总是根据自己的信仰和立场去选择"属己"的问题去研究。库恩也认为，科学共同体取得一个范式就是有了一个选择问题的标准，当范式被视为理所当然时，这些选择的问题可以被认为是有解的问题。范式有两个基本特征，一是其成就空前地吸引一批坚定的拥护者，使他们脱离科学活动的其他竞争模式，同时，这些成就又足以无限制地为重新组成的一批实践者留下有待解决的种种问题，因为在其中暗暗规定了一个研究领域的合理问题和方法。① 在教育学研究中也存在这样的情况。教育的问题是多种多样的，在不同的时期总是有些显得比较重要和比较突出的需要思考和解决的"基础性"问题，对这些问题的确认以及思考的方式和形成的基本观点，会逐步组成学科范型的基本构架。"生命·实践"教育学在教育学构成的基本"版块"中，已凝练出共同体内部共识性的看法。如：

（1）在人的发展问题上，提出"具体人"的人性假设。教育研究中，对抽象人性的审思、对"片面人性假设"的批判反映出教育学在哲学、理性层面的追求和超越。在"生命·实践"教育学中，这一追求和超越的结果被特化为对"具体人"的思考中：教育的真正对象是"具体的人"，即是处在各种环境中的人，是具有物质的、理智的、有感性的、有性别的、社会的、精神的存在的各个方面和各种范围并相互依靠的人。"具体的人"作为教育学的基础性概念，意味着承认了人的生命是在具体个人中存活、生长和发展的；每一个具体个人都是不可分割的有机整体；个体生命是以整体的方式存活在环境中并在与环境的相互作用和构成中生存和发展；具体个人的生命只有在具体个人生命经历中提升和发展……② 此外，在更具体的层面，综合国际的和国内的时代特征，还确立了"主动发展"人观，并重新阐释了"人与社会"关系的教育内涵。③

（2）在教育改革和教育实践发展问题上，提出了"基础教育转型"的系统理论。"生命·实践"教育学认为：中国近代型的学校始于清末民初，是出于富国强兵抵御外国侵略的直接目的，由洋务运动开始发展起来，最后集中到教育制

---

① ［美］托马斯·库恩：《科学革命的结构》，金吾伦、胡新和译，北京大学出版社 2003 年版，第 9 页。

② 叶澜：《教育创新呼唤"具体个人"意识》，载《中国社会科学》2003 年第 1 期。

③ 主要参见叶澜：《让课堂焕发出生命活力——论中小学教学改革的深化》，载《教育研究》1997 年第 9 期。《更新教育观念，创建面向 21 世纪的新基础教育》，载《中国教育学刊》1998 年第 2 期。《教育概论》，人民教育出版社 1991 年版等。

度的变革——废科举，兴学校。近代型学校的基本特征是按照工业化、批量性生产的模式来"塑造"学生；统一的目标，基本划一的课程与教科书，整齐排列的通用教室，严格规定的课时与教学周期，按规定执行的教育教学过程；学校的基本任务是知识的传递和培养社会不同领域需要的规范化人才。新中国成立后，尽管对"近代型"的学校进行了多方面的改造，但是由于半个世纪中，经济上仍然基本处于农业经济为主的阶段，工业化进程与新中国成立前比虽然有较大的进展，但并没有完成国民经济工业化的转换，在教育方面的投入和开放程度也都不足，故学校既无内在转型的需要，也无外在的冲击与压力，整体形态、内政基质和日常教育实践并没有发生转型性的变革，没有走出近代型学校的基本框架。"与上世纪末20年的变革以冲破旧体制、扫清新体制建立的障碍、解决产业结构调整中一系列社会问题为主的总特征相比，新阶段更加着力于在新形势下和已有改革开放基础上的新体制、新经济结构的建构与完善，更加关注社会发展的整体性和协调性，更加强调社会发展与人的终身、全面发展的内在一致性。"① 在此基础上，又对当代中国教育变革的社会基础、变革的性质与任务、主体与策略以及中国基础教育学校的重建问题做了进一步系统理论的阐述和发展。②

（3）在学校教育的文化使命问题上，首先在一般意义上提出学校的文化使命：第一，文化在教育中的功能应提升，它将是形成学生对周围世界和自己的一种积极而理智的、富有情感和探索、创造意识的态度和作用方式，是开发学生生命潜能的一种力量。第二，中国的现代化过程是培养新的一代和改造成年一代的双重意义上的人的现代化过程，是学校教育与社会教育的双重改造，包括观念、内容、组织、活动及教育的行为方式的全面改造。第三，学校要完成适应新时期发展所提出的新文化任务，唯一的出路是参与到新文化的创造中去，按社会发展的要求和时代精神建构超越现实指向未来的新学校文化。第四，学校新文化的建设并非要求对历史和现实取虚无主义的态度，而是应在现有文化的基础上，按培养新人的要求，进行取舍、整合与转化，使文化活化、动态化和面向未来，这本身是一个充满创造的过程。③ 而后，更对社会文化生态复杂化前提下的学校文化建设的任务给予了明确的回答：市场竞争和消费社会生境中的人生导引；西化对本土浸漫背景下的文化培根导引；现代与传统纠缠状态中的未来导引。④

---

① 参见叶澜：《实现转型：新世纪初中国学校变革的走向》，载《探索与争鸣》2002年第7期。
② 叶澜：《"新基础教育"论——关于当代中国学校变革的探究与认识》，教育科学出版社2006年版。
③ 参见叶澜：《世纪之交中国学校教育的文化使命》，载《教育参考》1996年第5期。
④ 叶澜：《"新基础教育"论——关于当代中国学校变革的探究与认识》，教育科学出版社2006年版，第376~386页。

三、研究方法论——在研究中实现教育变革理论与实践创新的交互生成[*]

研究方法论训练的意义在于，使学术研究和一般的非专业意见或公众谈论区别开来；保障新成员以尽快的速度掌握研究方法、接近研究前沿，避免盲目摸索带来的低水平徘徊。

"生命·实践"教育学的研究方法论回答了当前中国教育学研究中"理论和实践"的关系问题，从研究者的角度，也就是如何认识和处理与教育实践变革的关系问题。当一个共同体确立了自己的研究信仰和立场，选择了自己的研究问题时，立场和问题本身也潜在地规定或"要求"了所接触、了解问题的方式。当前的学术研究对方法的热衷程度增加，或者是演绎式的，或者是观察式参与，或者是体悟的，或者是科学调查和实验，或者是分享式的，在有些时候，甚至可以以研究方式来作为区分学术共同体的一个独立指标。

四、基本概念、范畴和理论

每个共同体依据自己的方式研究所选择的问题，在此基础上会形成自己相对个性化的符号系统、理论体系。"生命·实践教育学"，基本上拥有了自己的一套相对独立和系统的概念体系。核心、基础性概念如"生命"和"实践"。特色概念，或被改造和赋予了新意的常用概念如"动态生成"、"滋养关系"、"生命活力"、"新基础"、"班级建设"、"主动发展"、"思维方式转型"、"教育转型"、"学术转型"、"理论和实践的关系"、"具体的人"、"教育学立场"、"教育学的独立性"、"中国的教育学"、"为人学"、"事理研究"、"综合学和时代学"等，这也就是库恩所说的"概念的箱子"。尽管在概念箱子的历史起源中以及偶然地在它们尔后的发展中都存在着随意性的因素，但如果没有这个概念的箱子，研究却很难进行。^①后继的研究者不再需要力图重新建立自己的研究领域，不再需要

---

* 叶澜：《思维在断裂处穿行——教育理论与实践关系的再寻找》，载《中国教育学刊》2001 年第 4 期。《"新基础教育"论——关于当代中国学校变革的探究与认识》，教育科学出版社 2006 年版，第 399 ~ 402 页。

① ［美］托马斯·库恩：《科学革命的结构》，金吾伦、胡新和译，北京大学出版社 2003 年版，第 4 页。

从"第一原理"出发并为引进的每一个概念进行辩护。① 而学术共同体之外的共同体，则可以通过了解这些基本概念入手来进行相互的理解和交流，虽然相互之间"理解"的程度会受到很多条件的限制（这就是库恩所说的"范式不可通约"），但它毕竟是相互理解不可或缺的平台。了解"生命·实践"教育学，不能不首先遭遇这些基本概念，而要进入"生命·实践"教育学，也不能不从理解、体悟这些基本概念入手。

五、代表性著作

范式既然是为以后要加入共同体的成员准备的，那么他就必须依靠一定的途径如阅读文献等，来掌握这种范式，即接受"概念的箱子"，并通过一定的研究方法论训练。一个共同体的研究范式，一般都体现在被指定的"标准文献"里。新成员通过学习、研究这些文献，获得被该共同体认可的基本信仰、理论工具以及研究方法。这些"标准文献"不是固定不变的，但在一个时期内总有些基本的、主要的文献是必须要阅读的。

"生命·实践"教育学的一些代表性著作、论文在注释或文中已部分提及，在此不列举。

参考文献

著作：

[1] 常金仓：《二十世纪古史研究反思录·自序》，中国社会科学出版社 2005 年版。

[2] 陈平原：《中国现代学术之建立——以章太炎、胡适之为中心》，北京大学出版社 1998 年版。

[3] 陈平原：《从文人之文到学者之文》，三联书店 2004 年版。

[4] 陈桂生：《教育学的建构》，湖南教育出版社 1998 年版。

[5] 陈桂生：《历史的"教育学现象"透视——近代教育学史探索》，人民教育出版社 1998 年版。

[6] 陈桂生：《元教育学的探索——"教育学"辨》，福建教育出版社 1998 年版。

---

① 库恩的原话是："今天在科学界，所发行的书本通常要么是教科书，要么是对科学生活的这一方面或那一方面的回顾性反思。写书的科学家很可能会发现，写书不但不能提高他的专业声望，反而会受到损害。只有在各门科学发展的早期阶段，即前范式阶段，这样的书才一般保持着与专业成就同样的关系，这种关系今天只有在其他创造性的领域还仍然保持着。只有这些仍然保留着以书的形式作为研究交流工具的领域，无论是有论文或没有论文，专业化的界限仍未划得很明确，外行人总希望通过阅读研究实践者们的原始报告就能跟上研究的步伐。"参见托马斯·库恩：《科学革命的结构》，金吾伦、胡新和译，北京大学出版社 2003 年版，第 18~19 页。

[7] 邓正来：《关于中国社会科学的思考》，上海三联书店 2000 年版。

[8] 高王凌：《活着的传统——十八世纪中国的经济发展和政府政策》，北京大学出版社 2005 年版。

[9] 湖北省中青年教育理论工作者协会编写：《迈向 21 世纪的中国教育科学》，华中师范大学出版社 1998 年版。

[10] 河清：《现代，太现代了！中国》，中国人民大学出版社 2004 年版。

[11] 李承贵：《通向学术真际之路——中国现代学术研究方法史论》，江西人民出版社 2002 年版。

[12] 瞿葆奎、郑金洲主编：《教育基本理论之研究（1978—1995）》，福建教育出版社 1998 年版。

[13] 瞿葆奎主编：《教育学文集·教育与教育学》，人民教育出版社 1993 年版。

[14] 上海市社会科学界联合会编：《二十世纪社会科学》（文学学卷、哲学卷、社会学卷、历史学卷、教育学卷等），上海人民出版社 2004～2005 年版。

[15] 苏国勋、刘小枫主编：《社会理论的开端和终结》，上海三联书店 2005 年版。

[16] 盛洪：《经济学精神》，上海三联书店 2003 年版。

[17] 汪晖：《现代中国思想的兴起》（四卷），三联书店 2004 年版。

[18] 叶澜：《教育研究方法论初探》，上海教育出版社 1999 年版。

[19] 叶澜主编：《"新基础"教育发展性研究报告集》，中国轻工业出版社 2004 年版。

[20] 叶澜：《面向 21 世纪新基础教育探索性研究结题总报告》，载《新基础教育探索性研究报告集》，上海三联书店 1999 年版。

[21] 叶澜：《"新基础教育"论》，教育科学出版社 2006 年版。

[22] 尹继佐、周山主编：《中国学术思潮兴衰论》，上海社会科学院出版社 2001 年版。

[23] 郑杭生：《中国特色社会学理论的拓展》（郑杭生社会学学术历程之三），中国人民大学出版社 2005 年版。

[24] 张岱年：《中国哲学史方法论发凡》，中华书局 2003 年版。

[25] 张立文主编：《中国学术通史》，人民出版社 2004 年版。

[26] 庄锡华：《二十世纪的中国文艺理论》，上海三联书店 2000 年版。

论文：

[1] 白明亮：《文化的教育思考》，载《教育理论与实践》2001 年第 10 期。

[2] 傅维利：《教育研究原创性探析》，载《教育研究》2003 年第 7 期。

[3] 劳凯声：《教育学与教育研究刍议》，载《天津市教科院学报》2002 年第 1 期。

[4] 李政涛：《教育研究的原创性探询》，载《教育评论》2000 年第 1 期。

[5] 柳海民、李伟言：《教育研究教育理论原创：缺失归因与解决策略》，载《教育研究》2003 年第 9 期。

[6] 全国教育科学规划领导小组办公室：《我国教育学学科研究现状与发展趋势调查报告（一）（二）》，载《教育研究》1995 年第 9、10 期。

［7］石中英：《关于推进教育理论创新的若干思考》，载《中国教育学刊》2002 年第6 期。

［8］吴康宁：《教育研究应研究什么样的"问题"——兼谈"真"问题的判断标准》，载《教育研究》2002 年第 11 期。

［9］吴康宁：《我们究竟需要什么样的教育取向研究》，载《教育研究》2000 年第 9 期。

［10］谢维和：《论教育理论发展的时代特点——教育学概念体系的创新与转型》，载《教育评论》2003 年第 2 期。

［11］叶澜：《世纪初中国教育理论发展的断想》，载《华东师范大学学报》（教科版）2001 年第 1 期。

［12］叶澜：《思维在断裂处穿行——教育理论与实践关系的再寻找》，载《中国教育学刊》2001 年第 4 期。

［13］叶澜：《面向 21 世纪新基础教育》，载《新华文摘》1999 年第 10 期。

［14］郑杭生、王万俊：《论社会学本土化的内涵及其目的》，载《吉林大学社会科学学报》2000 年第 1 期。

译著：

［1］［法］让·卡泽纳弗著，杨捷译：《社会学的十大概念》，上海人民出版社 2003 年版。

［2］［法］埃米尔·迪尔凯姆著，胡伟译：《社会学方法的规则》，华夏出版社 1999 年版。

［3］［美］布鲁柏克：《教育问题史》，安徽教育出版社 1991 年版。

［4］［美］托马斯·库恩著，金吾伦、胡新和译：《科学革命的结构》，北京大学出版社 2003 年版。

［5］［德］布列钦卡：《教育科学的基本概念：分析、批判和建议》，华东师范大学出版社 2001 年版。

469

第十七章

"生命·实践"教育学建设
阶段性进展报告[*]

　　本章主要阐明"生命·实践"教育学建设的进展状况，包括该学派核心理念的生成过程，学派创生的内在机制，目前已经探讨的基本问题和基本主张等；分析该学派的基本立场对于教育学学科发展的意义，及其对当代中国学校转型性变革的实践价值。

　　"生命·实践"教育学派是在华东师范大学叶澜教授领衔下，由一批有志于教育学发展的中青年教育学者为核心成员组成。该学派是一个以直面中国教育实践，改革当代中国教育实践的教育学人责任意识，沟通传统教育学与当代教育学，中国教育学与世界教育学，将自觉创建当代中国教育学为己任的学术团队。

　　基于对中国社会转型的背景和时代精神的把握、针对教育学学科发展的内外生存危机，以及当代中国学校教育转型性变革的艰巨任务，该学派在十多年教育理论与实践双向建构的丰富积淀基础上，深入探索了教育学的发展历史与现状、学科性质、学科立场、基本范畴、思想资源、思维方式、研究方法论、教育学与教育学研究者的关系、教育学在整个科学体系中的地位与关系、教育学与现代人生存状态的关系以及教育学与整个社会发展的关系等等教育学学科发展的核心问题，提出了创建"生命·实践"教育学的主张。2004 年，《教育研究》特约记者对叶澜教授进行了访谈，并发表了题为《为"生命·实践"教育学派的创建而努力——叶澜教授访谈录》，该文成为"生命·实践"教育学派创建面世的标

---

　　* 本报告由华东师范大学基础教育改革与发展研究所卜玉华博士撰稿。卜玉华是参与"生命·实践"教育学派建设的重要成员之一。

志，这一年也因叶澜教授的关于学派创建的两次撰文而成为学派面世的关键年①。

"生命·实践"教育学对于重新理解教育学的发展与品质、揭示当代教育学和人发展状况的内在困境与危机，突破阻碍教育学生存、发展的抽象原则和认识局限，寻找新的发展空间，增强教育学发展的自觉水平，使教育学发展逐渐进入自觉、自为的状态，生成当代新型教育学具有重要的意义。

"生命·实践"教育学所面临的是整体性、转型性的建设任务，需要一个相对较长的时段和持续的努力过程。现将至今所取得的进展成果，以阶段性进展报告的形式概要陈述如下。

第一节 "生命·实践"教育学及其核心观念的创生过程

"生命·实践"教育学学派的创生过程是一个从无到有、从自在到逐渐自觉、从模糊到逐步清晰、从原点式酝酿到系统式复杂建构，从孕育、孵化到逐步生成的长期过程。如果从该学派的创始人叶澜教授学术生命发展的源头算起，这个学派的创生过程到目前为止，已经有了20多年的发展历程。下面，分阶段概述该学派及其核心观念的生成过程。

一、胚芽期："生命·实践"教育学的方法论和核心观念的最初孕育（20世纪80～90年代）

20世纪80年代，刚从南斯拉夫学习归来的叶澜教授开始了对教育和教育学的反思、重新认识及思想方法的深入探究，形成的新认识集体体现在1991年出版的著作性教材《教育概论》一书中。该书的思想观点在两个方面为"生命·实践"教育学的孵化种下了"思想胚芽"。

（一）教育学基本概念的突破性重构

一是关于"教育是什么"的重新界定。对此，叶澜教授作出了"教育是有

---

① 这一年，叶澜教授应华东师范大学教科院长丁钢教授之约，在《中国教育：研究与评论》第7辑上又发表了《我与"新基础教育"——思想笔记式的十年研究回望》一文。

意识的以影响人的身心发展为直接目标的社会活动"的界定，从而将教育与个体身心发展的关系，视为判断教育活动构成的内在依据，确立了教育学内立场的基点，也找到了区别教育学研究与其他学科研究教育的基点，"实现了由完成社会规定的外尺度向'有意识影响人体身心发展'的内尺度的转换"①。

二是对"影响个体发展诸因素及其相互关系"的突破性重构。在此方面，叶澜教授第一次提出了将人的发展问题的研究提高到"人学"水平，从生命的基点上区分人与其他生命体，构建了反映"人学水平"的影响人发展的"二层次三因素说"，得出"人的发展实质上是个体生命的多种潜在可能逐渐转化为现实个性的过程"②的结论，并第一次提出了"生命活动"的概念，强调了作为主体的人之生命的特殊性，人的生命活动对于自身发展的决定性意义，以及认识这一复杂影响变化过程所必需的方法论转换。

（二）方法论上，突破元素主义的思想方法，实现系统论方法论的转换

方法论是教育研究中的实存问题，也是新型中国教育学能否实现新突破，走向原创的思想式硬件。叶澜教授早于20世纪80年代就意识到，方法论往往在旧的理论不能解释现实时凸显其价值。教育学如果不能在方法论层面实现自我突破，教育学研究及其观念就难以实现更新性发展，将来就会失去在人文科学中得以立足的、富有感召力的和不可取代的特殊地位。《教育概论》中方法论的转换主要集中在两个大方面：

1. 以系统论的思想方法认识教育。将社会作为教育系统外的环境，教育作为社会环境中的一个子系统来认识教育与社会的相互关系。在教育整体内部的认识方面，又将其分为宏观、中观和微观三个层面，形成有层次的、有不同分析单位的、立体式的内部结构，从而改变了以往把社会政治作为决定、影响教育的唯一决定因素的简单决定论的观点，改变了平面化地认识复杂的教育内系统的思想方式。

2. 以综合、动态、过程的思想方法，研究教育与社会、教育与个人的关系。将人类社会实践的大视野和个体人生的全程视野，转换为教育学研究的视野，基本结束了片段式认识上述问题的历史，确立她此后认识当代教育世界的基本思维

---

① 叶澜：《从"冬虫"到"夏草"——"生命·实践"教育学派生成过程的个人式回望》，叶澜主编，杨小微、李政涛副主编：《"生命·实践"教育学论丛》第一辑：《回望》，广西师范大学出版社2007年版，第223页。
② 叶澜：《论影响人发展的诸因素及其与发展主体的动态关系》，载《中国社会科学》1986年第3期。

路线与方式。

可以说，叶澜教授在这一阶段的认识成果既积累了"生命·实践"教育学核心观念的原始形态，也加强了她的学术生命的"自我意识"，催生了其后对学科发展的反思和发展史的研究，同时也促使她到实践中去研究学校教育与学生发展。这都为"生命·实践"教育学后面的创建奠定了必要的学科基础和实践基础。

二、孵化期：核心观念的突破性认识与教育实践土壤对新观念的培育（20世纪90年代）

在此阶段，"生命·实践"教育学的发展主要体现在前一阶段核心观念和方法论的深化上。

（一）基本观念上，从一般人学立场聚焦到生命成长的立场

1994 年，叶澜教授发表了《让课堂焕发出生命活力》一文，该文针对中国课堂教学中"见物不见人"、见人的部分发展而忽视生命的整体发展、见学生不见教师发展的情况，提出要让课堂焕发出生命活力，教育的主要价值在于提升人的精神生命，使人的精神生命得到主动发展。"生命"概念在教育活动中首次出场，便得到教育实践界广泛呼应。之后，教育理论界便陆续发表文章阐述对生命价值的认识。2001 年，在《教育理论与学校实践》一书中，叶澜教授进一步指出了教育与生命的关系多维性和全程性，提出了教育是"直面生命、通过生命、为了生命"的观点。在她看来，离开生命去讨论教育的价值本源，是没有意义的。教育应当对人的生命质量负责，"现在，我们是从把生命看做教育活动的基石，而不只是从对象的角度提出这一命题的。其目的是使教师树立起这样一种观念：教育除了有鲜明的社会性之外，还有鲜明的生命性，在一定意义上，教育是直面人的生命、通过人的生命、为了人的生命质量的提高而进行的社会活动，是以人为本的社会中最体现生命关怀的一种事业"①，从而将前一阶段关于从"人学水平"认识个体发展的认识进一步特化为"生命的成长"。

（二）方法论上，"事理研究"与"理论与实践相互转化与构成关系"方法论视角的形成

在梳理了教育学发展史，比较了教育学与其他人文社会科学、自然科学的基

---

① 叶澜、郑金洲、卜玉华：《教育理论与学校实践》，高等教育出版社 2000 年版。

础上，经过十年的研究，叶澜教授 1999 年出版的《教育研究方法论初探》一书所表达的思想成果，进一步奠定"生命·实践"教育学的创生的方法论基础和学科发展基础。具体体现在：

1. 教育研究对象特殊性的新认识，包括：教育研究不能无视、拒绝或回避价值，以所谓自然科学只研究"事实"的科学方法论来认识"教育事实"；教育活动内涵着主客体关系的复合性和过程中不可避免的动态生成性，及其不同水平面上的多重转化；教育工作中的转化过程是教者通过各种方式，使学者进行学的活动，学者的发展可能性最终只有通过学者的实践才能发生由潜在向现实存在的转化。

2. 教育研究属于"事理研究"。在叶澜教授看来，教育研究"不像自然科学，是对人的外界物体之研究，以说明'它'是什么为直接任务；也不像精神科学，是对人的主观世界状态的研究，以说明主体'我'之状态、变化、性质以及为什么会如此等为直接任务"。教育研究"是一种既要说明是什么，又要解释为什么，还要讲出如何做的研究，包含价值、事实和行为三大方面，且三大方面呈现出三种时态（过去、现在和未来），涉及活动主体与对象、工具与方法等多方面错综复杂的关系。"因此，"教育研究，无论是对已存在事实的研究，还是对未来事实的构建、设想，都离不开对价值的认识和选择。教育价值研究不仅是教育目的研究不可回避的主题，也是认识教育事实不可忽视的因素"。①

这一判断的重要性在于：首先，它指出了教育研究者与研究对象间的关系不同于自然科学和人文科学中主体与对象的无法沟通的说明性和解释性关系，教育研究的主体不仅研究、说明和理解对象，而且构建、影响对象，并承担着为教育实践者提高理性、自主的能力，从原有思维和行为框架中解放出来的理论功能，因而有可能使研究活动及其创造力直接凝聚在实践中。教育实践的复杂性、综合性和生成性，旨在促进新型教育形态和实践发展的教育研究，需要以探讨的方式边试验、边发现、边完善方案。因此，"研究实践、通过实践、为了实践、发展实践，成了教育研究的标志性特征"，"在一定条件下，研究活动与实践活动的'合一性'是教育研究主体与对象关系的特殊性在研究过程中的表现。……在这种情况下，研究过程就与新实践的创建成为同一过程"，"它深刻地反映了实践性事理研究的强大创造力和改革实践的巨大力量"。②

其次，它对教育理论与实践的关系问题作了创新性的阐释。一直以来，教育理论与实践的关系问题都是教育理论的基本问题之一和一个难解的结。对于两者

---

① 叶澜：《教育研究方法论初探》，上海教育出版社 1999 年版，第 326、338、339 页。

② 同上，第 340 页。

的关系，常识性的认识无非是"理论＋实践"、"理论指导实践"或"从经验到理论"、"由理论到经验"、"理论源于实践，又高于实践"、"理论指导实践，实践指导理论"、"理论工作者要联系实际，实践工作者要学习理论"等等，这些理论与实践单向、外在关联的、教条主义的理解方式将理论与实践作为了两种不同存在方式的领域。与此不同，叶澜教授将教育研究作为一种事理研究，则将教育理论与实践的关系问题纳入到了一个转换性过程之中，纳入到了一个理论与实践相互依赖、锁定、孕育、碰撞、建构、生成的动态过程之中，在两者的关系中增加了"人"和"过程"的维度，并将"人"的范畴从单一的教育理论研究者，扩大到内涵教育实践者。在她看来，"教育实践家们不仅要行动，而且要掌握基本的教育理论，有自己的教育信念，更要研究教育行动的理论与哲学，这是与教育理论家研究领域很不相同的领域，然而却是教育领域中'精神变物质'十分重要的一步"。[①]

（三）"新基础教育" 研究探索期对新观念的培育

1994 年开始，叶澜教授带领她的课题成员开始了此后长达近 15 年的教育研究之路。这条研究之路的开辟，既是对上述观念在研究行动上的表达，更是促使"生命·实践"教育学派新观念生成的土壤。在"新基础教育"研究第一个五年的探索期，以叶澜教授为首的课题组达成了对新的时代背景下，教育观、学生观和教育活动观一系列丰富的认识，基本上实现了该学派独特教育观念的更新。

三、生长期：学派核心观念的深化、方法论的创建与教育学发展状态的反省 （21 世纪前 5 年）

进入 21 世纪之后，"生命·实践"教育学的发展进入了生长期，以叶澜为核心的教育研究队伍，在开展"新基础教育"研究过程中，逐步达成了"新共识"；在梳理和批判中国教育学发展脉络中逐步清晰了教育学的发展状态。

（一）价值理念的深化："具体个人" 与 "主动、健康发展" 理念的提出

1. 从生命立场深化到"具体个人"的立场。

[①] "中朱学区教育"联合调查组（叶澜执笔）：《学区系统终态变化的整体反思——上海普陀区中朱学区近十年教育实践与经验的研究总报告》，载《华东师范大学学报》（教育科学版）1990 年第 2 期。

20 世纪 90 年代，叶澜教授已经逐步对教育学的价值理念提升到上面表明的"生命·实践"的水平上。进入新世纪后，针对以往教育中和教育学研究中对个性形成的忽视和抽象、一般式的讨论，叶澜教授又提出了人的生存、日常生活、生境、具体个人、生活实践等一系列相关新概念，进一步揭示了教育学实践性的具体性、独特性与"具体个人"成长的关系。教育学要承认人的生命是在具体个人中存活、生长和发展的；每一个具体个人都是不可分割的有机体；个体生命是以整体的方式存活在环境中，并在与环境一日不可中断的相互作用和相互构成中生存与发展；具体个人的生命价值只有在其个人各种生命经历中，通过主观努力、奋斗、反思、学习和不断超越自我，才能创建和实现；离开了对具体个人生命经历的关注，就很难认识个人的成长与发展；具体个人是既有唯一性、独特性，又在其中体现着人之普遍性、共通性的个人，是个性与群性具体统一的个人[①]。这是教育的社会发展价值与个体发展价值在具体生命成长过程中何以能实现统一的关键性问题的阐述。

2. 从"具体个人"概念拓展到"主动、健康发展"的概念。

"具体个人"的进一步展开又涉及到人在社会生存环境和个体参与社会实践中的主体性和德性成长问题。关于人与环境互动关系中的主体性问题，叶澜教授提出了"人的主动发展"这一概念，强调"具体个人"的发展只能在人与其相关的各种关系和本人参与的各种活动的交互作用中实现，是一种开放的生成性的动态过程；尤其在当代迅速变化的社会转型时期，在各种活动中，"唯有采取主动方式去参与活动并形成积极的关系，在活动中实现自我发展的人，才是能在当今社会实现其生命价值和创造幸福人生的人，在复杂、多元、多变、具有多种可能性和不确定性的生存环境中，实现把握和创造新的确定性的人。让学生学会在不确定性中，通过主动选择和积极实践把握确定性，是在培养目标中最富有当代价值和个体生命价值的选择"[②]。

关于人与环境互动关系中的德性成长问题，叶澜教授看到今天中国处在向小康社会发展的阶段，学生健康问题呈现出更为复杂的势态和更多的新难题，提出将学生个体的健康，尤其是精神和心理健康，以及思想品德和社会性的康健发展作为教育价值的核心内涵之一。

可见，从"具体个人"到"主动、健康发展"概念的转化，其意义在于又一次将教育学中的"人的发展"问题转化到教育实践的社会时代背景与具体生

① 叶澜：《教育创新呼唤"具体个人"意识》，载《中国社会科学》2003 年第 1 期。
② 叶澜：《世纪初中国基础教育学校"转型性变革"的理论与实践——"新基础教育"理论及推广性、发展性研究结题报告》，载于叶澜主编：《"新基础教育"发展性研究报告集》，中国轻工业出版社 2004 年版，第 20 页。

境之中，也将教育学的价值之根深扎到了当代中国学校教育的核心价值体系建构之中。

（二）方法论上，复杂思维的运用，"研究性变革实践"教育研究方式的创建

正是遵循对教育研究作为一种事理研究的理解，叶澜教授和她的团队以自己的行动践行着这种事理研究：一边在探索新型教育学的理论构建，一边也同时开展着"新基础教育"的实践研究，这反过来又深化着她对教育研究方法论的认识。2001 年，她在《思维在断裂处穿行——教育理论与实践关系的再寻找》一文中指出，个体层面内在理论与实践的关系，是作为外部存在的理论与实践两大领域之间沟通、转化的必不可少的中介，教育理论如果不进入到教育实践者个体层面的内在理论的重建与实践行为的更新，就不可能产生真实、持久的效应[1]。

这一认识的意义，"构成了我研究教育理论与实践相互关系的一个新的层面——微观个体内在研究的层面"[2]。这一认识还寻找到了教育理论与实践相互沟通与构建的中间路径——实践者个体的理论与实践行为的改造，也揭开了教育研究内在多层次、多主体、多向构建、动态转化的复杂关系。也许正是基于对教育研究的这些认识，在她接触到莫兰的"复杂性理论"时，马上就产生了强烈的认同感，并坚信"复杂性理论"所蕴涵的方法论正是教育研究最为适切的方法论。当然，她绝不是贴标签式地将"复杂性理论"所蕴涵的方法论生硬而教条地放到自己的思考中，而是将之作为创建新型教育学的一把利器运用到思考中，并在开展"新基础教育"研究的实践中创建并提出了"研究性变革实践"的新型教育研究方式。

所谓"'研究性变革实践'是渗透着研究因素，以实现教育变革和教师发展为指向的日常教育实践，它是一种内含着变革理论并将其贯穿全程的变革实践，是在研究的过程中，研究人员与老师共同创造、持续进行、不断反思、尝试重建，从而具有生成新型的实践和理论这种内生力的变革实践。正因为如此，在研究性变革实践中，我们实现了多重的沟通与转换：现实与理想、理论与实践、目标与结果、教育专业人员与试验教师，以及每个参与者作为个体的内在理论与个人实践的更新与转换"[3]。所以，它是"新基础教育"研究的基本路径，也是

---

[1] 叶澜：《思维在断裂处穿行——教育理论与实践关系的再寻找》，载《中国教育学刊》2001 年第4 期。

[2] 叶澜：《我与"新基础教育"——思想笔记式的十年研究回顾》，载丁钢：《中国教育：研究与评论》，教育科学出版社 2004 年版，第9 页。

[3] 同上，第49 页。

"新基础教育"不断在过程中生成、发展的"生命·实践"之源，是不同于其他研究形态的新研究形态。至此，"生命·实践"教育学已基本形成和确立了其方法论立场。

（三）教育学学科发展状态的回溯与学派创建意识的清晰

有关教育学科发展的研究，其实起始于 20 世纪 90 年代，但当时这种研究还处于初始状态，同一主题相对集中和强化的研究是从 21 世纪开始的：2001 年，叶澜教授发表了《世纪初中国教育理论发展的断想》[①]。2002 年始，由叶澜教授主编，由华东师大基础教育改革与发展研究所与教育系的各学科领域专家合作，撰写了以教育学基础学科为分析单位的学科发展年度报告，叶澜教授担任每年度总报告的撰写任务。该研究以《中国教育学学科年度发展报告》书系的方式出版[②]。2005 年，以上述相同的方式合作撰写的《二十世纪中国社会科学·教育学卷》[③] 出版，对教育学在中国发展史进行了回溯与评析，从而形成了教育学自在中国出现以来至 2005 年发展变化的系统研究，不但对影响教育学发展的世纪问题有了认识，而且把握了其当代特殊与转化的趋势，认识到当前中国教育学科发展的"春秋时代"到了，但大时代中教育学科的创生还远未完成。因此，提出了新世纪中国教育学的建设问题。它也是创建"生命·实践"教育学派的初衷。

2004 年，叶澜教授在《教育研究》上发表了题为：《为"生命·实践"教育学派的创建而努力》的该刊特约记者的采访。同年，她又在《中国教育：研究与评论》第 7 辑上发表了《我与"新基础教育"——思想笔记式的十年研究回顾》一文，再次谈到"生命·实践"教育学的创建问题，使该年成为学派创建意识清晰化并以公开的方式开展的关键年。

四、自觉建构期：学派核心理念与基础性问题的专题研究（2005 年至今）

理念不同于观念，观念一般是对具体对象的看法或认识，是对事或物部分问题的具体认识；理念则一般要上位于观念，是各类观念的共通性认识。因此，如

---

① 叶澜：《世纪初中国教育理论发展的断想》，载《华东师范大学学报》（教育科学版）2001 年第 1 期。

② 该年度报告均系五本，均由上海教育出版社出版，出版时间分别为 2002 年、2003 年、2004 年、2005 年、2007 年。

③ 该书是上海市社会科学界联合会组织的一项大型研究的成果之一，该研究属上海市哲学社会科学"十五"规划课题。该书由上海人民出版社 2005 年出版。

果说前面三个阶段是"生命·实践"教育学理念的逐步孕育与生成过程,自觉建构阶段则是该学派理念将要逐渐成型的时期,在"生命·实践"教育学派对新型中国教育学建设的思考进入了专题系列化、观念结构化和理论系统化的自觉建构阶段,也是"生命·实践"教育学走向成型的第一阶段。从 2006 年起,我们开始了"生命·实践"教育学论丛的撰写,本论丛由华东师范大学"生命·实践"教育学派建设的学术团队主办,以系列主题研讨的方式,为该学派的创建提供内、外交流的平台,反映该学派形成的生动过程和研究人员的探索成果。计划自 2007 年 9 月至 2009 年 9 月的两年时间内,先后出版《回望》、《立场》、《基因》和《命脉》四本专题论丛。目前,以《回望》已出版,《立场》即将出版,《基因》已在组稿之中,预计在 2008 年 10 月出版,《命脉》将在 2009 年 4月面世。

第二节　"生命·实践"教育学的生成机制

前面我们按照时间线索概要地阐述了"生命·实践"教育学派的创生过程,不难看出,学派的创生过程是我们的认识逐步丰富深化和研究自觉性提升的过程。在这个复杂的创建过程中,我们越来越清晰地认识到自己已经基本走出了一条独特的理论建设之路和生成机制。现就其中的两个主要机制陈述如下:

一、"理论介入实践"与"实践创生理论"的双向滋养机制

"事理研究"的教育研究是对行事的依据与逻辑、目标与路径、原则与方法、组织与过程等活动的内在结构与机制以及活动的合理性与有效性的研究[1]。"事理研究的目的指向如何使活动更富理性,如何通过活动更好地满足人从事这一活动的要求。也就是说,事理研究中理论与实践之间具有从对象到目的的直接关联性,它的研究域的变化常与实践的需求与进展直接相关。"[2]

基于这一认识,在叶澜教授发起与领衔下,我们从 1994 年便开始了"新基

---

[1]　叶澜:《教育研究方法论初探》,上海教育出版社 1999 年版。
[2]　杨小微:《教育理论工作者的实践关注》,载叶澜主编,杨小微、李政涛副主编:《"生命·实践"教育学》论丛第一辑:《回望》,广西师范大学出版社 2007 年版。

础教育"研究的创业之路，至目前已有十三年的历程。这项研究的中心问题是当代中国社会转型时期基础教育改革的新教育理念与学校整体转型的实践路径问题，研究从理论与实践两方面交互展开。理论研究以反思批判为基础，作了系统而艰苦的重建，提出了一系列反映时代精神、社会发展要求和个体生命成长需求的新教育理念，建构了中国当代学校改革理论与新型学校的理论形态。实践方面，以学校整体转型性变革为基本单位，从学校管理变革与领导成长、教学改革与教师发展、班级生活与学生发展等多角度、多层面展开研究，探索出了一条当代中国学校转型性变革的实践路径。

回望已经走过的研究历程，"新基础教育"研究的十多年创业之路是一条"成事"与"成人"之路，是"生命·实践"教育学的孕育之路，也是"新基础教育"与"生命·实践"教育学相互建构与双向滋养的动态生成之路。就"新基础教育"为"生命·实践"教育学所提供的实践滋养而言，它是整体的、综合的、复杂的，更是丰富的，它改变着我们对教育和教育学的理解，改变着我们自身的价值追求、思维方式与研究方式。在参与"新基础教育"研究的过程中，我们要不断研究改革状态，在诊断的基础上，作出新的策划；研究人员要在与实践改革者对话、合作的过程中，不断重建自己的理论体系、思维方式和人格；研究人员要以自己的智慧参与到当代中国教育变革与社会转型之中，参与到当代中国教育学的理论重建之中，以自身的发展、成长来保证研究的推进。另一方面，"新基础教育"实验学校主动、健康的发展状态，学生、教师、校长的精神生命有意义、主动乃至自觉的成长，彰显的正是"生命·实践"教育学的理论力量。正是这种力量让我们相信，"生命·实践"教育学是一种有生命力、能够体现教育学专业特质的教育学，也是中国教育学在新的历史时期发展的需要。

2004年，叶澜教授在其所发表的《我与"新基础教育"——思想笔记式的十年研究回望》一文中无限感慨道："'新基础教育'研究奠定了这一学派创建的地基。它使我认识和体验到了'生命·实践'与教育、教育学研究的内在的、原点式的丰富和复杂的关系，并由此获得了一系列有关教育的基础性的新认识，有可能形成新的理论体系。'生命·实践'教育学是基于实践，又高于实践，是在社会转型时期中国教育改革实践土壤中生长出的新芽……"①

二、个人引领与学术团队的合力创建机制

"生命·实践"教育学创建的另一机制是该学派建设的始创者和主持人——

---

① 叶澜：《从"冬虫"到夏草——"生命·实践"教育学派生成过程的个人式回望》，载叶澜主编，杨小微、李政涛副主编：《"生命·实践"教育学》论丛第一辑，广西师范大学出版社2007年版。

叶澜教授的学术思想①引领，与她所带领的一支有共同追求的学术研究团队的通力合作。即叶澜教授的学术思想为"生命·实践"教育学孕育了重要的学术思想资源，而她带领的学术研究团队也从不同意义上对她的学术思想进行的或阐发，或践行，或完善，不断地丰富和滋养着叶澜教授学术思想的生成。

一个学派的诞生，除了思想领军人物外，还需要有一批志同道合的人在共同创建中彼此提升，在相互沟通中彼此丰富，在思想共享中彼此更新。在"生命·实践"教育学的创建过程中的就有这样一个"学术共同体"。在这个共同体中，有一批从事教育理论的中青年专业研究学者，他们不仅各有专攻，且在参与学校教育改革的变革实践中形成共识与合力；不仅在学派理论建设上着力贡献，而且与作为"生命·实践"教育学派实践基地的校长、中小学教师教师，形成了紧密的合作关系。在这个共同体中，还有一批十年来坚持开展学校转型性变革的教育实践人员，他们对教育理论变革的实践价值有深切的感受，并从实践的角度丰富、促进"生命·实践"教育学的发展，成为学派发展重要的资源。

当然，"生命·实践"教育学得以创建，除了这些必须的实现机制以外，也与其所处时代提供的开放性、丰富性、复杂性、转型性这种难逢的机遇相关；与学科发展以危机方式呈现出的新的发展需求和新的发展空间相关，与中国人文社会科学追求实现时代转型的大学术气候相关，还与人类整体上出现新的发展水平相关。正是对这些相关性的认识与体验，让我们深感和庆幸自己"生逢其时"。

第三节 "生命·实践"教育学已经探讨的 基本问题与基本观点

一、当代教育学发展的张力："裂解"与"聚合"危机问题的评析[*]

当代教育学的发展既面临着内部分支学科日益分化而缺乏基本共识的困境，

---

① 主要参照叶澜：《从"冬虫"到"夏草"——"生命·实践"教育学派生成过程的个人式回望》；卜玉华：《中国教育学的反省与新型教育学的生长机制——叶澜教授"生命·实践"教育学创建的思想路径》，载叶澜主编：《"生命·实践"教育学》论丛第一辑，广西师范大学出版社2007年版。

[*] 详细内容请参阅本节中收录的论文——叶澜：《当代中国教育学研究学科立场的寻问与探究》。

也面临因教育学立场不明确，沦为其他人文、社会学科应用领域的困境。这直接影响着教育学的自我同一性，使教育学难以与其他人文学科的双向对话，不利于对教育实践领域的建设性发展产生积极作用。概括起来教育学生存危机主要表现在内裂危机与外裂危机[①]：

内裂危机是指教育学分支学科日益分化过程中教育学共识性尺度的消解。这是作为整体学科的教育学自身不断分解而引起的危机。有人认为这是教育学走向繁荣、走向深沉、走向成熟、走向生成的表现，认为作为研究教育整体性的一门学科的教育学已经走到了尽头。然而，我们感觉到和体认到的却是教育学需要回答分支教育学在使命特殊化、具体化基础上的更为深入的共识性、整体性、发展性问题，即"关于对教育实践和作为科学的教育学达成共识的困难性"。[②] 此类教育学的存在危机因自身的裂变而引起，故称其为"内裂危机"[③]。

与"内裂危机"相对，我们将因其他学科介入教育领域研究而产生的教育学存在危机称作"外裂危机"。即教育学运用其他学科的理论框架和研究方法形成纷繁的与教育相关的交叉学科。这些学科的特征是属相关学科的应用学科，并没有与教育学发生内在意义的交叉，而这种意义的教育学交叉学科的"繁荣"，其实质是教育学立场和研究的消解。

上述危机的特征之一都是在学科繁荣、增长背后的危机和作为学科的教育学立场的消解。当然，"教育学科"的繁荣并不是一个需要否定甚至谴责的状态。"在一定意义上，这是教育学所研究的对象——教育在整体上的丰富、综合与复杂性决定的，是教育研究中具有发展意义的行为，是没有人可能或有权阻挡的事。它也不必然带来教育学的生存危机。真正值得反思的是教育学自身。"[④] "教育学一个多世纪的'双重裂解'，究竟对教育学作为一门学科及学科群的发展提出了什么新的问题？为什么其他学科，不论是自然科学（如物理学）还是社会科学（如社会学），在同样经历着学科分化和交叉学科不断增加的情况下，不像教育学那样，提出诸如物理学、社会学是否还能存在之类的问题，或至少不形成像教育学那样广泛、持久和激烈争论之势？教育学科发展中出现的、我们可以称

---

① 叶澜：《当代中国教育学研究"学科立场"的寻问与探究》，载叶澜、杨小微主编，李政涛副主编：《"生命·实践"教育学》论丛第二辑：《立场》，广西师范大学出版社 2008 年版。

② ［德］底特利希·本纳：《普通教育学》，彭正梅译，华东师范大学出版社 2005 年版，引论第1页。

③ 叶澜：《当代中国教育学研究"学科立场"的寻问与探究》，载叶澜、杨小微主编：《"生命·实践"教育学》论丛第二辑：《立场》，广西师范大学出版社 2008 年版。

④ 叶澜：《当代中国教育学研究"学科立场"的寻问与探究》，载叶澜、杨小微主编：《"生命·实践"教育学》论丛第二辑：《立场》，广西师范大学出版社 2008 年版。叶澜教授在此文脚注中还特别说明道，"教育学有自己的应用学科，主要是以教育制度中各级各类教育为对象研究而形成的学科：如高等教育学、中等教育学、初等教育学、职业教育学、特殊教育学、家庭教育学等"。

之为'消解基础学科'的现象本身说明了什么？当今还有没有必要和可能建设作为一门学科的教育学？这些问题汇集起来，首先要回答的就是在'双重裂解'的背景下，究竟如何认识教育学的研究对象与领域"①。

目前在教育学科的总结构中，在研究对象的建构方面还有两大重要缺失②：

第一大缺失是以当代教育活动本身内在整体为研究对象的、作为一门学科的教育学研究，我们可以把它称之为"内在整体学科"研究的缺失。显然，这是在教育学科有了大量、而且还可能生出多类和多级分支学科背景下提出的问题，它的研究领域和任务不同于初始状态作为一门学科的"教育学"。面对着已经历巨大变化的教育和极大丰富了的有关教育的、不同视角的认识，需要通过以当代教育活动内在整体为对象的深入研究来形成，需要吸收、整合、提升已有分支学科的研究成果，在更高层次上，形成一个不同于分支学科研究对象划分原则的、相对独立的一门教育学来承担。"裂变"与"重聚"是事物发展过程中相辅相成的两种形态，虽然在不同的发展阶段呈现出不同的倾向，但不可能跛足行致很远，教育学经历了相当一段时间的裂变，现在是到了需要和可能用"聚合"作出补充的阶段了。

第二大缺失是以教育学的研究范式、理论框架、基本观点和方法为依据，以其他学科领域中与教育相关问题，或教育内部与其他领域相关的问题为研究对象，以教育学为本体的、应用性的"外生交叉学科"的缺失。这与当代中国作为一门学科的教育学，自身还没有成为相对显明和成熟的学科（多以"教材"的形态存在）有很大的关系。这种情况好比根还没长深，枝干很难成为"嫁接"的母本，它极大地限制了第二个缺失状态的改变。

两大"缺失"的提出，实际上关涉教育学发展的当代空间的开拓和学科群结构的重建，提出当代教育学研究的重大发展性任务，也是对有关当代教育学研究要加强内立场，走深入研究教育活动本身，形成教育学视角的研究路线，以及作为教育学的研究者需要形成胜任教育学研究需要的专业研究素养，我们不能以简单搬运他们的方式来充实教育学的内容。

二、中国教育学发展状况的反省与重建方略的初步勾勒

在多年的教育学理论反省中，我们花了大量精力，确立了关于中国教育学重

① 参见叶澜：《当代中国教育学研究"学科立场"的寻问与探究》，载叶澜、杨小微主编：《"生命·实践"教育学》论丛第二辑：《立场》，广西师范大学出版社2008年版。

② 叶澜：《当代中国教育学研究"学科立场"的寻问与探究》，载叶澜、杨小微主编：《"生命·实践"教育学》论丛第二辑：《立场》，广西师范大学出版社2008年版。

建的"发生学"、"病理学"和"未来学",构成了对教育学发展问题系统、全方位和历史的思考。

在中国教育学的"发生学"方面,叶澜教授认为:

第一,近代中国教育学以"引进"为发展的起点,教育学引入中国后,学科性质被定位在"用"上,缺乏对自身知识性质的清晰认识与定位,使得许多人并不把教育学作为一种"学术",缺乏对"教育家"与"教育学家"的区分,进而也缺乏与其他社会科学、人文科学的平等对话基础①。

第二,中国教育学从一开始便与师范教育结合了起来,"缺乏宏观研究,缺乏包含人生全过程与不同生活场所相关联的整体式教育视野"②。

第三,中国教育学在百年发展中出现多次的"推倒(或抛弃)重来式"的"整体式转向",缺乏严格意义上学术积累和学术发展,新世纪的中国教育学需要走出自己的原创之路。"教育学在一个世纪发展中走过的曲折和付出的'学费',换来的最重要的启示就是要提升教育学科的独立学术品格和力量……教育学在新世纪的发展方向不应再以西方为本作前提的'中国化',而是要创建中国教育学。这里的'中国',其内涵不只是指教育学要从中国的文化传统中找到自己的根,开发其当代价值,也不只是指教育学要以本国的教育实践和教育问题作为发展教育理论之不可或缺之源,而且指中国教育学应为教育学发展作出世界性的贡献,要为中国教育学界与世界其他国家教育学界交流时能平等对话、交互影响作努力。教育学的世界宝库中也应有中国的原创性成果。"③

在中国教育学的"病理学"方面,叶澜教授认为,一个世纪以来,中国教育学发展的根本问题在于:(1)政治意识形态与中国教育学的发展关系是前者对后者的控制与渗透。(2)国外教育学的单向流入与中国教育学界的自卑情结和依附心理。(3)教育研究方法论的科学主义范式,没有真正建立教育学的独特方法论体系④。(4)教育学发展的自我意识淡薄,对教育学科立场涉及的教育研究的对象、视角与核心领域,教育学发展空间的取向、研究价值,以及与其他学科关系、关系性质、相互作用的方式及范围的选择等一系列问题均缺乏清晰的认识。(5)教育学人自身的问题,如所秉持的教育研究方法论、关于教育理论与实践关系的认识等都直接影响了中国教育学的创生。

---

① 叶澜主编:《二十世纪中国教育学发展问题的审视》,载于叶澜主编:《二十世纪中国社会科学·教育学卷》,上海人民出版社 2005 年版,具体内容分析见第 1~49 页。

② 叶澜:《中国教育学发展世纪问题的审视》,载《教育研究》2004 年第 7 期,第 14 页。

③ 叶澜:《二十世纪中国教育学发展问题的审视》,载于叶澜主编:《二十世纪中国社会科学·教育学卷》,上海人民出版社 2005 年版,第 50 页。

④ 参见叶澜:《中国教育研究:进展与展望(1978~2000)》,见王明达主编:《中国教育科学研究概况》,教育科学出版社 1995 年版。

在教育学的"未来学"方面，我们论证了中国教育学的发展目标、发展的基本要求以及发展的机制问题。在发展目标上，需要完成由近代向现代的转型，即实现教育理论形态上的整体转型，教育学将朝着被更富生命活力和实践根基的教育学的目标推进。"要做到这一重要的历史性转换，就需要教育研究人员打破业已形成或趋近僵化的教育理论的框架，去呼吸时代的新精神，感受时代的新需要、学习时代的新工具、发现时代的新问题，以形成新的眼光和视角，重新审视教育本身和关于教育的理论，找出发展教育理论的新方向与新思路。中国教育学需要重建式的再生。唯有如此，它才有可能为中国社会和教育事业的发展作出新的贡献，才有可能在新的科学家园中有自己的位置和不可替代的价值。"[①] 在发展的基本机制上，至少要做到三点：其一，更新教育学科已有的概念系统。原因在于"新的概念，尤其是学科中基础性、核心式概念的更新，对于学科发展具有十分重要的、定音鼓式的作用"。"新概念的生命力，在于这一概念所针对的问题的重要性或根本性；在于对原有学科体系建立的范式和思维方式的冲击力；在于其生成相关概念的生长力；在于比被替代的概念有更强和更符合研究对象本质的解释力；在于体现本学科理论性质的表达力。"[②] 其二，强化教育学的学科立场意识。当前"一种不同于20世纪上半叶基本稳定的'学科'规范将被打破和实现更新，人类知识形态的整体结构正在变化。一组以复杂事物或事物的复杂性为研究对象的新型综合学科群将聚集生成。教育学科研究对象的性质，决定其属于这一学科群。意识到这一点，是教育学科立场定位的起点和独立性的依据所在。教育学科将以巨大的包容性和整合能力，吸纳其他学科的相关成就，并以此为资源，生成自己独特的生态家园。"[③] 其三，形成教育理论与教育实践相互滋养与构建的关系。因为"无论是单纯的经验与问题，还是单纯的理论、方法论的更新，都不足以推进今日中国教育的深度问题的解决和满足时代发展的需求。唯有能从现实的问题中透析学术发展的触发点，并切切实实地用可能的方式，开展具有理论与实践内在关联性的研究，才能使当今实践问题的研究成为推进学术发展的机制，成为一种极富原创性的研究。"[④]

从中国教育学的"发生学"、"病理学"，再到"未来学"等所作的系统、全面深入的思考，构成了我们创建"生命·实践教育学"这一充满时代特色、中国特点、教育学特性和特殊研究路径的新型教育学的整体方略。

---

① 叶澜：《世纪初中国教育理论发展的断想》，载《华东师范大学学报》（教育科学版）2001 年第 1 期。

②③④ 叶澜：《总论：在裂变与重聚中创生——2001～2005 年中国教育学科发展评析》，载于叶澜主编：《中国教育学科年度发展报告·2005》，上海教育出版社 2006 年版。

三、"生命·实践"教育学立场的寻求与确立

学科立场是关切学科发展命运的重大问题。一方面，从学科自身而言，只有"经过了某门专业学术训练的人，他可以自觉的运用该门独特的学科假设、学科思维、学科独有的概念和范畴，以及学科独特的表述方式来认识世界，他可以熟练地从复杂的现象世界中离析出属于该学科的对象，并能够运用独属于该学科的方式和视角，发现属于该学科所要解决之问题"[①]。另一方面，与其他学科的关系而言，"只有当一门学科非常明确地有了学科立场的自觉，并且能够成熟地在学科知识发展中体现这种立场，这门学科的独特才能给其他学科带来关照本学科的新视野"[②]。

既然教育学内外生存危机与教育学立场的缺失存在着根本性的关系，那么，教育学立场的寻求便成为我们构建新型教育学的第一个任务，只有确立了"学科立场"，才能明晰与该学科发展相关的一系列前提性问题。基于此，我们努力对这一问题作了以下探索：

（一）教育学立场是什么

所谓教育学立场，指的是"由教育学科研究主体确立的，观察、认识、阐明与该学科建构与发展相关的一系列前提性问题的基本立足点"，[③] "就是在研究教育问题时，能够自觉或自动地从教育学的视野出发，以相应的思维方式，运用特有的概念表达方式分析教育问题，得出教育学的知识和结论。教育学立场的体现是一种教育学眼光与教育学想象力综合发生作用的动态结果，是一种体现在作品与实践中的独特的教育学认识与直觉"[④]。

对教育学立场的思考涉及的问题主要包括：

"学科研究对象的建构与领域的厘清；学科性质的明晰与价值取向的选择；研究的方法论讨论与思维方式的自觉。显然，对上述问题的研究不能脱离学科发展的历史和现状、成就与问题，不能不以人类知识体系当代发展水平与趋势为参照系，并吸收其中具有积极建设、推进本学科发展的思想资源。然而，更为重要

---

①② 徐冬青：《学科立场若干问题浅论》，叶澜主编，杨小微、李伟胜副主编：《"生命·实践"教育学》论丛第二辑：《立场》，广西师范大学出版社 2008 年版，第 69～81 页。

③ 叶澜：《当代中国教育学研究"学科立场"的寻求与探究》，叶澜主编，杨小微、李伟胜副主编：《"生命·实践"教育学》论丛第二辑：《立场》，广西师范大学出版社 2008 年版，第 1～39 页。

④ 徐冬青：《学科立场若干问题浅论》，叶澜主编，杨小微、李伟胜副主编：《"生命·实践"教育学》论丛第二辑：《立场》，广西师范大学出版社 2008 年版，第 69～81 页。

的是研究者必须对本学科发展的势态作出清醒的判断。因为当学科建构与发展研究进入到需要'范式革命'，需要提升到'自觉'和'自为'的层面，一旦相关研究主体意识到这一势态，并愿意投身到历史的转折之中，就无法不面对和不研究上述构成学科立场的一系列问题。我认为当代中国教育学发展正是处在这样一个重要时期，它需要研究，我们也选择了'投入'"①。

教育学立场的清晰化不仅对教育学自身和其他学科发展具有重大意义，对于教育实践也具有重要价值。比如就教育学转型与学校转型的关系而言，一方面，"坚持教育学立场下的学校转型研究，所坚持的是教育观念与教育行为的整体的系统转型，转型的起点和终点均在于学校教育，改革的逻辑遵循的是教育逻辑，转型研究中的学校假设定位于教育组织和教育专业。明晰学校的特殊性质才能找到学校改革的立足点和空间"。另一方面，"坚持教育学立场的学校转型性研究，有可能促进新型教育学的形成。因为，它不仅是在学科立场指导下的研究，而且本身还担当着学科发展的使命，将学科发展作为一项任务，从实践之源中找到学科发展的力量。在学校转型性研究的基础上，要求从教育学学科的内立场找到属于教育学发展的新的原点"②。

（二）什么是"生命·实践"教育学的立场

教育学有何种本体论基础？在我们看来，立场本身根植于其价值本体——生命的有意义成长和生命有意义实现的载体——实践，两者是彼此缠绕又相互生成的关系③。

教育学长期受自然主义教育学的影响，总是在天资或环境决定的确定性规范中讨论人的发展问题、而忽略了一个事实：人的个体确定性，从来不是遗传和环境确定的直接结果，而是个体实践和社会实践造就的；除了病理学的特例外，人的确定性永远无法归于天资和环境。也就是说，人是借助实践才获得确定性的。马克思主义曾深刻地指出，实践活动是人的生成的现实基础，是人的本质的自我确证，正是在人的实践活动中，人在改变、创造客观世界的同时也在改变、创造自身。正如恩格斯在分析"劳动创造人"的观念中所提到的：手不仅是劳动的器官，还是劳动的产物。随着手的发展，类人猿的机体、四肢逐渐变为人的机体、四肢；类人猿不发达的喉头得到改造，从而产生了人的语言。也就是说，人具有自然属性，但人的社会属性是人的生存、生产实践的产物；人具有精神属

① ② 徐冬青：《学科立场若干问题浅论》，叶澜主编，杨晓微、李伟胜副主编：《"生命·实践"教育学》论丛第二辑：《立场》，广西师范大学出版社2008年版，第69~81页。

③ 卜玉华：《中国教育学生长根基的当代转换》，叶澜主编，杨晓微、李伟胜副主编：《"生命·实践"教育学》论丛第二辑：《立场》，广西师范大学出版社2008年版，第49~69页。

性,通过劳动"即改造无机界,证明了人是有意识的类存在物"①。因此,"这种活动,这种连续不断的感性劳动和创造、这种生产,是整个现在感性世界的非常深刻的基础。"② 进而也是人得以生成的基础。叶澜也深刻地指出:"个人生命实践中的社会活动是个人与环境之间最富有能动性的交换,富有鲜明的目的性、指向性和程序性,体现了个人的主动选择。在活动过程中,个人与环境不仅实现着物质与信息的交换,而且实现着能量的交换;活动不仅使个人的智慧和力量得以外化和对象化,实现对外部世界的改造、对物质财富和精神财富的创造,而且使个人的才干、意志、智慧在实践中得到发展,实现内部世界的丰富与发展。"③ 所以,正是个体的生命实践活动决定人的成长状态,而不是其他。当然,个人的生命实践活动基于并与人的生理活动、精神和心理活动交融为一体,并存且相互转化。

承认人在实践中实现其确定性还不够,还需要受教育者自身会运用自由,"受教育者只有通过教育互动真正被要求自己参与其教养过程,他才能在可塑性原则意义上找到自己接受和自发的肉体性、自由性、历史性和语言性的确定性"。④ 从根本上说,"成为一个人"并非生就的或环境决定的,而是"做成的"。对于人的成长而言,关于"是"的存在论其实没有太多的问题可以讨论,而且相当空洞,但关于"做事中成人"则具有丰富的意义,它涉及伦理学、政治学、社会理论和文化问题,所以,实践的问题而不是事实问题才有理由成为其他各种问题的理论基础,才能够对人和教育进行基本说明。也就是说,在实践论框架中,我们才能把生命问题转化为教育问题,把个人问题转化为人类问题。这样,教育学的分析单位便由分析"事实"或"规范",从而转向了分析教育实践中成事与成人的关系问题。

这一教育学分析立场的改变具有的意义,至少表现为三个方面:

第一,分析层次的变化。现有的教育学有些是知识论取向的,关心的是解释与描述;有些是规范论取向的,关心的则是社会约定的理由,并不直接涉及实施规范背后的价值问题。而成事、成人则将教育实践纳入具体的情境中的具体个人。教育实践情境是因人而异的、不可重复的、不可互相代替的,在某个情景中非常恰当的教育行为在其他情境中可能就无效。我们不可能通过普遍必然的规范去硬性地规定人的成长。相反,只有在具体的教育实践情境中以人的成长为价值

---

① 《马克思恩格斯全集》第1卷,人民出版社1995年版,第46页。

② 《马克思恩格斯全集》第3卷,人民出版社1979年版,第50页。

③ 叶澜:《教育概论》(修订版),人民教育出版社2006年版,第213页。

④ [德]底特利希·本纳:《普通教育学》,彭正梅、徐小青等译,华东师范大学出版社2005年版,第59页。

依照,才能判断什么规范是正当的。教育的绝对价值仅仅在人的成长价值中,而不是在规范中。成事的正当是相对的,但成人的正当性才是绝对的,而在"成事中关心成人"便是在具体情境中关心具体人的成长问题。这一意义对中国教育学而言尤其重要。

叶澜教授说道:

"就我国目前教育学理论的实存状态看,在有关'人'的认识上,主要缺失的是'具体个人'的意识,需要实现的理论转换是从'抽象的人'向'具体个人'的转换。不实现这样的转换,教育学理论难以回应和面对呼唤培养人的创新精神和能力的当代教育转型的需求,也难以实现自身的转型性发展。"

可以说,一个世纪以来,中国的教育理论经历了曲折、复杂的变化历程,但这一深层次的人学基础却基本上没有触动。而教育真正面对的恰恰是"具体个人"。

因为"有了这些认识,教育学的立足点和视角会发生诸多相应的变化:我们不会只关注教育的社会价值,忽视教育对每个人在社会中生存、发展和实现人生价值和幸福的意义;不会把个体成长只作为起点去研究,而是作为教育中个体重要的内在需求与动力去研究;不会把教育只看作是知识、技能的传递过程,而是看作必须提升人的自我超越的意识和能力,提升人的生命质量和创造能力的过程;不会把个体之间的差异看作问题,而是当作教育的资源和财富去开发;不会只根据人的今天去判断、决定他的明天,而会把发现人的可能发展并使可能转化为现实,作为教育学研究的重要课题。总之,我们有可能发现当今教育学理论研究中诸多的空白点、诸多的不足甚至谬误,发现一个教育学研究的新天地和新的教育学诞生的曙光。而这一切,都是与当今中国呼唤创新的时代相关并由此催生而出的。"①

因此,今天,中国教育学要回应和面对培养人创新精神和能力的时代需求,就需要转换"理论面对实践"的正当性模式,走向"基于实践"的正当性之路。不实现这样的转换,中国教育学理论恐怕难以适应当代教育转型的需求,也难以实现自身的转型性发展。

第二,分析单位由分析教育中的"事"转向分析"教育中事与人的关系"。因此,教育学一直以来承接的如哲学或其他社会科学区分事实判断和价值判断的二分框架,就显得不足以应对问题。在目的选择确认的基础上,进一步研究教育学所关注的是这样一种特殊存在:事实判断和价值判断的密切相关,以至于共同合成为教育学的目的论基础,教育学才能揭示教育目的在教育实践过程中的形态

---

① 叶澜:《教育创新呼唤"具体个人"意识》,载《中国社会科学》2003 年第 1 期。

变化和展开，怎样促进人由既定确定性状态向可能性状态的转变，才能说明教育是如何使生命具有精神力量、自觉意识和有意义的成长。

由此，"成事中成人"与"成人中成事"便在教育实践中相互呈现与成就，是同一件事情，而不是分别独立的事实。可以说，"成人"与"成事"是从不同角度看待同一教育事实，当然并不是说两者仅仅是相互锁定、相互建构的关系。从根本的意义上，"成人"问题是教育学最根本的维度，是"成事"的教育学意义的根据。如果不以"成人"作为最终依据，那么任何一个教育事件都可以被论证成具有"价值"，只要乐意，制造出各种理由并不困难。

第三，转换思维方式，重建新的教育目的。既然我们把教育学问题的根据落到实践层面，那么就需要改变思维方式，不能从意义封闭的先验视角来理解目的，目的不是某种不再生长的完美性。如前所述，教育是创造性的过程，它本身是一种不断生长着的开放性的"势"，其中，教育的某一实践不是某个终点，而是不断生长的走势或者说是创造性的过程本身。这意味着：

教育实践的目的不能取决于解释，发现一种教育目的意味着"看到"（seeing that...）而不是"看成"（seeing...as...），或者说教育需要的不只是解释。因为仅仅根据解释，无从判断哪一种解释是真理或更可靠，因为解释总是能够自圆其说。在教育学中，我们也不能指望通过规范或信念来解释教育实践的目的性，相反规范的合理性还需要从人的生命成长意义来给予判定。从教育存在本身去看它的目的，即属于教育本身的目的，而不是从外在于这一存在的观点去强加给它某种目的。

现在的问题是，尽管大多数教育实践的目的可从这些实践行为本身直接看出，但仍然有一些最重要事情的目的并非直接可见。确切地说，就是"成人与成事"两者的一致，成人就是有意义地生存与发展，而有意义的生存就是在实践中做成有社会意义和有助于实践主体自身力量成长的事，它们是教育行为存在的总根据，我们按照这一总根据去策划各种教育实践行为，无论是教育教学活动，还是学校领导与管理，概莫能外，它们之间的区别是教育活动领域和层次的区别，责任主体的区别，不是根据与目的方面的区别。

四、"生命·实践"教育学核心理念的确立

（一）核心价值理念：培育人的生命自觉

教育学"育人"使命的最终落脚点，真正能够在自己的生命历程和生存境域中成为一个大写的人，应当是"生命自觉"之人。所谓生命自觉之人，一是

不仅能够认识自己，还能认识自己的生境。只有基于对生境的了解，包括了解什么是可能的，什么是现实的；什么是不可改变的，什么是必须要做的，什么可以做得更好，有可能在现实的环境中寻找和拓展自己的发展空间，最大可能地就发展目标的实现而言地利用环境与条件，趋利避害，创造条件。一个人如果从只能看到生境限制自己的方面，而看不到自己在生境中还要寻找自己的生存发展之道，不能自觉意识到作为一个社会的人，还应承担社会责任、积极改变现状和寻找理想发展空间，这样人还没有形成生命自觉之人。二是生命的创造进程也就是人生价值的实现过程，人生的意义体现于生命主体的创造活动之中，因为"人的生命力也只有在创造活动中才能焕发，才能为社会做出富有不可替代性价值的奉献。职业生活，是人成年以后生命活动的重要组成部分，其质量如何，在很大程度上决定了人的生命质量，同时也就造就了个体的生命质量，因为，人怎样度过生命的日常方式，会决定人成为怎样的人，人要想成为有尊严的人，就应该选择富有创造性的职业，并以创造性的劳动去实现自己的生命价值，在创造性的劳动中，享受因过程本身而带来的自身生命力焕发的欢乐"。①

由此可见，这一组概念没有停留在作为社会共通的关于"人的全面发展"的理想意义上，而是进行了教育学意义上的转换。将教育问题聚集到人自身内在的发展力量提升的问题上，也是教育培养人的核心问题，即生命自觉性的提升上。

（二）核心实践理念："成事"与"成人"的双向建构

以生命为教育的价值本体，为教育提供了一个形而上的基础，但生命却不能构成教育活动本身，实现生命价值的创造性活动，本质上应理解为人的实践活动，生命和教育都是在教育实践中展开的，并在实践的过程中实现生命的发展。因此在教育上，"师生主动、积极地投入学校各种实践，是学校教育成效的基础性保证，是人的发展的重要内在保证，也是人的生命特征的本真体现"。② 当然，实践能否真正促进人的生命价值的提升，还取决于实践的品性，尤其是对教育实践品性的理解。对此，叶澜教授在确立了"教育是一种人为的社会实践活动"这一前提下，从几个角度阐释了教育实践在什么条件下能够达成对生命的促动。

首先是改革性的教育实践。这种实践具有三种品质，即综合性、日常性和"贴近性"。改革的综合性能够产生渗透性的效应，"可使教育实践者不是处在点状变革的水平上，而是以教育、教学活动为中心，综合、整体式、全过程地策划

① 叶澜：《论教师职业的内在尊严与欢乐》，上海市 2000 年十大名师讲坛演讲稿。
② 叶澜：《为"生命·实践教育学派"的创建而努力》，载《教育研究》2004 年第 2 期。

和实施改革，使改革产生合力，教师对改革指导思想的认识也逐渐深化，这都非综合改革之力所不能及的。"① 改革的日常性价值在于"人怎样生活，就会使他成为怎样的人"。即在她看来，日常活动的变革若达到人的观念、思维方式、内在需求和活动模式变革的程度，它实质上也就形成了实践者的一种新的生存方式。所谓"贴近性"是指改革与每位实践者的贴近与互动。实践者在改革中用新的观点去重新发现学生，并且在重新设计工作时形成"重新认识"，进而发展为一种重新认识下的"行为更新"，因行为更新带来的体验更新，进而又加深重新认识，如此观念与行为改革的积极互动和良性循环，推动实践者在螺旋上升。

其次是与理论相互关照与滋养下的实践。一般情况下人们总是把理论与实践看做截然对立的关系，但是叶澜教授认为两者是互补共存，相互缠绕的关系。这具体可从几个方面加以理解：第一，理论研究先行于实践。理论可"为教育实践人员认识当代世界和我国社会发展与教育改革之必要性和必然性提供了理论依据，使教师对学校教育改革必要性的认识不囿于经验的范围，增加对社会背景和发展趋势的认识，从而有助于提高参与改革的自觉性"。同时，理论研究也能为教育实践人员提供在日常工作实践中进行改革的基本原则与思路。"在一项复杂的综合性改革中，若无清晰的基本原则和思路，很难产生合力和综合渗透效应。"第二，以学校教学、教育活动为中心的理论与实践研究要同步深入，才能够有助于教师形成的教育观念与行为的关联性体验，促使教师在观念与行为相结合的水平上发生转化。再说，在改革实践中形成的新理论，深受教育实践人员的欢迎，他们愿意学习，还能感受到一份亲切，因为它与教育人员的教育实践贴近，对教师的实践具有直接触动的作用。第三，理论与实践研究要相互滋养。在此层面，叶澜教授认为理论已经摆脱了指导人行事的工具范畴，而是作为一个人生活不可缺少的一部分。

其三是在各类教育活动具体场所展开的实践。在此方面，叶澜教授重点论述了各类学校实践与生命的关联性。比如，她认为现代学校的特质至少应是价值提升、重心下移、结构开放、过程互动和动力内化的，使现代型学校从传递知识为本转向以培养人的主动发展的意识与能力为本，在充分信任每个教师与学生的情况下，充分发挥学校的内在力量，把教育中具体人的主动发展看成既是目标，又是过程和动力②。再如她对课堂教学过程的要求是，教师不仅把学生看做是"对象"、"主体"，还要看做是教学"资源"的重要构成与生成者，教师不仅是知识的"呈现者"、对话的"提问者"、学习的"指导者"、学业的"评价者"、纪律

① 叶澜：《在学校改革实践中造就新型教师——〈面向21世纪新基础教育探索性研究〉提供的启示与经验》，第13届"学校效能与改革"国际会议上的主题发言的修改稿。
② 叶澜：《实现转型：新世纪初中国学校变革的走向》，载《探索与争鸣》2002年第7期。

的"管理者"，更重要的是信息的"重组者"①。

最后是个体生命发展中的实践。在叶澜教授看来，实践是一种合目的性的行动或行为，人所参与的各种社会实践的性质、水平、数量对人的发展具有重要的意义。人在实践中不仅创造了社会财富，而且创造了人自己和自己的人生，这是因为"人对自身的发展具有能动的自主性，"具有把握自己的人生发展和命运的能力，并体现在自己的人生实践中不断创生、由不断的遭遇和对遭遇的克服，事件与事件的解决构成。"随着年龄与经验的增长、能力与意志的增强，选择和预见未来的水平提高、自我意识的日益清晰，个体就有可能按理想的自我做出现实的选择，实现自我的发展。"其中，"个体的实践活动在个体发展中具有决定性的影响，没有实践，任何可能因素都不可能转化为个体生长的力量"，"人的生命的发展水平、丰富程度、潜在可能的开发状态、生命质量的高低，说到底是他自己的人生实践铸成的"。② 在此，实践与个体生命找到了洽接之处。

总之，生命价值正是通过实践，实现人与环境之间的能动性交换，体现人的自动选择。实践不仅使人的智慧和力量得以外化和对象化，实现对外部世界的改造，对物质财富和精神财富的创造，也使人的才干、意志和智慧在实践中得到发展，实现生命世界内部的丰富与发展。因此，在生命价值的实现路径上，无实践便谈不上生命的提升，对实践质量的关照也就等于对生命质量的关照，生命与实践是一体两面的关系，生命实践性也正是教育学的内在尺度。

第四节　"生命·实践"教育学立场的学科发展意义

一、对教育学自身的发展意义

以"生命·实践"作为教育学的内立场，教育学不再以追求自然科学意义上的理性标准为宗旨，而是力求在事实与价值、情境与标准之间架起一座桥梁。它立足点于实践，直接面对和关注人的真实生命的成长，关注嵌入在实践节点中的一个个具体的生命状态，并生命动态成长的过程中努力追求具体特性与普遍适

---

① 叶澜：《重建课堂教学过程观——"新基础教育"课堂教学改革的理论与实践探究之二》，载《教育研究》2002 年第 10 期。

② 叶澜、郑金洲、卜玉华等著：《教育理论与学校实践》，高等教育出版社 2000 年版，第 151 页。

应性的统一。换言之，教育学的问题便是生命成长状态中的发展性问题，教育学问题的解决质量如何体现为生命成长的质量状态。教育学在面对教育实践时也会出谋划策，但教育学的成就与否却只能通过生命成长状态来说明与表达。如此，教育学便从以往传统理论抽象回到真实实践本身，回到儿童的世界、学校生活实践和课程教学实践领域，只有如此，教育学便可避免对相关教育理论的过度或不正确理解，也避免对实践的妄加评点，更可避免对生命的不负责的引导。因此，这样的教育学才是有价值的教育学，才是有生命力的教育学，才是能够不断基于实践、基于生命而不断成长的、自为的教育学。

二、对教育学分支学科与内解学科的发展意义

以"生命·实践"作为教育学的内立场，意味着教育学各分支学科的思考要以此建立起自己的学科视阈，形成各分支教育学科的概念、范畴、思维方式和逻辑体系；也意味着各分支教育学科要以生命为视角去观察和理解教育。两者是相互生成的视角，即把各分支教育学科放到生命实践的标尺中，又将生命实践放到各分支教育学科的标尺中。在这个意义上，教育学是一种真正的实践哲学——"生命实践哲学"，当我们承认教育始终是"人的教育"，是"直面人的生命、通过人的生命、为了人的生命、质量的提高而进行的社会活动，是以人为本的社会中最体现生命关怀的一种事业"的时候，我们的结论自然就是，教育学是直面生命的科学，是试图有效地营造教育世界，并将生命纳入到这一世界，让教育者给他以教育的光亮，给他以呵护，使这样一个世界成为他生命得以不断生成和丰富的源头活水，成为他此生的生命历程中不可割断的血脉。

三、对其他人文社会科学发挥批判与建构的双重作用

教育学的生命实践尺度对于人文学科的发展既具有批判的意义，也具有建构的意义。在批判的意义上，"它需要对所有有关生命本身的理论探讨、实践进程的历史与现状加以系统剖析，明辨其得失。首先，教育学需要与生命哲学、存在主义、心理主义、行为主义等不同学术立场中的生命观划清界限，并把这种界限作为教育学与它们保持睦邻友好的'外交关系'的前提条件，同时也作为教育学独立存在的前提条件；其次，教育学需要对教育现实保持距离，在距离中对教育现象、教育事实持冷静的不妥协的立场，……始终坚守'生命'这一教育的底线和衡量一种教育是否合理的标尺。教育的理想是以'生命的理想'为底蕴的。一种教育活动是否合理，基本的尺度是看它有没有体现对生命的尊重和关

爱，有没有使每个身处教育世界中的生命都焕发了生命活力，有没有使生命的能量通过这样的教育得到了增殖、提升和扩展。教育学的批判精神需要研究者保持对这类倾向的高度敏感和警惕：昂贵的生命被廉价化了、被物化了，教育世界中的生命成为轻飘飘的易逝的羽毛般的生命，而不是沉甸甸的生命"①。

在建构的维度上，以生命实践为基本立场的教育学可以让我们认识到，教育者既不要按照自己的喜好选择标准，也不要按照恒定的社会需要的标准来规范成长着的一代，而要把成长着的一代的发展理解为指向自我决定的，从不确定走向确定性的过程，理解为个体生命与社会活动互相开放的型塑过程。这种相互型塑要求的意义在于：其一，人类实践的各个实践活动之间要以平等的秩序关系相处，所有实践必须相互肯定其他实践是同样重要的和平等的，只有在这个前提下，社会要求（合理的或不合理的）才能通过教育学尺度的过滤与评价进入到教育实践，转化为教育上合理的实践；反过来，教育学也才能够同样以平等对话者的身份，参与到社会各实践活动的建设中去，从而使教育实践与人类行动的其他实践联系起来。其二，各人文学科在日益分化与不断交叉的情况下，要保持一份学科的自我意识和他人意识，既保持自身的独特，提防自己不沦为仅仅是完成其他某一实践活动要求的助手或工具，同时又接受其他领域的权衡与批判，以避免学科发展中的独断主义。其三，教育学眼中的生命现象和教育现象，是复杂多变的与动态发展的，因为在生命实践的展开过程中，它此时可能是精神性存在或生物性存在，彼时又是文化性存在，所以，教育学的思考只有始终在各人文学科间穿行与跳跃，才能促成生命的整体成长。如此，各人文学科在关照自身实践领域发展的过程中，就应将教育学的生命实践之维纳入自身的建设之中，作为价值之镜，打破自身学科视野的价值域限，为完成人类总体实践不违背生命的健康成长作出贡献②。

四、对教育理论研究者研究方式的影响

在"生命·实践"教育学立场下，我们在"新基础教育"研究过程中探索并创建了"双重行动者"的理论研究与实践变革之间的互动模式。"所谓'双重行动者'，首先意指教育研究者在面对教育实践时，并不把自己视为一个单纯的旁观者和局外人。无论是就实践的变革与改进，还是就教育研究自身发展需要而

---

① 李政涛：《教育学的生命之维》，载《教育理论与实践》2004年第5期。

② 卜玉华：《试析人文社会科学领域中的教育学尺度》，载上海市社会科学界联合会编：《上海市社会科学界第五届学术年会文集——人文教育：文明·价值·传统》（哲学历史人文学科卷），上海人民出版社2007年版。

言，教育研究者都需要一种行动者立场。但是，教育研究者作为行动者，又区别于教育实践者，他们在实践问题上彼此持守的立场不同，承担的任务不同，因此审视问题的视角可能会有着很大的差异。我们可以将教育研究者的这种行动者立场称之为'参与性行动者'。其次，'双重行动者'的另一方面是指教育研究者在面对中国教育学学科建设、面对教育理论的构建时，他不是一个冷眼旁观者，而是一个学科发展的'当事人'，因而必须承担起行动者所应承担的职责。这意味着，对于教育研究者而言，教育理论与实践的关系问题，并不是一个先于其角色选择的预设问题，而是一个由其实际作为决定着的生成中的问题。"①

　　"双重实践者"模式对新型教育学的创建有着巨大的意义。当教育理论工作者以"参与性行动者"和"实践当事人"的身份面对教育实践，并以教育理念"介入"教育实践并改变教育实践时，马上就会出现变革了的教育实践反身对教育理论的丰富、修正或检验的效果。"一方面，教育实践主体要借助理论来改变自己的参照系，提升实践智慧，就有可能产生自觉的理论需求，他们对于理论就会经历一种理解、选择、尝试运用、怀疑（信服）、调适内化的过程，在这个过程中，理论不仅经受着检验，而且有可能获得实践的滋养，从而产生丰富、提升的可能性。这一可能性的实现可以是实践者，此时，实践者就具有研究者的'质素'，也有可能通过各种渠道返回到当前的理论主体那里，成为理论主体新的研究资源。另一方面，理论主体要想检验理论的真确性和适切性，或者使理论产生实践效应，就必须承担理论的进一步阐释、宣传、推介、转化等责任。这样做的目的，一则是促进理论被实践者更好地理解，二则是为了搭建由理论走向实践的桥梁与中介。值得关注的是，教育研究主体在进行理论阐释及其实践转化的过程中，不仅有可能扩展自己的认识，甚至有可能彻底颠覆自己原有的观点和信念，在这里，孕育着新理论创生的'胚芽'。由此可见，只要双方主体采取积极对话、自觉选择与主动转化等姿态，教育理论与实践之间可以构筑起一种相互滋养，互利互惠的关系。从这个意义上讲，教育实践之于教育理论绝不仅仅是一方'试验田'，更可能成为新思想的'培养基'。"另一方面，"当教育研究者以'强介入'的方式进入教育实践时，教育实践的原生形态为之发生改变，而研究也因为一种介入效应发生了自我改变。在这里，研究与实践依然是两类不同的活动，但是，它们却以一种'双螺旋'的结构紧紧缠绕在一起，共生共长。在这里，两种不同的活动——研究与实践在各自保持自身特质的同时，融入了一个特殊的'研究—实践共同体'。理论从中获得创生，而创生中的理论不断地汇入生

---

　　① 孙元涛：《教育理论与教育实践关系新论》，载叶澜主编：《"生命·实践"教育学》论丛第二辑：《立场》，广西师范大学出版社 2008 年版。

成着的实践；实践在理论的渗入中又不断调整。在理论的参与中，实践的动力性因素处在不间断的累积与调适中，这些动力因素有的作为促动力量汇入到了实践之'流'中，并转化进实践的作品中，有的则反作用于实践主体，引起主体力量的增强和意识的敏感化，还有的则返归于研究者，对理论的创生产生新的挑战或需求，于是，又促进了理论的不断丰富与更新，而后再返回实践……由此，展现出教育理论与实践之间持续不断地循环互动、相互建构、互动生成的关系图景。"①

当然，"'强介入'，并非'强硬介入'，而是指介入的广度、深度与强度。它具体指研究者怀抱改进实践的意向，直接介入到教育实践过程中，与教育实践者共同创造一种新的实践形态。之所以要选择、且能够践行'强介入'的研究立场，很大程度上来自于教育研究者对'学校转型性变革'这一特殊的教育实践生态的判断，以及在这种判断基础上对自己在实践变革和中国教育学发展中所应承担之责任的自觉。并不是所有的教育研究者，不是在任何时候都可以选择'强介入'的研究立场。"②

第五节 "生命·实践"教育学实践力量的彰显

"生命·实践"教育学强调要培养能够生命自觉发展的人，关注人的生命，唤醒着人的生命自觉，更新人的生存方式，使作为生命个体的人具备能够勇敢面对生活、自我更新的能力。那么，这一学科立场是否具有生命力，教育实践是最好的明证。在十多年的"新基础教育"研究过程中，我们越来越深切地感到这一思想的价值及其在实践中所彰显出来的力量。

下面，我们主要从新型的学校教育活动、课堂教学、班级建设和学校管理等方面来具体说明②。

一、新型学校教育活动形态

学校教育活动是学校教育的实践部分，是师生学校生活的核心。"生命·实

---

①② 孙元涛：《教育理论与教育实践关系新论》，载叶澜主编：《"生命·实践"教育学》论丛第二辑：《立场》，广西师范大学出版社 2008 年版。

② 下文所述主要参照叶澜：《"新基础教育"论——关于当代中国学校变革的探究与认识》，教育科学出版社 2007 年版，以及报告撰写人自己的理解。

践"教育学要培养能够生命自学发展的人，就需要有新型的学校教育活动。现
在，"新基础教育"实验学校的教育活动呈现出如下特征："双边共时性"、"灵
活结构性"、"动态生成性"及"综合渗透性"①。

双边共时性。这是指教育活动具有复合性活动的特征，由师生双方共同参
与，教的活动与学的活动相互关联且具有共同时，师生双方是复合主体又彼此间
互为主副体，而不是通常理解的单一主体，更不是有人提倡的"双主体"。"'双
边共时性'的提出，是对教育活动结构，包括主体、主体所处的时空结构与在
完成教育任务中的复杂关系等方面特殊性的揭示"②。

灵活结构性。这是指教育是一种在内容、方法和过程设计上都是有结构的一
种活动，其中以结构化的知识内在结构与教学过程结构的统一，不但能够最有效
地达到培养学生学会学习的效果，而且有利于培养学生从整体上把握事物，关注
事物相互关系和作用方式，继而在整体格局中深入认识局部的思维习惯。这种思
维能力是处于复杂性环境中解决问题所需要的能力，也是人善于在日常生活中学
习所需要的能力。当然，结构并不是实体而具有固定性，它本身具有弹性和可变
性，因而结构是灵活的结构，有弹性、可变的结构。

动态生成性。这是指由于教育活动中师生双方都是能动的人，都有自己的经
验、知识、独特的理解，在双方积极参与思考、对话与讨论的过程中，就会呈现
出不同的理解与认识，而在追求共识性的认识的过程中，师生、生生之间的认识
彼此处于相互激发与提升的过程中，新的认识、态度、能力与理解就会不断生
成。这样，教育活动既有目的性、计划性和预设性，更因其主体的积极参与与互
动而呈现出动态生成性。

综合渗透性。这是指就作为培养人全面发展的各类教育活动自身以及相互之
间虽然功能和育人价值各有侧重，然而彼此又是相互蕴涵、综合渗透的关系。

"新教育活动观的核心是激活师生在教育活动中的生命活力，使教育活动真
正成为朝着目标实现的方向而开展的师生积极互动，呈现动态生成的过程；是把
教育活动重心从内容、手段移到人身上，移到生命体的发展这一根本目标上，同
时也力图改变以前用简单分解或归一的方法来理解复杂教育活动的弊端。"③

二、新型课堂教学形态

我们认为任何教学活动都有共同价值观、学科教学价值观和教学设计价值观

---

① ②　叶澜：《"新基础教育"论——关于当代中国学校变革的探究与认识》，教育科学出版社2007年
版，第225~230页。
③　同上，第230页。

构成①。在教学共同价值观上，我们认为当前我国基础教育中课堂教学的价值观，需要从单一地传递教科书上呈现的现成知识，转为培养能够在当代社会中实现主动、健康发展的一代新人。在学科教学价值观上，我们提出任何一门学科都蕴涵着丰富的育人价值，作为教师需要深入研究和开发具体学科的丰富育人价值，深入研究学生成长需要与具体学科教学的关系。在课堂教学设计价值观的具体综合方面，我们强调对学科教学内容整体性的重组与加工，激活书本知识，实现书本知识与人类生活世界、与学生经验世界和成长需要、与发现、发展知识的人和历史的沟通。

基于此，我们提出要对课堂教学中的教学双方的关系作前提性转换，走出以往"主体—客体"的"人—物"关系模式，走向以"人"与"人"之间在实践中交往，即主体间性的模式来认识，即是把师生的教学活动当作一个有机整体，师生双方围绕教学内容，通过共同参与、对话、沟通和合作等一系列活动，产生交互影响，以动态生成的方式推进教学活动的过程②。

目前，在"新基础教育"的课堂上，"重心下移"、"结构开放"、"思维主动"、"资源生成"、"层次推进"、"动态调整"等等成为"新基础教育"课堂教学生活的基本特征，也是教师们在备课、听课、说课、评课活动中最常用的话语方式。

三、新型"班级建设"形态

在从事"新基础教育"研究的过程中，我们逐渐认识到"班级建设"是学校教育相对独立的实践领域，并不依附于"课堂教学"，而是与"课堂教学"相并列的，以"班级发展"为直接目标的独特教育实践领域，其主要功能是促进学生个体社会性和个性的健康、主动发展；班级建设的过程也是学生的成长过程；班级群体个性的形成是为了有助于群体中每个人的发展。

目前，"新基础教育"学校的班级建设，努力研究当前学生的生存状态，透析其成长需要，建构学生成长教育的系列，努力开发班级生活的资源，在班级生活中实行学生干部民主轮换制，创设为不同层次和类型的学生发挥作用的班级岗位，营建丰富的体现儿童成长特点的班级文化，搭建班级间和年级间全校学生交往与沟通的平台，使班级生活真正成为学生生命成长的重要资源。

---

① 叶澜：《"新基础教育"论——关于当代中国学校变革的探究与认识》，教育科学出版社 2007 年版，第 249～264 页。

② 同上，第 266～267 页。

四、新型学校领导与管理形态

我们认为，从"生命·实践"的立场出发，学校管理的价值在于"成人"与"成事"的统一，管理需要树立"在成事中成人，用成人促成事"。"成事与成人的一致性，是学校管理价值观有关目的与手段关系实现双向转换与统一的表达，具体地说就是'在成事中成人，用成人促成事'。'在成事中成人'是指学校的日常教育实践和学校变革的实践，是造就新型教育者和学生的根本路径；'用成人促成事'要以'在成事中成人'为基础，所成之人主要指教师，所成之事首先是指'学校转型性变革和新型学校创建'之事。管理者建立了这样的关系思维，就不仅能在指向他人的管理活动中注意成事与成人的关系，而且能在从事管理实践的过程中关注和努力实现自身的成长。成就学生、成就教师、成就领导者/管理者这一'成人'取向，应当成为学校一切工作的最高目的，成为学校要追求的最核心的价值，并且这种追求要成为不言自明、理所当然的'默许假设'"①。

目前，"新基础教育"学校领导与管理形态的正在发生着巨大变化，校长们不仅树立了校长是学校发展的第一责任人意识，而且逐步养成了如何根据学校发展的状态制订发展规划、领导学校制度变革、重建学校基层组织、生成新型学校文化，开发和集聚学校发展的资源等等领导能力。

当然，校长的成长与变革与学校整个生态的更新性变化是紧密关联的，在教师、学生、家长以及社区间多向、良性互动中，一所所健康、积极、充满生命气息的新型学校正逐步成型，并以其勃勃生机向理论界昭示着"生命·实践"教育学的思想力量！

第六节 希望之路

正如生命成长要经过从孕育、幼年到成年这一系列过程一样，我们以为到目前为止，"生命·实践"教育学已经经过她最初的孕育阶段，正处于其幼年期的快速成长期。在孕育阶段，"生命·实践"教育学经过了她最原始思想资源的积

---

① 杨小微：《从"驭人之术"到"成人之道"——当代学校管理变革过程中的立场转换》，叶澜主编：《"生命·实践"教育学》论丛第二辑：《立场》，广西师范大学出版社2008年版。

累、细胞的分裂与组合，并初步孕育出其原初形态，完成了有关教育学学科性质、基本立场、核心理念、研究方式、方法论以及生长机制等等，最具内核性问题的思考与回答，这些问题的回答已经使该教育学雏形初显。当然，处于幼年期的生命在充满着生机的同时，毕竟也是脆弱的，她能否最终发育长大，能否最终不仅在中国教育理论界与实践界扎下根，并遍开其生命之花；能够走向世界，真正为教育学的发展贡献出中国教育学者的智慧，还有很长一段路；这段路估计不会那么平坦与顺利，需要更多的人一起在探索中完成。我们充满着信心，继续前行！

参考文献

著作：

［1］叶澜：《教育研究方法论初探》，上海教育出版社 1999 年版。

［2］叶澜、郑金洲、卜玉华：《教育理论与学校实践》，高等教育出版社 2000 年版。

［3］叶澜主编：《"新基础教育"发展性研究报告集》，中国轻工业出版社 2004 年版。

［4］丁钢主编：《中国教育：研究与评论》，教育科学出版社 2004 年版。

［5］叶澜主编：《二十世纪中国社会科学·教育学卷》，上海人民出版社 2005 年版。

［6］叶澜主编：《中国教育学科年度发展报告·2005》，上海教育出版社 2006 年版。

［7］叶澜：《教育概论》（修订版），人民教育出版社 2006 年版。

［8］叶澜主编，杨小微、李政涛副主编：《"生命·实践"教育学》论丛第一辑：《回望》，广西师范大学出版社 2007 年版。

［9］叶澜：《"新基础教育"论》，教育科学出版社 2007 年版。

［10］叶澜主编，杨小微、李政涛副主编：《"生命·实践"教育学》论丛第二辑：《立场》，广西师范大学出版社 2008 年版。

论文：

［1］叶澜：《论影响人发展的诸因素及其与发展主体的动态关系》，载《中国社会科学》1986 年第 3 期。

［2］叶澜：《思维在断裂处穿行——教育理论与实践关系的再寻找》，载《中国教育学刊》2001 年第 4 期。

［3］叶澜：《实现转型：新世纪初中国学校变革的走向》，载《探索与争鸣》2002 年第 7 期。

［4］叶澜：《重建课堂教学过程观——"新基础教育"课堂教学改革的理论与实践探究之二》，载《教育研究》2002 年第 10 期。

［5］叶澜：《教育创新呼唤"具体个人"意识》，载《中国社会科学》2003 年第 1 期。

［6］叶澜：《中国教育学发展世纪问题的审视》，载《教育研究》2004 年第 7 期。

［7］李政涛：《教育学的生命之维》，载《教育理论与实践》2004 年第 5 期。

［8］本刊记者：《为"生命·实践教育学派"的创建而努力》，载《教育研究》2004 年第 2 期。

后 记

　　本课题研究自2004年底启动，经过三年的努力，终于顺利完成。本课题具有内容广泛、主题多样、新的认识丰富的特点。在教育部结题评审中获得高度评价，被评为优秀课题。在三年中要完成这样的课题，实属不易。本书是教育部人文社会科学重点研究基地华东师范大学基础教育改革与发展研究所承担的重大项目研究成果。以该所同仁为主体的课题组成员和来自云南师范大学、广西师范大学、山西大学、华中师范大学、西北师范大学、淮阴师范学院等教科院、教育系，以及上海市闵行区教育局、浦东新区社发局等相关院校和行政部门的研究者付出了大量劳动和全力合作的结果。

　　本课题总负责人和首席专家：叶澜教授（中国教育学会副会长，华东师范大学基础教育改革与发展研究所名誉所长）。

　　各子课题负责人及主要成员如下：

　　子课题一：当代国际基础教育改革

　　子课题总负责人为范国睿教授（华东师范大学教授）

　　成员：

　　日本神户大学：土屋基规

　　圣卢西亚大学：黄凯玫（Cadelia Lane Ambrose）

　　华东师范大学基础教育改革与发展研究所：吴遵民、王建军

　　华东师范大学国际教师教育中心：赵丽

　　华东师范大学教育学系研究生：邓璐、刘海云、刘涛、刘雪莲、彭尔佳、任翠英、王加强、张丹、张礼永、张娜、赵瑞情、周晟、朱茹华

　　子课题二：我国不同地区基础教育改革状态评析

　　子课题总负责人：杨小微教授（华东师范大学基础教育改革与发展研究所所长）

　　上海市闵行区课题组

　　负责人：王浩（闵行区教育局副局长）

成员：

闵行区新基础教育研究所：程丽芳、刘景升、王芳

闵行区教育局：康正华、赵振新、陈健

闵行区督导室：周代骏

闵行区教师进修学院：徐国梁

闵行区教育科学研究所：龙一芝

闵行区实验小学：何学锋校长

闵行区明强小学：吴国丽校长

闵行区华坪小学：王叶婷校长

闵行区汽轮小学：阮小娟校长

闵行区新基础教育实验学校：孙联荣校长

闵行区闵行四中：赵双成校长

闵行区田园小学：赵瑛群校长

闵行区七宝二中：唐颖萍校长

上海市浦东新区课题组

负责人：尹后庆（上海市教委副主任、原浦东新区社发局局长）、赵连根（社发局教育处处长）

成员：王浩（教育处副处长）、白丽波（新区督导室督学）、刘文杰（教育处）

云南师范大学课题组

负责人：王凌教授（云南师范大学教育科学学院院长）、罗黎辉教授（云南理工大学副校长、云南省政协副主席）

成员：

云南师范大学教育科学学院：曹能秀、张晓霞、赵敏敏、李天凤、李云海、陈瑶、阳谦副、王资岳、金克建、黄海涛、宋志一、李孝川

云南玉溪师范学院：刘菊华

广西师范大学课题组

负责人：王枬教授（广西师范大学党委书记）、唐荣德教授（广西师范大学）

成员：

广西师范大学教育科学学院：孙杰远教授、徐莉教授

广西师范大学研究生：黄伟林、古志华、黎天业、郭翠梅、张永峰、柳静、谭莹菲、蔡欣欣、莫立芸、钟丽芳、郑玉

山西大学课题组

负责人：侯怀银教授（山西大学教育科学学院书记）、陈平水教授（山西大

学教育科学学院)

成员：

山西大学教育科学学院：刘庆昌、王喜旺、任桂萍、徐冰鸥、郭芬云、郭三娟、郑玉飞、武晋丽

淮阴师范学院课题组

负责人：顾书明教授（淮阴师范学院教育系主任）、杜萍教授

成员：

淮阴师范学院：何杰、罗刚、陈剑昆、孙爱军、叶泽滨、袁维新、蒋亦华、王聿泼、任红娟、杨四海、仲丽娟、滕明兰、伍红林、曹如军

子课题三：我国中小学生发展阶段性特征与学校教育研析

子课题总负责人：李晓文教授（华东师范大学心理学系）

成员：

华东师范大学基础教育改革与发展研究所：李家成

上海闵行区教育科学研究所：王晓莉

子课题四：我国基础教育改革问题与若干教育概念演化的历史研究

子课题总负责人：杜成宪教授（华东师范大学教育学系主任）

成员：

华东师范大学基础教育改革与发展研究所：王伦信

华东师范大学教育学系博士研究生：章小谦、范远波

子课题五：学校教育改革与中国教育学理论重建性研究

子课题总负责人：叶澜教授（华东师范大学基础教育改革与发展研究所）

成员：

华东师范大学基础教育改革与发展研究所：李政涛、宁本涛、吴亚萍、卜玉华

华东师范大学教育管理系：李伟胜

华东师范大学成人教育研究所：张永

浙江宁波大学教育科学学院：吴黛舒

复旦大学教育科学学院：徐冬青

上海浦东干部管理学院：周志平

华东师范大学教育学系博士研究生：孙元涛

山东青岛大学：王有升

　　总课题组秘书由李政涛博士担任，他在组织各子课题交流活动和总报告最终文字处理等方面做了大量工作。基础教育改革与发展研究所办公室主任徐继洁也为课题的顺利完成提供了许多帮助。教育学系研究生王向凤、李云星在本书的校对过程中投入了很多时间和精力。

　　在此谨向为本课题的顺利完成付出了辛勤劳动，并作出创造性贡献的所有成员表示诚挚的谢意！

已出版书目

书 名	首席专家
《马克思主义基础理论若干重大问题研究》	陈先达
《网络思想政治教育研究》	张再兴
《高校思想政治理论课程建设研究》	顾海良
《马克思主义文艺理论中国化研究》	朱立元
《弘扬与培育民族精神研究》	杨叔子
《当代科学哲学的发展趋势》	郭贵春
《当代中国人精神生活研究》	童世骏
《面向知识表示与推理的自然语言逻辑》	鞠实儿
《中国大众媒介的传播效果与公信力研究》	喻国明
《楚地出土戰國簡册［十四種]》	陳 偉
《中国特大都市圈与世界制造业中心研究》	李廉水
《WTO 主要成员贸易政策体系与对策研究》	张汉林
《全球经济调整中的中国经济增长与宏观调控体系研究》	黄 达
《中国产业竞争力研究》	赵彦云
《东北老工业基地资源型城市发展接续产业问题研究》	宋冬林
《中国民营经济制度创新与发展》	李维安
《东北老工业基地改造与振兴研究》	程 伟
《中国加入区域经济一体化研究》	黄卫平
《金融体制改革和货币问题研究》	王广谦
《中国市场经济发展研究》	刘 伟
《我国民法典体系问题研究》	王利明
《中国农村与农民问题前沿研究》	徐 勇
《城市化进程中的重大社会问题及其对策研究》	李 强
《中国公民人文素质研究》	石亚军
《生活质量的指标构建与现状评价》	周长城
《人文社会科学研究成果评价体系研究》	刘大椿
《教育投入、资源配置与人力资本收益》	闵维方
《创新人才与教育创新研究》	林崇德
《中国农村教育发展指标研究》	袁桂林
《高校招生考试制度改革研究》	刘海峰
《基础教育改革与中国教育学理论重建研究》	叶 澜
《处境不利儿童的心理发展现状与教育对策研究》	申继亮
《中国和平发展的国际环境分析》	叶自成

即将出版书目

书　名	首席专家
《中国司法制度基础理论问题研究》	陈光中
《完善社会主义市场经济体制的理论研究》	刘　伟
《和谐社会构建背景下的社会保障制度研究》	邓大松
《社会主义道德体系及运行机制研究》	罗国杰
《中国青少年心理健康素质调查研究》	沈德立
《学无止境——构建学习型社会研究》	顾明远
《产权理论比较与中国产权制度改革》	黄少安
《中国水资源问题研究丛书》	伍新木
《中国法制现代化的理论与实践》	徐显明
《中国和平发展的重大国际法律问题研究》	曾令良
《知识产权制度的变革与发展研究》	吴汉东
《全国建设小康社会进程中的我国就业战略研究》	曾湘泉
《现当代中西艺术教育比较研究》	曾繁仁
《数字传播技术与媒体产业发展研究报告》	黄升民
《非传统安全与新时期中俄关系》	冯绍雷
《中国政治文明与宪政建设》	谢庆奎